DROIT INTERNATIONAL ET CONSTITUTIONS DANS DES ÉTATS POST-CONFLITS

Collection Etudes Eurafricaines
Dirigée par André Julien Mbem

Le Sahara et la Méditerranée, frontières entre l'Afrique et l'Europe, sont aussi des passerelles par lesquelles, depuis des siècles, au-delà des tragédies et des drames, se rapprochent et se remodèlent ces deux ensembles géographiques et leurs civilisations. La collection « Etudes Eurafricaines » encourage la diffusion d'études historiques et prospectives sur les symbioses dont cette partie du monde est l'antique théâtre.

Déjà parus

AMIBIAKA, *Tchad, les voies de l'émergence*, 2023.
G. NJANJO SIKE LOBE Roxane, *Le contrat de partenariat public-privé au regard de la théorie générale des contrats. Etude de droit camerounais à la lumière du droit français*, 2023.
J. PETER Simon Gérard et MATARI Hermine, *Les réalités de la violence au sein des organisations. Etudes de cas en milieux scolaire, académique et socio-professionnel*, 2022.
KANE Abdoulaye Bleck, *Les pratiques administratives coloniales dans les communautés religieuses en Afrique occidentale. Le cas du Sénégal (1816-1957)*, 2022.
MAIGA Mariam, *La responsabilité du professionnel de la santé en contexte africain. Etude de droit malien*, 2022.
BERTE Oumar, *La CEDEAO face aux changements anticonstitutionnels de pouvoir en Afrique de l'Ouest*, 2022.
MATABISHI NAMASHUNJU Samuel, *Education au développement durable en République démocratique du Congo. Cadre théorique et approches historique et linguistique*, 2022.
DEMOUSSA Eugénie, *Evolution de la formation des enseignants en Afrique subsaharienne. Etude comparative entre le Sénégal et la France*, 2022.
ADOUM-BAKHIT HAGGAR Hassan, *La Communauté économique et monétaire des Etats de l'Afrique Centrale (CEMAC). Les obstacles à l'intégration en zone CEMAC*, 2022.

Abdoulaye Sylla

DROIT INTERNATIONAL ET CONSTITUTIONS DANS DES ÉTATS POST-CONFLITS

L'Harmattan

5-7, rue de l'École-Polytechnique, 75005 Paris

http://www.editions-harmattan.fr

ISBN : 978-2-14-032460-4
EAN : 9782140324604

A mes enfants : Mouhammad et Ali

REMERCIEMENTS

Je remercie, de prime abord, l'Etre Suprême qui m'a permis d'arriver au terme du travail de recherche qui a rendu possible le présent ouvrage. Ensuite, j'adresse ma profonde gratitude à mon père, Nouhou SYLLA, et à ma mère, Aissatou CAMARA, qui m'ont soutenu tout au long de mes études. Puis, je remercie, avec euphorie, ma directrice de thèse, Madame Anne-Laure CHAUMETTE, pour son inestimable soutien intellectuel, académique et social. Au-delà de sa disponibilité, de son suivi minutieux et régulier, elle relisait, avec sagacité, mes chapitres et mes articles qu'elle corrigeait, élégamment et rigoureusement, dans un délai raisonnable. Les mots me manquent pour lui exprimer ma satisfaction. J'adresse, également, ma profonde gratitude au professeur Mathias FORTEAU grâce à la clairvoyance duquel mon inscription en thèse a finalement eu lieu à l'Université Paris Nanterre.

Je remercie sincèrement les professeurs Géraldine GIRAUDEAU, Nicolas HAUPAIS, Romain LEBOEUF et Mathias FORTEAU pour avoir accepté de relire mon travail de recherche et de siéger dans mon Jury de soutenance.

J'exprime toutes mes reconnaissances au Directeur de mon Laboratoire, le Centre de Droit International de Nanterre (CEDIN), le professeur Franck LATTY et à son Adjointe, Marie NIOCHE, pour mon intégration, les subventions et les opportunités qui m'ont été offertes. Je n'oublierai pas les professeurs Alain PELLET, Jean-Marc THOUVENIN, Pierre BODEAU-LIVINEC ainsi que tous les membres du CEDIN qui sont tous une source d'inspiration. Je prie les professeurs Arnaud Le Pillouer et Clémentine BORIES, les Sieurs Nabil HAJJAMI et Serge VELLEY et Madame Claire MONGOUACHON d'agréer l'expression de ma profonde gratitude pour les travaux dirigés qu'ils m'ont confiés. Je remercie les autorités de l'Université Paris Nanterre y compris celles de l'UFR et de l'École doctorale de Droit et Science politique. J'adresse, par la même occasion, ma profonde gratitude au personnel de toutes les bibliothèques qui ont contribué, en documentation, à la préparation de cette étude. Quant à mes nombreux collègues doctorant(e)s du CEDIN, je les remercie, du fond de mon cœur, pour leur soutien moral et pour la bonne collaboration qu'on a eue pendant toutes ces années. Enfin, avec des larmes de joie, j'adresse toute ma gratitude à mes innombrables ami(e)s qui, de près ou de loin (chacun à sa façon), ont contribué à la réalisation de ce projet de recherche. MERCI à Mohamed Lamine DIANE pour la relecture et MERCI à Rania KISSI pour la salle de travail qui a été mise à ma disposition.

> « L'internationalisation du conflit civil du fait notamment de ses répercussions économiques et humanitaires déstabilisatrices engendre l'internationalisation de son règlement. C'est pourquoi *d'ailleurs*, pour sortir de la contradiction, les juristes inventent des fictions qui permettent d'attribuer au peuple souverain ce qui n'est pas son œuvre »[1].

Certains États - tels que les Empires Austro-hongrois, ottoman et l'ex-Yougoslavie - se sont effondrés sous le poids de la guerre qu'ils ont connue. D'autres - comme l'Allemagne, le Japon et la Bosnie-Herzégovine - sont « sortis » de la guerre grâce à l'implication d'acteurs internationaux dans leur processus de pacification et de reconstruction. Cette assistance internationale aux peuples, aux gouvernements et aux États en danger (conflit) relève du « providentialisme de la communauté internationale »[2] qui se

[1] G. Conac, « L'insertion des processus constitutionnels dans les stratégies de paix, cinq exemples de constitutions post-conflictuelles » *in* N. Belloubet-Frier, S. Flogaïti, P. Gonod (dirs.), *Etudes en l'honneur de* Gérard Timsit, Bruxelles, Bruylant, 2004, pp. 25-66, p. 60.

[2] Le « providentialisme de la communauté internationale » s'inspire de l'« État-providence » qui recherche le bien-être collectif de ses citoyens en étendant son action, au nom des nécessités publiques, à des domaines économiques et sociaux. En d'autres termes, l'État providence (ou l'État interventionniste) intervient pour assurer la prise en charge collective des fonctions de solidarité. Il correspond, en quelque sorte, à une forme de capitalisme à visage humain, dans lequel l'homme perçoit des revenus de substitution lorsqu'il se trouve hors du marché du travail (maladie, vieillesse, chômage, *etc.*) ou lorsque ses revenus ne lui permettent pas de faire face à ses besoins. L'État est également contraint, parfois, d'intervenir en faveur des entreprises défaillantes ou pour se substituer à celles-ci. Le providentialisme de la communauté internationale, *mutatis mutandis*, est une doctrine fondée sur le fait que des acteurs internationaux interviennent au nom de la paix et de la sécurité internationales et, parfois, sous l'égide de l'ONU, dans des États défaillants ou en crise. En effet, quand un État connaît une situation extrêmement grave à l'intérieur de ses frontières et qu'il ne parvient pas à la surmonter tout seul, « une vision cosmopolitique de l'ordre

manifeste sous plusieurs formes dont l'assistance constitutionnelle qui permet une reconstruction juridico-institutionnelle des États post-conflits (Comores, Namibie, Soudan du Sud, *etc.*) qui se retrouvent, *in fine*, avec un nouvel ordre juridique qu'ils n'ont pas exclusivement élaboré.

L'adage *ubi societas ibi jus* a une double traduction : anthropologique et réaliste. *Son sens anthropologique*, selon lequel chaque société sécrète son propre droit, met l'accent sur le fait que les règles juridiques qui régulent les rapports verticaux et horizontaux au sein d'une société, sont, en principe, élaborées ou choisies par les membres de cette société, en tenant compte de leurs propres réalités et aspirations. Ce relativisme juridique[3], concevant la société comme « législatrice et destinataire » des normes qui la régissent, ne peut intégrer certaines constitutions post-conflits, comme celle de la Bosnie-Herzégovine de 1995, rédigées par « la communauté internationale » au profit de peuples qui n'ont même pas, parfois, participé au processus de leur élaboration. De plus, l'idée selon laquelle « Toute étude du droit public en général et du droit constitutionnel en particulier engage et présuppose la notion d'État »[4] est relativement anachronique, d'autant plus qu'A.-L. Chaumette a

---

mondial oblige » les États et/ou les organisations internationales autorisés par l'ONU « à intervenir pour soulager les souffrances humaines causées par la négligence, l'échec ou l'abus du pouvoir souverain » (G. Wallace Brown, A. Bohm, « Mieux vaut prévenir que guérir : repenser l'approche cosmopolitique de l'intervention humanitaire », *in* O. De Frouville (dir.), *Le cosmopolitisme juridique*, Paris, Pedone, 2015, pp. 353-373, p. 355). Cette action de sauvetage international se matérialise souvent par l'assistance humanitaire, les opérations de maintien de la paix, la reconstruction juridico-institutionnelle des États ou entités en crise. C'est ainsi que de nouvelles constitutions, incarnant le constitutionnalisme international, sont élaborées et adoptées dans des États post-conflits sous l'œil vigilant de la communauté internationale.

[3] Le relativisme juridique peut émaner de la conscience juridique d'un seul peuple (droit national) ou de quelques peuples (droit régional) contrairement à l'universalisme juridique (ou droit de l'humanité entière) fondé sur la conscience juridique de tous les peuples.

[4] R.C. De Malberg, *Contribution à la théorie générale de l'État*, Paris, Dalloz, 2004, p. 1.

démontré « la construction d'un droit public sans État »[5] au Timor Oriental et au Kosovo, c'est-à-dire bien avant leurs indépendances respectivement en 2002 et en 2008.

Ainsi, il est plus judicieux de retenir le *sens réaliste* de l'adage selon lequel partout où il existe une société, il y a un droit binaire qui la régit : une partie est localement sécrétée et l'autre partie relève de l'universalisme juridique protégeant le « noyau dur » des droits humains et l'ordre public international s'imposant à toutes les sociétés nationales. L'universalisme juridique - patrimoine juridique commun à tous les peuples - limite et encadre les volontés étatiques[6]. « Salvateur »[7] et/ou « compensateur », il est souvent introduit dans l'ordre constitutionnel des États post-conflits, par le truchement du droit international qui s'intéresse davantage au règlement de conflits internes. L'internationalisation du règlement de ces conflits et de la reconstruction juridico-institutionnelle des États post-conflits véhicule le constitutionnalisme global qui résulte des mouvements « ascendant »[8] et descendant de la constitutionnalisation du droit international. Le mouvement ascendant correspond à « l'extension du droit constitutionnel vers le droit international »[9], tandis que le

---

[5] A.-L. Chaumette, « Les administrations internationales de territoires au Kosovo et au Timor : expérimentation de la fabrication d'un État », *Jus Politicum*, n° 13 [http://juspoliticum.com/article/Les-administrations-internationales-de-territoires-au-Kosovo-et-au-Timor-experimentation-de-la-fabrication-d-un-Etat-905.html].

[6] M. Bennouna, *Le droit international entre la lettre et l'esprit*, Les livres de poche de l'Académie de droit international de La Haye, Nijhoff, 2017, pp. 43 et s.

[7] L'universalisme juridique, en mettant fin à un conflit armé ou à une crise et en protégeant les droits des communautés exposées à ces fléaux, est salvateur. Il devient comparateur dans deux cas : d'abord quand il se substitue au droit national, ensuite, quand il complète un vide juridique à l'intérieur des États post-conflits.

[8] La constitutionnalisation du droit international sur les plans régionaux, sectoriels et universels correspond au mouvement ascendant de la constitutionnalisation du droit international par analogie au droit interne.

[9] J.-M. Sorel, « La constitutionnalisation du droit international : conflits et concurrence des sources du droit ? Fausse querelle, mais vraie question », *in* H. Ruiz Fabri, M. Rosenfeld (dirs.), *Repenser le*

mouvement descendant désigne l'influence du droit international sur le droit constitutionnel des États post-conflits. Cette influence, qui nous intéresse ici et qui entraîne la constitutionnalisation du « droit international » sur le plan interne, vise l'insertion des normes et/ou des institutions internationales dans la « constitution ou dans le bloc de constitutionnalité » des « États post-conflits ». Ces trois concepts clés (droit international, constitution et États post-conflits) doivent être définis et clarifiés (**Section 1**) avant de démontrer que la communauté internationale est, *de facto* ou *de jure,* la principale administratrice de paix dans les États en conflit et l'actrice centrale de la constitutionnalisation du droit international dans les États post-conflits (**Section 2**).

Section 1. Cadre conceptuel

Chaque concept clé, employé dans cet ouvrage, est un terme à équivoque pour ne pas dire ambivalent. *Primo*, le terme « droit international » est très vaste : il comporte plusieurs branches dont chacune s'intéresse à un domaine précis. D'où la nécessité d'indiquer les règles et les branches du droit international qui entrent dans le champ de notre réflexion (**§ 1**). *Secundo*, le mot « constitution » aussi, qui était inhérent à l'État-nation, a substantiellement évolué. De nombreux instruments juridiques internationaux sont venus promouvoir des principes et des valeurs « universels »[10]. Au-delà de leur primauté, ces régimes juridiques internationaux amènent les

---

constitutionnalisme à l'âge de la mondialisation et de la privatisation, Paris, Société de législation comparée, 2001, pp. 23-44, p. 24.

[10] On peut citer, entre autres, l'État de droit, la démocratie, le respect des droits humains, le maintien ou la (re)construction de la paix durable, *etc.* L'ONU, par exemple, a pour but le maintien de la paix et de la sécurité internationales ainsi que la protection des droits humains (Charte de l'ONU de 1945, art. 1). De même, le Conseil de l'Europe est convaincu que « la recherche d'une paix fondée sur la justice et la coopération internationale est vitale pour la préservation de la société et de la civilisation humaines ». Le respect des valeurs et les principes entrant dans le patrimoine commun des peuples européens, dont la liberté individuelle, la liberté politique et l'Etat de droit, constitue « la base de toute démocratie véritable» (Statut du Conseil de l'Europe de 1949, préambule, §§ 2 et 3).

constitutions nationales à se mettre en harmonie avec eux (**§ 2**)[11]. *Tertio*, l'expression « État post-conflit » est non seulement difficile à circonscrire sur le plan *ratione temporis*, mais surtout, elle est concurrencée par d'autres notions voisines (**§ 3**).

§ 1. Le droit international : champ d'étude

P.-M. Dupuy et Y. Kerbrat définissent le droit international comme « l'ensemble des normes et des institutions destinées à régir la société internationale »[12]. D. Anzilotti, quant à lui, soutient qu'« il n'existe d'autres fondements à l'autorité de la règle de droit dans l'ordre international que la volonté de l'État »[13]. Peu importe ses fondements (*lex aeterna*, *lex naturale* ou *lex humana*), le droit international général est constitué de plusieurs branches (*lex specialis*) dont le droit international de la paix qui s'occupe du règlement des conflits, du maintien et de la consolidation de la paix dans le monde. Sur le plan normatif, il est constitué de traités, d'accords de paix et de résolutions des organisations internationales (OI) en charge du maintien et de la consolidation de la paix (y compris à l'intérieur des États défaillants). Sur les plans institutionnel et personnel, divers acteurs locaux, nationaux et surtout internationaux interviennent dans le règlement des crises internes : des « États étrangers »[14], des « juridictions internationales »[15], des « ONGs nationales et/ou internationales »[16], des « experts nationaux et/ou étrangers »[17], des

[11] H. Ruiz Fabri, M. Rosenfeld, « Avant-propos », *in* H. Ruiz Fabri, M. Rosenfeld (dirs.), *Repenser le constitutionnalisme à l'âge de la mondialisation et de la privatisation,* Paris, Société de législation comparée, 2001, pp. 16-17, p. 16.

[12] P.-M. Dupuy, Y. Kerbrat, *Le droit international public*, Paris, Dalloz, 2014, p. 1.

[13] Voir P.-M. Dupuy, *Le droit international public*, Paris, Dalloz, 2010, p. 8.

[14] Les Alliés (les États-Unis, l'URSS, la France, la Grande Bretagne, *etc.*) ont joué un rôle éminent dans l'élaboration des Constitutions de sortie de crise du Japon (1947) et de l'Allemagne (1949) respectivement.

[15] *Questions concernant l'obligation de poursuivre ou d'extrader* (Belgique c. Sénégal), CIJ, arrêt du 20 juillet 2012, *Rec.* 2012.

[16] X. Philippe, « Le rôle des organisations non gouvernementales dans les processus constituants postconflictuels : expertise ou plaidoyer ? », *in* X. Philippe, N. Danelciuc-Colodrovschi (dir.), *Transitions constitutionnelles et*

« organisations internationales », *etc.* Concernant les OI, la Sociétés des Nations (SDN, l'Organisation internationale de la Francophonie (OIF), l'Union européenne (UE), l'Union africaine (UA), la Communauté Économique des États de l'Afrique de l'Ouest (CEDEAO) et autres peuvent, bien évidemment, être citées en guise d'exemple.

Cependant, c'est l'Organisation des Nations Unies (ONU) - établie pour « préserver les générations futures du fléau de la guerre qui [...] a infligé à l'humanité d'indicibles souffrances »[18] - qui joue un rôle majeur, central, vital et crucial dans l'élaboration et la mise en œuvre des accords et des résolutions de paix[19].

Extensivement, d'autres branches du droit international entretiennent un rapport étroit avec notre thème de recherche. C'est le cas du droit des OI qui constitue le fondement de certaines administrations internationales de paix. Celles-ci prennent en compte le droit des droits de l'homme et le droit international humanitaire dont elles exigent le respect au plan interne.

Raison pour laquelle elles ont directement inséré les normes internationales de protection des droits humains dans la Constitution de la Bosnie-Herzégovine, du Kosovo, du Timor Oriental pour ne citer que ceux-ci. Le droit international de la paix a tellement influencé les constitutions post-conflits que celles de la République de Chypre et de la Bosnie-Herzégovine sont, purement et simplement, des traités internationaux ou des traités-constitutions.

Constitutions transitionnelles. Quelles solutions pour une meilleure gestion des fins de conflit ?, Institut Universitaire Varenne, 2014, pp. 151-164.

[17] J. Du Bois de Gaudusson, « Le rôle de l'expertise dans la transition constitutionnelle », *in* X. Philippe, N. Danelciuc-Colodrovschi (dir.), *Transitions constitutionnelles et Constitutions transitionnelles. Quelles solutions pour une meilleure gestion des fins de conflit ?*, Institut Universitaire Varenne, 2014, pp. 135-149.

[18] Charte des Nations Unies du 26 juin 1945, préambule.

[19] Les résolutions de paix renvoient aux décisions du Conseil de sécurité des Nations Unies prises sur le fondement du Chapitre VII de la Charte de l'ONU en vue de prévenir, maintenir ou consolider la paix.

§ 2. Des constitutions de sortie de crise aux constitutions internationalisées

La notion de « constitution » a considérablement évolué dans le temps et dans l'espace. Dans beaucoup d'États post-conflits, elle n'est pas exclusivement élaborée par le pouvoir constituant souverain (national) (**A**). L'implication des administrateurs de paix internationaux dans des processus constituants ou constitutionnels nationaux devient de plus en plus fréquente. Les « constitutions internationalisées », qui en découlent, ne sont toutefois pas à confondre avec le « droit constitutionnel international ». Une revue de la littérature permettrait de les distinguer (**B**).

A. L'évolution de la notion de constitution dans le temps et dans l'espace

Si *ubi societa ibi jus*, alors partout où il existe un État, il y a un droit constitutionnel qui régit son fonctionnement : « *Where there is a state, there is a constitution, and wherever there is a constitution, there is a state (and no more international law)* »[20]. Etymologiquement, le concept « constitution » vient de deux vocables latins : « *cum* » ensemble, et « *statuo* », fixer (*setting up* en Anglais). Ainsi, « *cumstatuo* » ou « *constitutio* »[21] signifie établir, fixer, ou fonder un ensemble qui peut être étatique. Une constitution est soit écrite, soit coutumière ou un mélange des deux. La constitution coutumière remonte aux premières formes d'organisations politico-étatiques. Les Constitutions des Républiques de l'Antique Hellade, par exemple, étaient de pures coutumes dans leur majeure partie : l'usage constant, ancien et répété fit leur valeur positive aux yeux des populations[22]. Selon Y. Gouet, les anciennes institutions politiques

---

[20] B. Fassbender, *The United Nations Charter as the Constitution of the International Community*, Boston - Leiden, 2009, 215, p 58.

[21] J. Rey-Debove, A. Rey (dirs.), *Le petit Robert*, Nouvelle édition millésime, 2014, p. 521.

[22] Y. Gouet, *La coutume en droit constitutionnel interne et en droit constitutionnel international,* Paris, Pedone, 1932, p. 3. V. égal. Aristote, *La Constitutions d'Athènes*, Ouvrage Traduit du Grec par B. Haussoullier, préparé par Y. Germain, éd. Paleo, 2011.

françaises aussi étaient fondées sur des lois non écrites qui régulèrent, pendant des siècles, la dévolution de la couronne, l'exercice du pouvoir, les droits du pouvoir central ainsi que le partage du royaume entre les fils d'un prince sous les mérovingiens et les carolingiens[23]. C'est également le cas de la Charte constitutive de l'Empire du Mandingue (la Charte de *Kouroukan Fouga*) basée sur des traditions orales[24].

Concernant les constitutions écrites, Ch. E. J. Schwöbel mentionne que « *[t]he first constitution of modern times is often traced back to Great Britain : The English Bill of Rights 1689 was the first document which was to bear similarity with later constitutions in that it referred to citizens' rights* »[25]. Avant cette « *Bill of Rights* », d'autres textes occupèrent une place non négligeable dans l'histoire constitutionnelle de la Grande-Bretagne. Dès le XII[è] siècle, « des questions d'ordre constitutionnel sont régies par des textes tels que la Charte des libertés octroyées par Henry Ier lors de son couronnement en 1100 »[26] ainsi que la *Magna Carta* de 1215. Pour J. P. Lepetit, la Constitution suédoise de 1720 « demeure » la première Constitution écrite de l'Europe continentale[27]. En tout état de cause, l'ère des constitutions entièrement écrites est apparue au XVIII[è] siècle, et a atteint son point culminant au XXe siècle, période à laquelle le constitutionnalisme s'est émancipé, en brisant les carcans étatiques pour gagner les sphères supra-étatiques. On parle désormais d'un processus de « constitutionnalisation » du droit international qui découle « des conséquences très concrètes, en particulier le

---

[23] Y. Gouet, *op. cit.*, p. 3.

[24] Après l'historique baille de Kirina (1235), les représentants du Mandé et leurs alliés ont adopté, à *Kouroukan Fouga*, la Charte organisatrice du nouvel Empire Mandingue en 1236 : une forme d'organisation politique qui s'étendait à une grande partie de l'Afrique de l'Ouest actuelle dont le Mali, la Guinée, la Côte d'Ivoire, le Burkina Faso, *etc*.

[25] Ch. E. J. Schwöbel, *Global constitutionalism in International Legal Perspective*, Boston - Leiden, 2011, p. 73.

[26] A. Antoine, *Droit constitutionnel britannique*, Paris, LGDJ, 2018, p. 25.

[27] J. P. Lepetit, « La Constitution suédoise de 1720. Première Constitution écrite de la liberté en Europe continentale », *Jus politicum, Constitutions écrites dans l'histoire*, Dalloz, Vol. V – 2013, pp. 71-72.

phénomène de migration, de la sphère du droit interne vers celle du droit international, de techniques ou de principes juridiques que ce dernier aurait ignorés »[28] jusqu'au XX^{è}.

Ce rapprochement entre le droit international et le droit « constitutionnel »[29] fait que le droit international est directement introduit dans la constitution de certains États post-conflits. Ces constitutions sont souvent pensées lors des processus de paix et rédigées au sortir de la crise (constitution de sortie de crise), c'est-à-dire à la fin des transitions constitutionnelles internationalisées. Ainsi, l'internationalisation des constitutions de sortie de crise renvoie aux hypothèses dans lesquelles une autorité internationale[30] (OI et/ou États), intervient dans le processus d'élaboration d'une constitution étatique. Ce processus constituant internationalisé - qui produit des « traités-constitutions », des « résolutions constitutives » et des accords de paix constitutifs - devient ainsi un moyen de règlement des conflits internes. Cette technique permet à la « communauté internationale » de transformer une guerre civile en une paix durable à l'intérieur d'un État post-conflit.

Donc, il s'agit d'une importante évolution du droit constitutionnel interne et, surtout, du droit international, dans la mesure où les relations que le droit international entretenait avec les droits internes étaient caractérisées par l'indifférence fondée sur le principe de « non-ingérence » et la liberté des peuples à disposer d'eux-mêmes.

Certains auteurs veulent « faire émerger un champ de recherche encore largement inexploré dont l'objet est d'envisager sous toutes ses

---

[28] M. Forteau, « Le droit administratif global, signe d'une évolution des techniques du droit international », *in* C. Bories (dir.), *Un droit administratif global ? - A global Administrative Law ?*, *Actes du colloque des 16 et 17 juin 2011*, A. Pedone, 2012, pp. 169-183, p. 171.

[29] G. Cahin, « Limitation du pouvoir constituant : le point de vue de l'internationaliste », *Civitas Europa*, 2014/1, n° 32, p. 55-79, p. 55.

[30] M. Guimzanes, « Les transitions constitutionnelles « internationalisées » : étude de droit interne », *RFDC*, 2015, pp. 801-822. Disponible sur le site : http://www.cairn.info/revue-francaise-de-droit-constitutionnel-2015-4-page-801.htm, consulté le 15/06/16.

facettes, […] le droit des administrations internationales »[31] de territoires débouchant sur des constitutions internationalisées[32]. Malgré l'importance de ces constitutions post-conflits dans le maintien de la paix, le processus constituant internationalisé qui les produit, selon, Vijayashri Sripati, n'a été défini nulle part :

> « *By constitution-making, I refer to the processes by which new constitutions are written (or rewritten) and to the general outlines of constitutions, as opposed to the making of particular laws. Although constitution-making is often an integral part of a peace-building process, it has not been defined anywhere* »[33].

Avant de définir une « constitution internationalisée »[34], il convient d'abord, de commencer par le substantif « constitution » qui est souvent cerné selon deux approches. Au sens matériel, la constitution est l'ensemble des règles écrites ou coutumières qui déterminent la forme de l'État, l'organisation de ses institutions, la dévolution et les conditions d'exercice du pouvoir, y compris le respect des droits humains[35]. Au sens formel, elle se caractérise par le fait qu'elle est adoptée au terme d'une procédure spécifique et différente de celle des autres normes d'un État. Ce qui veut dire qu'une disposition est formellement constitutionnelle pour des raisons procédurales[36]. Ensuite, le vocable « internationalisées », quant à lui,

---

[31] M. Forteau, « Le droit administratif global, signe d'une évolution des techniques du droit international », *in* C. Bories (dir.), *Un droit administratif global ? - A global Administrative Law ?*, *Actes du colloque des 16 et 17 juin 2011*, A. Pedone, 2012, pp. 169-183, p. 170.

[32] N. Maziau, « Internationalized Constitutionalism in Ethnically Divided Societies: Bosnia-Herzegovina and Kosovo Compared », *Max Planck Yearbook of United Nations Law*, vol. 15, 2011, pp. 1-64.

[33] S. Vijayashri, « The United Nation's Role in Post-Conflict Constitution-Making Processes: TWAIL Insights », *International Community Law Review* 10, 2008, pp. 411-420, p. 413.

[34] « *Internationalized constitutions* » dans le jargon anglophone.

[35] S. Guinchard, T. Debard, *Lexique des termes juridiques*, Dalloz, 2015-2016, pp. 265-266.

[36] L. Gonin, « Du législateur national au législateur international : « internationalisation du droit constitutionnel » ou évolution juridique *sui*

est un participe épithète dérivant du verbe « internationaliser » qui consiste à soustraire un rapport ou une situation juridique au droit interne qui le régissait jusqu'alors, et à le placer sous l'empire du droit international qui le régira dorénavant[37].

Ainsi, l'internationalisation d'une lutte d'indépendance (Timor oriental), d'un mouvement sécessionniste (Kosovo) ou d'une guerre civile (Côte d'Ivoire), « du fait notamment de ses répercussions économiques et humanitaires déstabilisatrices, engendre l'internationalisation de son règlement »[38]. Une constitution internationalisée n'est pas celle qui comporte des dispositions renvoyant au droit international, en définissant, par exemple, la nature des rapports que celui-ci doit avoir avec le droit interne.

C'est une constitution dont le contenu a été dicté ou édicté par des organes extranationaux. En d'autres termes, une « constitution internationalisée » peut être appréhendée comme l'ensemble des règles et des institutions nationales et/ou internationales de nature constitutionnelle, conçues par des autorités extérieures (États ou OIs), au profit d'un État dont le peuple n'a pas participé, de manière souveraine, soit à l'exercice du pouvoir constituant (originaire ou dérivé) lors de sa conception, élaboration ou révision, soit à la désignation des autorités gouvernementales chargées de leur mise en œuvre. S'inscrivant dans l'orbite du *jus post bellum* et du constitutionnalisme global, les constitutions internationalisées sont un nouveau concept[39]. En conséquence, le pouvoir constituant

---

generis au sein du Conseil de l'Europe », *in* M. Fatin-Rouge Stéfanini (dir.), *Les cahiers de l'Institut Louis-Favoreu*, n° 4, 2013, pp. 99-109, p.100.

[37] H. Tourard, *L'internationalisation des constitutions nationales*, L.G.D.J, 2000, p. 1. V. égal. N. Maziau, « L'internationalisation du pouvoir constituant - Essai de typologie : le point de vue hétérodoxe du constitutionnaliste », *RGDIP*, 2002, pp. 549-579.

[38] G. Conac, « L'insertion des processus constitutionnels dans les stratégies de paix, cinq exemples de constitutions post-conflictuelles » *in* N. Belloubet-Frier, S. Flogaïti, P.Gonod (dir.), *Etudes en l'honneur de Gérard Timsit*, Bruylant, 2004, pp. 25-66, p. 60.

[39] E. Hay, « International (ized) Constitutions and Peace-building », *Leiden Journal of International Law*, (2014) 27, pp 141-168 : « *[t]he concept that has not yet been adequately explored at the intersection of all*

internationalisé est exercé, en partie, par la communauté internationale qui s'auto-investit des compétences souveraines d'un État en se substituant au peuple souverain et aux organes qui le représentent.

Par contre, cette implication de la communauté internationale dans ces processus constituants nationaux ne signifie pas que le texte qui en découle est une « constitution internationale ».

Celle-ci et, plus largement, le droit constitutionnel international font l'objet d'une abondante littérature controversée.

B. Revue de la littérature sur la normativité constitutionnelle internationale

En dépit du fait que beaucoup d'internationalistes soutiennent l'idée d'un droit constitutionnel international, la définition de celui-ci demeure néanmoins largement controversée, et ces « *Definitions vary from period to period, place to place, and author to author* »[40].

Pour A. Verdross, le « Droit constitutionnel international » est le droit international coutumier[41] :

> « *this constitution is, however, not set down in a document as is the case in most modern states and the League of Nations, which is at present the most comprehensive partial international legal community. instead, it is founded on international customary law [...]. From this united system of norms (normenordnung) which is rightly called international legal community (Völkerrechtsgemeinschaft) because it is a community established by general international law. The international legal fundamental order is, therefore, the constitution of the international legal community* »[42].

---

these ideas, but which yields many fruitful insights for international lawyers, is that of the internationalized constitution ».

[40] B. Fassbender, *op. cit.*, p. 13.

[41] B. Mirkine-Guetzévitch , *Droit constitutionnel international*, Paris, Sirey, 1933, p. 7.

[42] B. FASSBENDER, *op. cit.*, p. 29.

Autrefois, les droits constitutionnels internes et international se mêlaient et s'enchevêtraient par le truchement de la coutume[43]. Même si Y. Gouet mentionne que tous ces deux droits (interne et international) font appel à la coutume, et que « ce serait se priver de beaucoup de lumières que de ne pas tenir compte dans l'étude de la coutume constitutionnelle interne des renseignements apportés par l'étude de la coutume constitutionnelle internationale, et réciproquement »[44], la coutume internationale intéresse plus l'identisation des normes matérielles (*jus cogens*). Elle sert moins les constitutions internationalisées dont l'analyse est fondée sur des textes. De plus, une part importante de ladite coutume a été codifiée notamment dans la Charte de l'ONU, dans les conventions relatives aux droits de l'homme, au droit humanitaire, au droit international pénal, *etc*. Dans cette optique, le juge Ronny Abraham a raison de soutenir que le droit conventionnel constitue de nos jours la première composante du droit international, et la société internationale composée d'États souverains, « *ne peut que faire une place prééminente au droit conventionnel* »[45].

Quant à G. Scelle, il disait que le droit constitutionnel international est l'ensemble des normes constitutives de la communauté internationale[46]. En d'autres termes, il s'agit de normes constitutionnelles de la vie internationale. Selon lui, « Toute collectivité intersociale, y compris la communauté internationale du droit des gens repose, comme les collectivités mieux intégrées et notamment les collectivités étatiques, sur un ensemble de règles constitutives essentielles à leur existence, à leur durée, à leur progrès »[47]. Même si cette collectivité universelle n'a qu'une organisation rudimentaire, des normes fondamentales les plus indécises et des institutions quasi-inexistantes, il lui faut une constitution non seulement au sens large, mais aussi au sens

[43] Y. Gouet, *La coutume en droit constitutionnel interne et en droit constitutionnel international*, Paris, Pedone, 1932, p. 125.

[44] *Ibid.*, p. 18.

[45] R. Abraham, *Droit international, droit communautaire et droit français*, Paris, Hachette, 1989, pp. 17-18.

[46] B. Mirkine-Guetzévitch, *op. cit.* p. 8.

[47] G. Scelle, *Précis de droit des gens : principes et systématique*, Paris, Sirey, Vol. II, 1934, p. 7.

juridique[48]. Dans cette optique, il perçoit la société internationale comme un ensemble composé de sous-ensembles, et le tout fonctionne à l'image d'un État fédéral. Dans son article intitulé « Droit constitutionnel international », il justifia sa thèse par la « technique du dédoublement fonctionnel »[49], c'est-à-dire que les acteurs qui agissent à l'interne sont les mêmes à l'international. Sauf que la construction de cet « État mondial fédéral », nécessitant un « fédéralisme normatif »[50], est toujours inachevée, avec la pérennisation et la persistance des États internationalement souverains. Ainsi, le monisme de G. Scelle est en porte-à-faux avec le monde juridique de la plupart des États. Ronny Abraham disait à cet effet que « si une partie de la doctrine adhère à la théorie moniste – pour autant qu'elle soit indifférente à la réalité – le droit positif est dualiste, non seulement en France mais dans la quasi-totalité des systèmes juridiques du monde »[51]. Cependant, et comme nous le verrons plus tard, les constitutions internationalisées, « produit final » de la constitutionnalisation du droit international dans les États post-conflits, s'inscrivent plus dans l'approche moniste de G. Scelle que dans celle dualiste.

Contrairement à ces deux approches internationalistes, B. Mirkine-Guetzévitch a préféré aborder la question sous un angle

---

[48] *Ibid.*

[49] G. Scelle, « Le droit constitutionnel international », *in Mélanges* Carré De Malberg, Paris, Sirey, 1933, pp. 513-514.

[50] Pour G. Scelle, le fédéralisme normatif est un système de rapports entre différentes normes, dont l'étude relève de la théorie générale du droit. J.-C. Gautron, souligne que le fédéralisme normatif scellien était une phase transitoire devant déboucher sur le fédéralisme institutionnel (institutions commune). Sauf que, pour nous, le fédéralisme « mondial » devrait être compris à la fois dans ses sens normatif et institutionnel, car l'un serait inefficace et ineffectif sans l'autre. Voir O J.-C. Gautron, « Compte-rendu des débats », *in* O. Dupéré (dir.), Droit international et constitution : regards sur un siècle de pensée juridique française, actes de la journée d'études du 15 novembre 2013, Université de Bordeaux, Paris, Institut universitaire Varenne, 2016, p. 301.

[51] R. Abraham, « Préface », *in* A. Pellet, A. Miron (dir.), *Les grandes décisions de la jurisprudence française de droit international public*, Dalloz, 2015, pp. VII-XII, p. XI.

interniste. Dès le début de son ouvrage de Droit constitutionnel international, il a précisé nettement ce qu'il entend par cette notion :

> « Lorsque nous disons que nous étudions le « Droit constitutionnel international », nous voulons dire que nous étudions les règles des constitutions des États, les règles constitutionnelles (règles de droit interne) qui ont une portée internationale, et notre exposé ne doit pas aller plus loin. Nous ne prétendons pas dans cet ouvrage, étudier les fondements du droit international, ni la « constitution internationale », ni les règles constitutives de la communauté internationale, nous resterons toujours dans le cadre du droit interne, en étudiant les règles constitutionnelles dans les lesquelles se manifeste l'unité du droit public »[52].

Au lieu de parler des normes constitutionnelles de portée internationales, J. Combacau a renversé l'approche de B. Mirkine-Guetzévitch en faisant allusion aux rapports entre « constitutions nationales » et « *jus gentium* », sous l'angle de « sources externes »[53] (régionales et internationales) de la constitution. J.-M. Sorel partage cette analyse quand il dit que le *droit constitutionnel international*, doit être entendu comme les dispositions constitutionnelles relatives aux rapports extérieurs de l'Etat[54]. P. Gaia aussi va quasiment dans la même direction : le « droit constitutionnel international » (auquel il convient d'ajouter le « droit constitutionnel européen »), est l'ensemble des règles formellement constitutionnelles ayant pour objet, au sens large, la régulation des rapports entre l'ordre interne et les ordres international et européen. Ces règles sont soumises à une emprise croissante des juges qui exercent un contrôle sur la substance

---

52 B. Mirkine-Guetzévitch, *op. cit.* p. 8.

53 J. Combacau, « Les sources internationales et européennes du droit constitutionnel », *in* M. Troper, D. Chagnollaud (dir.), *Traité international de droit constitutionnel*, 2012, pp. 405-439, p. 406.

54 J.-M. Sorel, « La constitutionnalisation du droit international : conflits et concurrence des sources du droit ? Fausse querelle, mais vraies questions », *in* H. Ruiz-Fabri, M. Rosenfeld (dir.), *Repenser le constitutionnalisme à l'âge de la mondialisation et de la privatisation*, Paris, Société de Législation Comparée, 2011, pp. 23-44, p. 31.

de la constitution et la signification de ses énoncés[55]. H. Tourard et K. F. Ndjimba ont respectivement soutenu leurs thèses de doctorat qui s'inscrivent dans le domaine général du droit constitutionnel international : la première, intitulée *L'internationalisation des constitutions nationales,* a été publiée en 2000 ; la seconde, portant sur *L'internationalisation des constitutions des États en crise*, a été soutenue en 2011.

Pour notre part, le « droit constitutionnel international » et le « droit international constitutionnel » ne sont pas à confondre : le premier concerne les dispositions constitutionnelles étatiques de portée internationale, et peu importe leurs sources (internes ou internationales). L'important est que ces normes ont été souverainement élaborées ou acceptées par les États concernées. Par contre, le *droit international constitutionnel* est relatif aux normes internationales de valeur constitutionnelle, qu'on peut classer en deux catégories : d'une part, il y a le droit primaire des organisations internationales (communautaires, régionales ou universelles). La problématique de la constitutionnalisation du droit primaire universel a conduit A. Pellet à s'interroger sur la constitutionnalisation du droit des Nations Unies et le triomphe du dualisme[56]. J.-C. Gautron et S. Platon ont abordé la même question dans le cadre du droit de l'Union européenne. Selon eux, la constitutionnalisation est un élément fort, sans doute le plus original de la doctrine européaniste[57]. On entend ici par « constitutionnalisation du droit de l'UE », l'acquisition par le système institutionnel de l'UE, de caractéristiques de type constitutionnel[58]. D'autre part, les normes internationales d'ordre constitutionnel sont composées de *jus cogens* tant leurs aspects

---

[55] P. Gaia, « Repenser la place de la constitution », *in* B. Bonnet (dir.), *Traité des rapports entre ordres juridiques,* Paris, LGDJ, 2016, pp.345-407, p. 356.

[56] A. Pellet, « Constitutionnalisation du droit des Nations unies ou triomphe du dualisme ? », *Revue du marché commun et de l'Union européenne*, n° 529, juin 2009, pp. 415-418, p. 415.

[57] J.-C. Gautron, S. Platon, « La naissance d'une singularité doctrinale : les européanistes », *in* B. BONNET (dir.), *Traité des rapports entre ordres juridiques,* Paris, LGDJ, 2016, pp. 109-123, p. 109.

[58] *Id.*, p. 120.

matériel (ordre public) que procédural (*actio popularis*)[59]. A. Pellet a approuvé le caractère supérieur et constitutionnel du *jus cogens* en ces termes :

> « Je salue l'intrépidité internationaliste du TPI et sa perméabilité à l'idée - à laquelle j'adhère – selon laquelle nul État, nulle organisation internationale, nul organe d'une organisation internationale, qu'il s'agisse du Conseil de sécurité des Nations unies ou du Conseil des Communautés, n'est au-dessus d'un petit nombre de règles fondamentales, dont la violation entraîne la nullité de l'acte juridique qui la réalise. C'est ce que l'on appelle le *jus cogens* dans l'ordre international, ce qui correspond à l'ordre public du droit interne »[60].

Ainsi, le droit international constitutionnel peut être défini comme l'ensemble des normes constitutives de la communauté internationale.

Cela étant, venons à la question de savoir si la Charte de l'ONU est une *micro*-Constitution, une Constitution sectorielle (*lex specialis* constitutionnelle, droit particulier supérieur), ou si, d'emblée, elle constitue le « droit international général »[61] (*lex generalis* constitutionnelle). Pour B. Tranchant, « la Charte de l'ONU n'apparaît d'ailleurs pas comme formant la constitution de l'ordre international. Elle se présenterait tout au plus comme n'étant qu'une des nombreuses « constitutions » qui existeraient dans l'ordre international »[62]. Si nous la considérons comme une *micro-*

---

[59] R. Kolb, Théorie du *jus cogens* international, Paris, PUF, 2001, p.75.

[60] A. Pellet, « Constitutionnalisation du droit des Nations unies ou triomphe du dualisme ? », *op. cit.*, pp. 415 et s.

[61] G. Abi-Saab, « La reformulation des principes de la Charte et la transformation des structures juridiques de la communauté internationale », *in Le droit international au service de la paix, de la justice et du développement*, Mélanges Michel Virally, Paris, A. Pedone, 1991, pp. 1-8, p. 2.

[62] B. Tranchant, « Les instruments de la constitutionnalisation : la Charte des Nations Unies », *in* P. F. Laval, R. Prouveze, *L'ONU, entre internationalisation et constitutionnalisation*, Pedone, 2015, pp. 62-71, p. 71.

Constitution, dans ce cas le droit international constitutionnel serait l'ensemble des *lex specialis* constitutionnelles, composées de normes fondamentales des différentes branches du droit international public. Par contre, nous la confondons au droit international général en raison de son but et de sa primauté sur toutes les autres constitutions sectorielles et/ou nationales[63].

In concreto, elle est la « *macro*-constitution » de la communauté mondiale, complétée par d'autres normes de *jus cogens* qu'elle ne contient pas *intra-muros*.

Il ressort de ce qui précède que le droit international constitutionnel et le droit constitutionnel international se distinguent des « constitutions internationalisées » exclusivement établies à l'intérieur des États et des territoires post-conflits.

En effet, une fois impliqués dans la gestion d'une crise interne, les acteurs internationaux insèrent, de manière directe, l'État de droit, la démocratie et l'éthique des droits humains dans le nouveau texte constitutionnel de « l'État post-conflit » qui est un autre concept clivant[64].

§ 3. L'État post-conflit et les notions voisines

Ce n'est pas parce que la réalité est complexe que nos concepts doivent être flous[65]. Cette recherche sur les constitutions internationalisées s'inscrit dans un cadre spécifique : les États-post-conflits.

---

[63] Voir les articles 1 et 103 de la Charte des Nations Unies de 1945.

[64] Ces valeurs sont qualifiées de patrimoine commun aux États européens : voir le § 3 du préambule du Statut du Conseil de l'Europe du 5 mai 1949.

[65] Max Weber, cité par F. Couveinhes-Matsumoto, « De la négation du droit international à l'imposition d'un pouvoir supranational. La constitution du droit des gens selon Georges Burdeau », *in* O. Dupéré (dir.), *Droit international et constitution : regards sur un siècle de pensée juridique française*, actes de la journée d'études du 15 novembre 2013, Université de Bordeaux, Paris, Institut universitaire Varenne, 2016, pp. 179-299, p. 224.

Cependant, la définition de ces État post-conflits est complexe (**A**) parce qu'elle est brouillée par des notions voisines et ambivalentes (**B**).

A. L'État post-conflit

Pour dégager une définition de l'« État post-conflit », il convient de définir chacun des trois termes qui le composent. D'abord et, *in concreto*, l'« État » est communément défini comme une collectivité qui se compose d'un territoire et d'une population soumise à un pouvoir politique organisé[66]. Ensuite et, *in abstracto*, « l'État est la personnification juridique de la nation »[67], c'est-à-dire qu'il est une personne morale (fictive et souveraine) dotée d'une personnalité juridique, et ayant « la capacité à entrer en relation avec les autres sujets du droit international[68].

Concernant le vocable latin « *post* », c'est un adverbe de temps qui désigne la période ou le moment qui vient après un évènement tel que le conflit[69]. Il s'ensuit que cette étude exclut les conflits armés prolongés (le conflit israélo-palestinien) qui posent un problème à la « période de l'après-guerre ». Le mot « *post* » peut néanmoins être compris comme un indicateur de résolution des conflits[70] : une période pendant laquelle des stratégies « de sortie et de prévention de crises » sont pensées au profit d'une paix durable. La définition du mot « *post* » présente donc un triple intérêt : (**1**) la distinction *ratione*

66 Commission d'arbitrage de la Conférence pour la paix en Yougoslavie (Commission Badinter), Avis n° 1, 29 novembre 1991.

67 Ch. Chaumont, « Le droit des peuples à témoigner d'eux-mêmes », *Annuaire du Tiers-Monde*, 1976, p. 16.

68 L'art. 1er de la Convention de Montevideo de 1933 prévoit un 4e élément constitutif de l'État, à savoir la « capacité d'entrer en relations avec les autres Etats », sans oublier qu'un État peut également entrer en relation avec des organisations internationales.

69 F. Gaffiot, *Dictionnaire illustré* – Latin/Français, Paris, Hachette, 1934, p. 1206.

70 J. S. Easterday, J. Iverson, C. Stahn, « Exploring the Normative Foundations of *Jus Post Bellum:* An Introduction», *in* C. Stahn, J. S. Easterday, J. Iverson *(ed.), Jus Post Bellum. Mapping the Normative Foundations,* Oxford, OUP, 2014, pp. 1-11, p. 1.

temporis entre les périodes de « conflit » et de « post-conflit », (**2**) son rôle dans la définition du champ d'application *ratione temporis* du *jus post bellum*, ainsi que (**3**) les techniques et stratégies utilisées pour traiter les incertitudes de la transitions[71].

À propos du concept de « conflit » [72], dans son ouvrage *Théories des conflits internationaux,* J. Laroche rappelle que ce terme vient du latin *conflictus* qui signifie heurt, choc, lutte et attaque. À l'origine, le conflit évoquait une séquence de lutte armée, de combat entre deux ou plusieurs personnes, organisations ou puissances qui se disputaient un pouvoir. Par extension, il s'applique, à présent, à toute opposition ou désaccord entre des parties, l'une souhaitant imposer ses positions et sa volonté à l'autre. Dans cette configuration, chaque acteur essaie de briser la résistance de son opposant par le recours à une violence physique ou symbolique, comme la menace, l'intimidation ou le chantage[73]. Un conflit peut éclater pour des raisons très différentes et avoir pour objet des allocations matérielles ou des valeurs symboliques telles que la puissance, la reconnaissance ou le prestige[74]. Le conflit peut être économique, religieux, ethnique, familial, politique, juridique, *etc*. Il peut ne pas être armé : « Toutes les guerres découlent de conflits, mais tous les conflits ne mènent pas directement à la guerre »[75]. Néanmoins, dans le cadre du *jus in bello* et même du *jus ad bellum*, un conflit est dit armé, à chaque fois qu'il y a recours à la force armée entre États, ou entre les autorités gouvernementales et des groupes armés organisés, ou encore entre groupes armés au sein d'un État[76].

---

[71] *Ibid.*, p. 8.

[72] Concernant la définition d'une « situation conflictuelle », voir C. R. Mitchell, *The Structure of International Conflict*, London, Macmillan, 1981, p. 35.

[73] J. Laroche, *Théories des conflits internationaux*, Montréal, Liber, 2015, p. 9.

[74] *Ibid.*, p. 9.

[75] R. Lukic, *L'agonie yougoslave (1986-2003). Les États-Unis et l'Europe face aux guerres balkaniques*, Les Presses de l'Université Laval, 2003, p. 147.

[76] *Affaire Tadic* de 1995, Chambre d'appel du Tribunal pénal international pour l'ex-Yougoslavie, n° IT-94-1-AR72, § 70.

Certes la définition selon laquelle un « différend » est « un désaccord sur un point de droit ou de fait, une contradiction, une opposition de thèses juridiques ou d'intérêts entre deux personnes »[77] est aussi valable pour le terme « conflit », entendu comme une « situation critique de désaccord pouvant dégénérer en litige ou en procès ou en affrontement de fait »[78], mais c'est surtout la gestion et l'impact des conflits armés qui seront étudiés ici.

Ainsi, la notion « post-conflit » ou « *post bellum* » renvoie à la situation qui prévaut à la fin d'un conflit armé : « *post-conflict [...] is the period following the cessation of major hostilities arising from armed conflict* »[79]. Cependant, « *[i]t is widely known that all conflicts vary in shape, size and duration* »[80]. La durée de la période post-conflit n'est pas uniformisée. Selon Ch. Bell, la nature fluctuante de la violence post-conflit fait qu'il est difficile de décider quand l'application *jus post bellum* doit prendre fin : cette question de la temporalité n'est pas facile à résoudre[81]. La fin de la période post-conflit correspond souvent à l'accomplissement de l'objectif ultime de la transition[82]. Si les conflits armés prennent fin essentiellement de trois façons (un règlement négocié entre les protagonistes, la victoire d'une partie sur l'autre ou la cessation du conflit sans aucun accord de

---

[77] *Affaire des Concessions Mavrommatis en Palestine*, CPJI, arrêt du 30 août 1924, Série A, n° 2, *Rec.* 1924, p. 11.

[78] Voir M. Bléou, « Les acteurs de la transitions constitutionnelle », *in* X. Philippe, N. Danelciuc-Colodrovschi (dir.), *Transitions constitutionnelles et Constitutions transitionnelles. Quelles solutions pour une meilleure gestion des fins de conflit ?*, Institut Universitaire Varenne, 2014, pp. 81-89, p. 81.

[79] R. Caplan, « Exit Strategies and State Building », *in* R. Caplan (*ed.*), *Exit Strategies and State Building*, Oxford, OUP, 2012, pp. 3-18, p. 12.

[80] I. Osterdahl, Esther van Zadelt, « [w]hat Will *Jus Post Bellum* Mean? Of New Wine and Old Bottles », *Journal of Conflict & Security Law*, vol. 14, n°. 2, 2009, pp. 175-207, p. 175.

[81] Chr. Bell, « Of *Jus Post Bellum* and *Lex Pacificatoria*. What's in a Name? », *in* C. Stahn, J. S. Easterday, and J. Iverson (*ed.*), *Jus Post Bellum. Mapping the Normative Foundations*, Oxford, OUP, 2014, pp. 181-206, p. 197.

[82] *Ibid.*, p. 179.

paix)[83], les périodes post-conflits, quant à elles, se terminent, entre autres, par l'adoption d'une constitution de sortie de crise, par l'organisation d'élections Présidentielles ou par l'indépendance d'un territoire sécessionniste.

La période « post-conflit » s'intéresse donc au lendemain des accords et résolutions de paix, répondant de manière exhaustive aux griefs clés, et faisant l'objet d'un engagement ferme et crédible de la part des protagonistes. Cependant, la période post-conflictuelle ne peut être réduite à la simple signature d'un accord de paix, même les accords de paix bien négociés échoueraient dans un État faible ou à cause la mauvaise foi des protagonistes. Certains auteurs prétendent que dix à quinze ans doivent s'écouler avant qu'une paix ne se consolide durablement. D'autres trouvent ce délai trop long : selon I. Samset, un État est qualifié de « post-conflit » si aucun nouveau conflit n'émerge au lendemain d'une guerre pendant deux ou trois ans après que celle-ci a pris fin[84].

Le terme « post-conflit » met l'accent sur des situations dans lesquelles les principales hostilités ont pris fin mais où le gouvernement national reste incapable d'exercer un contrôle effectif (au sens d'une capacité à préserver l'ordre public) sur le territoire en question sans aide extérieure. La reconstruction post-conflit est un terme qui peut englober un large éventail de mécanismes[85]. La doctrine fait référence aux mécanismes permettant de parvenir à une société stable, reconstituée et durable après un conflit. La reconstruction peut porter sur des questions de sécurité, de gouvernance, de justice transitionnelle, d'État de droit et d'économie. Elle peut comprendre la réforme des infrastructures, la construction physique et des projets plus ponctuels, tels qu'un programme de désarmement, de démobilisation et de réintégration. En ce sens, la reconstruction fait partie de la consolidation de la paix[86].

---

[83] P. McAuliffe, *Transformative Transitional Justice and the Malleability of Post-Conflict States*, UK, Edward Elgar, 2017, p. 5.

[84] *Ibid.*, pp. 7 et s.

[85] M. Saul, J. A. Sweeney, « Introduction », *in* M. Saul, J. A. Sweeney (*ed.*), *International Law and Post-conflict Reconstruction Policy*, New York, Routledge, 2015, pp. 1-20, p. 13.

[86] *Ibid.*, p. 14.

Aux fins de cet ouvrage, on entend donc par « État post-conflit » *stricto sensu*, un État qui est né, reconstitué ou réorganisé après un conflit armé interne, internationalisé ou international[87] (Kosovo, Sud-Soudan, *etc*.). Toutefois, étant donné que « L'histoire des sociétés se construit à travers divers évènements dont les émeutes, les rébellions, les révoltes, les révolutions, les coups d'État » et autres, l'on inclura l'« État post-conflit » *lato sensu* qui concerne les États « *post* coups d'États » (Haïti, Rwanda, Sierra-Léone, *etc*.). Il englobe également les États « post-révolutions »[88]. En effet, si un peuple se soulève contre un « régime autoritaire »[89], c'est parce qu'il juge illégitime l'ancien gouvernement[90]. Chaque peuple fait sa révolution, de manière plus ou moins brutale, pour répondre à une volonté de rupture avec l'ancien régime ou de renouvellement de la fondation de l'État[91]. Dans cette

---

[87] La définition selon laquelle un conflit armé international existe à « chaque fois qu'il y a recours à la force armé entre États et avec l'intention de nuire à l'ennemi » a évolué : en 2011, un conflit armé, déguisé en responsabilité de protéger, opposa l'Organisation du Traité de l'Atlantique Nord (OTAN) à l'État souverain de Lybie. Ce fut un conflit armé entre deux sujets de droit international.

[88] Une révolution peut être *de facto* ou *de jure* : dans le premier cas, elle n'a pas de fondement juridique, car elle va à l'encontre du droit. Dans le second cas, elle est déclenchée conformément au droit. Voir l'art. 2 de la Déclaration des droits de l'homme et du citoyen du 26 août 1789 (DDHC) de 1789 (la résistance à l'oppression) et la Déclaration d'indépendance du 4 juillet 1776, préambule.

[89] Un État totalitaire est celui qui détruit la société civile, qui se révèle capable d'une domination sans limite grâce à un dispositif de coercition politique, idéologique et policier tout-puissant, laissant la société atomisée et amorphe. Au début, l'autoritarisme était un concept employé pour qualifier l'État fasciste italien et l'État nazi allemand. Il est usité, de nos jours, pour désigner l'ensemble des régimes contraires à la démocratie. Voir J. Heurtaux, F. Zalewski, *Introduction Europe postcommunisme*, Bruxelles, Éditions De Boeck, 2012, p.32.

[90] R. Déchaux, « La légitimation des transitions constitutionnelles », *in* X. Philippe, N. Danelciuc-Colodrovschi (dir.), *Transitions constitutionnelles et Constitutions transitionnelles. Quelles solutions pour une meilleure gestion des fins de conflit ?*, Institut Universitaire Varenne, 2014, pp. 165-196, p. 165.

[91] N. Danelciuc-Colodrovschi, « L'incidence des influences constitutionnelles externes sur l'écriture et l'adoption des constitutions

logique, la notion d'« État post-conflit » s'étend à l'État « post-apartheid ».

En effet, « Between 1948 and 1993, the policies of apartheid followed by the State of South Africa made it the subject of considerable hostility from the international community, and cause it to be viewed as a delinquent state [...]. The policy of dualism followed by it allowed successive South African governments to ignore fundamental human rights instruments including the U.N. Charter. During this period, the constitutional text made no references to international law at all [...]. South Africa adopted a new interim constitution in 1993 which began the process of transformation of South African society in general, and to the attitude of South African institutions towards international law in particular »[92].

Le sens de l'État post-conflit peut également intégrer les États post-communistes » parce que les États communistes, dont ceux de l'Europe de l'Est, se sont reconstruits après le conflit idéologico-politique qui les opposa au « bloc de l'Ouest » pendant plus d'un demi-siècle[93].

---

postconflictuelles », *in* X. Philippe, N. Danelciuc-Colodrovschi (dir.), *Transitions constitutionnelles et Constitutions transitionnelles. Quelles solutions pour une meilleure gestion des fins de conflit ?*, Institut Universitaire Varenne, 2014, pp. 105-133, p. 105.

[92] Th. M. Franck, A. K.Thiruvengadam, « International Law and Constitution-Making », *Chinese JIL* (2003), pp. 467-518, p. 508.

[93] Cette bipolarisation du monde entre « bloc de l'Ouest », d'une part, et « Bloc de l'Est », d'autre part, prit fin en décembre 1991, avec la dislocation de l'Union des Républiques socialistes et soviétiques (URSS). En conséquence, entre 1990 et 2004, vingt-cinq États post-communistes, au moins, se sont reconstruits sur le plan économico-politique. C'est dans « ce cadre que s'insérait la question du passage (transition) des ordonnancements socialistes à ceux inspirés des principes de l'État constitutionnel, dominé par les principes classiques du constitutionnalisme ». La reconstruction des États de l'Europe de l'Est était soumise à des conditions en vue de faciliter leur adhésion au Conseil de l'Europe et à l'Union européenne. Voir la Déclaration du premier sommet du Conseil de l'Europe (Vienne, 9 octobre 1993). Voir égal. G. D. Vergottini, « Transitions constitutionnelles et consolidation de la démocratie dans les ordonnancements d'Europe centre-

> « [f]ollowing the collapse of the soviet empire, several states in Central and Eastern Europe have undergone radical transformations and have witnessed the substitution of totalitarian governments by relatively democratic structures. The era of constitution building which followed the anti-communist revolutions has resulted, in most of these countries, in a great willingness to open their legal systems up to the international by including appropriate provisions in their constitutions »[94].

Deux autres critères ont été utilisés pour choisir les cas d'étude : l'ingérence étrangère dans le processus de pacification et de reconstruction de l'État en crise et l'impact que celle-là a produit sur l'ordre juridique post-conflit. Il en est ainsi quand l'ordre juridique d'un État est institué ou révisé par (ou suite à) un accord de paix conclu sous l'égide de la communauté internationale ou d'États étrangers, ou suite à une décision d'une juridiction internationale[95]. Il ne suffit donc pas qu'il y ait un conflit et une intervention étrangère, encore faut-il que ces deux aient des incidences sur l'ordre juridique ou territorial des entités étatiques concernés en général et, plus particulièrement, sur « le régime politique et sur la forme de

---

orientale », *in Démocratie et liberté : tension, dialogue, confrontation mélanges en l'honneur de Slobodan Milacic*, Bruxelles, Bruylant, 2007, pp. 701-714 ; V. égal. Concernant la reconstruction des États *post* communistes, voir T. Frye, *Building States and Markets After Communism. The Perils of Polarized Democracy*, New York, Cambridge University Press, 1990, 300 p.

[93] G. D. Vergottini, « Transitions constitutionnelles et consolidation de la démocratie dans les ordonnancements d'Europe centre-orientale », *op. cit.*, p. 771 ; ou T. Frye, *Building States and Markets After Communism. The Perils of Polarized Democracy*, New York, Cambridge University Press, 1990, 300 p.

[94]Th. Franck, A. K.Thiruvengadam, *op. cit.* p. 505.

[95] Cette dernière hypothèse concerne par exemple l'ordre juridique du Sénégal, dont la Constitution et le Code pénal actuels furent révisés ou mis à jour suite au différend qui l'a opposé à la Belgique devant la Cour internationale de Justice (CIJ). *Questions concernant l'obligation de poursuivre ou d'extrader* (Belgique c. Sénégal), CIJ, arrêt du 20 juillet 2012, *Rec.* 2012.

gouvernement »[96] (troisième critère). Dès lors et, pour synthétiser, un « État post-conflit » est une entité politique qui, suite à un conflit armé ou non, a connu l'intervention de la communauté internationale et/ou d'acteurs internationaux, dans son processus de pacification et de reconstruction, qui a abouti, *in fine*, à la mise en place d'un nouveau système politico-juridique par une constitution adoptée ou révisée à cet effet. Sur le plan *ratione temporis*[97], l'État post-conflit correspond, restrictivement, à la période transitoire allant de l'arrêt définitif des hostilités actives jusqu'au terme de la transition constitutionnelle.

Et, *extensivement*, il peut s'étendre à la période « post-transition constitutionnelle » qui désigne le délai raisonnable d'adaptation au cours duquel le peuple bénéficiaire s'approprie la constitution internationalisée, en l'intégrant dans sa conscience juridique. J.-F. Calmette affirmait à cet effet, qu'il ne suffit pas « de se doter des institutions conformes à la démocratie pour que la réalité se métamorphose aussitôt »[98], il faut que le nouvel ordre constitutionnel s'adapte aux réalités sociologiques locales et, inversement, que le peuple se soumette aux nouvelles données juridico-politiques. Cette période « intégrative »[99] prend fin lorsqu'il n'y a plus de discordance entre les mondes « social » et « juridique » de l'État post-conflit :

---

[96] G. D. Vergottini, « Transitions constitutionnelles et consolidation de la démocratie dans les ordonnancements d'Europe centre-orientale », *op. cit.*, p. 702.

[97] Sur la question de la durée de la transition, lire vivement Ryerson Christie, Gilberto Algar-Faria, « Timely Interventions: Temporality and Peacebuilding », *European Journal of International Security*, 2020, pp. 55–178.

[98] J.-F. Calmette, « Le mimétisme constitutionnel à la lumière de la pensée de René Girard », *Droit écrit*, n° 3, 2002, p. 124. Une référence citée par N. Danelciuc-Colodrovschi, « L'incidence des influences constitutionnelles externes sur l'écriture et l'adoption des constitutions postconflictuelles », *in* X. Philippe, N. Danelciuc-Colodrovschi (dir.), *Transitions constitutionnelles et Constitutions transitionnelles. Quelles solutions pour une meilleure gestion des fins de conflit ?*, Institut Universitaire Varenne, 2014, pp. 105-133, p. 114.

[99] E. Cartier, *La transition constitutionnelle en France (1940-1945) : la reconstruction révolutionnaire d'un ordre juridique « républicain »*, Paris, LGDJ, 2005, p. 10.

c'est-à-dire à partir du moment où la conscience collective du peuple ne considère plus l'ordre juridique internationalisé comme une civilisation et/ou un droit imposés.

Étudier l'État post-conflit suppose d'écarter les expressions connexes.

B. Définition des notions avoisinant l'État post-conflit

Plusieurs concepts entrent dans le champ d'étude de l'État post-conflit. Certains d'entre eux entretiennent un lien étroit avec l'État post-conflit, tandis que d'autres ne sont que des intrus. Raison pour laquelle nous jugeons nécessaire de lever certaines équivoques en définissant l'État faible ou fragile « *weak or soft State* », l'État voyou « *rogue State* », le quasi-État « *quasi-State* », l'État effondré « *collapse State* », l'État internationalisé « *internationalized State* », l'État failli ou défaillant « *failed or failing State* », l'État en crise « *crisis State* », *etc.*

Le concept « État fragile ou faible » désigne des États caractérisés par une fragilité socio-économique et sécuritaire en rapport avec une fragilité de la gouvernance. Pour l'Organisation de Coopération et de Développement Economiques (OCDE), un « État est fragile lorsque les instances étatiques n'ont pas la volonté et/ou la capacité d'assumer les fonctions essentielles requises pour faire reculer la pauvreté et promouvoir le développement, et d'assurer la sécurité et le respect des droits de l'homme de la population »[100]. Selon G. Cahin, ce jargon a été forgé à l'époque des indépendances africaines pour caractériser les États dont le décollage économique est entravé par le sous-développement[101]. Ainsi, il n'entre pas dans notre

---

[100] Sur cette notion, voir J.-D. Mouton, « La mondialisation et la notion d'État », *in* SFDI, *L'Etat dans la mondialisation*, Colloque de Nancy (2012), Paris, Pedone, 2013, pp. 11-36, p. 15 ; F. Gaulme, « « États faillis », « États fragiles » : concepts jumelés d'une nouvelle réflexion mondiale », *Politique étrangère*, 1 : 2011, pp.17-29, p. 19 et 24 ; G. Cahin, « L'État défaillant en droit international : quel régime pour quelle notion ? », *in Droit du pouvoir, pouvoir du droit*, Mélanges offerts à Jean SALMON, Bruxelles, Bruylant, 2007, pp. 177-209, p. 179.

[101] *Ibid.*, p. 178.

champ lexical, dans la mesure où nous ne traitons pas des États sous-développés, même si certains d'entre eux sont qualifiés d'États sous-développés et « voyous ».

Le qualificatif « voyou », (*rogue* en Anglais), attribué à certains États par d'autres se considérant « civilisés », ne se réfère ni à la faiblesse ni au niveau de développement des qualifiés. En effet et, selon F. Guillaume, c'est sous l'Administration Clinton qu'une équipe gouvernementale, très friande en communication, proposa une vision délibérément négative de certains États qualifiés de « *rogue States* »[102]. Ce concept se fonde sur le comportement des États supposés brutaux, agressifs et opposés aux intérêts de l'Occident. Relevant ainsi de la propagande médiatique des États, le vocabulaire « État voyou » ne sera pas usité dans ce travail. Il en est de même pour le concept quasi-État.

Le mot « quasi-État » peut être compris dans deux sens : soit il s'agit d'une entité politique qui a réuni les éléments constitutifs d'un État en droit constitutionnel, mais n'a pas été reconnue pour être opérationnel au plan international ; soit il s'agit d'un État créé en bonne et due forme, mais qui a cessé d'être un « bon État » étant donné que sa survie est en question. La notion fut utilisée par R. Jackson qui dénonçait dès 1990 les États du Tiers-monde sans souveraineté autre que nominale ou négative[103]. Nous récusons ce concept pour deux raisons essentielles : d'un côté, le mot « État » ne doit pas avoir un sens réducteur, car objectivement, hormis un cataclysme naturel qui l'engloutirait, ou une arme de destruction massive qui l'effacerait du globe terrestre, ou encore sa transformation juridique dans le cadre d'une succession ou une fusion, l'État ne disparaît pas, et il ne devient non plus « un quasi-État » en raison de la fébrilité de sa souveraineté. De l'autre côté, il ne doit non plus avoir un sens émancipateur, en désignant un peuple qui n'est pas titulaire de la souveraineté étatique mais auquel le droit international reconnaît

---

[102] F. Gaulme, « « États faillis », « États fragiles » : concepts jumelés d'une nouvelle réflexion mondiale », *op. cit.*, p. 20.

[103] R. H. Jackson, *Quasi States : Souvereignty, International Relations and the Third Word*, New York, Cambridge University Press, 1990. V. égal. F. Guillaume, *op. cit..*, p. 21.

des droits divers, parce que le peuple est un « terme employé parfois à la place du mot État »[104]. Pour cette raison, la collectivité humaine concernée n'est ni un « quasi-État », *a fortiori* un « quasi-Peuple ». Elle est soit un État au sens du droit constitutionnel ou du droit international, soit elle ne l'est pas du tout.

Par ailleurs, un État peut s'effondrer. On parle alors d'un « État effondré » ou « évanoui » (*collapsed State* en Anglais). En latin populaire, le verbe s'effondrer vient du mot *exfunderare*, et en latin classique, il dérive du vocable *fundus*[105]. Dans tous les cas, il signifie tomber, disparaître, être anéanti, s'écrouler sous un poids excessif. L'ensemble de ces termes montre qu'en s'effondrant, l'État n'a pas pu survivre à la crise qu'il a connue, celle-ci entraînant *de facto* sa disparition ou sa désagrégation. Dans cette logique, l'« État effondré » peut être défini, comme l'État qui a intégralement ou partiellement disparu sous le poids de la crise qui le rongeait, en cédant provisoirement ou définitivement sa place à d'autres États ou à la communauté internationalement qui l'administre provisoirement. Contrairement à l'État en crise, l'État effondré perd ou est censé perdre sa qualité étatique, soit en raison de son démantèlement effectif et définitif, soit en raison de la perte de ses éléments constitutifs (pouvoir politique disparu, population sécessionniste, territoire morcelé, incapacité de rentrer en relation avec d'autres sujets du droit international). La fin des conflits armés est l'occasion de redessiner la nouvelle carte d'une région du monde[106] : de nouvelles frontières et des États post-conflits apparaissent, en ce moment-là, au détriment des empires et/ou des États vaincus. L'Empire austro-hongrois et celui de l'Empire Ottoman sont historiquement pertinents à titre illustratif. Après la Première Guerre mondiale, l'Empire austro-hongrois « voit cinq États lui succéder à l'issue des traités de paix »[107][108].

---

104 J. Salmon (dir.), *Dictionnaire de droit international public*, Bruxelles, Bruylant, 2001, p. 827.

105 *Le Petit Larousse illustré*, Paris, Larousse, 1992, p. 363.

106 V. Constantinesco, S. Pierré-Caps, *Droit constitutionnel*, Paris, PUF, 2016, p. 219 et s.

107 *Ibid.*, p. 220 : « l'Autriche a été réduite à la portion congrue, la Hongrie a perdu les deux tiers de son territoire et 60% de sa population, la Tchécoslovaquie, la Yougoslavie, la Roumanie ».

Quant à l'Empire Ottoman, il fut démembré à l'issue de la Première Guerre mondiale, notamment par le Traité de Sèvres de 1920. La France et le Royaume-Uni furent mandatés pour administrer certains territoires auparavant sous juridiction ottomane. Suite à la barbarie ethnocidaire qu'elle a vécue, l'ex Yougoslavie aussi s'est désintégrée, dans les années « 90 », en donnant naissance à six *États post conflits* indépendants[109]. À la lumière de ces exemples, un État effondré serait un État qui a perdu la quasi-totalité de ses éléments constitutifs, en cédant ainsi sa place à un ou plusieurs nouveaux États, qualifiés d'États post-conflits, en raison des circonstances belligènes qui ont souvent précédé leur naissance. N'existant plus juridiquement en tant que tel, l'État effondré n'est pas abordé dans ce travail. Cependant, nous pourrions nous référer pour un rappel des faits qui ont favorisé l'apparition d'un État post-conflit.

Un autre écueil à éviter est celui consistant à qualifier ces « États post-conflits » d'internationalisés.

L'épithète « internationalisé »[110] a été attribuée à deux États post-conflits. En employant la notion d'« État internationalisé », Thierry Vircoulon s'est inspiré de la République Islamique des Comores et de la République démocratique du Congo (RDC) pour illustrer son néologisme. Ces deux États ont bénéficié des bons offices

---

[108] V. Constantinesco, S. Pierré-Caps, *Droit constitutionnel*, Paris, *op. cit.*, p. 220.

[109] Jusqu'au début des années quatre-vingt-dix, la République fédérative socialiste de Yougoslavie (« RFSY») était composée des Républiques de Bosnie-Herzégovine, Croatie, Macédoine, Monténégro, Serbie et Slovénie ; la République de Serbie comportait elle-même deux provinces autonomes, la Voïvodine et le Kosovo. Voir l'affaire *Application de la Convention pour la prévention et la répression du crime de génocide* (*Croatie c. Serbie*) – Fond, CIJ, arrêt du 3 février 2015, *Rec.* 2015, §. 53.

[110] Selon Carsten Stahn « *The concept of the internationalisation of territories became established in nineteenth century, when groups of states, usually victors after war, shared administering authorities over territories, in order to settle cometing claims among themselves or to establish mulinational zones of power* ». C. Stahn, *The Law and Practice of International Territorial Administration : Versailles to Iraq and Beyond*, New York, Cambridge University Press, 2008, pp. 6-7.

de la communauté internationale qui a procédé à leur sauvetage *via* des accords de paix et la supervision de la transition politique[111]. La Mission des Nations Unies au Congo (MONUC) et la Mission de l'Union Africaine pour la sécurisation des élections aux Comores (AMISEC) étaient chargées de prévenir la violence et d'organiser le retour à la démocratie[112]. Pour lui, les deux opérations internationales de pacification/démocratisation ont eu le même effet : l'internationalisation de l'Etat[113]. Cependant, l'internationalisation d'un espace géographique n'est pas à confondre avec l'internationalisation d'un processus juridico-politique dans un État. L'internationalisation du système institutionnel par la mise en place d'organes internationaux ou mixtes de gouvernance ne signifie pas que l'État en crise est internationalisé.

L'« internationalisation territoriale » se distingue de l'« internationalisation fonctionnelle ». La première concerne tous les espaces internationaux soustraits à la souveraineté des États au profit d'un usage libre de la communauté internationale, tandis que l'internationalisation fonctionnelle consiste à retirer des fonctions étatiques au droit interne des États pour les placer sous les auspices du droit international.

Les États (RDC et Comores) analysés par Thierry Vircoulon ont souverainement existé bien avant les opérations de maintien de la paix qu'ils ont connues.

S'il pouvait avoir un État internationalisé, ceux créés sous l'égide de la communauté internationale, tels que le Timor Oriental et le Kosovo, seraient mieux indiqués.

À rebours de cela, il existe, de nos jours, des ordres juridiques internationalisés, d'autant plus que l'ordre juridique ne s'identifie plus exclusivement à l'État-nation. Mais la communauté internationale ne

[111] Th. Vircoulon, « L'Etat internationalisé. Nouvelle figure de la mondialisation en Afrique », *Études* 2007/1 (Tome 406), pp. 9-20.

[112] Th. Vircoulon, « L'Etat internationalisé. Nouvelle figure de la mondialisation en Afrique », *Études* 2007/1 (Tome 406), pp. 9-20.

[113] *Ibid.*

peut fabriquer un ordre juridique au « profit » d'un État que lorsque celui-ci est défaillant et incapable de le faire par lui-même.

Le concept d'« État post-conflit » se rapproche néanmoins de celui de « *Failed State* »[114] en anglais, il signifie littéralement « État failli » en français. Selon G. Cahin, « le vocable d'État défaillant qui lui est souvent substitué est apparu au début des années « 90 » sous la plume de diplomates et politologues américains s'interrogeant sur la capacité et l'intérêt des États-Unis à intervenir dans des conflits internes dits déstructurés ou de basse intensité (*Low Intensity Wars*) »[115]. A. Renault aussi a employé les vocables « État fragile »[116], « État failli » et « État défaillant » de manière synonymique :

> « Les sociétés dont les situations sont les plus emblématiques d'un monde injuste sont presque toujours corrélées à des États plus ou moins « faillis » ou « défaillants », ou en tout cas fragilisés, dont il est difficile d'envisager qu'ils trouvent aisément en eux-mêmes les ressources et capacités de tous ordres nécessaires et suffisantes pour faire sortir leurs

---

[114] Le concept d'« État défaillant » est relativement nouveau dans les relations internationales et a gagné en importance au début des années 90 avec l'article de Helman et Ratner intitulé « *Saving Failed* States. Depuis lors, ce paradigme a été largement utilisé de diverses manières pour définir le phénomène d'États incapables de se maintenir comme membres de la communauté internationale.

[115] G. Cahin, « Le droit international face aux « États défaillants » », *in* SFDI, *L'Etat dans la mondialisation*, Colloque de Nancy (2012), Paris, A. Pedone, 2013, pp. 51-114, p. 51.

[116] C'est en 2005 que l'expression « État fragile » fut officiellement et formellement employée à l'occasion de la conférence internationale de Londres, parrainée à la fois par l'ONU, la Banque mondiale et l'OCDE. Hilary Benn, ministre travailliste du Développement et hôte de la conférence, est resté flou et imprécis en disant que les « Etats fragiles » se reconnaissaient d'emblée sans avoir à les définir. Heureusement que le Comité d'Aide au Développement (CAD) de l'OCDE nous a proposé une définition suivante : *un État est fragile lorsque le gouvernement et les instances étatiques n'ont pas les moyens et/ou la volonté politique d'assurer la sécurité et la protection des citoyens, de gérer efficacement les affaires publiques et de lutter contre la pauvreté au sein de la population.*

populations de graves difficultés qui les assaillent »[117].

Juridiquement, selon John Yoo, l'État défaillant est comparé à l'État idéal du système westphalien, qui exerce des pouvoirs souverains complets sur une population et un territoire donnés, avec un gouvernement qui monopolise la violence légitime et fournit des services publics de base, et ayant la capacité de contracter et respecter des obligations internationales[118]. Les mots « failli » et « défaillant » décrivent la situation de fragilité dans laquelle se trouve l'État auquel ils se rattachent. *The failed State* a été défini par la *London School of Economics* (LSE) comme un pays « qui ne peut plus assurer sa sécurité et qui n'a plus aucun contrôle sur son territoire et ses frontières »[119]. Sur le plan structurel, est défaillant, l'État dont la désintégration partielle de ses éléments constitutifs affecte sa formation structurelle de base. Sur le plan fonctionnel, est « défaillant », l'État qui est dans l'incapacité d'exercer tout ou partie de ses fonctions régaliennes de base en raison de la disparition totale ou partielle d'une autorité étatique effective sur son territoire. Si les États défaillants ne perdent pas leur qualité d'États, ils sont « cependant diminués par l'impossibilité ou la grande difficulté qui est la leur d'assumer les obligations internationales attachées à leur statut et à exercer les attributs de leur souveraineté »[120]. G. Cahin affirme que l'« État défaillant » n'est pas inconnu en droit international, dans la mesure où les défaillances d'État désignaient au début du XXe siècle le manquement d'un État à son engagement juridique de faire le service de l'emprunt public qu'il avait contracté, en suspendant le paiement des intérêts ou de l'amortissement, en payant en monnaie dépréciée ; selon la gravité de la défaillance, il y avait alors faillite ou

[117] A. Renault, « Cosmopolitisme et justice globale. Une approche par l'extrême », *in* O. De Frouville (dir.), *Le cosmopolitisme juridique*, Paris, A. Pedone, 2015, 275-293, p. 276.

[118] Voir K. Chan, « State Failure and the Changing Face of the Jus ad Bellum », *Journal of Conflict & Security Law*, 2013, pp. 395-426, p. 399.

[119] Voir F. Gaulme, « Consolider les Etats fragiles », *Études* 2010/6 (Tome 412), p. 729-740, p. 730.

[120] G. Cahin, « Le droit international face aux « États défaillants » », *in* SFDI, *op. cit.*, p. 114.

banqueroute de l'État[121]. C'est Daniel Thürer qui a donné la définition de la défaillance de l'État la plus largement acceptée par la doctrine en déclarant que l'État défaillant est invariablement le produit d'un effondrement du pouvoir qui assure le maintien de l'ordre public, un processus généralement déclenché et accompagné de violence interne[122].

La relation de cause à effet entre l'effondrement du gouvernement, des institutions publiques et l'incapacité de l'État à remplir ses obligations en vertu du droit international constitue la clé de voûte de ce paradigme[123]. Le concept « État défaillant » sera employé dans cet ouvrage en raison de ses accointances avec l'État post-conflit et l'État en crise.

D'aucuns rapprochent la notion d'« État défaillant » de celle d'« État en crise ». Pourtant, deux subtilités peuvent être relevées : la première concerne le degré de défaillance de l'État. Comparé aux humains, on peut dire qu'aucun n'État n'est parfait. Les services sociaux relativement performants en France par exemple, sont quasi-inexistants aux États-Unis. Cela signifie-t-il que les États-Unis sont défaillants ? Sur ce plan, oui. Cependant, ce type de défaillance n'affecte pas, en principe, l'exercice des fonctions régaliennes de l'État. En 2016, à la suite des attentats terroristes qui ont frappé la Belgique, le premier ministre Charles Michel répond aux critiques d'inefficacité faites à l'État belge en déclarant qu'il ne peut accepter l'idée qu'il y aurait un État défaillant en Belgique. Pourtant, toute défaillance perturbant l'ordre public, la sécurité intérieure et extérieure d'un État, peut dégénérer en crise. D'où la deuxième subtilité, car si le qualificatif « défaillant » met l'accent sur l'incapacité de l'État à assumer ses fonctions traditionnelles, la « crise », quant à elle, peut toucher des entités autres que celles étatiques. De toute façon, est défaillant, l'État qui n'arrive pas à résoudre ses propres problèmes sans assistance étrangère.

---

[121] *Ibid.*, p. 51.

[122] K. Chan, « State Failure and the Changing Face of the Jus ad Bellum », *Journal of Conflict & Security Law*, 2013, pp. 395-426, p. 400.

[123] *Ibid.*, p. 400.

L'« État en crise » est tout État se heurtant à des problèmes graves et persistants ou se trouvant plongé dans une situation de tension extrême pouvant entraîner des risques importants de désastre humanitaire ou de menace à la paix et à la sécurité. Il inclut les États où des gouvernements démocratiquement élus sont victimes d'un renversement ou une tentative de renversement[124]. Dans cette perspective, l'« État en crise » est un terme générique, désignant l'ensemble des difficultés ou troubles profonds qui touchent un État (au sens sociologique du concept), tant sur le plan socio-économique que sur le plan politico-juridique, et dont l'ampleur interpelle la communauté internationale, soit pour endiguer le drame et apporter des solutions, soit pour prévenir sa répétition. C'est dans cette optique qu'Y. B. de Neuilly mentionnait :

> « La gestion internationale des « crises » est une pratique routinière de plus en plus standardisée. Si, localement, la « crise » elle-même peut se traduire par un effondrement des institutions étatiques et par une désectorisation de l'activité tactique de ses protagonistes nationaux, sa prise en charge internationale est opérée par des professionnels de la gestion de crise (diplomates, militaires, policiers, magistrats, humanitaires, acteurs de l'aide au développement, *etc.*) dont les initiatives sont puissamment canalisées par la sectorisation tendancielle des relations internationales. Ces investissements multiples et différenciés, dans leurs modes opératoires et leurs effets, contribuent à la fois à consolider l'autonomie de ces secteurs d'activités distincts et à imposer aux « bénéficiaires » de ces interventions des pratiques et des standards d'État »[125].

Il ressort de ce qui précède que si notre étude porte sur l'« État post-conflit », les expressions « État ou société en crise »[126] et « État

---

[124] CEDEAO, Protocole relatif au mécanisme de prévention, de gestion, de règlement des conflits, de maintien de la paix et de la sécurité de 1999, Préambule.

[125] M. Aït-Aoudia, A. Roger (dirs.), *La logique du désordre. Relire la sociologie de Michel Dobry,* Presses de Sciences Po (P.F.N.S.P.), « Académique », 2015, p. 221.

[126] La notion d'« État en crise » est adaptée tant que la crise n'a pas pris fin. À partir du moment où les solutions de sortie de crise acceptées par

défaillant » peuvent également être utilisées dans ce travail[127]. Pour schématiser, retenons que l'« État défaillant » est comparable à une personne physique manifestant les symptômes d'une maladie. Si son système immunitaire est performant, elle ne tomberait pas malade. En ce sens, la défaillance de l'État ne nécessite pas une intervention étrangère. Mais si son système immunitaire s'avère défaillant, la personne serait malade, et aurait besoin d'être soignée. Cet état de maladie de la personne physique, correspondrait à un « État en crise » : si le malade ne se fait pas soigner, il risque sa vie, tout comme l'État en crise, si la communauté internationale n'intervient pas, à temps, des massacres irréparables pourraient avoir lieu et l'État risquerait de se disloquer. L'« État post-conflit », quant à lui, est comparable à la personne en état de convalescence. Cette période de convalescence part du diagnostic de la maladie au retour du malade à une bonne santé physique et psychique. Analogiquement, un État entre dans une période « post-conflit » à partir de l'arrêt des hostilités actives jusqu'à la fin de la transition constitutionnelle en passant par la mise en œuvre des accords et des résolutions de paix négociés sous l'égide de la communauté internationale.

Section 2. Intérêt et problématisation

L'intérêt de cette étude est d'ordre pratique et académique. Sur le plan pratique, elle permet de comprendre comment les acteurs internationaux, dont l'ONU, déconstruisent les conflits armés à travers les administrations de paix et (re)construisent les États post-conflits *via* les opérations de consolidation de la paix multidimensionnelles[128]. L'interconnexion entre la paix interne et celle universelle se justifie, entre autres, par la situation des réfugiés et la répercussion des effets néfastes des crises sur les États voisins et la communauté internationale. Raison pour laquelle la conscience juridique des

---

tous les protagonistes ont été réalisées, et que la paix recouvrée suit son cours, cette qualification, devenue obsolète, cède sa place à l'État post-conflit.

[127] Des notions voisines seraient exceptionnellement évoquées en référence aux citations.

[128] Voir *infra*, Partie I, Chapitre 1.

peuples désire une organisation parfaite de la paix perpétuelle[129] : peu importe que le *jus contra bellum* soit consacré par un traité ou par une constitution. L'originalité de cette étude réside dans le fait qu'elle relève, étudie et analyse la substance constitutionnelle des « administrations de paix »[130] affectant, directement ou indirectement, l'ordre constitutionnel des États post-conflits.

Sur le plan académique, notre travail de recherche théorise et conceptualise la reconstruction d'États post-conflits. Pour ce faire, elle s'appuie sur une analyse des rapports entre les systèmes juridiques internes et internationaux. Le droit constitutionnel contemporain évolue substantiellement, parce que des éléments internationaux y pénètrent remarquablement.

Parlant de l'internationalisation du droit constitutionnel, D. Colard affirme qu'elle « est riche et concerne les deux branches du droit souvent inséparables : le droit international [...] public et [...] le droit constitutionnel »[131]. Selon lui, il existe entre l'aspect interne et international des disciplines juridiques une sorte de dialectique, d'interaction, ou d'interférence, surtout dans le contexte d'un processus de mondialisation de la société internationale qui se répercute nécessairement sur les sociétés juridiques nationales[132].

Les constitutions internationalisées, qui représentent la toile de fond de la récente évolution des rapports entre droit constitutionnel et droit international, garantissent la paix et les droits fondamentaux dans

---

129 B. Mirkine-Guetzévitch, *Droit constitutionnel international, op. cit.*, p. 15.

130 Voir Partie I.

131 D. Colard, « Introduction » de la table ronde : Internationalisation des constitutions, constitutionnalisation de l'ordre juridique international et globalisation des valeurs, *in* P.-F. Laval, R. Prouveze, *L'ONU, entre internationalisation et constitutionnalisation*, Pedone, 2015, pp. 97-100, p. 97.

132 D. Colard, « Introduction » de la table ronde : internationalisation des constitutions, constitutionnalisation de l'ordre juridique international et globalisation des valeurs, *in* P.-F. Laval, R. Prouveze, *L'ONU, entre internationalisation et constitutionnalisation*, Paris, Pedone, 2015, pp. 97-100, p. 97.

les États en conflits. En outre, depuis la codification de la légitime défense « collective »[133] et « individuelle »[134] dans la Charte de l'ONU, toute intervention étrangère dans un État en crise doit être « autorisée »[135] ou « dirigée »[136] par l'ONU. Cela montre que notre sujet d'étude a, également, un lien privilégié avec le droit de la sécurité internationale[137]. Étant donné que des fonctionnaires internationaux exercent des fonctions gouvernementales dans des territoires et des États post-conflits comme la Bosnie-Herzégovine, cette étude entretient également un lien étroit avec « le droit administratif global ». Il pourrait être intéressant, par exemple, de voir comment la responsabilité administrative est mise en œuvre en période d'administration internationale de territoire (AIT) et comment celle-ci s'articule avec les immunités des fonctionnaires internationaux. Cependant, nous écartons cette approche administrative au profit de l'aspect constitutionnel des processus de paix que nous trouvons plus problématique (**§1**), dans la mesure où quelques hypothèses nous intriguent déjà (**§2**).

§ 1. Problématique

Le terme « interaction », qui sous-tend les rapports de système, suggère l'idée d'une action mutuelle[138]. Pourtant, relevant du mouvement des modèles politico-juridiques, les constitutions internationalisées s'inscrivent dans une interaction asymétrique voire à sens unique à travers le système « prêteur-receveur »[139]. Deux situations peuvent étayer cela. D'abord, le mimétisme, qui ne sera pas

---

133 Charte des Nations Unies, arts. 42 et 43.

134 *Ibid.*, art. 51.

135 *Ibid.*, art. 53.

136 *Ibid.*, arts. 1 et 24.

137 Pour plus de détails sur cette notion, voir M. Forteau, *Droit de la sécurité collective et droit de la responsabilité internationale de l'État*, Paris, Pedone, 2006, 699 p.

138 E. Fromageau, *La théorie des institutions du droit administratif global. Étude des interactions avec le droit international public*, Bruxelles, Bruylant, 2016, p. 2.

139 J.-B. Auby, « Repenser le droit à l'aune de la globalisation juridique ? », *in* B. Bonnet (dir.), *Traité des rapports entre ordres juridiques*, Paris, LGDJ, 2016, pp. 261-277, p. 264.

étudié ici, permet aux États emprunteurs d'importer les modèles juridico-politiques ainsi que les normes internationales pour se donner une bonne image à l'étranger, alors même qu'ils ne sont pas prêts à assumer les conséquences juridiques qui en résultent. La seconde situation, en rapport avec cette étude, concerne l'insertion directe – lors des processus de paix internationalisés - du droit international dans des constitutions de sortie de crise.

Ce dernier cas de figure est vraiment problématique, ne serait-ce qu'en raison du fait que les constitutions internationalisées défient la théorie malbergienne de la collaboration selon laquelle l'État se compose, avant tout, d'êtres humains, et que toute organisation les concernant, doit tirer sa force de la volonté de la masse même de ce peuple[140]. Or, la Constitution de la Bosnie-Herzégovine a été rédigée à Dayton (États-Unis) et signée à Paris (France) en 1995. Celle de la République de Chypre de 1960 aussi fut élaborée par la Grande Bretagne, la Grèce et la Turquie. Cette internationalisation du « pouvoir constituant national » est tellement extraordinaire que F. Terré se demande « par quelle singulière aberration un peuple adulte a pu ainsi aliéner [...] le soin de dire son droit entre les mains d'hommes qui lui sont extérieurs »[141]. D'ailleurs, il n'est pas le seul à s'interroger ainsi : N. Bhuta mentionne à son tour : « *In chapter 7 of book 2 of the social contract, Rousseau ponders the problem of creating of new political orders – new states. The pressing question he confronts is, who would be capable of divising the rules and institutions for other people* ? »[142]. Dès lors, nous nous demandons, si le providentialisme de la communauté internationale (administrations de paix, reconstruction juridico-institutionnelle d'États post-conflits, assistance constitutionnelle, *etc.*) et l'autonomie constitutionnelle des États (post-conflits) sont compatibles.

---

[140] R. C. De Malberg, *Contribution à la théorie générale de l'État*, Paris, Dalloz, 2004, pp. VII-VIII.

[141] F. Terré, *Introduction générale au droit*, Paris, Dalloz, 1998, p. 210. Voir M.-L. Mathieu, « Repenser l'ordre et la nécessité », *in* B. Bonnet (dir.), *Traité des rapports entre ordres juridiques*, Paris, LGDJ, 2016, pp. 241-259, p. 254.

[142] N. Bhuta, « Against State-building », *Constellation*, volume 15, n° 4, 2008, pp. 517-542, p. 517.

Dans tous les cas :

> « [t]he increasing involvement of international actors in various forms of international missions to supervise reconstruction or peace-building processes has raised many questions regarding the applicable legal framework, in terms of both the rights and obligations of the actors involved in the post-conflict phase and the content of reconstruction and reform »[143].

L'universalité de l'humanité et de certains droits humains constitue le fondement ou la justification juridico-morale de l'ingérence ou du providentialisme de la communauté internationale dans des États en crise. Ainsi, cet universalisme juridique s'y déploie, formellement, par le biais du « transconstitutionnalisme global »[144] qui

---

[143] E. De Brabandere, « The Responsibility for Post-Conflict Reforms: Critical Assessment of Jus Post Bellum as a Legal Concept », *Vanderbilt Journal of Transnational Law*, 2010, pp. 119-150, p. 120.

[144] Le dix-huitième siècle fut caractérisé par le développement d'un mouvement idéologique puissant : *le constitutionnalisme* qui concevait la liberté et le pouvoir comme antinomiques. Pour garantir la liberté, il faillait quelques règles fondamentales d'organisation, appelées « Constitution ». Voir F. Hamon, M. Troper, *Droit constitutionnel*, LGDJ, 2016, p.30.

Nous qualifions de « transconstitutionnalisme global », le phénomène ou « projet » de transposition du constitutionnalisme d'origine occidentale (Grande Bretagne, États-Unis, France, *etc.*) dans le reste du monde, c'est-à-dire qu'il circule d'un État (post-conflit ou non) à un autre, d'une région à l'autre, d'un continent à l'autre. Il est essentiellement fondé sur trois piliers : d'abord, tout État moderne doit avoir désormais une constitution clairement rédigée ; ensuite, toute Constitution doit distribuer les pouvoirs au sein de l'État ; enfin, elle doit impérativement garantir les droits humains. Le respect de ces trois piliers contribue bien évidemment au maintien de la paix dans le monde. Par contre, le non-respect de ces éléments est source de beaucoup de conflits comme cela est exprimé *expressis verbis* dans le préambule de la Déclaration des droits de l'homme et du citoyen de 1789 : « […] *considérant que l'ignorance, l'oubli ou le mépris des droits de l'homme sont les seules causes des malheurs publics et de la corruption des Gouvernements,* ont résolu d'exposer, dans une Déclaration solennelle, les droits naturels, inaliénables et sacrés de l'homme, afin que cette Déclaration, constamment présente à tous les membres du corps social, leur rappelle sans cesse leurs droits et leurs devoirs ; afin que les actes du pouvoir législatif, et

caractérise la plupart des processus de reconstruction d'États post-conflits. En revanche, en raison de sa compatibilité incertaine avec « la particularité des cultures, des peuples et leurs droits spécifiques »[145], il est souvent perçu de manière suspicieuse, comme étant une stratégie des anciens pouvoirs coloniaux pour amener les autres peuples à adopter leurs valeurs.

Même les États tels que la Chine, le Singapour et autres, qui sont pourtant « des modèles de réussite économique », ne sont pas favorables à une universalisation ou à une cosmopolitisation dans le domaine politique ou dans celui de la culture[146].

Les philosophes Jocelyne Couture et Kai Nielsen semblent fondés à poser le problème en des termes très simples : « L'idée que chaque personne a des devoirs moraux à l'endroit de l'humanité tout entière est peut-être une bonne nouvelle pour certains, mais qui définira le contenu de ces devoirs et les droits qui y correspondent ? Qui, au nom de l'égalité de tous, s'arrogera la tâche d'enseigner au reste de l'humanité ce qui est bon pour elle ? »[147].

A contrario, la paix étant le *telos* originel du cosmopolitisme juridique[148], il est impératif qu'elle soit maintenue partout dans le monde, par le truchement du règlement des conflits par le droit. Pour ce faire, notre propos est de réfléchir, dans la mesure du possible, aux modalités qui permettent à l'universalisme juridique (droit transcendant tous les relativismes juridico-culturels) de se déployer, au nom de la paix, sans être accusé d'impérialisme juridique. Ainsi, l'universalisme juridique étant le doit commun de la « communauté

---

ceux du pouvoir exécutif pouvant être à chaque instant comparés avec le but de toute institution politique, en soient plus respectés ; afin que les réclamations des citoyens, fondées désormais sur des principes simples et incontestables, tournent toujours au maintien de la Constitution, et au bonheur de tous [...] ».

145 L. Lourme, « Quatre observations problématiques à propos du cosmopolitisme juridique contemporain, *in* O. De Frouville (dir.), *Le cosmopolitisme juridique*, Paris, Pedone, 2015, pp. 115-125, p. 121.

146 *Ibid.*, p. 121.

147 *Ibid.*, p. 121.

148 *Ibid.*, p. 124.

universelle »[149], nous comptons étudier plusieurs processus de pacification ainsi que des transitions constitutionnelles internationalisées en vue de comprendre dans quelle mesure on peut avoir une adéquation entre la constitutionnalisation du droit international dans les États post-conflits, gage d'une paix durable dans le monde, d'une part, et le respect du relativisme juridico-culturel de ces États post-conflits, garanti par le principe de la liberté des peuples à disposer d'eux-mêmes[150], d'autre part. Pour relever ce défi, la communauté internationale dispose de techniques conformes à la Charte des Nations Unies. À dire vrai, les constitutions internationalisées perturbent non seulement l'ordre juridique international, mais aussi et, surtout, l'ordre juridique interne. Cela suscite plusieurs hypothèses à confirmer ou à infirmer.

§ 2. Démarche scientifique

Les idées problématiques évoquées ci-haut suscitent plusieurs hypothèses dont la vérification exige une recherche empirique (**A**). Celle-ci est appuyée, dans l'analyse des faits, par les méthodes comparative, formaliste (ou positiviste) et épistémologique. De plus, la conceptualisation, la qualification et la théorisation de la pratique (ou des faits) ont permis de construire un raisonnement et des analyses autour d'un plan de travail (**B**).

A. Hypothèses

La question du fondement des administrations de paix pose un problème au plan international : elles ne sont pas prévues, *expressis verbis*, par la Charte de l'ONU. De plus, quand elles débouchent sur la mise en place d'un nouveau système politique dans un État, elles pourraient être vues comme contraires à la souveraineté et à la liberté des peuples à disposer d'eux-mêmes[151]. Le premier effet juridique, qui

---

[149] R. Nollez-Goldbach, « Les paradoxes de l'humanité juridique », *in* O. De Frouville (dir.), *Le cosmopolitisme juridique*, Paris, A. Pedone, 2015, pp. 127-135, p. 127.

[150] Charte des Nations Unies du 26 juin 1945, art. 1 (2).

[151] Abdoulqawi Ahmed Yusuf, « Droit des peuples à disposer d'eux-mêmes : ne sert qu'une fois », *in* H. Ascension, P. Bodeau-Livinec, M. Forteau, F. Latty, J.-M. Sorel, M. Ubéida-Saillard (dirs), *Dictionnaire des*

perturbe à la fois les ordres juridiques interne et international, est la remise en cause de la *summa divisio* droit interne – droit international. Il s'ensuit que *la première hypothèse* - que nous avons à l'esprit - est que l'ordre juridique internationalisé intègre les deux rameaux (branches) du droit public (interne et international) au sein duquel tout sera dorénavant « affaire de droit applicable »[152].

Le second effet juridique, qui résulte du premier, est lié au fait que cette nouvelle donne nous invite à déconstruire la pyramide kelsénienne des normes, au profit d'une nouvelle théorie. Si le juge R. Abraham a raison d'affirmer que « dans l'ordre interne, tout procède de la constitution »[153], l'émergence des constitutions internationalisées oblige à s'interroger : tout procède désormais de la constitution *ut singuli*, du droit international ou des deux à la fois ? La place des constitutions internationalisées « suggère l'idée d'un déplacement puis d'un replacement de la constitution dans le système des sources du droit. Pour le dire autrement, il ne s'agirait de rien moins que de revoir son rang et donc, ses fonctions et son influence dans et sur le(s)

---

idées reçues en droit international, Paris, Pedone, 2017, pp. 176-180, p. 176 : « Pourtant, avec la fin du colonialisme, le droit à l'auto-détermination n'est pas devenu une notion juridique d'intérêt simplement historique qui aurait épuisé son rôle en droit international. Il a, de fait, un regain d'importance pour avoir été consacré dans les deux pactes internationaux de 1966, la déclaration relative aux principes de droit international touchant les relations amicales et la coopération entre les États (1970), l'acte de final d'Helsinki (1975), la Charte africaine des droits de l'homme et des peuples (1981), et la déclaration et le programme d'action de Vienne adoptés par la conférence mondiale sur les droits de l'homme (1993). Loin de n'avoir « servi qu'une seule fois », à savoir l'accession des peuples coloniaux à l'indépendance, le droit des peuples à disposer d'eux-mêmes n'a en réalité jamais cessé d'exister une fois cette indépendance acquise, dans la relation qui unit ces peuples à leur État. On parle alors d'auto-détermination interne ».

[152] M. Forteau, « Repenser la logique de traitement des rapports entre ordres juridiques. *Changer de regard : tout ne serait-il pas affaire de droit applicable, plutôt que d'ordres juridiques ?* », *in* B. Bonnet (dir.), *Traité des rapports entre ordres juridiques*, Paris, LGDJ, 2016, pp. 633-649.

[153] R. Abraham, *droit international, droit communautaire et droit français*, Paris, Hachette, 1989, p. 35-36.

système (s) ou ordre (s) juridique (s) »[154]. La globalisation du droit déstabilise, mais ne rend pas totalement caduque la conception classique de la hiérarchie des normes et des rapports entre ordres juridiques[155].

Le troisième effet juridique, qui correspond à notre seconde hypothèse, est lié à l'insertion directe des instruments juridiques internationaux dans des constitutions post-conflits. La Convention européenne des droits de l'homme, par exemple, a été, sans ratification préalable, directement introduite dans l'ordre constitutionnel de la Bosnie-Herzégovine en 1995 et du Kosovo en 2008. La Charte des Nations Unies, les deux Pactes internationaux relatifs aux droits de l'homme de 1966 et la Déclaration universelle des droits de l'homme (DUDH) de 1948 ont été directement insérés dans la Constitution afghane de 2004. Les trois premiers instruments juridiques (traités en forme solennelle), qui relèvent de la « *hard law* » internationale, sont placés sur le même piédestal que la DUDH (résolution) qui appartient, formellement, à la « *soft law* » internationale.

L'idée générale qui se dégage, à partir de ces deux hypothèses, donne l'impression que les constitutions internationalisées sont, en soi, une victoire du monisme juridique sur le dualisme juridique, dans la mesure où les normes internationales sont directement introduites dans l'ordre constitutionnel des États post-conflits, en dépit des trois règles d'or du dualisme à savoir : (**1**) l'exigence des procédures et actes internes de transposition du droit international dans l'ordre juridique interne ; (**2**) l'indépendance de l'ordre interne vis-à-vis de l'ordre international ; (**3**) l'indifférence du droit international au regard de l'ordre interne. En réalité, l'internationalisme juridique a considérablement pénétré la « vie privée » (s'il y en a) des États post-conflits, à telle enseigne qu'on se demande s'il leur reste un domaine

[154] P. Gaïa, « Repenser la place de la constitution », *in* B. Bonnet (dir.), *Traité des rapports entre ordres juridiques,* Paris, LGDJ, 2016, pp.345-407, p. 350.

[155] J.-M. Sauvé, « Repenser le rôle du juge ordinaire – Les voies d'un pluralisme ordonné : de la circulation des droits à l'intégration des ordres juridiques », *in* B. Bonnet (dir.), *Traité des rapports entre ordres juridiques,* Paris, LGDJ, 2016, pp. 713-724, p. 713.

réservé ou une souveraineté. Pourtant, la souveraineté suppose l'existence d'une autorité qui, par définition, n'a pas de supérieur ou du moins pas de supérieur terrestre[156].

B. Méthodologie et plan

Pour examiner ces différentes hypothèses, ce travail s'appuie sur différentes méthodes. En effet, chaque partie de cette étude obéit à une méthode particulière. Mais dans l'une ou l'autre parties, la méthode *analytico-épistémologique* (méthode transversale), sera notre fil conducteur.

À y voir de près, les techniques utilisées par la communauté internationale pour refonder l'ordre socio-juridique des États post-conflits oscillent entre l'action souple ou diplomatique et l'action contraignante. L'action diplomatique concerne, entre autres, l'assistance constitutionnelle que l'ONU et les États occidentaux apportent aux États en crise et aux entités indépendantistes. Cette expertise internationale entraîne, sans doute, la circulation des modèles politico-juridiques à travers le système « emprunteur-receveur ». Cela se traduit aussi par de nombreuses missions d'assistances électorales[157], y compris la certification internationale d'élections nationales et la conclusion de « traités-constitutions ». L'action contraignante, quant à elle, se manifeste généralement par des opérations de maintien de la paix autorisées à faire usage de la force : il peut s'agir, par exemple, d'une action coercitive du Conseil de sécurité visant à restaurer un gouvernement balayé par un coup d'État. *Pratico-réaliste*, cette première partie obéit logiquement à la méthode empirique. Celle-ci se justifie par le fait qu'il s'agira d'étudier plusieurs cas concrets, survenus dans différentes sociétés, réglés au cas par cas par la communauté internationale. L'ensemble de ces processus constitue une sorte d'administration de paix post-conflits (**Partie I**).

---

[156] *Ibid.*

[157] H. Nicolas, « Les techniques de participation des Nations unies à l'élaboration des constitutions », *in* P.-F. Laval, R. Prouvese (dirs.), *L'ONU entre internationalisation et constitutionnalisation*, Paris, A. Pedone, 2015, pp. 11-32, p. 11.

La plupart de ces processus de paix enclenchent une transition constitutionnelle qui correspond, *ratione temporis*, à la période pendant laquelle se met en place le mécanisme permettant le passage d'un ordre constitutionnel (n) à un autre (n + 1)[158] : (n) et (n + 1) étant les deux bornes de la période transitionnelle, c'est-à-dire son « moment instigateur » et son « moment aboutissant »[159]. C'est le moment où l'organisation des pouvoirs publics au sein de l'État est en pleine redéfinition, généralement, à la suite d'une situation conflictuelle. L'histoire constitutionnelle de la société en transition est dotée d'un effet déterminant : quand le constituant s'en inspire, l'alternance - ou la continuité - constitutionnelle devient partielle ou relative ; par contre, le fait pour lui de s'en éloigner absolument conduit à une « transition de rupture ou discontinuité constitutionnelle »[160].

Cela étant dit, quel que soit le cas de figure, en renonçant à tout ou à une partie de l'ancienne Constitution, le constituant se trouve confronté au choix des normes à écrire[161]. Les systèmes constitutionnels étant, dorénavant, institués par des constitutions écrites, la transition constitutionnelle est fondamentalement perçue comme le passage d'un texte constitutionnel à un autre[162] . Autrement dit, elle se réfère à la substitution d'un régime constitutionnel existant

---

[158] Une transition peut aboutir à trois cas de figure : 1°) le passage de (n) à (n + 1) = une évolution, une avancée positive ; 2°) le passage de (n) à (n – 1) = une régression, un changement négatif ; 3°) le passage de (n) à (n') = un retour ou une reconduction *in integrum* de la situation antérieure.

[159] E. Cartier, *La transition constitutionnelle en France (1940-1945) : la reconstruction révolutionnaire d'un ordre juridique « républicain », op. cit.*, p. 4.

[160] OIF, *Rapport sur l'état des pratiques de la démocratie, des droits et des libertés. Dynamique constitutionnelle dans l'espace francophone*, 2016, p. 32.

[161] *Ibid.*, p. 33.

[162] B. Gueye et M. P. Tiné, « La légitimité et la légitimation de la transition constitutionnelle par les élections en Afrique », *in* X. Philippe, N. Danelciuc-Colodrovschi (dir.), *Transitions constitutionnelles et Constitutions transitionnelles. Quelles solutions pour une meilleure gestion des fins de conflit ?*, Institut Universitaire Varenne, 2014, pp. 197-210, p. 198.

par un autre qui s'affirme à sa place[163]. Cette période « interconstitutionnelle »[164] sépare (ou marque) la disparition de l'ancienne Constitution et l'entrée en vigueur de la nouvelle. Ce processus peut intégrer les transitions démocratiques comprises comme le passage d'un régime politique autoritaire vers un régime politique démocratique « fondé sur la liberté et l'égalité »[165]. L'analyse de ces processus complexes oblige le juriste à étudier l'ensemble des normes, matériellement et formellement constitutionnelles, qui contribuent au changement axiologique de l'ordre juridique (**Partie II**). Cette deuxième partie obéira à la méthode comparative qui permettra de présenter les spécificités de chaque processus constituant par rapport aux autres.

L'implication des autorités internationales dans la reconstruction juridico-institutionnelle des États post-conflits prouve à suffisance ce que J.-B. Auby mentionnait avec raison. Selon cet auteur, nous sommes entrés dans une ère d'interconnexion, d'interprétation, verticale et horizontale des systèmes. Les phénomènes d'extraterritorialité juridique, les situations de transnationalité juridique, les schémas de *multilevel governance*, les réseaux d'institutions nationales et internationales, tout cela se multiplie et prospère, faisant un monde juridique dont la structure devient de plus en plus difficile à lire avec les concepts juridiques classiques, fondés sur la perception d'une structuration différente[166]. Ce constat, qui s'amplifie davantage avec l'émergence des constitutions internationalisées, nous incite à porter notre regard sur l'impact réel de celles-ci sur l'ordre juridique entier des États post-conflits, (**Partie III**). Théorico-expérimentale, cette troisième partie sera fondée sur une démarche *positivo-formaliste* qui envisagera une théorie

---

[163] G. D. Vergottini, « Transitions constitutionnelles et consolidation de la démocratie dans les ordonnancements d'Europe centre-orientale », *op. cit.*, p. 702.

[164] J.-P. Massias, *Le droit constitutionnel des États de l'Europe de l'Est*, Paris, PUF, 2008, p. 15.

[165] R. Goldstone, « Préface », *in* C. Hesse, R. Post (*ed.*), *Human Rights in Political Transitions : Gettysburg to Bosnia*, New York, Zone Book, 1999, p. 14.

[166] J.-B. Auby, « Repenser le droit à l'aune de la globalisation juridique ? », *op. cit.*, p. 261.

permettant la mise en œuvre des constitutions internationalisées dans l'ordre juridique interne.

PREMIERE PARTIE

LES ADMINISTRATIONS DE PAIX POST-CONFLITS : UNE PHASE PRE-CONSTITUANTE

Les administrations de paix consistent en une gestion organique des crises politiques violentes et/ou des conflits armés en vue de pacifier et réorganiser les sociétés belligènes sous l'influence de la communauté internationale[167]. Cette « influence »[168] active se manifeste par l'« ingérence »[169] protéiforme d'acteurs internationaux pour construire une paix positive dans un État[170]. Les experts en gestion des conflits soulignent qu'une paix durable passe par une large participation des opérateurs de paix à la gouvernance des crises internes[171]. Si, *ab initio*, l'ingérence ou l'intervention désignait exclusivement l'immixtion d'un État dans les domaines de

---

[167] En d'autres termes, nous entendons par « administration de paix », toutes les hypothèses où des acteurs étrangers et/ou nationaux exercent des prérogatives de la puissance publique sur un territoire dans le dessein de maintenir, de rétablir ou de construire la paix sous l'influence du droit international.

[168] Selon J.-L. Chabot, *l'influence* est « une relation entre acteurs dans laquelle l'un induit les autres à agir d'une manière autre que celle qu'ils auraient eue s'il n'y avait pas eu cette relation ». J.-L. Chabot, *Introduction à la politique*, Grenoble, PUG, 2003, p. 27.

[169] L'« ingérence » et l'« intervention » sont interchangeables. Voir J. Salmon (dir.), *Dictionnaire de droit international public*, Bruxelles, Bruylant, 2001, p. 579.

[170] C. Stahn, « *Jus Post Bellum* : Mapping the Discipline(s) », *American University International Law Review*, 2008, pp. 311-348, pp. 323 et s.

[171] D. A. Bekoe, *Implementing Peace Agreements : Leçons from Mozambique, Angola and Liberia*, New York, Palgrave Macmillan, 2008, p. 1.

compétence d'un autre État[172] ; de nos jours, elle est perçue comme toute action d'acteurs étrangers dans des matières « à propos desquelles le principe de souveraineté des États permet à chacun d'entre eux de se décider librement. Il en est ainsi du choix du système politique, économique, social et culturel et de la formulation des relations extérieures. L'intervention est illicite lorsqu'à propos de ces choix, qui doivent demeurer libres, elle utilise des moyens de contrainte »[173]. Pourtant, les États défaillants sollicitent fréquemment l'intervention de partenaires internationaux dans leurs affaires internes et, inversement, les protagonistes de crises internes aussi consentent à des offres de médiation de paix. De plus, des opérations d'imposition de la paix peuvent également être enclenchées ou autorisées par le CSNU dans l'intérêt public universel, dont le maintien de la paix et de la sécurité internationales[174].

Au XIXè siècle, la base juridique des administrations de paix était essentiellement conventionnelle. Cette logique a continué jusqu'au début du XXè siècle dans la mesure où les administrations de paix, pendant la période d'entre deux-guerres, trouvaient leur fondement juridique dans l'article 22 du Pacte de la SDN, complété par un mandat établi au cas par cas. Puis, depuis 1945, d'autres administrations de paix ont été instituées, par des résolutions du CSNU, sur le fondement du Chapitre VII de la Charte de l'ONU[175]. Or, recourir au Chapitre VII signifie que la situation concernée

---

[172] J. Salmon (dir.), *Dictionnaire de droit international public*, *op. cit.*, p. 608.

[173] *Activités militaires et paramilitaires au Nicaragua et contre celui-ci* (Nicaragua c. Etats-Unis d'Amérique), CIJ, arrêt du 27 juin 1986, *Rec.* 1986, § 205.

[174] Tel fut le cas de l'*opération Tempête du désert (Desert Storm)* : nom donné à l'intervention militaire autorisée par l'ONU et réalisée par la coalition internationale sous le commandement des États-Unis du 17 janvier au 28 février 1991 en vue de mettre fin à l'occupation du Koweït par l'Irak.

[175] La plupart des opérations onusiennes investies de lourdes tâches administratives sont l'œuvre du CSNU. Leurs actes constitutifs doivent être lus conjointement avec les articles 29 et 98 de la Charte de l'ONU. L'article 29 autorise le Conseil à établir des organes subsidiaires nécessaire à l'exercice de ses fonctions. L'article 98 énonce que le SGNU s'acquitte de toutes autres fonctions que lui confie le CSNU.

présente un danger pour la communauté internationale. Cela nous amène à la question de savoir si la compétence du CSNU s'étend à des situations purement internes. Les États demeurant la base fondamentale du système juridique international, leur défaillance constitue une menace à la continuation de ce système. Ainsi, et selon R. Paris, la consolidation de la paix est sollicitée parce que les États post-conflits risquent de retomber dans la violence et se retrouver dans une situation de défaillance d'État[176] : d'où l'intérêt des administrations de paix pour résoudre les conflits *inter* et *intra*-étatiques, tout en corrigeant la défaillance qui caractérise certains États (**Chapitre 1**).

L'une des caractéristiques essentielles des administrations de paix réside dans leur nature temporaire. Une fois la paix restaurée, l'ordre constitutionnel rétabli et le territoire reconstruit, leur mission doit cesser. Dans les territoires post-conflits, les institutions constitutionnelles qui ont disparu *de facto*[177], sont substituées par des structures provisoires de droit interne et/ou de droit international public. Les accords et résolutions de paix, instituant ces « *transitional administrations* »[178], se substituent partiellement ou intégralement à l'ordre constitutionnel antérieur. Le nouvel ordre constitutionnel transitoire devient ainsi un trait d'union entre conflit et paix. N'ayant pas un sens univoque[179], la transition[180], en droit, concerne le passage d'un ensemble de règles sectorielles à un autre ou d'une constitution à

---

176 R. Paris, « *The Blurry boundary between Peacebuilding and R2P* », *in* Alex J. Bellamy and Tim Dunne (*ed.*), *The Oxford Handbook of Responsability to Protect*, Oxford University Press, 2016, pp. 509-523, p. 11.

177 Voir D. Dulong, *Sociologie des institutions politiques*, Paris, Éditions La Découverte, 2012, p. 12.

178 S. Chesterman, *You, the People. The United Nations Transitional Administration and State Building*, Oxford, OUP, 2004, p. 5.

179 G. D. Vergottini, « Transitions constitutionnelles et consolidation de la démocratie dans les ordonnancements d'Europe centre-orientale », *in Mélanges en l'honneur de Slobodan Milacic. Démocratie et liberté : tension, dialogue, confrontation,* Bruxelles, Bruylant, 2007, pp. 701-714, p. 702.

180 F. Collart Dutilleul, V. Pironon, A. Van Lang, « Avant-propos », *in* F. Collart Dutilleul, V. Pironon, A. Van Lang (dir), *Dictionnaire juridique des transitions écologiques*, Institut Universitaire Varenne, 2018, pp. 15-18, p. 17.

une autre[181]. Le champ matériel de la transition constitutionnelle ne vise pas que la constitution formelle car en période de crises internationalisées, il s'étendrait aux accords et résolutions de paix fixant le cadre constitutionnel des administrations de paix, dotées de pouvoirs étatiques. Le rôle de ce *jus post bellum constitutionnel*, dans la réalisation de la paix, est à la fois « institutionnel, processuel et substantiel »[182] (**Chapitre 2**).

---

[181] E. Cartier, *La transition constitutionnelle en France (1940-1945) : la reconstruction révolutionnaire d'un ordre juridique « républicain »*, Paris, LGDJ, 2005, p. 7.

[182] F. Collart Dutilleul, V. Pironon, A. Van Lang, *op. cit.*, p. 17.

CHAPITRE I

L'ETABLISSEMENT DES ADMINISTRATIONS DE PAIX COMME METHODE DE REGLEMENT DES CONFLITS

Les administrations de paix désignent l'institutionnalisation des processus de paix pour régler des situations conflictuelles. Instrument de gestion des conflits armés et des crises politiques violentes,[183] les administrations de paix répondent aux particularités casuistiques des crises[184]. Ayant un effet dissuasif, leur présence sur un territoire permet d'éviter les hostilités *de lege ferenda*[185]. Elles englobent toutes les hypothèses où des acteurs étrangers exercent temporairement des prérogatives de la puissance publique sur un territoire dans le dessein de maintenir, de rétablir ou de construire la paix.

À l'origine, elles étaient exercées par des États sous forme d'administration internationale de territoire (AIT)[186]. Puis, avec l'avènement des organisations internationales, la SDN entreprit des actions qui s'apparentaient, *mutatis mutandis*, à des opérations de maintien de la paix (OMP) : « des contingents nationaux furent placés sous le commandement d'un responsable nommé par la SDN.

---

[183] D. Zaum, « Exit and International Administrations », *in* Richard Caplan (*ed. by*), *Exit, Strategies and State Building*, New York, 2012, pp.137-158, p. 139.

[184] M. Beulay, « Les limitations portées aux actes des organisations internationales : le cas des administrations internationales de territoires contrôlées par les Nations Unies et de leurs Hauts Représentants », *RCADI*, 2014, pp. 227-271, p. 228.

[185] L.-A. Sicilianos, « Préface », *in* Robert Kolb, *Droit humanitaire et opérations de paix internationales*, Bruxelles, Bruylant, 2002, pp. VII-IX, p. IX.

[186] Traité de Versailles de 1919, art. 22, § 2. V. égal. M. Beulay, « Les limitations portées aux actes des organisations internationales : le cas des administrations internationales de territoires contrôlées par les Nations Unies et de leurs Hauts Représentants », *op. cit.*, p. 231.

Leur mission était de sécuriser les référendums à « Vilna »[187] et dans la Sarre »[188]. Une partie de la doctrine souligne qu'aujourd'hui ce sont les organisations internationales qui sont en charge d'administrer la paix *via* les AIT[189]. Celles-ci sont établies par des organisations internationales et basées sur un territoire pour y exercer des fonctions gouvernementales[190].

Les AIT sont une composante essentielle des administrations de paix[191]. Or celles-ci intègrent aussi les OMP[192]. Raison pour laquelle les auteurs qui ont essayé de distinguer les AIT des OMP ont vite reconnu certaines passerelles analogiques entre elles[193]. Leurs frontières « sont floues, car les cadres juridiques qui les régissent et les fonctions qu'elles exercent ont convergé au cours des deux

---

[187] Voir P.-E. Bourneuf, « La Société des Nations et la force internationale à Vilna (1920-1921) : un projet précurseur pour le maintien de la paix ? », *Relations internationales*, 2016/2 (n° 166), pp. 87-102.

[188] R. Kolb, *Droit humanitaire et opérations de paix internationales*, Bruxelles, Bruylant, 2002, p. 8.

[189] Voir R. Paris, « The Blurry boundary between Peacebuilding and R2P », *in* Alex J. Bellamy and Tim Dunne (*ed. by*), *The Oxford Handbook of Responsibility to Protect*, Oxford University Press, 2016, pp. 509-523. V. égal. D. Zaum, *op. cit.*, p. 139.

[190] D. Zaum, *ibid.* E. Vianès aussi soutient, dans la même logique, qu'une « une administration internationale post-belligérance est une institution politique créée et aux mains d'un acteur international, qui est lui-même une institution ou une organisation internationale ». E. Vianès, *Entre Guerre et Paix : les administrations internationales post-Belligérances*, Thèse soutenue devant l'Université Jean Moulin - Lyon 3 le 19 novembre 2012, p. 12.

[191] De manière conciliante, l'AIT désigne l'ensemble des activités gouvernementales - de nature civilo-militaire – exercées par des organisations internationales ou par des États étrangers sur un territoire belligène.

[192] P. Tavernier, « Année des Nations Unies 25 décembre 2012 – 24 décembre 2013 - Problèmes juridiques », *AFDI*, 2013, pp. 103-126, pp. 110 et s.

[193] M. Beulay, « Les limitations portées aux actes des organisations internationales : le cas des administrations internationales de territoires contrôlées par les Nations Unies et de leurs Hauts Représentants », *op. cit.*, p.253.

dernières décennies »[194]. Les opérations de paix multidimensionnelles sont des missions « hybrides » correspondant à l'évolution actuelle des OMP[195]. Les unes et les autres sont des méthodes de règlement des conflits renvoyant aux initiatives qui soutiennent des processus et structures transitoires favorisant le retour et la consolidation de la paix. R. Paris affirme que la tendance des décideurs politiques, au sein de l'ONU et ailleurs, à traiter la consolidation de la paix et la responsabilité de protéger (R2P) comme deux domaines distincts n'est plus viable[196].

Les administrations de paix obéissent à une logique globale, un double processus de déconstruction de la violence et de (re)construction de la paix. Ces deux processus, interdépendants, peuvent être entrepris simultanément ou successivement. La plupart des administrations de paix sont dotées d'une composante civile et d'une composante militaire[197], et elles intègrent la « R2P »[198]. Celle-ci est composée d'une triple obligation de prévenir, de réagir et de reconstruire[199].

D'une manière générale, une administration de paix est l'ensemble des opérations (AIT, OMP, R2P, *etc.*), de nature diffuse, exercées soit par une ou des organisation(s) internationale(s), soit par un État ou une coalition d'États étranger(s) en vue d'assurer, provisoirement, sur un territoire belligène, des fonctions étatiques ou

---

194 D. Zaum, *op. cit.*, p. 139.

195 M. Beulay, « Les limitations portées aux actes des organisations internationales : le cas des administrations internationales de territoires contrôlées par les Nations Unies et de leurs Hauts Représentants », *op. cit*, p. 230.

196 R. Paris, « The Blurry boundary between Peacebuilding and R2P », *op. cit.*, p. 519.

197 La Résolution 1244 du CSNU du 10 juin 1999, par exemple, autorisa en vertu du *Chapitre VII* de la Charte de l'ONU, le déploiement militaire (KFOR) et civil (MINUK) au Kosovo.

198 Voir Paul D. Williams, « *The R2P, Protection of Civilians, and UN Peacebuilding Operations* », Alex J. Bellamy and Tim Dunne (*ed. by*), *The Oxford Handbook of Responsibility to Protect*, Oxford University Press, 2016, 509-523.

199 CIISE, Rapport de 2001, p. XI.

de gouvernement. Cette position est confortée par le CSNU qui reconnaît que le rétablissement, le maintien et la consolidation de la paix sont souvent étroitement liés[200]. Le Conseil souligne que cette interdépendance exige une approche globale afin de préserver les résultats obtenus et de prévenir la reprise des conflits. Il réaffirme l'intérêt qu'il y a à inclure, selon qu'il convient, des éléments de consolidation de la paix dans les mandats des OMP[201]. Étant donné que l'ensemble des opérations susmentionnées se déploie dans des territoires belligènes ou post-conflictuels, cette réflexion s'applique à une dualité de sujets de droit (acteurs locaux et opérateurs de paix). Elle porte essentiellement sur des règles internationales « internalisées »[202] et sanctionnées par des juridictions et organismes internationaux. Ce qui fait qu'il s'agit d'administrations de paix à prédominance internationale.

La communauté internationale, en vertu de l'universalité de l'humanité et de la constitution universelle, s'institue comme le garant de l'ordre public dans des territoires post-conflits. Si la gouvernance d'un État ou d'une entité politique s'entend comme l'exercice du pouvoir pour gérer les affaires nationales ou locales, cela signifierait que gouverner, c'est à la fois administrer et gérer. En ce sens, gouverner et administrer sont interchangeables. Les États étrangers ainsi que les organisations internationales (OI) peuvent se voir confier de vastes compétences dans ce domaine non seulement dans des territoires non étatiques (**Section 1**)[203], mais aussi dans des États défaillants (**Section 2**).

---

[200] P. Tavernier, « Année des Nations Unies 25 décembre 2012 – 24 décembre 2013 - Problèmes juridiques », *AFDI*, 2013, pp. 103-126, p. 110 et s.

[201] S/PRST/2001/5 du 20 février 2001, § 4.

[202] M. Kamto, *Droit international de la gouvernance*, Paris, A. Pedone, 2013, p. 10.

[203] R. Kolb, G. Porretto, S. Vité, *L'application du droit international humanitaire et des droits de l'homme aux organisations internationales : forces de paix et administrations civiles transitoires*, Bruxelles, Bruylant, 2005, p. 19.

Section 1. Les administrations de paix substitutives dans des territoires non-étatiques

Le droit international a pris en charge la gestion des affaires publiques de certaines entités et des territoires conflictuels[204]. Cette gestion se matérialisa, entre autres, par la mise en place d'administrations de paix. Celles-ci, selon J. Basdevant, désignent l'ensemble des pouvoirs de gouvernement et de gestion des services publics, comprenant parfois les pouvoirs législatif, exécutif et judiciaire, mais ne comportant pas le pouvoir de disposer du territoire et n'équivalant pas à la souveraineté[205].

Elaborées, instituées et contrôlées par des acteurs internationaux (États ou OI)[206], elles se substituent aux souverains antérieurs dans la gestion des territoires devenus non étatiques. Reste à savoir si les peuples concernés avaient consenti à une telle administration ou bien ils étaient mis devant un fait accompli. De prime abord, retenons que ces territoires n'étaient pas, *ex ante*, des « *terra nullius* »[207] dans la mesure où ils étaient auparavant sous l'*imperium* d'un État. Ils n'étaient non plus des espaces internationaux entrant dans le patrimoine commun de l'humanité. En effet, c'est à l'occasion d'un

---

[204] M. Kamto, *Droit international de la gouvernance*, *op. cit.*, p. 9.

[205] J. Basdevant, *Dictionnaire de la terminologie du droit international*, Paris, Sirey, 1960, p. 21.

[206] *Les administrations de paix substitutives* se caractérisent par « le fait qu'une collectivité localisée sur un espace donné est soustraite à l'emprise gouvernementale d'un seul État pour être placée sous un régime de gestion commune confiée soit à un groupe d'Etats, soit à une institution internationale, conformément à des règles de droit international ». Voir I. Prezas, *L'administration de collectivités territoriales par les Nations Unies. Etude de la substitution de l'organisation internationale à l'Etat dans l'exercice des pouvoirs de gouvernement*, Paris, LGDJ, 2012, p. 16.

[207] La qualification *terra nullius* ne tient pas à l'égard des formes classiques d'organisations socio-politiques comme les empires, les royaumes, les provinces, *etc.*, qui réunissaient tous les éléments constitutifs d'un État au sens du droit constitutionnel du terme (population, territoire et autorité politique), du droit international et de la théorie déclarative de la reconnaissance.

conflit armé ou d'un « différend positif de souveraineté »[208] qu'ils sont isolés, autonomisés, politisés et, exclusivement placés sous la gouvernance d'acteurs internationaux.

Il est arrivé que plusieurs États tiennent à exercer leur souveraineté sur un même territoire ou à se l'approprier. Trois cas de figures peuvent être relevés à cet effet : (1) l'*actio bellica* qui consiste à administrer le territoire belligène par l'emploi de la force armée ; (2) l'administration conventionnée du territoire qui devient ainsi une *res commune* ; (3) la tutelle internationale qui confie l'administration du territoire à un acteur étranger. Si ces trois cas sont *ad hoc*, les deux derniers sont un outil légal de règlement des conflits. Ils intègrent les *administrations de paix substitutives* chargées de gouverner la *res bellica* (chose litigieuse) dans un territoire. Ces administrations légifèrent et règlementent la conduite des membres de la collectivité placée sous leur *imperium*, tout en leur fournissant des services immatériels (police, défense) et matériels (routes, postes)[209]. Cela implique : (1) le transfert total des pouvoirs sur le territoire aux gouverneurs internationaux ; (2) l'exercice de l'administration de paix dans l'intérêt supérieur de la population locale ; (3) la juxtaposition des normes juridiques internes et internationales[210]. La substitution n'est pas synonyme d'exclusion, car les autorités internationales associent les autorités locales dans l'exercice du pouvoir politico-judiciaire[211]. Au-delà du maintien de la paix et de l'ordre public local, c'est aussi le moment propice, pour les administrateurs internationaux, de réaliser un « idéal libéral »[212] fondé sur l'économie de marché.

---

[208] Il y a conflit positif de souveraineté, quand deux ou plusieurs États prétendent avoir une souveraineté ou des droits souverains sur un même territoire : villes, îles, colonies, frontières, etc.

[209] M. Beulay, « Les limitations portées aux actes des organisations internationales : le cas des administrations internationales de territoires contrôlées par les Nations Unies et de leurs Hauts Représentants », *op. cit.*, p. 243.

[210] E. Vianès, *op. cit.*, p. 4.

[211] N. Maziau, « L'internationalisation du pouvoir constituant. Essai de Typologie : le point de vue hétérodoxe du constitutionnaliste », *RGDIP*, 2002-3, pp. 549-759, p. 551.

[212] F. Schimied, *Les effets des Accords de l'OMC dans l'ordre juridique de l'Union européenne et de ses États membres. L'invocabilité au*

Eu égard à la finalité ultime recherchée dans ces territoires et en tenant compte des différents résultats obtenus jusque-là, nous distinguons les administrations de paix résolutoires de conflits territoriaux (**§ 1**) des administrations de paix émancipatrices de peuples (**§ 2**).

§1. Une gouvernance résolutoire de conflits territoriaux

Les traités de paix modernes, élaborés et expérimentés en Europe, instituèrent un système de paix fondé sur une base territoriale[213]. Des administrations de paix ont été prévues, dans certains cas, pour éviter l'éclatement, l'embrasement ou l'enlisement de conflits territoriaux ou pour y mettre fin. Les micro-territoires revendiqués par les parties belligérantes furent ainsi l'objet d'un *conflit positif de souveraineté*. Mises à part les « administrations coloniales »[214] (exclues de notre champ d'étude) et les « occupations militaires »[215], les premières formes d'AIT concernèrent les villes et micro-territoires dont le rattachement territorial faisait l'objet d'un différend entre États. En attendant le règlement définitif du différend,

---

service de l'influence de l'Union sur la mondialisation du droit, Thèse de doctorat, soutenue le 13 décembre devant l'Université de Nancy 2, p. 24.

[213] J. P. Bois, « Histoire des traités de paix », *in* Benoît Durieux, J. B. Jeangène Vilmer, Frédéric Ramel (dir.), *Dictionnaire de la guerre et de la paix*, Paris, PUF, 2017, pp. 972-979, p. 976.

[214] D'une manière générale, une *administration coloniale* est la gestion tant institutionnelle que normative d'un territoire par une puissance colonisatrice. Celle-ci place le territoire colonisé sous sa juridiction, et y exerce son *imperium*. Les modes d'administration diffèrent selon les puissances coloniales. Sur ce concept, voir J. Darwin, « Exit and Colonial Administrations », *in* Richard Caplan (*ed. by*), *Exit, Strategies and State Building*, New York, 2012, pp. 21-37.

[215] Selon la Convention de la Haye de 1907 relative aux lois et coutumes de la guerre, un territoire est occupé lorsqu'il se trouve placé de fait sous l'autorité de l'armée ennemie. L'occupation ne s'étend qu'aux territoires où cette autorité est établie et en mesure de s'exercer (art. 42). La Puissance occupante prendra toutes les mesures en vue de rétablir et d'assurer, autant que possible, l'ordre et la vie publics en respectant, sauf empêchement absolu, les lois en vigueur dans le pays (art.43). Sur cette notion, voir Gregory H. Fox, « Exit and Military occupations », *in* R. Caplan (*ed. by*), *Exit, Strategies and State Building*, New York, 2012, pp. 197-223.

chose qui consistera à les placer sous la souveraineté d'un État donné, de nombreux micro-territoires européens (**A**) et non-européens (**B**) connurent une gouvernance internationale transitoire pendant la période d'entre-deux-guerres.

A. Les micro-territoires européens à statut juridique internationalisé

Après la Première Guerre mondiale, des micro-territoires européens - objets d'un conflit positif de souveraineté - furent créés, reconstitués et dotés d'un statut juridique international (mandats de paix constitutifs) les plaçant sous la gouvernance d'acteurs internationaux déterminés. Cette conflagration mondiale bouleversa totalement l'ordre européen avec la chute des empires allemand, austro-hongrois, russe et ottoman, et favorisa la naissance d'États nationaux en Europe centrale et orientale. Et pourtant ces empires effondrés abritaient des minorités nationales. La reconstruction de l'État polonais, en l'occurrence, se fit aux dépens de l'Allemagne qui perdit ainsi des dizaines de kilomètres carrés de son territoire. Les Traités de paix de Versailles et la SDN jouèrent un rôle actif dans ces ajustements territoriaux[216], notamment dans le bassin de la Sarre, en Haute Silésie (**1**) et dans la ville de Dantzig (**2**).

1. Le Bassin de la Sarre et la Haute Silésie

Parmi les territoires ayant connu une administration de paix substitutive pendant la période de l'entre-deux-guerres, « il faut mentionner, en premier lieu, le régime institué de 1919 à 1935 sur le territoire de la Sarre »[217]. En l'espèce[218], « *Under the Versailles*

---

[216] S. Chresterman, *You, the people. (...)*, *op. cit.*, p. 18.

[217] R. Kolb, G. Porretto, S. Vité, *L'application du droit international humanitaire et des droits de l'homme aux organisations internationales : forces de paix et administrations civiles transitoires*, *op.cit.*, p. 64.

[218] La Sarre fait dorénavant partie du territoire allemand depuis le 1er janvier 1957. Objet d'un différend positif entre l'Allemagne et la France, et provisoirement placée sous mandat de la SDN en 1920, elle fut, économiquement, intégré à la France pour quinze ans. Lors du plébiscite de 1935, 91% des Sarrois sollicitèrent leur rattachement à l'Allemagne, 8,9% souhaitèrent le maintien du *statu quo* et seulement 0,1% voulurent devenir

Treaty, Germany ceded to France, in full and absolute possession [...] the coal mines situated in the Saar »[219]. Cependant, dans la mesure où la France tenait, coûte que coûte, à annexer la Sarre, et dans l'attente d'une solution définitive au différend franco-allemand, « *temporary administrative control was transferred to the League* »[220]. C'est ainsi que le Bassin de la « Sarre » fut constitué en une entité politique autonome pour assurer l'indemnisation de la France victime de la destruction des mines du Nord par les autorités allemandes au cours de la Première Guerre mondiale. Cette nouvelle entité fut administrée par une « Commission de gouvernement »[221] de cinq membres, contrôlés et révoqués par le Conseil de la SDN qui possédait à leur égard un véritable pouvoir hiérarchique[222].

Le peuple sarrois fut consulté *post factum*, par un plébiscite organisé en 1935, afin de se prononcer souverainement sur son sort. Il devait choisir entre l'union avec la France, l'union avec l'Allemagne ou continuer avec le régime établi par le Traité de paix de Versailles de 1919. *In fine*, il opta pour une entière rétrocession à l'Allemagne. Si l'Allemagne fut satisfaite de cette rétrocession, *a contrario*, elle

---

Français. Après la défaite allemande de 1945, la Sarre prit le statut de « territoire autonome », tout en restant étroitement liée à la France par une union économique et douanière. En 1954, les Accords de Paris prévirent une « européanisation » de la Sarre, avec quelques avantages économiques pour la France. La population sarroise exprima nettement, par le référendum de1955, son refus de ce Statut (67,7% de non) et son souhait d'être rattachée à l'Allemagne. Après le Traité franco-allemand (Luxembourg) de 1956, la Sarre devint officiellement allemande. Voir E. Sur, « Sarre », *in* Y. Lacoste (dir.), *Dictionnaire de géopolitique*, Paris, Flammarion, 1995, pp. 1364-1365.

219 Art. 45 du Traité de paix de Versailles du 28 juin 1919.

220 S. Chresterman, *op. cit.*, p. 19.

221 G. Scelle, *Précis de droit des gens* ...Vol. I, *op. cit.*, p. 255.

222 Président de ladite Commission, le Français Rault était responsable des affaires intérieures et étrangères ; le Sarrois Von Bosh s'occupait de l'agriculture et de la santé ; le Belge Lambert était responsable des services publics ; le Danois, le Comte de Moltke-Huitfieldt, était chargé de la justice, de l'éducation et des questions religieuses ; et le Canadien Waugh était une sorte de ministre de l'économie et des finances. Voir E. Vienès, *op. cit.*, pp. 64 et s.

était furieuse de la situation qui prévalait, au même moment, dans la Haute Silésie.

En effet, la Haute Silésie semble historiquement allemande[223]. C'est à la Conférence de la paix de 1919 que la délégation polonaise, conduite par Roman Dmowski, demanda l'attribution - à la Pologne – de la partie de la Silésie dont le caractère polonais était incontestable et dont faisait partie la haute Silésie[224]. L'Allemagne s'opposa à la requête polonaise parce que privée de cet important bassin houiller et industriel, elle ne serait pas en mesure de payer les réparations à elle imposées[225]. L'Angleterre, peu favorable à la requête polonaise, soutint et obtint le recours à un référendum :

> « [A]mong the many adjustments made to Germany's territory after the First World War, the Versailles Treaty provided for the appointment of International Commissions by the Allied [...] to conduct plebiscites for the purpose of resolving certain bundary dispute »[226].

Lors de ce plébiscite, qui eut lieu en 1921, environ 490 000 personnes voulurent le rattachement à la Pologne tandis que 707 000 habitants s'exprimèrent en faveur de l'Allemagne. Cependant, la Commission de plébiscite n'arrivant à aucune conclusion importante et unanime concernant le sort de la Haute Silésie, l'affaire fut traduite, le 12 août 1921, devant le Conseil de la SDN qui la confia à la Conférence des Ambassadeurs, désormais chargée d'interpréter les résultat des élections et d'évacuer le conflit en tenant compte de la situation géographico-économique des localités de la Haute-Silésie[227].

---

[223] Ch. Greiling, *La minorité allemande de Haute-Silésie : 1919-1939*, Paris, L'Harmattan, 2003, p. 13.

[224] *Ibid.*, p. 14.

[225] En 1913 par exemple, sur une production totale de 43 millions de tonnes de charbon, de 994 000 tonnes de fonte, de 128 000 tonnes de fers et d'aciers laminés et ouvrés, de 169 000 tonnes de zinc, la Haute-Silésie a produit les 7/8 du charbon, la totalité de la fonte, de l'acier et du zinc. Voir P. Dumas, « Le partage de la Haute-Silésie », *in Annales de Géographie*, n°169, 1922, pp. 1-14, p. 5.

[226] S. Chresterman, *op. cit.*, p. 21.

[227] P. Dumas, « Le partage de la Haute-Silésie », *op. cit.*, p. 1.

Le 20 octobre 1921, la Conférence des ambassadeurs, après avis du Conseil de la Société des Nations, fit une double recommandation relative, d'un côté, au tracé de la ligne de partage et, de l'autre côté, à l'obligation faite aux Allemands et aux Polonais de conclure au plus vite une convention instaurant un régime spécial de transition en Haute-Silésie. Ainsi, deux États indépendants sont conduits à la table des négociations non de leur propre initiative, mais sous une forte pression de la communauté internationale. La convention conclue sous de tels auspices et sous une telle tutelle par les deux États était bilatérale uniquement quant à la forme. Mais au fond, il s'agissait d'un arbitrage politique des principales puissances[228] qui voulaient assurer une période de transition, afin de parer à tout type de problèmes d'ordre économique, social, minoritaire, *etc.* Une « Commission mixte et un tribunal arbitral »[229] furent chargés d'appliquer et de faire appliquer les dispositions de la très volumineuse Convention de Genève signée à cet effet. Cependant, elle n'était pas le seul instrument qui déterminait le régime transitoire de cette région qui était, au point de vue intérieur, régie par la Loi constitutionnelle polonaise du 15 juillet 1920.

Ayant son siège à Katowice, la Commission mixte était la plus importante des institutions internationales mises en place en Haute-Silésie. Elle était composée d'un Président[230], désigné par le Conseil de la SDN et agréé par les gouvernements allemand et polonais, et de deux membres nommés par chacun des deux États parties. Les membres de la Commission jouaient le rôle du médiateur primordial et ils constituaient la principale voie par laquelle les minorités pouvaient se plaindre[231]. La transition et le mandat de la Commission mixte

---

228 *Ibid.*, p. 31.

229 Le fonctionnement et les attributions de ces institutions sont détaillés dans les 44 Articles de la sixième partie de la Convention de Genève de 1921.

230 Il s'agissait, en l'occurrence, d'un ancien Président de la Confédération helvétique, Félix Calonder, qui a d'abord été choisi pour mener à bien les négociations germano-polonaises en vue de la conclusion de la Convention de Genève de 1921. Eminent et expérimenté jurisconsulte, il fut logiquement nommé par la suite à la tête de la Commission mixte. Voir Ch. Greiling, *op. cit.*, p. 38.

231 Ch. Greiling, *op. cit.*, p. 37.

prirent fin en 1937. Ceci étant, seule la ville de Dantzig restait une préoccupation majeure pour l'Allemagne.

2. Le cas particulier de la ville de Dantzig

Revendiquée à la fois par l'Allemagne et la Pologne, la ville de Dantzig fut constituée, en 1919, en une unité politique autonome, détachée de l'Allemagne sans être incorporée à la Pologne[232]. A l'instar de la Sarre, elle aussi se retrouva à l'épicentre de toutes les discussions lors de la Conférence pour la paix de Paris de 1919 : le représentant de la Pologne sollicita le rattachement de Dantzig à son pays afin que celui-ci ait un accès à la mer. Les Alliés étaient dubitatifs à l'égard de cette idée en raison de la germanité des Dantzikois[233]. Finalement,

> « [u]nder the provisions of the Versailles Treaty, a constitution for Danzig was drawn up by locally appointed representatives in agreement with a high commissioner appointed by the League »234.

Dantzig fut ainsi érigée en une « ville libre » ayant sa propre Constitution[235] élaborée sous le contrôle de la SDN et garantie par elle : « *administrative powers were garanted primarily to the Free City authorities, but Poland enjoyed significant domestic authority* »[236]. La SDN envoya un représentant à Dantzig, un fonctionnaire international, chargé de statuer en première instance sur tous les différends qui pourraient s'élever entre le gouvernement de Varsovie et le sénat de Dantzig. Il devait aussi œuvrer pour le maintien du Statut de Dantzig en tant que ville libre, en approuvant ou en désapprouvant tous les amendements soit au Traité polono-

---

[232] R. Kolb, G. Porretto, S. Vité, *op. cit.*, p. 66.

[233] Dantzig est une ville polonaise dont la population était à 90% allemande. Après la défaite allemande de 1918, elle redevint une « ville libre » sous le contrôle de la SDN. La ville, investie par la Wehrmacht le 1er septembre 1939 et libérée par l'armée rouge qu'en 1945, a été définitivement rattachée à la Pologne. Voir S. Rosière, « Dantzig », *in* Y. Lacoste (dir.), *Dictionnaire de géopolitique*, Paris, Flammarion, 1995, p. 664.

[234] S. Chresterman, *op. cit.*, p. 20.

[235] E. Vianès, *op. cit.*, p. 69 et s.

[236] S. Chresterman, *op. cit.*, p. 20.

dantzicois, soit au Traité de Versailles[237]. Cependant, récupérer la ville libre de Dantzig, dont la population était composée de 95% de germanophones, était l'une des priorités des autorités allemandes de l'entre-deux-guerres. Annexée le 1er septembre 1939 par la *Wehrmacht*, la ville de Dantzig ne fut libérée, par l'armée rouge, qu'en 1945.

Au lieu de préconiser un référendum d'auto-détermination, les puissances alliées (signataires des accords de paix respectivement de Yalta et de Postdam) rattachèrent Dantzig à la Pologne[238].

Cependant, l'Europe n'était pas le seul continent secoué par ces conflits territoriaux : des administrations de paix existèrent, pendant la même période, dans d'autres territoires extra-européens.

B. Les micro-territoires extra-européens à statut juridique internationalisé

Deux cas d'études, de régimes juridiques différents, seront mis en lumière dans le cadre de la gouvernance de territoires non étatiques extra-européens. Le premier qui eut lieu dans la ville de Tanger, fut une administration internationale autonome, instituée en dehors de la SDN. Elle relevait de la catégorie *des administrations internationales conventionnées* (**1**).

Pierre Cot regretta que les puissances intéressées n'aient pas songé à faire appel au concours de la SDN, qui administrait divers territoires internationalisés tels que Danzig et la Sarre[239]. Le second, situé sur le continent américain, concerne l'administration directe du district belligène de Leticia Trapèze sous la direction de la SDN (**2**).

---

[237] G. Scelle, *Précis du droit des gens…, op. cit.*, p. 254.

[238] Accord de paix de Yalta du 4 au 11 février 1945, point VI ; Accord de paix de Postdam du 2 août 1945, point IX, b). Voir égal. S. Rosière, « Gdansk », *in* Y. Lacoste, *Dictionnaire de géopolitique*, Paris, Flammarion, 1995, p. 664.

[239] P. Cot, « Statut international de Tanger », *Journal du Droit international*, vol. 52, n° 3, 1925, pp. 609-627, p. 627.

1. L'administration internationale conventionnée dans la ville de Tanger (1925-1956)

Une administration ou une gouvernance internationale est dite conventionnée quand elle est instituée par une convention internationale, bilatérale ou multilatérale. Le statut international de la Ville de Tanger (1925-1956) [240] est très illustratif en la matière. Située au Nord du Maroc, la ville de Tanger est, actuellement, l'un des poumons économiques de ce pays grâce à la mer et au port[241] qui suscitèrent sa convoitise et permirent aux conquérants de contrôler le commerce maritime dans le détroit de Gibraltar[242]. Capitale consulaire du Maroc depuis le XVIII^{è} siècle, les rivalités européennes s'y sont intensifiées à la fin du XIX^{è} siècle. L'arrivée de Guillaume II de l'Allemagne en 1905 y augmenta le risque de guerre[243]. La Conférence d'Algésiras du 16 janvier 1906 permit de sortir de la

---

[240] La ville de Tanger doit son nom (*Tangis*) aux Romains qui l'occupèrent durant cinq siècles. Voir M. Ben Abdessadak, *Le port de Tanger et le développement industriel et touristique de la région tangéroise : analyse et suggestions*, Thèse de doctorat soutenue en 1987 devant l'Université Paris X, pp. 17-19.

[241] M. Ben Abdessadak, *Le port de Tanger et le développement industriel et touristique de la région tangéroise : analyse et suggestions*, Thèse de doctorat soutenue en 1987 devant l'Université Paris X, p. 13.

[242] Les Phéniciens, les Carthaginois, les Romains, les Arabes, les Portugais, les Espagnols, les Anglais, *etc.*, occupèrent successivement la ville de Tanger. *Ibid.*, p. 15.

[243] L'Espagne tenait à occuper Tanger pour des intérêts économico-géostratégiques ; la Grande Bretagne, quant à elle, ne voulait pas qu'une puissance rivale installe une base militaire dans cet endroit stratégique ; la France, protectrice du Maroc depuis 1912, voulut garder Tanger sous la souveraineté du Maroc en vue de stabiliser le pays et, ainsi, défendre ses intérêts en Algérie ; le Président du Conseil français, Maurice Rouvier, demanda au Président américain de servir de médiateur dans la crise. Il savait, grâce à l'ambassadeur de France à Washington (Jean-Jules Jusserand, proche de Roosevelt), que les USA étaient favorables à la position française. Le Président américain accepta d'intervenir. Voir Hélène Harter, « La Conférence d'Algésiras de 1906. Un nouveau rôle pour les États-Unis dans le Concert des nations ? », *Bulletin de l'Institut Pierre Renouvin*, 2015/2, n° 42, pp. 75-88.

crise[244]. Après l'établissement du protectorat au Maroc en 1912, les Espagnols occupèrent le Nord et le Sud du Maroc et laissèrent le centre aux Français. Restée à l'écart de ce partage bilatéral et binaire du territoire chérifien, Tanger fut déclarée ville internationale par le Dahir du 15 mai 1925 conformément à la « Convention relative à l'organisation de la zone de Tanger »[245] du 18 décembre 1923.

Ce statut constitutionnel de Tanger était bâti sur « un ensemble de principes »[246] dont la gestion autonome de la ville grâce à une administration internationale chargée de promouvoir toutes les réformes utiles à la zone, la souveraineté du Sultan et l'intégrité de l'Empire chérifien sur la Zone, la neutralité permanente de la zone (donnant ainsi satisfaction à la Grande-Bretagne), la liberté économique (qui résulte des traités antérieurs continuera à être observée même si les traités venaient à être abrogés ou modifiés), une participation proportionnelle des nations intéressées aux organes de gestion en fonction de l'importance démographique de leurs ressortissants, du chiffre du commerce général, des intérêts immobiliers et de l'importance de leur trafic à Tanger[247].

Quant à la gouvernance de Tanger, le statut prévoyait trois pouvoirs législatif, exécutif et judiciaire comme dans un État moderne et normal. D'abord, l'Assemblée nationale était composée des représentants des puissances signataires de la Convention de Paris de 1923, auxquelles étaient attribués seize sièges et les neuf autres sièges revenaient aux représentants marocains. L'Assemblée devait être présidée par le *Mendoub* représentant le Sultan marocain et présent dans tous les rouages de l'administration internationale. Il renonça à

[244] Cette Conférence - qui réunit les 13 signataires de la Convention de Madrid de 1880 - consacra l'ingérence des puissances contractantes dans les affaires politiques, fiscales et financières du Maroc par l'intermédiaire du corps diplomatique installé à Tanger.

[245] Pierre Cot, « Statut international de Tanger », *op.cit.*, p. 609.

[246] J. Bonjean, *Tanger*, Paris, Fondation nationale des Sciences Politiques (FNSP), Etudes Maghrébines n° 8, octobre 1967, p. 20. Cf M. Ben Abdessadak, *Le port de Tanger et le développement industriel et touristique de la région tangéroise : analyse et suggestions*, Thèse de doctorat soutenue à l'Université Paris X en 1987, p. 277.

[247] *Ibid.*

cette tâche au profit des vice-Présidents anglais, espagnol et français qui l'exercèrent à tour de rôle.

Cette Assemblée était limitée sur les plans *ratione materiae* et *ratione lege*. Au plan matériel, elle intervenait dans tous les domaines à l'exception de ceux réservés aux *Sultan* du Maroc. Au plan législatif, un *comité de contrôle* devait viser les lois et veiller au respect du statut constitutionnel de Tanger.

Ensuite, un administrateur de la zone, faisant office de pouvoir exécutif, fut désigné comme chef de l'administration internationale. Il devrait être nommé par l'Assemblée parmi les ressortissants des puissances signataires de l'Acte d'Algésiras. Toutefois, pendant les cinq premières années, ce fut un Français, nommé par le Sultan[248], qui remplit ce rôle.

Assisté de deux administrateurs adjoints de nationalités autres que la sienne, il exécutait les décisions de l'Assemblée législative et disposait des pouvoirs de police générale et spéciale de la zone. Son premier adjoint, l'Anglais, se chargea des finances et, le second, l'Espagnol, de l'hygiène.

En cas de destitution de l'Administrateur par le Sultan, il devait être remplacé par un compatriote. Enfin, un tribunal mixte, chargé d'administrer la justice, en toute souveraineté, vis-à-vis des ressortissants des puissances étrangères, fut institué[249].

Il était composé de juges étrangers originaires de quatre pays : la France un juge, l'Espagne un, l'Angleterre deux, et l'Italie un[250].

Après trente et un ans de vicissitudes (révisions, abolition, rétablissement) liées au jeu des rapports de force des puissances

---

[248] P. Cot, « Statut international de Tanger », *op. cit.*, p. 624.

[249] Concernant ce Tribunal mixte, *voir infra*, Chapitre 2, section 2, § 2, B, point 4.

[250] Selon le *Dahir* du 16 février 1924, l'Espagnol et le Français seront les langues judiciaires.

intéressées, le Statut fut, *in fine*, abrogé à l'accession du Maroc à l'indépendance en 1956[251].

Le régime juridique de la ville de Tanger était totalement indépendant de la SDN contrairement à l'administration internationale de Leticia Trapèze directement instituée par celle-là.

2. La gouvernance directe de Leticia Trapèze par la SDN (1933)

Il y a administration internationale directe lorsque la gouvernance d'un territoire peuplé est confiée à un État étranger ou à une organisation internationale donnée, qui l'exerce directement. La SDN, avant sa disparition, avait acquis une expérience en la matière, en administrant directement le micro-territoire de Leticia Trapèze. Situé sur la rive gauche du fleuve Amazone, entre le Brésil, la Colombie et le Pérou, Leticia Trapèze fut fondée en 1867 à l'initiative du Pérou. Celui-ci céda ce territoire à la Colombie qui souhaitait avoir un accès au fleuve Amazone.

Le Traité Salomon-Lozano signé le 24 mars 1922, à cet effet, fut ratifié par les deux États en 1928. En 1932, le Pérou dénonça le Traité sous prétexte que la population de Leticia sollicitait son rattachement au Pérou. Les forces irrégulières péruviennes occupèrent Leticia et s'attaquèrent aux bateaux colombiens. La Colombie porta l'affaire devant la SDN qui se saisit de la situation en mettant en place une commission internationale chargée de gouverner le territoire en question.

Malgré l'affirmation du Président Wilson selon laquelle « [l]es peuples et les provinces ne doivent pas faire l'objet de marchés et passer de souveraineté en souveraineté, comme s'ils étaient de simples objets ou de simples pions d'un jeu [...] »[252], l'Accord tripartite de Genève fut conclu, le 25 mai 1933, par le Pérou, la Colombie et le Président du Conseil de la SDN sans consultation de la population locale concernée. L'acte de remise de Leticia Trapèze aux autorités colombiennes fut acté le 19 juin 1934.

---

[251] M. Ben Abdessadak, *op. cit.*, p. 276.

[252] Discours du 11 février 1918, point 2.

Cela étant, les gouvernances résolutoires de conflits territoriaux, assurées par la SDN, étaient certes indispensables au maintien de la paix et de la sécurité internationales de cette époque mais relevaient de l'*ultra vires*, dans la mesure où elles n'étaient pas prévues, *expressis verbis*, par le Pacte constitutif de ladite organisation. *A contrario*, le système des mandats fut institué en vue d'aider certains peuples à s'émanciper et à recouvrer leur indépendance.

§ 2. Une gouvernance « émancipatrice » de peuples

Une gouvernance de paix émancipatrice de peuples est celle qui les accompagne progressivement vers l'autodétermination. Elle a permis, dans certains cas, d'éviter les luttes armées indépendantistes ou sécessionnistes ainsi que des confrontations armées lors des conflits positifs de souveraineté.

C'est un régime transitoire de curatelle, destiné à préparer la « majorité » des peuples « mineurs » ou déjà « émancipés », qui trouve son fondement dans la Charte constitutive des mandats ou dans une résolution de paix constitutive onusienne.

Selon Pierre Klein, elle constitue une sorte de « période de stage ou d'essai » par laquelle l'entité qui y est soumise devrait passer, avant de devenir membre à part entière de la communauté internationale[253]. La souveraineté, indispensable à la qualité d'État, doit être méritée par l'entité concernée, en répondant aux critères d'un « bon État » aux yeux de la communauté internationale[254]. C'est ainsi qu'en 1919, il a été préconisé que des colonies et territoires, ne se trouvant plus sous la souveraineté d'un État, soient placés sous mandat de certaines nations développées[255]. Tel fut le cas des colonies allemandes ainsi que des territoires détachés de l'Empire ottoman (**A**)

---

[253] P. Klein, « L'administration internationale de territoire : quelle place pour l'Etat de droit ? », *in* SFDI, Colloque de Bruxelles, *L'Etat de droit en droit international*, A. Pedone, pp. 385-402, p. 391.

[254] *Ibid.*

[255] Pacte de la SDN de 1919, art. 22, points 1 et 2.

[256]. La notion de mandat, née des idées du Président américain Wilson et du général sud-africain Smuts, a survécu à la disparition de la SDN : elle est encore usité *de plano* dans le cadre des OMP et des AIT onusiennes (**B**). La nature juridique de cette forme d'administration de la paix, correspond, selon G. Scelle, à un service public international - civilisateur et humanitaire - investi de compétences ayant leur origine dans un acte de nomination fait par une autorité internationale[257].

A. Le régime des mandats à l'époque de la SDN

Les mandats furent élaborés par la Commission du Conseil suprême de la Conférence de la paix de 1919. Les termes de chaque mandat furent définis, raffinés et confirmés ultérieurement par le Conseil de la SDN[258]. Créé dans l'intérêt des habitants des territoires non étatiques, le mandat est l'ensemble constitué d'une institution et des règles internationales auxquelles est assigné un but international[259]. Bien que les mandataires eussent des pleins pouvoirs sur les territoires à administrer, le Conseil de la SDN devait néanmoins surveiller la mise en œuvre des mandats[260], ayant leurs bases constitutionnelle et supra-constitutionnelle respectivement dans la Charte des mandats et dans l'article 22 du Pacte de la SDN. Le terme mandat portait à équivoque puisqu'il s'appliquait à des réalités différentes. Sa typologie dépendait du degré de développement et d'émancipation du peuple concerné[261]. Les mandats B et C, contrairement aux mandats A, ont été assimilés à des administrations coloniales[262]. La CIJ rejeta cette approche qui attribuerait aux mandats

---

[256] Ch. Burckhard, *Le mandat français en Syrie et au Liban. La politique et l'œuvre de la France au Levant*, Nîmes, imprimerie Courrouy, 1925, p. 68 et s.

[257] G. Scelle, *Précis de droit des gens*, *op. cit.*, pp. 70-71.

[258] *Affaires du Sud-Ouest africain* (Ethiopie c. Afrique du Sud; Liberia c. Afrique du Sud), exceptions préliminaires, CIJ, arrêt du 21 décembre 1962, *Rec.*, p. 329.

[259] *Statut international du Sud-Ouest africain*, CIJ, avis consultatif du 11 juillet 1950, *Rec.*, 1950, p. 132.

[260] Pacte de la SDN de 1919, art. 22, al. 7.

[261] Pacte de la SDN de 1919, art. 22, al. 3.

[262] J. Morgan Jones, *La fin du Mandat français en Syrie et au Liban*, Paris, A. Pedone, 1937, p. 40.

C un objet et un but différents de ceux des mandats A ou B[263]. Selon elle, « Les seules différences sont celles qui ressortent du libellé de l'article 22 du Pacte et des instruments de mandat pertinents, mais l'objectif et les garanties sont les mêmes [...]. Soutenir le contraire signifierait que les territoires sous mandat C n'appartenaient que de nom à la famille des mandats »[264], et que le mandataire avait eu un titre spécial non accordé aux États auxquels des mandats A ou B avaient été confiés[265]. Tous les mandats correspondaient à l'esprit de l'Article 22 du Pacte de la SDN, qui institua un régime émancipateur éventuellement mis en œuvre par la Grande Bretagne et la France.

La Partie II du Traité de Sèvres du 10 août 1920 traça les nouvelles frontières de la Turquie et le reste des *vilayets* (territoires) fut placé sous mandats de ces deux puissances[266]. La Convention franco-britannique du 23 décembre 1920, l'Accord franco-turc du 20 octobre 1921, l'Accord franco-britannique dit « Paulet-Newcombe » du 3 février 1922 et le Traité de Lausanne du 24 juillet 1923 portèrent, l'un après l'autre, sur la délimitation entre les territoires de Mandat français (**2**) et ceux de Mandat britannique (**1**)[267].

---

[263] *Conséquences juridiques pour les États de la présence continue de l'Afrique du Sud en Namibie* (Sud-Ouest africain) nonobstant la résolution 276 (1970) du Conseil de sécurité, CIJ, avis consultatif du 21 juin 1971, *Rec.* 1971, § 54.

[264] *Ibid.*, § 54.

[265] *Ibid.*

[266] La souveraineté des territoires sous mandat fut transféré - par les articles 118 et 119 du Traité de Versailles, 94, 95, et 132 du Traité de Sèvres, 11 et 25 du Traité de Lausanne - aux Puissances alliées et associées, et non à la SDN. Une Lettre de Da Cunha, agissant comme Président du Conseil de la SDN, adressées aux Puissances et Associés, était particulièrement explicite à ce sujet. En effet, ce n'est pas à la SDN ou à son Conseil qu'ont été cédés, par les États vaincus, les territoires dont il s'agit, mais aux Puissances et associés (arts. 118 et 119 du Traité de Versailles). Cette coalition de Puissances et Associés était déjà convenue entre eux des bases de la répartition à opérer après la Guerre via des négociations et traités divers. Donc, la SDN n'a fait que constater et prendre acte de la décision des Puissances alliées et Associées.

[267] R. de Feriet, *L'application d'un mandat : la France puissance mandataire en Syrie et au Liban. Comment elle a compris son rôle. Les*

1. Le mandat britannique en Irak et en Palestine

La France et la Grande Bretagne scellèrent en 1915 une entente par laquelle les Anglais demandèrent au Chérif Hussein d'inciter les territoires arabes de l'Empire ottoman à se révolter contre les Turcs. En contrepartie, Hussein dirigera le nouvel État arabe unifié[268]. Le Chérif appela à la révolte qui eut lieu en juin 1916. Cependant, Paul Cambon (Ambassadeur de la France à Londres) et Edward Grey (Secrétaire d'État britannique aux affaires étrangères) échangèrent des lettres pour donner effet aux « Accords Sykes-Picot »[269] conclus secrètement les 9 et 16 mai 1916 pour se partager les provinces arabes de l'Empire ottoman[270]: *la zone bleue* (la Cilicie et le littoral syrien jusqu'au Nord de la Mésopotamie) pour la France et *la zone rouge* (les ports de Haïfa et d'Acre et toute la Mésopotamie méridionale depuis Bagdad jusqu'au Golfe persique) pour la Grande-Bretagne. L'Irak et la Palestine se retrouvèrent ainsi dans le giron de la Grande Bretagne et subirent deux sorts différents, alors même qu'ils avaient tous les deux atteints le même degré de développement : le premier recouvrit son indépendance (**a**), contrairement à la seconde (**b**).

a. La mise en œuvre du mandat britannique en Irak

Dans le dessein d'empêcher la pénétration des Empires allemand et ottoman vers la Perse et l'Inde, la Grande Bretagne occupa respectivement Bassora, Bagdad et Kirkouk pendant la Première Guerre mondiale[271]. Au lieu de bénéficier de l'indépendance que la Puissance occupante leur avait promise, ces trois vilayets (ottomans), destinés à former le royaume d'Irak en 1921, furent purement et simplement placés sous mandat de la Grande Bretagne. L'Irak actuel est une entité politique fondée à l'époque du mandat britannique.

---

réalisations dans les domaines politique et administratif, Beyrouth, Imprimerie du Réveil, 1926, p. 17.

268 *Ibid.*, p. 495.

269 Ces Accords portent les noms de leurs négociateurs : le Britannique Sir Mark Sykes et le Français François Georges-Picot.

270 K. Bichara, *Le monde arabe expliqué à l'Europe : histoire, imaginaire, culture, politique, économie, géopolitique*, Paris, L'Harmattan, 2009, p. 66.

271 *Ibid.*, p. 347.

Mais, un mandat peut-il fonder un nouvel État au même titre qu'une constitution ?

En effet, ce sont les grandes puissances européennes qui ont tracé les frontières de l'Irak actuel à l'issue de la Première Guerre mondiale. D'ailleurs, c'est à ce moment que le nom « Irak »[272] a été appliqué à l'ensemble du pays[273]. Le mandat britannique inaugura, sans doute, une nouvelle phase de l'histoire du peuple irakien. Le retour à Bagdad, le 11 octobre 1920, de l'ancien résident permanent, Sir Percy Cox, marqua le début du processus de fondation des institutions des territoires sous mandat, à l'origine de l'État moderne irakien. Un gouvernement national provisoire fut constitué le 25 octobre 1920 sous la supervision d'Abd ar-Rahaman al-Gaylânî, un important notable sunnite et chef des « *Ashraf* » de Bagdad. Le Gouvernement britannique désigna Fayçal, l'un des fils du Chérif Hussein, comme Roi du royaume en création. Celui-ci reçut à cet effet la couronne du Royaume d'Irak le 23 août 1921. L'administration britannique œuvra ensuite à la formation d'une Assemblée nationale irakienne, à laquelle elle assigna la tâche de voter la Constitution et la Loi de la Chambre des députés, et de ratifier le Traité anglo-américain[274]. C'est ainsi que cette Assemblée qui tint sa première session le 27 mars 1924, adopta la Loi fondamentale et la Loi relative à la Chambre des députés, d'une part, et, d'autre part, approuva le Traité, ainsi que les quatre Accords annexes selon lesquels l'action des fonctionnaires britanniques au sein de l'appareil d'État irakien devenait institutionnelle, tout comme la présence militaire britannique et l'extraterritorialité judiciaire dont doivent jouir les Britanniques vivant en Irak. De plus, les quatre Accords annexes donnaient un droit de veto au Haut-commissaire britannique dans tous les domaines de la vie politique du pays[275].

---

[272] Le mot « *al-'Irâq* », selon Philip Hitti, serait emprunté au pehlevi et signifierait « les terres basses ». D'autres écrivains arabes soutiennent que l'expression « *al-'Iraq al-'arabî* », utilisée à l'époque des abbasside, se rapportait exclusivement à la région de basse et de moyenne Mésopotamie, située au Nord de l'Euphrate. *Ibid.*, pp. 19 et s.

[273] *IBid.*

[274] J. Morgan Jones, *op. cit.*, pp. 57 et s.

[275] *Ibid.*, pp. 57 et s.

Les quatre premières années du mandat britannique correspondaient à la période de formation des institutions de l'État irakien. Après avoir constitué la plupart desdites institutions locales, le Gouvernement britannique présenta à la SDN les pièces nécessaires à la continuation de son mandat sur l'Irak. Celle-ci les approuva le 25 septembre 1924. Ces instruments mettaient en harmonie le projet de création d'un État irakien, l'esprit du mandat et la défense des intérêts britanniques. En revanche, le mandat et son projet étatique se heurtèrent à une farouche hostilité de la part d'un secteur large de la population et des factions religieuses telles que les chiites. Le 13 janvier 1930, le Conseil de la SDN demanda à la Commission chargée des mandats, d'étudier, de manière générale, les conditions devant être remplies avant de mettre fin au régime des mandats. La Commission des mandats ne s'est saisie, de manière spécifique, du cas irakien qu'en 1931. Les critères d'un nouvel État ayant été remplis, l'Irak fut admis, comme État indépendant, au sein de la SDN le 3 octobre 1932. Si la mise en œuvre du mandat en Irak paraît extrêmement libérale[276], en parfaite harmonie avec l'esprit des mandats A, l'application du mandat britannique en Palestine se trouvait en disharmonie avec l'esprit de l'article 22 du Pacte de la SDN.

b. La mise en œuvre du mandat britannique en Palestine

Peuplée à l'époque de 723000 « sédentaires » environ, dont à peine 60000 israélites « autochtones », la Palestine, depuis la Conférence de San Remo, se trouvait sous hégémonie britannique[277]. Composé de 28 articles, le mandat sur la Palestine fut accordé par la SDN à la Grande Bretagne en juillet 1922. Le mandataire eut les pleins pouvoirs en matière législative et administrative[278]. Une ordonnance royale, d'août 1922, établit un Haut-Commissaire ayant les pouvoirs d'un Gouverneur de colonie britannique. Un Conseil

---

[276] *Ibid.*

[277] R. de Feriet, *L'application d'un mandat : la France puissance mandataire en Syrie et au Liban. Comment elle a compris son rôle. Les réalisations dans les domaines politique et administratif*, Beyrouth, Imprimerie du Réveil, 1926, p. 103.

[278] Art. 1er du Mandat anglais.

exécutif composé de membres désignés et un Conseil législatif, en partie élu, assistèrent le Haut-Commissaire dans ses missions.

L'ordonnance d'août 1922 octroya les pleins pouvoirs au Conseil législatif pour établir toute loi nécessaire au maintien de la paix, à l'ordre public et à la juste administration du pays. Cependant, ce Conseil législatif n'a jamais vu le jour. Tout dépendait du Haut-Commissaire et des fonctionnaires britanniques, placés à la tête des administrations provinciales ou formant le haut personnel des grands services d'intérêts communs (la chose publique palestinienne) : Trésorerie, Douanes, Hygiène, Instruction Publique, Justice, Antiquités, Agriculture, Immigration, Colonisation, Cadastre, Postes et Télégraphes, Travaux Publics et Chemin de Fer, Police et Prisons sont ainsi concentré dans les mains de la Puissance mandataire[279].

L'ambivalence et l'« échec » du mandat britannique en Palestine s'expliquait par le fait que, d'un côté et *de lege lata,* l'article 22 du Pacte de la SDN chargeait les mandataires d'accompagner les territoires sous mandat A, dont la Palestine, vers l'indépendance et, de l'autre côté, « L'esprit dans lequel a été conçu le mandat pour la Palestine et les méthodes selon lesquelles il a été et demeure appliqué dérivent en effet d'une tentative, apparue dès 1916-1917, de constitution en terre palestinienne d'un Etat ou tout au moins d'un foyer national juif »[280]. L'article 2 du mandat anglais précisait, *expressis verbis*, que la puissance mandataire assumera « la responsabilité d'instituer dans le pays un état de choses politique, administratif et économique de nature à assurer l'établissement d'un foyer national pour le peuple juif ». Ce mandat, calqué *in extenso* sur le texte de la Déclaration de l'ancien ministre des Affaires étrangères britannique (Arthur James Balfour) de 1917[281], chargea solennellement le mandataire à encourager l'immigration et l'implantation du peuple juif en Palestine, en y créant des institutions nationales à cet effet. Ce qui signifie qu'au fond, la structure constitutionnelle du système instauré en Palestine sur la base du

---

[279] R. de Feriet, *op.*
[280] *Ibid.*, p. 104.
[281] Voir les articles 2, 4, 6, 7, 11, et 22 du mandat.

mandat de la SDN était spécialement conçue pour exclure l'autodétermination du peuple palestinien[282].

La Grande Bretagne n'a pas voulu créer un État palestinien sur un territoire dont le peuple juif en réclamait l'héritage (sur la base de *la théorie de la terre promise*) et, en même temps, le peuple palestinien en revendiquait la propriété (ne serait-ce que sur le fondement *de la théorie des droits acquis*). C'est dans ce contexte qu'apparut en 1937 l'idée de partager le territoire palestinien en deux États (l'un arabe et l'autre juif). Dix ans plus tard, ce plan de partage fut approuvé par l'ONU en novembre 1947[283]. Malgré l'affirmation de Paul Fauchille selon laquelle « Le mandat international prend fin régulièrement par la satisfaction du but en vue duquel il a été établi »[284], seul l'État d'Israël a vu le jour en 1948[285]. La qualité étatique de la Palestine, quant à elle, demeure controversée. Selon Charles Burckhard, historiquement, « La Palestine fait pourtant partie intégrante de la Syrie dont elle est, vers le sud, le prolongement géographique. On y trouve les mêmes habitants, la même langue, les mêmes intérêts économiques »[286]. Cependant, après le découpage des territoires entre Français et Britanniques, la Syrie et le Liban se retrouvèrent dans la zone placée sous mandat français.

2. Le mandat français en Syrie et au Liban

La France œuvra, à travers la méthode des capitulations, pour la protection des chrétiens d'Orient et de leurs Lieux Saints. L'alliance entre Ottomans et Allemands de 1914 interrompit cette politique[287].

---

282 Voir J. Peters, « Gaza », *in* R. Caplan (*ed. by*), *Exit, Strategies and State Building*, New York, 2012, pp. 224-241.

283 A/RES 181 (II) de l'AGNU du 29 novembre 1947.

284 P. Fauchille, *Traité de droit international public*, 1925, t. I, p. 553. V. égal. Morgan Jones, *op. cit.*, p. 69.

285 G. D. Khoury, *Une tutelle coloniale : le mandat français en Syrie et au Liban. Écrits politiques de Robert de Caix*, Paris, Belin, 2006, p. 111.

286 Ch. Burckhard, *Le mandat français en Syrie et au Liban. La politique et l'œuvre de la France au Levant*, Nîmes, imprimerie Courrouy, 1925, p. 46.

287 G. D. Khoury, *Une tutelle coloniale : le mandat français en Syrie et au Liban*..., *op. cit.*, p. 109.

Après la Première Guerre mondiale, la charte adoptée le 24 juillet 1922 et entrée en vigueur le 29 septembre 1923, plaça la Syrie et le Liban sous mandat français.

Le mandaant devait élaborer, dans un délai de trois ans et en accord avec les autorités indigènes, le statut organique des territoires sous mandat[288]. Une équipe solide se chargea du rétablissement de la France au Levant après la défaite de la Turquie et la perte de tous ses territoires non turcs[289]. Elle restaura l'administration, déjoua des intrigues, apaisa des haines, secourut des misères non seulement au Liban (**b**) mais aussi en Syrie (**a**)[290].

a. La mise en œuvre du mandat français en Syrie

La Syrie était, depuis 1516, l'une des communautés de l'Empire ottoman. Après la Guerre (1914-18), l'article 22 du Pacte de la SDN disposa que, pour le choix du mandataire, les vœux de ces communautés devaient être pris en considération *a priori*[291]. Cependant, les puissances alliées se mirent d'accord entre-elles et décidèrent, le 24 juillet 1922[292], de confier le mandat sur la Syrie et le Liban à la France qui l'accepta et s'engagea à l'exercer au nom de la SDN[293]. Le mandataire devait élaborer le statut organique de la Syrie et prendre des mesures relatives au développement progressif du territoire[294]. Une troupe et des milices locales étaient nécessaires pour la défense du territoire syrien et le maintien de l'ordre public[295]. Il devait également assurer les relations extérieures de la Syrie et la protection diplomatique de ses ressortissants[296]. Le mandat prévit l'institution d'un système judiciaire protégeant les droits des indigènes

---

[288] Mandat de la SDN pour la Syrie et le Liban, art. 1. V. égal. J. Morgan Jones, *op. cit.*, p. 27.

[289] G. D. Khoury, *op. cit.*, p. 30. V. égal. Abdallah Sfer Pacha, *Le Mandat français et les traditions françaises en Syrie et au Liban*, Paris, Plon, 1923, p. 2.

[290] R. de Feriet, *op. cit.*, p. 29.

[291] Pacte de la SDN, art. 22, § 4.

[292] Le mandat entra en vigueur le 29 septembre 1923.

[293] Mandat pour la Syrie et le Liban, préambule.

[294] *Ibid.*, art. 1.

[295] *Ibid.*, art. 2.

[296] *Ibid.*, art. 3.

et des étrangers[297]. Dans la Constitution de la Syrie pré-indépendante, le mandat consacra la liberté de conscience, de religion, l'égalité et l'instruction publique (dans les langues du terroir)[298]. La France anticipa sa présence en Syrie et au Liban : dès le 8 octobre 1919, un décret nomma le Haut-Commissaire chargé de ces deux territoires. Un autre décret du 23 novembre 1920 détermina les pouvoirs de ce Haut-Commissaire rattaché au ministère des affaires étrangères[299]. Il devait assurer « l'exécution du mandat »[300] qui ne fut officiellement conféré à la France qu'en 1922. Il disposait des forces terrestres et navales dans les limites de son ressort. Légiférant par arrêtés, un secrétariat général l'assistait dans ses fonctions[301].

Nonobstant les profonds dissentiments entre Turcs et Syriens qui prenaient conscience de leur nationalité[302], l'implantation de la France en Syrie n'a pas été aisée. L'Émir Fayçal refusa de reconnaître le mandat français pour la Syrie[303]. Pourtant, malgré la théorie de l'indépendance absolue sans mandat, les peuples libérés de la Turquie semblaient incapables de s'organiser pour leur existence politico-administrative par leurs propres moyens[304].

---

[297] *Ibid.*, art. 6.

[298] *Ibid.*, art. 8.

[299] Décret du 23 novembre 1920, art. 1.

[300] *Ibid.*, art. 2.

[301] *Ibid.*, arts. 4 et 5.

[302] Ch. Burckhard, *op. cit.*, p. 30.

[303] « [L]a nation syrienne demande à la France et à tous les gouvernements de l'Europe et des États-Unis d'Amérique la reconnaissance de son indépendance complète, garantie par la Société des Nations sous la forme fédérative répondant aux désirs et aux vœux des populations ». Lettre de l'émir Fayçal adressée à G. Clémenceau en date du 19 avril 1919. La France répondit en ces termes : « [l]e gouvernement français désireux d'assurer à la Syrie, comme à l'Arménie, à la Mésopotamie et autres pays d'Orient délivrés par la victoire de l'Entente, le régime de liberté et de progrès conforme aux principes dont il s'est toujours inspirés et qui sont à la base des délibérations de la Conférence de la paix, déclare reconnaître le droit de la Syrie à l'indépendance sous la forme d'une fédération d'autonomies locales répondant aux traditions et aux vœux des populations locales ». G. D. Khoury, *op. cit.*, p. 42.

[304] Abdallah Sfer Pacha, *Le Mandat français et les traditions françaises en Syrie et au Liban*, Paris, Plon, 1923, p. 79.

La France, toute prête à donner son aide matérielle et morale à cette émancipation de la Syrie[305], entra en conflit avec l'Émir Fayçal. Lorsque l'armée française pénétra en Syrie, suite à la défaite de Fayçal, le Haut-Commissaire s'occupa de l'organisation des peuples syriens sous mandats[306]. Il réfuta l'idée de créer une monarchie militaire, nationaliste, xénophobe et théocratique au profit d'une série d'autonomies (États fédérés) à forme républicaine dont l'ensemble constitua une fédération dirigée par l'organe représentant la France[307].

Ces autonomies furent le début d'une solution au vaste problème de leur future unification totale[308]. Des autonomies comme le Sandjak d'Alexandre, les Municipes d'Alep, d'Ansarieh, de Hama, de Homs, de Tripoli, de Damas, de Hauran (divisé entre Druzes et Musulmans) furent instituées[309]. Selon l'arrêté n° 403 du 9 octobre 1920, portant organisation provisoire du gouvernement d'Alep, *les délégations* sont chargées du contrôle politico-administratif du gouvernement local. Elles devaient correspondre, pour les affaires courantes, avec les conseillers auprès des États, mettre au point avec eux les décisions à viser.

Elles dénouaient les différends entre les conseillers et les autorités locales. Elles étaient également en contact avec les populations indigènes[310]. Des gouvernements purement nationaux avec gouverneurs et directeurs indigènes, ainsi qu'un conseiller de gouvernement, furent créés à Damas et à Alep[311]. L'organisation des États d'Alep et de Damas fut calquée sur celle des anciens *vilayets* ottomans dont le Statut fut adopté entre 1861-1864[312]. Quant aux Alaouites, ils étaient dirigés par un Français ayant le titre d'Administrateur du territoire. En outre, quatre conseillers techniques

---

[305] G. D. Khoury, *op. cit.*, p. 34.
[306] Abdallah Sfer Pacha, *op. cit.*, p. 52.
[307] G. D. Khoury, *Une tutelle coloniale : le mandat français en Syrie et au Liban…*, *op.cit.*, p. 65.
[308] R. de Feriet, *op. cit.*, p. 65. V. *égal.* Abdallah Sfer Pacha, *op. cit.*, p. 53.
[309] G. D. Khoury, *op. cit.*, p. 261.
[310] R. de Feriet, *op. cit.*, p. 48.
[311] *Ibid.*
[312] *Ibid.*, p. 59.

furent commis pour assurer le fonctionnement des autres services centraux : Finances, Travaux publics et P.T.T., Hygiène et Assistance publique, Justice et Wakoufs[313]. L'opinion publique indigène critiqua l'autonomisation des territoires qui constituait un véritable obstacle à la formation d'une nation syrienne[314]. Le mandataire comprit le besoin de créer un État fédéral en vue d'établir une liaison constante entre les groupements, pour ainsi décider sur la gestion de leurs intérêts communs. Le 28 juin 1922, la Fédération des États autonomes de Syrie fut fondé. Une assemblée élective et un Conseil fédéral dont les membres sont nommés en nombre égal par les États furent institués. Ils étaient obligatoirement consultés sur les affaires communes. L'exécutif était composé de quelques directeurs généraux désignés sur proposition du Conseil fédéral avec l'avis et le contrôle des conseillers techniques du Haut-Commissariat[315].

En 1924, les Conseils représentatifs des États d'Alep et de Damas réclamèrent la dissolution de la Fédération et exigèrent la constitution de l'Unité syrienne, à travers la réunion d'Alep, de Damas et des Alaouites en un seul État avec un seul gouvernement assurant, au plus grand avantage des contribuables, les travaux des quatre gouvernements (fédéral, alaouite, alépin et damascain)[316].

Le 5 décembre 1924, deux arrêtés du Haut-Commissaire exaucèrent les vœux syriens et alaouites. Les États d'Alep et de Damas furent réunis, le 1er janvier 1925, en un seul État de Syrie, constitué dans les limites des ex-États d'Alep et de Damas (la capitale).

Le pouvoir exécutif syrien était exercé par un Chef d'État élu. L'État des Alaouites, à partir également du 1er janvier 1925, devint indépendant avec Lattaquieh pour capitale. L'arrêté du 5 décembre 1924 venait ainsi de dissoudre la Fédération[317]. La Constituante de 1928 vota la Constitution syrienne, mais un article additionnel (art.

---

313 *Ibid.*, p. 61.
314 G. D. Khoury, *op. cit.*, p. 264.
315 G. D. Khourdy, *op. cit.*, p. 343.
316 R. de Feriet, *op. cit.*, pp. 70-71.
317 R. de Feriet, *op. cit.*, pp. 71-72.

116) maintint l'application du mandat jusqu'à la conclusion du Traité fixant les conditions de la fin du Mandat avec l'assentiment de la SDN[318]. La Constitution fut promulguée par le Haut-Commissaire, Henri Ponsot, le 14 mai 1930[319]. Les Libanais, malgré les exhortations du mandataire, refusèrent d'être associés à la Fédération syrienne.

b. La mise en œuvre du mandat français au Liban

Suite à la guerre civile entre Druzes et Maronites et aux massacres des chrétiens par les Druzes en 1860[320], une conférence des puissances (France, Grande-Bretagne, Russie, Autriche et Prusse) élabora une constitution pour le Liban. Promulguée en 1861, celle-ci consacra l'autonomie libanaise sous la garantie des puissances[321]. Cette Constitution organisa le Liban en « *Moutessarrifieh* » autonomes dirigés par un gouverneur chrétien du grade de « *Mouchir* » (Maréchal) nommé pour cinq ans avec l'agrément des puissances signataires[322]. C'est la raison pour laquelle le patriarche maronite, en sa qualité de Président de la deuxième délégation libanaise précisa, à la conférence de la paix de Versailles, que le Liban connaît depuis 60 ans un régime de mandat international, et demanda en conséquence de favoriser et de hâter l'accession de son pays à l'indépendance : « en demandant le mandat français, les Libanais sont profondément convaincus que la France libérale et généreuse saura non seulement respecter leur indépendance, mais l'affermir, la garantir, la défendre »[323]. Dès lors, le général Gouraud n'hésita plus, et, si tôt, après le renvoi des Chérifiens de Damas, il proclama, le 1er septembre 1920, la reconstitution du Grand Liban.

---

318 John Morgan Jones, *op. cit.*, pp. 32 et s.

319 Constitution syrienne du 14 mai 1930, préambule. V. égal. https://mjp.univ-perp.fr/constit/sy1930.htm.

320 Voir M. Weiss, « Practicing Sectarianism in Mandate Lebanon: Shi'i Cemeteries, Religious Patrimony, and the Everyday Politics of Difference », *Journal of Social History*, Harvard University, 2010, pp. 707-733.

321 Abdallah Sfer Pacha, *op. cit.*, p. 15.

322 *Ibid.*, p. 17.

323 Voir le mémoire présenté par le patriarche maronite le 27 octobre 1919 à la Conférence de la paix.

Par l'intermédiaire de leur Commission administrative et de leurs notables, les Libanais demandèrent simplement que leurs relations économiques avec la Syrie fussent réglées par des accords d'État à État, conclus sous la direction et l'arbitrage du Haut-Commissariat qui serait ainsi le seul lien entre eux et leurs voisins[324]. Les relations extérieures de ces deux États en devenir étaient du ressort exclusif du mandataire[325]. L'État du Grand Liban, non fédéré, fut doté en mars 1922 d'un Conseil Représentatif composé de trente membres. Les rivalités entre confessions empêchant les communautés de désigner un gouverneur libanais, le pouvoir exécutif fut provisoirement confié à un gouverneur français assisté d'un Secrétaire général libanais. Huit grands services d'État[326], tous dirigés par des directeurs indigènes, éventuellement conseillés par des techniciens français, se partagèrent la gestion de la *res publica*[327].

La Constitution votée le 22 mai 1926 par le Conseil Représentatif, et modifiée à deux reprises avec l'agrément de la puissance mandataire, respectivement le 17 octobre 1927 et le 8 mai 1929, a été promulguée par arrêté n°11 du Bulletin officiel des actes administratif du Haut-Commissariat. Le système politique libanais d'alors fut le reflet des institutions politiques et du parlementarisme français. Selon J. M. Jones, une République autoritaire fut instituée plus tard, le 2 janvier 1934, par la nouvelle Constitution dont M. de Martel fit cadeau au Liban[328].

Les mandats britannique et français étaient la charte fondamentale de l'organisation constitutionnelle des territoires sous mandat. Chaque charte constitutionnelle devait être conforme à l'article 22 du Pacte de la SDN qui était une disposition supra-constitutionnelle.

---

[324] R. de Feriet, *op. cit.*, pp. 66-67.

[325] Art. 3 du mandat.

[326] Ces services étaient chargés des Affaires intérieures, de la Gendarmerie et de la Police, des Fiances, de la Justice, des Travaux publics et des P.T.T., des Instructions publiques et Beaux-Arts, de l'Economie (agriculture, commerce et industrie), de l'Hygiène et assistance médicale.

[327] R. de Feriet, *op. cit.*, p. 60.

[328] J. Morgan Jones, *op. cit.*, pp. 36 et s.

Si la France est plus ou moins restée dans l'esprit de cette disposition, en accompagnant la Syrie et le Liban jusqu'à leur indépendance, le mandat britannique, quant à lui, produisit un résultat mitigé en Palestine. Après la disparition de la SDN, l'ONU assura le relais et continua à faire usage du mandat dans le cadre des OMP, des AIT et autres.

B. Le régime des mandats à l'époque de l'ONU

Le régime de la tutelle, quant à lui, trouve directement sa base juridique dans la Charte de l'ONU dont le Chapitre XII prévoit un régime international pour l'administration et la surveillance des communautés désignées par l'expression « territoires sous tutelle »[329]. Un accord de tutelle généralement établi à cet effet et, au cas par cas, détermine « les conditions dans lesquelles le territoire sous tutelle sera administré » et, en même temps, « désigne l'autorité qui en assurera l'administration »[330]. Celle-ci doit affermir la paix, encourager le respect des droits humains, favoriser les progrès politico-économique et socio-culturel des populations sous tutelle[331]. Elle doit, *in fine*, les accompagner vers la capacité à s'administrer elles-mêmes ou vers l'indépendance[332]. Cela doit être précisé, *expressis verbis*, lors de l'établissement de l'autorité gouvernante qui peut être un État ou l'ONU. Peu importe la dénomination (OMP ou tutelle), les territoires non étatiques placés sous administration de paix onusiennes peuvent être classés en deux catégories : les territoires réintégrés *ex post* (**1**) et ceux ayant proclamé leur indépendance à la fin de l'administration de paix (**2**).

1. Les territoires réintégrés ex post

Ce sont souvent des micro-territoires non étatiques qui, au terme d'une administration de paix onusienne, furent réintégrés ou rattachés, in fine, à un État donné. Les cas du Territoire Libre de Trieste (**a**) et de la Slovénie orientale (**b**) seront étayés dans ce sens.

---

[329] Charte de l'ONU, art. 75.
[330] *Ibid.*, art. 81.
[331] *Ibid.*, art. 76.
[332] *Ibid.*

a. L'administration et la réintégration du Territoire Libre de Trieste (TLT)

Le 12 novembre 1920, le Traité conclu à Rapallo entre l'Italie et la Yougoslavie céda le TLT à l'Italie. Après la Deuxième Guerre mondiale, la Yougoslavie profita de la capitulation de l'Italie pour revendiquer sa souveraineté sur Triste. En 1947, le CSNU y prévoyait une administration internationale devant gérer le territoire belligène dans l'attente d'une solution définitive au conflit positif de souveraineté entre l'Italie à l'ex-Yougoslavie[333]. On y créa une entité internationale avec tous les symboles d'un État moderne[334]. Le traité de 1947 élabora un régime conventionnel permanent, précisant en détail la responsabilité exacte de l'ONU dans la zone de Trieste. Il prévoyait que l'intégrité et l'indépendance du TLT seraient assurées par le CSNU[335]. Dès l'entrée en vigueur du traité, la zone fut administrée selon les dispositions de l'instrument relatif au régime provisoire approuvé par le CSNU[336]. Cet instrument demeurera en vigueur jusqu'à l'entrée en vigueur du statut permanent du territoire également approuvé par le CSNU[337]. L'Italie et la Yougoslavie s'engagèrent à donner au TLT les garanties indiquées à l'annexe IX.

Le TLT fonctionna à l'image d'un État indépendant avec une constitution[338], un drapeau, deux langues officielles et un gouvernement composé d'un Gouverneur, d'un Conseil de Gouvernement, d'une Assemblée populaire élue par le peuple du TLT et d'un Corps judiciaire. Leurs pouvoirs respectifs furent exercés

---

[333] S/RES/16 du 10 janvier 1947.

[334] L'article 211 Traité de paix constitua le TLT limitée par la mer Adriatique et les frontières définies aux articles 4 et 22 du même Traité.

[335] Traité de paix avec l'Italie du 10 février 1947, annexe VI, article 2.

[336] Budislav Vukas, « Solution définitive de la question de Trieste par la Conclusion des accords entre l'Italie et la Yougoslavie à Osimo (Ancona) le 10 novembre 1975 », *AFDI*, vol. 22, 1976, pp. 77-95, p. 78.

[337] Les textes du Statut permanent du TLTet de l'instrument relatif à son régime provisoire figurent aux annexes VI et VII du Traité de 1947. Le TLT ne sera pas considéré comme territoire cédé, au sens de l'article 19 et de l'annexe XIV dudit Traité.

[338] Traité de paix avec l'Italie du 10 février 1947, annexe VI, arts. 8, 9, 10 et s.

conformément aux dispositions du statut permanent et de la Constitution dudit Territoire Libre[339]. En conséquence, il fut doté d'une personnalité juridique internationale, lui permettant de conclure des traités internationaux[340]. Cependant, le protocole du 26 octobre 1954 partagea le TLT comme suit : la grande partie de la zone A (se trouvant au Nord) revint à l'Italie, et la zone B ainsi qu'une partie de la zone A, à la Yougoslavie. Les zones attribuées à la Yougoslavie furent partagées entre la Croatie et la Slovénie. Il a fallu attendre l'entrée en vigueur officielle du Traité d'Osimo entre l'Italie et la Yougoslavie, le 11 octobre 1977, pour que cette dernière reconnaisse l'appartenance de Trieste à l'Italie qui, réciproquement, renonça à revendiquer les parties du TLT devenues Yougoslaves depuis 1954. Dans le cas du TLT, c'est une résolution du CSNU qui sollicita la conclusion d'un traité de paix pour fixer le statut du TLT. Inversement, dans le cas de la Slavonie orientale, c'est un traité de paix qui sollicita l'intervention de l'ONU pour administrer ce territoire conflictogène.

b. Slavonie orientale (en Croatie)

La Slavonie orientale naquit dans le sillage de l'effondrement de l'ex-Yougoslavie. Elle fut créée par les Serbes, en réponse à la déclaration d'indépendance de la Slovénie et de la Croatie, le 25 juin 1991. Elle intégra la République serbe de Krajina jusqu'en 1995. Cette République, vaincue suite à l'opération tempête lancée par l'armée croate, disparut, à l'exception de la Slavonie orientale.

Les accords de Dayton prévoyaient alors que la réintégration de ce territoire se ferait sous la juridiction croate. Les négociations de paix entre Croates et Serbes débouchèrent sur la conclusion de l'Accord fondamental d'Erdut[341], qui demanda au CSNU d'y déployer une administration transitoire en vue d'assurer, au bout de deux ans, la réintégration pacifique de la région dans le système politico-juridique

---

339 *Ibid.*

340 Vukas Budislav, « Solution définitive … », *op. cit.*, pp. 77 et s.

341 Voir l'Accord fondamental concernant la région de la Slavonie orientale, de la Baranja et du Srem occidental signé, le 12 novembre 1995, par le Gouvernement de la République de Croatie et la communauté serbe locale.

croate[342]. Cet accord, signé entre la Croatie et les représentants de la Slavonie orientale et entré en vigueur le 15 janvier 1996, organisa la délimitation de la région et sa réintégration pacifique à la Croatie sous l'observation d'une force de protection des Nations Unies.

Le CSNU institua, pour 12 mois renouvelables, et conformément à l'Accord fondamental, l'ATNUSO dotée d'une composante militaire et d'une composante civile[343]. Initialement composée de 5000 personnes, l'ATNUSO était chargée de superviser la délimitation des frontières prévue dans l'Accord[344], de maintenir la paix et la sécurité dans la région, d'accomplir les tâches de l'administration civile, de superviser les élections et de valider les résultats[345], *etc.* L'ATNUSO fut placée sous l'autorité d'un administrateur transitoire nommé par le SGNU. Le 31 janvier 1996, le CSNU y déploya 100 observateurs militaires pour une période de six mois[346]. La situation en Croatie étant une menace à la paix et la sécurité internationale, le mandat de l'ATNUSO fut, *in fine*, prorogé et le territoire resta sous administration onusienne jusqu'en 1998[347], date à laquelle la Slovénie orientale réintégra la Croatie. On observe que d'autres administrations de paix ont « favorisé et validé » l'indépendance de territoires administrés et non leur rattachement à un État existant.

2. Des administrations de paix à la création d'États

Les administrations de paix, intervenant dans un processus d'autonomisation territoriale, impliquèrent, dans certains cas, l'existence d'une autorité étatique en construction ou en devenir[348].

---

342 I. Prezas, *L'administration de collectivités territoriales par les Nations Unies. Études de la substitution de l'organisation internationales à l'État dans l'exercice des pouvoirs de gouvernement*, Paris, LGDJ, 2012, p. 34.

343 S/RES/1037 du 15 janvier 1996, points 1 et 2.

344 *Ibid.*, point 10, a).

345 *Ibid.*, point 11, b) et e).

346 S/RES/1043 du 31 janvier 1996, point 1.

347 S/RES/1066 du 15 juillet 1996 ; S/RES/1079 du 15 novembre 1996, point 7 ; *etc.*

348 M. Beulay, *op. cit.*, p. 229.

Cette période de gestation du nouvel État rompait, tout d'abord, avec l'ancienne puissance ; ensuite, ce vide juridico-politique – provoqué par cette rupture – fut comblé par des administrateurs de la transition. Celle-ci se terminait, parfois, par une déclaration d'indépendance, à travers laquelle l'entité humaine autonomisée décidait de prendre son destin en main.

Il s'agit d'une gestion normativo-institutionnelle d'un territoire en crise, dans l'attente d'une solution définitive. Actrice principale de cet exercice délicat depuis 1945, l'ONU a été fondée pour préserver les générations *présentes* et « futures du fléau de la guerre »[349].

Relever ce défi constitue la fonction la plus importante de l'Organisation et, dans une large mesure, le critère par rapport auquel elle est jugée par les peuples au service desquels elle se trouve[350]. Selon Boutros Boutros-Ghali,

> « Lorsqu'un conflit éclate, les efforts de rétablissement et de maintien de la paix, qui se soutiennent mutuellement, entrent en jeu. Une fois qu'ils ont atteint les objectifs visés, il faut, pour asseoir la paix ainsi recouvrée sur des bases durables, que l'on s'attaque résolument, en coopération, aux causes économiques, sociales, culturelles, et humanitaires du problème »[351].

Probablement, c'est la raison pour laquelle l'ONU accompagne certains peuples vers l'indépendance et, par conséquent, vers la création de leurs propres États. Les exemples, en la matière, sont nombreux : Namibie[352], Kosovo, Timor Oriental (**a**), Sud Soudan (**b**), *etc*.

---

[349] Charte des Nations Unies, 26 juin 1945, préambule, §1.

[350] Nations Unies, *Le résumé du rapport Brahimi sur les OMP*, New York, 21 août 2000, p. 8.

[351] Ghali-Boutros Boutros, *Agenda pour la paix*, New York, Nations Unies, 1992, p. 36.

[352] Voir chapitre 2, section 2, § 2, B, point 3.

a. De l'administration de la paix à la création de l'État Timorais

Ancienne colonie portugaise classée en 1960 au rang des territoires non autonomes par l'ONU[353], le Timor oriental fut l'un des cas les plus caractéristiques de la décolonisation retardée[354]. Le Portugal s'y retira le 27 août 1975 en raison de troubles internes entre différentes factions dont les unes prônaient l'indépendance et les autres l'intégration à l'Indonésie. Le 7 décembre 1975, l'Indonésie occupa la zone et, quelques mois plus tard, l'incorpora à son territoire national[355]. Le Parlement de Djakarta légiféra en 1976, et fit du Timor oriental la vingt-septième province de la République indonésienne et ce, contre la volonté de la population locale, à majorité catholique et lusophone, qui organisa, en revanche, une guérilla contre l'Indonésie. Cette annexion ne fut jamais reconnue par la communauté internationale[356]. Au même moment, les deux grandes organisations politiques timoraises, le FRETILIN et l'UDT, se disputèrent durement le contrôle du pays, au prix d'une guerre civile qui fit plusieurs milliers de victimes[357].

Dans une série de résolutions adoptées entre 1975 et 1982, l'ONU demanda à son SG d'offrir ses bons offices à l'Indonésie et au Portugal en vue de parvenir à un règlement du conflit[358]. L'Australie

---

[353] Voir la Résolution 1542 (XV) du 15 décembre 1960 dans laquelle l'AGNU affirmait que « Timor et dépendances » constituent un territoire non autonome au sens du chapitre XI de la Charte. Cependant, le conservatisme de la dictature portugaise, qui refusait de voir dans le Timor oriental autre chose qu'une province d'outre-mer, fit obstacle à toute évolution et, durant près de quinze ans, les Nations Unies s'obstinèrent en vain ». Voir J.-M. Thouvenin, « L'arrêt de la CIJ du 30 juin 1995 rendu dans l'*affaire du Timor oriental* (Portugal c. Australie) », *in AFDI*, vol. 41, 1995. pp. 328-353, p. 329.

[354] *Ibid.*

[355] I. Prezas, *op. cit.*, pp. 35-36.

[356] J-M. Thouvenin, « L'arrêt de la CIJ du 30 juin 1995 rendu dans l'*affaire du Timor oriental* (Portugal c. Australie) », *op. cit.*, p. 330.

[357] *Ibid.*

[358] Voir « les résolutions du Conseil de sécurité 384 (1975) du 22 décembre 1975 et 389 (1976) du 22 avril 1976, et les résolutions de l'Assemblée générale 3485 (XXX) du 12 décembre 1975, 31/53 du 1er

reconnut l'intégration du Timor Oriental à l'Indonésie en février 1979 et, par conséquent, le 11 décembre 1989, elle conclut avec l'Indonésie l'accord qui créa « notamment une zone d'exploration et d'exploitation conjointes des ressources d'un secteur du plateau continental gisant entre les côtes australiennes et timoraises »[359]. Le Portugal traduisit l'Australie devant la CIJ en lui reprochant : d'abord, de n'avoir pas respecté le droit du peuple timorais de disposer de lui-même ; ensuite, de n'avoir pas signé l'accord litigieux avec le Portugal ; et enfin, d'avoir exploité illégalement les eaux maritimes timoraises[360]. La CIJ affirma que le droit des peuples (y compris le peuple timorais) « à disposer d'eux-mêmes est opposable *erga omnes* »[361]. Ainsi, grâce aux efforts de Koffi Annan (SGNU) et de Bacharuddin Jusuf Habibie (Président indonésien), le Portugal et l'Indonésie se mirent d'accord, le 5 mai 1999, sur l'organisation d'un référendum d'autodétermination, sous l'égide de l'ONU, au Timor Oriental : large autonomie ou indépendance[362]?

Le 7 mai 1999, le CSNU autorisa le SGNU à y déployer une présence onusienne en vue d'organiser le référendum[363]. Le SGNU nomma son Représentant spécial pour la consultation populaire en question. Le 11 juin 1999, le CSNU créa la MINUTO chargée d'organiser le scrutin du 8 août 1999 visant à déterminer si la population timoraise acceptait le cadre constitutionnel proposé : une autonomie spéciale au sein de l'Indonésie ou, en cas de rejet, l'indépendance[364]. Le Conseil déploya, dans le cadre de la MINUTO, une police civile de 280 personnes et 50 officiers de liaison chargés de sécuriser la consultation et de superviser le convoyage des urnes et des

---

décembre 1976, 32/34 du 28 novembre 1977, 33/39 du 13 décembre 1978, 34/40 du 21 novembre 1979, 35/27 du 11 novembre 1980, 36/50 du 24 novembre 1981 et 37/30 du 23 novembre 1982 ». *Affaire relative au Timor Oriental* (Portugal c. Australie), CIJ, arrêt du 30 juin 1995, *Rec.*, 1995, § 14.

[359] J-M. Thouvenin, *op. cit.*, p. 331.

[360] *Ibid.*

[361] *Affaire relative au Timor Oriental* (Portugal c. Australie), CIJ, arrêt du 30 juin 1995, *Rec.*, 1995, § 29.

[362] Voir l'Accord signé, à cet effet, le 5 mai 1999 entre l'Indonésie et le Portugal.

[363] S/RES/1236 du 7 mai 1999, point 1.

[364] S/RES/1246 du 11 juin 1999.

bulletins[365]. Le 3 août 1999, sur proposition du SGNU, le CSNU reporta le référendum au 30 août et prorogea le mandat de la MINUTO jusqu'au 30 septembre 1999[366]. Le 27 août 1999, il prolongea le mandat de la MINUTO jusqu'au 30 novembre et augmenta ses effectifs et ses composantes en vue de gérer la période *post* scrutin[367]. Le 15 septembre 1999, le CSNU se satisfit du succès de la consultation du 30 août 1999 et prit acte des résultats[368]. Cependant, il déplora la détérioration des conditions sécuritaires après le scrutin et, en conséquence, autorisa la création d'une force multinationale, sous commandement unifié, chargée d'y rétablir la paix et la sécurité, de protéger et d'appuyer la MINUTO dans l'exécution de ses tâches[369]. Il invita le SGNU à planifier et préparer une ATNUTO incorporant une OMP « qui sera déployée lors de la phase de mise en œuvre des résultats de la consultation populaire »[370]. L'ATNUTO fut ainsi créée, le 25 octobre 1999[371], pour administrer la transition[372]. Elle y assuma le rôle d'un gouvernement à part entière. Gardienne de la paix, elle coordonna les actions humanitaires, le processus de la reconstruction et, en même temps, elle fournit des services publics de base et créa les institutions politiques de l'État Timorais en devenir[373].

Elle bâtit un nouvel ordre juridique et forma des fonctionnaires. Son mandat embrassa toutes les compétences régaliennes d'un État[374]. La réussite de l'ONU s'est concrétisée par la proclamation de l'indépendance du Timor oriental le 19 mai 2002. Au cours de la cérémonie d'indépendance, l'ONU transféra officiellement son

[365] *Ibid.*, points 2 et 3.

[366] S/RES/1257 du 3 août 1999.

[367] S/RES/1262 du 27 août 1999, point 1.

[368] S/RES/1264 du 15 septembre 1999

[369] *Ibid.*, point 3.

[370] *Ibid.*, point 11.

[371] S/RES/1272 du 25 octobre 1999, point 1.

[372] Voir R. Goy, « L'indépendance du Timor oriental », in *AFDI*, 1999, pp. 203-225.

[373] A. Godstone, « East Timor », *in* Richard Caplan (ed. by), *Exit, Strategies, and State Building*, New York, 2012, pp. 177-193, p. 183.

[374] G. Abline, « De l'indépendance du Timor oriental », *RGDIP*, pp, 2003, 349-375, p. 363.

autorité à celle du nouvel État indépendant[375]. C'est ainsi que les Timorais mirent fin aux vingt-quatre années d'occupation indonésienne[376]. Cependant, si le Timor oriental doit, essentiellement, sa création à l'ONU, la République du Sud Soudan, quant à elle, doit sa création à une série d'accords de paix, échelonnés dans le temps et générés par la médiation de divers acteurs internationaux.

b. De la médiation de paix à la création de l'État sud-soudanais

La création de la République sud-soudanaise relève de la sécession qui, en tant que phénomène politique, se définit comme la séparation d'une partie du territoire d'un État préexistant, laissant subsister celui-ci[377]. Elle constituerait, *in extremis*, l'un des moyens de règlement des conflits et, par voie de conséquence, l'une des rares hypothèses contemporaines de création d'un nouvel État. En l'espèce, le processus de sécession sud-soudanaise atteignit son terme, en grande partie, grâce au soutien de la communauté internationale. Ses origines remontent à la période coloniale. Cependant, c'est en 1983 que la crise prit de l'ampleur avec la guerre civile opposant le SPLM/A aux forces armées et au Gouvernement soudanais sur fond de divisions liées au partage des ressources, à la participation aux

[375] Un casque bleu abaissa symboliquement le drapeau bleu des Nations Unies, et les couleurs du Timor oriental ont été hissées. Dans son allocution, le SGNU, Kofi Annan très ému, affirma devant une foule débordante de joie: « [j]e te salue, peuple du Timor-Oriental, pour le courage et la persévérance dont tu as fait preuve. […] Votre chemin vers l'indépendance n'a pas été des plus aisés, […]. Vous devriez être très fiers de ce que vous avez accompli. Qu'une petite nation soit capable d'inspirer le monde et d'attirer notre attention est le plus bel hommage que je puisse lui rendre ». C'est en ces termes que Kofi Annan, au soir du 19 mai 2002, a accueilli le 191ème État des Nations Unies, le premier-né du troisième millénaire, la République démocratique du Timor Oriental. G. Abline, « De l'indépendance du Timor oriental », *RGDIP*, pp, 2003, 349-375, p. 350.

[376] Sur la question du Timor Oriental, voir aussi Gérard Cahin, « L'action internationale au Timor oriental », *AFDI*, vol. 46, 2000. pp. 139-175.

175.

[377] P. Daillier, A. Pellet, M. Forteau, *Droit international public*, Paris, LGDJ., 2009, p. 584.

affaires politiques et à la religion[378]. Après vingt-deux ans de conflit armé et deux millions et demi de morts, cette guerre civile était censée prendre fin le 9 janvier 2005 avec la signature de l'Accord de paix global (APG)[379].

Selon Géraldine Giraudeau, les tentatives de conciliation des États voisins ont été nombreuses, mais la première initiative organisée de négociations fut officiellement amorcée en 1993 sous l'égide de l'IGAD[380], appuyée par l'ONU. L'IGAD est une organisation de coopération régionale créée en 1996, en remplacement de l'ancien IGADD. Son activité concerne l'environnement et l'agriculture, le développement économique et social, ainsi que la paix et la sécurité. C'est à ce dernier titre que l'organisation joua un rôle central dans la signature des accords entre le gouvernement soudanais et le MPLS, cela a été rappelé dans le CPA[381]. Celui-ci mentionna également de l'implication de l'UA, de l'ONU, du Kenya (pour ce qui concerne la négociation relative aux États du Kordofan du Sud et du Nil bleu ainsi que de la région d'Abyei), mais aussi des gouvernements italien, norvégien, anglais et américain[382]. Grâce à cette pression

---

[378] Alisson Giffen, « South Sudan », *in* Alex J. Bellamy and Tim Dunne (*ed.*), *The Oxford Handbook of Responsability to Protect*, Oxford, OUP, 2016, pp. 857-875, p. 859.

[379] FIDH, *Soudan du Sud. Premier anniversaire de l'indépendance. Le moment d'agir pour la paix et les droits humains*, Novembre 2012 / n° 591, p. 4.

[380] Composée de Djibouti, d'Ethiopie, du Kenya, de l'Ouganda, de la Somalie, du Soudan, du Sud Soudan et de l'Érythrée, l'IGADD (*Intergovernmental Authority on Drought and Development*) fut créée en 1986 par les chefs d'État et de gouvernement en réponse aux nombreuses catastrophes climatiques qui causèrent des famines, dégradèrent l'environnement et engendrèrent une dépression climatique dans la région de l'Afrique de l'Est entre 1974 et 1984. Vaste zone de libre-échange, véritable marché commun, l'IGADD abandonna le « D » relatif au « drought = sécheresse » et se fixa dorénavant pour mission la mise en œuvre de la coopération régionale et l'intégration économique entre ses États membres.

[381] *The Comprehensive Peace Agreement Between The Government of The Republic of The Sudan and The Sudan People's Liberation Movement/Sudan People's Liberation Army*, 2005, Chapeau, § 12.

[382] G. Giraudeau, « La naissance du Soudan du Sud : la paix impossible ? », *AFDI*, vol. 58, 2012. pp. 61-82, p. 70.

internationale, le MPLS et le gouvernement soudanais signèrent, le 20 juillet 2002, le Protocole de Machakos (Kenya). Cet accord de paix ne constitua pas un véritable cessez-le-feu, qui n'interviendra que quelques mois plus tard : il marqua néanmoins le début officiel du processus de sécession du Soudan du Sud[383]. Le texte affirma le droit à l'autodétermination du peuple sud-soudanais et prévit la tenue d'un référendum sur cette question ainsi qu'une période de transition. Il interdit également la discrimination fondée sur l'appartenance religieuse.

Ensuite, plusieurs autres accords furent signés pour prévoir en détail le processus de paix. L'Accord du 25 septembre 2003 sur les arrangements sécuritaires établit un cessez-le-feu internationalement supervisé et organisa le redéploiement des deux armées[384]. L'important accord sur le partage des richesses, signé le 7 janvier 2004, aborda l'épineuse question du pétrole et le développement du secteur économique. Selon cet accord, pendant la période intérimaire, l'établissement de la politique relative aux ressources pétrolières et la validation des contrats signés revenaient à une commission nationale. Celle-ci, coprésidée par le Président soudanais et par le Président du gouvernement du Soudan du Sud, était composée de quatre représentants de chaque gouvernement et de trois représentants non permanents de régions productrices de pétrole.

Des principes de partage du revenu de la production furent établis, avec la possibilité pour le Soudan du Sud de prélever un certain nombre de taxes. L'accord de partage du pouvoir signé en mai 2004, organisa l'autonomie institutionnelle du Soudan du Sud en le dotant notamment d'un gouvernement. La Constitution intérimaire sud soudanaise entra en vigueur en application de cet accord en 2005 pour préparer l'indépendance du futur État[385]. À la même date, furent parallèlement rédigés deux textes relatifs à la situation

[383] Voir le Protocole de Machakos du 20 juillet 2002.

[384] S/RES/1547 du 11 juin 2004, point 1 : le SGNU demanda au CSNU de créer « une mission politique spéciale chargée de préparer la surveillance internationale envisagée dans l'Accord de Naivasha du 25 septembre 2003 ».

[385] G. Giraudeau, « La naissance du Soudan du Sud : la paix impossible ? », *op. cit.*, p. 70.

particulièrement conflictuelle des régions frontalières et pétrolifères d'Abyei d'une part, et du Kordofan du Sud et du Nil bleu d'autre part[386].

L'Accord global de paix (AGP) signé comme un tout le 9 janvier 2005 réunit en un seul document l'ensemble de ces textes, auxquels ont été annexées des dispositions relatives aux modalités pratiques de mise en œuvre et des calendriers, et fit officiellement débuter la période pré-intérimaire du processus[387]. Signé par un sujet de droit international et par un mouvement de libération, le CPA, cet accord interne élaboré dans un contexte internationalisé, constitua un cadre juridique particulier fondant la licéité de la sécession du Soudan du Sud en prévoyant la tenue d'un référendum. Celui-ci eut lieu entre les 9 et 15 janvier 2011, selon les dispositions votées par le pouvoir législatif soudanais le 29 décembre 2009. Les résultats définitifs largement en faveur de l'indépendance (98,83 % des suffrages) furent définitivement publiés le 7 février 2011 et officiellement reconnus par l'ONU. Solennellement déclarée à Juba (la capitale du Pays) le 9 juillet 2011, l'indépendance du Soudan du Sud - aboutissement des efforts du MPLS et de la communauté internationale, a été rapidement suivie de la publication d'une liste importante de reconnaissances officielles dont celles de la France et des États-Unis[388].

Le Soudan avait communiqué sa reconnaissance du nouvel État dès le 8 juillet 2009. Le 14 juillet 2011, le Soudan du Sud devint le 193è membre des Nations Unies, le 27 du même mois, membre de l'UA, puis moins d'un an plus tard, membre du FMI et de la Banque mondiale[389].

---

[386] Ces deux Accords prévirent l'établissement d'une commission chargée de définir les frontières de la région d'Abyei, la tenue d'un référendum relatif au rattachement de cette dernière au Soudan (du Nord) ou au Soudan du Sud, et la mise en place de l'Accord de paix dans les États du Kordofan du Sud et du Nil bleu.

[387] *The Comprehensive Peace Agreement Between The Government of The Republic of The Sudan and The Sudan People's Liberation Movement/Sudan People's Liberation Army*, 2005, chapeau, § 6.

[388] *Ibid.*

[389] G. Giraudeau, « La naissance du Soudan du Sud : la paix impossible ? », *op. cit.*, p. 70.

Malheureusement, deux ans cinq mois seulement après sa naissance, une crise politique a éclaté dans la capitale. Le 15 décembre 2013, la crise politique s'est transformée en conflit armée qui s'est étendu à d'autres régions et qui a plongé le Sud-Soudan dans une nouvelle guerre civile[390]. Donc, l'indépendance du Sud Soudan résulta d'un processus de paix fortement internationalisé, impliquant *des administrations de paix participatives* dans la gestion de la guerre civile de l'État défaillant du Soudan (*ante* sécession)[391] : les autorités internes et internationales se donnèrent la main pour régler le conflit.

La différence entre les *administrations de paix substitutives* et celles *participatives* est que les premières sont des opérations non consenties par les communautés des territoires non étatiques (à l'exception de quelques-unes), souvent mises devant le fait accompli, alors que les secondes sont, en principe, consenties par les autorités *de jure* ou *de facto* des États défaillants[392].

Section 2. Les administrations de paix participatives dans des États défaillants

Le concept d'État défaillant établit une hiérarchie entre les États faibles et forts[393]. Même si cette hiérarchisation est contraire à l'égalité juridique des États, elle traduit tout de même l'idée que les États ne se caractérisent pas par la même stabilité. Certes la gouvernance de l'État est une affaire interne[394], mais les situations

---

[390] A. Giffen, « South Sudan », *in* Alex J. Bellamy and Tim Dunne (*ed. by*), *The Oxford Handbook of Responsability to Protect*, Oxford University Press, 2016, pp. 857-875, p. 857.

[391] Voir S/RES/1574 du 19 novembre 2004.

[392] Cependant, les opérations d'imposition de la paix ne sont pas consenties car elles sont généralement dirigées contre l'État territorial.

[393] Eric De Brabandere, *Post-Conflict Administrations In International Law. International Territorial Administration, Transitional Authorities and Foreign Occupations In Theory and Practice*, Leiden-Boston, Martinus Nijhoff, 2009, p. 66.

[394] Voir H. Gherari, « Le respect de l'État de droit comme élément de la « bonne gouvernance » en droit international économique », *in* SFDI, Colloque de Bruxelles, *l'État de droit en droit international*, Paris, A. Pedone, 2009, pp. 153-176, p. 154.

internes dont les effets néfastes transcendent les frontières nationales peuvent nécessiter l'implication d'acteurs extérieurs – tel que le CSNU - dans leur gestion[395] : d'où les administrations de paix participatives exerçant une autorité de puissance publique à l'intérieur d'un espace étatique sur lequel elles n'ont aucun pouvoir de souveraineté.

Des auteurs affirment à cet effet que « le nouveau droit international a [...] démoli les remparts les plus puissants des États souverains »[396]. Cela se justifie au nom de la paix et de la sécurité internationales[397]. Les interventions de paix – compensant les carences des États faillis – « sont un objet juridique qui se situe à mi-chemin entre l'ordre juridique international et l'ordre juridique interne »[398]. Ces administrations « hybrides »[399] ne font pas disparaître le souverain par substitution[400]. Elles visent l'ensemble des activités entreprises par l'ONU sur la base du Chapitre VII de la Charte en vue de rétablir, consolider ou aménager les structures politiques des États[401] (**§ 1**).

---

[395] Sur ce dernier aspect, voir Daphna Shraga, « The second Generation UN-Based Tribunals : A Diversity of Mixed Juridictions », *in* Cesare P. R. Romano, André Nollkaemper, and Jann K. Kleffner (*ed. by*), *Internationalized Criminal Courts : Sierra Leone, East Timor, Kosovo, and Cambodia*, Oxford University Press, 2009, pp. 15-38, p. 15.

[396] A. Cassese, « The Role of International Courts and Tribunals in the Fight Against International Criminality », *in* Cesare P. R. Romano, André Nollkaemper, and Jann K. Kleffner (*ed. by*), *Internationalized Criminal Courts : Sierra Leone, East Timor, Kosovo, and Cambodia*, Oxford University Press, 2009, pp. 3-13, p. 3.

[397] Voir M. Beulay, *op. cit.*, p. 241.

[398] A.-L. Chaumette, « Les administrations internationales de territoires au Kosovo et au Timor : expérimentation de la fabrication d'un État ». *Jus politicum. Revue de droit politique*, Dalloz, 2015, pp. 337–378.

[399] A. Cassese, « The Role of International Courts and Tribunals in the Fight Against International Criminality », *op. cit.*, p. 5.

[400] D. Zaum, « Exit and International Administrations », *op. cit.*, p.139.

[401] Selon Y. Daudet, « [c]'est une autre manière de maintenir la paix dans le monde d'aujourd'hui où, depuis la fin de la bipolarité, les conflits se déroulent essentiellement dans des cadres internes, en sorte que le rétablissement de la paix est souvent le retour à une paix « sociale » qui passe par des structures étatiques établies sur des bases démocratiques avec

Cette assistance internationale peut être accordée aux peuples et aux gouvernements en danger ((**§ 2**).

§ 1. L'assistance aux États en danger

La théorie de *l'hybridité* est entrée dans l'orbite de la « justice transitionnelle »[402] et des administrations de paix. Elle a un contenu binaire qui se manifeste par la communion entre acteurs internes et internationaux en vue de réaliser un objectif particulier sur le territoire de l'État du for. Selon Paige Arthur, « *such hybridation has taken place to the extent that the division between "local" and "international" approches [...] has broken down* »[403]. Les administrations de paix atténuent la distinction entre affaires internes et internationales[404], parce qu'elles incorporent des normes et des fonctionnaires internationaux dans des mécanismes de consolidation de paix et de reconstruction des États post-conflits[405].

Ainsi, au Cambodge, l'APRONUC supervisa et contrôla, de mars 1992 à septembre 1993, les institutions étatiques aux fins d'assurer des élections régulières et une pacification du pays (**A**). De même en Bosnie-Herzégovine, la MINUBH, mise en place de 1995 à

---

l'assistance de la communauté internationale ». Y. Daudet, *Répertoire de droit international*/ONU, février 2004.

[402] Ch. Yakinthou, « Reframing Friction. A Four-Lens Framework for Explaining Shifts, Fractures, and Gaps in Transitional Justice », *in* Paige Arthur and Christalla Yakinthou (*ed. by*), *Transitional Justice, International Assistance, and Civil Society. Missed Connections*, Cambridge University Press, 2018, pp. 177-208, p. 180.

[403] P. Arthur, « Why Do Donors Choose to Fund Transitional Justice ? », in Paige Arthur and Christalla Yakinthou (*ed. by*), *Transitional Justice, International Assistance, and Civil Society. Missed Connections*, Cambridge University Press, 2018, pp. 209-241, p. 210.

[404] Ch. Yakinthou, *op. cit.*, p. 178.

[405] A. Cassese, en parlant de l'exemple du Cambodge, affirmait : « [n]ous savons qu'il devrait y avoir deux procureurs, l'un local et l'autre international ». Voir Antonio Cassese, « The Role of International Courts and Tribunals *in* the Fight Against International Criminality », *in* Cesare P. R. Romano, André Nollkaemper, and Jann K. Kleffner (ed. by), Internationalized Criminal Courts : Sierra Leone, East Timor, Kosovo, and Cambodia, Oxford University Press, 2009, pp. 3-13, p. 5.

2002, a eu pour mandat de contribuer à créer un État de droit en Bosnie-Herzégovine en aidant les institutions étatiques à réformer et restructurer le système judiciaire et la police[406] (**B**).

A. L'assistance internationale au Cambodge

De 1975 à 1989, le Cambodge subit l'une des dictatures les plus inhumaines du XXe siècle, celle des khmers rouges[407]. Ceux-ci furent renversés par le Vietnam voisin en janvier 1979. La guerre entre les Khmers Rouges (soutenus par l'URSS) et la Résistance non communiste du Cambodge (soutenue par les États-Unis) provoqua plus d'un million de morts, tandis que plus d'un million de personnes se réfugièrent en Thaïlande[408].

L'ancien Roi, Norodom Sihanouk, symbole de l'unité de la nation, joua un rôle essentiel dans le processus de pacification[409]. En avril 1989, il demanda à la France de convoquer à Paris une Conférence internationale pour solutionner le problème cambodgien[410].

La France, l'Indonésie et le RSSG offrirent leurs bons offices pour rapprocher les protagonistes et dissiper les craintes[411]. Constatant la persistance des différends, les cinq membres permanents du CSNU décidèrent de rechercher eux-mêmes les termes de l'accord qui constitua le cadre juridique (**1**) et institutionnel (**2**) de la transition.

---

406 M. Beulay, *op. cit.*, p. 249.

407 G. Conac, *op. cit.*, p. 44.

408 L. Mcgrew, « Hybrid Court, Hybrid peacebuilding in Cambodia », *in* Paige Arthur and Christalla Yakinthou (*ed. by*), *Transitional Justice, International Assistance, and Civil Society. Missed Connections*, Cambridge University Press, 2018, pp. 144-173, p. 144 et s.

409 P. Isoart, « L'Autorité provisoire des Nations Unies au Cambodge », *AFDI*, 1993, vol. 39, pp. 157-177, p. 159.

410 *Ibid.*

411 *Ibid.*

1. Le cadre juridique de l'administration transitoire au Cambodge

Le règlement du conflit cambodgien impliqua beaucoup d'acteurs[412]. Dès le 28 août 1990, les cinq membres permanents du CSNU, adoptèrent « l'Accord-cadre pour un règlement politique global du conflit au Cambodge »[413]. Le 20 septembre 1990, le Conseil approuva cet accord et se félicita que toutes les parties cambodgiennes l'aient accepté dans son intégralité comme base du règlement du conflit[414]. Cela permit de réunir à Paris la Conférence internationale du 21 au 23 octobre 1991. Celle-ci s'acheva par la signature d'un ensemble de textes déterminant le statut et l'avenir du Cambodge[415], dont l'Accord pour un règlement politique global du conflit et ses cinq annexes. Les signataires de l'Accord invitèrent le CSNU à créer l'APRONUC qui disposait des composantes militaire et civile sous la

---

[412] L'Australie, Brunei Darussalam, le Cambodge, le Canada, la République populaire de Chine, les États-Unis d'Amérique, la République française, la République de l'Inde, la République d'Indonésie, le Japon, la République démocratique populaire lao, la Malaisie, la République des Philippines, le Royaume-Uni de Grande-Bretagne et d'Irlande du Nord, la République de Singapour, le Royaume de Thaïlande, l'Union des Républiques socialistes soviétiques, la République socialiste du Vietnam et la République fédérale socialiste de Yougoslavie ont participé, en présence du SGNU, à la Conférence de Paris de 1991, afin de restaurer et de maintenir la paix au Cambodge, de préserver et défendre sa souveraineté, son indépendance, son intégrité territoriale, et son unité nationale. Voir le préambule de l'Accord pour un règlement politique global du conflit du Cambodge.

[413] Cet Accord-cadre prévoit un processus permanent de réconciliation nationale et un rôle accru pour l'ONU, permettant ainsi au peuple cambodgien de déterminer son propre avenir politique par le moyen d'élections libres et équitables organisées et conduites par l'Organisation des Nations Unies dans un environnement politique neutre et dans le plein respect de la souveraineté nationale du Cambodge.

[414] S/RES/668 du 20 septembre 1990, points 1, 2, 3.

[415] On peut citer, entre autres, l'Accord relatif à la souveraineté, l'indépendance, l'intégrité et l'inviolabilité territoriales, la neutralité et l'unité nationale du Cambodge ; et la Déclaration sur le relèvement et la reconstruction du Cambodge.

responsabilité directe du SGNU[416]. Celui-ci désigna un représentant spécial à cet effet[417]. Les choses se passèrent comme prévu[418]. Le 31 octobre 1991, le Conseil exprima son plein appui aux Accords de Paris[419]. Le 28 février 1992, il créa l'APRONUC et, par la même occasion, fixa la date des élections (mai 1992). L'ensemble de ces accords et résolutions de paix constituèrent un socle et un bloc de normes juridiques pour les organes en charge de la transition.

2. Le cadre institutionnel de la transition au Cambodge

Texte fondamental de la transition, l'Accord politique global de Paris du 23 octobre 1991, confia la gestion de la transition au Cambodge à trois organismes principaux. *Primo*, le CICR fut chargé de l'aspect humanitaire[420]. Il mena à bien, en coordination avec le RSSG, le processus de libération de tous les prisonniers de guerre et « internés civils »[421]. *Secundo*, le CNS incarna la souveraineté, l'indépendance et l'unité du Cambodge pendant la transition. Présidé par le Prince Samdech Norodom Sihanouk, le CNS fut chargé de l'aspect administratif de la transition. Il représentait l'État Cambodgien à l'extérieur, à l'ONU et dans d'autres organisations et conférences internationales[422]. *Tertio*, pour mieux garantir le processus transitionnel, le CNS délégua tous les secteurs de l'État cambodgien en rapport avec l'organisation des élections à l'APRONUC[423]. Celle-ci, disposant d'une composante militaire et d'une composante civile, agissait dans le respect de la souveraineté du peuple cambodgien. En conséquence, tous les organes, institutions et services administratifs traitant des affaires étrangères, de la défense

---

[416] Accord de Paris sur le Cambodge, chapitre II.

[417] Art. 2, point 1 de l'Accord de Paris sur le Cambodge.

[418] S/RES/718 (1991) du 31 octobre 1991.

[419] *Ibid.*

[420] Art. 21 de l'Accord de Paris du 23 octobre 1991.

[421] Selon l'art. 22 de l'Accord de Paris sur le Cambodge, l'expression « interné civil » désigne toute personne n'étant pas prisonnier de guerre et qui, ayant participé sous une forme ou sous une autre à la lutte armée ou politique, a été arrêtée et détenue par l'une quelconque des parties en raison de cette participation.

[422] *Ibid.*, art. 3 et 5.

[423] Accord de Paris du 23 octobre 1991, arts. 12 et s.

nationale, des finances, de la sécurité publique et de l'information furent placés sous le contrôle direct de l'APRONUC qui, à son tour, exerçait ses fonctions sous la supervision RSSG[424].

Toutefois, relevons que la mise en œuvre de cet accord n'a pas été facile. Chacune des factions locales siégeant au sein du CNS défendait son intérêt, d'une part, et, le CNS pensait que c'était lui qui disposait de la plénitude des compétences de l'État, en oubliant ainsi que c'était le RSSG qui détenait le dernier mot, d'autre part. La procédure prévue à l'annexe 1 de l'accord, a permis de surpasser ces blocages. En vertu de cette annexe, le CNS donnait des avis à l'APRONUC qui s'y conformait à condition qu'il y ait consensus entre les membres du CNS[425]. S'il n'y avait pas de consensus entre les membres du CNS, malgré tous les efforts de son Président, Samdech Norodom Sihanouk, il appartenait à celui-ci de décider de l'avis à donner à l'APRONUC, qui s'y soumettait quand l'avis était conforme à l'accord.

Mais si le Président du CNS était incapable de prendre une décision, son pouvoir de décision était *ipso facto* transféré au RSSG. Ce dernier prenait la décision finale en tenant pleinement compte des vues exprimées au sein du CNS. Le RSSG était même habilité à assister aux réunions du CNS et de tout organe subsidiaire que celui-ci établissait afin de donner toutes informations nécessaires sur les décisions prises par l'APRONUC[426]. Le passage ci-dessous est très éclairant :

> « In Cambodia, this seems to have taken place without prior design or plan. The Paris agreements, which brought an end to the fighting in 1991, comprised a detailed wish list for the comprehensive reconstruction of the Cambodian economy and society after two decades of war and genocide. They mandated the disarmament and reintegration of the troops of the warring factions, the repatriation of

[424] *Ibid.*, art. 6.

[425] Accord de Paris, annexe 1, section A.

[426] Voir la Section A de l'Annexe 1 de l'Accord de Paris du 23 octobre 1991.

360,000 refugees and untold numbers of internally displaced persons, the enforcement of human rights, the conduct of free and fair elections leading to democracy, and the re-establishment of a functioning government and civil society. The UN Transitional Authority in Cambodia (UNTAC) (with 15,900 military personnel, 3,600 civilian police, 1,020 civilian personnel, and a total budget of $2.1 billion) was to oversee the process, and international donors pledged considerable funds for reconstruction and development »[427].

La transition prit fin avec l'adoption de la Constitution par l'Assemblée constituante élue à l'issue d'élections libres et équitables, organisées et certifiées par l'ONU[428]. Les membres de l'Assemblée furent élus au scrutin proportionnel en mai 1993 : 89% des électeurs inscrits participèrent au scrutin et 20 partis politiques y présentèrent des candidats. Le 21 septembre 1993, l'Assemblée constituante adopta la nouvelle Constitution du Cambodge. Le texte fut promulgué le 24 septembre. Le même jour, le nouveau gouvernement fut formé et la mission de l'APRONUC s'acheva. Deux jours plus tard, M. Akashi quitta le pays mais le retrait complet de la composante militaire ne prit fin que le 15 novembre. Un groupe de déminage et des éléments du service médical furent maintenus jusqu'au 31 décembre 1993[429]. Même si le Conseil national suprême (CNS) et l'APRONUC étaient des autorités exécutives n'ayant aucune base de légitimité interne, c'est grâce à eux que « la difficile paix »[430] dont Paul Isoart parlait, fut rétablie au Cambodge. Cette administration de paix disposait de prérogatives étatiques au niveau de la gouvernance de l'État défaillant

---

427 A. H. Chayes, A. Chayes, G. Raach, « Beyond Reform: Restructuring for More Effective Conflict Intervention », *Global Governance* 3, 1997, pp. 117-145, p. 135.

428 Art. 1 de l'Accord de Paris du 23 octobre 1991.

429 Concernant la transition au Cambodge, voir également Michael W. Doyle and Nicholas Sambanis, *Making War and Building Peace. United Nations Peace Operations*, Princeton University Press, 2006, p. 209.

430 Paul Isoart, « L'Autorité provisoire des Nations Unies au Cambodge », *AFDI*, vol. 39, 1993, pp. 157-177, p. 175.

du Cambodge[431]. Le nouvel ordre constitutionnel cambodgien étant établi, l'ONU se retira du pays pour faire face à d'autres crises et, particulièrement, à celle qui prévalait en ex-Yougoslavie et qui favorisa la création de la Bosnie-Herzégovine.

B. L'assistance internationale à la Bosnie Herzégovine

Le 2 décembre 1945, le Président Tito proclama l'ex-Yougoslavie comme État intégrant la Bosnie-Herzégovine[432]. Ce n'est qu'après la guerre froide que celle-ci recouvrit son indépendance suite à une série d'événements dont le déclin de l'URSS, l'éclatement de l'ex-Yougoslavie et le nationalisme croissant dans les Balkans[433]. En 1991, deux des trois communautés constitutives de la Bosnie-Herzégovine (les Serbes et les Croates) revendiquèrent des territoires à l'intérieur des frontières du pays. Cette revendication était la conséquence des tensions, des expulsions massives et de la recréation des frontières de la Croatie et de la Serbie[434]. Lors du référendum du 29 février 1992, 65 % de la population, principalement des Bosniaques et des Croates de Bosnie, votèrent massivement pour l'indépendance de la Bosnie-Herzégovine. Après la déclaration d'indépendance, les Serbes attaquèrent les zones croates et bosniaques, marquant ainsi le début de la guerre[435]. La cause principale de la guerre en Bosnie-Herzégovine fut le refus de la Serbie d'accepter l'indépendance de cette République qui cherchait la reconnaissance de la communauté internationale au lendemain de la désintégration de la Yougoslavie. S. Milosevic voulait créer un Grand État serbe englobant toutes les régions de l'ex-Yougoslavie où vivaient un nombre

---

431 P. Isoart, « L'Autorité provisoire des Nations Unies au Cambodge », *AFDI*, vol. 39, 1993. pp. 157-177.

432 Elite, 46, *The Yugoslavia Wars (2) : Bosnia, Kosovo and Macedonia 1992-2001*, p. 3.

433 M. Buljubasic, « A Bref Introduction in Historical Cycles of Mass Violence in Bosnia And Herzegovina », *International Journal of Rule of Law, Transitional Justice and Human Rights*, 2018, Year 9, Vol. 9, pp. 91-106, pp. 101 et s.

434 R. Lukic, *L'agonie yougoslave (1986-2003). Les États-Unis et l'Europe face aux guerres balkaniques*, Les Presses de l'Université Laval, 2003, p. 207.

435 Ch. Yakinthou, *op. cit.*, p. 53.

important de Serbes[436]. La communauté internationale y adopta une formule d'occupation civilo-militaire visant à rétablir durablement la paix et à consolider les nouvelles institutions[437].

Il s'agissait d'aider les populations concernées à retrouver les moyens de se gouverner elles-mêmes de manière pacifique et démocratique[438] (**2**). Mais, cela n'a été possible qu'après une déconstruction du conflit grâce aux efforts de la FORPRONU et de l'OTAN (**1**).

1. La phase de la déconstruction du conflit en Bosnie-Herzégovine

Ce conflit armé fut marqué par le long état de siège à Sarajevo (la capitale) et par la perpétration des crimes (de guerre et contre l'humanité) sur le sol européen depuis la Deuxième Guerre mondiale[439]. Il dura près de quatre ans, du 1er novembre 1991 au cessez-le-feu durable du 12 octobre 1995. Il s'agissait essentiellement d'une guerre civile, mais l'implication de la Croatie et surtout de la Serbie l'internationalisa. Ce qui conduisit à une intervention de la FORPRONU renforcée par l'OTAN[440]. Créée le 21 février 1992, la FORPRONU était la plus grande, la plus complexe, la plus coûteuse et la plus efficace de toutes les opérations de paix de l'histoire de l'ONU[441]. Siégeant à Sarajevo, elle devait maintenir la paix entre les groupes en guerre et trouver une solution permanente aux problèmes des peuples de l'ex-Yougoslavie. Bien qu'initialement elle œuvrait en

---

[436] R. Lukic, *L'agonie yougoslave (1986-2003). Les États-Unis et l'Europe face aux guerres balkaniques*, *op.cit.*, p. 213.

[437] N. Maziau, « Cinq ans après, le Traité de Dayton-Paris à la croisée des chemins : succès incertains et constats d'échec », *AFDI*, 1999, pp. 181-202, p.181.

[438] *Ibid.*

[439] Ch. Yakinthou, « Fighting Windmills, Ignoring Dragons International Assistance to Civil Society in Post-Conflict Bosnia and Herzegovina », *in* Paige Arthur and Christalla Yakinthou (*ed. by*), *Transitional Justice, International Assistance, and Civil Society. Missed Connections*, Cambridge University Press, 2018, pp. 52-85, p. 52.

[440] Elite, 46, *The Yugoslavia Wars (2) : Bosnia, Kosovo and Macedonia 1992-2001*, p. 22.

[441] S/RES/743 du 21 février 1992.

Croatie en tant que force de réaction, elle fut également chargée de protéger et d'acheminer l'aide humanitaire aux entités de la Bosnie-Herzégovine[442]. Ses tâches consistaient notamment à sécuriser l'aéroport de Sarajevo et à surveiller les six « zones de sécurité » établies par l'ONU à l'intérieur de la Bosnie-Herzégovine. Elle fut autorisée à utiliser la force pour se défendre en cas d'attaque dans ces zones. De plus, elle surveillait le respect des accords de cessez-le-feu. Le 31 mars 1995, le CSNU la réorganisa et, malgré toutes les attaques dont elle fut l'objet[443], prorogea son mandat jusqu'au 31 janvier 1996, en attendant l'entrée en vigueur et l'application de l'Accord de paix de Dayton[444]. Le 15 décembre 1995, le CSNU autorisa les États membres à créer l'IFOR, dont le mandat était décrit à l'annexe 1-A et à l'annexe 2 de l'Accord de Dayton/Paris[445]. En outre, le Conseil créa le Groupe international de police chargé des tâches mentionnées dans l'annexe 11 de l'Accord de paix, ainsi qu'un bureau civil des Nations Unies. Tous ces organismes furent placés sous l'autorité du Haut Représentant[446].

2. La phase de la consolidation de la paix en Bosnie-Herzégovine : les pouvoirs exorbitants du Haut Représentant (HR)

L'Accord de Dayton/Paris de 1995 mit fin au conflit en Bosnie-Herzégovine. Cependant, eu égard à la complexité des problèmes à résoudre, les parties préconisèrent un Haut Représentant nommé par le CSNU[447]. Celui-ci et son Secrétariat formaient le Bureau du Haut Représentant, institué par l'Annexe 10 de l'accord[448]. Il fut chargé de l'aspect civil de l'accord en général et, particulièrement, de la « réhabilitation des infrastructures et la reconstruction économique, la création d'institutions politiques et constitutionnelles [...], la promotion du respect des droits de l'homme et le retour des personnes

---

[442] S/RES/1004 (1995) du 12 juillet 1995, points 4 et 5. V. *égal.* S/RES/1010 (1995) du 10 aout 1995.

[443] M. A. Schuman, *Nations in Transition: Bosnia and Herzegovina*, New York, Facts on File, 2004, p. 43, 152 p.

[444] S/RES/1026 (1995) du 30 novembre 1995, point 2.

[445] S/RES/1031 du 15 décembre 1995.

[446] S/RES/1035 (1995) du 21 décembre 1995.

[447] Accords de Dayton, annexe 10, art. 1, § 1.

[448] Accords de Dayton, annexe 10, art. 1.

déplacées et refugiées, et la tenue d'élections »[449]. Lui et son personnel (*Staff members*) étaient protégés par des immunités leur permettant de surveiller la mise en œuvre du règlement de paix[450]. Il coordonnait les activités des organismes participant à l'aspect civil de ces accords[451]. Il convoquait et présidait la « Commission mixte civile » en Bosnie-Herzégovine et il pouvait en créer d'autres au sein des entités fédérées[452].

En représentant à la fois l'UE et l'ONU, il portait une « double-casquette » et, par conséquent, il devait rendre compte au CSNU et au Conseil de l'UE. Il œuvrait en faveur de l'intégration de la Bosnie-Herzégovine au sein de l'UE. D'ailleurs, il avait un contact étroit avec le Commandant de l'EUFOR qui remplaça l'IFOR en 2004[453]. Le Statut du HR fut révisé en décembre 1997. En effet, une interprétation contestée par la Russie, fit l'objet d'une conférence internationale tenue à Bonn, à l'issue de laquelle des pouvoirs exorbitants furent attribués au HR. Au-delà de son pouvoir d'interprétation des accords de Dayton[454], il pouvait dorénavant destituer des responsables politiques, abroger des lois votées par les parlements et même imposer des lois sans l'accord des parlementaires[455]. Il était l'autorité finale en ce qui concerne l'interprétation des Accords de Dayton[456]. Son autorité était incontournable en Bosnie-Herzégovine. Les institutions locales sont soumises à son pouvoir et doivent respecter ses recommandations et décisions[457]. Il résolvait les difficultés et litiges en rapport avec l'application des Accords de Dayton. Il destituait des fonctionnaires et élus déloyaux ou défaillants dans la mise en œuvre des accords. Tel fut le cas de N. Poplasen, Président de la République

---

449 *Ibid.*, § 1.

450 *Ibid.*, art. 3.

451 *Ibid.*, art. 2.

452 *Ibid.*

453 N. Maziau, « La Bosnie-Herzégovine en devenir douze ans après Dayton-Changements attendus et perspectives », *op. cit.*, p. 846 et s.

454 Art. V de l'Annexe 10 des Accords de Dayton.

455 Voir le site http://mjp.univ-perp.fr/constit/ba.htm. Consulté le 10/03/2020.

456 Accords de Dayton, annexe 10, art. 5.

457 N. Maziau, « Cinq ans après, le Traité de Dayton-Paris à la croisée des chemins : succès incertains et constats d'échec », *op. cit.*, p. 183.

Srpska : il considéra que l'attitude de ce dernier mettait en péril la paix civile au sein de l'entité serbe[458]. Depuis 1997, il a déjà imposé 49 lois nouvelles et 82 modifications de lois existantes, créé ou modifié 12 institutions, procédé à 80 suspensions ou destitutions de personnes (dont 65 pour le seul premier semestre 2004) et sanctionné à neuf reprises des partis politiques[459]. Plus récemment, le Parlement de la République serbe l'a accusé d'avoir transféré illégalement au pouvoir central 68 domaines de compétences non prévus par la Constitution. En juin 2011, il annula une décision du Parlement de la République serbe[460].

En tenant compte du contrôle du Haut Représentant (HR) sur tout le processus, on peut conclure qu'il s'agissait d'une administration de paix centralisée, et que la Communauté internationale, malgré son refus de le reconnaître, exerçait une sorte de protectorat en Bosnie-Herzégovine. Cela n'est pas étrange quand on connaît le rôle fondamental des organisations internationales (ONU, CEDEAO, OIF, UE, UA, *etc.*), pendant ces dernières décennies dans le règlement de crises politiques internes. D'ailleurs, Alexandre Sicilianos constate un changement d'attitude de l'ONU et de la communauté internationale qui réagissent dorénavant face aux coups d'État[461]. L'évolution décisive, en la matière, est intervenue avec les sanctions adoptées contre la junte militaire sierra-léonaise qui renversa le Président démocratiquement élu, Ahmad Tejan Kabbah, le 25 mai 1997[462].

---

458 *Ibid.*, p. 196.

459 Voir le rapport du Sénat français (de MM. Hubert Haenel et Didier Boulaud) fait au nom de la délégation pour l'Union européenne, du 3 juin 2005.

460 Rapport d'information n° 367 (2004-2005).

461 L.-A. Sicilianos, *L'Onu et la démocratisation de l'État. Systèmes régionaux et ordre juridique universel*, Paris, A. Pedone, 2000, pp. 182 et s.

462 P. Tavernier, « Les organisations internationales et les changements anticonstitutionnels », *in* Rafâa Ben Achour (dir.), *Les changements anticonstitutionnels de gouvernement : approches de droit constitutionnel et de droit international*, Presses universitaires d'Aix-Marseille, 2014, pp. 29-36, p. 34. V. égal. L.-A. Sicilianos, *L'Onu et la démocratisation de l'État. Systèmes régionaux et ordre juridique universel*, Paris, A. Pedone, 2000, pp. 182 et s.

§ 2. L'assistance aux gouvernements en danger

Un gouvernement en danger est un gouvernement démocratiquement élu, renversé par un coup d'État civil ou militaire avant la fin de son mandat. Il faut y intégrer les gouvernements issus d'élections libres et crédibles, privés du pouvoir par le refus d'alternance du gouvernement sortant.

Le coup d'État est inconstitutionnel en droit interne, sa condamnation se cristallise en droit international. Il deviendrait une infraction internationale lorsqu'il entraîne des violations massives des droits humains. Il peut aussi être un facteur de déstabilisation se répercutant sur le maintien de la paix et la sécurité internationales. Le cas échéant, il pourrait être qualifié par le CSNU, conformément à l'article 39 de la Charte de l'ONU de menace contre la paix[463]. C'est pour cette raison que la communauté internationale intervient, de manière sélective, pour rétablir des gouvernements démocratiques renversés par coups d'État (**A**) ou pour favoriser des alternances politiques (**B**)[464].

A. Le rétablissement internationalisé des gouvernements renversés

Les coups d'État ou, en d'autres termes, les changements anticonstitutionnels de gouvernement se produisent suite à une opération d'accession au pouvoir en dehors du cadre constitutionnel et en violation des principes démocratiques et des normes de l'État de droit. Ils prennent des formes multiples, allant du *putsch* militaire, au coup d'État civil jusqu'au rejet des résultats d'élections démocratiques, en passant par la manipulation des dispositions constitutionnelles et/ou électorales pour se maintenir au pouvoir. Le droit international était, au nom des principes de « non-ingérence » et

---

463 L.-A. Sicilianos, « Le respect de l'État de droit comme obligation internationale », *in* SFDI, Colloque de Bruxelles, *l'État de droit en droit international*, Paris, A. Pedone, 2009, pp. 143-152, p. 144.

463 *Ibid.*, p. 150 et s.

464 M. W. Doyle and Nicholas Sambanis, *Making War and Building Peace. United Nations Peace Operations*, Princeton University Press, 2006, p. 1.

de l'« autonomie constitutionnelle des États »[465], indifférent à l'égard des changements anticonstitutionnels de gouvernements. Cependant, la consécration progressive de la démocratie, de l'État de droit et de la bonne gouvernance en droit international conduit les acteurs internationaux à s'intéresser au régime interne des États[466]. L'action politique de l'ONU, de l'OUA, de l'OEA, de l'UE, de la CEDEAO, de l'OIF et autres OI s'est développée après la guerre froide.

La démocratie, annonçant le nouvel ordre mondial post-communiste, était vue comme la meilleure garantie pour la paix universelle[467]. Par conséquent, l'ONU considéra que les gouvernements démocratiques victimes de coup d'État, en Haïti (**1**) et en Sierre Leone (**2**), devaient être rétablis. Une collaboration entre les acteurs était nécessaire dans la mise en œuvre des actions contre les putschistes[468].

1. L'usage du Chapitre VII de la Charte de l'ONU contre les putschistes haïtiens

Les organisations internationales, universelles ou régionales, prévoient, dans leurs droits primaires ou secondaires, des sanctions à l'encontre de l'État membre concerné par un Coup d'État. Selon J. d'Aspremont, dans la résolution 1080 sur la démocratie représentative, les États membres de l'OEA « se sont [...] accordés un mécanisme de consultation en cas d'interruption brutale et soudaine de la démocratie

---

465 R. Ben Achour « Rapport introductif », *in* Rafâa Ben Achour (dir.), *Les changements anticonstitutionnels de gouvernement : approches de droit constitutionnel et de droit international*, Presse Universitaire d'Aix-Marseille, 2014, pp. 11-25, p. 12.

466 « Présentation », *in* Rafâa Ben Achour (dir.), *Les changements anticonstitutionnels de gouvernement : approches de droit constitutionnel et de droit international*, Presse Universitaire d'Aix-Marseille, 2014, p. 3.

467 Béatrice Pouligny-Morgant, « L'intervention de l'ONU dans l'histoire politique récente d'Haïti. Les effets paradoxaux d'une interaction », *Pouvoirs dans la Caraïbe. Revue du CRPLC*, 1998, pp. 132-187, p. 135.

468 Y. Daudet, « L'ONU et l'O.E.A. en Haïti et le droit international », *RFDI*, 1992, vol. 38, pp. 89-111, p. 98.

dans un État membre » [469]. Même si la Charte démocratique interaméricaine du 11 septembre 2001 est postérieure aux faits[470], il faut quand même reconnaître qu'Haïti fut le premier terrain d'expérimentation des consultations et sanctions pour coup d'État[471]. Incapable de satisfaire les besoins fondamentaux de sa population, Haïti n'a pas pu instituer un régime démocratique stable. Les élections successives n'ont fait que renforcer la corruption et le monopole du pouvoir politique par une minorité élitiste[472]. L'incompétence, les rivalités pour la succession au pouvoir et le trafic de drogue provoquèrent la chute du dictateur Jean-Claude Duvalier en 1986. Un Conseil national de gouvernement (civilo-militaire) présidé par Henri Namphy prit le relais jusqu'en 1988, avant d'être victime d'un coup d'État orchestré par le Général Prosper Avril. Celui-ci adressa, en 1989, une demande d'assistance électorale à l'ONU qui la lui refusa. Désignée Présidente de la République le 13 mars 1990 par l'Assemblée de concertation, après le départ du Général Avril, Ertha Pascale Trouillot, réitéra la requête d'assistance électorale auprès du CSNU. Cependant, sous la pression de la Chine et du mouvement des non-alignés, la requête fut plutôt transmise à l'AGNU[473]. Celle-ci créa et envoya l'ONUVEH[474]. Ainsi, les premières élections démocratiques du pays portèrent au pouvoir le père Jean-Bertrand Aristide le 16 décembre 1990.

L'immense espoir suscité par ce prêtre, pourfendeur des « Tontons macoutes » et proche des couches populaires, fut de courte

---

[469] J. d'Aspremont, « La licéité des coup d'État en droit international », *in* SFDI, Colloque de Bruxelles, *l'État de droit en droit international*, Paris, A. Pedone, 2009, pp. 123-142, p. 128.

[470] Charte démocratique interaméricaine du 11 septembre 2001, arts. 19 et 21.

[471] V. *Le figaro.fr* : texte publié le 13/05/2011. V. *égal.* Dulce Maria Cruz Herrera, « La crise démocratique haïtienne : l'anéantissement d'un peuple », *La Chronique des Amériques*, Avril 2004, n°13, pp. 1-7.

[472] J. Mendelson Forman, « Haïti », *in* Richard Caplan (*ed.*), *Exit Strategies and State Building*, Oxford University Press, 2012, pp. 118-134, 237 p., p. 118.

[473] B. Pouligny-Morgant, *op. cit.*, p. 141.

[474] Y. Daudet, « L'ONU et l'O.E.A. en Haïti et le droit international », *op. cit.*, p. 91.

durée : J.-B. Aristide fut renversé, au bout de huit mois après sa prise de fonction, par un *putsch* militaire orchestré par le Général Raoul Cedras le 30 septembre 1991[475]. Malgré les efforts de l'OEA, les autorités *de facto* haïtiennes refusèrent de rétablir l'ordre constitutionnel.

C'est dans ce contexte tendu que le Représentant permanent d'Haïti auprès de l'ONU, demanda au CSNU de bien vouloir rendre universelles et obligatoires les sanctions adoptées à l'encontre des putschistes par la réunion *ad hoc* des ministres des affaires étrangères de l'OEA et de l'AGNU[476]. Auditionné par CSNU[477], le Président Aristide, en exil, affirma que l'ONU a une responsabilité particulière à assumer : « Une atteinte directe est portée à l'autorité de l'ONU qui supervisa la tenue des élections »[478]. En réponse à l'aggravation de la situation et à la demande du Président Aristide, une mission conjointe ONU/OEA, la MICIVIH, fut déployée dans le pays en 1993. Sa tâche était de surveiller le respect des droits de l'homme et d'enquêter sur leur violation[479].

Après l'élection du Président Bill Clinton en novembre 1992, les Etats-Unis se tournèrent vers l'ONU pour une action internationale plus forte. Le SGNU, Boutros Boutros-Ghali, nomma l'ancien ministre argentin des affaires étrangères, Dante Caputo, comme envoyé spécial en Haïti. En 1993, le CSNU, en vertu du Chapitre VII de la Charte, décida d'isoler progressivement la junte militaire en la sanctionnant directement[480]. Le conseil approuva la recommandation du SGNU d'autoriser la mise en place et le déploiement immédiat de la MINUHA pour une période de six mois renouvelables[481]. Cette Mission était composée de 567 observateurs de police et d'une unité

---

475 J. Mendelson Forman, « Haïti », *in* Richard Caplan (*ed. by*), *Exit Strategies and State Building*, Oxford, OUP, 2012, pp. 118-134, 237 p., p. 121.

476 Lettre datée du 7 juin 1993. Voir S/25958.

477 S/PV. 3011 du 3 octobre 1991.

478 Y. Daudet, « L'ONU et l'O.E.A. en Haïti et le droit international », *op. cit.*, p. 92.

479 A/RES/47/20/B du 20 avril 1993.

480 S/RES/841 du 16 juin 1993.

481 S/RES/867 du 23 septembre 1993, point 1.

du génie construction comprenant 700 hommes dont 60 instructeurs militaires. La composante civile fut chargée de la modernisation de la police, tandis que la composante militaire s'occupa de la réforme des forces armées[482]. En 1994, le gouvernement américain commença à planifier, sous l'autorité du CSNU, une opération visant à rétablir la démocratie et le Président Aristide en Haïti. Des militaires et diplomates dirigés par l'ex-Président Jimmy Carter et le Président à la retraite des chefs d'état-major interarmées (Colin Powell) négocièrent un accord pour que le général Raoul Cedras, chef du coup d'État, parte avant le début des opérations militaires.

Le Conseil renforça, en vertu du Chapitre VII de la Charte, les sanctions contre la junte militaire et demanda à l'envoyé spécial des Secrétaires généraux de l'ONU et de l'OEA d'œuvrer en vue d'assurer l'application intégrale de l'Accord de Governors Island et de mettre fin à la crise politique en Haïti[483]. Le mandat de la MINUHA fut prorogé jusqu'au 31 juillet 1994 [484]. Mais, après l'expulsion de la MICIVIH par la junte militaire haïtienne[485], le CSNU, agissant en vertu du Chapitre VII de la Charte et, à la demande du Président Aristide, autorisa les États membres à constituer une force multinationale placée sous un commandement et un contrôle unifiés afin de faciliter, en utilisant les moyens nécessaires, le départ de la junte militaire.

De plus, cette force devait rétablir le Président légitimement élu, instaurer et maintenir un climat stable permettant d'appliquer l'Accord de Governors Island[486].

---

482 *Ibid.*, points 2, 3, 4.

483 S/RES/917 du 6 mai 1994.

484 S/RES/933 du 30 juin 1994.

485 Voir la Lettre datée du 29 juillet 1994, adressée par le Président légitimement élu d'Haïti (S/1994/905) et de la lettre du Représentant permanent d'Haïti auprès de l'Organisation des Nations Unies datée du 30 juillet 1994 (S/1994/910).

486 L'Accord de Governors Island fut signé le juillet 1993 entre le Président de la République d'Haïti et le Chef de la junte militaire, le Général Raoul Cédras. Cet accords prévit une période de transition et fixa la date du retour en Haïti du Président Aristide pour le 30 octobre 1993.

Le coût de l'opération était à la charge des États membres participants[487]. Le 14 septembre 1994, la Force multinationale, constituée de 20 000 américains et de 5000 personnes venant de 24 pays, débarqua en Haïti, et le 19 septembre, les Etats-Unis, avec l'aval du CSNU, lancèrent l'opération. Les généraux chassés, le Président Aristide fut rétabli au pouvoir le 15 octobre 1994[488].

Ce fut la première intervention onusienne justifiée par la nécessité de rétablir la démocratie dans un pays. Le 15 mars 1995, la MINUHA prit le relais des forces américaines[489]. Des sanctions internationales analogues furent *mutatis mutandis* prises contre les auteurs du coup d'État du 25 mai 1997 en Sierra-Leone.

2. L'usage du Chapitre VII contre les putschistes sierra-Léonais

Les premières élections multipartites de la Sierra-Leone eurent lieu en mars 1996[490]. Démocratiquement élu, le Président Ahmed Tejan Kabbah fut renversé le 25 mai 1997 par un coup d'Etat militaire orchestré par « *the Armed Forces Revolutionary Council* (AFRC) »[491]. Après avoir condamné ce coup de force[492], l'OUA lança un appel à la CEDEAO et à la communauté internationale pour aider la Sierra-Léone à rétablir son ordre constitutionnel[493]. En conséquence, les ministres des affaires étrangères de la CEDEAO soulignèrent « qu'aucun pays ne devrait reconnaître le [...] coup d'État du 25 mai 1997 »[494]. Ils proposèrent le rétablissement du gouvernement légitime

---

[487] S/RES/940 (1994) du 2 août 1994, point 4.

[488] J. Mendelson Forman, « Haïti », *op. cit.*, p. 123.

[489] B. Pouligny-Morgant, *op. cit.*, p. 132.

[490] Voir Alhadji Sarjoh Bah, « Sierra-Leone », *in* Richard Caplan (*ed.*), *Exit Strategies and State Building*, Oxford University Press, 2012, 100-117.

[491] United States Bureau of Citizenship and Immigration Services, *Sierra Leone: Information on the 1997 coup d'Etat, ECOMOG harassment of civilians, and the current situation in Sierra Leone*, 5 January 2000, SLE01001.SND, available at: http://www.refworld.org/docid/3df0dba62.

[492] Décision du Sommet de l'OUA, tenu à Harare (Zimbabwe) du 2 au 4 juin 1997, concernant la situation en Sierra Leone.

[493] S/PRST/1997/36 du 11 juillet 1997.

[494] S/1997/499 du 27 juin 1997.

et imposèrent des sanctions (y compris un embargo) contre les putschistes[495].

Eu égard aux graves violations des droits de l'homme depuis l'arrivée des rebelles au pouvoir et, à la demande de la CEDEAO, le CSNU condamna la situation en Sierra-Leone qui menaçait la paix dans la sous-région ouest-africaine. En vertu du Chapitre VII de la Charte de l'ONU, le Conseil isola les putschistes, comme en Haïti, en ces termes : « Tous les États interdiront aux membres de la junte militaire et aux membres adultes de leur famille [...] d'entrer sur leur territoire ou d'y passer en transit »[496]. Le Conseil durcit cet embargo en affirmant que : « Tous les États empêcheront la vente ou la fourniture à la Sierra Leone [...] de produits pétroliers, d'armements et de matériel connexe de tous types, y compris d'armes et de munitions »[497].

Pour rendre l'embargo efficace, il créa le Comité chargé de la mise en œuvre des sanctions ci-dessus[498]. L'ECOMOG fut mandaté par la CEDEAO pour faire respecter l'embargo sur les armes et le pétrole imposé à la junte militaire dirigée par Johnny Paul Koroma[499]. Sur la base de l'accord de paix conclu à Conakry, la junte militaire devait se retirer du pouvoir en avril 1998. En dépit de cet accord, l'ECOMOG lança l'offensive et chassa la junte du pouvoir en février 1998. L'ECOMOG justifia son action offensive sur la base des renseignements selon lesquels la junte n'était pas disposée à céder le pouvoir[500].

Cette action de l'ECOMOG raviva le débat sur le rôle des organisations régionales en matière d'usage de la force : le CSNU n'avait pas, *a priori*, autorisé la destitution de la junte et l'OUA a donné son accord *post factum*[501].

---

495 S/1997/499 du 27 juin 1997.
496 S/RES/1132 du 8 octobre 1997, point 5.
497 *Ibid.*, point 6.
498 S/RES/1132 du 8 octobre 1997, point 10.
499 A. S. Bah, *op. cit.*, p. 101.
500 *Ibid.*
501 A. S. Bah, *op. cit.*, p. 102.

A contrario, la communauté internationale ferma les yeux sur l'illégalité de l'intervention et apprécia l'action de l'ECOMOG. L'OUA félicita la CEDEAO, tandis que le CSNU se réjouit de la fin de la junte militaire et du retour en Sierra-Léone de son Président démocratiquement élu[502]. Le Conseil mit fin à l'embargo sur les armes et le pétrole qu'il avait imposé à la junte[503].

Il s'agit là d'une preuve (de plus) de la relativisation des principes de l'« équivalence des régimes politiques »[504] et de l'« indifférence du droit international à l'égard des droits internes »[505]. Certes l'*autonomie constitutionnelle* signifie que « chaque Etat a le droit de choisir et de développer librement son système politique, social, économique et culturel »[506].

Cependant, cette conception est à relativiser,[507] parce que les Etats qui, de manière sporadique ou chronique, n'arrivent pas à gérer leurs affaires internes, méritent qu'on leur applique *la théorie de l'assistance à l'État en danger*. Le SGNU, Kofi Annan, reconnaît cela en ces termes :

> « Les efforts des Nations Unies ont été adaptés de manière à ce qu'ils soient palpables auprès de la population pour faire face à l'immédiateté de leur sécurité, de leurs besoins et de remédier aux graves injustices de la guerre ; les causes fondamentales des conflits ont souvent été laissés sans réponse. Pourtant,

---

502 S/RES/1156 du 16 mars 1998, point 1.

503 Ibid., point 2.

504 L.-A. Sicilianos, *L'ONU et la démocratisation de l'Etat – systèmes régionaux et ordre juridique universel*, A. Pedone, 2000, p. 27 et s.

505 Charte de l'ONU, art. 1 (2) ; A/RES/1803 (1962) ; A/RES/2625 (1970) ; CIJ, Avis consultatif du 16 octobre 1975, §. 94, etc.

506 A/RES/2625(XXV) du 24 octobre 1970 : Déclaration relative aux principes du droit international touchant les relations amicales et la coopération entre les Etats conformément à la Charte des Nations Unies.

507 Michael Byers and Simon Chesterman, « Chapter 8. « You The People » : Pro-Democratic Intervention in International Law » available at https://www.cambridge.org/core/terms. https://doi.org/10.1017/CBO9780511522307.009

> c'est en s'attaquant aux causes du conflit, par des moyens légitimes et justes, que la communauté internationale peut prévenir et empêcher un retour au conflit à l'avenir »[508].

On a assisté, récemment, à l'internationalisation de l'alternance politique en Côte d'Ivoire. Celle-ci impliqua plusieurs acteurs internationaux.

B. L'internationalisation de l'alternance politique en Côte d'Ivoire

De manière démocratique, l'alternance politique est la substitution, par la voie d'élections crédibles, d'un chef d'État par un autre. De manière réaliste, elle se définit par le remplacement légal ou illégal du chef de l'État et/ou du gouvernement par un autre. Dans l'un et l'autre cas, l'alternance politique peut ne pas aboutir à un changement de régime politique[509].

Elle est internationalisée quand le transfert du pouvoir a été facilité par des acteurs étrangers. Le droit international constitutionnel africain proscrit les coups d'État. L'Acte constitutif de l'UA condamne les « changements anticonstitutionnels de gouvernement »[510]. La Charte africaine de la démocratie, des élections, et de la gouvernance sanctionne « Tout refus par un gouvernement en place de remettre le pouvoir au parti ou au candidat vainqueur à l'issue d'élections libres, justes et régulières »[511].

---

[508] Report of the Secretary-General, *The Rule of Law and Transitional Justice in Conflict and Post-Conflict Societies*, UN Doc. S/2004/616, 23 August 2004, § 4.

[509] Il existe une nuance entre « l'alternance politique » et « la succession au pouvoir » : toute alternance politique est une succession au sommet (présidence) de l'État, mais toute succession au pouvoir ne conduit pas à une alternance politique, en ce sens qu'un Président sortant peut être candidat à propre succession.

[510] Acte constitutif de l'UA adopté à Lomé le 11 juillet 2000, art. 4, p) ; Charte africaine de la Démocratie, des Elections, et de la Gouvernance, art. 3, point 1.

[511] Charte africaine de la Démocratie, des Elections, et de la Gouvernance du 30 janvier 2007, art. 23, point 4.

Dans certaines circonstances (génocide, crimes de guerre ou contre l'humanité), l'UA a le droit « d'intervenir dans un Etat membre sur décision de la Conférence »[512], parce que les peuples africains, ainsi que tous les peuples au monde, ont le « droit de vivre dans la paix et la sécurité »[513]. L'État membre qui n'arrive pas à gérer une crise interne a également le droit « de solliciter l'intervention de l'Union pour restaurer la paix et la sécurité »[514].

Dans le droit constitutionnel de la CEDEAO aussi « tout changement anticonstitutionnel est interdit de même que tout mode non démocratique d'accession ou de maintien au pouvoir »[515]. Tels sont les fondements juridiques de l'intervention de la CEDEAO et de l'UA dans le règlement de la crise ivoirienne.

Quant à l'ONU, elle y est intervenue sur la base du Chapitre VII de sa Charte, car « *lastly, there is consensus that where states are manifestly failing to protect populations from these [mass atrocity] crimes it is incumbent on the international community to take timely and decisive action as prescribed and proscribed in the UN Charter* »[516].

L'intervention en Côte d'Ivoire, contrairement à celle en Libye, a reçu moins d'attention pour comprendre le chemin parcouru par la responsabilité de protéger[517]. L'ONU a été « félicitée » pour la manière dont elle a réagi avec fermeté aux atrocités massives, commises en Côte d'Ivoire, en utilisant des hélicoptères d'attaque et une diplomatie coercitive pour déloger la mainmise antidémocratique sur le pouvoir présidentiel[518]. À cet égard, la crise ivoirienne suscite

---

[512] Acte constitutif de l'UA, art. 4, h).

[513] *Ibid.*, i).

[514] *Ibid.*, j).

[515] Protocole sur la démocratie et la bonne gouvernance du 21 décembre 2001, art. 1er, c).

[516] Ch. T. Hunt, « Chapitre 37. Côte d'Ivoire », in Alex J. Bellamy and Tim Dunne (*ed. by*), *The Oxford Handbook of Responsability to Protect*, Oxford University Press, 2016, pp. 693-716, p. 693.

[517] *Ibid.*

[518] *Ibid.*

plusieurs questions juridiques dont celle relative à la relation entre la responsabilité de protéger et le changement de régime politique[519].

En l'espèce et, pour rappel, Felix Houphouët-Boigny fut le chef de l'État ivoirien de l'indépendance en 1960 à sa mort en 1993. Henri Konan Bédié qui lui succéda au pouvoir inventa la doctrine de l'« ivoirité » pour écarter ses potentiels adversaires et se maintenir ainsi à la tête du pays[520]. Robert Gueï le renversa par un coup d'État en 1999. Après deux années de transition, Laurent Gbagbo remporta les élections Présidentielles d'octobre 2000. Robert Gueï fut assassiné en 2002 et le pays bascula dans un conflit armé qui scinda le territoire entre le Nord, contrôlé par Ouattara et Guillaume Soro, et le Sud, sous l'autorité de Gbagbo et les forces armées républicaines. C'est dans ce contexte de guerre civile que l'ancien ministre français Pierre Mazeaud, le juge Keba Mbaye, l'ancien premier ministre ivoirien, Seydou Diarra, l'ONU, l'UA, la CEDEAO et OIF invitèrent les acteurs de la crise ivoirienne à signer, le 23 janvier 2003, l'Accord de Linas Marcoussis relatif à la mise place d'un un gouvernement de réconciliation nationale[521]. En 2004, le CSNU créa l'ONUCI[522]. Celle-ci devait « exécuter son mandat en étroite coopération avec les missions des Nations Unies en Sierra Leone et au Libéria, en

---

519 *Ibid.*, pp. 693-694.

520 Le nœud de la crise ivoirienne résidait dans l'instrumentalisation des textes juridiques relatifs notamment à la nationalité et à l'éligibilité du Président de la République : le code électoral du 21 décembre 1994, la révision constitutionnelle de 1998 et la Constitution du 23 juillet 2000 disposèrent que le Président de la République « doit être ivoirien d'origine, né de père et de mère eux-mêmes ivoiriens d'origine ». Art. 35, al. 3 de la Constitution ivoirienne du 1er août 2000.

521 À l'invitation du Président de la République française, une Table ronde des forces politiques ivoiriennes s'est réunie à Linas-Marcoussis du 15 au 23 janvier 2003. Elle a rassemblé les partis politiques suivants : FPI, MFA, MJP, MPCI, MPIGO, PDCI-RDA, PIT, RDR, UDCY, UDPCI. Les travaux ont été présidés par M. Pierre Mazeaud, assisté du juge Keba Mbaye et de l'ancien Premier ministre Seydou Diarra et de facilitateurs désignés par l'ONU, l'Union Africaine et la CEDEAO. On retrouve l'intégralité de l'accord sur le site du Ministère des affaires étrangères français : http://www.diplomatie.gouv.fr/

522 S/RES/1528 (2004) du 27 février 2004, point 1.

particulier en ce qui concerne la prévention des mouvements d'armes et de combattants à travers leurs frontières communes et la mise en œuvre des programmes de désarmement et de démobilisation »[523]. Le Conseil autorisa les forces françaises (Licorne) à user de tous les moyens nécessaires pour soutenir l'ONUCI, conformément à un accord conclu entre ONUCI et la France[524].

La question qui se posait à ce niveau était de savoir si l'ONUCI, une OMP, disposait de la personnalité juridique internationale lui permettant de conclure un traité international ? C'était à l'ONU de conclure cet accord international avec la France au profit de l'ONUCI, un de ses organes subsidiaires, qui n'était pas, en principe, une micro-organisation internationale[525]. Si l'ONUCI a reçu un mandat de l'ONU, à cet effet, l'accord est valide, dans le cas contraire, il serait discutable.

En 2005, pour assurer l'organisation d'élections crédibles, les acteurs politiques ivoiriens demandèrent au médiateur de l'UA, Thabo Mbeki, « d'adresser une requête aux Nations Unies, au nom du peuple ivoirien, en vue de leur participation dans l'organisation des élections générales »[526]. Vu que le conflit continuait de mettre en péril la paix et la sécurité internationales dans la région, le CSNU réaffirma que les Accords de Linas-Marcoussis, d'Accra III et de Pretoria demeuraient le cadre approprié pour le règlement pacifique et durable de la crise ivoirienne[527]. Il exigea, conformément à l'Accord de Linas-Marcoussis, la création du poste de premier ministre[528]. Entre-temps, le mandat constitutionnel du Président Laurent Gbagbo et celui de l'Assemblée nationale expirèrent respectivement le 30 octobre et le 16

---

523 *Ibid.*, point 4.

524 *Ibid.*, point 16.

525 Le 9 juin 1999, la KFOR aussi avait signé un accord avec la République fédérative de Yougoslavie et la Serbie. Voir Marc Guillaume, « Le cadre juridique de l'action de la KFOR au Kosovo », *in* Ch. Tomuschat (*ed.*), *Kosovo and the international communauty. Legal assessment*, Hague, Kluwer Law international, 2002, pp. 243-285, p. 244.

526 Accord de Pretoria du 6 avril 2005, la partie relative à l'organisation des élections.

527 S/RES/1633 (2005).

528 *Ibid.*, (6).

décembre 2005. Le CSNU prorogea le mandat de ces deux institutions politiques jusqu'à l'établissement des conditions nécessaires à la tenue d'élections libres, régulières, ouvertes et transparentes[529]. En 2007, l'Accord de Ouagadougou porta sur les conditions d'organisation desdites élections dont la date fut repoussée jusqu'en 2010. En juin 2010, le CSNU donna mandat à l'ONUCI d'« appuyer le processus politique de Ouagadougou et un processus électoral crédible »[530]. Il autorisa le SGNU « à transférer, à titre temporaire, de la MINUL à l'ONUCI, et pour une période de quatre semaines au plus, un maximum de trois bataillons d'infanterie et une unité aérienne constituée de deux hélicoptères de transport militaires »[531].

Le premier tour de l'élection présidentielle eut lieu le 31 octobre 2010. Étant donné qu'aucun candidat n'avait eu la majorité absolue des voix pour être directement proclamé Président de la République, le second tour se déroula le 28 novembre 2010 entre Laurent Gbagbo et Alassane Ouattara. Le 2 décembre, la Commission électorale indépendante (CEI) proclama A. Ouattara vainqueur avec 54,1% des voix. Le 3 décembre 2010, le Conseil constitutionnel ivoirien annula les résultats proclamés par la CEI et déclara L. Gbagbo Président de la République avec 51% des voix[532]. Cette crise suscita la question de savoir entre la légitimité et la légalité, laquelle prime sur l'autre ? La victoire d'Alassane Ouattara relevait de la légitimité tandis que celle de Laurent Gbagbo de la légalité. Le 4 décembre, chaque candidat (Gbagbo et Ouattara) brandit sa victoire sur l'autre. La situation dégénéra en une guerre civile faisant trois mille morts et un million de déplacés et réfugiés[533]. Dans son rapport, la Commission d'enquête internationale mentionne que « Le rejet des résultats du scrutin par l'ancien Président Laurent Gbagbo est à l'origine de la crise politique qu'a traversée la Côte d'Ivoire »[534]. L'ONUCI certifia les résultats et confirma la victoire d'Alassane Ouattara. L'UA et la CEDEAO

---

[529] Voir les résolutions 1633 (2005) et 1721 (2006) du CSNU.

[530] S/RES/1933 (2010) du 30 juin 2010.

[531] S/RES/1951 (2010) du 24 novembre 2010, point 1.

[532] Décision n° CI-2010-EP-34/03-12/CC/SG.

[533] Ch. T. Hunt, « Chapitre 37. Côte d'Ivoire », *in* A. J. Bellamy, T. Dunne (*ed.*), *The Oxford Handbook of Responsability to Protect*, Oxford University Press, 2016, pp. 693-716, p. 696.

[534] Rapport A/HRC/17/48 du 1er juillet 2011, p. 6.

suivirent en reconnaissant les résultats proclamés par la CEI et en suspendant la Côte d'Ivoire de leurs instances respectives. En revanche, le 18 décembre, Laurent Gbagbo demanda le départ de toutes les forces internationales du pays.

Des sanctions diplomatiques, économiques et financières furent imposées au pays[535]. Malgré l'enclenchement d'une myriade de missions diplomatiques pour résoudre la crise, Laurent Gbagbo refusa de céder le pouvoir. Le 30 mars 2011, le Conseil invita tous les acteurs ivoiriens « à respecter la volonté du peuple et l'élection d'Alassane Dramane Ouattara »[536] reconnue par la CEDEAO, l'UA et le reste de la communauté internationale. Il exigea, dans la même résolution, « qu'il soit immédiatement mis fin à la violence à l'encontre des civils, dont les femmes, les enfants et les déplacés »[537]. Des sanctions ciblées furent annexées à la résolution. La CEDEAO, l'ONUCI et les forces françaises furent mandatées pour faire respecter les sanctions[538]. Grâce au soutien de la Licorne et de l'ONUCI, les forces pro-Ouattara arrêtèrent Laurent Gbagbo le 11 avril 2011.

Le Conseil constitutionnel, après avoir fait « siennes les décisions du Conseil de paix et de sécurité de l'Union africaine sur le règlement de la crise en Côte d'Ivoire », proclama Alassane Ouattara Président de la République le 4 mai 2011[539]. *In fine*, ce sont les acteurs internationaux qui déterminèrent l'issue de cette élection Présidentielle qui fut l'occasion de réaffirmer, une fois de plus, la suprématie du droit international sur le droit national ivoirien[540]. Malgré l'objectif atteint, le CSNU prorogea le mandat de l'ONUCI en lui confiant la responsabilité de protéger « la population civile du risque imminent de violence physique, sans préjudice de la responsabilité principale des autorités ivoiriennes »[541].

---

[535] Ch. T. Hunt, « Chapitre 37. Côte d'Ivoire », *op. cit.*, p. 697.
[536] S/RES/1975 (2011) du 30 mars 2011, point 1.
[537] *Ibid.*, point 1.
[538] S/RES/1980 (2011) du 28 avril 2011.
[539] M. Djédjro, *Les grands arrêts de la jurisprudence constitutionnelle ivoirienne*, Abidjan, CNDJ, 2012, p. 606.
[540] *Ibid.*, p. 608.
[541] S/RES/2000 du 27 juillet 2011, point 7.

Les administrations de paix comblent un vide juridico-politique momentané et remplissent des fonctions analogues à celles de l'État dans l'ordre interne. Elles assurent la gestion de la *res publica* en attendant que les populations soient en mesure de prendre leurs affaires en main et de décider de leur avenir politique[542]. Les articles 36 et 40 de la Charte de l'ONU représentent leurs bases textuelles[543], c'est-à-dire que leur fondement oscille entre les Chapitres VI et VII de ladite charte.

Certains spécialistes d'opérations de paix parlent de « Chapitre VI et demi » ou « Chapitre VI bis », véritable chaînon manquant dans la structure de la charte[544].

La communauté internationale a accepté que le CSNU interprète à sa discrétion les principes et buts de l'ONU tant que les actions entreprises n'entrent pas en contradiction directe avec la charte.

Cela se résume à la formule selon laquelle tout ce qui n'est pas interdit est permis[545]. Quand le CSNU décide d'intervenir dans une crise, il le fait au nom de la communauté internationale globale.

Le cas échéant, la distinction entre membres permanents et non permanents devient sans effet : si l'intervention n'est pas

---

542 M. Beulay, *op. cit.*, p. 242.

543 Les États préparent plus la guerre et contribuent moins au maintien de la paix : en 1991, le budget de la défense du Canada étaient de 12,1 milliards de dollars et une contribution au maintien de la paix de 15, 2 millions. L'Ethiopie avait 896 millions pour la défense et 4 910 pour le maintien de la paix. La Syrie dépensait 4,5 milliards de dollars pour sa défense mais seulement 39 280 dollars pour le maintien de la paix. Lors de la guerre du golfe, les USA ont investi 63 milliards de dollars, c'est-à-dire un montant cent fois plus élevé que le montant global utilisé pour l'ensemble des missions de *peacekeeping* de cette année-là. Voir R. Hatto, *ONU et Maintien de la paix : propositions de réforme de l'agenda pour la paix au rapport Brahimi, L'Harmattan*, 2006, p. 77.

544 I. Moulier, *Namibie. GANUPT (1989-1990)*, Paris, A. Pedone, 2002, p. 2.

545 R. Hatto, *ONU et Maintien de la paix : propositions de réforme de l'agenda pour la paix au rapport Brahimi, L'Harmattan*, 2006, p. 46.

instrumentalisée, le veto ne devrait plus être utilisé pour bloquer la volonté de la communauté internationale[546].

---

[546] *Ibid.*, p. 50.

Conclusion du chapitre 1

La communauté internationale a rapidement accumulé une riche expérience dans ses efforts de prévention et de gestion des conflits internationaux[547]. Les administrations de paix, instruments de gestion des conflits, sont à géométrie variable. Certaines d'entre elles ont été mises en place par des États (occupation, protectorat, administration conventionnée, territoires sous mandat), d'autres ont été instituées ou autorisées par des OI (territoires sous tutelle, opérations casques bleus, groupes de contact internationaux, R2P). L'évolution des administrations de paix a connu trois grandes vagues : la première est apparue au XIXᵉ siècle (protectorats, gestion commune de territoire) ; la deuxième fut générée par la SDN (système des mandats, AIT) ; et la troisième vague est apparue sous l'ère de l'ONU (territoires sous tutelle, AIT, R2P, OMP). Le critère de l'emploi ou non de la force établit une distinction binaire entre administrations de paix « traditionnelles »[548] et *administrations d'imposition de la paix*. Le *critère de souveraineté* renvoie aux administrations de paix dans des territoires non étatiques et celles dans des territoires étatiques, aux opérations consenties et celles imposées, aux administrations participatives et celles substitutives. Sur le plan du degré de

---

547 A. H. Chayes, A. Chayes, G. Raach, « Beyond Reform: Restructuring for More Effective Conflict Intervention », *Global Governance* 3, 1997, pp. 117-145, p. 117.

548 Selon le SGNU, Dag Hammarskjöld, le maintien de la paix désigne « l'utilisation des troupes placées sous le commandement de l'ONU dans le cadre d'opérations non-violentes avec le consentement des parties à un conflit, afin de maintenir la paix et la stabilité de nombreuses zones de tension de par le monde » (voir G. Abi-Saab, « La deuxième génération d'opérations de maintien de la paix », *Le trimestre du monde*, n° 20, 1992, p. 86). Cette définition correspond aux opérations de maintien de la paix (*peacekeeping*), dites aujourd'hui « traditionnelles » ou de la « première génération » (voir I. Moulier, *Namibie. GANUPT (1989-1990)*, Paris, A. Pedone, 2002, p. 3) régies par trois principes, qualifiés de « sainte-trinité » : consentement des acteurs au conflit, l'impartialité des *peacekeepers* ou opérateurs de la paix et l'utilisation minimale de la force. Voir R. Hatto, *ONU et Maintien de la paix : propositions de réforme de l'agenda pour la paix au rapport Brahimi*, L'Harmattan, 2006, p. 18.

collaboration entre sujets internationaux participant aux processus, on rencontre des administrations de paix centralisées et celles décentralisées, des administrations de paix sectorielles et celles intégrales. Sur le plan *ratione materie* de leur mandat, il y a des opérations de paix « classiques »[549] et celles multidimensionnelles ou robustes.

Le *modus operandi* des administrations de paix est que, d'une part, les acteurs locaux exercent une portion du pouvoir par association et, d'autre part, les opérateurs de la paix exercent des fonctions gouvernementales par implication ou par participation. Dans une stratégie de paix globale, dynamique et qualitative, de nouvelles tâches sont attribuées aux forces de l'ONU. Depuis 1988, le nombre de ces opérations multifonctionnelles croît sans cesse : à la mission classique d'interposition et de surveillance des cessez-le-feu, s'ajoutent d'autres fonctions plus complexes et plus ambitieuses. Donc, il ne s'agit plus de maintenir la paix (*peacekeeping*), mais de rétablir la paix (*peacemaking*), de la construire et de la consolider (*peacebuilding*). La cessation des hostilités n'est plus l'unique fin

---

[549] Il y a quatre grands types de missions de la paix traditionnelle : le *premier type* est constitué des missions d'observations qui incluent la détection des violations des cessez-le-feu et la supervision du retrait des troupes. Les deux forces d'urgence des Nations unies (FUNU I et II) au Moyen Orient sont des exemples de ce type de missions. Le deuxième type de mission consiste à déployer une force d'interposition entre les belligérants. Le but étant de séparer les forces en présence en créant une zone tampon entre les deux. C'est la fonction principale de la force des Nations Unies au Chypre depuis 1974 et de celle se trouvant sur les hauteurs du Golan entre Israël et Syrie. Elles sont généralement déployée après la conclusion d'une trêve ou d'un cessez-le-feu pour s'interposer entre les belligérants de manière à contenir le conflit en évitant son embrasement et ce, pendant tout le temps nécessaire à l'instauration d'un climat favorable à un règlement pacifique du conflit. Le troisième vise le maintien de la loi et de l'ordre dans les États en proie au désordre socio-politique. Ce type de mission a surtout été déployé dans les conflits internes. L'opération au Congo de 1960 à 1964 et celle de Chypre de 1964 à 1974 sont les deux principaux exemples de ce type de mission. Le quatrième et dernier type consiste à dispenser de l'aide humanitaire. Voir R. Hatto, *ONU et Maintien de la paix : propositions de réforme de l'agenda pour la paix au rapport Brahimi*, L'Harmattan, 2006, p. 21.

recherchée : on attend de l'ONU une action militaire et surtout civile de réhabilitation des « États en faillite ». Au-delà du désarmement des factions, du déminage, du rapatriement des réfugiés ou déplacés, l'acheminement de l'aide militaire, *etc.*, l'ONU y assure le rétablissement des structures politico-juridiques. Les organisations régionales aussi participent au processus de réconciliation et (re)construction de l'État, car la consolidation de la paix consiste à asseoir des structures politiques et sociales appelées à garantir la paix durable (*nation-building*)[550].

Cela étant, il est temps de porter notre regard sur le *jus post bellum constitutionnel* parce que *the* « United Nations Peacekeeping Operations [...] have a relationship with the concept of *jus post bellum* »[551]. Dans le souci de donner une base juridique aux administrations de paix, et en vue d'asseoir une stabilité politique, les acteurs de la transition concluent des accords de partage du pouvoir sous la supervision des opérateurs de paix[552]. Sans oublier que l'ONU aussi adopte des résolutions de paix fixant le cadre constitutionnel de certaines transitions post-conflits.

[550] I. Moulier, *Namibie. GANUPT (1989-1990)*, Paris, A. Pedone, 2002, pp. 4-5.

[551] I. Osterdahl, E. Van Zadelt, « What Will *Jus Post Bellum* Mean? Of New Wine and Old Bottles », *Journal of Conflict & Security Law*, vol. 14, n°. 2, 2009, pp. 175-207, p. 196.

[552] G. Cahin, « Limitation du pouvoir constituant : le point de vue de l'internationaliste », *Civitas Europa* 2014/1, pp. 55-79, p. 60.

CHAPITRE II

LE *JUS POST BELLUM* COMME CADRE CONSTITUTIONNEL DES ADMINISTRATIONS DE PAIX

Les guerres se composent d'une phase pré-conflit, d'une phase de conflit et d'une phase post-conflit[553]. S'appliquant objectivement à tous les acteurs et à toutes les formes de conflits, *le jus post bellum* régule les relations dans des situations post-conflits en vue de parvenir à une paix durable [554].

Il s'intéresse aux processus de paix et à la multitude de normes et d'acteurs impliqués[555].

Le *jus post bellum constitutionnel*, quant à lui, est relatif aux normes fondamentales fixant le cadre juridico-constitutionnel de « la phase transitoire du conflit à la paix »[556].

Ainsi, il détermine et encadre le pouvoir des acteurs de cette transition. Ce droit constitutionnel transitoire obéit à quatre critères d'identification : (1) la limitation *ratione temporis* de sa validité, (2) son contenu *ratione materiae* relevant classiquement du droit constitutionnel, (3) une intervention *ratione personae* étrangère dans le processus de son élaboration, et (4) le contexte *ratione bellica* dans lequel il voit le jour. Se rapportant aux conséquences de la guerre, il

---

[553] I. Osterdahl, E. van Zadelt, « What Will *Jus Post Bellum* Mean - Of New Wine and Old Bottles », *Journal of Conflict & Security Law*, vol. 14, n°. 2, 2009, pp. 175-207, p. 176.

[554] J. Zrilic, « International Investment Law in the Context of Jus Post Bellum: Are Investment Treaties Likely to Facilitate or Hinder the Transition to Peace », *the Journal of World Investment & Trade*, 2015, pp. 604-632, p. 604.

[555] M. Lawry-White, « International Investment Arbitration in a Jus Post Bellum Framework », *the Journal of World Investment & Trade*, 2015, pp. 633-665, p. 634.

[556] S/2001/394 du 20 April 2001, §§ 11-20.

précise les conditions du rétablissement de la « paix juste »[557] et stable qui constitue son objectif axiomatique[558]. Cependant, « *[h]ow to rebuild the rule of law in post-conflict societies* »[559]? Selon Christine Bell, la grande variété des situations de conflit couvertes par le *jus post bellum* est démontrée par l'ampleur de la pratique *des accords de paix*[560]. Ces accords constituent l'une des composantes essentielles du *jus post bellum*[561]. En effet, les guerres se terminent de quatre manières[562] : (1) l'abandon des hostilités actives par les belligérants[563] ; (2) la victoire d'une partie sur l'autre ; (3) la conclusion d'un accord

---

[557] G. Lewkowicz, « *Jus post bellum*: vieille antienne ou nouvelle branche du droit: sur le mythe de l'origine vénérable du *just post bellum* », *Revue belge de droit International /Belgian Review of International Law*, 2011, pp. 11-25, p. 22.

[558] L. Peperkamp, « On the Duty to Reconstruct after War: Who Is Responsible for Jus Post Bellum », *Canadian Journal of Law & Jurisprudence,* 2016, pp. 403-430, p. 403.

[559] R. A. Stein, « Jus Post Bellum: Justice after the War », *Minnesota Journal of International Law*, 2018, pp. 1-4, p. 1.

[560] Ch. Bell, « Of *Jus Post Bellum* and *Lex Pacificatoria*. What's in a Name? », *in* C. Stahn, J. S. Easterday, J. Iverson (*ed. by*), *Jus Post Bellum : Mapping the Normative Foundations*, Oxford University Press, 2014, pp. 181-206, p. 197.

[561] J. Waldron, « *Post Bellum* Aspects of the Laws of Armed Conflict », *Loyola of Los Angeles International and Comparative Law Review*, 2009, pp. 31-56, p. 31.

[562] Les conflits armés internes découlent d'une multiplicité de causes : (1) l'exclusion juridico-politique et/ou socio-économique des minorités ethniques, religieuses ou autres ; (2) la confiscation de l'ensemble des richesses par une minorité (élitiste, ethnique, *etc.*) provoquant la pauvreté (absolue ou relative) des masses populaires (capitalisme à visage inhumain) ; (3) les aspirations indépendantistes, sécessionnistes, identitaires, idéologiques (réalités dans les Balkans post-communistes) ; *etc.*

[563] En général, les guerres civiles peuvent être classées en deux catégories : centralisatrices et régionales. Dans une guerre civile centralisatrice, l'objectif des insurgés est d'accroitre leur participation politique en vue d'accéder davantage aux moyens d'influencer la politique. Quant à la guerre civile régionale, l'objectif de la lutte est la sécession ou l'autonomie du gouvernement régionale ou provinciale. Voir Dorina A. Bekoe, *Implementing Peace Agreements : Leçons from Mozambique, Angola and Liberia*, New York, Palgrave Macmillian, 2008, pp. 6 et s.

de paix mettant fin aux combats[564] ; et (4) l'intervention d'une résolution de paix d'une OI en charge du maintien de la paix et de la sécurité internationales[565]. L'étude des accords et « résolutions de paix »[566] comme *jus post bellum* constitutionnel est une théorie sur le fondement juridique des administrations de paix faisant du *jus post bellum* « a new branch of just war theory »[567]. Cette théorie rejette, partiellement, l'idée selon laquelle « il n'y a de constitutionnel que ce que l'acte même de la constitution ou les lois organiques déclarent constitutionnel »[568]. Les normes juridiques ne sont pas des expressions de la seule logique formelle. Ce sont aussi des instruments empiriques destinés à la régulation sociale[569]. Les accords et résolutions de paix instituant les administrations de paix sont la constitution de celles-ci. En même temps, leur établissement dans des territoires post-conflits fait de ceux-ci des sociétés en transition. Ces sociétés, sur le plan *ratione temporis*, se situent entre l'abrogation de l'ordre constitutionnel déchu et l'entrée en vigueur de la nouvelle

---

[564] Arist Von Hehn, *The Internal Implementation of Peace Agreement After Violent Conflict. Guidance for Internal Actors Responsible for Implimentation*, Leiden-Boston, Nijhoff, 2011, p. 4.

[565] Cela peut être justifié à travers, entre autres, les OMP de l'ONU qui trouvent souvent leur fondement dans une résolution du CSNU prise en vertu du *chapitre VII de la Charte des Nations Unies*.

[566] Ce qui fait que le cadre juridique des administrations de paix implique non seulement les États post-conflits, mais aussi l'ONU. Voir Sylvia Maus, « Jus Post Bellum a la United Nations: Human Rights, UN Peace Operations, and the Creation of International Law », *Wisconsin International Law Journal*, 2014, pp. 675-698, p. 676.

[567] Lonneke Peperkamp, « On the Duty to Reconstruct after War: Who Is Responsible for Jus Post Bellum », *Canadian Journal of Law & Jurisprudence,* 2016, pp. 403-430, p. 403.

[568] M.-C. Ponthoreau, *Droit(s) constitutionnel(s) comparé(s)*, Paris, Economica, 2010, p. 13. Cette idée n'intègre ni les constitutions coutumières ni celles matérielles *a fortiori* le processus constituant. Pourtant, la matière constitutionnelle comporterait, *grosso modo*, trois volets : (1) le processus constituant, (2) le contenu matériel de la Constitution, (3) et tout ce qui pivote autour de la conquête et l'exercice des pouvoirs dans une entité politique.

[569] P.-M. Dupuy, « L'unité de l'ordre juridique international », *RCADI*, 2002, p. 209.

constitution[570]. Or, s'il existe une société en transition, il doit avoir un *droit intérimaire* applicable à ladite société incluant les acteurs de la transition : *ubi societas, ibi jus*. Le droit constitutionnel étant « l'ensemble des règles de droit les plus importantes de l'État »[571] ou de l'entité humaine autonomisée, les règles supérieures applicables dans ces entités politiques en transition, peuvent être qualifiées, matériellement ou formellement, de constitution de transition[572]. Or, une constitution est à la fois un pacte politique (**Section 1**) et un État de droit (**Section 2**).

Section 1. Le *jus post bellum* comme pacte politique transitoire

Une constitution définit les limites du pouvoir politique, organise une entité politique et offre des orientations politiques, justifiant une gouvernance, constituant un système politique en tant que communauté juridique. Autrement dit, elle est un instrument de définition et de régulation du pouvoir politique. Ce pacte politique, initialement *vertical*, est une convention entre gouvernés et gouvernant(s) portant sur l'exercice du pouvoir dans la Cité. En périodes de transitions, il peut devenir *horizontal* quand il résulte d'un accord de partage du pouvoir entre les protagonistes d'une crise politique. L. Peperkamp se demandait comment répartir ce pouvoir[573]. Les accords et résolutions de paix régulant ce partage du pouvoir sont le produit des rapports de force : l'expression par les classes dominantes de leur conception de l'ordre étatique. Un nombre important d'accords de paix étaient des textes politiques en raison de

[570] N. Perlo, « Les Constitutions Provisoires, une catégorie normative atypique au cœur des transitions constitutionnelles en méditerranée », disponible sur sur http://lm-dp.org/un-extrait-de-la-mdp-iii-les-constitutions-provisoires-n-perlo/. Consulté le 22/09/2019.

[571] G. Vedel, *Droit constitutionnel*, Paris, Sirey, 1949, rééd. en 1984, p. 112.

[572] Le constitutionnalisme de crise résulte de la nécessité de déterminer et fixer les règles de fonctionnement de l'État et/ou des territoires en transition.

[573] Lonneke Peperkamp, « On the Duty to Reconstruct after War: Who Is Responsible for Jus Post Bellum », *Canadian Journal of Law & Jurisprudence,* 2016, pp. 403-430, p. 405.

leur objet portant sur l'exercice du pouvoir en période de crise, ou du fait qu'ils intégraient cet aspect dans le règlement global du conflit. Analogiquement, la plupart des OMP multidimensionnelles prévoient un processus politique ou un accompagnement de nature politique. Leurs mandats intègrent souvent la reconstruction des institutions politiques de l'État défaillant ou la supervision d'élections politiques en vue de favoriser une alternance politico-démocratique. C'est ainsi que des accords et résolutions de paix[574] « encadrent les gouvernants provisoires, et organisent l'adoption de la Constitution définitive »[575].

De nombreux conflits internes prennent fin lorsque des chefs rebelles occupent des postes politiques[576], raison pour laquelle les accords de paix sont une politique de la paix dans les États post-conflits. Donc, l'organisation de la paix y trouve souvent sa base constitutionnelle (**§1**). L'autre constat, non moins intéressant, résulte du fait que ces accords politiques sont appuyés, parfois, par des résolutions de paix instituant des administrations de paix. Celles-ci aussi trouvent leur fondement constitutionnel dans leur mandat de paix constitutif (**§2**).

§ 1. Des accords de paix constitutifs

La paix est l'antithèse de la guerre définie par Cicéron comme « Un débat qui se vide par la force »[577]. Au-delà de l'action, « la guerre est l'état d'individus » ou des nations « qui vident leurs

---

[574] La plupart des conflits armés qui sévissent actuellement dans le monde sont internes ou internationalisés. D'ailleurs, même les conflits armés internationalisés sont souvent à prédominance interne. Le règlement de ces CANI passe, parfois, par le partage du pouvoir politique entrainant la formation de gouvernements d'union nationale.

[575] N. Perlo, « Les Constitutions provisoires, une catégorie normative atypique au cœur des transitions constitutionnelles en méditerranée », disponible sur sur http://lm-dp.org/un-extrait-de-la-mdp-iii-les-constitutions-provisoires-n-perlo/. Consulté le 22/09/2019.

[576] D. A. Bekoe, *Implementing Peace Agreements : Leçons from Mozambique, Angola and Liberia*, New York, Palgrave Macmillian, 2008, p. 4.

[577] H. Grotius, *Le droit de la guerre et de la paix*, traduit par P. Pradier-Fodéré, PUF, 1999, p. 34.

différends par la force »[578]. Elle devient ainsi un moyen de poursuivre son droit en l'absence d'un juge ou d'un compromis[579]. *A contrario*, la paix (négative) est une absence de guerre : un objectif de la société nationale et internationale tendant au maintien d'une situation sans guerre[580]. La paix (positive) réside dans le respect de la neutralité, de la non-agression, de la coexistence pacifique et dans le respect des mécanismes de règlement pacifique des différends[581]. Le terme « accord de paix » est utilisé pour couvrir les « traités de paix »[582] entre États, les accords de paix entre États et groupes armés, et les accords entre acteurs politiques internes[583]. L'accord de paix est perçu comme la solution à un conflit, même si Martti Ahtisaari affirme qu'il est juste le début, car il existe un fossé délicat entre la conclusion d'un processus de paix et la réconciliation à long terme[584]. Parfois, il n'apporte pas la paix en soi, mais il est compris comme un premier pas vers la paix[585]. Dans son *sens strict*, un accord de paix met fin à un

---

[578] *Ibid.*

[579] Gregory Lewkowicz, « jus post bellum: vieille antienne ou nouvelle branche du droit: sur le mythe de l'origine vénérable du *just post bellum* », *op. cit.*, p. 15.

[580] J. Salmon (dir.), *Dictionnaire de droit international public*, Bruxelles, Bruylant, 2001, p. 799.

[581] La paix universelle est la somme des paix nationales. Pour qu'il ait une paix pérenne (nationale ou universelle) les individus, les peuples et les États doivent garder la recta ratio en acceptant de résoudre leurs différends de manière pacifique, à travers des moyens de règlements ne perturbant pas l'ordre public interne a fortiori l'ordre public international.

[582] Concernant les traités de paix, lire R. Le Bœuf, *Le traité de paix. Contribution à l'étude juridique du règlement conventionnel des différends internationaux*, Paris, Pedone, 2018, 757 p.

[583] C. Bell cité par Romain Le Bœuf, *Le traité de paix en droit international public*, thèse de doctorat soutenue le 14 mai 2014 devant l'Université de Paris Ouest Nanterre La Défense, p. 20.

[584] M. Ahtisaari, « Foreword », *in* Arist Von Hehn, *The Internal Implementation of Peace Agreement After Violent Conflict. Guidance for Internal Actors Responsible for Implimentation*, Leiden-Boston, Nijhoff, 2011, pp. xiii-xiv.

[585] F. O. Hampson, *Nurturing Peace : Why Peace Settlements Succeed or Fail*, Washington D. C., United States Institue of Peace Press, 1996, p. 221 : « a negotiated peace agreement is nothing more than a road to peace».

conflit armé (*bellum terminatio*)[586]. En principe, l'accord de paix intervient *ex postum* pour rétablir la paix déjà rompue[587]. Dans son *sens large*, il rétablit, maintient ou consolide la paix ; il peut alors être conclu préventivement pour éviter une rupture de la paix : traité de paix et d'amitié, pacte de non-agression, *etc.*[588]. Lorsqu'il est conclu *ex ante*, il devient un *jus contra bellum*. La paix comme objet de l'accord et la nature conventionnelle de celui-ci sont les deux critères cumulatifs de définition d'un accord de paix.

La SDN et l'ONU ont facilité la signature d'accords de paix élaborés et exprimés selon les règles du droit international ; ces accords comportaient souvent des substances constitutionnelles en rapport avec la gouvernance des États et des entités politiques post-conflits. Notre analyse prend en compte les accords de paix internes « objet d'un certain degré d'internationalisation »[589]. Cependant, seuls les accords de paix constitutifs seront examinés. Un accord de paix est dit constitutif quand il met en place des institutions politiques transitoires dans un État défaillant ou dans un territoire autonomisé.

---

[586] *A contrario*, dans certains cas, la signature d'un accord de paix n'apporte pas automatiquement la paix. Il n'est pas exclu que le conflit reprenne lors de la mise en œuvre de l'accord de paix, comme en témoigne l'histoire des règlements négociés : 50% d'entre eux survivent pendant cinq ans. Hartzell, Hoddie et Rothschild confirment cette analyse en montrant que la paix moyenne a duré trois ans et demi. Voir D. A. Bekoe, *Implementing Peace Agreements : Leçons from Mozambique, Angola and Liberia*, *op. cit.*, p. 1.

[587] TPIY, *Le Procureur c. Duško Tadić, alias « Dule »*, IT-94-1, arrêt relatif à l'exception préjudicielle d'incompétence, 2 octobre 1995, § 70 : un conflit armé se termine par « la conclusion générale de la paix ».

[588] le *Traité de paix, d'amitié, de limites et d'arrangement définitif* conclu (en 1848) à Guadalupe Hidalgo entre les États-Unis et le Mexique pour mettre fin à la guerre qui les opposait, d'une part ; et, d'autre part, le *Traité de paix, d'amitié, de commerce et de navigation* fut conclu (en 1832) à Santiago entre le Chili et les États-Unis en l'absence de tout recours préalable à la force armée. Ces deux textes conventionnels se rejoignent sur le terrain de *la paix et l'amitié*, et se distinguent quant aux périodes (*ex ante et ex post* conflit) de leur conclusion.

[589] Arist Von Hehn, *The Internal Implementation of Peace Agreement After Violent Conflict. Guidance for Internal Actors Responsible for Implimentation*, Leiden-Boston, Nijhoff, 2011, p. 4.

Autrement dit, un « accord de paix constitutif » est celui qui institue un ou des organe(s) transitoire(s) en vue de combler un vide institutionnel causé par le conflit. Il devient politique lorsque ces organes sont institués pour exercer temporairement une fonction politico-étatique. Or, cette fonction de gouvernement est fondée sur un pacte politique entre gouvernant(s) et gouvernés. Exceptionnellement, ce pacte peut être le fruit d'un compromis entre les protagonistes d'une crise politique. C'est pourquoi certains accords de paix proclament *ad literam* leur constitutionnalité : constitution intérimaire, charte constitutionnelle, constitution de la transition (**A**). D'autres tiennent leur constitutionnalité de la matière constitutionnelle qu'ils régissent. En s'en tenant seulement à leurs titres (accords de paix, accords politiques, *etc.*), on ne peut les qualifier de constitution. Mais, en mettant en avant la matière concernée, ils ne sont rien d'autre que des constitutions matérielles (**B**).

A. Des accords de paix formellement constitutionnels

Sur le plan *ratione temporis*, il existe des constitutions « définitives » dont la validité n'est pas limitée dans le temps et celles qualifiées de « provisoires »[590] parce que leur validité est limitée dans le temps. Ces dernières sont de trois types : les dispositions constitutionnelles de crise (l'état de siège par exemple)[591], les constitutions particulièrement élaborées pour régir la période de crise[592], les accords de paix matériellement constitutionnels, se substituant à la Constitution ou coexistant avec elle[593]. D'autres

[590] L'Italie (1944), le Portugal (1974), l'Albanie (1991), l'Egypte (2011), le Burkina (2014), la Centrafrique (2013), etc. ont tous adoptés, à un moment donné, des textes atypiques qualifiables de *Constitution provisoires*.

[591] Il en est ainsi quand les autorités nationales prennent des mesures urgentes et appropriées essentiellement motivées par le fait que les institutions constitutionnelles, l'indépendance et l'intégrité du territoire de leur État sont gravement et immédiatement menacées. Voir l'article 16 de la Constitution française du 4 octobre 1958.

[592] La Déclaration constitutionnelle égyptienne du 30 mars 2011 fut spécialement élaborée pour établir un État de droit transitoire.

[593] Les accords de paix d'Arusha de 1993 règlant la guerre civile Rwandaise, les Accords de paix de Linas-Marcoussis de 2003 sur la crise ivoirienne ; etc.

accords de paix, tel que l'annexe IV des accords de Dayton, déclarent *expressis verbis* leur constitutionnalité[594]. Il en était ainsi des accords de paix qui constituèrent des autorités politiques transitoires respectivement à Madagascar (**1**) et en Centrafrique (**2**).

1. La Charte de la transition malgache : un gouvernement d'union nationale ?

Au début de l'année 2009, de violentes manifestations provoquèrent une nouvelle crise politique à Madagascar. Acculé, le Président Marc Ravalomanana remit le pouvoir, le 17 mars 2009, à un directoire militaire qui, à son tour, le transféra aussitôt au Maire de la Capitale, Andry Rajoelina[595]. Une médiation internationale favorisa la conclusion d'un accord entre le nouveau Président et les principales tendances politiques (conduites par les trois anciens Présidents du pays) [596]. Signé à Maputo (capitale mozambicaine) le 9 août 2009, cet accord de paix intitulé *Charte de la transition*, précise sa nature constitutionnelle en ces termes : « La présente Charte de la transition constitue la loi constitutionnelle de la transition »[597]. Celle-ci dispose que la République malgache sera dotée d'une nouvelle Constitution[598]. Son *Titre II* posa la charpente institutionnelle de la transition, en instaurant un gouvernement d'union nationale pour une période de quinze mois, destinée à favoriser la réconciliation nationale en vue de la mise en place de nouvelles institutions démocratiques. En réalité, il s'agissait d'un compromis, un pacte politique (horizontal) entre les clans qui se disputaient le pouvoir. Cette charte de la transition fut complétée par trois accords complémentaires relatifs à l'amnistie et par la Charte des valeurs, tous signés à Maputo, le 11 août 2009. Un accord additionnel fut conclu le 9 novembre 2009 à Addis-Abeba pour réviser les Accords de Maputo en réduisant les pouvoirs du Président

[594] Voir infra, chapitre 4, section 1, § 1, B.

[595] https://mjp.univ-perp.fr/constit/mg2009.htm. Consulté le 1er mai 2020.

[596] Cette médiation internationale fut assurée par Ablassé Ouédraogo (pour l'UA), Joaquim Chissano (ancien Président du Mozambique, chef de l'équipe conjointe de médiation pour Madagascar), Edem Kodjo (pour l'OIF) et Tiébilé Dramé (Pour l'ONU).

[597] Charte de la transition du 9 août 2009, art. 42.

[598] *Ibid.*, art. 35.

de la transition. Une réunion dite Maputo III, qui eut lieu en décembre de la même année, approuva cette révision. Cependant, le processus transitionnel s'enlisa puisque le Président de la Haute Autorité de Transition conclut, un an plus tard, un autre accord avec une centaine de partis politiques éclos dans la Grande Île tout en excluant les mouvances des trois anciens Présidents de la République[599]. C'est en application de ce dernier accord qu'un comité constitutionnel consultatif élabora le projet de Constitution de la IVè République malgache[600], présenté le 24 septembre et, après quelques modifications, soumis au référendum le 17 novembre avant d'être promulgué le 11 décembre 2010[601]. *De facto*, les Accords de Maputo n'ont régi la transition que pendant une année, car il fut substitué par l'Accord d'Ivato. Si ces deux accords relevaient tous du constitutionnalisme de crise, seul le premier était internationalisé à l'image de la Charte constitutionnelle centrafricaine, élaborée sous l'égide d'acteurs étrangers.

2. La Charte constitutionnelle centrafricaine

L'État centrafricain a connu plusieurs régimes autoritaires, notamment celui du Président Jean-Bedel Bokassa qui s'autoproclama empereur le 04 décembre 1976. Les premières élections libres de 1993 portèrent Ange-Félix Patassé au pouvoir. Ce dernier fut renversé en 2003 par François Bozizé qui fut élu en 2005 et réélu en 2010, avant d'être renversé, à son tour, par la *Seleka* (mouvement rebelle) en 2013. Un accord de sortie de crise avait déjà été signé le 11 janvier 2013 à Libreville par les belligérants. Conclu sous l'égide CEEAC, cet accord prévoyait un cessez-le-feu et le maintien au pouvoir du Président

---

[599] Il s'agit de l'Accord politique D'Ivato du 11 août 2010.

[600] L'article 4 de l'Accord d'Ivato dispose : « [l]es grandes orientations de la nouvelle Constitution sont arrêtées par le « *Fihaonamben-pirenena* » à partir des propositions des partis et associations politiques. Le ou les Projets de Constitution sera/seront redigé(s) conformément aux résolutions du « *Fihaonamben-pirenena* » et sera/seront soumis au référendum. Ce référendum se doit toutefois d'être précédé d'une large explication citoyenne ».

[601] Constitution malgache du 11 décembre 2010, préambule : https://mjp.univ-perp.fr/constit/mg2010.htm.

François Bozizé jusqu'à la fin de son mandat en 2016[602]. Cependant, les choses n'ont pas été comme prévues : la Constitution de la VI^{è} République centrafricaine fut suspendue par la *Seleka* qui proclama son chef, Michel Djotodia Président de la République le 24 mars 2013. Après l'intervention des chefs d'État d'Afrique centrale, un CNT, représentant les forces vives du pays, a été formé et une Charte constitutionnelle de transition adoptée. Celle-ci, promulguée par le Président Djotodia le 18 juillet 2013[603], détermina et fixa les règles de fonctionnement de l'État en transition. Elle proclama officiellement sa nature constitutionnelle en abrogeant et en se substituant à l'ordre constitutionnel antérieur en ces termes : « La présente Charte constitutionnelle abroge la Constitution du 27 décembre 2004 [...] »[604].

Les acteurs de la crise réitérèrent leur pleine adhésion aux Accords de Libreville du 11 janvier 2013, aux décisions des sommets extraordinaires des chefs d'États et de Gouvernement de la CEEAC des 03 et 18 avril 2013, ainsi qu'à celles du Comité de suivi des accords de Libreville et du Groupe International de Contact sur la République centrafricaine du 02 au 03 mai 2013[605]. Le pouvoir exécutif était composé du chef de l'État de la transition et du premier ministre (chef du Gouvernement)[606]. Le CNT, quant à lui, exerçait les pouvoirs législatif et constituant de la République[607]. La justice était rendue par la Cour de cassation, la Cour des comptes, le Conseil d'État et les cours et tribunaux[608]. La durée initiale de la transition était de dix-huit mois, prolongeable jusqu'à 24 mois sur avis conforme du médiateur. En cas de nécessité, la durée de la transition devait être réexaminée par la Conférence des chefs d'États et de Gouvernement de la CEEAC sur proposition conjointe et motivée du Chef de l'État de transition, du PM et du Président du CNT[609]. Les acteurs de la transition (le Chef de l'État, le PM et les membres du Gouvernement

[602] Accord de Libreville, art. 1er.
[603] Préambule de la Charte constitutionnelle du 18 juillet 2013.
[604] La Charte constitutionnelle du 18 juillet 2013, art. 107.
[605] *Ibid.*, préambule.
[606] *Ibid.*, art. 22.
[607] *Ibid.*, art. 49.
[608] *Ibid.*, art. 85.
[609] *Ibid.*, art. 102.

ainsi que les membres du Bureau du CNT) étaient inéligibles aux élections Présidentielles et législatives organisées durant la transition. Cette règle était également valable pour les juges constitutionnels et les membres du Haut Conseil de l'information[610]. Le 10 janvier 2014, le Président Djotodia et le PM de transition remirent leur démission lors d'une réunion des chefs d'États de la CEEAC.

Le 20 janvier 2014, Catherine Samba-Panza, maire de Bangui, fut élue par le CNT. Contrairement aux chartes constitutionnelles malgache et centrafricaine, les accords de paix qui régirent respectivement les transitions politiques en Angola, au Togo et en Guinée ne proclamèrent pas leur constitutionnalité sans que cela les exclue pour autant de la catégorie des accords de paix constitutionnels.

B. Des accords de paix matériellement constitutionnels

Après une crise politique, l'institutionnalisation des structures gouvernementales est aussi importante que le passage à une politique stable.

C'est pourquoi de nombreuses médiations de paix génèrent des gouvernements de transition tout en prévoyant des élections démocratiques de sortie de crise. La constitutionnalité des accords de paix qui sous-tendent ces gouvernements intérimaires, peut être déduite de leur contenu *ratione materiae* relatif à l'exercice du pouvoir politique et aux règles de fonctionnement des États en transition. A travers la méthode historique[611], nous étudierons les cas angolais (**1**), togolais (**2**) et guinéen (**3**).

1. Des accords de partage du pouvoir politique en Angola

Après l'indépendance de l'Angola en 1975, un farouche conflit pour le pouvoir opposa les protagonistes de cette indépendance. Pourtant, l'Accord de paix d'Alvor du 15 janvier 1975 semblait avoir

---

[610] *Ibid.*, art. 106.

[611] La méthode historique est une technique de raisonnement qui consiste à établir un lien logico-chronologique entre des évènements qui se sont produits dans le temps et dans l'espace.

réglé leurs divergences[612], parce qu'il prévoyait un partage du pouvoir entre le MPLA, l'UNITA et le FNLA (trois factions en lice pour la conquête du pouvoir politique). De plus, malgré la signature de l'Accord de Bicesse en 1991, la guerre civile angolaise s'est poursuivie jusqu'à l'assassinat du chef de l'UNITA, Jonas Savimbi, en février 2002[613]. L'Accord de Bicesse y apporta une paix relative durant près de dix-huit mois pendant lesquels les parties, avec l'aide de l'UNAVEM II[614], organisèrent les élections Présidentielles en septembre 1992. Cependant, ces élections furent contestées par Jonas Savimbi qui invoqua des fraudes et rejeta, en conséquence, l'élection de José Eduardo dos Santos du MPLA. Quelques mois plus tard, l'UNITA reprit les hostilités actives contre le MPLA et la guerre civile se poursuivit. Les négociations de paix entamées pour désamorcer la crise aboutirent à l'adoption du Protocole de Lusaka le 20 novembre 1994[615].

La mise en œuvre de ce protocole devait être garantie par UNAVEM III. Mais, en 1998, en raison de la faible participation de l'UNITA à l'exercice du pouvoir politique tel que prévu par le Protocole de Lusaka, la guerre reprit à nouveau, surtout à cause du refus du Gouvernement de poursuivre les négociations de paix. Mais, depuis la signature des accords de Luena le 1er avril 2002, sous l'égide du Portugal, des États-Unis et de la Russie, la paix est quasiment de retour en Angola[616].

---

612 Sur la crise angolaise, voir Dorina A. Bekoe, *Implementing Peace Agreements : Leçons from Mozambique, Angola and Liberia*, New York, Palgrave Macmillan, 2008.

613 Voir Christine Messiant, « Angola entre guerre et paix », *in* Roland Marchal, Christine Messiant, *Les chemins de la guerre et de la paix. Fins de conflits en Afrique australe et orientale*, Paris, 1997, pp. 157-208.

614 Lettre en date du 17 mai 1991, adressée au SGNU par le Chargé d'affaires par intérim de la Mission permanente de l'Angola auprès de l'ONU, le *rapport du SGNU sur la Mission de vérification des Nations Unies en Angola*, et la S/RES/696 du 30 mai 1991, points 1, 2, 3, 4.

615 Les lacunes de l'Accord de Bicesse ont été corrigées par le Protocole de Lusaka (en Zambie) conclu sous l'égide de l'ONU, entre le MPLA et l'UNITA, le 20 novembre 1994.

616 https://www.liberation.fr/planete/2002/04/01/accord-de-cessez-le-feu-en-angola_398826. Consulté le 2/05/2020.

L'Accord de Bicesse fut critiqué parce qu'il ne contenait pas de dispositions relatives au partage du pouvoir[617]. En outre, dans ses mémoires de 1996, Margaret Joan Anstee affirme que l'UNAVEM II a été incapable d'agir comme médiateur au sein de la Commission politico-militaire créée pour gérer la mise en œuvre de l'accord[618].

Par contre, l'Accord de paix d'Alvor de 1975 et le Protocole de Lusaka de 1994 même s'ils n'ont pas été totalement respectés, étaient matériellement des constitutions de transitions dans la mesure où ils avaient procédé à un partage du pouvoir politique entre les protagonistes de la guerre civile[619].

2. L'Accord politique global togolais de 2006

La famille Gnassimgbé Eyadema est au pouvoir au Togo depuis 1967. Cependant, le début de la décennie « 2000 » fut marqué de violentes contestations socio-politiques. L'UE organisa des consultations, le 14 avril 2004, en vue de consolider la démocratie, la réconciliation nationale et la paix sociale[620]. À l'occasion de cette médiation de paix, le Gouvernement a souscrit à des engagements qu'il ne respecta pas. Par la suite, le Gouvernement, le RPT, les cinq partis de l'opposition (CAR, CDPA, CPP, UFC, PDR) et deux organisations de la société civile (GF2D, RFAMPT) se réunirent à Lomé du 21 avril au 6 juillet 2006, dans le cadre d'un Dialogue national inclusif. Pour parvenir à un accord définitif, les parties prenantes au dialogue sollicitèrent, le 25 juillet 2006, la médiation de

---

[617] De plus, l'UNAVEM II n'a pas pu gérer efficacement les violations de l'Accord de paix en raison du manque de personnel et d'un mandat étroit. Ainsi, l'UNITA plaça des armes et des troupes dans des parties de l'Angola auxquelles elle n'avait pas accès auparavant, ce qui facilita le retour à la guerre après les élections de 1992. Ces lacunes ont été corrigées par le Protocole de Lusaka (en Zambie) conclu sous l'égide de l'ONU, entre le MPLA et l'UNITA. Dorina A. Bekoe, *Implementing Peace Agreements : Leçons from Mozambique, ..., op. cit.*, pp. 7 et s.

[618] *Ibid.*

[619] *Ibid.*

[620] Accord politique global signé à Lomé le 20 août 2006, préambule, § 1.

Blaise Compaoré, Président du Burkina Faso[621]. Ce dernier accepta le choix porté sur sa personne et, en conséquence, invita les parties prenantes à Ouagadougou du 7 au 19 août 2006, pour une série de consultations. Au terme des discussions, les parties décidèrent de mettre en place un gouvernement d'union nationale dans le but de restaurer la paix, la sérénité et la confiance mutuelle, conditions *sine qua non* pour organiser des élections législatives justes, transparentes et acceptables par tous[622].

Concernant le contentieux des élections législatives, les parties sollicitèrent la recomposition de la Cour constitutionnelle en veillant à ce que les personnalités à nommer répondent aux critères de professionnalisme, de crédibilité et d'indépendance. De plus, elles exigèrent que la Sous-Commission de la CENI chargée du contentieux électoral soit supprimée.[623] Dorénavant, le contentieux des candidatures à la députation, ainsi que les contestations concernant les opérations de vote, et la conformité des résultats proclamés par la CENI relèvent de la compétence de la Cour constitutionnelle. Les parties s'engagèrent également à poursuivre toutes les réformes visant à consolider la démocratie, l'État de droit et la bonne gouvernance. Toutes les institutions issues du dialogue ou des élections législatives devaient mettre en œuvre les réformes permettant d'adopter des textes fondamentaux consensuels conformément à l'esprit de la Constitution d'octobre 1992 et du Code électoral du 5 avril 2000 issu de l'Accord-Cadre de Lomé[624]. Ces réformes portèrent entre autres sur la sécurité et la paix publiques.

Les parties proposèrent au Président de la République de former un « gouvernement d'union nationale » ouvert aux partis politiques et aux organisations de la société civile, dans un esprit de réconciliation nationale et de confiance mutuelle pour la consolidation du processus d'apaisement. L'action dudit Gouvernement était fondée sur une feuille de route dont les points fondamentaux furent définis dans

[621] Accord politique global signé à Lomé le 20 août 2006, préambule, § 2.

[622] APG, préambule.

[623] *Ibid.*, 1.2.9.

[624] *Ibid.*, 3.1.

l'annexe II[625]. Les parties convinrent également que le médiateur, ainsi que les observateurs de l'UE et de la CEDEAO accompagneront le processus de transition jusqu'à son terme[626]. En cas de différend sur l'interprétation de tout ou partie de l'Accord politique global de 2006, y compris les modalités d'organisation et de déroulement des opérations électorales, les parties devaient s'en remettre à l'arbitrage du facilitateur[627]. Elles mirent en place un mécanisme de suivi de la bonne application des engagements souscrits. Ce Comité de Suivi était composé d'un représentant de chaque composante du dialogue ainsi que des représentants respectivement du facilitateur, de l'UE et de la CEDEAO. Ce Comité était présidé par le facilitateur ou son représentant[628]. Donc, l'Accord politique global de 2006 était matériellement constitutionnel en ce sens qu'au-delà du fait d'être la base juridique du Gouvernement d'union nationale, il a également réformé certaines institutions constitutionnelles. En raison du succès qui a caractérisé sa médiation dans la crise togolaise, Blaise Compaoré fut désigné, *mutatis mutandis*, comme médiateur dans la gestion de la crise politique guinéenne.

3. L'Accord de Ouagadougou de 2010 sur la crise politique guinéenne

Depuis son indépendante le 2 octobre 1958, la République de Guinée a connu plusieurs crises socio-politiques[629]. Celle survenue le 23 décembre 2008[630], suite au décès du Président Conté le 22

[625] *Ibid.*, IV.

[626] *Ibid.*, V.5.4.

[627] APG, V. 5.8.

[628] APG, V. 5.2.

[629] On peut citer entre autres : l'agression portugaise de 1971; le coup d'État militaire du 03 avril 1984 contre le Président de la transition, Lansana Béavogui, successeur légal d'Ahmed Sékou Touré ; la tentative de « coup d'État » ou « faux complot ?» de Diarra Traoré contre Lansana Conté, le 04 juillet 1985 ; la mutinerie des 02 et 03 février 1996 contre Lansana Conté, l'agression des rebelles venus du Libéria et de Sierra-Leone en 2001, les protestations de janvier et février de 2007, *etc.*

[630] « Le coup d'État du capitaine Moussa Dadis Camara, le 23 décembre 2008, intervient quelques heures après le décès du chef de l'État, le général Lansana Conté. Il met définitivement un terme à toute succession telle que prévue par l'article 34 de la Constitution. Cette prise du pouvoir par

décembre (en cours de mandat), connut l'implication active et intense d'acteurs étrangers. Après sa réélection contestée, le 21 décembre 2003, le Président Conté fut confronté à une série de grèves et de manifestations organisées respectivement en 2006 et en 2007.

Ces mouvements sociaux furent l'objet d'une répression sanglante causant des centaines de morts et de blessés. Suite à des semaines de crise socio-politique qui paralysèrent le pouvoir et, pour limiter les dégâts, le Président Conté décréta « l'état de siège »[631] en 2007 et ordonna à l'armée de « prendre toutes les dispositions [...] pour éviter une guerre civile »[632]. Pendant cet état de siège qui dura douze jours, la Guinée fut régie par les dispositions constitutionnelles de crise[633].

Lansana Kouyaté fut nommée premier ministre de sortie de crise[634]. Son limogeage en mai 2008, l'expiration du mandat de

---

la force répond à des calculs corporatistes et fait basculer le pays dans un régime d'exception, oscillant entre dictature et répression. Dans ces conditions, la transition promise par le chef de la junte n'aboutit pas. Aucune institution de transition, aucun processus électoral n'est possible. Le paroxysme de la violence politique est atteint dans la journée du 28 septembre 2009. Les forces de défense et de sécurité sont en effet envoyées pour commettre des crimes contre des militants et des citoyens désarmés, réunis pacifiquement au stade de Conakry pour revendiquer leurs droits et libertés. Peu après, avouant lui-même qu'il ne contrôle pas son armée, Moussa Dadis Camara échappe à une tentative d'assassinat de la part du commandant de sa garde rapprochée ». Dominique Bangoura, « Le coup d'État de décembre 2008 et la transition controversée en Guinée », Institut de Recherche Stratégique de l'Ecole Militaire, *Les Champs de Mars*, 2015/3 n° 28, pp. 18-33.

[631] Selon la Constitution guinéenne de 1990, les états de siège, d'urgence et de guerre sont décrétés par le Président de la République après avis de l'Assemblée nationale.

[632] https://www.lefigaro.fr/international/2007/02/13/0100320070213ARTFIG90175etat_de_siege_decrete_en_guinee.ph. Consulté le 18/11/2019.

[633] Ce sont les articles 74 et 75 de la Constitution guinéenne du 23 décembre 1990.

[634] D. Bangoura, « Le coup d'État de décembre 2008 et la transition controversée en Guinée », Institut de Recherche Stratégique de l'Ecole Militaire, Les Champs de Mars, 2015/3 N° 28, pp. 18-33.

l'Assemblée nationale depuis 2006 et la mort du Président Conté en cours de mandat furent un prétexte pour la junte militaire qui prit le « pouvoir » [635] le 23 décembre 2008[636]. Donc, le CNDD, déjà aux aguets[637], s'est saisi du pouvoir dès l'annonce du décès du Président Conté[638]. Cette transition politique[639], qui dura deux ans (2008-2010),

---

[635] Cette prise du pouvoir par le CNDD fut un coup d'État dans la mesure où l'article 34 de la Loi fondamentale de 1990 disposait qu' « en cas de vacance de la fonction de Président de la République consécutive au décès ou à la démission du Président de la République [...], la suppléance est assurée par le Président de l'Assemblée Nationale ou, en cas d'empêchement de celui-ci, par l'un des Vice-Présidents de l'Assemblée Nationale par ordre de préséance. La vacance est constatée par la Cour Suprême, saisie par le Président de l'Assemblée Nationale (...). La durée maximum de la suppléance est de soixante jours [...] ».

[636] Le chef de la junte affirmait, à cet effet, que le pouvoir était dans la rue. Il s'empara « des reines du pouvoirs au lendemain de la mort de la Lansana Conté, le 23 décembre 2008, en promettant une transition démocratique ». Odile Georg, « Introduction. Aux morts du 28 septembre », *in Le NON de la Guinée : entre mythe relecture historique et résonnances contemporaines*, Paris, L'Harmattan, 2010, pp. 5-14, p. 5.

[637] Mossa Dadis Camara déclara dans l'un de ses tous premiers entretiens : « Lansana Conté m'inspire le respect. Alors qu'il était mal en point, il m'a invité à partager son repas une semaine avant sa mort. Après avoir formulé des prières pour qu'il se relève de sa maladie, je lui ai dit : *Si vous connaissez l'humiliation de votre vivant, Dieu n'existe pas.* Je le pense vraiment. Voilà pourquoi j'ai attendu sa disparition pour prendre un pouvoir qui était à ma portée depuis plusieurs années ». Pour Véronique Bangoura, cette affirmation laisse croire que l'idée de ce coup avait germé dans la tête de certains militaires et qu'ils avaient déjà commencé à se préparer.

[638] Cette prise du pouvoir par le CNDD fut un coup d'État dans la mesure où l'article 34 de la Loi fondamentale de 1990 disposait qu' « en cas de vacance de la fonction de Président de la République consécutive au décès ou à la démission du Président de la République [...], la suppléance est assurée par le Président de l'Assemblée Nationale ou, en cas d'empêchement de celui-ci, par l'un des Vice-Présidents de l'Assemblée Nationale par ordre de préséance. La vacance est constatée par la Cour Suprême, saisie par le Président de l'Assemblée Nationale [...]. La durée maximum de la suppléance est de soixante jours [...] ».

[639] Lire D. Bangoura, « Le coup d'État de décembre 2008 et la transition controversée en Guinée », Institut de Recherche Stratégique de l'Ecole Militaire, *Les Champs de Mars*, 2015/3 N° 28, pp. 18-33.

connut deux grandes phases. La première, à prédominance interne, part de la prise du pouvoir par le CNDD à la tentative d'assassinat du chef de la junte, le capitaine Moussa Dadis Camara, par son aide de camp, Aboubacar Sidiki Diakité (dit Toumba), le 3 décembre 2009. La seconde phase, marquée par une empreinte internationale, part de l'accord de Ouagadougou du 15 janvier 2010 à la passation du pouvoir entre le Général Sekouba Konaté (Président de la transition) et Alpha Condé (Président élu).

Cet accord conclu sous l'égide du médiateur de la CEDEAO[640], le Président Blaise Compaoré du Burkina, écarta le chef de la junte, le capitaine M. Dadis Camara, et désigna son vice-Président et ministre de la défense, le général Sekouba Konaté, Président de la transition. Qualifié de simple déclaration tripartite, l'Accord de Ouagadougou était, effectivement et matériellement, la base constitutionnelle de la transition en République de Guinée.

Il institua les organes de la transition, prévit l'organisation des élections Présidentielles dans une période de six mois[641], et chargea le « Conseil national de transition »[642] de rédiger une nouvelle Constitution en vue de rétablir l'ordre constitutionnel post-transition[643]. Malgré les tensions sociales qui caractérisèrent la période de transition, les choses se passèrent telles que prévues, sous l'œil vigilant de la communauté internationale. Celle-ci joue un rôle crucial dans la gestion des crises politiques internes. Outre ses bons offices et ses médiations de paix, l'ONU, par exemple, adopte des résolutions de paix constitutives qui établissent des administrations de paix.

---

[640] Le médiateur était appuyé dans ses démarches par les délibérations et résolutions de la CEDEAO, de l'UA, de l'ONU et du Groupe international de contact sur la Guinée (GIC-G).

[641] Point 8 de l'Accord d'Ouagadougou du 15 janvier 2010.

[642] *Ibid.*, point 4.

[643] Le projet de Constitution, rédigé par le CNT, fut promulgué par le Président de la transition, Sekouba Konaté, le 7 mai 2010. N'ayant pas été approuvée par le peuple, l'avenir de ladite Constitution est actuellement l'objet d'un débat manichéen en Guinée, entre la mouvance Présidentielle et le Front national pour la défense de la Constitution. Le Président Alpha Condé et la CENI comptent organiser cumulativement les élections législatives et le référendum constitutionnel au mois de mars 2020.

§ 2. Des résolutions de paix constitutives

Les administrations de paix n'opèrent pas dans un vide juridique, leur mandat délimite leur autorité[644]. Les unes furent instituées, comme on l'a vu, par des accords de paix, les autres par des résolutions de paix constitutives relevant du droit des OI, construit sur une échelle à trois niveaux. Le premier niveau est relatif aux traités constitutifs[645] (droit primaire) des OI[646]. Le deuxième niveau de l'échelle concerne le pouvoir normatif des OI générant le droit secondaire. L'ONU, par exemple, exerce des « fonctions normatives » à travers ses multiples résolutions[647]. Le terme « résolution » vise l'ensemble des actes adoptés par une OI, quels qu'en soient les caractères propres[648]. De nombreux organismes subsidiaires dont l'ATNUTO et la MINUK ont été institués par des résolutions de paix constitutives. Ces résolutions contiennent à la fois des dispositions normatives et institutionnelles mettant en place des autorités

---

[644] E. De Brabandere, « The responsibility for post-conflict reforms: critical assessment of jus post bellum as legal concept », *Vanderbilt Journal of Transnational Law*, 2010, pp. 119-150, p. 146.

[645] Pour H. G. Schermers, « *[s]ometimes the constituent treaty – the constitution of the organization – contains only rules on the structure and functioning of the organization [...], and which obligations the members States have accepted towards the organization and towards each other* ». Henry G. Schermers, « Les bases juridiques de l'action des organisations internationales », *in* Réné-Jean Dupuy (dir.), *Manuel sur les organisations internationales*, Boston/London, Martinus Nijhoff, 1998, pp. 401-411, p. 404.

[646] Les traités constitutifs se distinguent des traités non-constitutifs par la nature particulière de la constitution de l'OI qui contient à la fois des dispositions *normatives* et *institutionnelles* mettant en place des organes investis de fonctions internationales elles-mêmes génératrices de *normes dérivées*. *Voir* Mario Betatti, « Création et personnalité juridique des organisations internationales », *in* Réné-Jean Dupuy (dir.), *Manuel sur les organisations internationales*, Boston/London, Martinus Nijhoff, 1998, pp. 33-60, p. 36.

[647] Joe Verhoeven, « Les activités normatives et quasi-normatives », in in Réné-Jean Dupuy (dir.), *Manuel sur les organisations internationales*, Boston/London, Martinus Nijhoff, 1998, pp. 413-441, p. 414.

[648] *Ibid.*, p. 429.

internationales investies de fonctions étatiques génératrices de normes *dérivées au carré*, qualifiables de « droit tertiaire ».

Le troisième niveau de notre échelle fait allusion au droit dérivé des administrations de paix[649]. Selon H. Enver, la promulgation par la MINUK d'actes juridiques de nature constitutionnelle revêt une importance particulière dans le cadre du développement du constitutionnalisme au Kosovo[650]. Les actes de ces organismes trouvent exécution immédiate dans les ordres juridiques internes que ces organismes sont délégués à administrer[651]. La création de l'ATNUTO et de la MINUK suscite la question de savoir si on peut construire un droit constitutionnel (matériel ou formel) [652] dans un territoire non étatique[653]. Cependant, seul le cas du Kosovo sera

---

[649] Le Décret n° 1 du Conseil des Nations Unies pour la Namibie mérite à cet égard une mention particulière. Le Décret fut édicté par l'organe que l'AGNU créa par sa Résolution 2248 du 19 mai 1967, après que la même Assemblée, par sa résolution 2145 du 27 octobre 1966, ait déclaré expiré le mandat de l'Afrique du Sud sur le Sud-ouest africain et assumait désormais le contrôle direct du territoire. Ce Décret, produisant des droits et obligations à l'égard des individus (citoyens namibiens), est opposable à d'autres États tel que l'Afrique du Sud. Voir Andrea Giardina, « La mise en œuvre au niveau national des arrêts et des décisions internationaux », RCADI, Vol. 165.

[650] H. Enver, « The Role of the Constitutional Court in the Development of the Rule of Law in Kosovo », *Review of Central and East European Law*, 43 (2018), pp. 274-313, p. 44.

[651] Andrea Giardina, *op. cit.*, p. 143.

[652] I. Islami, « Building Constitutionnalism in Kosovo/A », *Law and Justice Review. Justice Academy of Turkey Publications*, September 2010, pp. 127-146, p. 130.

[653] Sur le plan purement anthropologique, il existe trois types de constitutions : *biologique, social et politique*. La *Constitution biologique* est l'ensemble des matériaux composant un être humain. Celle-ci est naturelle en ce sens qu'elle ne dépend pas d'une volonté humaine. Ce qui fait qu'elle est supérieure et antérieure à la *Constitution sociale* qui dépend de la volonté d'un ensemble d'individus de vivre ensemble sur un même territoire autour d'un contrat de société (concitoyenneté et nationalité). Sans la population, il n'y a point d'État : la population devient ainsi la substance humaine de l'État. Ce qui signifie que la *constitution sociale* aussi est antérieure et supérieure à la *Constitution politique* relative à l'exercice du pouvoir dans un

examiné *ut singuli,* parce que non seulement l'ATNUTO a été examinée plus haut, mais aussi « *UNMIK's mandate is more difficult to accomplish than UNTAET's mandate in East Timor because UNTAET has been given a very specific mission, namely the implementation of popular consultation of 30 August 1999 in which the East Timorese voted for independance from Indonesia* »[654]. Entre la disparition de l'ordre constitutionnel antérieur et la mise en place du nouvel ordre, le CSNU fixa le cadre constitutionnel de la transition au Kosovo dans une résolution de paix[655]. De manière stricte, on entend par résolution de paix, une décision du CSNU prise en vue de maintenir, de rétablir ou de consolider la paix dans des sociétés en crise[656]. De manière large, elle est tout acte d'une OI en rapport avec un processus de paix. Ainsi, nous analyserons le cadre constitutionnel

---

État ou dans une entité politique. En démocratie, la constitution politique est un pacte conclu entre gouvernant(s) et gouverné(s). Pour s'en convaincre, certains chefs d'États et de gouvernements – lors de leur investiture - jurent devant le peuple de respecter et de faire respecter la Constitution politique.

[654] Michael Bothe and Thilo Marauhn, « UN Administration of Kosovo and East Timor : Concept, Legality and Limitations of Security Council-Mandated Trusteeship Administration », in Christian Tomuschat (*ed. by*), *Kosovo and the international communauty. Legal assessment*, Hague, Kluwer Law international, 2002, pp. 217-242, p. 224.

[655] C. Stahn, « The United Nations Transitional Administrations in Kosovo and East Timor : A First Analysis », *Max Planck Yearbook of United Nations Law*, vol. 5, 2001, pp. 105-183, p. 106.

[656] Les résolutions de paix de valeur constitutionnelle interviennent généralement lors de transitions territoriales débouchant tantôt sur la création d'un nouvel État, tantôt sur le rattachement définitif du territoire en cause à un État déterminé. Par exemple, le cadre constitutionnel de la transition au Timor oriental et au Kosovo fut fixé, à juste titre, par des résolutions de paix de valeur constitutionnelle à un moment où ces territoires post-conflits ne se trouvaient plus sous la souveraineté d'un État. Les résolutions para-constitutionnelles, quant à elles, sont relatives au maintien de la paix voire au maintien de l'ordre public sur le territoire d'un État défaillant. Nous pouvons citer, à titre illustratif, la Résolution 143 (1960) du CSNU, en vertu de laquelle l'ONU est intervenue en vue de maintenir l'ordre public en République démocratique du Congo (RDC). Ainsi, la dynamique du pouvoir constituant originaire à caractère exceptionnel est à l'origine, d'abord de la continuité de l'État en période de crise, ensuite de la légalité et de la légitimité du gouvernement de transition.

de la transition kosovare (**A**) avant de voir comment il a pris fin après la déclaration d'indépendance de 2008 (**B**).

A. Le Statut constitutionnel du Kosovo sous administration internationale

Avant d'examiner le cadre constitutionnel de la transition au Kosovo, rappelons, de prime abord, l'histoire constitutionnelle et les circonstances qui provoquèrent cette transition. En effet, après la Première Guerre mondiale, le Kosovo fut intégré à la Yougoslavie[657], avant de devenir, le 3 septembre 1945, une province autonome de la Serbie (au sein de la RFY)[658]. Selon la Constitution de 1946, la Yougoslavie était un État fédéral composé de six Républiques dont la Serbie, où les territoires du Kosovo et de la Voïvodine jouissaient d'une autonomie[659]. En 1963, les nouvelles Constitutions de la Yougoslavie et de la Serbie renforcèrent le contrôle de la Serbie sur le Kosovo. La Constitution Yougoslave, modifiée en 1968, accorda une autorité politico-législative aux provinces y compris le Kosovo[660]. En 1974, la nouvelle Constitution yougoslave érigea le Kosovo en province autonome au sein de la Serbie. *A contrario*, le 24 avril 1987, le nationaliste Slobodan Milosevic se présenta comme un anti-albanais lors du rassemblement sur le champ de bataille de Kosovo Polje. Le 20 février 1989, les mineurs du complexe militaro-industriel de Trepca à Mitrovica entamèrent une grève de la faim, exigeant le rejet des amendements constitutionnels de Milosevic visant l'abolition du Statut autonome du Kosovo. Malgré tout, les amendements entrèrent en vigueur le 28 mars 1989[661]. La Constitution amendée fit du Kosovo

---

[657] Philip E. Auerswald and David P. Auerswald, *The Kosovo Conflit. A diplomatic History Through Documents*, Cambridge/The Hague, Kluwer Law International, 2000, p. xxii.

[658] Elite, 46, *The Yugoslavia Wars (2) : Bosnia, Kosovo and Macedonia 1992-2001*, p. 32.

[659] Philip E. Auerswald and David P. Auerswald, *The Kosovo Conflit. A diplomatic History Through Documents*, Cambridge/The Hague, Kluwer Law International, 2000, p. xxiii.

[660] *Ibid*, p. xxiii.

[661] Elite, 46, *The Yugoslavia Wars (2) : Bosnia, Kosovo and Macedonia 1992-2001*, p. 32.

l'une des « huit unités territoriales »[662] de la Serbie et supprima l'autonomie dont cette province jouissait depuis de 1974[663].

Cette situation entraîna une résistance massive des Kosovars. En 1989, Ibrahim Rugova forma le parti nationaliste modéré qui demanda, en juillet 1990, aux députés du Parlement provincial du Kosovo de proclamer, *de facto*, la République du Kosovo[664]. En septembre suivant, ils adoptèrent la Constitution et déclarèrent l'indépendance du Kosovo qui devrait être considéré comme l'une des République constitutives et souveraines de Yougoslavie. En 1992, Ibrahim Rugova fut élu Président de la République[665]. Après le déclenchement de la guerre en Bosnie en 1992, Milosevic accusa les Bosniaques-musulmans et les Kosovars-albanais de préparer une guerre sainte contre les Serbes : il déploya 25 000 policiers serbes au Kosovo pour réprimer les troubles persistants. Les Kosovars espéraient que les Accords de Dayton rétabliraient leur Statut d'autonomie, mais la communauté internationale ne l'aborda pas. La position pacifiste de Rugova fut affaiblie par la non-inclusion de la question du Kosovo dans les négociations de Dayton de 1995[666]. C'est ainsi qu'à partir de 1996, l'Armée de Libération du Kosovo (ALK) gagna le soutien des Albanais du Kosovo[667]. Fondée en 1992 par des nationalistes radicaux de la minorité albanaise de Macédoine, l'ALK lança une campagne de guérilla[668]. Le 22 avril 1996, elle entama des opérations offensives contre les forces serbes[669]. En 1998, le premier ministre de Rugova, Bujar Bukoshi, créa les forces armées du Kosovo (dirigées par Ahmet Krasniqi). Celles-ci ont été finalement absordées,

---

[662] Philip E. Auerswald and David P. Auerswald, *The Kosovo Conflit. A diplomatic History Through Documents*, Cambridge/The Hague, Kluwer Law International, 2000, p. xxiv.

[663] H. Enver, *op. cit.*, pp. 40-41.

[664] Juliane Kokott, « Human rights situation in Kosovo 1989-1999 », Christian Tomuschat (*ed. by*), Kosovo and the international communauty. Legal assessment, Hague, 2002, pp. 1-35, p. 5.

[665] *Ibid.*, p. 6.

[666] *Ibid.*

[667] H. Enver, *op. cit.*, p. 41.

[668] Elite, 46, *The Yugoslavia Wars (2) : Bosnia, Kosovo and Macedonia 1992-2001*, p. 32.

[669] Elite, 46, *op. cit.,* p. 45.

en 1998, par l'ALK (une force armée rivale). Agim Ceku réorganisa tous ces groupes armés et leur donna une structure militaire conventionnelle[670]. Sa stratégie consistait à provoquer des troubles de sorte que les Serbes les réprimeraient avec une force brutale. En le faisant[671], la communauté internationale interviendra en forçant les Serbes à accorder l'indépendance du Kosovo[672].

La communauté internationale invita les Kosovars et les Serbes à Rambouillet (France) afin de résoudre leurs désaccords[673]. Cependant, les Serbes tenaient à maintenir le Kosovo dans la Serbie tandis que les Kosovars affirmaient ceci : « On ne peut accepter l'accord politique s'il n'y a pas, noir sur blanc, le référendum au bout de trois ans »[674]. Après trois semaines de discussions, la Conférence, qui s'acheva le 23 février 1999, accoucha d'un document sans effets juridiques parce que Milosevic refusa de le signer et poursuivit sa politique oppressive contre les Kosovars. Toutefois, la signature de ce

---

670 *Ibid.*, p. 46.

671 En 1999, les États occidentaux comprirent que Milosevic avait transformé l'éclatement de l'ex Yougoslavie en une décennie d'effusions de sang et de terreur : en Slovénie et en Croatie en 1991, en Bosnie de 1992 à 1995, et au Kosovo, à partir du retrait de l'autonomie en 1989. L'ampleur de la catastrophe humanitaire au Kosovo justifiait clairement l'intervention de l'OTAN, mais c'est après l'instabilité politique déclenchée par Milosevic dans la région, notamment en forçant des centaines de milliers de réfugiés à traverser les frontières, que le cas du Kosovo devint irrésistible. Si rien n'avait été fait, Milosevic aurait pu déstabiliser les pays voisins par une expulsion massive et permanente des Kosovars vers la Macédoine et l'Albanie. Plus inquiétant encore, le conflit au Kosovo aurait pu s'étendre aux pays voisins, particulièrement à la Grèce et à la Turquie, tous membres de l'OTAN, et proches l'une de l'autre. Voir Senator Joseph R. Biden Jr, « Foreword », *in* Philip E. Auerswald and David P. Auerswald (ed. by), *The Kosovo Conflit. A diplomatic History Through Documents*, Cambridge/The Hague, Kluwer Law International, 2000, p. xiii-xviii, p. xiv.

672 Elite, 46, *The Yugoslavia Wars (2) : Bosnia, Kosovo and Macedonia 1992-2001*, p. 47.

673 E. Decaux, « La Conférence de Rambouillet. Négociations de la dernière chance ou contrainte illicite », Christian Tomuschat (*ed. by*), Kosovo and the international communauty. Legal assessment, Hague, 2002, pp. 45-64.

674 *Ibid.*, p. 54.

document par les Kosovars conduit l'OTAN à prendre position en vue de mettre fin à la guerre et aux atrocités[675]. Les frappes aériennes de l'OTAN, contre la Serbie, commencèrent le 24 mars 1999 et se terminèrent après 78 jours[676]. Ainsi, l'OTAN recourut à la force armée contre un État tiers dans le but de protéger une partie de la population de cet État[677]. La victoire de l'OTAN et des Kosovars amorça la phase de l'internationalisation de la transition constitutionnelle au Kosovo. Le 10 juin 1999, le Kosovo, faisant légalement partie de la Serbie, fut placé sous administration intérimaire des Nations Unies basée à Prishtina. Cette administration devait fonctionner sur la base d'un droit (**1**) et des institutions (**2**) transitoires.

1. Le cadre normatif de la transition au Kosovo

Construire la paix est plus difficile que de mettre fin à une guerre[678]. Selon Raymond Carré de Malberg, « Toute étude du droit public en général et du droit constitutionnel en particulier engage et présuppose la notion d'État »[679]. Le constitutionnel devient ainsi une partie du droit public qui comprend les règles et institutions dont l'ensemble forme, dans chaque milieu étatique, la Constitution de

---

[675] Sur la légalité ou illégalité de cette intervention, lire J.-F. Flauss, « La primarité des droits de la personne : licéité ou illicéité de l'intervention humanitaire », in Christian Tomuschat (*ed. by*), *Kosovo and the international communauty. Legal assessment*, Hague, Kluwer Law international, 2002, pp. 87-102.

[676] Sur la conduite de ces frappes, voir Ph. Weckel, « Les devoirs de l'attaquant à la lumière de la campagne aérienne en Yougoslavie », in Christian Tomuschat (*ed. by*), *Kosovo and the international communauty. Legal assessment*, Hague, Kluwer Law international, 2002, pp. 129-155.

[677] R. Uerpmann, « La primauté des droits de l'homme : licéité ou illicéité de l'intervention humanitaire », in Christian Tomuschat (*ed. by*), *Kosovo and the international communauty. Legal assessment*, Hague, Kluwer Law international, 2002, pp. 65-86, p. 65.

[678] Senator Joseph R. Biden Jr, « Forword », *in* Ph. E. Auerswald, D. P. Auerswald (*ed.*), *The Kosovo Conflit. A diplomatic History Through Documents*, Cambridge/The Hague, Kluwer Law International, 2000, p. xiii-xviii, p. xvi.

[679] R. Carré de Malberg, *Contribution à la théorie générale de l'État*, Paris, Dalloz, 2004, p. 1.

l'État. Cette conception est à relativiser dans le cas du Kosovo post-conflit. De 1999 à 2008, il y eut un droit public sans État.

L'ordre juridique du Kosovo, pendant la transition, avait trois sources. Premièrement, les lois qui régissaient le Kosovo avant le 24 mars 1999 étaient applicables pendant la transition à condition qu'elles ne soient pas contraires aux normes internationales relatives aux droits de l'homme ou à l'exécution du mandat de la MINUK[680]. Deuxièmement, le droit international des droits humains devait être respecté : « *[i]n exercising their functions, all persons undertaking public duties or holding public office in Kosovo shall observe internationally recognized human rights standards* »[681]. Troisièmement, la résolution 1244 (1999) du CSNU et les règlements promulgués par le RSSG ainsi que les instruments subsidiaires émis en vertu de ces « Règlements »[682] formaient la base constitutionnelle de la transition. En cas de conflit de lois, « *the regulations and subsidiary instruments issued thereunder shall take precedence* »[683].

L'adoption par la MINUK d'actes juridiques de nature constitutionnelle revêt une importance particulière dans le développement du constitutionnalisme au Kosovo. Il s'agit notamment du Règlement n° 1999/1 du 25 juillet 1999 relatif à l'Autorité de la MUNIK; du Règlement n° 1999/24 du 12 décembre 1999 intitulé *Loi applicable au Kosovo* ; et du Règlement n° 2001/9 relatif au cadre constitutionnel de l'autonomie provisoire du Kosovo du 15 mai 2001, connu sous le nom de « *A Constitutional Framework for Provisional Self-Government in Kosovo* »[684]. Après la résolution constitutive de la transition de 1999, le Règlement n° 1999/1, présenté par Bernard

[680] UNMIK/REG/1999/1, 25 july, 1999, Section 3 : Applicable Law in Kosovo.

[681] UNMIK/REG/1999/24, 12 December 1999 : On the Law Applicable in Kosovo, Section 1.1.3.

[682] UNMIK/REG/1999/24, 12 December 1999 : On the Law Applicable in Kosovo, Section 1.1, (a) (a).

[683] UNMIK/REG/1999/24, 12 December 1999 : On the Law Applicable in Kosovo, Section 1.1.

[684] Hasani Enver, « Two Chapters on Human Rights and Fundamental Freedoms in the Constitution of Kosovo », *Mediterranean Journal of Human Rights*, vol. 19, 2014, pp. 35-68, p. 44.

Kouchner le 25 juillet 1999, définit les pleins pouvoirs du RSSG et fournit « une deuxième base constitutionnelle complémentaire »[685] pour l'exercice des pouvoirs gouvernementaux prévus par la résolution 1244 du CSNU.

Ce Règlement disposait que tous les pouvoirs législatif et exécutif du Kosovo, dévolus à la MINUK, seront exercés par le RSSG qui nommera toute personne pour exercer des fonctions dans l'administration civile intérimaire au Kosovo[686].

Le même Règlement précisa que les lois applicables sur le territoire du Kosovo avant le 24 mars 1999 continueront de s'appliquer au Kosovo à condition qu'elles ne soient pas contraires aux normes internationales relatives aux droits de l'homme ou à l'exécution du mandat de la MINUK[687].

Il donna à MINUK le pouvoir d'administrer tous les biens de l'État (Yougoslave ou Serbe) au Kosovo, y compris les fonds et les comptes bancaires[688].

In fine, le 15 mai 2001, le RSSG, Hans Haekkerup, adopta le Règlement n° 2001/9 intitulé *Cadre constitutionnel pour le Gouvernement provisoire* au Kosovo.

Ce texte juridique a établi un ensemble d'institutions de nature étatique au Kosovo en complément des institutions déjà prévues par la résolution 1244 (1999).

---

[685] La première base constitutionnelle de la MUNIK est la Résolution 1244 de 1999. La plupart des règlements du RSSG constituent une sorte de lois organiques prolongeant et complétant le texte constitutionnel initial.

[686] UNMIK/REG/1999/1, 25 july, 1999, Section 1 : Authority of Interim Administration.

[687] UNMIK/REG/1999/1, 25 july, 1999, Section 3 : Applicable Law in Kosovo.

[688] UNMIK/REG/1999/1, 25 july, 1999, Section 6 : State Property.

2. Le cadre institutionnel de la transition au Kosovo

La résolution 1244 (1999) est une « décision de caractère constitutionnel »[689]. Elle affirma, de prime abord, que « la solution politique de la crise au Kosovo » devait reposer sur un ensemble de principes et DE conditions énoncés dans les annexes 1 et 2[690]. Puis, elle institua une administration intérimaire décentralisée puisque plusieurs organismes internationaux étaient impliqués dans le processus transitionnel et chacun d'entre eux s'occupait d'un secteur bien défini[691]. La KFOR devait « prévenir la reprise des hostilités »[692], rétablir un environnement sûr au Kosovo et assurer le retrait des forces militaires serbes[693]. Le HCR était chargé des affaires humanitaires dont le retour des réfugiés au Kosovo. L'OSCE s'occupait du renforcement des institutions démocratiques et de la société civile dans la région[694]. En partenariat avec la MINUK, l'UE s'est chargée de la reconstruction[695]. D'ailleurs, l'UE a même établi

---

689 Christian Tomuschat, « Mots de bienvenue », Christian Tomuschat (*ed.*), *Kosovo and the international communauty. Legal assessment*, Hague, Kluwer Law international, 2002, pp. ix-x, p. x.

690 S/RES/1244 du 10 juin 1999, point 1.

691 La communauté internationale assuma la responsabilité de cette province et cette responsabilité fut à la fois une responsabilité de prévention et une responsabilité de reconstruction. Dans les années précédentes, l'ONU avait acquis une expérience considérable de ces formes d'administration territoriale post-conflits.

692 Pour plus de détails sur la KFOR, voir Marc Guillaume, « Le cadre juridique de l'action de la KFOR au Kosovo », in Christian Tomuschat (*ed.*), *Kosovo and the international communauty. Legal assessment*, Hague, Kluwer Law international, 2002, pp. 243-285.

693 S/RES/1244 du 10 juin 1999, point 9 et annexe 2. V. égal. M. Guillaume, « Le cadre juridique de l'action de la KFOR au Kosovo », *in* Ch. Tomuschat (*ed.*), *Kosovo and the international communauty. Legal assessment*, Hague, Kluwer Law international, 2002, pp. 243-285, p. 249.

694 Wladyslaw Czaplinski, « The activities of the OSCE in Kosovo », Christian Tomuschat (*ed. by*), *Kosovo and the international communauty. Legal assessment*, Hague, Kluwer Law international, 2002, pp. 37-44.

695 P. Hilpold, « *Jus PostBellum* and the Responsibility to Rebuild. Identifying the Contours of an Ever More Important Aspect of R2P », *Journal of International Humanitarian Legal Studies* 6 (2015), pp. 284-305, p. 294.

une mission (EULEX) au Kosovo, qui a débuté son mandat le 9 décembre 2008[696].

Quant à la MINUK, mission civile, elle était chargée de la reconstruction des infrastructures et des institutions gouvernementales[697]. Pour faciliter l'exécution du mandat de la MINUK et impliquer les populations locales dans la prise des décisions les concernant, le 15 mai 2001, le RSSG, Hans Haekkerup, adopta le règlement n° 2001/9 intitulé *Cadre constitutionnel pour le Gouvernement provisoire* au Kosovo. Ce règlement était formellement et matériellement un texte constitutionnel élaboré à l'image d'une constitution étatique. D'abord, le règlement rappela et exigea le respect de l'intégrité territoriale du Kosovo. Devenu un territoire indivisible, le Kosovo fut démocratiquement gouverné par les institutions gouvernementales provisoires établies par ce cadre constitutionnel et exerçant leurs responsabilités sur l'ensemble du territoire, composé de municipalités (unités territoriales de base définies dans la législation de la MINUK en vigueur sur l'autonomie locale)[698]. Ensuite, le règlement réitéra le respect des « droits humains »[699] tout comme les « droits des minorités »[700]. Enfin, le règlement établit les institutions constitutionnelles provisoires.

Premièrement, le pouvoir législatif (monocaméral) était représenté par une assemblée composée de 120 membres : celle-ci était la plus haute institution provisoire législative. Vingt sièges furent réservés aux minorités[701]. Toutefois, cette assemblée pouvait être dissoute par le RSSG qui, le cas échéant, devait convoquer de nouvelles élections législatives, sans oublier que l'Assemblée elle-même, par un votre des 2/3 de ses membres, pouvait demander sa

[696] Inger Osterdahl and Esther van Zadelt, « What Will *Jus Post Bellum* Mean? Of New Wine and Old Bottles », *Journal of Conflict & Security Law*, vol. 14, n°. 2, 2009, pp. 175-207, p. 194.
[697] S/RES/1244 du 10 juin 1999, point 5.
[698] Règlement n° 2001/9 : A Constitutional Framework for Self-Government in Kosovo, Chapter 1.
[699] *Ibid.*, Chapter 3.
[700] *Ibid.*, Chapter 4.
[701] *Ibid.*, Chapter 9, Section 1.

propre dissolution auprès du RSSG[702]. Deuxièmement, le pouvoir exécutif (bicéphale) était incarné par une présidence et un gouvernement. Élu par l'Assemblée pour un mandat de trois ans, le Président du Kosovo représentait l'unité du peuple et garantissait l'indépendance du Kosovo et le fonctionnement démocratique des institutions provisoires d'administration autonome. En coordination avec le RSSG, il représentait à la fois le Kosovo et le CSNU[703]. Ibrahim Rugova fut élu Président du Kosovo suite aux élections libres du 4 mars 2002. Il mourut le 21 janvier 2006 et, le 10 mars suivant, Ceku devint premier ministre, promettant une indépendance rapide du Kosovo[704]. Composé d'un premier ministre et ses ministres, le Gouvernement exerçait l'autorité exécutive et mettait en œuvre les décisions de l'Assemblée. Il proposait, *proprio motu* ou à la demande de l'Assemblée, des projets de loi. Deux ministères, au moins, étaient réservés aux minorités représentées à l'Assemblée. Le premier ministre pouvait ne pas être député à l'Assemblée. Cependant, lui et ses ministres devaient être élus par l'Assemblée sur proposition du Président du Kosovo[705].

Troisièmement, le pouvoir judiciaire était constitué d'une cour suprême nationale, des cours de districts, des cours municipales et d'une cour de mineurs. Par ailleurs, un poste d'*Ombudsperson* a été institué. Conformément à la législation de la MINUK, le bureau du médiateur avait compétence pour recevoir et enquêter sur les plaintes, surveiller et prendre des mesures préventives, formuler et faire des recommandations sur des questions relatives aux droits humains. Le médiateur accordait une priorité particulière aux allégations concernant des cas particulièrement graves, aux allégations fondées sur la discrimination à l'égard des femmes, des communautés et leurs membres, *etc.*[706].

---

702 *Ibid.*, Chapitre 8, b).

703 *Ibid.*, Chapter 9, Section 2.

704 Elite, 46, *The Yugoslavia Wars (2) : Bosnia, Kosovo and Macedonia 1992-2001*, p. 51.

705 Règlement n° 2001/9 : A Constitutional Framework for Self-Government in Kosovo, Chapter 9, Section 3.

706 *Ibid.*, Chapter 10.

Finalement, le 2 février 2007, le médiateur de l'ONU, Martti Ahtisaari, fît une proposition globale pour le règlement du statut définitif du Kosovo. Cette proposition, appelée « Plan Ahtisaari » du nom de son auteur, tournait autour de deux axes majeures : désormais, la possibilité pour le Kosovo d'« adopter sa propre Constitution »[707], d'une part, et, surtout, sa capacité « et son droit de conclure des traités internationaux ainsi que son droit de devenir membre à part entière des organisations internationales »[708], d'autre part[709]. Pour ce faire, le Plan Ahtisaari a prévu une période de transition pendant laquelle la MINUK continuait d'exercer son mandat en consultation avec le Représentant civil international (RIC). Ce dernier, chargé de surveiller la mise en œuvre du règlement, recommandait à la MINUK les mesures à prendre pour assurer le respect des dispositions dudit règlement[710]. Le cadre constitutionnel de l'autonomie provisoire et d'autres lois applicables - avant 2007 au Kosovo – restèrent en vigueur jusqu'à la fin de la période de transition, sous réserve de leur compatibilité avec le Plan Ahtisaari[711]. Avant la fin de la transition, l'Assemblée du Kosovo devait approuver formellement et

---

[707] « Kosovo shall adopt a Constitution. The Constitution of Kosovo shall prescribe and guarantee the legal and institutional mechanisms necessary to ensure that Kosovo is governed by the highest democratic standards, and to promote the peaceful and prosperous existence of all its inhabitants. The Constitution shall include, but not be limited to, the principles and provisions contained in Annex I of this Settlement ». Voir le Plan Ahtisaari, art. 1, 1.3.

[708] « Kosovo shall have the right to negotiate and conclude international agreements and the right to seek membership in international organizations ». Voir le Plan Ahtisaari, art. 1, 1.5.

[709] Pour devenir un État, une entité indépendantiste ou sécessionniste doit avoir sa propre constitution, tout comme pour devenir membre d'une organisation internationale, l'adhérent doit avoir la personnalité juridique internationale réservée, en principe, aux États et aux organisations internationales. Or, le Plan Ahtisaari proposa au Kosovo d'adopter non seulement sa propre Constitution, mais aussi, de demander par la suite à devenir membre à part entière des organisations internationales, jusque-là réservé essentiellement aux États. Donc, l'ONU a favorisé et encouragé l'indépendance du Kosovo. Cependant, c'était probablement la meilleure solution de sortie de crise.

[710] Plan Ahtisaari, art. 14, a).

[711] Plan Ahtisaari, art. 14, b).

conformément au Plan Ahtisaari, la nouvelle Constitution[712]. *In fine*, le Kosovo déclara « unilatéralement » son indépendance le 17 février 2008 et promulgua, le 16 avril suivant, sa propre Constitution.

B. Le Statut constitutionnel du Kosovo après sa déclaration d'indépendance de 2008

Le 17 février 2008, les institutions provisoires d'administration autonome du Kosovo déclarèrent l'indépendance du Kosovo de la Serbie. Cet acte suscita de vives et diverses réactions de la part des membres de l'ONU, ce qui induisit l'AGNU à demander l'avis de la CIJ sur la conformité de cette déclaration d'indépendance par rapport au droit international[713]. La CIJ apprécia la déclaration en se fondant sur le contexte factuel de son adoption et sur la base des instruments juridiques pertinents : la résolution 1244 (1999), les règlements promulgués par la MINUK et le Plan Ahtisaari[714]. Au terme de son raisonnement, elle conclut que la déclaration d'indépendance n'a violé ni le droit international général, ni la résolution 1244 (1999) du CSNU, ni le cadre constitutionnel établi par le RSSG[715].

Cette question étant désormais tranchée, il ne restait plus qu'à finaliser le processus de mise en place des institutions constitutionnelles du Kosovo indépendant sous la supervision de la communauté internationale conformément au Plan Ahtisaari[716]. L'article 143 de la Constitution de 2008 disposait que la République du Kosovo devait se conformer aux obligations qui lui incombaient en vertu Plan Ahtisaari du 26 mars 2007. Le nouvel État prendra toutes les mesures nécessaires à leur mise en œuvre, surtout que les dispositions contenues dans le Plan Ahtisaari « emportent sur toutes les autres dispositions juridiques au Kosovo »[717]. En outre, le RCI, les organisations et acteurs internationaux prévus par le Plan Ahtisaari,

---

[712] Plan Ahtisaari, art. 14, c).

[713] *Conformité au droit international de la de déclaration unilatérale d'indépendance relative au Kosovo*, CIJ, avis consultatif du 22 juillet 2010, *Rec*. 2010, p. 8.

[714] CIJ, communiqué de presse n° 2010/25 du 22 juillet 2010.

[715] CIJ, communiqué de presse n° 2010/25 du 22 juillet 2010.

[716] Plan Ahtisaari, art. 1. 10.

[717] Constitution Kosovare de 2008, art. 143, point 2.

avaient le mandat et les pouvoirs énoncés dans le plan en question, y compris la capacité juridique et les privilèges et immunités qui y étaient énoncés[718]. Le Kosovo coopéra pleinement avec ces acteurs internationaux et donna effet à leurs décisions[719]. La Constitution précisait que le RCI était l'autorité suprême au Kosovo en ce qui concerne l'interprétation des aspects civils du Plan Ahtisaari. Aucune autorité Kosovare n'avait compétence pour réexaminer, réduire ou restreindre le mandat, les pouvoirs et les obligations contenues dans ce plan[720].

La surveillance des droits des minorités était dorénavant l'une des principales missions des OI. L'OSCE renforça, à cet effet, le programme qu'elle avait lancé en 1999[721]. Sur les 120 sièges du Parlement kosovar, 20 furent effectivement réservés aux minorités nationales : 10 aux Serbes et 10 aux autres minorités ethniques[722]. L'ordre civil fut rétabli et, contrairement à ce qui s'est passé en Bosnie-Herzégovine, les relations entre les responsables onusiens au Kosovo et l'OTAN ont été positives et coopératives. Les organismes humanitaires exercèrent leurs activités sur la plus grande partie tu territoire.

Il convient de noter que l'agence américaine pour le développement international a pu mettre en place 160 conseils d'amélioration communautaire afin de conseiller l'USAID sur les priorités de reconstruction[723]. Pendant ce temps, l'administrateur de l'ONU continuait (toujours) à déterminer la loi applicable au Kosovo en promulguant toute nouvelle législation qu'il jugeait nécessaire pour

---

[718] *Ibid.*, art. 146, point 1.

[719] *Ibid.*, point 2.

[720] *Ibid.*, art. 147.

[721] Eva Jovanova, « Redrawing the Borders Between Kosovo and Serbia : Nationalists' Fuel or a Rational Solution with the Promise of a European Future », *International Journal of Rule of Law, Transitional Justice and Human Rights*, 2018, Year 9, Vol. 9, pp. 111-119.

[722] Ibid.

[723] Senator Joseph R. Biden Jr, « Forword », *in* Philip E. Auerswald and David P. Auerswald (ed. by), *The Kosovo Conflit. A diplomatic History Through Documents*, Cambridge/The Hague, Kluwer Law International, 2000, p. xiii-xviii, p. xvii.

rétablir un système gouvernemental fonctionnel ainsi que pour la conduite des relations extérieures.

Cependant, la gouvernance de l'ONU était transitoire. Ses organes mandataires, chargés de la mise en place des autorités nationales kosovares, devaient progressivement déléguer leurs pouvoirs aux nouvelles institutions prévues par la Constitution de 2008. De plus, l'administration onusienne n'avait pas la vocation d'un nouveau souverain, elle devait plutôt agir dans l'intérêt du nouvel État territorial[724]. C'est pour cette raison qu'en 2012, le Gouvernement Kosovar proposa un ensemble de réformes constitutionnelles supprimant les dispositions constitutionnelles de 2008 plaçant le Kosovo sous tutelle ou occupation internationales[725]. Le 12 avril 2012, la Cour constitutionnelle kosovare valida ces amendements[726]. C'est

---

[724] C. Stahn, « The United Nations Transitional Administrations in Kosovo and East Timor : A First Analysis », *Max Planck Yearbook of United Nations Law*, vol. 5, 2001, pp. 105-183, p. 109.

[725] Case K038/12, *Assessment of the Government's Proposals for Amendments of the Constitution submitted by the President of the Assembly of the Republic*, 12 April 2012.

[726] Affaire K038/12, *Évaluation des propositions de modification de la Constitution présentées par le gouvernement au Président de l'Assemblée de la République*, 12 avril 2012. IV. Proposition d'amendement 4. Cet amendement proposait de supprimer l'article 143 de la Constitution correspondant à l'article 143 de la Proposition globale pour le règlement du Statut du Kosovo : « [...] 1. Toutes les autorités de la République du Kosovo respectent l'ensemble des obligations de la République du Kosovo au titre de la proposition globale de règlement portant statut du Kosovo du 26 mars 2007. Elles prennent toutes les mesures nécessaires à leur mise en œuvre. 2. Les dispositions de la Proposition globale de règlement portant Statut du Kosovo du 26 mars 2007 prévalent sur toutes les autres dispositions légales au Kosovo. 3. La Constitution, les lois et autres actes juridiques de la République du Kosovo sont interprétés conformément à la proposition globale de règlement portant statut du Kosovo du 26 mars 2007. En cas d'incompatibilité entre les dispositions de la présente Constitution, des lois ou autres actes juridiques de la République du Kosovo et les dispositions dudit Règlement, ces dernières prévalent ». La Cour constitutionnelle considéra que la suppression proposée de l'article 143 de la Constitution ne semble pas porter atteinte aux droits et libertés énoncés au chapitre II de la Constitution.

ainsi que se termina, juridiquement et théoriquement, la transition intérimaire fondée sur la résolution de paix constitutive 1244 du CSNU au Kosovo.

Toutefois, il faut reconnaître que plusieurs organismes internationaux accompagnent encore le Kosovo dans la modernisation de son ordre juridique interne en vue de mettre en place un État de droit idéal. Celui-ci, résultant souvent d'un processus de (re)construction progressive, est également un moyen de règlement et de prévention des conflits dans des territoires post-conflits.

En somme, le problème de la création des gouvernements post-conflits est très complexe. Selon Matthew Saul, le problème doit être apprécié d'un point de vue normatif et d'efficacité de la loi permettant la participation politique aux gouvernements intérimaires post-conflit[727]. Il souligne que la valeur d'un processus électoral dans une situation post-conflit est bien sûr douteuse, mais seule la participation populaire peut améliorer la légitimité de la reconstruction. Dans tous les cas, le droit international a une responsabilité majeure lorsque le système juridique national ne peut garantir une reconstruction fonctionnelle[728]. Le système juridique transitoire, établi au Kosovo, était issu d'une source juridique internationale, notamment des résolutions de paix constitutives.

Cela signifie que le système juridique et les institutions mises en place ne pouvaient être simplement évalués sur la base du droit interne traditionnel, parce que leur validité devait être jaugée à la lumière des règles supérieures particulières. La législation promulguée par l'ONU au Kosovo dérive des pouvoirs de l'ONU. Les représentants spéciaux ainsi que la MINUK étaient des organes subsidiaires de l'ONU. Ces administrateurs internationaux élaborèrent des règlements contenant des règles de base pour la gouvernance de ces territoires. Ces règles

[727] Z. Spindler, « Just War Theories from Jus ad Bellum to Jus post Bellum – Legal Historical and Legal Philosophical Perspectives », *Kazan University Law Review*, 2019, pp. 237-280, p. 261.

[728] Z. Spindler, « Just War Theories from Jus ad Bellum to Jus post Bellum – Legal Historical and Legal Philosophical Perspectives », *Kazan University Law Review*, 2019, pp. 237-280, p. 261.

ont été qualifiées par certains observateurs de règles constitutionnelles[729]. Premièrement et, sur le fond, ces règles affirmèrent que tous les pouvoirs, législatif, exécutif et judiciaire, étaient dévolus à la MINUK. Deuxièmement, elles prirent en compte les droits de l'homme. Troisièmement, elles établirent également une hiérarchie au sein de l'ordre juridique transitoire : normes supra-constitutionnelles, constitutionnelles et infra-constitutionnelles. La Charte de l'ONU était au sommet de cette hiérarchie des normes, puis la résolution 1244 (1999) du CSNU constituant la MINUK, et ainsi de suite[730]. Sur ce, peut-on donc parler d'État de droit transitoire ?

Section 2. Le *jus post bellum* comme État de droit transitoire

L'État de droit[731], fréquemment mentionné dans les accords et résolutions de paix[732], peut être perçu de deux manières. La conception réaliste et quantitative de l'État de droit évoque le droit en vigueur dans une société donnée. Dans ce cas, l'« État de droit » correspond à l'« état du droit », c'est-à-dire qu'autant d'ordres juridiques internes, autant d'États de droit nationaux. M. Forteau affirme que les OI appréhendent l'État de droit d'une manière

---

[729] M. Bothe, Th. Marauhn, « UN Administration of Kosovo and East Timor : Concept, Legality and Limitations of Security Council-Mandated Trusteeship Administration », *in* Christian Tomuschat (*ed. by*), *Kosovo and the international communauty. Legal assessment*, Hague, Kluwer Law international, 2002, pp. 217-242, pp. 228-229. Lire égal. A.-L. Chaumette, « Les administrations internationales de territoires au Kosovo et au Timor : expérimentation de la fabrication d'un État », *Jus Politicum*, n° 13 [http://juspoliticum.com/article/Les-administrations-internationales-de-territoires-au-Kosovo-et-au-Timor-experimentation-de-la-fabrication-d-un-Etat-905.html].

[730] *Ibid.*, pp. 228-229.

[731] J. Chevallier, « Les aspects idéologiques de l'État de droit », », *in* SFDI, Colloque de Bruxelles, *l'État de droit en droit international*, Paris, A. Pedone, 2009, pp. 69-80, p. 70.

[732] G. Niyungeko, « Accords de paix, résolutions de Conseil de sécurité et reconstruction des sociétés dans des situations post-conflictuelles : quelle place pour l'Etat de droit ? », *in* SFDI, Colloque de Bruxelles, *L'Etat de droit en droit international*, A. Pedone, pp. 403-430, p. 404 et s.

extensive en l'assimilant à l'ensemble de l'administration étatique. Ainsi, l'État de droit se perd dans l'État[733]. L'organe d'appel de l'OMC aussi soutient qu'au fond l'État de droit est synonyme d'État ou de communauté politique organisée[734].

La conception idéaliste et qualitative de l'État de droit, quant à elle, prend en compte le contenu *ratione materiae* d'un ordre juridique *uti singuli* (démocratie, droits humains, séparation des pouvoirs, *etc.*)[735].

Dans cette hypothèse, l'État de droit, *de lege ferenda*, est le droit conforme à une idéologie dominante et globalisante du droit[736].

Celle-ci, érigée en modèle, conduirait à long terme à une uniformisation, partielle ou intégrale, des normes étatiques[737]. Les

---

[733] M. Forteau, « Existe-il une définition et une conception univoque de l'État de droit dans la pratique des organisations régionales ou politiques ? », *in* SFDI, colloque de Bruxelles, l'Etat de droit en droit international, A. Pedone, 2009, pp. 263-286, p. 286.

[734] Affaire Canada – Mesures visant l'importation du lait et l'exportation des produit laitiers, WT/DS103/AB/R et WT/DDS113/AB/R, 13 octobre 1999, § 97, note 73

[735] Au niveau national, le respect des principes de légalité, de séparation des pouvoirs et d'égalité d'accès au système judiciaire est intrinsèquement lié à l'État de droit. Au niveau international, l'état de droit repose principalement sur le droit international. Voir P. Bodeau-Livinec, S. Villalpando, « Promotion de l'État de droit dans la pratique des Nations Unies », *in* SFDI, Colloque de Bruxelles, *l'État de droit en droit international*, Paris, Pedone, 2009, pp. 81-100, p. 95.

[736] En d'autres termes, il existe l'État de droit du type empirique et l'État de droit du type idéal : le premier n'opère pas un jugement de valeur ni une hiérarchie entre le droit des sociétés étatiques. Il s'agira d'étudier comme telles les données d'ordre juridique et socio-historique de chaque État. Par contre, l'État de droit du type idéal s'engage à la recherche d'un État idéal et le concept d'État de droit est l'un de ces types idéaux. Il place le droit des États sous l'empire d'un jugement de valeur fondé sur des critères d'évaluation.

[737] R. Tkatova, « Les particularités du développement de l'État de droit dans la communauté des États indépendants », *in* SFDI, colloque de

transitions post-conflits constituent une période charnière de cette politique internationale au service du constitutionnalisme global[738].

Cela étant, l'État défaillant est-il un État de droit ? Est-il vrai que quand les armes parlent le droit se tait : *inter armas, selent lege* ? Si État = Droit, alors État défaillant = Droit défaillant. Mais, la défaillance du droit interne fait-elle de l'État un espace de non droit ? Non. Il existe toujours un droit régissant l'État.

En temps de conflit armé, il est régi par le *jus in bello* et, en période de paix, par le *jus pacis*. De même, pendant la transition, l'État est régi par le *jus post bellum* se situant entre le droit de la guerre et celui de paix[739].

Pour G. Scelle, il existe, dans chaque société, un ensemble de principes normatifs et constitutifs sur lesquels cette société vit, sans l'observation desquels elle péricliterait. Cet ensemble normatif ne peut

---

Bruxelles, l'Etat de droit en droit international, A. Pedone, 2009, pp. 301-314, pp. 313-314.

[738] D'où l'exclusion, au Kosovo et au Timor oriental, de tous les textes (constitutionnels, législatifs et règlementaires) antérieurs non conformes aux standards internationaux, et la proclamation générale de l'applicabilité à ces territoires des principaux instruments internationaux relatifs aux droits de la personne et des minorités, la constitution de médias indépendants, l'instauration du multipartisme et l'économie de marché, réalisée entre autres par le biais de privatisations d'entreprises publiques, comme ce fut également le cas en Bosnie-Herzégovine. Voir Pierre Klein, « L'administration internationale de territoire : quelle place pour l'Etat de droit ? », in SFDI, Colloque de Bruxelles, *L'Etat de droit en droit international*, A. Pedone, pp. 385-402, p. 390.

[739] Le *jus post bellum* a émergé de la pratique contemporaine relative à la gestion des conflits armés par le biais *des administrations internationales de territoires* (Namibie, Timor-Oriental, Kosovo, etc.). Il régit les droits et obligations des parties après un conflit (interne, international, etc). Il vise à garantir la paix durable et juste dans les États en (re)construction. Dans cette optique, il est constitué d'un ensemble de règles hétérogènes applicables en matière de réparation des dommages, de répression des crimes, d'exercice du pouvoir et du maintien de la paix pendant la transition. Voir J. D'Aspremont, J. De Hemptinne, *Droit international humanitaire*, Paris, A. Pedone, 2012, p. 18.

pas ne pas exister[740]. Sans oublier que le *jus cosmopoliticum* (*jus gentium*) surplombe toutes les périodes et s'applique à tous les peuples, y compris ceux en transition. Toutefois, il faut reconnaître que l'État de droit, en tant qu'idéal et sécurité juridiques, est difficile à atteindre en période de crise. Yves Sandoz a raison de mentionner que « les conflits armés sont [...] à l'évidence une blessure infligée à l'état de droit »[741].

Cette blessure est traitée en période de transition *via* des accords et résolutions paix, en vue d'éviter la mort de l'État de droit. Le *jus post bellum*, malgré les controverses, est le droit des administrations de paix, synonyme d'un État de droit transitoire (**§ 1**). Il est souvent garanti par des mécanismes de contrôle, car il ne suffit pas de respecter des règles, encore faut-il que ces règles soient conformes aux impératifs de justice[742] (**§ 2**).

§ 1. Le *jus post bellum* comme *corpus juris speciali* transitoire

Le droit international a longtemps été perçu de manière binaire : le droit de la paix (*jus pacis*) et le droit de la guerre (*jus in bello*)[743]. En 1943, Georges Schwarzenberger dénonça cela et, en 1954, Philip Jessup demanda de rompre avec cette approche dichotomique du droit international, en reconnaissant l'existence d'un troisième statut intermédiaire entre la paix et la guerre[744]. Ce troisième *corpus juris*

---

[740] G. Scelle, « Règles générales du droit de la paix », *RCADI*, vol. 036, 1933, p. 421 et s.

[741] Y. Sandoz, « Les situation de conflits armés ou d'occupation : quelle place pour l'État de droit ? », *in* SFDI, Colloque de Bruxelles, *L'État de droit en droit international*, Paris, A. Pedone, 2009, pp. 361-383, p. 361.

[742] O. Corten, « Rapport général. L'Etat de droit en droit international : quelle valeur juridique ajoutée ? », *in* SFDI, colloque de Bruxelles, *L'Etat de droit en droit international*, A. Pedone, 2009, pp. 11-40, p. 14.

[743] Sylvia Maus, « Jus Post Bellum a la United Nations: Human Rights, UN Peace Operations, and the Creation of International Law », Wisconsin International Law Journal, 2014, pp. 675-698, p. 675.

[744] Roxana Vatanparast, « Waging Peace. Ambiguities, Contradictions, and Problems of a Jus Post Bellum Legal Framework », in Carsten Stahn, Jennifer S. Easterday, and Jens Iverson (ed), Jus Post Bellum.

avait été pressenti par Kant : « Le droit des nations, en matière de guerre, peut comporter trois phases : le droit d'aller à la guerre, le droit pendant la guerre et le *droit juste après la guerre* dont l'objet est de contraindre les nations à passer de l'état de guerre à l'état de paix perpétuelle fondé sur une Constitution commune »[745]. Des universitaires prônent encore ce « *jus post bellum* »[746] intégrant la *lex pacificatoria*[747]. Ils proposent une nouvelle branche du droit prenant la forme d'un droit de la transition de la guerre à la paix[748]. Selon eux, la période *post bellum* est une période « de reconstruction et de rétablissement de l'État de droit »[749] afin d'avoir « une société minimalement juste »[750]. Pour ce faire, le *jus post bellum*, englobant l'ordre public, établit deux principes essentiels pour l'ordre social : l'État de droit et la sécurité physico-économique. L'État de droit consiste à définir les règles applicables, à respecter des normes

---

Mapping the Normative Foundations, Oxford University Press, 2014, pp. 142-160, p. 145.

745 E. Kant, *The Philosophy of Law: An Exposition of the Fundamental Principles of Jurisprudence as the Science of Right* (W. Hastie tr. 1887) 214. Voir aussi *Eric De Brabandere, «* The Concept of *Jus Post Bellum* in International Law. A Normative Critique », *in* Carsten Stahn, Jennifer S. Easterday, and Jens Iverson (ed), *Jus Post Bellum. Mapping the Normative Foundations*, Oxford University Press, 2014, pp. 123-141, p. 129.

746 Roxana Vatanparast, « Waging Peace. Ambiguities, Contradictions, and Problems of a Jus Post Bellum Legal Framework », *in* Carsten Stahn, Jennifer S. Easterday, and Jens Iverson (*ed by*), *Jus Post Bellum. Mapping the Normative Foundations*, Oxford University Press, 2014, pp. 142-160, p. 158.

747 Christine Bell, « Of *Jus Post Bellum* and *Lex Pacificatoria.* What's in a Name? », *in* Carsten Stahn, Jennifer S. Easterday, and Jens Iverson (*ed by*), *Jus Post Bellum. Mapping the Normative Foundations*, Oxford University Press, 2014, pp. 181-206, p. 193.

748 Gregory Lewkowicz, « jus post bellum: vieille antienne ou nouvelle branche du droit: sur le mythe de l'origine vénérable du *just post bellum* », *Revue belge de droit International / Belgian Review of International Law*, 2011, pp. 11-25, p. 24.

749 Merryl Lawry-White, « International Investment Arbitration in a Jus Post Bellum Framework », *the Journal of World Investment & Trade*, 2015, pp. 633-665, p. 636.

750 Brian Orend, « Jus Post Bellum : The Perspective of a Just-War Theorist », *Leiden Journal of international Law,* 2007, pp. 571-591, p. 548.

minimales des droits de l'homme et à créer des institutions et/ou mécanismes de contrôle. Pour assurer la sécurité des citoyens d'un territoire en transition, les principales préoccupations sont la police, le système pénal, l'ordre public, la stabilité et le développement économiques[751].

Le *jus post bellum* s'applique à toute une gamme de contextes post-conflits très différents[752]. Les nombreuses normes disparates qui le nourrissent nécessitent une approche globale et coordonnée[753]. Mais les controverses au sujet du concept empêchent la consécration d'un troisième *corpus juris* propre aux transitions post-conflits (**A**) en dépit de la réalité dans les territoires en transition (**B**).

A. *Le jus post bellum*, un droit transitoire controversé

Les éléments rudimentaires du *jus post bellum* peuvent être retracés à travers la théorie classique de la guerre juste, les traditions religieuses et les débuts séculaires du droit international. Le monde contemporain aussi a été témoin de la création d'institutions *ad hoc* pour traiter des conflits et des injustices du passé dans l'intérêt de la consolidation de la paix pour l'avenir[754]. *Stricto sensu*, le *jus post bellum* désigne le droit après un conflit armé. *Lato sensu*, il intègre le droit après une crise politique violente, d'autant plus que la conquête et le partage du pouvoir sont souvent la principale cause de nombreux conflits armés non internationaux (CANI). La discussion contemporaine sur le terme « *jus post bellum* » émergea de deux disciplines. Les philosophes, principalement nord-américains, soulevèrent des questions sur l'intervention militaire des États-Unis en

---

[751] L. Lyra Jubilut, « Towards a New Jus Post Bellum: The United Nations Peacebuilding Commission and the Improvement of Post-Conflict Efforts and Accountability », *Minnesota Journal of International Law,* 2011, pp. 25-64, p. 57.

[752] Ch. Bell, « Of *Jus Post Bellum* and *Lex Pacificatoria*. What's in a Name? », *in* C. Stahn, J. S. Easterday, J. Iverson (*ed.*), *Jus Post Bellum. Mapping the Normative Foundations*, Oxford University Press, 2014, pp. 181-206, p. 181.

[753] V. Chetail, « Introduction » *in* Vincent Chetail (*ed. by*), *Post-Conflict Peacebuilding: A Lexicon,* Oxford University Press, 2009.

[754] S. J. Barela, Alexis Keller, « Justice, Peace and *Ju spost bellum* », *Amsterdam Law Forum,* vol. 7 :1, 2015, pp. 98-107, p. 98.

Afghanistan et en Irak, en se demandant comment la théorie de la guerre juste pourrait s'appliquer après une intervention internationale[755]. Il existe presque autant de conceptions du *jus post bellum* que de chercheurs. Il est tantôt considéré comme un moyen de mettre fin à une guerre, tantôt comme une justice d'après-guerre ; il est également associé au droit de la consolidation de la paix, au droit des transitions constitutionnelles ou à celui des occupations transformatrices[756]. Toutes ces divergences oscillent entre les approches moraliste (**1**), intégrative (**2**) et autonomiste (**3**).

1. La conception moraliste du *jus post bellum*

Larry May soutient que le *jus post bellum* comporte des considérations juridico-morales relatives aux situations post-conflits. Il perçoit le *jus post bellum* comme une *lex ferenda* : même si ses principes ne sont pas codifiés dans la loi, il peut encore être obligatoire d'un point de vue moral. Quant à Mark Evans, il soutient que le *jus post bellum* est le compte rendu de ce que la justice permet et/ou exige après la guerre. Il distingue deux traitements connexes de cette définition : un traitement « légal » et un traitement « moral »[757]. Par contre, les normes morales, à l'exception de quelques-unes, ne comportent qu'une sanction interne (le remords ou la réprobation sociale), alors que les normes juridiques instituent une sanction externe impliquant en particulier la contrainte physique[758]. Le caractère de la règle de droit, le plus fréquemment invoqué est l'existence d'une sanction spécifique, à la différence des normes morales, la norme juridique serait garantie par une sanction externe et institutionnalisée[759]. Les principes tels que le rétablissement de l'ordre

---

[755] Ch. Bell, « Of *Jus Post Bellum* and *Lex Pacificatoria*. What's in a Name? », *in* Carsten Stahn, Jennifer S. Easterday, and Jens Iverson (ed), Jus Post Bellum. Mapping the Normative Foundations, Oxford University Press, 2014, pp. 181-206, p. 181.

[756] J. S. Easterday, Jens Iverson, and Carsten Stahn, « Exploring the Normative Foundations of *Jus Post Bellum*: An Introduction », *in* Carsten Stahn, Jennifer S. Easterday, and Jens Iverson (ed), *Jus Post Bellum. Mapping the Normative Foundations*, Oxford University Press, 2014, p. 3.

[757] *Ibid.*, p. 4.

[758] M. Troper, *La philosophie du droit*, Paris, PUF, 2018p. 69.

[759] *Ibid.*, p. 70.

public, la restauration de la souveraineté, la reconstruction de l'économie et de la paix durable, la réparation et la sanction des crimes, *etc.* mis en avant dans le cadre du *jus post bellum* vont au-delà de la morale[760].

2. La conception intégrative : le *jus post bellum* comme droit de la guerre

Le *jus post bellum* se rapporte au droit de la guerre intégrant le droit de l'occupation post-conflit. En effet, « un territoire est considéré comme occupé lorsqu'il se trouve placé de fait sous l'autorité de l'armée ennemie. L'occupation ne s'étend qu'aux territoires où cette autorité est établie et en mesure de s'exercer »[761]. L'autorité du pouvoir légal étant passée de fait entre les mains de l'occupant, celui-ci prendra toutes les mesures qui dépendent de lui en vue de rétablir et d'assurer, autant qu'il est possible, l'ordre et la vie publics en respectant, sauf empêchement absolu, les lois en vigueur dans le pays[762]. Le *jus post bellum*, droit des administrations de paix post-conflits, joue pratiquement le même rôle qu'une puissance occupante.[763] La différence fondamentale entre l'occupation et l'administration de paix réside dans leurs fondements : la première s'installe dans le territoire occupé par la force, alors que la seconde s'y installe en vertu d'un texte juridique (accord ou résolution de paix) fixant son mandat. Le *jus post bellum*, contrairement à l'occupation, n'a pas une définition universelle[764], parce qu'il fait l'objet d'une profonde objection. Le terme *jus post bellum* se situe dans le cadre des lois de la guerre, c'est-à-dire qu'il tire son nom de la division bipartite du droit de la guerre : *jus ad bellum* et le *jus in bello*. Ce faisant, il soulève la question de

---

[760] I. Osterdahl and Esther van Zadelt, « What Will *Jus Post Bellum* Mean? Of New Wine and Old Bottles », *Journal of Conflict & Security Law*, vol. 14, n°. 2, 2009, pp. 175-207, p. 181.

[761] Convention de la Haye de 1907 concernant les lois et coutumes de la guerre sur terre, art. 42.

[762] *Ibid.*, art. 43.

[763] La puissance administrante, avec le concours des autorités nationales et locales, assure le bon fonctionnement des systèmes sanitaires, religieux, éducatifs, sécuritaires, *etc.* Voir Convention IV de Genève, section III.

[764] https://doi.org/10.30729/2541-8823-2019-4-4-237-280.

savoir comment cette période intérimaire entre la guerre et la paix s'inscrit dans la division plus large en deux parties du droit international, à savoir le droit de la guerre et le droit de la paix ? Grotius divise le droit international en lois de la guerre et en lois de la paix, la loi de la paix étant en grande partie tout ce qui n'est pas la loi de la guerre (la réglementation des relations non conflictuelles entre les États)[765] : soit la paix règne ou les États sont en guerre, *tertium non datur*[766].

Il existe un désaccord entre les juristes et les théoriciens de la morale sur la question de savoir si les règles du *jus ad bellum* et celles du *jus in bello* comprennent déjà les règles de *jus post bellum* ou non. Certains juristes estiment qu'un nouveau concept n'est tout simplement pas nécessaire car le droit existant applicable à la phase post-conflit suffit[767]. Selon eux, les règles nécessaires pour le rétablissement de la paix dans une phase post-conflit sont déjà incorporées dans d'autres catégories de lois[768]. Ils font généralement allusion à la Convention de la Haye de 1907 concernant les lois et coutumes de la guerre sur terre et à la Convention IV de Genève. Brian Orend, par exemple, affirme que le *jus post bellum* est le corollaire naturel du *jus ad bellum* et du *jus in bello*[769]. D'autres auteurs, pensent que la conceptualisation du *jus post bellum* risque de brouiller la *summa divisio jus ad bellum - jus in bello*, et donc de réintroduire, par des moyens détournés, des éléments de la « guerre juste » dans le droit international contemporain.

---

765 *Ibid.*, p. 194.

766 P. Hilpold, « Jus PostBellum and the Responsibility to Rebuild. Identifying the Contours of an Ever More Important Aspect of R2P », *Journal of International Humanitarian Legal Studies* 6 (2015), pp. 284-305, p. 285.

767 I. Osterdahl and E. van Zadelt, « What Will *Jus Post Bellum* Mean? Of New Wine and Old Bottles », *Journal of Conflict & Security Law*, vol. 14, n°. 2, 2009, pp. 175-207, p. 177.

768 I. Osterdahl and E. van Zadelt, « What Will *Jus Post Bellum* Mean? Of New Wine and Old Bottles », *Journal of Conflict & Security Law*, vol. 14, n°. 2, 2009, pp. 175-207, p. 177.

769 J. S. Easterday, J. Iverson, C. Stahn, « Exploring the Normative Foundations of *Jus Post Bellum*: An Introduction », in Carsten Stahn, Jennifer S. Easterday, and Jens Iverson (ed), *Jus Post Bellum. Mapping the Normative Foundations*, Oxford University Press, 2014, p. 1.

De plus, à l'heure actuelle, le *jus post bellum* ne semble rien ajouter de nouveau aux obligations, rôles et responsabilités existants des acteurs dans les situations d'après-conflit.

En effet, les différents exercices consistant à établir le contenu du *jus post bellum*, montrent clairement non seulement le désaccord sur le fond du *jus post bellum*, mais aussi l'ambiguïté et l'inefficacité de l'ensemble du concept. Il existe une autre allégation selon laquelle l'évolution des opérations de maintien et de consolidation de la paix a créé un « vide juridique » puisqu'il n'existe aucun cadre juridique adéquat pour gérer de telles opérations[770].

Le jus *post bellum* est évidemment en rapport avec la guerre qui comporte trois phases[771], il serait une troisième division, qui compléterait les deux premiers *corpus* du droit de la guerre, réglementant le terrain après le conflit. Les règles juridiques déterminant les personnes autorisées à faire la guerre correspondent au *jus ad bellum* ; celles en rapport avec la conduite des hostilités actives relèvent du *jus in bello* et les règles en rapport avec le retour à la paix désignent le *jus post bellum*. Christine Bell se demande si le régime du *jus post bellum*, opérant dans différents types de conflits, est possible et souhaitable[772]. Si oui, peut-on affirmer que le *jus post bellum* correspond au développement actuel du droit international des conflits et de la paix?

---

[770] *Eric De Brabandere, «* The Concept of *Jus Post Bellum* in International Law. A Normative Critique », *in* C. Stahn, J. S. Easterday, J. Iverson (*ed*), *Jus Post Bellum. Mapping the Normative Foundations*, Oxford University Press, 2014, pp. 123-141, p. 124.

[771] B. Orend, « Preface », *in* C. Stahn, J. S. Easterday, J. Iverson (*ed*), *Jus Post Bellum. Mapping the Normative Foundations*, Oxford University Press, 2014, p. VIII.

[772] J. S. Easterday, J. Iverson, Carsten Stahn, « Exploring the Normative Foundations of *Jus Post Bellum*: An Introduction », *in* C. Stahn, J. S. Easterday, Jens Iverson (*ed by*), *Jus Post Bellum. Mapping the Normative Foundations*, Oxford University Press, 2014, p. 7.

3. La conception autonomiste du *jus post bellum*

Selon une troisième conception, la fin du conflit armé est le point de départ de l'applicabilité de la justice transitionnelle et du *jus post bellum*[773]. Les transitions du conflit à la paix sont régies par un conglomérat de règles et de principes issus de différents domaines du droit[774]. Il n'y a pas de cadre organisationnel pour ces transitions, ce qui fait qu'il est difficile de déterminer quelles règles s'appliquent aux acteurs nationaux et internationaux, surtout que les ordres juridiques nationaux et internationaux convergent souvent dans les processus de transition. Les actes des acteurs internationaux peuvent directement relever du système juridique national, tandis que les actes des autorités nationales peuvent être soumis à un contrôle international accru[775]. C'est ce qui conduit des juristes internationalistes à proposer le *jus post bellum* en tant que projet juridique qui tente de définir et d'articuler une meilleure réglementation juridique internationale des paysages post-conflit. Une approche holistique est adoptée, notamment par Carsten Stahn et l'École de Leyde dont l'ambition est d'évoluer vers un régime juridique du *jus post bellum* qui constituerait une troisième dimension du *jus ad bello* et du *jus in bellum* actuels, de manière à réglementer la gestion des sociétés post-conflit[776].

Pris comme concept juridique, le *jus post bellum*, selon James Gallen, pourrait mieux fonctionner comme un cadre d'interprétation fondé sur le principe d'intégrité de Dworkin. Ce dernier suggère de l'utiliser pour interpréter et évaluer les actions et les décisions politiques des acteurs des sociétés en transition afin de déterminer dans quelle mesure elles contribuent à restaurer la confiance civique et l'État de droit. J. Gallen postule que la tâche du *jus post bellum* en tant que *principe d'intégrité* est de décrire la politique, la théorie et le droit internationaux existants et appliqués à des transitions post-conflits en

---

773 *Ibid.*, p. 238.

774 C. Stahn, « Jus Post Bellum: Mapping the Discipline(s) », *American University International Law Review,* 2008, pp. 311-347, p. 322.

775 *Ibid.*, p. 327.

776 J. S. Easterday, Jens Iverson, C. Stahn, « Exploring the Normative Foundations of *Jus Post Bellum*: An Introduction », *in* C. Stahn, J. S. Easterday, and Jens Iverson (*ed.*), *Jus Post Bellum. Mapping the Normative Foundations*, Oxford University Press, 2014, p. 3.

vue de justifier, d'une manière unifiée ou cohérente, cette pratique par référence à ses objectifs.

Cette approche dynamique du *jus post bellum* permettrait de promouvoir des réponses cohérentes et de mettre l'accent sur la relation de soutien mutuel entre les différents cadres qui s'appliquent dans les situations post-conflits, tels que la justice transitionnelle, la consolidation de la paix, la réforme du secteur sécuritaire et le développement.

Jennifer Easterday présente un autre point de vue (en adoptant une approche « inter-publique » du *jus post bellum*) qui considère que le *jus post bellum* comprend non seulement les lois et les normes issues d'ensembles établis par le droit international, mais aussi les pratiques normatives en développement des acteurs et organisations non gouvernementaux. Outre ces domaines du droit utilisés pendant la transition du conflit à la paix, Easterday considère également le *jus post bellum* d'un point de vue fonctionnel, arguant qu'il crée des lieux précieux de coordination dans des situations post-conflits. Elle soutient une vision holistique du *jus post bellum* comblant les lacunes actuelles du droit et de la pratique de la consolidation de la paix après les conflits[777]. En ce sens, le *jus post bellum* est perçu non seulement comme un concept holistique qui fournit un cadre normatif et interprétatif pour les transitions vers la paix, mais aussi comme un facteur de coordination. Selon elle, les accords de paix en particulier et la *lex pacificatoria* en général peuvent éclairer le paradigme du *jus post bellum*[778].

Jens Iverson va plus loin en soutenant que le *jus post bellum* est un système ou un ensemble de lois. Plusieurs autres auteurs adoptent une approche similaire et analysent le *jus post bellum* comme l'ensemble des principes et normes juridiques applicables pendant la transition du conflit à la paix[779]. Pour Iverson, la justice transitionnelle peut être utile à l'étude du *jus post bellum*, car elle permettrait aux

---

[777] *Ibid*, p. 5.
[778] *Ibid.*, p. 9.
[779] *Ibid.*, p. 4.

praticiens de la justice transitionnelle de recentrer leurs activités[780]. Bien qu'il fasse partie du cadre structurel couvrant la troisième phase temporelle, le *jus post bellum* demeure la branche du droit de la guerre et de la paix la moins développée dans la pensée juridique. Larry May offre une première tentative de prise en compte des principes philosophiques modernes d'organisation de la paix après un conflit. Il propose six éléments entrant dans le champ *ratione materiae* du *jus post bellum* : la reconstruction, le châtiment, la « réconciliation »[781], la restitution, la réparation et la proportionnalité[782].

Il est utile de qualifier la nouvelle catégorie de droit applicable dans la phase *post*-conflit de *jus post bellum*. Ainsi, celui-ci sera au centre de l'attention de la communauté internationale et complétera le droit international des conflits armés en établissant un cadre juridique pour la phase post-conflit. Les controverses entre les juristes et les théoriciens de la morale sont aplanies par le désir de tous d'appliquer et/ou d'introduire un *corpus* de droit viable pour aider les sociétés à sortir d'une crise, plutôt que de les laisser dans le chaos et l'incertitude juridique. Le débat juridique contemporain exprime clairement cette volonté de se concentrer sur l'aspect humain et, par conséquent, la

[780] *Ibid.*, p. 6.

[781] Quant à la réconciliation, elle représente « la voie à suivre dans nos sociétés pour trouver la solution à nos différends, mettre un terme à nos divergences en vue de restaurer la paix. Elle impose à l'homme d'être tolérant, non violent et de lutter contre tout extrémisme », selon le Manuscrit Tadhkitrat al-Ghafilin (Tombouctou). Au Mali, les mécanismes de réconciliation ne sont ni simplement judiciaires, ni même simplement juridiques. Ils échappent souvent au droit écrit et s'inscrivent dans une quête pragmatique de l'entente cordiale. *« La réconciliation est un moyen de dénouement des crises et des divergences (...) et une voie adoptée pour restaurer la paix, la concorde et la quiétude entre les belligérants. Cette réconciliation sera infructueuse tant que les parties concernées ne se dotent pas de tolérance et de souplesse ».* Manuscrit Tadhkitrat al-Ghafilin (Tombouctou)

[782] *Larry May, « Jus Post Bellum*, Grotius, and *Meionexia », in* Carsten Stahn, Jennifer S. Easterday, and Jens Iverson (*ed by*), *Jus Post Bellum. Mapping the Normative Foundations*, Oxford University Press, 2014, p. 15.

discussion sur le *jus post bellum* doit être prise au sérieux[783]. Dieter Fleck résume la valeur du *jus post bellum* comme un outil-clé pour parvenir à une paix durable avec des réglementations normatives. Bien qu'il souligne les caractéristiques temporaires du *jus post bellum*, et en conséquence, il décrit le *jus post bellum* comme une discipline spéciale, distincte des autres branches du droit international. M. Fleck ajoute que les règles typiques du *jus post bellum* sont : l'aide à la création d'un nouvel ordre constitutionnel, une application robuste de la loi après un conflit et l'organisation d'une administration territoriale internationale[784].

Une autre alternative à l'absence d'un *jus post bellum* unifié consiste à agir conformément à l'accord de paix en place dans l'État. Pour que cet accord de paix soit une alternative viable, il doit stipuler toutes les règles que l'État et les éventuelles forces d'intervention doivent respecter pour obtenir une situation de paix juste et durable. Cela implique de créer des obligations précises qui servent à la fois les engagements de cessez-le-feu à court terme et les objectifs de transformation du conflit à long terme et qui facilitent la transition entre les deux. Une façon de faire accepter un tel accord de paix est de le situer dans le domaine juridique national en tant que constitution[785]. Un examen empirique de quelques accords et résolutions de paix distillerait les normes et principes fondamentaux importants pour le *jus post bellum*[786].

B. Le *jus post bellum*, droit des États en transition

La situation de crise semble se caractériser par l'absence de normes adéquates ou par le non-respect des normes existantes, entraînant une rupture de l'équilibre social, liée à des facteurs internes ou externes. Ainsi, elle porte atteinte à l'État de droit dans son

---

[783] I. Osterdahl, E. van Zadelt, « What Will *Jus Post Bellum* Mean - Of New Wine and Old Bottles », *Journal of Conflict & Security Law*, vol. 14, n°. 2, 2009, pp. 175-207, p. 177.

[784] Z. Spindler, « Just War Theories from Jus ad Bellum to Jus post Bellum – Legal Historical and Legal Philosophycal Perspectives », *Kazan University Law Review*, 2019, pp. 237-280, p. 257.

[785] I. Osterdahl, E. van Zadelt, *op. cit.*, p. 207.

[786] J. S. Easterday, J. Iverson, C. Stahn, *op. cit.*, p. 9.

acception globale[787]. *A contrario*, cela ne signifie nullement qu'aucune règle juridique ne trouve à s'y appliquer. Les accords de paix modernes contiennent régulièrement de nombreuses dispositions sur l'organisation de l'autorité publique, le gouvernement de transition, les mécanismes de réclamation, les clauses relatives aux droits de l'homme, à la démobilisation, au désarmement et à la réintégration, ainsi que des dispositions sur la responsabilité individuelle[788]. Nous avons essayé de démontrer, au début de cette section, la synonymie entre l'État de droit et l'ordre juridique interne. Or, ce dernier découle de la Constitution. Donc, *l'État de droit de crise est l'ensemble des instruments juridiques de crise se substituant (partiellement ou intégralement) momentanément à l'ordre constitutionnel de l'État ruiné par un conflit armé ou politique*. Les exemples, respectivement, du Rwanda (**1**), de la RDC (**2**) et du Burundi (**3**) méritent d'être étudiés à cet effet[789].

1. L'État de droit de crise au Rwanda

Les politiques coloniales respectivement allemande puis belge - consistant à diviser les ethnies pour mieux régner (*dividere ut imperare*) – furent la principale cause lointaine du conflit rwandais[790]. Minoritaires et serviteurs de l'administration coloniale, les Tutsis, écartés du pouvoir à l'indépendance par la révolution des Hutus (ethnie majoritaire), se réfugièrent en Ouganda, où ils créèrent le Front patriotique rwandais (FPR) dans les années 1980. Cependant, c'est

---

[787] G. Niyungeko, « Accords de paix, résolutions de Conseil de sécurité et reconstruction des sociétés dans des situations post-conflictuelles : quelle place pour l'Etat de droit ? », *in* SFDI, Colloque de Bruxelles, *L'Etat de droit en droit international*, A. Pedone, pp. 403-430, p. 433.

[788] C. Stahn, « *Jus Post Bellum* : Mapping the Discipline(s) », *American University International Law Review*, 2008, 23(2), pp. 311-348, p. 324.

[789] Voir G. Niyungeko, « Accords de paix, résolutions de Conseil de sécurité et reconstruction des sociétés dans des situations post-conflictuelles…, *op. cit.*, pp. 403-430.

[790] Ramesh Thakur, « Chapitre 6. Rwanda, Kosovo, and the International Commission on Intervention and State Sovereignty », *in* Alex J. Bellamy and Tim Dunne (*ed. by*), *The Oxford Handbook of Responsibility to Protect*, Oxford University Press, 2016, pp. 94-113, p. 98.

seulement en 1990 que la guerre civile commença *in concreto*[791]. Le CSNU ne s'est véritablement saisi de la situation qu'en 1993, à la suite de la reprise des pourparlers d'Arusha entre le Gouvernement rwandais et le FPR. Le 12 mars 1993, le Conseil invita le SGNU à étudier, en collaboration avec l'OUA, la possibilité d'établir une force internationale, chargée de la protection et de l'assistance humanitaire de la population et du contrôle de l'application du cessez-le-feu[792]. Puis, en 1993, il créa la Mission d'observation des Nations Unies Ouganda-Rwanda chargée, du côté ougandais de la frontière avec le Rwanda, de contrarier toute assistance militaire au FPR, et appela, à cette occasion, le Gouvernement rwandais et les rebelles à conclure un Accord de paix global[793]. Celui-ci fut, *in fine*, signé à Arusha (en Tanzanie) le 4 août 1993 par les antagonistes. Cet accord de partage du pouvoir prévit les bases institutionnelles de transition et annexa, à cet effet, plusieurs autres protocoles de paix dont celui portant spécifiquement sur l'État de droit[794].

Signé à Arusha le 18 août 1992, ce protocole de paix considère que l'État de droit signifie que personne, y compris les autorités étatiques, ne peut se placer au-dessus de la loi et que celle-ci doit respecter et garantir les droits des citoyens. L'État de droit ne se résume pas à la seule légalité de forme assurant la régularité et la consistance dans l'établissement et la sauvegarde de l'ordre démocratique, il est fondamentalement caractérisé par une justice reposant sur la reconnaissance et l'acceptation entière de la valeur ultime de la personne humaine, garantie par des institutions chargées de tracer un cadre permettant son plein exercice. L'État de droit,

---

[791] Sur la crise rwandaise, lire Jean-Denis Mouton, « La crise rwandaise de 1994 et les Nations Unies », *AFDI*, vol. 40, 1994. pp. 214-242.

[792] S/RES/812 du 12 mars 1993, point 2.

[793] S/RES/846 du 22 juin 1993.

[794] L'attentat contre le Président de la République, Juvénal Habyarimana, le 6 avril 1994, signa le début du génocide de 1994. Après sa victoire contre le gouvernement génocidaire, le Major Paul Kagamé du FPR fut désormais considéré comme l'homme fort du pays. Son arrivée au pouvoir – d'abord vice-Président pendant la transition, puis Président de la République en 2000 – contraint les génocidaires hutus à émigrer dans le Nord-Kivu, en RDC qui devient ainsi le théâtre d'un conflit d'intérêt à coloration ethnique.

constituant une manifestation concrète de la démocratie, s'articule autour de l'unité nationale, de la démocratie, du pluralisme et du respect des droits humains[795].

La guerre civile rwandaise a non seulement causé le génocide des tutsis en 1994, mais aussi, elle a contraint certains génocidaires hutus à se réfugier dans le Nord-Kivu (en RDC) qui était ainsi devenu le théâtre d'un autre conflit armé. Le règlement de cette guerre civile congolaise aussi passera par l'adoption de l'Accord de paix global de Pretoria.

2. L'État de droit de crise en RDC

De 1998 à 2002, la RDC fut le théâtre de la grande guerre africaine, impliquant plusieurs États y compris ceux de la Région des Grands Lacs. En effet, les différents groupes armés qui participèrent à l'offensive contre Mobutu, apportèrent leur soutien à Laurent Désiré Kabila, désormais en conflit avec ses anciens alliés, notamment le Rwanda et l'Ouganda[796]. Le CSNU appela à un cessez-le-feu et au retrait des forces étrangères, et exhorta les États à ne pas interférer dans les affaires intérieures du pays[797]. Suite à la signature de l'Accord de Lusaka en Juillet 1999 entre la RDC et cinq États de la région (Angola, Namibie, Rwanda, Ouganda et Zimbabwe), le Conseil créa la Mission des Nations Unies en République Démocratique du Congo (MONUC)[798], chargée de surveiller le respect de l'accord de cessez-le-feu.

Théoriquement résolus à mettre fin au conflit armé et à édifier un État de droit durable, fondé sur le pluralisme politique, la séparation des pouvoirs entre l'exécutif, le législatif et le judiciaire, la participation des citoyens à l'exercice du pouvoir, le contrôle des gouvernants par les gouvernés, la transparence dans la gestion des affaires publiques, la subordination de l'autorité militaire à l'autorité civile, la protection des personnes et de leurs biens, le plein

---

795 Préambule du Protocole d'Accord signé à Arusha le 18 août 1992.

796 Mehdi Belaid, « Les mobilisations armées à l'Est de la République démocratique du Congo : dynamiques sociales d'une pratique ordinaire », *Critique internationale* 2019/1 n° 81, pp. 31-49.

797 https://monuc.unmissions.org/historique

798 S/RES/1279 du 30 Novembre 1999.

épanouissement tant spirituel que moral de chaque citoyen congolais, ainsi que le développement harmonieux de la communauté nationale, les délégués des composantes et entités au dialogue inter congolais signèrent en 2002, sous l'égide de la communauté internationale, l'Accord de paix global de Pretoria[799]. Entériné et adopté en 2003 à Sun City, celui-ci dispose que « La Constitution de la transition est élaborée sur la base du présent Accord inclusif sur la transition en RDC et en fait partie intégrante »[800].

L'accord institua un exécutif et un parlement (composé d'une Assemblée nationale et d'un Sénat) de transition ainsi qu'un pouvoir judiciaire constitué notamment des cours et tribunaux déjà existants[801]. L'accord de paix global et inclusif et la Constitution de la transition étaient la seule source du pouvoir pendant la transition en RDC[802].

Durant la période de transition, tous les pouvoirs furent établis et exercés conformément à l'accord global et inclusif de Pretoria et à la Constitution de la transition qui garantissent l'inviolabilité des libertés et des droits fondamentaux de la personne humaine. Toute loi non conforme à ces deux instruments de crise, constatée par la Cour suprême de justice, était nulle et non avenue[803]. Toutes les dispositions constitutionnelles antérieures, notamment le décret-loi constitutionnel n° 03 du 27 mai 1997 relatif à l'exercice du pouvoir ont été abrogées et remplacées par la Constitution de la transition de la RDC[804].

Celle-ci cesse de produire ses effets à l'entrée en vigueur de la Constitution adoptée à l'issue de la transition[805]. *In fine*, le projet constitutionnel élaboré par les institutions transitoires mises en place

---

[799] Constitution de la transition promulguée le 4 avril 2003 par le Président de la République sur la base du projet de constitution de la transition souscrit à Pretoria par toutes les parties le 06/03/2003, Préambule, § 5.

[800] Accord de paix de 2003, VII.

[801] *Ibid.*, V.

[802] Constitution de la transition du 4 avril 2003, art. 1, al. 2.

[803] *Ibid.*, art. 2, al. 2.

[804] *Ibid.*, art. 202.

[805] *Ibid.*, art. 205.

par l'Accord de Pretoria du 17 décembre 2002, fut approuvé par référendum les 18 et 19 décembre 2005. Les élections Présidentielles et législatives, quant à elles, eurent lieu le 30 juillet 2006, mettant ainsi fin à la transition, mais pas à la crise transnationale qui sévissait jusqu'au Burundi.

3. L'État de droit de crise au Burundi

Les sociétés burundaise et rwandaise furent ethniquement hiérarchisées par les autorités coloniales belges[806]. Au Burundi, malgré la population majoritairement hutue, le pouvoir politique échoit aux élites de la minorité tutsie à l'indépendance recouvrée en 1962. De violents affrontements ethniques s'y étaient déjà produits dans la décennie 1960[807]. L'histoire constitutionnelle du Burundi remonte un peu avant son indépendance. Le 23 novembre 1961, Mwami Mwambutsa IV établit la Constitution du Royaume du Burundi. Puis, la Constitution définitive fut proclamée, l'année suivante, le 16 octobre 1962.

Cependant, après le renversement de la monarchie et la proclamation de la République le 28 novembre 1966, un vide constitutionnel s'y installa, en raison des coups d'État qui émaillèrent la vie politique du pays. Deux autres Constitutions furent respectivement adoptées en 1974 et en 1981, avant la Charte référendaire de l'unité nationale du 5 février 1991. La Constitution consacrant la démocratie et le multipartisme ne fut approuvée par référendum que le 9 mars 1992[808]. L'avènement de la démocratie -

---

[806] Dans le cadre d'une stratégie visant à diviser pour régner, l'administration coloniale a inoculé et imposé une vision raciste et caricaturale de la société burundaise, accompagnée de préjugés et de clichés portant sur des considérations morphologiques destinées à opposer les différentes composantes de la population burundaise sur la base des traits physiques et des traits de caractère.

[807] A.-C. Courtois, « Rupture et continuité d'un *ethos* politique autoritaire : les noms de partis au Burundi », *Mots. Les langages du politique,* 2019. Consulté le 27/01/2020 sur le site : http://journals.openedition.org/mots/25273 ; DOI : 10.4000/mots.25273.

[808] Décret-loi n° 1/06 du 13 mars 1992 portant proclamation de la Constitution de la République du Burundi.

sous la présidence de Pierre Buyoya (Tutsi) – favorisa l'arrivée au pouvoir de Melchior Ndadaye (Hutu). Par contre, le mandat de ce premier chef d'État démocratiquement élu au Burundi fut écourté, car il fut renversé par un coup d'État et assassiné dans la nuit du 20 au 21 octobre 1993. Le pays s'enfonça à nouveau dans des massacres ethniques déclenchant la guerre civile.

Des milices hutues se formèrent pour affronter l'armée, très largement composée et dirigée par des Tutsis. Un décret-loi de 1996 organisa les institutions de la transition chargées de restaurer la paix et la sécurité, de réconcilier le peuple burundais, d'éradiquer l'idéologie du génocide, d'assurer la bonne marche de l'État, de combattre l'impunité, *etc.*[809].

En 1998, l'Assemblée nationale adopta un acte constitutionnel, reprenant presque *in extenso* le contenu matériel du décret-loi de 1996. Cet acte constitutionnel demeura en vigueur jusqu'à la conclusion de l'Accord de paix global de 2000.

Adopté sous l'égide de la communauté internationale, l'Accord pour la paix et la réconciliation au Burundi[810], signé le 28 août 2000 à Arusha, nous intéresse à double titre. Il instaura d'abord un ordre constitutionnel transitoire, correspondant à un État de droit provisoire, caractérisé par la primauté du droit, la démocratie, la bonne gouvernance, le pluralisme, le respect des droits humains, l'unité nationale, la solidarité, l'égalité entre hommes et femmes, etc.[811] Le

[809] *Ibid.*, art. 2.

[810] « L'Accord est signé par les Parties. Le Médiateur, le Président de la République de l'Ouganda, en sa qualité de Président de l'Initiative régionale de paix sur le Burundi, le Président de la République du Kenya, en tant que doyen des chefs d'Etat de la région, le Président de la République-Unie de Tanzanie, en tant que chef d'Etat du pays hôte, ainsi que les représentants de l'Organisation des Nations Unies, de l'Organisation de l'unité africaine, de l'Union européenne et de la Fondation Mwalimu Nyerere apposeront aussi leur signature en qualité de témoins et pour exprimer leur soutien moral au processus de paix ». Voir l'Accord d'Arusha pour la paix et la réconciliation au Burundi du 28 août 2000, art. 5, 1.

[811] Accord d'Arusha pour la paix et la réconciliation au Burundi du 28 août 2000, art. 5, 1.

Protocole III, intégré audit accord, posa les principes de la paix et de la sécurité pour tous[812]. Les dispositions constitutionnelles régissant les pouvoirs, attributions et fonctionnement de l'exécutif, du corps législatif et du système judiciaire de transition, de même que les droits et devoirs des citoyens et des partis et mouvements politiques, sont énoncés dans l'accord ou, à défaut, dans la Constitution burundaise du 13 mars 1992. En cas de divergence entre cette Constitution et l'accord, ce sont les dispositions de l'accord qui prévalaient. Pour donner effet à l'accord, ses dispositions devaient être adoptées et promulguées au Burundi dans les quatre semaines suivant sa signature[813]. C'est ainsi qu'en 2001, la Loi portant Constitution de transition a repris à son compte le contenu de l'Accord de paix d'Arusha[814].

D'ailleurs, le même Accord d'Arusha avait mentionné *ad litteram* le contenu *ratione materiae* de la future constitution post-transition. Étonnamment, cette Constitution post-transition de 2004 aussi ne fut qu'intérimaire[815], la Constitution définitive ne sera adoptée qu'en 2005.

---

[812] Tous les citoyens burundais sans distinction ont le droit de vivre en paix et en sécurité. La souveraineté du peuple à travers la Constitution et les lois doit être respectée par tous. Les institutions transitoires garantissent : a) La sécurité pour tous les citoyens; b) La défense des droits inaliénables de la personne humaine, à commencer par le droit à la vie et tous les autres droits énumérés notamment dans la Déclaration universelle des droits de l'homme et dans les conventions internationales auxquelles le Burundi est partie; c) La protection de toutes les communautés ethniques de la population par des mécanismes spécifiques pour prévenir les coups d'État, la ségrégation et le génocide; d) Le respect de la loi et la lutte contre l'impunité; e) La bonne gouvernance; f) La souveraineté de l'Etat et l'intégrité du territoire national. Le recours à la force est interdit. Tous les citoyens burundais ont l'obligation de respecter le droit à la paix et à la sécurité de leurs concitoyens, ainsi que l'ordre public.

[813] Accord d'Arusha pour la paix et la réconciliation au Burundi du 28 août 2000, art. 15.

[814] Voir Loi n° 1/017 du 28 octobre 2001 portant Constitution de la Transition de la République du Burundi.

[815] Loi n° 1/018 du 20 octobre 2004 portant promulgation de la Constitution intérimaire post-transition de la République du Burundi.

En outre, la juridicité de ces instruments de crise, qualifiés de *jus post bellum* (ou État de droit de crise), peut également être démontrée à travers les mécanismes de contrôle institués pour exiger leur respect par les protagonistes. Certains mécanismes fonctionnent à l'image des juridictions constitutionnelles en temps de paix.

§ 2. Les mécanismes de contrôle des accords et résolutions de paix

La « justice transitionnelle »[816] de nature constitutionnelle est rarement abordée, alors qu'elle oscille entre « l'idée d'un processus constitutionnel et la fameuse justice constitutionnelle »[817]. Dans la mise en œuvre des accords et résolutions de paix, la garantie de la conformité est d'une importance cruciale, d'autant plus que la règle juridique est une norme dont la violation est sanctionnée.

Ainsi, la responsabilité des acteurs enfreignant les accords et résolutions de paix peut être engagée, parce que la question de la *responsabilité* est la pierre angulaire de tout système juridique. Sans la *responsabilité*, le droit perd sa crédibilité et son efficacité. Faisant également partie de la justice transitionnelle[818], la responsabilité

---

[816] « Le concept de justice transitionnelle peut être considéré comme faisant partie du concept de *jus post bellum*. La justice transitionnelle fournit aux États des mécanismes pour traiter un héritage de violations passées, grâce à une approche axée sur les victimes qui vise à promouvoir une appropriation locale responsable et une élaboration des politiques basée sur le contexte, alors que les États passent du conflit à la paix ». Inger Osterdahl and Esther van Zadelt, « What Will *Jus Post Bellum* Mean? Of New Wine and Old Bottles », *Journal of Conflict & Security Law*, vol. 14, n°. 2, 2009, pp. 175-207, p. 194.

[817] F. Mégret, « Le traitement du passé par la transition constitutionnelle : quelle articulation avec la justice constitutionnelle ? », *in* X. Philippe, N. Danelciuc-Colodrovschi (dir.), *Transitions constitutionnelles et Constitutions transitionnelles. Quelles solutions pour une meilleure gestion des fins de conflit ?*, Institut Universitaire Varenne, 2014, pp. 61-80, p. 61.

[818] Bo Viktor Nylund, *Thild Soldiers and Transitional Justice. Protecting the Rights of children Involved in Armed Conflicts*, Cambridge, Intersentia, 2016, p. 2.

occupe une place importante dans le cadre du *jus post bellum*[819]. Larry May « *suggests that jus post bellum and transitional justice relate to each other* »[820]. En effet, la responsabilité est un moyen de limiter le pouvoir. Elle implique que certains acteurs ont le droit d'exiger des autres acteurs le respect d'un ensemble de normes, de juger s'ils se sont acquittés de leurs responsabilités à la lumière de ces normes, et d'imposer des sanctions s'ils déterminent que ces responsabilités n'ont pas été assumées[821]. Selon Grant et Keohane, il existe deux formes de contrôle : le modèle de la participation et le modèle de la délégation[822]. Dans le premier cas, l'évaluation des actions est

---

[819] Inger Osterdahl and Esther van Zadelt, « What Will *Jus Post Bellum* Mean - Of New Wine and Old Bottles », *op. cit.*, p. 201.

[820] Zsolt Spindler, « Just War Theories from Jus ad Bellum to Jus post Bellum – Legal Historical and Legal Philosophycal Perspectives », *Kazan University Law Review*, 2019, pp. 237-280, p. 256.

[821] Liliana Lyra Jubilut, « Towards a New Jus Post Bellum: The United Nations Peacebuilding Commission and the Improvement of Post-Conflict Efforts and Accountability », *Minnesota Journal of Int'l Law,* 2011, pp. 25-64, p. 59.

[822] Dans le cadre de ces deux modèles, Grant et Keohane identifient sept types de responsabilité possibles : hiérarchique, de supervision, fiscale, juridique, de marché, entre pairs et publique ou de réputation. La responsabilité hiérarchique est une caractéristique des bureaucraties et de pratiquement toutes les grandes organisations. La responsabilité de supervision concerne la possibilité pour une organisation de superviser ses propres agents, c'est-à-dire qu'elle concerne les relations entre organisations où une organisation agit en tant que mandant à l'égard d'agents spécifiques. La responsabilité fiscale fait référence à la capacité des organismes de financement à exiger que le bénéficiaire des fonds leur fasse un rapport. La responsabilité juridique fait référence à l'exigence que les agents respectent des règles de forme et soient prêts à justifier leurs actions en ces termes, devant les tribunaux ou dans des instances quasi-judiciaires. La responsabilité du marché fait référence aux agents du marché (tels que les investisseurs et les consommateurs) qui supervisent les actions. La responsabilité des pairs résulte de l'évaluation mutuelle des organisations par leurs homologues, et la responsabilité du public (la réputation) est omniprésente car la réputation est impliquée dans toutes les autres formes de responsabilité. Voir Liliana Lyra Jubilut, « Towards a New *Jus Post Bellum*: The United Nations Peacebuilding Commission and the Improvement of Post-Conflict Efforts and Accountability », *Minnesota Journal of International Law,* 2011, pp. 25-64, pp. 60-61.

effectuée par ceux qui sont directement concernés par celles-ci, et dans le second, l'évaluation est faite par ceux qui délèguent le pouvoir d'agir. En général, ces deux modèles ne coïncident pas, mais dans le cas des efforts post-conflit, les deux formes de responsabilisation sont pertinentes et nécessaires, dans la mesure où tant la population du territoire sur lequel l'effort est entrepris que l'ONU (ou la communauté internationale dans son ensemble) ont intérêt à pouvoir demander des comptes aux acteurs impliqués dans les efforts[823]. La Commission de consolidation de la paix des Nations Unies a une approche judiciaire, extra-judiciaire et réparatrice de la justice [824]. Des mécanismes de contrôle internes (**A**) et internationaux (**B**) sont généralement prévus en période de transition post-conflits.

A. Le contrôle des administrations de paix à prédominance interne

Une administration de paix à prédominance interne est un processus de gestion mixte et institutionnel d'une crise, dominé par des acteurs internes en charge de la conduite de la transition de la crise vers la paix. Certains accords et résolutions de paix font, matériellement, office de constitutions provisoires dans un nombre important d'États et de territoires post-conflits[825]. Les mécanismes de contrôle prévus par ces instruments juridiques de valeur constitutionnelle - instituant des administrations de paix à prédominance interne – sont-elles une sorte de justice constitutionnelle ? Dans l'affirmative, celle-ci s'entendrait comme le contrôle de conformité des actes juridiques inférieurs ou non, ainsi que les comportements des administrateurs de paix aux accords et résolutions de paix régissant la transition. Les organes et mécanismes établis pour contrôler, veiller et exiger le respect de ces instruments, assumeraient (fonctionnellement et matériellement) le rôle d'une « juridiction constitutionnelle ». En République centrafricaine (**1**), à Madagascar (**2**), en RDC (**3**) et au Sud-Soudan (**4**), ce contrôle de constitutionnalité est essentiellement confié à des juridictions nationales.

---

[823] *Ibid.*, p. 60.
[824] *Ibid.*
[825] Supra, chapitre 2, section 1.

1. La Cour constitutionnelle de transition centrafricaine

En Centrafrique, une cour constitutionnelle de transition fut instituée et chargée du contrôle de constitutionnalité des lois et règlements[826]. Elle était également juge du contentieux électoral et référendaire. Le Président de la transition ainsi que le Président élu à la fin de la transition devaient prêter serment devant elle. Les conflits de compétence entre organes politiques, d'une part, et entre l'État et les collectivités territoriales, d'autre part, relevaient de ses attributions. Elle devait donner son avis sur les projets et propositions de Constitution ainsi que sur la procédure référendaire[827]. Elle pouvait être saisie, *a priori*, par le chef de l'État de la transition, le premier ministre, le Président ou un quart (1/4) des membres du CNT. La saisine *a posteriori* pouvait être effectuée par toute personne impliquée dans un procès[828].

Une fois saisie, elle statuait dans un délai d'un mois et, en cas d'urgence, dans huit jours[829]. Au nombre de neuf, irrévocables et inamovibles, les juges constitutionnels étaient désignés pour la durée de la transition : deux avocats, deux magistrats, deux enseignants-chercheurs, tous élus par leurs pairs, et les trois autres étaient respectivement nommés par le Président de la transition, le Président du CNT et le premier ministre de la transition[830]. Insusceptible de recours, les décisions de la Cour constitutionnelle de transition s'imposaient à toutes les autorités du pays. Tout texte déclaré inconstitutionnel était nul et de nul effet[831]. Les acteurs de la transition malgache aussi avaient préconisé une juridiction de cette nature[832].

---

826 Charte constitutionnelle de la transition du 18 juillet 2013, art. 76.

827 *Ibid.*

828 *Ibid.*, arts. 77 et 78.

829 *Ibid.*, art. 79.

830 *Ibid.*, art. 80.

831 *Ibid.*, art. 84.

832 D'autres mécanismes de contrôle furent également préconisés. D'abord, la Charte constitutionnelle de la transition ne pouvait être révisée qu'après avis conforme du Médiateur de la crise (art. 99). La durée initiale de la transition (18 mois) ne pouvait être prorogée (jusqu'à 24 mois) que sur avis conforme du Médiateur. Ensuite, en cas de nécessité, la durée de la transition pouvait être examinée par la Conférence des Chefs d'État et de

2. La Haute Cour de transition malgache

Instituée en vue de veiller au respect de la Charte constitutionnelle, la HCT statuait sur le contentieux électoral et référendaire[833]. Elle tranchait les conflits de compétence entre deux ou plusieurs institutions de l'État, d'une part, et entre ce dernier et les collectivités locales, d'autre part. Elle veillait au respect des droits humains et des engagements internationaux[834]. Quasiment tous les acteurs et institutions de la transition avaient un représentant au sein de la HCT, composée de 11 membres au total[835]. Elle contrôlait la conformité des lois et ordonnances aux dispositions de la Charte constitutionnelle de la transition, d'un côté, et la compatibilité de ces actes ainsi que ceux édictés par les organes compétents des autorités décentralisées avec les traités ou accords internationaux relatifs aux droits humains[836], d'un autre côté. A cette fin, elle pouvait être saisie, *a priori*, par le Président de la transition, le premier ministre, ou un tiers des membres du congrès de la transition ou du Conseil supérieur de la transition[837]. Contrairement à la Cour constitutionnelle de transition centrafricaine, le contrôle *a posteriori* n'était pas prévu *expressis verbis*.

Parallèlement à la HCT, il existait d'autres mécanismes de contrôle prévus par la Charte constitutionnelle de la transition. En effet, les élections Présidentielles et législatives devaient être

---

Gouvernement de la CEEAC sur proposition conjointe du Chef de l'État de la transition, du PM de la transition et CNT (art. 102). Enfin, en cas de désaccord persistant, les acteurs de la transition devaient recourir au Comité de suivi mis en place par l'Accord de Libreville et, si nécessaire, au Médiateur de la crise centrafricaine voire, au besoin, à la Conférence des Chefs d'État et de Gouvernement de la CEEAC (art. 103, al. 4).

[833] Charte de la transition du 9 août 2009, art. 23, al. 1.

[834] *Ibid.*

[835] Un membre désigné par le Président de la transition, un autre par le Conseil supérieur de la transition, un autre par le Congrès de la transition, un autre par le Conseil national de réconciliation, trois membres par le Conseil supérieur de la magistrature et les quatre autres par les mouvances politiques. *Id.*, art. 23.

[836] Charte de la transition du 9 août 2009, art. 23, al. 3.

[837] *Ibid.*, art. 23, al. 4.

organisées dans un délai n'excédant pas quinze mois à compter de la date de signature de la Charte de la transition, et ce, *après une évaluation indépendante des capacités de Madagascar à organiser de telles élections*. Cette évaluation sera conduite par des experts nationaux et internationaux de l'UA, de la SADC, de l'OIF, de l'ONU et de l'UE[838]. Ce qui signifie que, pendant la transition et tout au long du processus électoral, Madagascar bénéficiait du soutien de la communauté internationale sur les plans politique, diplomatique, technique et financier. Les élections devaient être observées et, éventuellement, certifiées par les observateurs nationaux et internationaux[839].

En cas de non-respect des engagements souscrits au terme de la Charte de la transition garantie par la communauté internationale, l'assistance de l'Équipe conjointe de médiation pour Madagascar était sollicitée[840]. La RDC aussi avait déjà connu des mécanismes de contrôle analogues.

3. Le contrôle de l'Accord de paix de 2003 en RDC

En RDC, une commission fut créée pour suivre la mise en œuvre de l'Accord de paix de 2003. Elle était présidée par le Président de la République, Joseph Kabila. En plus, elle était composée de deux Hauts-Représentants par composante et d'un Haut-Représentant par entité. La commission assurait le suivi de l'application effective des dispositions de l'accord et veillait à son interprétation correcte. Elle conciliait les points de vue et aidait à résoudre les désaccords pouvant surgir entre les signataires de l'accord. Il était préconisé que sa mission prendrait fin après la présentation de son rapport au Gouvernement de la transition, au plus tard un mois après la mise en place dudit Gouvernement[841].

---

[838] *Ibid.*, art. 33.
[839] *Ibid.*, art. 34.
[840] *Ibid.*, arts. 36 et 37.
[841] Voir l'Accord de paix de 2003, Annexe III : De la Commission de suivi de l'Accord.

Parallèlement, un comité international fut institué pour assister la commission de suivi de l'accord dans l'accomplissement de son mandat. Le Comité soutenait et sécurisait les institutions de la transition, arbitrait et tranchait tout désaccord pouvant survenir entre les protagonistes de la transition[842]. Après l'adoption de la Constitution de la transition, c'est la Cour suprême de justice qui contrôlait désormais, par voies d'action et d'exception, la constitutionnalité des lois et des actes ayant force de loi, ainsi que des recours en interprétation de la Constitution de la transition. La Cour suprême était juge du contentieux des élections Présidentielles et législatives, ainsi que du référendum. Elle donnait des avis sur les projets ou propositions de loi ou d'actes réglementaires dont elle était saisie[843].

Elle était censée juger en premier et dernier ressorts le Président de la République, les Vice-Présidents, les députés, les sénateurs, les ministres et vice-ministres, ainsi que les Présidents et les membres des institutions d'appui à la démocratie dans les conditions déterminées par la Constitution de transition[844].

4. La Cour constitutionnelle intérimaire sud-soudanaise

Elle fut instituée conformément aux dispositions de l'Accord de paix et de l'Accord national intérimaire[845]. Elle était indépendante du pouvoir judiciaire et de tout autre tribunal du pays. Cette Cour constitutionnelle était dirigée par un Président, dûment nommé par le Président de la République avec l'accord du premier vice-Président, responsable devant la présidence qui l'a nommé. Elle veillait au

---

[842] Accord de paix de paix de 2003, Annexe IV: De la garantie internationale.

[843] Constitution de la transition promulguée le 4 avril 2003 par le Président de la République sur la base du projet de constitution de la transition souscrit à Pretoria par toutes les parties le 06/03/2003, arts. 150 et s.

[844] *Ibid.*, art. 151.

[845] *The Comprehensive Peace Agreement Between The Government of The Republic of The Sudan and The Sudan People's Liberation Movement/Sudan People's Liberation Army*, 2005, Protocole de Machakos du 20 juillet 2002, point 2.11.3.1

respect de la Constitution nationale intérimaire, de la Constitution du Sud-Soudan et des Constitutions des États. Pour ce faire, sa composition devait être représentative[846]. D'abord, elle avait une compétence de première instance pour trancher les différends qui survenaient dans le cadre de la Constitution nationale intérimaire et des Constitutions des États du Nord à la demande de particuliers, d'entités juridiques ou du gouvernement.

Elle statuait également sur la constitutionnalité des lois et annulait ou invalidait les lois ou les dispositions de lois qui n'étaient pas conformes à la Constitution nationale, à la Constitution du Sud-Soudan ou aux Constitutions des États concernés. Ensuite, elle avait une compétence d'appel sur les recours contre les décisions de la Cour suprême du Sud-Soudan, sur la Constitution du Sud-Soudan et les constitutions des États du Sud-Soudan. Ce qui signifie que la Cour suprême du Sud-Soudan avait la possibilité de se prononcer sur des questions constitutionnelles. Enfin, la Cour constitutionnelle tranchait les conflits de compétence, entre les organes et les niveaux de gouvernement, dans les domaines de compétences exclusive ou concurrente. Dans chacun des trois cas de figure ci-mentionnés, la Cour devait protéger les droits de l'homme et les libertés fondamentales[847].

Exceptionnellement et, de manière un peu révolutionnaire, cette Cour avait une compétence pénale sur le Président de la République, les deux (2) vice-Présidents, les deux Présidents de la législature nationale et les juges des cours suprêmes nationale du Soudan du sud. De plus, elle pouvait examiner des questions de droit international privé[848]. Les décisions de la Cour constitutionnelle étaient définitives, contraignantes et sans recours[849]. Contrairement aux administrations de paix à prédominance interne, essentiellement soumises à un contrôle de droit interne, les administrations de paix à prédominance internationale sont soumises à des mécanismes de contrôle internationaux.

---

[846] *Ibid.*, point 2. 11.3.2.
[847] *Ibid*, point 2. 11.3.2.
[848] *Ibid*, point 2. 11.3.2.
[849] *Ibid*, point 2.11.3.

B. Le contrôle des administrations de paix à prédominance internationale

Une administration de paix à prédominance internationale est un processus de gestion mixte et institutionnelle d'une crise, dominé par des acteurs internationaux en charge de la conduite de la transition de la crise vers la paix. Ces administrations exercent leur *imperium* sur une population et un territoire déterminés à cet effet. Ce fut le cas au Kosovo, au Timor oriental, du Territoire Libre de Trieste, *etc*. Les accords et résolutions de paix instituant les administrations de paix à prédominance internationale (dans des territoires non étatiques) forment la Constitution de celles-ci, mais aussi, peuvent être considérés comme la Constitution *ad hoc* des territoires sous administration internationale[850], ne serait-ce que matériellement. Ces instruments juridiques de crise de valeur constitutionnelle préconisent parfois des mécanismes de contrôle de nature constitutionnelle pour vérifier la conformité du droit dérivé de ces administrations aux instruments juridiques fixant leur base constitutionnelle. Dans le cadre des administrations de paix conventionnées, c'était un contrôle de conformité du droit dérivé (ou secondaire) au droit primaire, en l'occurrence, l'accord de paix constitutif[851]. Concernant les administrations de paix procédant d'une résolution constitutive, il s'agira de vérifier la conformité du droit « tertiaire » au droit secondaire et, éventuellement, au droit primaire des OI chapeautant lesdites administrations. D'une manière générale, les accords et résolutions de paix constitutifs doivent également être conformes au cosmopolitisme juridique, c'est-à-dire au *jus gentium*. En tout état de cause, l'existence de mécanismes internationaux de contrôle est inhérente à la création des administrations de paix à prédominance internationale. C'est ainsi que les administrations de paix instituées

[850] Il en est ainsi, par exemple, du Statut permanent du Territoire Libre de Trieste prévu à l'annexe VI du Traité de paix avec l'Italie du 10 février 1947.

[851] Le Traité instituant l'Administration internationale de la ville de Tanger, par exemple, prévit un *Tribunal mixte*, chargé d'administrer la justice, en toute souveraineté, aux ressortissants des puissances étrangères. Il était composé de juges étrangers originaires de quatre pays : la France un juge, l'Espagne un, l'Angleterre deux, et l'Italie un.

respectivement à Memel (**1**), à Dantzig (**2**), en Namibie (**3**) et à Tanger (**4**) ont été soumises à contrôle international.

1. Le contrôle de conformité au statut de Memel

Après la Première Guerre mondiale, l'Allemagne renonça, en faveur des principales puissances alliées et associées, à certains territoires dont Memel[852]. Le cas particulier de ce dernier fut traité dans la Convention d'application signé à Paris le 08 mai 1924, entre la France, le Japon, l'Italie, le Royaume-Uni, d'une part, et la Lituanie, d'autre part. Le statut (constitutionnel) de Memel fut élaboré et annexé à ladite Convention cédant tous les droits et titres, antérieurement détenus par l'Allemagne sur Memel, à la Lituanie[853]. Cependant, Memel fut érigé, sous la souveraineté de la Lituanie, en une unité territoriale organisée selon les principes démocratiques, jouissant d'une autonomie législative, judiciaire, exécutive et financière dans les limites prévues par son statut[854]. Le Président de la République de Lituanie fut chargé de nommer un gouverneur du territoire de Memel qui[855], à son tour, désigna le Président de l'exécutif local représenté par un directoire de cinq membres[856]. Faisant office de gouvernement, le directoire fonctionnait comme un régime politique parlementaire. Donc, il devait jouir de la confiance du pouvoir législatif local, en l'occurrence, la Chambre des Représentants élus au sein des citoyens de Memel[857].

Tout membre de la SDN avait le droit d'attirer l'attention du Conseil sur toute infraction à la Convention. Les divergences de vue sur les dispositions de la convention furent érigées en différends de caractère international aux termes de l'article 14 du Pacte de la SDN. La Lituanie consentit à ce que de tels différends soient tranchés par la CPJI. Ayant force obligatoire, les arrêts de la Cour étaient sans appel en vertu de l'article 13 du Pacte[858]. Or, la révocation du Président du

852 Traité de Versailles de 1919, section X (Memel), art. 99.
853 Convention de Paris du 08 mai 1924, art. 1.
854 *Ibid.*, Annexe I, art. 1.
855 *Ibid.*, art. 2.
856 *Ibid.*, art. 17.
857 *Ibid.* art. 10 et s.
858 Convention du 08 mai 1924, art. 17.

directoire de Memel (M. Böttcher), la nomination d'un nouveau directoire présidé par M. Simaïtis, et la dissolution de la Chambre des Représentants par le Gouverneur nommé par la Lituanie firent naître des divergences concernant la conformité de ces actes au Statut (constitutionnel) de Memel[859]. Ce différend n'a pu être aplani ni par l'examen auquel procéda le Conseil de la SDN, ni par des négociations entre les signataires de la Convention du 8 mai 1924. En conséquence, le 11 avril 1932, les quatre puissances (France, Japon, Italie, Royaume-Uni) intentèrent, devant la CPJI, une action contre la Lituanie, relative au contrôle de conformité des actes du Gouverneur de Memel au statut dudit Territoire[860].

La CPJI examina les motifs du limogeage du Président du directoire et de la dissolution de la Chambre des Représentants. Dans la lettre du 06 février 1932, limogeant le Président du directoire (M. Böttcher), le gouverneur lui reprochait de s'être rendu en Allemagne sans l'accord de l'État lituanien, et d'y avoir engagé des négociations avec le gouvernement allemand[861].

Or, les affaires extérieures ne furent pas incluses dans les compétences attribuées aux autorités locales de Memel[862]. Donc, la Cour affirma que la révocation de M. Bottcher, effectuée le 6 février 1932, était régulière[863], et conforme au statut constitutionnel de Memel. Quant à la dissolution de la Chambre des Représentants, elle pouvait être effectuée par le gouverneur, en accord avec le directoire. En cas de dissolution, la nouvelle Chambre devait être élue dans six semaines[864].

---

[859] *Interprétation du Statut du Territoire de Memel*, CPJI, arrêt 24 juin 1932, fond, Série A/B, p. 301.

[860] *Interprétation du Statut du Territoire de Memel*, CPJI, arrêt 24 juin 1932, exceptions préliminaires, Serie A/B, p. 244 et s.

[861] *Interprétation du Statut du Territoire de Memel*, CPJI, arrêt 24 juin 1932, fond, Série A/B, p. 324.

[862] Selon l'article 7 du Statut, toutes compétences n'ayant pas été consacrées *expressis verbis* par ledit Statut, relevaient du domaine réservé aux autorités lithuaniennes.

[863] *Interprétation du Statut du Territoire de Memel*, CPJI, arrêt 24 juin 1932, fond, Série A/B, p. 327.

[864] Statut du territoire de Memel, art. 12.

Cependant, le directoire, ne bénéficiant pas de la confiance de la Chambre des Représentants, était illégitime.

La Cour affirma qu'autoriser le directoire illégitime à donner son accord à la dissolution de la Chambre élue, en vertu de l'article 12, alinéa 5 du statut reviendrait à accorder au gouverneur seul le pouvoir de dissoudre la Chambre. Or, telle n'était point l'intention de l'article 12 du statut de Memel[865].

La Cour conclut qu'une bonne interprétation du statut ne permettait pas au gouverneur de dissoudre la Chambre avec le consentement d'un directoire qui n'avait pas eu la confiance de la Chambre. En l'espèce, le directoire présidé par M. Simaïtis n'avait jamais bénéficié de la confiance de la Chambre[866].

Pourtant ce directoire avait donné son consentement à la dissolution de la Chambre. Donc, le décret de dissolution pris par le gouverneur le 22 mars 1932, en violation de l'alinéa 5 de l'article 12 du statut, n'était pas régulier[867]. *In fine*, le décret de dissolution était inconstitutionnel. Dantzig aussi initia un contrôle quasiment similaire.

2. Le contrôle de conformité à la Constitution de Dantzig

La Constitution de Dantzig, élaborée en accord avec le Haut-Commissaire de la SDN, était placée sous la garantie de la SDN[868]. Les puissances alliées signèrent une convention d'application des dispositions du Traité de paix de Versailles de 1919 relatives à Dantzig[869]. Le Haut-Commissaire, siégeant à Dantzig, fut chargé de

---

865 *Interprétation du Statut du Territoire de Memel*, CPJI, arrêt 24 juin 1932, fond, Série A/B, p. 333-334.

866 La logique est qu'un Directoire qui n'a jamais possédé la confiance de la Chambre n'a pas le droit de donner son accord pour dissoudre celle-ci.

867 *Interprétation du Statut du Territoire de Memel*, CPJI, arrêt du 24 juin 1932, fond, Série A/B, p. 336.

868 Traité de Versailles de 1919, art. 103.

869 *Ibid.*, art. 104 : « [u]ne convention dont les principales puissances alliées et associées s'engagent à négocier les termes, et qui entrera en vigueur en même temps que sera constituée la ville libre de Dantzig, interviendra entre le Gouvernement polonais et ladite ville en vue : 1° de

statuer en première instance sur les éventuels litiges entre la Pologne et la ville de Dantzig au sujet du Traité de Versailles, des arrangements et accords complémentaires. Ainsi, le Commissaire général de la Pologne à Dantzig adressa la lettre du 11 janvier 1926 au Haut-Commissaire de la SDN selon laquelle :

> « À l'avenir, le Gouvernement polonais ne prendra point connaissance de procès intentés par les fonctionnaires ferroviaires et basés sur les stipulations de l'Accord du 22 octobre 1921. Il n'exécutera aucun arrêt rendu dans ces procès par les tribunaux dantzikois ».

Le Gouvernement de Dantzig s'opposa à cette thèse polonaise et demanda, le 12 janvier 1927, au Haut-Commissaire de la SDN de dire que les employés des chemins de fer, passés du service de la Ville libre à celui de la Pologne, avaient le droit d'intenter des procès ayant pour objet des réclamations de nature pécuniaire, même si ces réclamations étaient basées sur l'accord dantziko-polonais du 22 octobre 1921.

---

placer la ville libre de Dantzig en dedans des limites de la frontière douanière de la Pologne, et de pourvoir à l'établissement d'une zone franche dans le port ; 2° d'assurer à la Pologne, sans aucune restriction, le libre usage et le service des voies d'eau, des docks, bassins, quais et autres ouvrages sur le territoire de la ville libre nécessaires aux importations et exportations de la Pologne ; 3° d'assurer à la Pologne le contrôle et l'administration de la Vistule et de l'ensemble du réseau ferré dans les limites de la ville libre, sauf les tramways et autres voies ferrées servant principalement aux besoins de la ville, ainsi que le contrôle et l'administration des communications postales, télégraphiques et téléphoniques entre la Pologne et le port de Dantzig ; 4° d'assurer à la Pologne le droit de développer et d'améliorer les voies d'eau, docks, bassins, quais, voies ferrées et autres ouvrages et moyens de communication ci-dessus visés, et de louer ou acheter, dans des conditions appropriées, les terrains et autres propriétés nécessaires à cet effet ; 5° de pourvoir à ce qu'aucune discrimination [ne] soit faite, dans la ville libre de Dantzig, au préjudice des nationaux polonais et autres personnes d'origine ou de langue polonais ; 6° de faire assurer par le Gouvernement polonais la conduite des affaires extérieures de la ville libre de Dantzig, ainsi que la protection des nationaux dans les pays étrangers ».

L'administration polonaise des chemins de fer devait accepter la compétence des tribunaux dantzikois en la matière et exécuter les jugements[870]. Le 8 avril 1927, le Haut-Commissaire débouta le Gouvernement de Dantzig[871], qui interjeta appel devant le Conseil de la SDN le 12 mai 1927. Le 22 septembre 1927, le Conseil ordonna de saisir la CPJI (pour avis consultatif) [872] sur la question de savoir si la décision du Haut-Commissaire de la SDN du 8 avril 1927, déboutant le Gouvernement dantzikois, était fondée en droit[873]. Le Secrétaire général saisit la Cour le 24 septembre 1927 :

> « Le Secrétaire général de la Société des Nations, en exécution de la Résolution du Conseil du 22 septembre 1927 et en vertu de l'autorisation donnée par le Conseil, a l'honneur de présenter à la Cour permanente de Justice internationale une requête demandant à la Cour de bien vouloir, conformément à l'article 14 du Pacte, donner au Conseil un avis

---

[870] Compétence des tribunaux de Dantzig (réclamations pécuniaires des fonctionnaires ferroviaires dantzikois passés au service polonais contre l'administration polonaise des chemins de fer), CPJI, avis consultatif n° 15, du 03 mars 1928, p. 5.

[871] Le dispositif de la décision du Haut-Commissaire de la SDN, transmis au Greffe de la CPIJ, est reproduit comme suit : « Toute réclamation pécuniaire, fondée sur une des stipulations constituant le contrat de service des employés dantzikois des chemins de fer polonais, passés au service de l'Administration polonaise en vertu de l'Accord entre Dantzig et la Pologne du 22 octobre 1921, et notamment les réclamations concernant les salaires, les retraites, les traitements de disponibilité ainsi que d'autres allocations découlant du contrat de service, pourront former l'objet d'une action devant les tribunaux dantzikois (sous réserve du cas mentionné à la page 5 1); les clauses de l'Accord lui-même et les déclarations visées à l'article premier ne rentrent pas parmi les stipulations constituant le contrat de service des employés susdits ; pour cette raison elles ne pourront pas former la base d'une action individuelle à instituer devant les tribunaux; dans ces conditions, la question qui m'avait été soumise sous c) ne paraît pas se poser ».

[873] *Ibid.*, p. 5.

consultatif sur la question qui a été renvoyée à la Cour par la Résolution du 22 septembre 1927 »[874].

Pour appuyer sa thèse devant la Cour, la Pologne développa un argument trilogique : d'abord, un accord international ne crée de droits et d'obligations qu'entre les parties contractantes ; ensuite, les dispositions de l'accord international conclut avec Dantzig n'ayant pas été incorporées dans la législation interne polonaise, cet accord ne pouvait créer directement des droits et obligations pour les individus intéressés ; et, enfin, la Pologne, n'ayant pas rempli les obligations internationales résultant de l'accord, ne serait responsable qu'envers Dantzig. En d'autres termes, la Pologne soutint que les relations juridiques entre son administration des chemins de fer et les anciens fonctionnaires de Dantzig devenus, dorénavant, fonctionnaires polonais, sont réglées exclusivement par le droit interne polonais, qui devait être conforme au *Beamtenabkommen*[875]. La Cour reconnut qu'en principe un accord international ne pouvait créer directement des droits et des obligations pour des particuliers. Cependant, elle précise qu'on ne saurait contester que l'objet même d'un accord international, dans l'intention des parties contractantes, puisse être l'adoption, par les parties, de règles déterminées, créant des droits et obligations pour des individus, et susceptibles d'être appliquées par les tribunaux nationaux. En l'espèce, les rapports entre l'administration polonaise des chemins de fer et les fonctionnaires dantzikois, selon l'intention des parties contractantes, devaient être régis par le *Bearntenabkommen*, dont les dispositions constituaient une partie de ce que le Haut-Commissaire qualifia de « contrat de service ». De l'avis de la Cour, la requête de Dantzig était destinée à établir pour les fonctionnaires dantzikois, contre l'administration polonaise des chemins de fer, un droit de recours judiciaire fondé sur le *Beamtenabkommen* ou sur la déclaration faite en vertu de cet accord. Elle n'avait pas pour objet d'obtenir du Haut-Commissaire une décision sur la portée du droit des fonctionnaires en vertu du *Beamtenabkommen* ou de la déclaration[876]. En conséquence, la Cour

---

[874] *Ibid.*, p. 6.

[875] *Beamtenabkommen* est le nom donné au traité en Polonais.

[876] *Compétence des tribunaux de Dantzig* (réclamations pécuniaires des fonctionnaires ferroviaires dantzikois passés au service polonais contre

déclara la décision du Haut-Commissaire du 8 avril 1927 infondée (ou inconstitutionnel) en droit dans la mesure où elle ne satisfaisait pas la ville de Dantzig[877]. L'Afrique du Sud aussi connaîtra le même sort que la Pologne dans l'affaire du Sud-Ouest africain.

3. Le contrôle de conformité au mandat sur le Sud-ouest africain (Namibie)

La Namibie faisait partie des possessions allemandes d'outre-mer auxquelles l'Allemagne renonça, après la Première Guerre mondiale, en vertu de l'article 119 du Traité de Versailles[878]. En conséquence, le 17 décembre 1920, elle fut placée sous mandat de la Grande Bretagne agissant pour le Gouvernement de l'Afrique du Sud qui accepta de l'exercer au nom de la SDN. Certes le mandataire avait les pleins pouvoirs d'administration et de législation sur le Territoire, *a contrario*, il était tenu de respecter un certain nombre d'obligations[879]. L'article 22 du Pacte de la SDN et l'article 6 du mandat soumirent le

---

l'administration polonaise des chemins de fer), CPJI, avis consultatif n° 15, du 3 mars 1928, p. 27.

[877] *Ibid.*

[878] Du 15 novembre 1884 au 26 février 1885, 14 puissances occidentales se réunirent à Berlin en vue de partager l'Afrique et ses richesses entre elles. A l'issue de cette conférence, le Sud-Ouest africain, actuelle Namibie, devint une colonie allemande pendant une courte durée (de 1884 à 1915). Au début de la PGM, l'Union Sud-africaine (actuelle République Sud-africaine), alliée de la Grande-Bretagne contre le Reich allemand, envahit le territoire du Sud-Ouest africain pour y chasser les troupes allemandes qui capitulèrent le 9 juillet 1915 à Otavia. Un Conseil militaire remplaça alors le gouvernement allemand. Voir A. Destexhe, « L'ONU au chevet du monde », *Politique internationale*, n° 60, 1993, p. 196. V. *égal.* I. Moulier, *Namibie. GANUPT (1989-1990)*, Paris, A. Pedone, 2002, p.1.

[879] Le mandat n'impliquait ni cession du territoire ni transfert de souveraineté, le l'Afrique du Sud devait simplement administrateur la Namibie, jadis appelé le Sud-Ouest africain, aux fins de favoriser le bien-être et le développement de la population locale. Voir *Statut international du Sud-Ouest africain*, CIJ, avis consultatif du 11 juillet 1950, *Rec.* 1950, p. 331 et s.

mandataire à la surveillance du Conseil de la SDN en imposant l'obligation de lui présenter des rapports annuels[880].

De plus, tout membre de la SDN pouvait, conformément à l'article 7 du mandat, soumettre à la CPJI tout différend avec le mandataire relatif à l'interprétation ou à l'application des dispositions du mandat[881]. Après la Deuxième Guerre mondiale, la SDN fut dissoute et remplacée par l'ONU[882].

Par contre, les mandats placés sous la surveillance de la SDN ne furent pas abrogés, car les puissances mandataires exprimèrent l'intention de continuer à administrer les territoires sous mandat jusqu'à ce que de nouveaux arrangements soient pris entre elles et l'ONU[883].

Le Conseil ayant disparu avec la dissolution de la SDN, la principale question était de savoir si le contrôle du mandat sur le Sud-ouest africain pouvait être exercé par l'ONU[884].

Les rédacteurs de la Charte de l'ONU, *mutatis mutandis*, eurent la même préoccupation avec le régime international de tutelle. Selon la CIJ, la nécessité d'une telle surveillance subsiste en dépit de la disparition de l'organe de contrôle des mandats[885], car il vise à

---

880 Le droit de pétition n'était mentionné ni à l'article 22 du Pacte, ni dans les dispositions du Mandat. Mais, le 31 janvier 1923, le Conseil de la SDN adopta certaines règles en cette matière. Les pétitions adressées à la SDN par des communautés ou des éléments de la population des territoires sous Mandat seraient transmises par l'intermédiaire des Gouvernements mandataires qui pourraient y joindre les observations qu'ils jugeraient convenables. Cette innovation rendit plus effective la fonction de surveillance du Conseil. *Statut international du Sud-Ouest africain*, CIJ, avis consultatif du 11 juillet 1950, Rec., 1950, p. 137.

881 *Statut international du Sud-Ouest africain*, CIJ, avis consultatif du 11 juillet 1950, *Rec.*, 1950, p. 133.

882 Résolution de la SDN du 18 avril 1946.

883 *Statut international du Sud-Ouest africain*, CIJ, avis consultatif du 11 juillet 1950, *Rec.*, 1950, p. 134.

884 *Ibid.*, p. 136.

885 *Ibid.*, 136.

garantir non seulement les droits des États, mais aussi les droits des peuples des territoires sous mandat jusqu'à la conclusion des Accords de Tutelle.

Ces droits ne sauraient être efficacement garantis sans contrôle international[886]. Par conséquent, les fonctions de surveillance exercées par la SDN devaient être reprises par l'ONU[887].

Ainsi, sur le fondement des articles 7 du mandat sur la Namibie, 37 du statut de la CIJ et 80 de la Charte, la CIJ était d'avis que l'Afrique du Sud devait reconnaître la compétence de la Cour[888].

En l'espèce, dès 1946, l'Afrique du Sud adopta une position mitigée sur la question namibienne.

D'un côté, le 4 novembre 1946, devant la quatrième commission, le premier ministre sud-africain déclara que son pays avait nettement compris « que sa responsabilité internationale ne lui permettrait pas de profiter d'une situation créée par la guerre pour effectuer un changement dans le statut du Sud-Ouest africain sans consultation appropriée soit de tous les peuples de ce territoire soit avec les organes internationaux compétents »[889].

De l'autre côté, en 1946, pendant la deuxième partie de la première session de l'AGNU, l'Afrique du Sud demanda à l'AGNU d'approuver l'incorporation de la Namibie à son territoire national[890].

L'AGNU s'y opposa *ipso facto* et proposa de conclure éventuellement un accord entre l'ONU et l'Afrique du Sud sur le statut futur de la Namibie. Le mandataire, ne pouvant pas incorporer le

---

886 *Ibid.*, p. 137.

887 Voir A/RES/65 (I) du 14 décembre 1946.

888 *Ibid.*, p. 138.

889 *Ibid.*, p. 142.

890 *Conséquences juridiques pour les États de la présence continue de l'Afrique du Sud en Namibie* (sud-ouest africain) nonobstant la Résolution 276 (1970) du Conseil de sécurité, CIJ, avis consultatif du 21 juin 1971, *Rec.* 1971, § 76 et s.

territoire sous mandat, maintint le *statu quo*[891]. Le 11 juillet 1949, il adressa au SGNU une lettre dans laquelle il manifesta sa volonté de ne plus se soumettre au contrôle de l'ONU concernant l'exercice du mandat sur la Namibie[892].

Le 06 décembre 1949, l'AGNU sollicita l'avis de la CIJ en ces termes :

> « Quel est le statut international du Territoire du Sud-Ouest africain, et quelles sont les obligations internationales de l'Union sud-africaine qui en découlent, et notamment : a) L'Union sud-africaine a-t-elle encore des obligations internationales en vertu du mandat pour le Sud-Ouest africain et, si c'est le cas, quelles sont-elles ? b) Les dispositions du chapitre XII de la Charte sont-elles applicables au Territoire du Sud-Ouest africain et, dans l'affirmative, de quelle façon le sont-elles ? c) L'Union sud-africaine a-t-elle compétence pour modifier le statut international du Territoire du Sud-Ouest africain ou, dans le cas d'une réponse négative, qui a compétence pour déterminer et modifier le statut international du Territoire ? »[893].

Le 11 juillet 1950, la CIJ répondit que le Sud-Ouest africain, depuis le 17 décembre 1920, demeurait sous mandat international.

Elle précisa, en outre, que le mandataire, soumis aux obligations internationales en la matière, avait l'obligation de transmettre les pétitions des habitants de ce Territoire.

---

[891] A/RES/141 (II) du 1er novembre 1947.

[892] *Conséquences juridiques pour les États de la présence continue de l'Afrique du Sud en Namibie* (sud-ouest africain) nonobstant la Résolution 276 (1970) du Conseil de sécurité, CIJ, avis consultatif du 21 juin 1971, *Rec.* 1971, § 77.

[893] *Statut international du Sud-Ouest africain*, CIJ, avis consultatif du 11 juillet 1950, *Rec.*, 1950, p. 129.

Les fonctions de contrôle devaient être exercées par l'ONU à laquelle les rapports annuels et les pétitions devraient être soumis.

Dans cette optique, la CIJ dut jouer le rôle de la CPJI conformément à l'article 7 du mandat et à l'article 37 du statut de la CIJ.

Vu l'entêtement de l'Afrique du Sud, le 4 novembre 1960[894], l'Ethiopie et le Libéria introduisirent deux requêtes contre elle devant la CIJ. Ils lui reprochèrent d'avoir modifié unilatéralement le mandat[895], de n'avoir pas accru le bien-être des populations locales[896], d'y avoir pratiqué l'apartheid[897], d'avoir opprimé les populations concernées[898], *etc.* En 1966, les demandeurs furent déboutés pour défaut d'intérêt pour agir[899]. Après que la CIJ ait débouté ces deux États africains dénonçant le comportement néfaste du mandataire[900], l'AGNU révoqua le mandat et plaça le territoire sous l'administration et la responsabilité directe de l'ONU[901]. Un Comité spécial des Nations Unies pour le Sud-Ouest africain fut établi à cet effet jusqu'à l'indépendance, avec la participation la plus large possible de de la population locale[902]. Face à la persistance de l'Afrique du Sud sur son projet d'incorporer le Sud-ouest africain à son territoire, le CSNU consulta la CIJ sur « les conséquences juridiques pour les Etats de la présence continue de l'Afrique du Sud en Namibie, nonobstant la

[894] *Affaires du Sud-ouest africain* (Éthiopie c. Afrique du Sud; Libéria c. Afrique du Sud), CIJ, exceptions préliminaires, arrêt du 21 décembre 1962, *Rec.* 1962, p. 321.

[895] *Ibid.*, p. 323, D.

[896] *Ibid.*, E.

[897] *Ibid.*, F.

[898] *Ibid.*, H.

[899] La CIJ affirma « que les demandeurs ne sauraient être considérés comme ayant établi l'existence à leur profit d'un droit ou intérêt juridique au regard de l'objet leurs demandes respectives; en conséquence la Cour doit refuser d'y donner suite ». *Affaires du Sud-ouest africain* (Ethiopie c. Afrique du Sud; Libéria c. Afrique du Sud), CIJ, fond, arrêt du 18 juillet 1966, § 99.

[900] *Affaire du Sud-ouest africain* (Ethiopie c. Afrique du Sud ; Libéria c. Afrique du Sud), CIJ, fond, arrêt du 18 juillet 1966, *Rec.* 1966, p. 51.

[901] /RES/2145 (XXI) du 27 octobre 1966, point 4.

[902] *Ibid.*, point 6.

résolution 276 (1970) du Conseil de sécurité »[903]. Dans cet avis consultatif, la Cour s'opposa à l'argument de l'Afrique du Sud selon lequel le mandat était devenu caduc et, par conséquent, il n'existait plus une obligation de se soumettre à la surveillance internationale de l'ONU. Pour la Cour, si le mandat avait cessé d'exister, l'autorité de l'Afrique du Sud aurait également cessé d'exister. Rien ne permet de conserver les droits dérivés du mandat tout en répudiant les obligations qui en découlent[904].

4. Le contrôle de l'administration conventionnée de Tanger

Un tribunal mixte, chargé d'administrer la justice en toute souveraineté, fut institué lors de l'administration internationale de Tanger. Il était composé de juges étrangers originaires de quatre pays[905] : la France un juge, l'Espagne un, l'Angleterre deux, l'Italie un[906]. Le Tribunal mixte eut le pouvoir de déclarer inapplicable toute loi irrégulière (quant à la forme de son élaboration) ou contraire aux principes et dispositions des textes constitutionnels de la Zone de Tanger et aux traités en vigueur dans la Zone[907]. Le 2 novembre 1938, l'Assemblée législative de la Zone de Tanger vota une loi portant interdiction d'installer et d'utiliser à Tanger des postes de radiodiffusion, sous peine de prison et d'amende. Elle décida que dans un délai d'un mois, à partir de sa publication[908], les propriétaires, possesseurs ou usagers de postes émetteurs de radio seraient tenus de procéder à la suppression desdits postes sans qu'ils puissent prétendre

---

[903] Voir la Lettre du SGNU adressée au Président de la Cour datée du 29 juillet 1970 et reçue au Greffe le 10 août de la même année.

[904] *Conséquences juridiques pour les États de la présence continue de l'Afrique du Sud en Namibie* (sud-ouest africain) nonobstant la Résolution 276 (1970) du Conseil de sécurité, CIJ, avis consultatif du 21 juin 1971, *Rec.* 1971, § 81.

[905] Selon le *Dahir* du 16 février 1924, l'Espagnol et le Français étaient les langues judiciaires.

[906] Cependant, ils rendaient la justice au nom du Sultan. Selon le *Dahir* du 16 février 1924, l'Espagnol et le Français seront les langues judiciaires.

[907] « Affaire radio-Tanger et le Statut international de la zone de Tanger », *Journal du Droit International*, 66(3), 1939, pp. 589-595, p. 593.

[908] Cette Loi, qui échappa au veto du Comité de Contrôle, fut promulguée le 15 novembre 1938.

à aucune indemnité. En cas de condamnation, le Tribunal ordonnera la confiscation ou la destruction des appareils utilisés pour commettre l'infraction. Le cas échant, l'administration procédera à la saisie de ces appareils[909]. Or, une société belge (Pro-Radio) avait installé en 1936 à Tanger une station privée de radiodiffusion qui avait commencé à fonctionner en juillet 1937 sous le nom de « Radio-Tanger ». Celle-ci continua à fonctionner malgré l'entrée en vigueur de la loi d'interdiction et l'expiration du délai imposé. En conséquence, le 16 décembre 1938, l'administrateur de la Zone ordonna à la police de saisir les appareils[910].

L'administrateur de la société « Pro-Radio » et le directeur de la « Radio-Tanger » furent alors traduits devant la juridiction correctionnelle.

La Section de 1ère instance du Tribunal mixte de Tanger les acquitta, le 28 décembre 1938, en déclarant inconstitutionnelle la loi du 14 novembre 1938 sur l'installation des postes de radiodiffusion et que la saisie des appareils de la « Radio-Tanger » était nulle et non avenue.

Dans la même logique, la Section d'Appel du Tribunal mixte de Tanger confirmera, le 10 mars 1939, ce jugement en affirmant que la loi du 14 novembre 1938 était irrégulière et contraire aux principes et dispositions des textes constitutionnels de la Zone de Tanger dont l'Acte d'Algésiras[911].

Ainsi, la Section d'Appel du Tribunal se conforma à sa propre jurisprudence, car le 20 juin 1930, elle déclara inconstitutionnel un texte voté par l'Assemblée législative et approuvé par le Comité de Contrôle[912].

---

[909] Article 1er de la Loi du 2 novembre 1938.

[910] « Affaire radio-Tanger et le Statut international de la zone de Tanger », *Journal du Droit International*, 66(3), 1939, pp. 589-595, p. 589.

[911] Voir supra, chapitre 1, section 1, § 1, B, 1.

[912] « Affaire radio-Tanger et le Statut international de la zone de Tanger », *Journal du Droit International*, 66(3), 1939, pp. 589-595, p. 595.

Conclusion du chapitre II

Le *jus post bellum* est décrit comme une nouvelle « discipline »[913] ou comme « une nouvelle catégorie de droit international actuellement en construction »[914]. Il entre en rapport avec le droit constitutionnel quand il régule l'exercice du pouvoir politique et protège les droits fondamentaux en période de transition. S'il a suscité l'enthousiasme chez certains, il a, par contre, laissé d'autres sceptiques quant à son contenu normatif, son utilité et sa pertinence en général[915]. Son principal problème est son caractère indéterminé. *In concreto*, il n'existe, à ce jour, aucun accord multilatéral ni aucune vision uniforme sur ce qu'est ou devrait être le *jus post bellum*. Les tentatives actuelles de le conceptualiser comme une notion juridique n'ajoutent pas grand-chose au cadre juridique existant et régissant la reconstruction post-conflit. Cependant, une idée, récemment apparue, consiste à l'utiliser comme un cadre d'interprétation des règles applicables aux transitions post-conflit. Il s'agit là d'une perspective plutôt minimaliste du concept. Si l'initiative d'entreprendre une médiation de paix ou des bons offices ainsi que l'action humanitaire de certaines opérations de paix peuvent relever de la morale, il n'en demeure pas moins que les règles mettant fin à un conflit et organisant la transition de la guerre à la paix sont juridiques. En période de crise, la procédure d'édiction des normes compte moins que leur finalité. Le fait que les instruments juridiques de crise ne sont pas élaborés parfois conformément à la procédure antérieure prévue à cet effet, peut ne pas affecter leur juridicité et leur « obligatoriété ». En période d'exception, la juridicité d'une règle ne réside pas forcément dans la procédure de son émission, mais dans la volonté de reconnaître la

---

[913] Carsten Stahn, « *Jus Post Bellum:* Mapping the Discipline(s) », (2007–08) 23 *American University International Law Review* 311.

[914] Inger Österdahl and Esther van Zadel, « What Will *Jus Post Bellum* Mean - Of New Wine and Old Bottles », (2009) 14 *Journal of Conflict and Security Law* 1.

[915] *Eric De Brabandere,* « The Concept of *Jus Post Bellum* in International Law. A Normative Critique », *in* Carsten Stahn, Jennifer S. Easterday, and Jens Iverson (ed), *Jus Post Bellum. Mapping the Normative Foundations*, Oxford University Press, 2014, pp. 123-141, p. 124.

règle comme telle ; donc, dans son effectivité et éventuellement dans son efficacité. Ce qui signifie que la théorie de la hiérarchie des normes de Hans Kelsen ne tient pas en période de crise, où un simple communiqué, un règlement, ou, d'une manière générale, un acte juridique inférieur peuvent remplacer provisoirement la Constitution antérieure. Il en est ainsi des États de droit de crise remplaçant les ordres constitutionnels respectivement au Rwanda, en RDC et au Burundi post-conflits. Pour garantir la possibilité d'imposer les règles du *jus post bellum* tant au niveau national qu'international, il est préférable de créer des règles de nature internationale, au-delà des règles déjà existantes, afin que les tribunaux nationaux et internationaux puissent exercer leurs compétences. L'ensemble de ces nouvelles règles peuvent être codifiées dans un nouveau traité international. En outre, pour que les violations des règles de *jus post bellum* puissent être poursuivies, ces violations doivent être criminalisées[916].

[916] Inger Osterdahl, Esther van Zadelt, « What Will *Jus Post Bellum* Mean - Of New Wine and Old Bottles », *Journal of Conflict & Security Law*, vol. 14, n°. 2, 2009, pp. 175-207, p. 184.

Conclusion de la première partie

Nous constatons, de ce qui précède, que les administrations de paix augurent une période de pacification et de transition entre guerre et paix. Cette transition peut également être constitutionnelle, car elle constitue un trait d'union entre l'ancien ordre constitutionnel emporté par le conflit et le nouvel ordre constitutionnel à venir. En attendant le rétablissement de ce dernier, c'est le *jus post bellum* constitutionnel qui assure le relais. Le calendrier de sortie des administrations de paix est généralement déterminé à l'avance et stipulé dans un accord et/ou une résolution de paix.

La résolution 745 (1992) du CSNU, par exemple, limita l'Autorité transitoire des Nations Unies au Cambodge à dix-huit mois[917]. L'Accord d'Erdut (entre les Serbes croates et le Gouvernement de Croatie) aussi fixa la durée de l'administration transitoire des Nations Unies en Slovénie orientale (ATNUSO) à un an (renouvelable pour douze mois supplémentaires)[918].

Certes un calendrier fixe amène les administrateurs de paix à réaliser leur mandat en prévision d'une date de fermeture précise, mais, parfois, il est difficile pour eux de répondre à des obstacles imprévus qui peuvent surgir et compromettre la pleine mise en œuvre d'un mandat. Néanmoins, la technique du calendrier fixe a des vertus, car la limitation *ratione temporis* du mandat peut être un facteur d'adhésion des parties au conflit.

Le Gouvernement croate, par exemple, n'a accepté le déploiement de l'ATNUSO que parce qu'elle était une mission à durée déterminée. De plus, un calendrier fixe peut également faciliter la planification. En sachant que la MINUBH allait fermer dans vingt-quatre mois, l'ONU élabora un plan d'exécution du mandat, qui guida

---

[917] S/RES/745 (1992) du 28 février 1992, point 2.

[918] Voir l'Accord d'Erdut (entre les Serbes croates et le Gouvernement de Croatie) du 12 novembre 1995.

cette Mission dans l'accomplissement de son mandat avant sa fermeture[919].

En 1996, deux ans après le retrait des forces États-uniennes de la Somalie, un conseiller de Bill Clinton affirma : « Avant d'envoyer nos troupes dans un pays étranger, nous devons savoir comment et quand nous allons les en faire sortir »[920]. La stratégie de sortie de crise est un défi difficile pour toutes les administrations de paix en général et, particulièrement, pour celles exerçant des fonctions étatiques. D'une part, un retrait prématuré conduirait à laisser des institutions locales faibles et des conflits non résolus, c'est-à-dire qu'une sortie de crise mal conçue compromettrait les résultats d'une administration de paix et mettrait en péril la viabilité de l'État ou du territoire post-conflit. D'autre part, un contrôle extérieur prolongé empêcherait les acteurs locaux de développer une capacité de gouvernance autonome, essentielle à la viabilité de l'État[921].

Aucune administration de paix, à prédominance interne ou internationale, n'est destinée à durer indéfiniment, même si, dans la pratique, certaines d'entre elles ont été de longue durée. À quel moment doivent-elles prendre fin ? Quels sont les éléments d'une bonne stratégie de sortie de crise[922]? La rédaction d'une constitution de sortie de crise est-elle essentielle dans certains cas? Dans l'affirmative, le passage du *jus post bellum* constitutionnel à la constitution de sortie de crise (ou constitution internationalisée) n'est-il pas une transition constitutionnelle ?

---

[919] R. Caplan, « Exit Strategies and State Building », *in* Richard Caplan (ed. by), *Exit Strategies and State Building*, Oxford University Press, 2012, pp. 3-18, p. 10.
[920] Déclaration d'Anthony Lake, conseiller de Bill Clinton pour la sécurité nationale.
[921] R. Caplan, « Exit Strategies and State Building », *in* Richard Caplan (ed. by), Exit Strategies and State Building, Oxford University Press, 2012, pp. 3-18, p. 4.
[922] *Ibid.*, pp. 3-4.

DEUXIEME PARTIE

L'ECRITURE INTERNATIONALISEE DES CONSTITUTIONS DE SORTIE DE CRISE

L'expression « sortie de crise » désigne le soutien apporté à un territoire, étatique ou non, en vue de l'aider à surmonter les difficultés auxquelles il est confronté en adoptant des solutions idoines. Après que la crise ait été solutionnée avec la réalisation du mandat de l'administration de paix instituée à cet effet, la sortie de crise correspondrait à la fin de cette administration de crise. En ce sens, la « sortie de crise » est un processus, une stratégie ou un plan de désengagement relatif au retrait des administrateurs de paix des territoires administrés[923]. En d'autres termes, la sortie de crise est comprise comme la transition de l'autorité gouvernementale exercée par les administrateurs de paix vers les institutions politiques locales[924]. Cette phase technique est à réaliser lorsque les conditions de la paix positive sont remplies[925]. Dans certains cas, les administrateurs de paix ne se retirent du processus de consolidation de la paix qu'après l'élaboration (partielle ou intégrale) et l'entrée en vigueur d'une constitution de sortie de crise qui met un terme à la

---

923 Il convient de garder à l'esprit que le retrait de l'administration de paix ne signifie pas nécessairement la fin de l'engagement international en faveur de la paix. En Bosnie-Herzégovine comme au Kosovo, l'administration de paix est complétée par des conditionnalités politico-économiques liées à la perspective d'une éventuelle adhésion de ces deux entités à l'UE. Même si l'administration de paix devait officiellement prendre fin, cela ne signifie pas qu'elle n'a plus de rôle à jouer dans la consolidation de la paix. D. Zaum, *op. cit.*, p. 145.

924 D. Zaum, « Exit and International Administrations », *in* R. Caplan (*ed.*), *Exit, Strategies, and State Building*, New York, 2012, pp.137-158, p. 144.

925 R. Caplan, « Exit Strategies and State Building », *in* R. Caplan (*ed.*), Exit Strategies and State Building, Oxford University Press, 2012, pp. 3-18, p. 6.

transition active[926]. Le cas échéant, le droit constitutionnel post-transition devient « un mode raisonné de résolution des conflits »[927], même si François Terré se demande « par quelle singulière aberration un peuple adulte a pu ainsi aliéner [...] le soin de dire son droit entre les mains d'hommes qui lui sont extérieurs[928] ».

Dans les pratiques contemporaines, il existe un paradoxe entre l'idée traditionnelle selon laquelle « la constitution est l'esprit du peuple »[929] et l'implication de la communauté internationale dans le processus d'écriture des constitutions de sortie de crise[930]. Si l'incidence du droit international sur les constitutions modernes n'est plus à démontrer, cependant, il est rare de traiter de son influence directe sur l'écriture constitutionnelle[931]. L'implication d'acteurs internationaux dans l'écriture des constitutions de sortie de crise intervient dans le dessein de mettre à la disposition des États post-conflits un outil juridique permettant d'éviter une nouvelle guerre[932].

---

[926] *La transition active* est le processus intérimaire au cours duquel des mesures et réformes sont déployées en vue de retrouver une période de normalité. Elle correspond à la mise en œuvre du mandat. *La transition passive*, quant à elle, commence avec l'entrée en vigueur de la constitution de sortie de crise. Elle vise la phase d'adaptation de la nouvelle constitution.

[927] A.-C. MARTINEAU, *Le débat sur la fragmentation du droit international – Une analyse critique*, Bruxelles, Bruylant, 2016, p. 124.

[928] F. TERRE, *Introduction générale au droit*, Paris, Dalloz, 1998, p. 210. Voir Marie-Laure Mathieu, « Repenser l'ordre et la nécessité », *in* Baptiste Bonnet (dir.), *Traité des rapports entre ordres juridiques*, Paris, LGDJ, 2016, pp. 241-259, p. 254.

[929] Charles De Gaulle, Conférence de presse du 31 janvier 1964.

[930] M. Bonnet, « The legitimacy of internationally imposed constitution-making in the context of state building », A. Rchard, C. Xenophon, F. Alkmene (*ed.*), *The Law and Legitimacy of Imposed Constitutions*, London – New York, Routledge, 2019, pp. 208-226, p. 208.

[931] R. Déchaux, « La légitimation des transitions constitutionnelles », *in* X. Philippe, N. Danelciuc-Colodrovschi (dirs.), *Transitions constitutionnelles et Constitutions transitionnelles. Quelles solutions pour une meilleure gestion des fins de conflit ?*, Institut Universitaire Varenne, 2014, pp. 165-196, p. 170.

[932] Paddy Ashdown affirmait : « avec le recul, nous aurions dû faire passer l'instauration de l'État de droit en premier, car tout le reste en dépend : une économie qui fonctionne, un système politique libre et équitable, le

La réalisation de cet objectif « serait le point culminant du développement du droit international »[933]. Par conséquent, les *constitutions internationalisées* représentent le « produit fini » *des transitions constitutionnelles internationalisées*[934].

L'internationalisation de l'écriture des constitutions de sortie de crise suscite une interrogation sur les nouveaux rapports entre les constitutions nationales et le droit international[935]. Phénomène en pleine prolifération dans les États post-conflits, l'internationalisation des constitutions désigne à la fois l'impact du droit international sur l'équilibre des pouvoirs mis en place par la Constitution de sortie de crise et l'influence du droit international sur le texte constitutionnel lui-même[936]. Cependant, une constitution internationalisée n'est pas celle qui comporte des dispositions renvoyant au droit international, en définissant les rapports que l'ordre juridique interne doit avoir avec l'ordre juridique international, ou en déterminant le rang que le droit international doit occuper au sein de celui-là[937]. Deux critères (non

---

développement de la société civile, la confiance du public dans la police et les tribunaux ». V. Paddy Ashdown, « What I Learned in Bosnia », *New York Times*, 28 octobre 2002. Cité par S. Chresterman, *YOU, THE PEOPLE. The United Nations, Transitional Administration, and State-Building*, Oxford, OUP, 2005, p. 154.

[933] D. Alland, *Droit international public*, Paris, PUF, 2000, p. 63.

[934] G. Conac, « L'insertion des processus constitutionnels dans les stratégies de paix, cinq exemples de constitutions post-conflictuelles » *in* N. Belloubet-Frier, S. Flogaïtis, P. Gonod (dirs.), *Etudes en l'honneur de* Gérard Timsit, Bruxelles, Bruylant, 2004, pp. 25-66, p. 60 : « [l]'internationalisation du conflit civil du fait notamment de ses répercussions économiques et humanitaires déstabilisatrices engendre l'internationalisation de son règlement. C'est pourquoi d'ailleurs, pour sortir de la contradiction, les juristes inventent des fictions qui permettent d'attribuer au peuple souverain ce qui n'est pas son œuvre. »

[935] H. Tourard, « L'internationalisation des constitutions africaines », *in* P. Charlot et C. Klein (dirs.), *Émergence de nouveaux modes de démocratie constitutionnelle. Afrique, Proche-Orient*, Éditions Mare & Martin, 2019, pp. 141 et s.

[936] *Ibid.*

[937] Le Titre VI de la Constitution française de 1958 par exemple est intitulé « Des Traités et Accords internationaux ». L'art. 55 de la même Constitution dispose en ces termes : « Les traités ou accords régulièrement

cumulatifs) nous permettent de qualifier une constitution d'internationalisée. Sur le plan *ratione personae*, elle est appréhendée comme l'ensemble des règles et institutions constitutionnelles nationales conçues par des autorités extérieures (États ou OI) au profit d'un État post-conflit. Elle est le résultat de l'implication de la communauté internationale dans le processus de (re)construction juridico-institutionnelle de ces États. Il s'agit de l'exercice du pouvoir constituant national par des acteurs internationaux (**Chapitre 3**). *Sur le plan ratione materiae*, elle contient des normes internationales relatives aux valeurs socio-idéologiques telles que l'État de droit, la démocratie, les droits humains[938], *etc.* La constitution internationalisée est celle dont le contenu a été (directement ou indirectement) dicté ou édicté par les acteurs extranationaux[939] (**Chapitre 4**). La forme et le contenu des constitutions internationalisées sont ainsi influencés par le droit international. Ce processus correspond au vœu de Boris Mirkine-Guetzévitch qui avait une foi inaliénable en la paix et en la démocratie. Il disait en 1933 que « la démocratie va triompher, parce qu'elle présente la seule forme de gouvernement correspondant à la raison de l'évolution historique des peuples »[940]. Dans l'un et l'autre cas, « la communauté internationale s'auto-investit des compétences souveraines d'un État en se substituant au peuple souverain et aux organes qui le représentent »[941].

---

ratifiés ou approuvés ont, dès leur publication, une autorité supérieure à celle des lois, sous réserve, pour chaque accord ou traité, de son application par l'autre partie ».

[938] Ces valeurs sont qualifiées de patrimoine commun aux États européens : voir le § 3 du préambule du Statut du Conseil de l'Europe du 5 mai 1949.

[939] C. Cerda-Guzman, « Repenser les constitutions internationalisées », *RDP*, 2015, n° 6, pp. 1567-1582, p. 1568.

[940] B. Mirkine-Guetzévitch, *Droit constitutionnel international*, Paris, Sirey, 1933, p. 9.

[941] N. Maziau, « L'internationalisation du pouvoir constituant. Essai de Typologie : le point de vue hétérodoxe du constitutionnaliste », *RGDIP*, 2002-3, pp. 549-759, p. 551.

CHAPITRE III

L'INTERNATIONALISATION DU POUVOIR CONSTITUANT NATIONAL

Les constitutions internationalisées représentent l'étape ultime de la consolidation de la paix et des rapports de systèmes. Si la consolidation de la paix a fait l'objet d'une abondante réflexion dans la littérature universitaire, le pouvoir constituant internationalisé, quant à lui, malgré son lien avec les opérations de paix, reste moins défini et sous-exploré. Certains auteurs l'ont analysé sous l'angle de l'aide internationale apportée à la rédaction des constitutions nationales dans un contexte post-conflit[942]. Pour nous, le pouvoir constituant internationalisé est celui qui rédige les « constitutions de sortie de crise » lors des transitions constitutionnelles internationalisées. Dans l'un et l'autres cas, on se retrouve face au « nouveau constitutionnalisme de crise »[943]. Selon Emily Hay, le pouvoir constituant international est un concept clé qui explique la manière dont les acteurs externes peuvent faire partie du « peuple » qui rédige une constitution[944]. Dans un régime démocratique, le *peuple* élabore sa Constitution et habilite ses *représentants* à la réviser[945]. Cela

---

[942] V. S. Vijayashri, « The United Nation's Role in Post-Conflict Constitution-Making Processes : TWAIL Insaights», *in International Communauty Law review* 10, 2008, pp. 411-420.

[943] E. Hay, « International (ized) Constitutions and Peacebuilding », *Leiden Journal of International Law*, 2014, pp. 141-168, pp. 41-42.

[944] *Ibid.*

[945] Génie du peuple, la constitution, en tant que contrat socio-politique, est le produit de la libre volonté du peuple exerçant son pouvoir souverain. Expression ultime de ce pouvoir constituant, elle fait du peuple un *corps socio-politique* et un gouvernement suprême. Voir R. Albert, X. Constiates and A. Fotiadou, « Introduction. Imposition in Making and Changing Constitutions », *in* R. Albert, X. Constiates and A. Fotiadou (*ed.*),

signifie que le pouvoir constituant national est binaire (originaire et dérivé). Il s'internationalise lorsque l'initiative de rédiger ou de réviser la constitution est entreprise ou imposée par des acteurs internationaux[946]. La mondialisation et le maintien de la paix, en provoquant une interconnexion sans précédent entre les États, ont transformé certaines questions traditionnellement considérées comme des affaires purement nationales, en questions internationalisées impliquant des acteurs externes. La consolidation de la paix, par exemple, est destinée à aider les États fragiles à se relever et à redevenir des membres responsables de la communauté internationale. Différentes mesures sont employées à cette fin, dont l'écriture ou la réécriture de constitutions nationales[947].

Or, « toute hypothèse d'internationalisation » d'une constitution nationale comporte « une limitation de la souveraineté »[948] de l'État. Pourtant, au nom de la paix et de la sécurité internationales, des acteurs internationaux interviennent dans des « transitions constitutionnelles »[949]. Au-delà du changement de régime politique

---

The Law and Legitimacy of Imposed Constitutions, London and New York, Routledge, 2019, pp. 1-12, p. 1.

[946] La participation de ceux-ci au processus constituant national serait liée au fait que les changements qui interviennent à chaque époque entraînent des changements dans les institutions. Voir I. Giraudou, « La question des sources du droit au Japon : une clef de lecture du passage au temps constitutionnel ? », *in* Alexandre Viala (dir.), *La Constitution et le temps*, Actes de colloque. Vème séminaire franco-japonais de droit public du 4 au 10 septembre 2002, Lyon, L'Hermès, 2003, pp. 81-93, p. 89.

[947] M. Bonnet, « The legitimacy of internationally imposed constitution-making in the context of state building », *in* Albert Richard, Contiades Xenophon, FodiatouAlkmene (*ed.*), *The Law and Legitimacy of imposed constitutions*, London – New York, Routledge, 2019, pp. 208-226, p. 209.

[948] R. Kolb, G. Porretto, S. Vité, *L'application du droit international humanitaire et des droits de l'homme aux organisations internationales : forces de paix et administrations civiles transitoires*, Bruxelles, Bruylant, 2005, p. 61.

[949] Ch. Chabrot, « La transition constitutionnelle en France », *in* Alexandre Viala (dir.), La Constitution et le temps, Actes de colloque. Vème séminaire franco-japonais de droit public du 4 au 10 septembre 2002, Lyon, L'Hermès, 2003, pp. 95-110, p. 95 et s.

que celles-ci impliquent, la rédaction d'une nouvelle constitution est une étape capitale [950] : outre le fait qu'elle symbolise et garantit la pacification sociale, elle scelle le nouveau pacte social post-conflit[951].

Les acteurs internationaux qui participent à l'écriture des constitutions nationales sont nombreux et variés : États[952], organisations internationales[953], juridictions internationales[954], ONG[955], experts étrangers[956], *etc.* Certains d'entre eux exercèrent le

---

[950] Ch. Chabrot, P. Eckly, K. Hasegawa, H. Otsu, A. Viala, H. Yamamoto, « Introduction », *in* Alexandre Viala (dir.), La Constitution et le temps, Actes de colloque. Vème séminaire franco-japonais de droit public du 4 au 10 septembre 2002, Lyon, L'Hermès, 2003, pp. 5-9, p. 5 : « Le temps est un élément prépondérant de la vie juridique. Que son décompte se fasse dans le calendrier grégorien, musulman ou impérial (Japon), son écoulement affecte profondément nos Constitutions. Il transforme nos lois y compris nos Constituions en normes caduques. Mais, si le temps est l'ennemi du droit, il est aussi son précieux allié ».

[951] J.-P. Massias, « Les incidences du processus de pacification sur l'écriture de la constitution », *in* X. Philippe, N. Danelciuc-Colodrovschi (dir.), *Transitions constitutionnelles et Constitutions transitionnelles. Quelles solutions pour une meilleure gestion des fins de conflit ?*, Institut Universitaire Varenne, 2014, pp. 27-46, p. 27.

[952] Les Alliés (USA, URSS, France, Grande Bretagne, *etc.*) ont joué un rôle imminent dans l'élaboration des Constitutions respectives du Japon (1947) et de l'Allemagne (1949).

[953] Voir P.-F. Laval, R. Prouvèze (dir.), *L'ONU, entre internationalisation et constitutionnalisation*, A. Pedone, 2015, 137 p.

[954]*Questions concernant l'obligation de poursuivre ou d'extrader* (Belgique c. Sénégal), CIJ, arrêt du 20 juillet 2012, *Rec.* 2012.

[955] X. Philippe, « Le rôle des organisations non gouvernementales dans les processus constituants postconflictuels : expertise ou plaidoyer ? », *in* X. Philippe, N. Danelciuc-Colodrovschi (dir.), *Transitions constitutionnelles et Constitutions transitionnelles. Quelles solutions pour une meilleure gestion des fins de conflit ?*, Institut Universitaire Varenne, 2014, pp. 151-164.

[956] J. Du Bois de Gaudusson, « Le rôle de l'expertise dans la transition constitutionnelle », *in* X. Philippe, N. Danelciuc-Colodrovschi (dir.), *Transitions constitutionnelles et Constitutions transitionnelles. Quelles solutions pour une meilleure gestion des fins de conflit ?*, Institut Universitaire Varenne, 2014, pp. 135-149.

rôle *du pouvoir constituant primaire* (**Section 1**) alors que d'autres exercèrent celui du pouvoir constituant secondaire (**Section 2**)[957].

Section 1. L'internationalisation du pouvoir constituant originaire

En établissant un ordre constitutionnel (provisoire ou définitif) pour un nouvel État, la communauté internationale exerce les fonctions du pouvoir constituant originaire. Mais quand elle élabore une constitution pour un État déjà existant, elle exerce le pouvoir constituant primaire[958]. Dans l'un et l'autre cas, l'élaboration de la Constitution est avant tout un acte politique parce qu'il s'agit d'une (ré) orientation profonde de l'ordre politico-juridique, socio-économique et culturel de l'État[959]. Le pouvoir constituant originaire ou primaire est l'organe qui fait la Constitution ou qui édicte les normes fondamentales de l'État[960]. Pour Claude Klein, le pouvoir constituant originaire élabore une norme particulière à savoir la Constitution[961] : donc, il édicte « la norme la plus élevée dans un ordre juridique »[962]. En d'autres termes, il est la puissance dont dispose une

[957] Au terme de l'administration de paix, *la transition constitutionnelle* implique la disparition du *jus post bellum* constitutionnel et son remplacement par une nouvelle constitution initiée ou rédigée par les opérateurs de paix. Ceux-ci peuvent également initier ou exiger la révision de la Constitution antérieure et conflictuelle lorsque cette révision est une condition *sine qua non* pour parvenir à la paix.

[958] Pour nous, il existe une petite nuance entre les pouvoirs constituants originaire et primaire : le premier intervient dans la phase de création de l'État et de l'adoption de sa première constitution (il est à la fois originaire et primaire), tandis que le second a un sens chronologique, en intervenant le premier avant le pouvoir constituant dérivé (ou secondaire) qui intervient en aval pour réviser la constitution déjà établie en amont.

[959]Sripati Vijayashri, « The United Nation's Role in Post-Conflict Constitution-Making Processes : TWAIL Insaights», *in International Communauty Law review* 10, 2008, pp. 411-420, p. 412.

[960] A. Negri, *Le pouvoir constituant, Essai sur les alternatives de la modernité*, Paris, PUF, 1997, p. 2.

[961] Claude Klein, *Théorie et pratique du pouvoir constituant*, Paris, PUF, 1996, p. 4.

[962]*Ibid.*

personne physique ou morale[963] « d'introduire une nouvelle constitution »[964] dans la vie juridique de l'État. Il est sans doute l'acte de souveraineté le plus solennel, vu qu'il s'agit d'instaurer un nouvel ordre juridique et de régler les rapports juridiques au sein de l'État[965]. C'est la raison pour laquelle son internationalisation représente une exception au principe de « non-ingérence »[966] et à l'autonomie constitutionnelle des États[967].

L'internationalisation du pouvoir constituant national intervient souvent dans un contexte post-conflictuel où les vainqueurs voire les puissances occupantes décident de l'avenir juridique des États occupés. C'est ainsi que des puissances alliées et des coalitions armées s'impliquent dans le processus de reconstruction juridico-

---

963 Selon H. Yamamoto, le concept de « pouvoir constituant » est la notion la plus fondamentale dans la théorie du droit constitutionnelle et dans celle de l'État. Elle est liée aux mouvements révolutionnaires du XVIIIèsiècle abrogeant l'ordre politico-juridique antérieur pour y substituer un nouvel. Dans un premier temps, amorcé à la veille de la révolution française de 1789, ce concept fut théorisé par Emmanuel Sieyès. Dans un deuxième temps, il fut redécouvert par C. Schmitt dans une problématique nouvelle relative au constitutionnalisme moderne. Dans un troisième temps (en vogue), le pouvoir constituant est limité par une pratique juridictionnelle et certaines clauses de stabilité et de sécurité juridico-politiques. L'internationalisme juridique a mis en cause la conception classique du pouvoir constituant fondée sur l'État-nation. La notion est finalement devenue un sujet de recomposition et de restructuration. H. Yamamoto, « Les trois temps pour la liberté du pouvoir constituant », *in* Alexandre Viala (dir.), La Constitution et le temps, Actes de colloque. Vème séminaire franco-japonais de droit public du 4 au 10 septembre 2002, Lyon, L'Hermès, 2003, pp. 13-25, pp.13 et s.

964 N. Maziau, *op. cit.*, p. 549.

965 A. Negri, *op. cit.*, pp. 2-3.

966 Charte des Nations Unies du 26 août 1945, art. 2, (7).

967 A/RES/2625 (XXV) du 24 octobre 1970 portant *Déclaration relative aux principes du droit international touchant les relations amicales et la coopération entre les États conformément à la Charte des Nations Unies* : « […] tous les peuples ont le droit de déterminer leur statut politique, en toute liberté et sans ingérence extérieure, et de poursuivre leur développement économique, social, et culturel, et tout État a le devoir de respecter ce droit conformément aux dispositions de la Charte ».

institutionnelle des États vaincus (**§ 1**). De plus, des opérateurs de paix aussi apportent une assistance constitutionnelle aux États en crise (**§ 2**).

§ 1. L'internationalisation *de facto* du pouvoir constituant originaire : l'écriture des constitutions nationales par les puissances occupantes

On parle d'internationalisation *de facto* du pouvoir constituant national quand les puissances occupantes rédigent la constitution de l'État occupé. Une puissance occupante est celle qui prend le contrôle d'un territoire étatique ou non à l'issue d'un conflit armé.

Selon le Règlement de la Haye concernant les lois et coutumes de la guerre sur terre de 1907, « Un territoire est considéré comme occupé lorsqu'il se trouve placé de fait sous l'autorité de l'armée ennemie. L'occupation ne s'étend qu'aux territoires où cette autorité est établie et en mesure de s'exercer »[968].

Le maintien de l'ordre public et la refondation des États vaincus constituent la préoccupation majeure des puissances occupantes. C'est ainsi qu'après la Seconde Guerre mondiale, les Alliés, devenues puissances occupantes, refondèrent les États vaincus allemands et japonais, sur la base de nouvelles constitutions élaborées à cet effet (**A**). Par ailleurs, une coalition armée a fait adopter deux constitutions respectivement en Afghanistan (2004) et en Irak (2005) (**B**).

A. L'écriture des constitutions japonaise et allemande par les Alliés

En déclenchant la Seconde Guerre mondiale, les Empires allemand et japonais ont violé l'obligation de coexister pacifiquement avec les autres nations. Ainsi, en 1945, les puissances alliées considérèrent la reconstruction juridico-institutionnelle de ces deux Empires vaincus comme un moyen de prévenir d'éventuels conflits armés et une occasion pour consolider la paix. Pour éviter que l'Allemagne et le Japon ne récidivent en préparant ou en provoquant

[968] Règlement de La Haye concernant les lois et coutumes de la guerre sur terre de 1907, art. 42.

une nouvelle guerre, les puissances alliées occupèrent ces États post-conflit et y établirent de nouvelles institutions étatiques[969]. C'est ainsi que les anciennes Constitutions de l'Allemagne et du Japon furent supprimées voire totalement enterrées par la défaite militaire de 1945. Les vainqueurs abrogèrent la Constitution *Meiji* du 11 février 1889 et la Constitution de Weimar du 11 août 1919 et élaborèrent de nouvelles constitutions respectivement pour le Japon (**1**)[970] et l'Allemagne (**2**) au lendemain de la seconde guerre mondiale.

1. La Constitution japonaise de 1946 : une œuvre du général Douglas MacArthur

Après les capitulations italienne et allemande, les Alliés exigèrent du Japon de capituler sans condition. Face à son refus d'obtempérer, les États-Unis larguèrent deux bombes atomiques

---

[969] G. H. Fox, « Exit and Military occupations », *in* R. Caplan (*ed.*), *Exit, Strategies and State Building*, New York, 2012, pp. 197-223, p. 197.

[970] L'histoire constitutionnelle du Japon montre que la relation entre constitutionnalisme et mondialisation n'est pas construite sur une antinomie. Le Japon entra dans l'ère du constitutionnalisme en 1889 lorsque l'Empereur promulgua la Constitution, une nouvelle situation s'installa dans le pays. Cette Constitution, dite *Meiji* en raison du nom du régime politique qui lui permit d'être édictée, est le fruit de la mondialisation. L'une des raisons qui conduisirent le Japon à réformer profondément son régime politique et à s'orienter vers un régime constitutionnel fut la question de son ouverture sur l'extérieur et plus précisément celle du respect des traités de commerce conclus avec les puissances étrangères. Les partisans de l'ouverture et du respect des traités, ayant finalement emporté sur ceux qui y étaient opposés, parvinrent à moderniser le Gouvernement du Japon. L'inscription des règles de fonctionnement de ce Gouvernement dans la Constitution fut le point d'orgue de la modernisation. De plus, le choix du mode de gouvernement retenu par la Constitution *Meiji* fut éclairé par la recherche du système politique étranger susceptible de s'y acclimater, ce qui explique en grande partie le décalage temporel entre le moment où le régime Meiji débute en 1868 de celui de l'adoption de la Constitution en 1889. Voir Pierre Ekly, « Le constitutionnalisme au temps de la mondialisation : les contributions française et japonaise », *in* Alexandre Viala (dir.), *La Constitution et le temps*, Actes de colloque. Vème séminaire franco-japonais de droit public du 4 au 10 septembre 2002, Lyon, L'Hermès, 2003, pp. 285-291, p. 289 et s.

respectivement sur les villes d'Hiroshima et Nagasaki[971]. Le 10 août 1945, le Japon fit une proposition de capitulation à la condition que les prérogatives de l'empereur ne soient pas remises en cause[972]. Les Alliés répondirent que l'empereur nippon sera soumis au général MacArthur (commandant suprême des Forces alliées et maître d'œuvre du processus de démocratisation du Japon post-conflit). Ce principe fut consacré par la Déclaration de Postdam du 17 juillet au 2 août 1945 relative à l'administration du Japon par les Forces d'occupation jusqu'à la mise en place d'un gouvernement responsable et pacifique établi conformément à la volonté librement exprimée du peuple japonais[973]. Une nouvelle Constitution réformant le pays fut élaborée à cet effet.

Officiellement, le peuple japonais est « l'auteur » de la Constitution de 1946 :

> « Nous, peuples japonais, [...] proclamons que le pouvoir souverain appartient au peuple et établissons fermement cette Constitution. Le Gouvernement est le mandant sacré du peuple, dont l'autorité vient du peuple, dont les pouvoirs sont exercés par les représentants du peuple et les bénéfices sont à la jouissance du peuple. Telle est la loi universelle à la base de la présente Constitution »[974].

Paradoxalement, le peuple japonais n'est pas l'auteur de sa nouvelle Constitution. Il ne fut aucunement associé à l'élaboration de la Constitution et ne l'approuva pas ultérieurement par référendum[975]. La Constitution japonaise est particulièrement considérée comme un texte imposée[976]. En tenant compte des circonstances dans lesquelles

---

[971] Respectivement les 6 et 9 août 1945.

[972] L'accord final de la capitulation fut signé le 2 septembre 1945.

[973] Déclaration de Postdam du 26 août 26 juillet 1945, § 12.

[974] Constitution japonaise de 1946, préambule.

[975] A. Vahlas, « Le paradoxe de la stabilité constitutionnelle japonaise », *in* Alexandre Viala (dir.), *La Constitution et le temps*, Actes de colloque. Vème séminaire franco-japonais de droit public du 4 au 10 septembre 2002, Lyon, L'Hermès, 2003, pp. 63-80, p. 67.

[976] R. Albert, X. Contiades and A. Fotiadou, « Introduction. Imposition in making and changing constitutions », in R. Albert, X.

le Japon se trouvait en 1945, le Commandement américain d'occupation militaire est considéré comme le constituant réel, dans la mesure où sa volonté fut déterminante dans l'établissement de la Constitution japonaise de 1946. Les conditions de rédaction du texte constitutionnel et celles de son adoption par les acteurs politiques japonais attestent de cela[977].

Concernant la rédaction du texte, une commission fut instituée et chargée de réviser la Constitution de 1889 dans un premier temps. Présidée par Joji Matsumoto, cette commission n'envisagea pas de profondes réformes ; à l'image de l'opinion publique dominante du pays, elle souhaitait démocratiser le Japon en conservant la Constitution *Meiji*[978]. Cela provoqua la colère du général MacArthur qui reprit en main le processus de rédaction constitutionnelle[979]. Il insista et affirma que le changement de constitution était « une condition nécessaire à la reddition du Japon et au respect des termes du projet de Postdam »[980]. Le général MacArthur, à la tête du Commandement suprême pour les Forces alliées, chargea la vingtaine de membres de la Section des affaires gouvernementales de rédiger un projet de Constitution[981]. Il s'adressa à cette nouvelle équipe en ces termes : « Vous êtes maintenant une assemblée constituante [...] et vous allez écrire la Constitution japonaise »[982]. Présidé par le général Whitney, cette Commission composée de membres de la Force

---

Contiades and A. Fotiadou (*ed. by*), *The Law and Legitimacy of Imposed Constitutions*, London – New York, Routledge, 2019, pp. 1-12, pp. 3-4.

[977] Alexis Vahlas, « Le paradoxe de la stabilité constitutionnelle japonaise », *in* Alexandre Viala (dir.), *La Constitution et le temps*, Actes de colloque. Vème séminaire franco-japonais de droit public du 4 au 10 septembre 2002, Lyon, L'Hermès, 2003, pp. 63-80, p. 71.

[978] A. Vahlas, « Le paradoxe de la stabilité constitutionnelle japonaise », *op. cit.*, p. 71.

[979] R. Albert, X. Contiades and A. Fotiadou, « Introduction. Imposition in making and changing constitutions », *in* R. Albert, X. Contiades and A. Fotiadou (*ed. by*), *The Law and Legitimacy of Imposed Constitutions*, London – New York, Routledge, 2019, pp. 1-12, pp. 3-4.

[980] *Ibid.*

[981] A. Vahlas, « Le paradoxe de la stabilité constitutionnelle japonaise », *op. cit.*, p. 72.

[982] *Ibid.*

d'occupation, fut l'auteure réelle du projet de Constitution élaboré en dix jours (entre les 3 et 13 février 1946), puis transmis au Gouvernement japonais[983]. Le 22 février 1946, une réunion rassemblant les deux Commissions eut lieu. Le Président de la première Commission, le général Matsumoto, demanda à celui de la seconde Commission, le général Whitney : quels articles du projet constitutionnel (américain) étaient inaltérables ? « Toute la Constitution », répondit-il[984]. Dès lors, les Japonais n'eurent le choix qu'entre accepter le projet de Constitution comme tel ou provoquer une nouvelle crise avec les États-Unis. C'est ainsi que, le 24 août 1946, la Chambre des Représentants (par 428 contre 8) adopta le projet de Constitution. Le 6 octobre suivant, la Chambre des pairs l'approuva à son tour (298 voix contre 4). Le projet fut accepté par le Conseil privé le 29 octobre 1946, avant sa promulgation par l'empereur le 3 novembre de la même année[985], et son entrée en vigueur le 3 mai 1947.

Donc, en la forme, la Constitution japonaise est l'œuvre des autorités japonaises, mais au fond, elle est l'œuvre de la puissance occupante. Ce constat est également valable pour les deux constitutions allemandes post-conflits.

2. L'écriture des Constitutions allemandes post-conflits

Après la Première Guerre mondiale, les puissances victorieuses préférèrent imposer des sanctions territoriales et pécuniaires à l'Allemagne plutôt que de la soumettre à un régime d'occupation[986].

---

[983] *Ibid.*

[984] *Ibid.*

[985] A. Vahlas, « Le paradoxe de la stabilité constitutionnelle japonaise », in Alexandre Viala (dir.), La Constitution et le temps, Actes de colloque. Vème séminaire franco-japonais de droit public du 4 au 10 septembre 2002, Lyon, L'Hermès, 2003, pp. 63-80, p. 71.

[986] Le Traité de Versailles du 28 juin 1919 fixe le destin de l'Allemagne qui perd le septième de son sol et le dixième de sa population. La France récupère l'Alsace-Lorraine et reçoit, pour 15 ans, le contrôle de la Sarre. La Belgique annexe Eupen et Malmédy. Après plébiscite, le Danemark reprend le Schleswig du Nord. A l'Est, le Reich abandonne Memel et Dantzig érigées en villes libres, la Haute-Silésie, la Posnanie et la

Cependant, après qu'elle ait récidivé en déclenchant la Seconde Guerre mondiale[987], les Alliés jugèrent nécessaire de mettre en place quatre zones d'occupation du territoire allemand, avec une administration internationale provisoire[988]. Ces quatre zones d'influence furent immédiatement et idéologiquement transformées en deux États *de facto*, chacun ayant sa propre Constitution. La Loi fondamentale de la République fédérale d'Allemagne (RFA) (**1**) intégra, quelques décennies plus tard, la Constitution de la République démocratique d'Allemagne (RDA) (**2**).

a. La Loi fondamentale de la RFA

Les États-Unis, l'Angleterre, la France, la Belgique, les Pays-Bas et le Luxembourg se mirent d'accord, le 1er juin 1948, sur le processus devant aboutir à l'adoption d'une nouvelle constitution pour la RFA. La Loi fondamentale, adoptée à cet effet, est fréquemment citée comme un exemple de constitutions imposées[989]. Certes le processus de son élaboration était supervisé par les Alliées, mais dans la pratique, sa rédaction fut principalement allemande, en ce sens que le contenu de la Loi fondamentale n'a pas été entièrement dicté par les puissances occupantes. D'ailleurs, cette Loi fondamentale, encore en

---

Prusse occidentale données à la Pologne reconstituée mais conserve la Prusse orientale, désormais isolée par le corridor polonais. Privée de ses colonies réparties sous forme de mandats entre les vainqueurs et les alliés, l'Allemagne est en outre désarmées, sa future défense réduite, la Rhénanie et la rive droite du Rhin démilitarisées…Bref, l'Allemagne doit accepter la responsabilité de la guerre et verser en conséquence des réparations dont le montant sera calculer à part (art.231 du Traité de Versailles). Voir F.-C. Mougel et S. Pacteau, *Histoire des relations internationales XIXè et XXè siècles*, Paris, PUF, 2010, p. 63.

987 L'attaque de la Pologne par l'Allemagne le 1er septembre 1939 constitue le début de la seconde guerre mondiale.

988 Cette internationalisation ou occupation eut lieu après sa capitulation de l'Allemagne : le 8 mai à Reims et le 9 mai à Berlin, les nazis capitulèrent sans condition.

989 R. Albert, X. Contiades and A. Fotiadou, « Introduction. Imposition in making and changing constitutions », *in* R. Albert, X. Contiades and A. Fotiadou (*ed.*), *The Law and Legitimacy of Imposed Constitutions*, London – New York, Routledge, 2019, pp. 1-12, p.5.

vigueur, est basée sur les modèles et traditions façonnés par les Allemands eux-mêmes. Dans ces cas, pourquoi parle-t-on d'une Constitution imposée[990]? La naissance de la RFA était non seulement la conséquence directe de la défaite allemande[991], mais aussi de l'opposition idéologique entre les grands blocs : l'Est et l'Ouest. Il n'était pas question pour les Alliés de laisser sans contrôle le processus de reconstruction constitutionnelle de ce pays belliqueux comme ce fut le cas en 1919[992]. Ils procédèrent, donc, à une refondation intégrale de l'État allemand post-conflit[993]. Lors de la Conférence de Postdam (17 juillet au 2 août 1945), les États-Unis, l'URSS et l'Angleterre décidèrent que cette reconstruction se ferait de bas en haut et par étapes. Selon Gérard Conac, il a été prévu que le territoire du futur État allemand démilitarisé serait d'abord découpé en *Länder* très largement autonomes afin de prévenir la réapparition d'un pouvoir central autoritaire[994]. Puis un gouvernement provisoire (dont les membres étaient nommés par le gouverneur militaire de la zone d'occupation où il se situait) fut installé dans chacun des *Länder*. Enfin, la troisième étape consistait pour chaque *Länder* à élire au suffrage universel une assemblée parlementaire[995]. Cela étant fait, les Alliés ordonnèrent aux ministres Présidents des onze *Lander* relevant de leurs zones d'occupation, de convoquer un « *Parlementarische Rat* »[996] composé de 65 membres originaires des différentes « *Landtage* »[997], en vue d'adopter une nouvelle constitution

[990]*Ibid.*

[991]Mélin-Soucramanien Ferdinand et Pactet Pierre, *Droit constitutionnel*, Paris, Sirey, 2015, p. 170.

[992] G. Conac, *in Etudes en l'honneur de Gérard Timsit*, Bruylant, *op. cit.*, p. 30.

[993] La première initiative entreprise par les Alliés, après l'effondrement du régime hitlérien, fut celle de juger les criminels nazis, en créant à cet effet, le Tribunal de Nuremberg.

[994] G. Conac, *in Etudes en l'honneur de Gérard Timsit*, Bruylant, *op. cit.*, p. 30.

[995]*Ibid.*

[996]*Parlementarische Rat* : appellation en allemand de l'organe institué en 1948 par les onze ministres-Présidents des Länder des zones d'occupation américaine, britannique et française en Allemagne en vue de rédiger la Loi fondamentale de la RFA.

[997]*Landtage* : appellation, en Allemand, des Assemblées des *Länder.*

démocratique et fédérale pour l'Allemagne. Ce Conseil parlementaire élabora un projet de Loi fondamentale le 8 mai 1948. Après l'approbation du Conseil allié et des *Lander*, la Loi fondamentale entra en vigueur le 23 mai 1949[998]. Au même moment, l'URSS aussi avait initié un autre processus constituant en RDA.

b. La Constitution de la RDA et la réunification des deux États allemands

Le conflit idéologique entre les blocs de l'Est et de l'Ouest aboutit à la formation d'un « rideau de fer » qui divisa le territoire allemand en deux États. Autrefois appelée Allemagne de l'Est, la RDA est un ancien État communiste institué en octobre 1947 dans la zone d'occupation soviétique. Placée sous son emprise, l'URSS a fait adopter le 7 octobre 1947 une nouvelle Constitution conforme à son idéologie pour la RDA. Quarante ans plus tard, la dislocation de l'URSS et le reflux du camp socialiste entraînèrent la chute de la RDA, d'une part et ces deux évènements favorisèrent la réunification des deux États en un seul État fédéral, d'autre part. En outre, les rédacteurs de la Loi fondamentale de la RFA du 23 mai 1949 avaient prévu deux techniques pour une éventuelle réunification du pays[999].

D'un côté, on pouvait faire jouer l'article 23 qui dispose que la Loi fondamentale « entrera en vigueur dans d'autres parties de l'Allemagne après l'accession de celles-ci à l'indépendance ». Tel fut le cas de la Sarre qui, jusqu'en 1956 était sous contrôle de la France[1000]. Pour Pierre Pactet et autres, c'était la voie la plus rapide, car elle permettait de conserver la Loi fondamentale qui, à l'origine, était sans doute provisoire, mais qui avait fait ses preuves et était l'objet d'un large consensus.

De l'autre côté, le Conseil parlementaire, loin d'être un pouvoir constituant originaire souverain, au regard surtout des directives qui

[998] N. Maziau, *op. cit.*, p. 565.
[999] F. Emélin-Soucramanien et P. Pactet ,*op. cit.*, p. 171.
[1000] Initialement, le Traité de Versailles du 28 juin 1919 n'avait prévu que 15 ans comme délai légal pendant lequel la France devrait exercer son contrôle sur la Sarre.

lui étaient imposées par les Accords de Londres, prit quand même le soin de mentionner que ladite Loi fondamentale serait remplacée par un autre texte dès que l'ensemble du peuple allemand serait appelé à choisir librement son avenir[1001]. Finalement, c'est la technique de l'article 23 qui a prévalu, dans la mesure où une nouvelle constitution n'a pas été adoptée lors de la réunification qui s'est effectuée par la voie des Traités.

On utilise le concept « réunification » pour la simple raison que, c'est par conventions internationales que les deux États acceptèrent de fédérer. Sinon, *in concreto*, c'est la RFA qui intégra la RDA.

Dans tous les cas, le peuple allemand tenait inlassablement à son unité et au recouvrement de sa souveraineté *de plano.* Étant provisoire au départ, la Loi fondamentale de Bonn est devenue, depuis la chute du mur de Berlin, la Constitution de l'Allemagne unifiée : « Plusieurs Traités d'unification entre la RFA et la RDA ont été conclus dans ce cadre. Deux d'entre eux méritent d'être cités : celui du 31 août 1990 qui fixa au 3 octobre 1990 la date de la réunification et le Traité dit « 2 + 4 » conclu entre les deux États allemands d'alors et les puissances occupantes (États-Unis, Grande-Bretagne, Union soviétique, France)[1002].

En conséquence, le parti communiste et la RDA ont été dissous, les *Lander* de la RDA ont été intégrés à la RFA. La Loi fondamentale de Bonn n'a été que légèrement amendée pour tenir compte des nouveaux *Lander* intégrés.

Le Président de la République fédérale d'Allemagne, Roman Herzot écrivait en 1994 : « L'Allemagne a retrouvé son unité nationale selon une décision souveraine et réfléchie du peuple, la Loi fondamentale est devenue la constitution de toute la Nation [...]. Nous Allemands avons toutes les raisons d'être fiers de notre Loi fondamentale et devons rester prêts à la défendre de notre mieux»[1003].

[1001] Loi fondamentale de la RFA du 23 mai 1949, art. 146.
[1002] F. Emélin-Soucramanien et P. Pactet, *op. cit.*, p. 172.
[1003] G. Conac, *op.cit.,*p. 35.

Par ailleurs, les pouvoirs constituants nationaux afghans et irakiens se sont internationalisés *de facto* dans la mesure où l'implication de la coalition armée dans ces processus constituants était consécutive au conflit armé qui opposa chacun de ces deux États à la coalition.

B. L'écriture des Constitutions afghane et irakienne sous l'influence de la coalition armée

Les deux conflits armés internationaux respectivement en Afghanistan (2001)[1004] et en Irak (2003) se soldèrent par la victoire de la coalition militaire qui occupa ces deux États vaincus. Après l'intervention américaine en Afghanistan le 7 octobre 2001 et l'éviction du régime taliban, le contrôle sur divers secteurs de la société afghane a changé[1005]. Les Forces américaines prirent Kaboul, la capitale, le 12 novembre et le 14 novembre 2001, le CSNU exprima « son ferme appui aux efforts du peuple afghan visant à établir [...] un nouveau gouvernement »[1006]. Celui-ci, créée par la Conférence internationale de Bonn du 5 décembre 2001 et approuvé par le CSNU[1007], avait un cahier des charges incluant l'élaboration d'une nouvelle constitution pour l'Afghanistan. L'Accord de Bonn demanda à l'ONU de jouer un rôle important dans la transition (constitutionnelle) et le Conseil y a répondu le 28 mars 2002 en créant la Mission d'Assistance des Nations unies en Afghanistan (MANUA)[1008] (**1**). Analogiquement, le conflit en Irak offre un éclairage unique sur la question de la classification des conflits, car il a évolué de manière linéaire, d'un CAI à un CANI, en passant par une

[1004] Sur le conflit armé en Afghanistan, lire Françoise J. Hampson, « Afghanistan 2001-2010 », *in* Elizabeth Wilmshurst (*ed.*), *International Law and the Classification of Conflicts*, Oxford University Press, 2012, pp. 242-279.

[1005]G. H. Fox, « Navigating the Unilateral/Multilateral Divide », », *in* C. Stahn, J. S. Easterday, J. Iverson (*ed.*), *Jus Post Bellum. Mapping the Normative Foundations*, Oxford UniversityPress, 2014, pp. 229-258, p. 50.

[1006] S/RES/1378 du 14 novembre 2001, point 1.

[1007] S/RES/1383 du 6 décembre 2001, préambule.

[1008] S/RES/1401 du 28 mars 2002, point 1.

période d'occupation belligérante[1009]. L'analyse de cette occupation nous permet de cerner la manière dont la transition constitutionnelle, délicate et complexe, s'est produite en Irak (**2**).

1. L'écriture de la Constitution afghane de 2004

En 1994, un groupe religieux et militant (les Talibans = étudiants), soutenu par le Pakistan, arriva au pouvoir en Afghanistan[1010]. Après les attaques terroristes contre les États-Unis le 11 septembre 2001[1011], les Talibans refusèrent d'extrader Oussama Ben Laden, le chef de l'organisation terroriste (Al-Qaïda) basée en Afghanistan, déclenchant ainsi l'invasion et l'occupation du pays par les forces américaines et alliées en novembre de la même année[1012]. L'objectif de cette coalition militaire internationale était double : l'éradication de l'organisation terroriste Al-Qaïda (y compris le régime des Talibans) et la refondation de l'État afghan. La réalisation de ce second objectif devait passer par l'adoption d'une nouvelle constitution[1013]. Le 1er octobre 2001, le Président américain, George W. Bush, annonça que les États-Unis soutiendraient une transition politique et un programme de reconstruction coordonné par l'ONU en Afghanistan. En conséquence, ils convoquèrent la Conférence de Bonn[1014], placée sous les auspices de l'ONU, qui aboutit à la signature

---

[1009] M. N. Schmitt, « Iraq (2003 onwards) », *in* E. Wilmshurst (*ed.*), *International Law and the Classification of Conflicts*, Oxford, Oxford UniversityPress, 2012, pp. 356-386, p. 356.

[1010] B. R. Rubin, « Crafting a constitution for Afghanistan », *in* S. A. Arjomand (*ed.*), *Constitutional Politics in the Middle East. With Special Reference to Turkey, Iraq, Iran and Afghanistan*, Oxford and Portland Oregon, Hart Publishing, 2008, pp. 146-161, pp. 146 et s.

[1011] Depuis que le Président américain George W. Bush a annoncé, le 1er octobre 2001, que les États-Unis soutiendraient une transition politique et un programme de reconstruction coordonné par l'ONU en Afghanistan, il était désormais question de bricoler un gouvernement transitoire qui allait succéder au régime politique taliban.

[1012] *Ibid.*

[1013] Robert L. Maddex, *Constitutions of the World*, Washington, CQ Press, 2008, pp. 1-4.

[1014] Neuf jours seulement se sont écoulés entre l'ouverture des négociations par l'ONU dans l'ancienne capitale ouest-allemande et l'apposition des signatures le 5 décembre 2001.

de l'accord du 5 décembre 2001 fixant les bases constitutionnelles du Gouvernement intérimaire (de 2001 à 2004)[1015]. Ce Gouvernement anti-Talibans, soutenu par la coalition internationale, devait faciliter la rédaction de la Constitution de sortie de crise[1016]. Une commission spéciale, composée de 21 membres, fut chargée de convoquer la *LoyaJirga* (Assemblée) *d'urgence* censée adoptée la nouvelle Constitution[1017]. Il a été enjoint au Gouvernement intérimaire et à la *Loya Jirga d'urgence* de collaborer avec la communauté internationale, d'entretenir des relations pacifiques avec les pays voisins, de se conformer au droit international, aux principes fondamentaux, aux instruments internationaux relatifs aux droits humains ainsi qu'au droit international humanitaire[1018].

La plupart des Afghans ont vu le gouvernement choisi à Bonn comme non représentatif. Cependant, avec l'aide de l'ONU et de la coalition, le gouvernement organisa l'élection de la *LoyaJirga* constitutionnelle dans les délais prévus[1019]. Cet organe indirectement élu et composé d'environ 1 500 représentants, vota de prime abord en faveur du maintien de Hamid Karzai au pouvoir pendant deux ans supplémentaires. Après de longues négociations, Karzai nomma un gouvernement de transition le 19 juin 2002. L'ONU et le Gouvernement Karzai se montrèrent prudents quant à l'ouverture trop précoce du processus constitutionnel au public[1020]. Le Président Karzaï nomma une commission de rédaction de neuf membres, qui élabora un texte largement inspiré de la Constitution afghane de 1964. Une autre commission, plus importante, de 35 membres examina ce texte, qui fut soumis à quelques experts internationaux et au Conseil

1015 https://mjp.univ-perp.fr/constit/af2001.htm

1016 En attendant, la Constitution de 1964 fut provisoirement rétablie. Voir l'Accord de Bonn de 2001, point II, 1, a.

1017 Accord de Bonn du 5 décembre 2001, point IV, 1.

1018 Ibid., point V, 2, 3, 4.

1019 La *LoyaJirga* est une institution traditionnelle composée à l'origine par des chefs de tribus afghane. Elle se prononce sur les décisions importantes.

1020 Barnet R Rubin, « Crafting a constitution for Afghanistan », *in* Saïd Amir Arjomand (ed. by), *Constitutional Politics in the Middle East. With Special Reference to Turkey, Iraq, Iran and Afghanistan*, Oxford and Portland Oregon, Hart Publishing, 2008, pp. 146-161, pp. 148 et s.

national de sécurité (CNS) du gouvernement. Ce fut le premier processus constitutionnel afghan qui était ouvert au débat politique : l'ONU insista sur la nécessité d'une consultation publique dans le processus. L. Brahimi, RSSG, considéra que le rôle de l'ONU était de s'assurer que la Constitution créerait une forme de gouvernement viable et conforme aux normes internationales de base[1021]. Le Gouvernement publia le projet final de la Commission le 3 novembre 2003, soit 37 jours avant l'ouverture la *LoyaJirga* constitutionnelle (LJC), qui s'est finalement réunie le 14 décembre 2003[1022]. Le 3 janvier 2004, la quasi-totalité des 502 membres (présents) de la LoyaJirga constitutionnelle réunis à Kaboul se sont levés en silence pour approuver la nouvelle Constitution de la République islamique d'Afghanistan. Le Président Hamid Karzai signa et promulgua officiellement le texte constitutionnel le 26 janvier 2004, inaugurant ainsi la sixième Constitution afghane[1023]. Une année plus tard, l'Irak aussi a été doté d'une nouvelle constitution.

2. L'écriture de la Constitution irakienne de 2005

Les États-Unis, à la tête d'une coalition multiétatique, envahirent l'Irak le 20 mars 2003. Le CSNU n'ayant pas autorisé *ex ante* cette invasion, elle est considérée comme une violation du droit international. L'armée américaine prit le contrôle de Bagdad le 9 avril et les principales hostilités actives cessèrent le 2 mai 2003[1024]. Pour combler le vide juridico-institutionnel causé par la guerre, les vainqueurs y établirent l'Autorité Provisoire de la Coalition (APC) dirigée par l'Américain Paul Bremer[1025]. Ce dernier nomma le Conseil

---

[1021] *Ibid.*

[1022] L'approbation d'une nouvelle constitution et la tenue des élections Présidentielles devaient constituer les étapes finales du processus politique transitoire proprement dit.

[1023] https://mjp.univ-perp.fr/constit/af2004.htm#6 consulté le 7/07/2020.

[1024] Toby Dodge, « Iraq », *in* Richard Caplan (*ed. by*), *Exit, Strategies and State Building*, New York, 2012, pp. 242-258, p. 242.

[1025] Voir Andrew Arato, « From Interim to Permanent Constitution in Iraq », *in* Saïd Amir Arjomand (*ed.*), *Constitutional Politics in the Middle East. With Special Reference to Turkey, Iraq, Iran and Afghanistan*, Oxford and Portland Oregon, Hart Publishing, 2008, pp. 163-201, p. 166 : « Selon

de gouvernement provisoire irakien (un organe consultatif). L'APC s'est occupé non seulement des tâches de reconstruction du régime irakien, mais aussi de l'élaboration de la Constitution de sortie de crise[1026]. Cette complexe transition constitutionnelle, allant de la chute du régime de Saddam Hussein au référendum constitutionnel de 2005, s'est effectuée en plusieurs étapes[1027].

La première, du 2 mai au 15 novembre 2003, fut « caractérisée par l'omniprésence de la coalition militaire dans le processus décisionnel »[1028]. Elle exerçait les fonctions de souveraineté par substitution. La deuxième étape commença avec la signature de l'accord du 15 novembre 2003 (*Agreement on Political Process*) entre Paul Bremer et Jalal Talabani, Président par rotation du Conseil de gouvernement provisoire[1029]. Cet accord avait pour but d'organiser le transfert progressif de la souveraineté irakienne exercée *de facto* par les puissances occupantes vers une nouvelle administration provisoire et souveraine. Son premier article était relatif à l'établissement d'une Constitution transitoire (*The Fundamental Law*) que l'APC devait

---

Ayatollah Sistani, il y a eu une rupture constitutionnelle en Irak et il doit y avoir un nouveau départ pour lequel il n'y a pas de règles juridiques. Personne n'a le pouvoir de préjuger des questions constitutionnelles avant de nouvelles élections : ni les Américains, parce qu'ils sont étrangers, ni les politiciens irakiens, parce qu'ils ne sont pas élus [...]. Tous les pouvoirs constitués précédemment sont illégitimes. Une nouvelle légitimité ne peut venir que des élections. Il y a inévitablement un vide de légitimité jusqu'à ce qu'il y ait des élections et celles-ci doivent donc être organisées le plus rapidement possible. Une fois élue, une assemblée constituante ne peut être liée par aucune règle ou restriction antérieure : une autorité moindre ne peut lier une autorité plus grande ».

[1026]Andrew Arato, « From Interim to Permanent Constitution in Iraq », *in* Saïd Amir Arjomand (*ed.*), *ConstitutionalPolitics in the Middle East. With Special Reference to Turkey, Iraq, Iran and Afghanistan*, Oxford and Portland Oregon, Hart Publishing, 2008, pp. 163-201, p. 164.

[1027] Sur le constitutionnalisme d'occupation en Irak, lire vivement M. H. Picard, *Le constitutionnalisme d'occupation en Irak*, Bruxelles, Bruylant, 2020, 408 p.

[1028] Lire Doris Farget, *La reconstruction juridique de l'Irak et de l'Afghanistan et l'influence des systèmes juridiques occidentaux*, *Lex Electronica*, vol. 14 n°1 (Printemps/ Spring 2009).

[1029]*Ibid.*

élaborer, en collaboration avec le Conseil de gouvernement, le 28 février 2004 au plus tard[1030]. Mais, c'est finalement le 8 mars 2004 que l'APC adopta la Loi d'administration de l'État irakien pour la période de transition »[1031], conçu comme *« the Supreme Law of the land and shall be binding in all parts of Iraq without exception »*[1032]. Elle disposait que « *[t]he term "transitional period" shall refer to the period beginning on 30 June 2004 and lasting until the formation of an elected Iraqi government pursuant to a permanent constitution as set forth in this Law, which in any case shall be no later than 31 December 2005, unless the provisions of Article 61 are applied* »[1033].

La troisième étape commença avec la formation du gouvernement intérimaire irakien le 30 juin 2004[1034]. Il fut constitué suite à des consultations approfondies avec des « groupes représentatifs » du peuple irakien, menées par le Conseil de gouvernement et l'Autorité Provisoire de la Coalition[1035]. Quant à la quatrième étape, elle débuta avec l'élection de l'Assemblée nationale constituante le 30 janvier 2005. Elle prit fin à travers la formation du gouvernement irakien conformément à la Constitution de sortie de crise qualifiée de « permanente »[1036]. L'Assemblée nationale

[1030] « The Ayatollah Sistani refused to accept on democratic theoretical rather than international law grounds (*fatwa–* of June 2003) *either* that an American appointed body could give Iraq a constitution, *or* that a co-opted National Assembly could exercise power as under the 15 November Agreement while an elected Constitutional Convention would draft a new document (*fatwa–* of November 2003), *or* that elections be delayed until December or even March 2005, *or event* that the UN Security Council authorize the TAL that was not agreed to by any Iraqi body with an independent authority (letter of June 2004 to UN Secretary General) ». See Andrew Arato, « From Interim to Permanent Constitution in Iraq », *in* Saïd Amir Arjomand (*ed.*), *Constitutional Politics in the Middle East. With Special Reference to Turkey, Iraq, Iran and Afghanistan*, Oxford and Portland Oregon, Hart Publishing, 2008, pp. 163-201, p. 166.

[1031] *Law of Administration for the State of Iraq for the Transitional Period*, 8 mars 2004, art. 1.

[1032] *Ibid.*, art. 3.

[1033] *Ibid.*, art. 2, (A).

[1034] *Ibid.*, art. 2, (B), 1.

[1035] *Ibid.*

[1036] *Ibid.*, (B), 2.

constituante, rédactrice du projet constitutionnel, devait s'acquitter de cette responsabilité en encourageant le débat constitutionnel (par le biais de réunions publiques dans toutes les régions de l'Irak) et en recevant les propositions des citoyens irakiens au moment de la rédaction dudit projet[1037]. Celui-ci devrait être prêt le 15 août 2005 au plus tard[1038], car il « sera présenté au peuple irakien pour approbation lors d'un référendum général qui se tiendra au plus tard le 15 octobre 2005 »[1039].

La Constitution irakienne est considérée comme une constitution imposée, vu qu'elle a impliqué, *de facto*, des acteurs extérieurs dominants[1040]. D'abord, les autorités américaines, de la secrétaire d'État Condoleezza Rice à l'ambassadeur Khalilzad, ont joué un rôle particulièrement actif dans le processus[1041].

Puis, les acteurs locaux de la transition étaient souvent cooptés ou sélectionnés par les puissances occupantes.

Ensuite, c'est la Loi d'administration de l'État irakien pour la période de transition élaborée par les Américains qui fixa les modalités et le chronogramme d'élaboration de la Constitution de sortie de crise. Enfin, en raison de leur politique de « débassification », les Américains écartèrent les Sunnites irakiens, une importante composante de la société, du processus constituant.

Cette théorie de la *tabula rasa* est souvent exploitée lors des transitions constitutionnelles intégrales. Aux Comores, par exemple, les acteurs internes et internationaux, impliqués dans le règlement de

---

1037 *Ibid.*, art. 60.

1038 *Ibid.*, art. 61, (A).

1039 *Ibid.*, art. 61, (B).

1040 R. Albert, X. Constiates and A. Fotiadou, « Introduction. Imposition in Making and Changing Constitutions », *in* R. Albert, X. Constiates, A. Fotiadou (*ed.*), *The Law and Legitimacy of Imposed Constitutions*, London and New York, Routledge, 2019, pp. 1-12., p. 5.

1041 A. Arato, « From Interim to Permanent Constitution in Iraq », *in* S. A. Arjomand (*ed.*), *ConstitutionalPolitics in the Middle East. With Special Reference to Turkey, Iraq, Iran and Afghanistan*, Oxford and Portland Oregon, Hart Publishing, 2008, pp. 163-201, p. 189.

la crise (1997-2001), jugèrent nécessaire de refonder l'État en élaborant une nouvelle constitution de sortie de crise. Celle-ci est, donc le produit d'une assistance internationale.

§ 2. L'internationalisation *de jure* du pouvoir constituant originaire : l'assistance constitutionnelle de la communauté internationale

Il y a internationalisation *de jure* du processus constituant national lorsque les États en crise sollicitent ou acceptent l'assistance ou l'expertise constitutionnelle des administrateurs de paix constitués et envoyés dans ces États conformément au droit international. Selon C. Turner et R. Houghton, il est reconnu en droit et en politique internationale que la transformation constitutionnelle joue un rôle dans la reconstruction post-conflit[1042]. Pour ces deux auteurs, la principale base juridique de l'engagement du droit international dans la réforme constitutionnelle se situe dans l'intervention du CSNU, agissant en vertu du Chapitre VII de la Charte de l'ONU[1043]. Au cours des 25 dernières années, plus de 30 constitutions ont été adoptées ou modifiées dans un contexte post-conflit. Parmi celles-ci, seul un nombre relativement faible a été rédigé sous la supervision directe des Nations Unies[1044] (**A**). D'autres processus constituants sont en cours d'internationalisation (**B**).

A. Quelques États bénéficiaires d'une assistance constitutionnelle

Le providentialisme de la communauté internationale en faveur des États en crise ou en conflits se résume en trois étapes successives : la pacification du territoire à travers une médiation de paix, la reconstruction du territoire ruiné grâce à une assistance humanitaire et financière et, parfois, l'élaboration d'une constitution préventive de conflits. C. Turner et R. Houghton mentionnent qu'en 2005, il a été recommandé que la capacité de l'ONU à fournir une assistance constitutionnelle efficace dépende d'une doctrine et d'orientations qui

---

1042 C. Turner, R. Houghton, « Constitution Making and Post-Conflict Reconstruction », *in* M. Saul, J. A. Sweeney (*ed.*), *International Law and Post-Conflict Reconstruction Policy*, Routledge, 2016, pp. 119-140, p. 119.
1043 *Ibid.*, p. 122.
1044 *Ibid.*

permettraient de fournir une expertise technique[1045]. C'est ainsi que les Comores (**1**) et la Somalie (**2**) ont respectivement bénéficié d'une assistance constitutionnelle de la « communauté internationale » qui leur a permis de résoudre leurs crises internes.

1. L'écriture de la Constitution comorienne de 2001

Composées de plusieurs îles, les Comores constituent une République islamique et fédérale. En 1997, deux Îles (Anjouan et Mohéli) proclamèrent unilatéralement leur indépendance. Celle-ci fut *ipso facto* rejetée par l'État fédéral. En 1999, Azali Assoumani effectua un coup d'État faisant basculer le pays dans une crise institutionnelle généralisée.

La communauté internationale s'impliqua dans la recherche d'une solution juridico-institutionnelle à la crise. C'est ainsi que les acteurs politiques et forces vives des Comores se sont réunis, à Fomboni, sous les auspices de l'OUA, de l'OIF, de l'ONU, de l'UE et de la Ligue des États arabes (LEA) en vue de négocier et signer un accord de paix[1046].

Déterminés à construire un nouvel État fédéral comorien qui réponde adéquatement à la nécessité d'un partage du pouvoir entre l'État central et les Îles qui le composent[1047], les protagonistes de la crise et les opérateurs de paix signèrent l'Accord du 17 février 2001. Eu égard à la « nécessité d'instaurer la justice, l'égalité, la démocratie, la bonne gouvernance, le respect des droits de l'homme »[1048], ils procédèrent à une révision intégrale de l'ordre constitutionnel antérieurement établi, en prévoyant l'écriture, le contenu et l'adoption d'une nouvelle constitution :

> « La Constitution déterminera les domaines de compétence de l'Ensemble et des Iles. Cependant, les prérogatives relatives à la souveraineté de l'État (la

[1045] *Ibid.*, p. 121.
[1046] Accord cadre pour la réconciliation aux Comores du 17 février 2001, préambule, point 1.
[1047] *Ibid.*, ii).
[1048] *Ibid.*, iv).

religion, la nationalité, les relations extérieures et la défense extérieure) et les symboles nationaux (le drapeau, l'hymne national, les emblèmes nationaux) relèvent du domaine exclusif du Nouvel Ensemble Comorien »[1049].

Une commission tripartite, chargée d'élaborer la Constitution (Loi fondamentale), fut instituée[1050]. Celle-ci, à son tour, devait créer une sous-commission technique chargée d'écrire la Constitution du Nouvel Ensemble comorien et de déterminer les modalités de sa vulgarisation et de son approbation par voie référendaire[1051].

Ce référendum constitutionnel a été supervisé par la Commission électorale indépendante[1052], d'une part, et par la communauté internationale pleinement impliquée dans le processus, d'autre part.

D'ailleurs, les protagonistes locaux demandèrent à la communauté internationale « de se porter garante des engagements pris dans le cadre de cet Accord et de fournir aux Comores l'assistance technique, logistique et financière qui leur permettrait d'assurer une transition pacifique, de garantir le bon déroulement du processus électoral et d'aider à la mise en place du Nouvel Ensemble Comorien »[1053].

L'OUA et l'OIF s'engagèrent, à cet effet, en signant l'Accord de paix. *In fine*, la Constitution de sortie de crise, qui remplaça la Charte constitutionnelle de 1999, a été adoptée par référendum le 23 décembre 2001[1054]. Par ailleurs, la Somalie va, quelques années plus tard, connaître, *mutatis mutandis*, l'internationalisation de son processus constituant.

[1049] Accord cadre pour la réconciliation aux Comores du 17 février 2001, point 4.
[1050] *Ibid.*, point 6.
[1051] *Ibid.*, point 9.
[1052] *Ibdi.*, point 11, iii).
[1053] *Ibid.*, point 23.
[1054] https://mjp.univ-perp.fr/constit/km2001.htm

2. L'écriture de la constitution somalienne de 2012

Après une longue période de « colonisation »[1055] par le Royaume-Uni et l'Italie, la Somalie recouvrit son indépendance le 26 juin 1960. En 1969, le général Mohamed Siyaad Barre s'empara du pouvoir par un coup d'État et remplaça le Gouvernement démocratiquement élu par le Conseil Révolutionnaire suprême.

En 1976, ce Conseil se transforma en Parti socialiste révolutionnaire somalien et, en 1979, une nouvelle constitution établit la République démocratique somalienne.

Le régime socialiste resta au pouvoir jusqu'au déclenchement de la guerre civile en 1991. Après un long processus, la Constitution de 2012 a mis fin à ce conflit et à la gouvernance transitoire[1056]. L'adoption de cette Constitution, sous la supervision de l'ONU, a également mis fin à plus de vingt ans d'implication de l'ONU dans la construction de l'État somalien[1057].

En effet, l'action internationale en Somalie est passée de l'humanitarisme à la construction de l'État avec la résolution 897 (1994) du CSNU. Celle-ci, après avoir révisé le mandat de

---

1055 Markus Virgil Hoehne, « l'État *de facto* de Somaliland », trad. R. Botiveau, *Politique africaine*, 2010, pp. 175-199, p. 176 : « [à] l'époque coloniale, la péninsule somalienne fut divisée entre le Royaume-Uni, l'Italie, la France et l'Empire d'Ethiopie. Les Anglais établirent leur protectorat sur le Somaliland et les Italiens administrèrent le territoire allant du Nord-Est au Sud de la Somalie. Le protectorat britannique devint indépendant le 26 juin 1960 et la Somalie italienne cinq jours plus tard. […] le 1er juillet 1960, les deux territoires s'unirent pour former la République somalienne. La première décennie après l'indépendance fut marquée par des problèmes internes d'intégration juridique et administratives ».

1056 A. Kouroutakis, « The Constitution of Somalia on Paper and Constitutional Reality », voir le lien ci-dessous : https://www.researchgate.net/deref/http%3A%2F%2Fdx.doi.org%2F10.2139%2Fssrn.3098969.

1057 C. Turner, R. Houghton, « Constitution Making and Post-Conflict Reconstruction », *in* M. Saul, J. A. Sweeney (*ed.*), *International Law and Post-Conflict Reconstruction Policy*, Routledge, 2016, pp. 119-140, p. 124.

l'ONUSOM I[1058], recommande à la ONUSOM II de faciliter le processus politique « qui devrait aboutir à la mise en place d'un gouvernement démocratiquement élu »[1059]. Cette résolution a élargi de manière significative les pouvoirs de l'ONUSOM II qui a été autorisée à utiliser « tous les moyens nécessaires » pour parvenir à un environnement sûr dans toute la Somalie. Pour ce faire, la mission a été mandatée pour aider le peuple somalien à reconstruire sa vie économique, politique et sociale, en réalisant la réconciliation nationale afin de recréer un État démocratique[1060].

Le processus d'élaboration de la Constitution de 2012 a commencé en l'an 2000 et a inclus de nombreux acteurs nationaux et internationaux. Au niveau national, le rôle de chaque gouvernement de transition a été central, tout comme l'effort des autorités locales telles que les Présidents du *Puntland* et de *Galmudug* et autres. Au niveau international, les États voisins (Kenya, Éthiopie et Djibouti) se sont impliqués aux côtés de la communauté internationale[1061]. La Conférence nationale (processus d'Arta) a adopté une constitution temporaire d'une durée de trois ans. Cependant, face à l'opposition du Conseil Somalien de Réconciliation et de Réhabilitation (CSRR) dirigé par le Président du *Puntland* (Abdulahi Yusuf), la mise en œuvre de cette Constitution n'a pas été couronnée de succès. Raison pour laquelle une nouvelle initiative a été entreprise, en 2002, dans le but d'amener le Gouvernement national de transition et la Coalition rivale à un règlement politique. Après une série de discussions et de négociations, la Charte fédérale de transition adoptée en 2004. Celle-ci a prescrit la rédaction d'une nouvelle constitution. Ainsi, un comité constitutionnel fédéral indépendant (CCFI) a été désigné en 2006 pour travailler à la rédaction d'une nouvelle constitution fédérale. Entre 2007 et 2008, le CSNU souligna la nécessité d'un processus représentatif et l'importance des élections nationales[1062]. Malgré la

---

[1058] S/RES/897 (1994) du 4 février 1994, point 2.

[1059] *Ibid.*, point 2, f).

[1060] C. Turner, R. Houghton, « Constitution Making and Post-Conflict Reconstruction », *op. cit.*, p. 124.

[1061] https://www.researchgate.net/deref/http%3A%2F%2Fdx.doi.org%2F10.2139%2Fssrn.3098969.

[1062] S/RES/1814 (2008) du 15 mai 2008, préambule.

pression internationale, ce processus aussi n'a pas réussi à établir une constitution.

En 2008, une nouvelle initiative a été prise à Djibouti : une conférence parrainée par l'UA a bénéficié d'un très large soutien de la communauté internationale (l'ONU, l'UE, les États-Unis, et autres)[1063]. Le nouvel accord du 19 août 2008, entre le Gouvernement fédéral de transition (GFT) et l'Alliance pour la seconde libération de la Somalie, comportait 11 points dont celui relatif à la rédaction d'une nouvelle constitution[1064]. Certes l'Accord de Kampala de 2011 a accéléré le processus constituant, cependant, des questions telles que le rôle de la charia, la nature de l'État (fédéral ou unitaire) et le système de gouvernement (Présidentiel ou parlementaire) n'étaient toujours pas réglées. Finalement, les deux conférences constitutionnelles nationales qui eurent lieu, sous les auspices du RSSG de l'ONU[1065], à Garowe (en décembre 2011 et en février 2012) permirent de définir en détail le processus d'élaboration de la Constitution. La première conférence constitutionnelle fixa les principes (dits de Garowe) relatifs à la finalisation et à l'adoption de la nouvelle Constitution, tandis que la deuxième conférence prolongea la date d'adoption de la Constitution, initialement prévue en avril 2012,

1063 Résolution 1831 (2008) du 19 août 2008, préambule.

1064 L'accord de paix de Djibouti, signé le 9 juin 2008 sous l'égide de l'ONU, constitua une avancée décisive en ce sens qu'il permit d'avoir un cessez-le-feu qui mit fin à 18 ans de guerre et de crise en Somalie. Il demanda également à la communauté internationale de fournir des ressources adéquates pour le suivi de l'accord et exigea la création d'un comité de haut niveau présidé par l'ONU.

1065 Depuis 2011, le processus constitutionnel a pris une importance centrale dans la transition somalienne. La feuille de route pour la transition convenue entre les dirigeants somaliens et les OI impliquées dans le processus a posé des jalons stricts pour la rédaction et l'adoption de la constitution provisoire. On peut donc voir comment la communauté internationale était profondément ancrée dans le processus constituant en Somalie, non seulement par l'exercice de l'autorité de la communauté internationale, mais aussi par le biais des résolutions du CSNU, ainsi par la facilitation et le soutien continu dans la mise en œuvre des accords de paix.

jusqu'en août 2012[1066]. C'est ainsi que l'Assemblée constituante nationale adopta la Constitution le 1er août 2012.

Par ailleurs, la transition constitutionnelle, actuellement en cours en Syrie, risque de s'enliser comme ce fut le cas en Somalie. En effet, la volonté de l'ONU d'accompagner la Syrie vers un nouvel ordre constitutionnel est entravée par une lutte hégémonique de certaines puissances étrangères sur le terrain. Les deux Conférences de Genève sur la Syrie, respectivement de 2012 et de 2019, ont posé les jalons d'un processus constituant qui pourrait déboucher sur la rédaction d'une constitution de sortie de crise.

B. L'internationalisation du processus constituant syrien

Depuis le 15 mars 2011, une crise politique, qui s'est transformée en conflit armé, est en cours en Syrie. Selon le CSNU, la seule solution à cette crise syrienne est un processus politique sans exclusive, dirigé par les Syriens, fondé sur le Communiqué de Genève du 30 juin 2012. Ce Communiqué préconise la mise en place d'une autorité de transition dotée des pleins pouvoirs exécutifs, formée sur la base du consentement mutuel et dans des conditions propres à assurer la continuité des institutions de l'État[1067]. Le CSNU souligne qu'une conférence internationale sur la Syrie doit être convoquée dès que possible[1068]. En 2015, il confirme le rôle du Groupe international d'appui sur la Syrie (GIAS), principal mécanisme de facilitation des initiatives de l'ONU visant à parvenir à un règlement politique durable en Syrie[1069]. Le Conseil appuie, à cet égard, un processus politique dirigé par les Syriens et facilité par l'ONU. L'objectif consistait à mettre en place, dans les six mois, une gouvernance crédible et inclusive tout en fixant un calendrier et des modalités pour l'élaboration d'une nouvelle constitution. Le Conseil veut que l'organisation d'élections libres et régulières ait lieu conformément à

[1066] A. Kouroutakis, « The Constitution of Somalia on Paper and Constitutional Reality », voir le lien ci-dessous : https://www.researchgate.net/deref/http%3A%2F%2Fdx.doi.org%2F10.2139%2Fssrn.3098969.

[1067] S/RES/2254 (2015) du 18 décembre 2015, préambule.

[1068] S/RES/2118 (2013) du 27 septembre 2013, préambule.

[1069] S/RES/2254 (2015) du 18 décembre 2015, point 3.

la nouvelle constitution rédigée sous la supervision de l'ONU, et conformément aux normes internationales les plus élevées en matière de transparence et de responsabilité[1070].

Le 22 janvier 2019, le Gouvernement syrien et l'opposition ont accepté de tabler à Genève pour discuter de leur Constitution, sous l'égide de l'ONU. Il s'agissait d'une première tentative pour la mise en œuvre de la résolution 2254 (2015) du CSNU qui exigeait un calendrier pour la rédaction d'une nouvelle constitution.

Le Comité constitutionnel syrien, composé de trois blocs de 50 délégués désignés, respectivement, par le Gouvernement, l'opposition et la société civile, doit préparer et rédiger, sous l'égide de l'ONU, un projet constitutionnel qui règlera le conflit politique syrien.

L'envoyé spécial de l'ONU, Geir Pedersen, a précisé que ce processus constituant ne sera pas aisé, avec les défis auxquels sera confronté chaque membre du Comité constitutionnel[1071]. Il dit aux membres du Comité : « N'attendez pas de moi, ni de mon équipe, de vous dire ce que vous devez mettre dans votre Constitution. [...]. La future Constitution appartient aux Syriens. Vous, les membres du Comité, allez la rédiger et le peuple syrien va l'approuver populairement »[1072].

Toutefois et, selon le négociateur de l'ONU, « la constitution concerne les droits fondamentaux (les droits politiques, culturels, sociaux et économiques), l'État de droit et la bonne gouvernance [...]. Le nouveau contrat social syrien déterminera les relations du peuple avec le gouvernement, ainsi que la manière dont les représentants politiques seront élus »[1073]. En tout état de cause, l'ONU sera là pour faciliter le processus grâce à ses bons offices, un solide appui en matière de secrétariat, à la présentation régulière des rapports au

---

1070 *Ibid.*, point 4. Voir égal. La Déclaration du Groupe international d'appui à la Syrie du 14 novembre 2015.
1071 https://news.un.org/fr/story/2019/10/1055011
1072 *Ibid.*
1073 *Ibid.*

Conseil de sécurité[1074]. La réalisation de cet objectif nécessite un accord de paix global qui pacifierait le pays en vue de faciliter une transition constitutionnelle et une alternance politique.

Ces deux processus constituants, comorien et syrien, démontre la manière dont le droit international et, plus particulièrement, les résolutions du CSNU prises en vertu du Chapitre VII de la Charte de l'ONU, sont utilisés pour introduire des acteurs extérieurs dans les processus constitutionnels post-conflit. Donc, l'internationalisation *de facto* du processus constituant national intervient en vertu des armes, tandis que l'internationalisation *de jure* du processus constituant national (assistance constitutionnelle) se déploie sur le fondement du droit international. Ce dernier cas de figure a pris de l'ampleur ces dernières années avec l'essor des accords de paix négociés comme moyen de mettre fin aux guerres civiles. Selon C. Turner et R. Houghton, des recherches récentes indiquent que 34 % des accords de paix contiennent désormais des dispositions sur la réforme constitutionnelle, ce qui reflète la tentation croissante des Nations unies d'exiger explicitement la rédaction d'une constitution comme moyen de résolution des conflits[1075].

L'internationalisation du pouvoir constituant originaire se distingue de l'internationalisation du pouvoir constituant dérivé. Ce dernier consiste à réviser la constitution existante. Il est non seulement soumis aux règles de procédure constitutionnellement prévues à cet effet, mais aussi aux clauses de sécurité et stabilités juridiques, maladroitement qualifiées d'intangibilités constitutionnelles[1076]. Il

---

[1074] https://news.un.org/fr/story/2019/10/1055011

[1075] C. Turner, R. Houghton, « Constitution Making and Post-Conflict Reconstruction », *op. cit.*, p. 125.

[1076] Les clauses de stabilité et de sécurité juridico-politique sont des normes constitutionnelles supérieures aux autres normes de la Constitution. Elles stabilisent l'ordre politique, sécurisent l'ordre juridique et favorisent l'institutionnalisation de tout le système juridique. De ce fait, elles relèvent de la supra-constitutionnalité. Les normes intangibles quant à elles, sont des normes immuables et intemporelles qui transcendent toutes les frontières et surplombent toutes les sociétés. Elles appartiennent au champ normatif du *jus cosmopoliticum* qui existe indépendamment de sa reconnaissance par le droit positif interne ou international.

joue le même rôle que le pouvoir constituant secondaire qui intervient pour réviser ou modifier formellement ou matériellement la constitution ou l'ordre constitutionnel antérieurement établi. Le pouvoir constituant secondaire peut ne pas dériver de la constitution. Tel est le cas des négociateurs et signataires du « *jus post bellum constitutionnel* »[1077] qui se substitue à l'ordre constitutionnel antérieur, ou qui révise partiellement la constitution formelle ou encore qui existe parallèlement à celle-ci. Les accords et résolutions de paix révisant la constitution (ou coexistant avec elle) relèvent du pouvoir constituant dérivé ou secondaire.

Section 2. L'internationalisation du pouvoir constituant dérivé

Les accords de paix, négociés par des administrateurs de paix internationaux, peuvent réviser, parfois, la constitution de l'État en crise. Ainsi, l'internationalisation du pouvoir constituant dérivé désigne l'« emprise du droit international sur le processus [...] de révision de la Constitution »[1078] ou sur la fonction du pouvoir constituant dérivé (ou secondaire).

Les règles de droit international conditionnent aujourd'hui avec une ampleur inégalée l'exercice du pouvoir constituant national, marquant selon certains auteurs une étape décisive « dans la dépossession du droit constitutionnel de sa sphère originelle de compétences »[1079]. De nombreux accords de paix sont conclus à la fin des conflits armés ou à l'occasion d'une crise politique violente, internationalisée ou non, entre un gouvernement et un ou plusieurs partis politiques ou groupes armés[1080]. Certains d'entre eux engagent les parties à réviser directement ou indirectement la Constitution existante (**§ 1**). D'autres accords de paix cohabitent temporairement

---

[1077] Voir *supra*. Chapitre 2.

[1078]G. Cahin, « Limitation du pouvoir constituant : le point de vue de l'internationaliste », *Civitas Europa* 2014/1 (n° 32), p. 55-79, p. 57.

[1079] N. Maziau, « L'internationalisation du pouvoir constituant, essai de typologie : le point de vue hétérodoxe du constitutionaliste », *RGDIP*, 2002, p. 549-579, p. 551.

[1080] G. Cahin, « Limitation du pouvoir constituant : le point de vue de l'internationaliste », *op. cit.*, p. 58.

avec la constitution : ce sont les accords de paix para-constitutionnels (**§ 2**).

§ 1. Les accords de paix révisant la Constitution

Réviser une constitution consiste à supprimer ou à ajouter quelques choses (mots, phrases, dispositions) dans la constitution déjà en vigueur. Traditionnellement, ce processus intègre à la fois l'initiative de la révision constitutionnelle et la réécriture de la Constitution elle-même. Si les constitutions modernes ne se prononcent pas sur leur longévité, elles prévoient néanmoins la procédure de leur révision[1081]. Par contre, celle-ci est écartée, dans certaines circonstances, au profit d'accords de paix, parfois internationalisés, entreprenant l'initiative de réviser ultérieurement la Constitution (**A**) ou révisant directement et immédiatement la Constitution en ciblant certaines de ses dispositions problématiques, injustes ou discriminatoires (**B**).

A. L'internationalisation de l'initiative de la révision constitutionnelle

Initier une révision constitutionnelle consiste à prendre la décision de réformer la Constitution ou à entreprendre des mesures dont l'aboutissement nécessite des réformes constitutionnelles. Certains conflits armés ainsi que des crises politiques sont générés par le caractère injuste et discriminatoire de l'ordre constitutionnel établi. Quand la crise éclate, les réformes constitutionnelles deviennent une nécessité pour en sortir. La Communauté internationale et/ou quelques acteurs étrangers, soucieux du maintien de la paix et de la sécurité

[1081] L'art. 89 de la Constitution française de 1958 par exemple dispose en ces termes : « [l]'initiative de la révision de la Constitution appartient concurremment au Président de la République sur proposition du Premier ministre et aux membres du Parlement. Le projet ou la proposition de révision doit être examiné dans les conditions de délai fixées au troisième alinéa de l'article 42 et voté par les deux assemblées en termes identiques. La révision est définitive après avoir été approuvée par référendum. Toutefois, le projet de révision n'est pas présenté au référendum lorsque le Président de la République décide de le soumettre au Parlement convoqué en Congrès ; dans ce cas, le projet de révision n'est approuvé que s'il réunit la majorité des trois cinquièmes des suffrages exprimés. Le bureau du Congrès est celui de l'Assemblée nationale ».

internationale, s'associent à la médiation de paix. Tel fut le cas lors de l'élaboration des Accords de paix de Bangui et d'Alger qui ont prévu *ad litteram* de procéder à des réformes constitutionnelles en Centrafrique (**1**) et Mali (**2**).

1. L'Accord de paix de Bangui initiant une révision constitutionnelle en Centrafrique

En 1996, le Président de la République centrafricaine, Ange-Felix Patassé, menacé par trois mutineries au sein des forces armées de son État, sollicita l'intervention de l'armée française. Le XIXè Sommet Franco-africain, tenu à Ouagadougou du 4 au 6 décembre 1996, décida d'y envoyer une mission de médiation[1082]. À l'issue de cette mission, le Comité international de suivi, chargé de trouver une solution pacifique et durable à la crise centrafricaine, a été institué[1083]. Ce Comité, présidé par le général Amadou Toumani Touré (Malien) a réuni, du 11 au 18 janvier 1997, les acteurs de la crise politico-militaire centrafricaine[1084] : « La rencontre a regroupé les représentants des partis politiques, de la société civile, forces vives de la nation centrafricaine »[1085]. Les parties, signataires de l'accord qui en résulta, décidèrent de respecter la légalité constitutionnelle[1086]. Elles approuvèrent également toutes les conclusions des travaux du Comité et s'engagèrent à les appliquer[1087]. Or, l'un des points cruciaux qui a focalisé les débats, était « celui de la révision de certains articles de la Constitution. Les participants ont recommandé une relecture de la loi fondamentale »[1088]. L'initiative de la révision constitutionnelle

---

[1082] Cette Mission de médiation était composée d'El Hadj Omar Bongo du Gabon, Blaise Compaoré du Burkina Faso, Idriss Deby du Tchad et Alpha-Omar Konaré du Mali. Voir le Communiqué final du 8 décembre 1996.

[1083] S/1997/561, appendice IV, Accord préalable à un pacte de réconciliation nationale.

[1084] La séance d'ouverture du Comité de concertation et de dialogue a eu lieu dans l'hémicycle de l'Assemblée nationale centrafricaine.

[1085] S/1997/561, appendice VI.

[1086] S/1997/561, appendice IV, Accord préalable à un pacte de réconciliation nationale, art. 1er.

[1087] *Ibid.*, art. 2.

[1088] S/1997/561, appendice VI, I. 11.

s'est internationalisée à travers l'implication d'acteurs étrangers dans le processus de sortie de crise. Tout comme en Centrafrique, l'initiative des réformes constitutionnelles maliennes, prévues par les Accords d'Alger de 2015, est issue d'un processus de médiation de paix internationalisé.

2. L'accord de paix d'Alger initiant des réformes constitutionnelles au Mali

Depuis 1990, le Mali oscille entre rébellions des populations du Nord et une paix fragile[1089]. Le conflit politico-militaire et socio-territorial, enclenché en 2012, a interpellé des administrateurs de paix nationaux et étrangers[1090]. C'est ainsi qu'en 2015, plusieurs acteurs internationaux, impliqués dans le règlement du conflit[1091], invitèrent les protagonistes à se rencontrer à Alger en vue de conclure un accord de paix censé « jeter les bases d'un Mali nouveau »[1092]. Cet accord, signé en mars 2015, a préconisé de profondes réformes tant au niveau local que national. Au plan local, les parties ont prévu la mise en place d'une architecture institutionnelle fondée sur des collectivités territoriales dotées d'organes élus au suffrage universel et dotés de pouvoirs étendus[1093].

Cela permettrait aux régions concernées de gérer leurs propres affaires sur la base du principe de la libre administration. En outre, doter chaque région d'une Assemblée régionale élue au suffrage universel direct nécessite un très large transfert de compétences, de

[1089] Sur la crise malienne, lire W. Lotze, « United Nations Multidimensional Integrated Stabilization Mission in Mali (MINUSMA) », *in* J. A. Koops, N. Macqueen, Th. Tardy, W. P. D. Williams (*ed.*), *The Oxford Handbook Of United Nations Peacekeeping Operations*, Oxford, OUP, 2015, pp. 854-864.

[1090] En avril 2012, le Mouvement national de libération de l'Azawad (MNLA) a revendiqué l'indépendance d'un État de l'Azawad.

[1091] On peut citer entre autre l'Algérie (en tant que Chef de file de la Médiation), la CEDEAO, l'UA, l'ONU, l'UE et l'OCI, le Burkina Faso, la Mauritanie, le Niger, le Nigeria, le Tchad, *etc.* Voir le préambule de l'Accord d'Alger du 1er mars 2015.

[1092] Annexe 1.

[1093] Accord d'Alger du 1er mars 2015, art. 5.

ressources administratives et financières appropriées[1094]. Le Président de l'Assemblée, également élu au suffrage universel direct, sera, en même temps, le chef de l'exécutif et de l'administration de la région concernée.

Au niveau national, les parties signataires de l'accord ont sollicité « une plus grande représentation des populations du Nord au sein des institutions nationales »[1095]. Pour ce faire, L'État malien devait réactiver et diligenter le processus de mise en place de la deuxième Chambre du Parlement sous la dénomination de Sénat, de Conseil de la Nation ou de toute autre appellation valorisant sa nature et son rôle, en vue d'en faire une institution dont les missions et la composition favoriseraient la promotion des objectifs de l'accord[1096]. La réalisation de ces réformes institutionnelles devait inévitablement passer soit par l'adoption d'une nouvelle constitution, soit par une révision substantielle de la Constitution en vigueur avant le renversement du Président Ibrahim Boubacar Keita[1097]. D'ailleurs, au-delà des réformes constitutionnelles, l'État malien devait nécessairement élaborer des textes législatifs et règlementaires qui permettraient la mise en œuvre des dispositions de l'accord[1098]. Raison pour laquelle, depuis 2015, le CSNU fait usage du Chapitre VII de la Charte de l'ONU pour demander au Gouvernement malien et aux groupes armés de s'acquitter des engagements qu'ils ont pris au titre de l'Accord pour la paix et la réconciliation et « les exhorte à continuer de dialoguer de manière constructive, avec une ferme volonté politique et en toute bonne foi, afin d'assurer l'application intégrale et effective de l'Accord »[1099]. Le Conseil considère cet accord comme un texte, équilibré et complet, qui prend en compte les dimensions politico-institutionnelles de la crise au Mali[1100]. En 2016, il a exhorté le Gouvernement malien et les groupes armés à maintenir le dialogue avec la volonté politique ferme d'accélérer la mise en œuvre de l'accord et « à s'engager d'urgence en faveur d'un

[1094] *Ibid.*, art. 6.
[1095] *Ibid.*
[1096] *Ibid.*, art. 6.
[1097] Accord d'Alger du 1er mars 2015, annexe 1.
[1098] Annexe 1.
[1099] S/RES/2227 du 29 juin 2015, point 1.
[1100] S/RES/2295 du 29 juin 2016, préambule.

calendrier concret pour sa mise en œuvre »[1101]. Il a même envisagé « des sanctions ciblées contre ceux qui s'emploient à empêcher ou à compromettre la mise en œuvre de l'Accord »[1102]. Dans le même ordre d'idées, le Conseil a exhorté, en 2017, les autorités maliennes à procéder à « la révision de la Constitution dans le cadre d'un dialogue consultatif et sans exclusive »[1103]. Il a insisté sur la nécessité d'organiser, en 2017 et en 2018, les élections locales, régionales, législatives, Présidentielles et le référendum constitutionnel[1104]. En 2018, il a exprimé sa profonde frustration de voir que les parties ont trop retardé « la mise en œuvre de l'Accord, en dépit de l'appui et de l'assistance considérables reçus de la part de la communauté internationale »[1105]. Son impatience s'est fait sentir « face aux retards persistants pris dans la mise en œuvre intégrale [...] de l'Accord »[1106]. C'est pourquoi, en 2019, il a demandé aux parties maliennes de « prendre immédiatement des dispositions concrètes pour [...] assurer l'achèvement de *la réforme constitutionnelle*, y compris les réformes institutionnelles envisagées dans l'Accord »[1107]. Le Conseil continue à encourager les parties maliennes à accélérer, de manière urgente, l'application de l'accord au moyen de mesures sérieuses, effectives et irréversibles[1108]. Le soulèvement populaire du 5 juin 2020 contre le Président Ibrahim Boubacar Keita et le coup d'État militaire du 18 août 2020 dont il a été victime pourraient impacter voire freiner la mise en œuvre de l'Accord d'Alger. En tout cas, l'Accord d'Alger charge le Gouvernement malien de « prendre les dispositions requises pour l'adoption des mesures règlementaires, législatives, voire constitutionnelles nécessaires à la mise en œuvre » de l'Accord[1109].

À partir du cas malien, on peut penser que c'est pour éviter ce genre de retard *ex post* que d'autres accords révisent directement le contenu de la Constitution en vigueur.

[1101] *Ibid.*, point 1.
[1102] *Ibid.*, point 4.
[1103] S/RES/2364 du 29 juin 2017, préambule.
[1104] *Ibid.*, points 1 et 2.
[1105] S/RES/2432 du 30 août 2018, préambule.
[1106] S/RES/2423 du 28 juin 2018.
[1107] S/RES/2480 du 28 juin 2019, point 4.
[1108] S/RES/2531 du 29 juin 2020, point 1.
[1109] Accord d'Alger du 1er mars 2015, art. 3.

B. L'internationalisation de la révision du contenu de la Constitution

L'internationalisation du pouvoir constituant secondaire intervient souvent par le truchement de la participation au processus de paix, car l'accord de paix qui en résulte peut, parfois, formellement remettre en question certaines dispositions de la Constitution *ante* crise. En d'autres termes, un accord de paix peut directement et expressément régler le problème de fond se trouvant dans une constitution en vigueur.

Au Rwanda, par exemple, l'Accord d'Arusha de 1993 a formellement supprimé et révisé un ensemble de dispositions problématiques qui se trouvaient dans la Constitution du 10 juin 1991 (**1**). Quant à l'internationalisation de la révision constitutionnelle de 2008 au Sénégal, elle est intervenue grâce à une pression extérieure exercée sur le Sénégal pour l'amener à mettre en œuvre une convention internationale au plan interne. Cette révision constitutionnelle internationalisée avait une portée restreinte par rapport au cas rwandais, mais est intervenue sous l'influence de l'affaire Hissène Habré (**2**).

1. La révision conflictuelle de la Constitution rwandaise du 10 juin 1991

À l'issue d'une série de rencontres, favorisées par les États voisins et la communauté internationale, le Gouvernement Rwandais et le FPR trouvèrent une solution politique négociée à la guerre que le Rwanda connaissait depuis le 1er octobre 1990. Résolus à enrayer les racines de cette guerre et à y mettre fin, les parties signèrent l'Accord de paix d'Arusha en 1993[1110]. La particularité de cet instrument

[1110] Ces négociations de paix furent successivement menées à Arusha (République Unie de Tanzanie) entre le 10 juillet 1992 et le 24 juin 1993 ainsi qu'à Kinihira (République Rwandaise) du 19 au 25 juillet 1993, sous l'égide du Facilitateur, son Excellence Ali Hassan , Président de la République Unie de Tanzanie; en présence du Représentant du Médiateur, Son Excellence Mobutu Sese Seko, Président de la République du Zaïre ainsi que des Représentants des Présidents en exercice de l'O.U.A., Leurs Excellences Abdou Diouf, Président de la République du Sénégal et Hosni Mubarak, Président de la République Arabe d'Égypte; du Secrétaire Général de l'O.U.A., Dr Salim Ahmed SALIM, du Secrétaire Général des Nations

juridique de crise réside dans le fait qu'il a révisé *ad litteram* le contenu de la Constitution rwandaise déjà en vigueur. Les parties décidèrent que la Constitution du 10 juin 1991 et l'Accord de Paix d'Arusha constituaient indissolublement la loi fondamentale du pays pendant la transition[1111]. Plusieurs articles de la Constitution ont été remplacés par les dispositions de l'Accord de paix relatives aux mêmes matières[1112]. Plus encore, en cas de conflit entre les autres dispositions de la Constitution et celles de l'Accord de Paix, ces dernières prévalaient[1113]. La Cour constitutionnelle vérifiait la conformité des lois et décrets à la Loi Fondamentale ainsi définie[1114]. Cette Cour constitutionnelle *suis generis* était composée de la Cour de Cassation et du Conseil d'État rwandais réunis. Le Président de la Cour de Cassation en assurait la présidence. En cas de conflit entre les dispositions de la Loi Fondamentale et celles des autres lois et règlements, les dispositions de la Loi Fondamentale prévalaient[1115]. Le Gouvernement Rwandais et le FPR s'engagèrent à tout mettre en œuvre pour assurer le respect et l'exécution de l'Accord de Paix[1116]. Les deux parties acceptèrent Faustin Twagiramungu comme premier ministre du Gouvernement de Transition en référence aux articles 6 et 51 du Protocole d'Accord relatif au partage du pouvoir dans le cadre d'un Gouvernement de transition à base élargie[1117].

Les institutions de la transition ont été mises en place dans les trente-sept jours qui suivirent la signature de l'Accord de Paix[1118].

Unies, Boutros Boutros GHALI et des Observateurs représentant l'Allemagne, la Belgique, le Burundi, les États-Unis d'Amérique, la France, le Nigeria, l'Ouganda et le Zimbabwe. Voir le préambule de l'Accords de paix d'Arusha de 1993.

[1111] Accords de paix d'Arusha de 1993, art. 3.

[1112] Il s'agissait des articles 34, 35, 38, 39, 40, 41, 42, 43, 44, 45, 46, 47, 48, 49, 50, 51, 52, 54, 55, 56, 57, 58, 59, 60, 63, 65, 66, 67, 68, 70, 71, 73, 74, 75 alinéa 2, 77 alinéa 3 et 4, 81,82,83,84,85,86,87,88 alinéa 1, 90, 96, 99, 101. Voir Accords de paix d'Arusha de 1993, art. 3, point 1.

[1113]*Ibid.*, point 2.

[1114]*Ibid.*, point 3.

[1115] *Ibid.*, art. 4.

[1116]*Ibid.*, art. 5.

[1117]*Ibid.*, art. 6.

[1118]*Ibid.*, art. 7.

Par conséquent, le Gouvernement qui était en fonction avant la signature de l'Accord de paix ne pouvait plus prendre d'actes pouvant porter préjudice au mandat du Gouvernement de transition[1119].

Le Conseil National de Développement (CND) est bien sûr resté en place jusqu'à l'installation de l'Assemblée nationale de transition, cependant, à compter de la date de la signature de l'Accord de paix, il ne pouvait plus légiférer[1120]. C'est ainsi que l'Accord d'Arusha a formellement et matériellement révisé l'ordre constitutionnel établi au Rwanda depuis 1991[1121]. Contrairement à la révision constitutionnelle internationalisée au Rwanda, celle qui a eu lieu au Sénégal, en 2008, était matériellement et formellement limitée, car seul l'article 9 de la Constitution sénégalaise du 22 janvier 2001 était concerné.

2. La révision constitutionnelle sénégalaise influencée par l'affaire Hissène Habré

Selon G. Scelle un traité « révise *ipso facto* les constitutions avec lesquelles il est incompatible »[1122]. Un cas de figure réside dans l'*affaire Hissène Habré* qui amena le Sénégal à modifier certaines dispositions de ses textes juridiques internes dont l'article 9 de sa Constitution de 2001 en vue de se conformer à la Convention contre la torture et autres peines ou traitements cruels, inhumains ou dégradants du 10 décembre 1984.

Depuis le 26 juin 1987, le Sénégal était partie à cette Convention, cependant, il n'avait pas introduit l'exercice de sa compétence universelle prévue à l'article 5 de la Convention, dans son droit interne, ni incriminé les infractions prévues à l'article 4 de la même Convention[1123]. Par conséquent, ses juridictions nationales ne

1119 *Ibid.*, Art. 8.

1120 *Ibid.*, art. 9.

1121 Sur la guerre civile rwandaise, voir chapitre 2, section 2, § 1, B, point 1.

1122 G. SCELLE, *L'Organisation internationale du travail et le BIT*, Paris, Rivière, 1930, p. 298.

1123 Article 4 : « 1. Tout Etat partie veille à ce que tous les actes de torture constituent des infractions au regard de son droit pénal. Il en est de même de la tentative de pratiquer la torture ou de tout acte commis par

pouvaient pas connaître de l'*affaire Hissène Habré*[1124], ancien Président tchadien (désormais exilé au Sénégal), à qui on reprochait d'avoir commis « des crimes de torture et des crimes contre l'humanité »[1125] pendant son règne (1982-1988). La Belgique, après avoir adhéré à ladite Convention le 25 juin 1999, exigea du Sénégal *aut dedere* Hissène Habré, *aut judicare* Hissène Habré. Le Sénégal modifia sa Constitution pour se conformer aux normes de « *jus cogens* »[1126] contenus dans la Convention du 10 décembre 1984.

Le 25 janvier 2000, des Tchadiens (résidant au Tchad) déposèrent une plainte à Dakar contre Hissène Habré au sujet des présumés crimes qu'il a commis sous sa présidence[1127]. Le 3 février 2000, le doyen des juges d'instruction en informa Hissène Habré qui, dès le 18 février 2000, demanda à la Chambre d'accusation de la Cour d'appel de Dakar l'annulation de la procédure engagée contre lui, en raison de l'incompétence des juridictions sénégalaises en la matière[1128]. Dans son arrêt du 4 juillet 2000, cette Chambre annula la procédure pour incompétence du juge saisi : « des crimes commis hors du territoire du Sénégal par un ressortissant étranger contre des ressortissants étrangers, ces poursuites appelaient l'exercice de la compétence universelle ; or, celle-ci n'était pas prévue par le code de procédure pénale sénégalais alors en vigueur »[1129]. La Cour de cassation sénégalaise, dans son arrêt du 20 mars 2001, a confirmé l'incompétence du magistrat instructeur[1130]. Le 30 novembre 2000, un Belge d'origine tchadienne porta aussi plainte contre Hissène Habré en Belgique. Cette plainte était fondée sur la Loi belge du 16 juin 1993 relative à la répression des violations graves du droit

---

n'importe quelle personne qui constitue une complicité ou une participation à l'acte de torture. 2. Tout Etat partie rend ces infractions passibles de peines appropriées qui prennent en considération leur gravité ».

[1124] CIJ, *Questions concernant l'obligation de poursuivre ou d'extrader* (Belgique c. Sénégal), arrêt du 20 juillet 2012, *Réc.* 2012, § 18.

[1125] *Ibid.*, § 44.

[1126] *Ibid.*, § 99.

[1127] *Ibid.*, § 17.

[1128] *Ibid.*, § 18.

[1129] *Ibid.*

[1130] *Ibid.*

international humanitaire (modifiée par la loi du 10 février 1999) et sur la Convention contre la torture.

Or, la Convention a été ratifiée par le Sénégal le 21 août 1986 (sans réserve). Elle a également été ratifiée par la Belgique le 25 juin 1999 sans réserve[1131]. Le 19 septembre 2005, la Belgique lança un mandat d'arrêt international contre Hissène Habré, inculpé pour violations graves du droit international humanitaire, d'actes de torture, du crime de génocide, de crimes contre l'humanité et de crimes de guerre[1132]. Le 22 septembre 2005, la Belgique a transmis ledit mandat d'arrêt international au Sénégal et a demandé l'extradition de M. Habré[1133]. Le 25 novembre 2005, la chambre d'accusation de la cour d'appel de Dakar se prononça sur la demande d'extradition de la Belgique en soutenant que Hissène Habré (ancien chef d'État) était protégé par « l'immunité de juridiction »[1134]. Agacé par cette affaire, le Sénégal saisit l'UA qui, en juillet 2006, considérera le dossier Hissène Habré comme le sien et mandata le Sénégal de le juger au nom de l'Afrique[1135].

En 2007, le Sénégal adopta la Loi n° 2007-05 portant modification de l'article 669 de son code de procédure pénale en vue d'étendre la compétence de ses juridictions nationales aux crimes internationaux dont la torture, et ce, quelle que soit la nationalité de la victime ou du présumé coupable. En dépit de cette avancée, Hissène Habré ne pouvait pas être poursuivi en raison du principe de la non-rétroactivité de la loi surtout pénale garanti par l'article de 9 de la Constitution sénégalaise. Sous la pression de la Belgique, le Sénégal modifia, en 2008, l'article 9 de sa Constitution afin de prévoir une exception au principe de la non-rétroactivité de sa loi pénale : « Nul ne peut être condamné si ce n'est en vertu d'une loi entrée en vigueur avant l'acte commis »[1136]. La révision constitutionnelle de 2008 apporta une exception en ces termes : « Toutefois, les dispositions de

[1131] *Ibid.*, § 19.
[1132] *Ibid.*, § 21.
[1133] *Ibid.*
[1134] *Ibid.*, § 22.
[1135] UA, Décision 127 (VII) 2006.
[1136] Constitution sénégalaise de 2001, art. 9, al. 2.

l'alinéa précédent ne s'opposent pas à la poursuite, au jugement et à la condamnation de tout individu en raison d'actes ou omissions qui, au moment où ils ont été commis, étaient tenus »[1137].

L'internationalisation de cette révision réside dans le fait qu'elle a été effectuée grâce à la procédure initiée par la Belgique. N'eut été cette initiative belge, le Sénégal n'aurait pas modifié l'article 9 de sa Constitution, d'autant plus que la Cour de Justice de la CEDEAO avait désapprouvé ces réformes constitutionnelles et législatives sénégalaises en disant que le Sénégal devait se conformer au respect des décisions rendues par ses juridictions nationales, notamment le respect du principe absolu de non-rétroactivité de la loi. C'est en raison du retard dans la révision de sa Constitution afin de permettre la mise en œuvre de la Convention du 10 décembre 1984 que le Sénégal s'est fait condamné devant la CIJ en 2012[1138].

Au Rwanda, c'est un accord de paix qui a révisé plusieurs dispositions de la Constitution de 1991, tandis qu'au Sénégal, c'est la mise en œuvre conflictuelle d'un traité international qui a nécessité la révision de l'article 9 de la Constitution sénégalaise en 2008.

Selon leurs effets sur la Constitution en vigueur, on distingue trois catégories d'accords de paix : les accords de paix abrogeant la constitution en vigueur et se substituant à elle, les accords de paix révisant partiellement la constitution et les accords de paix qui coexistent avec la constitution (il s'agit des accords de paix para-constitutionnels).

[1137] *Ibid.*, al. 3.

[1138] *Questions concernant l'obligation de poursuivre ou d'extrader* (Belgique c. Sénégal), CIJ, arrêt du 20 juillet 2012, *Réc.* 2012, § 122, point 4) : la CIJ « [d]it que la République du Sénégal, en ne procédant pas immédiatement à une enquête préliminaire en vue d'établir les faits relatifs aux crimes qui auraient été commis par M. Hissène Habré, a manqué à l'obligation que lui impose l'article 6, paragraphe 2, de la convention des Nations Unies contre la torture et autres peines ou traitements cruels, inhumains ou dégradants du 10 décembre 1984 ».

§ 2. Les accords de paix para-constitutionnels

Les rapports entre le droit constitutionnel et les accords de paix dans les États post-conflits sont assez complexes. Selon J.-T. Atangana Amougou, seules quelques études [...] ont été consacrées à la question. Cependant, elles aussi se sont généralement attachés aux solutions, aux causes et rarement aux conséquences »[1139] des accords de paix à caractère politique sur la Constitution formelle. Arist von Hehn évoque quatre types d'accords de paix[1140] : les accords de pré-négociation[1141], les accords intérimaires[1142], les accords-cadres ou de fond et les accords de mise en œuvre[1143].

[1139] J.-L. Atangana Amougou, « Les accords de paix dans l'ordre juridique interne en Afrique », *Revue de la recherche juridique. Droit prospectif*, 2008, 1723-1745, p. 1726.

[1140] Arist von Hehn, *The Internal Implementation of Peace Agreements after Violent Intrastate Conflict. Guidance for Internal Actors Responsible for Implementation*, Leiden – Boston, 2011, p. 49.

[1141] Les accords de pré-négociation sont des « pourparlers sur les pourparlers ». Ils portent généralement et, *intuitu personae*, sur de la qualité et le statut des négociateurs. Ils fixent également l'ordre du jour des pourparlers et offrent une occasion d'explorer les paramètres d'une résolution à faible risque. Ils peuvent concerner des questions telles que la libération des négociateurs, leur retour d'exil, les garanties de leur intégrité physique future, leur protection, ainsi que la suspension des hostilités actives pendant les négociations. Voir Arist von Hehn, *The Internal Implementation of Peace Agreements after Violent Intrastate Conflict. Guidance for Internal Actors Responsible for Implementation, op. cit.*, pp. 49 et s.

[1142] Dans certains conflits, les parties ont également essayé de conclure des « accords provisoires ou intérimaires », c'est-à-dire des accords qui ne visent pas à constituer un règlement définitif, mais qui fournissent une solution provisoire jusqu'à ce qu'un règlement permanent ait été conclu. Cela arrive dans trois hypothèses : l'échec d'obtenir un règlement global, ou lorsque les parties reconnaissent que les divisions sur les questions de fond sont trop importantes pour parvenir directement à un règlement final, ou lorsqu'un règlement provisoire pourrait faire gagner du temps et contribuer à créer un climat plus confiant pour les négociations futures. Voir Arist von Hehn, *The Internal Implementation of Peace Agreements after Violent Intrastate Conflict. Guidance for Internal Actors Responsible for Implementation, op. cit.*, pp. 49 et s.

[1143] L'accord de mise en œuvre fait avancer certains aspects de l'accord-cadre. exemple sous la forme d'une nouvelle constitution officielle,

Le terme « accord-cadre » est lié au fait que ces accords commencent à définir un cadre pour résoudre au moins certaines des questions de fond et des conséquences du conflit. Ils prévoient également des arrangements provisoires, comme la manière dont le pouvoir doit être divisé et exercé. En outre, ils fixent l'ordre du jour, et éventuellement un calendrier, pour parvenir à une solution plus permanente et, le plus souvent, ils tracent les grandes lignes des futures institutions gouvernementales de base. Ils délèguent les questions litigieuses à une commission ou à un groupe de travail indépendant[1144].

En d'autres termes, les accords-cadres (ou accords sur le fond) établissent ou confirment des mécanismes de démilitarisation et de démobilisation destinés à mettre fin à la violence militaire, en les reliant à de nouvelles structures constitutionnelles portant sur la gouvernance, les élections et les institutions juridiques et des droits de l'homme[1145]. D'où le lien avec le para-constitutionnalisme qui est une technique qui consiste à compléter la constitution « tout en laissant intact, du moins en apparence, le dispositif constitutionnel antérieur »[1146]. Les accords de paix para-constitutionnels modifient ou complètent le texte de la Constitution sans le réviser formellement en suivant la procédure qu'elle a établie[1147]. Ce genre de réformes constitutionnelles cherche, en fin de compte, à neutraliser ou à modifier – en marge de la Constitution formelle – certains aspects de cette même Constitution. Bien évidemment, ce procédé permet aux

---

comme en Afrique du Sud, ou sous la forme d'une législation soumise au processus législatif normal, ce qui ne donne qu'un rôle plutôt marginal à certaines des parties de l'accord précédent. Arist von Hehn, *The Internal Implementation of Peace Agreements after Violent Intrastate Conflict. Guidance for Internal Actors Responsible for Implementation*, *op.cit.*, p. 49.

[1144] Arist von Hehn, *The Internal Implementation of Peace Agreements after Violent Intrastate Conflict. Guidance for Internal Actors Responsible for Implementation*, *op. cit.*, p. 50.

[1145] Ch. Bell, « Peace Agreements: Their Nature and Legal Status », *op. cit.*, p. 377.

[1146] C. Mathieu et P. Taillon, « Aux frontières de la modification constitutionnelle : le caractère para-constitutionnel de la réforme du Sénat canadien », *Revue québécoise de droit constitutionnel*, 2013, pp. 7-49, p. 11.

[1147] *Ibid.*, p. 16.

acteurs politiques d'éviter le recours à l'une des procédures traditionnelles de modification constitutionnelle[1148]. Les accords de paix para-constitutionnels reposent sur une volonté expresse ou tacite des administrateurs de paix de ne pas modifier le texte de la Constitution formelle.

Cette technique que nous qualifions de para-constitutionnalisme a « pour effet de préserver en apparence les dispositions de la Constitution formelle »[1149]. Les accords para-constitutionnels sont de deux catégories : ceux qui modifient la Constitution sans établir une hiérarchie entre eux et la Constitution (**A**) et ceux qui se prévalent supérieur à la Constitution (**B**).

A. La para-constitutionnalité de l'Accord de Linas-Marcoussis

La para-constitutionnalité de l'Accord de Linas-Marcoussis réside dans le fait qu'il modifie la Constitution ivoirienne de l'an 2000 tout en coexistant avec elle. Le nœud de la crise ivoirienne de 2002 résidait dans l'instrumentalisation des textes juridiques relatifs à la nationalité et à l'éligibilité du Président de la République. Le code électoral du 21 décembre 1994, la Loi constitutionnelle de 1998 révisant la Constitution et la Constitution du 23 juillet 2000 disposaient que le Président de la République devait « être Ivoirien d'origine, né de père et de mère eux-mêmes Ivoiriens d'origine »[1150]. Certes la CPJI reconnaît que la question de la nationalité est « *a matter of domestic jurisdiction* »[1151] ; cependant, selon Jean du Bois de Gaudusson, cette double condition de nationalité souffrait d'un vice majeur, celui d'être singulièrement dirigée contre la personne de l'ancien premier ministre de la Côte d'Ivoire, dissident du parti au pouvoir, Alassane Dramane Ouattara[1152]. Cette discrimination a été à

[1148] *Ibid.*

[1149] *Ibid.*, p. 24.

[1150] Constitution ivoirienne du 1er août 2000, art. 35, al. 3.

[1151] CPJI, avis consultatif relatif *aux Décrets de nationalités en Tunisie et au Maroc* du 7 févier 1923, p. 22.

[1152] Jean du Bois de Gaudusson, « L'accord de Marcoussis, entre droit et politique. », *Afrique contemporaine* 2/2003 (n° 206), p. 41-55 URL : www.cairn.info/revue-afrique-contemporaine-2003-2-page-41.htm. DOI : 10.3917/afco.206.0041.

l'origine de la crise dramatique qui débuta le 19 septembre 2002 par le déclenchement d'attaques simultanées, perpétrées dans plusieurs villes de Côte d'Ivoire, y compris à Abidjan, par des assaillants se réclamant d'une structure dénommée le Mouvement patriotique de Côte d'Ivoire (MPCI). Ce conflit armé s'est prolongé par l'occupation des parties septentrionale puis occidentale du pays[1153]. C'est dans ce contexte de guerre civile que l'ancien ministre français Pierre Mazeaud, assisté du juge Keba Mbaye, de l'ancien Premier ministre ivoirien, Seydou Diarra, ainsi que des facilitateurs et observateurs désignés par l'ONU, l'UA, la CEDEAO et l'OIF, dix partis politiques et mouvements issus de la rébellion signèrent le 23 janvier 2003 l'Accord de paix de Linas Marcoussis[1154].

Ainsi, l'accord de Linas-Marcoussis est l'un des exemples les plus remarquables de l'exercice des fonctions du pouvoir constituant dérivé par la communauté internationale[1155]. La constitutionnalité de cet accord tient à ce qu'il a non seulement révisé l'article 35 la Constitution ivoirienne de l'an 2000, mais a aussi prévu un poste de premier ministre aux pouvoirs renforcés[1156]. Sa para-constitutionnalité, quant à elle, s'explique par le fait qu'il n'a pas été immédiatement intégré à la Constitution formelle de l'an 2000, c'est-à-dire qu'il a coexisté avec elle jusqu'à l'adoption de la nouvelle Constitution de 2016 qui l'a finalement intégré. En effet, l'Accord de Linas-Marcoussis a considéré que l'article 35 de la Constitution de l'an 2000 relatif à l'élection du Président de la République devait « éviter de se référer à des concepts dépourvus de valeur

---

[1153] *Ibid.*

[1154] A l'invitation du Président de la République française, une Table ronde des forces politiques ivoiriennes s'est réunie à Linas-Marcoussis du 15 au 23 janvier 2003. Elle a rassemblé les partis politiques suivants : FPI, MFA, MJP, MPCI, MPIGO, PDCI-RDA, PIT, RDR, UDCY, UDPCI. Les travaux ont été présidés par M. Pierre MAZEAUD, assisté du juge Keba Mbaye et de l'ancien Premier ministre Seydou Diarra et de facilitateurs désignés par l'ONU, l'Union Africaine et la CEDEAO. On retrouve l'intégralité de l'accord sur le site du Ministère des affaires étrangères français : http://www.diplomatie.gouv.fr/

[1155] J. D. Mouton, *op. cit*, pp. 316-317.

[1156] Voir K. Dosso, « Le premier ministre dans la crise ivoirienne », *Revue de la recherche juridique. Droit prospectif*, 2008-4, pp. 2368-2392.

juridique »[1157]. Il a proposé que les conditions d'éligibilité du Président de la République soient ainsi fixées : « Le candidat [à la présidence] doit jouir de ses droits civils et politiques et être âgé de trente-cinq ans au moins. *Il doit être exclusivement de nationalité ivoirienne né de père ou de mère Ivoirien d'origine* »[1158]. Cette phrase a été insérée *expressis verbis* dans la Constitution de 20016 qui dispose : « Il [le Président de la République] doit être exclusivement de nationalité ivoirienne, né de père et de mère ivoiriens d'origine »[1159].

En outre, le même accord (de Linas-Marcoussis) disposait qu' « un gouvernement de réconciliation nationale sera mis en place dès après la clôture de la Conférence de Paris pour assurer le retour à la paix et à la stabilité. Il sera chargé du renforcement de l'indépendance de la justice, de la restauration de l'administration et des services publics, et du redressement du pays. Il appliquera le programme de la table ronde qui figure en annexe et qui comporte notamment des dispositions dans les domaines constitutionnel, législatif et réglementaire »[1160]. Cependant, en dépit de la poursuite des négociations à Accra et à Pretoria, l'Accord de Linas-Marcoussis est resté inappliqué, à cause du transfert des pouvoirs du Président à un premier ministre nommé[1161]. Il a fallu attendre les années 2005 et 2006, pour que l'ONU fasse usage du Chapitre VII de sa Charte en vue de rendre effectif le projet de révision constitutionnelle contenu dans l'Accord de Linas-Marcoussis. Étant donné que la crise ivoirienne continuait de mettre en péril la paix et la sécurité internationales dans la Sous-Région ouest africaine, le CSNU a réaffirmé que les Accords de Linas-Marcoussis, d'Accra III et de Pretoria demeuraient le cadre approprié pour le règlement pacifique et durable de la crise en Côte d'Ivoire[1162]. Agissant ainsi en vertu du Chapitre VII de la Charte de l'ONU, il exigea, conformément à l'Accord de Linas-Marcoussis, la création du poste de premier

[1157] Accord de Linas-Marcoussis de 2003, Annexe, point III, 1.
[1158] *Ibid.*
[1159] Constitution ivoirienne de 2016, art. 55.
[1160] Accord de Linas-Marcoussis de 2003, 3 (a).
[1161] K. Dosso, « Le premier ministre dans la crise ivoirienne », *op. cit.*, pp. 2373 et s.
[1162] S/RES/1633 (2005).

ministre qui exercera pleinement son autorité sur son cabinet, car c'est à lui que tous les ministres devaient dorénavant rendre compte[1163], contrairement à l'article 41 de la Constitution ivoirienne de l'an 2000 selon lequel le Président de la République est le seul détenteur exclusif du pouvoir exécutif[1164]. D'ailleurs, il y a des situations où les accords de paix ne se sont pas contentés de réviser, formellement ou matériellement la Constitution en vigueur ; ils ont aussi proclamé leur primauté sur celle-ci.

B. La primauté des accords de paix para-constitutionnels

Le terme « primauté » renvoie à la prédominance, à la prééminence, à la prépondérance, à la supériorité d'une chose sur une autre[1165]. La primauté des accords de paix sur une constitution en vigueur signifie qu'en cas de contradiction entre les dispositions constitutionnelles et celles de l'accord, on écartera l'application des premières au profit des secondes. En période de para-constitutionnalisme, les textes juridiques parallèles régulent souvent leurs rapports avec la Constitution déjà en vigueur. La Charte de la transition malgache, par exemple, affirme que « Toutes les dispositions constitutionnelles, législatives et règlementaires, ainsi que toutes celles résultant d'autres textes qui ne sont pas contraires aux dispositions de la présente Charte demeurent en vigueur et s'appliquent de plein droit »[1166]. Ce qui signifie que les dispositions constitutionnelles contraires à la Charte fléchissent devant celle-ci. Dans la même logique, l'Accord de paix d'Arusha sur le Rwanda de 1993 précise qu'« en cas de conflit entre les autres dispositions de la

---

[1163] *Ibid.*, point 6.

[1164] Article 41 : « Le Président de la République est détenteur exclusif du pouvoir exécutif. Il nomme le Premier Ministre, Chef du Gouvernement, qui est responsable devant lui. Il met fin à ses fonctions. Le Premier Ministre anime et coordonne l'action gouvernementale. Sur proposition du Premier Ministre, le Président de la République nomme les autres membres du Gouvernement et détermine leurs, attributions. Il met fin à leurs fonctions dans les mêmes conditions ».

[1165] Dictionnaire, *Le Petit Robert,* 2014.

[1166] La Charte de la transition malgache du 9 août 2009, art. 43.

Constitution et celles de l'Accord de Paix, ces dernières prévalent »[1167].

Dans ce cas, ce n'est pas la Constitution rwandaise qui se trouvait au sommet de l'ordre juridique interne pendant la transition, mais l'Accord d'Arusha. La Cour constitutionnelle a été chargée de vérifier la conformité des normes inférieures à l'Accord[1168]. Il en était de même au Burundi où l'Accord d'Arusha de 2000 prévoit :

> « Les dispositions constitutionnelles qui régissent les pouvoirs, les attributions et le fonctionnement de l'exécutif de transition, ainsi que du corps législatif de transition et du système judiciaire, de même que les droits et devoirs des citoyens et des partis et mouvements politiques, sont énoncés ci-après ou, à défaut, dans la Constitution burundaise du 13 mars 1992. En cas de divergence entre cette Constitution et l'Accord, ce sont les dispositions de l'Accord qui prévalent. Pour donner effet à la présente disposition, les termes de l'Accord sont adoptés et promulgués au Burundi comme il convient, dans les quatre semaines suivant sa signature »[1169].

Donc, selon J.-L. Atangana Amougou, la primauté des accords de paix remet en cause le constitutionnalisme libéral qui considère que la constitution est la règle juridique suprême de l'État. Cette réalité du droit positif se focalise sur « la constitution au sens formel » comme une loi supérieure à toutes les autres[1170]. *A contrario*, la conception matérielle considère que la constitution ne saurait se réduire à des éléments formels, parce qu'« elle doit intégrer le droit vivant, c'est-à-dire les relations entre les forces sociales[1171]. En réalité, la constitution

[1167]L'Accords de paix d'Arusha sur le Rwanda de 1993, article 3.

[1168]*Ibid.*

[1169]Accord d'Arusha pour la paix et la réconciliation au Burundi du 28 août 2000, art. 15.

[1170]J.-L. AtanganaAmougou, « Les accords de paix dans l'ordre juridique interne en Afrique », *Revue de la recherche juridique. Droit prospectif*, 2008, pp. 1723-1745, p. 1739.

[1171]*Ibid.*

matérielle est l'expression des objectifs réels et communs aux membres de la collectivité[1172].

Cet auteur mentionne, à juste titre, que, dans les États en crise, la constitution en vigueur ne remplit plus cette fonction sinon la situation n'aurait pas dégénéré. C'est la raison pour laquelle la force dominante qui peut aussi être une coalition (ou une organisation internationale), s'érige en pouvoir constituant national.

Dans ce cas, il s'agit généralement d'un pouvoir juridique par son objet, c'est-à-dire l'élaboration ou la révision de la constitution[1173].

[1172] *Ibid.*
[1173] *Ibid.*

Conclusion du chapitre III

Une constitution fournit un plan directeur pour le gouvernement d'un État, car elle est considérée comme le fondement de l'ordre juridique, fournissant des normes suprêmes dont découlent d'autres lois[1174]. Conçue pour l'avenir, elle constitue le fondement de la société et la base de la stabilité. Une conception traditionnelle de la souveraineté de l'État inclut le pouvoir d'adopter une constitution. Par conséquent et, en principe, l'exercice du pouvoir constituant national, la forme et le contenu de l'ordre constitutionnel national ne relèvent pas du droit international. Cependant, l'isolationnisme des constitutions nationales par rapport au droit international est, de plus en plus, remise en cause par l'interdépendance mondiale et une communauté active d'institutions et d'acteurs internationaux œuvrant pour le maintien et la consolidation de la paix : « *[n]o constitution, today, is an island unto itself* »[1175]. Si la participation internationale à l'élaboration, voire à l'imposition de constitutions nationales n'est pas nouvelle, le lien moderne entre les constitutions et les processus de paix est un phénomène nouveau qui a des implications différentes. L'engagement international contemporain est généralement entrepris au nom de l'assistance bienveillante dans la poursuite de la paix et de la sécurité internationales. Les constitutions internationalisées ne sont pas la seule manifestation de cette autorité internationale bienveillante, mais contrairement à d'autres exemples comme l'administration internationale du territoire, elles n'ont pas fait l'objet d'une grande attention dans la littérature[1176].

Cette pratique et ses fondements normatifs constituent un défi pour le droit international, bien que ce dernier soit théoriquement indifférent aux différences entre les ordres constitutionnels, les acteurs internationaux apportent *de facto* une contribution importante dans la

---

1174 E. Hay, « International (ized) Constitutions and Peacebuilding », *Leiden Journal of International Law*, 2014, pp. 141-168, p. 42.

1175 T. M. Franck, A. K. Thiruvengadam, « *International Law and Constitution-Making* », Chinese JIL, (2003) 2, pp. 467-518, p. 468.

1176 E. Hay, « International (ized) Constitutions and Peacebuilding », *op. cit.*, pp. 142-143.

reconstruction de l'ordre constitutionnel des États post-conflits. À cette occasion, ils importent le droit international avec eux[1177].

Cela étant, il est nécessaire d'examiner le lien consubstantiel entre le support d'une constitution et la substance du document lui-même. Aucune délimitation stricte n'est faite entre ces deux aspects d'une constitution. Même si les deux sont inséparables, nous essaieront néanmoins de démontrer que, l'assistance constitutionnelle va au-delà de la simple consultation ou du conseil sur les lois constitutionnelles. Les constitutions internationalisées sont élaborées dans un environnement de dépendance élevée, voire totale, à l'égard d'un soutien extérieur dont elles sont le reflet. En d'autres termes, les processus de paix affectent souvent la forme, la substance et la viabilité des constitutions de sortie de crise[1178].

[1177] *Ibid.*, pp. 142-143.
[1178] Ibid., p. 144.

CHAPITRE IV

L'INTERNATIONALISATION DE L'ACTE CONSTITUTIONNEL NATIONAL

Le premier sens de l'expression « acte constitutionnel » renvoie à l'*instrumentum* (le support) constitutionnel, et le second (sens) désigne le *negocium* ou le contenu *ratione materiae* d'une constitution. En d'autres termes, une constitution est avant tout un acte juridique (*instrumentum*), mais celui-ci est constitué d'un ensemble de normes juridiques (*negocium*). Ce *distingo* entre *instrumentum* et *negocium*, en matière de constitution de sortie de crise, est une technique permettant de répondre à un besoin spécifique : celui qui consiste à traiter séparément l'internationalisation de leur support, d'un côté, et l'internationalisation de leur contenu matériel, de l'autre autre côté[1179].

Les constitutions internationalisées sont une preuve de l'engagement de la communauté internationale dans une série d'opérations de (re)construction d'États post-conflits. Ces opérations sont censées aider ces États à exercer l'*imperium* sur leurs territoires respectifs, à (re)gagner la confiance de leurs populations et à établir des institutions, centralisées et durables, détenant le monopole de l'exercice de la puissance publique[1180]. Le but est l'instauration de la paix libérale qui repose sur la théorie selon laquelle les États démocratiques et libéraux sont plus enclins à respecter les droits de leurs citoyens et moins susceptibles d'entrer en guerre avec les États voisins. C'est pour cette raison que les administrateurs de paix

---

1179 Selon J.-F. Gerkens, *l'instrumentum* a pour objet de constater un fait juridique dont il en est la preuve (écrit probatoire), tandis que le *negocium*, quant à lui, désigne l'opération juridique elle-même. J.-F. Gerkens, « Legal Certainty *v.* Legal Precision », *Fundamina*, 2010, pp. 121-129, p. 127.

1180 J. Wallis, *Constitution Making During State Building*, Cambridge, Cambridge University Press, 2014, p. 1.

inscrivent, directement ou indirectement, dans les constitutions de sortie de crise (nouveau pacte social) les principaux principes de la paix libérale (la démocratie, l'État de droit, les droits de l'homme et l'économie de marché)[1181]. Ce processus constituant est une prise de décisions cruciales affectant l'avenir des sociétés post-conflits[1182] : définition et répartition des pouvoirs de l'État, et inscription, dans la Constitution, des principes fondamentaux destinés à guider la société et l'État[1183].

Ce faisant, les administrateurs de paix articulent une nouvelle vision de la société et organisent le système de gouvernance de sorte que les différents protagonistes puissent jouer un rôle important dans la consolidation de la paix et de la démocratie[1184].

Cette dynamique place, intégralement ou partiellement, certaines constitutions nationales sous l'emprise du droit international. On assiste ainsi à une internationalisation de l'*instrumentum* constitutionnel (**Section 1**). D'autres constitutions post-conflits sont, apparemment, l'œuvre des pouvoirs constituants nationaux, mais leurs contenus matériel sont dictés, aménagés voire imposés par les administrateurs de paix : il s'agit du *negocium* constitutionnel (**Section 2**)[1185].

[1181] *Ibid.*

[1182] C. Turner, « Constitution Making and Post-Conflict Reconstruction », *in* M. Saul, J. A. Sweeney (*ed.by*), *International Law and Post-conflict Reconstruction Policy*, New York, Routledge, 2015, pp. 119-140, p. 1 : « It is increasingly recognized in international law and policy that constitutional transformation plays a role in post-conflict reconstruction ».

[1183] L. Aucoin, « Introduction », *in* L. E. Miller, L. Aucoin (ed.), *Framing the State in Times of Transition : Case Studies in Constitution Making*, Whashington, D.C, United State Institute of Peace, 2010, pp. xiii-xviii, p. xiii.

[1184] *Ibid.*

[1185] Sur point, lire C. Turner, « Constitution Making and Post-Conflict Reconstruction », *in* M. Saul, J. A. Sweeney (*ed.*), *International Law and Post-conflict Reconstruction Policy*, New York, Routledge, 2015, pp. 119-140.

Section 1. L'internationalisation de l'*instrumentum* constitutionnel

Une constitution de sortie de crise est un ensemble de « normes »[1186] supérieures, impératives, générales et impersonnelles (d'origine interne, internationale ou mixte) élaborées au sortir d'un conflit armé ou d'une crise politique. Étant, en soi, la solution à la crise, elle devient un *instrumentum* constitutionnel spécial. Les accords de paix internationalisés - dont elle résulte - ne s'inscrivent pas facilement dans les catégories juridiques traditionnelles (nationales ou internationales). Cela s'explique principalement par le fait que certains accords associent des signataires étatiques et non étatiques (sujets hybrides) sur des questions relevant en partie de la sphère des traités internationaux et en partie du cadre juridique national[1187].

D'autres accords de paix, intégrant des constitutions nationales, sont des traités internationaux conformes au droit international public. Il en est ainsi des Constitutions de Chypre (1960)[1188] et de Bosnie-Herzégovine (1995)[1189] qui sont, plus ou moins, conformes à la

---

[1186] P. Dmochowski, « Soft Law » internationale : Patchwork de documents et matériaux disparates pour une réflexion sur les engagements du droit international, Tome 1, Pologne, APD, 2001, p. 7.

[1187] Il demeure encore une certaine incertitude quant à l'attribution de la qualité de « sujet de droit international » aux groupes armés ayant franchi le seuil de l'applicabilité du droit humanitaire. Ces groupes ne sont sujets du droit international que lorsqu'ils ont été reconnus comme belligérants par le gouvernement de l'État avec lequel ils sont en conflit, ou lorsqu'ils sont devenus un régime politique stable *de facto*. C'est rarement le cas, car dans de nombreux conflits, les États ont refusé de reconnaître les rebelles comme des belligérants, ou même que le seuil, par exemple de l'article 3 commun des conventions de Genève, a été atteint pour que droit humanitaire s'applicable. C'est pourquoi, dans la plupart des cas, il y a un doute considérable sur le statut des groupes armés et sur leur capacité à signer un traité comme le prévoit le droit international. Voir Arist von Hehn, *The Internal Implementation of Peace Agreements after Violent Intrastate Conflict. Guidance for Internal Actors Responsible for Implementation*, Leden – Boston, 2011, pp. 50-51.

[1188] https://mjp.univ-perp.fr/constit/cy1960t1.htm

[1189] https://mjp.univ-perp.fr/constit/ba1995.htm

Convention de Vienne sur le droit des traités entre États de 1969[1190] (**§ 1**). Par ailleurs, la Constitution de la Namibie et celle du Cambodge peuvent être considérées comme des lois fondamentales-cadres parce qu'elles ont été précédées par des instruments juridiques internationaux qui ont déterminé leur forme ainsi que les modalités de leur élaboration. Ainsi, leur internationalisation n'est pas totale dans la mesure où elles ont été adoptées par un pouvoir constituant national, encadré par le droit international (**§ 2**).

§ 1. L'internationalisation complète de l'*instrumentum* constitutionnel : les traités-constitutions

L'internationalisation complète de l'*instrumentum* constitutionnel est la conséquence directe de l'internationalisation totale du pouvoir constituant national, c'est-à-dire qu'elle intervient lorsque le « pouvoir constituant originaire est totalement placé entre les mains d'une autorité internationale ou d'un groupe d'États qui rédigent intégralement la nouvelle constitution[1191] ». La constitution qui en résulte est soit un accord de paix international (traité-constitution), soit une résolution de paix constitutive ou constitutionnelle[1192]. L'internationalisation complète de la norme constitutionnelle peut intervenir non seulement dans un État, mais aussi dans des territoires non étatiques.

Dans le premier cas, elle intervient dans des situations où l'élaboration d'une nouvelle constitution étatique est un moyen de régler une crise interne grave. Dans le second cas, il s'agit de doter un territoire conflictogène d'une constitution provisoire dans l'attente d'un règlement définitif du conflit[1193]. Ainsi, l'établissement voire l'imposition d'une constitution provisoire devient une condition

---

[1190] Convention de Vienne sur le droit des traités du 23 mai 1969, art. 2, point 1, a) : « [l]'expression « traité » s'entend d'un accord international conclu par écrit entre États et régi par le droit international, qu'il soit consigné dans un instrument unique ou dans deux ou plusieurs instruments connexes, et quelle que soit sa dénomination particulière ».

[1191] C. Cerda-Guzman, « Repenser les constitutions internationalisées », *RDP*, 2015, n° 6, pp. 1567-1582.

[1192] Voir chapitre 2.

[1193] Voir chapitre 2, section 1, § 2.

préalable à l'exercice des fonctions de gouvernement[1194]. Le Kosovo[1195], le Territoire Libre de Trieste[1196] et le Sud Soudan[1197] (et autres) eurent des constitutions transitoires relevant entièrement du droit international avant l'établissement de leurs statuts définitifs respectifs. Cependant, ces constitutions intérimaires sont différentes des constitutions de sortie de crise : les premières sont élaborées à l'entame de la transition, alors que les secondes sont, généralement rédigées vers la fin de la transition constitutionnelle. Sur ce, gardons à l'esprit que les constitutions de sortie de crise fixent le nouveau contrat social des États post-conflits et non le statut des territoires en transition. La Constitution de la République de Chypre de 1960 (**A**) et celle de la Bosnie-Herzégovine annexée aux Accords de Dayton/Paris de 1995 (**B**) sont exemplaires en la matière.

A. La Constitution de la République de Chypre : un traité trilatéral

Selon N. Maziau, « Un traité international [...] n'est jamais une constitution au sens [du droit] positif. Il ne peut pas non plus faire partie de la Constitution d'un État indépendant »[1198]. Pourtant, l'origine de la Constitution chypriote se trouve dans les Accords de Zurich du 11 février 1959 établissant la République indépendante de Chypre. Le fonctionnement du gouvernement est basé sur la

---

1194 Voir, sur ce point, le rapport d'International Crisis Group: *Kosovo : a roadmap to settling final status,* du 1er mars 2002, http://www.intl-crisis-group.org.

1195 Sur le Kosovo, lire, nécessairement, Marc Maresceau (*ed.*), *EU Peacebuilding in Kosovo and Afghanistan : Legality and Accountability*, Leiden – Boston, Nijhoff, 2014, 434 p.

1196 Les textes juridiques internationaux relatifs au TLT sont disponibles sur : https://www.triestelibera.one/home/francais/le-territoire-libre-de-trieste

1197 Voir G. Giraudeau, « La naissance du Soudan du Sud : la paix impossible », *AFDI*, 2012, pp. 61-82. V. égal. Ph. Dann, Z. Al-Ali, « The Internationalized *Pouvoir Constituant* – Constitution-Making Under External influence In Iraq, Sudan and East Timor », *Max Planck Yearbook of United Nations Law*, vol. 10, 2006, pp. 423-463.

1198 N. Maziau, « l'internationalisation du pouvoir constituant - Essai de typologie : le point de vue hétérodoxe du constitutionnaliste », *RGDIP*, 2002, pp. 549-579, p. 549.

Constitution *stricto sensu* et les trois traités y afférents[1199]. Cette internationalisation de l'ordre constitutionnel chypriote s'inscrit dans un contexte historico-géostratégique[1200]. En 1878, la Grande-Bretagne loua Chypre à l'Empire ottoman pour y installer une base de protection contre les ambitions de la Russie. Puis, pendant la Première Guerre mondiale, Chypre devint une colonie britannique en 1925.

Les Chypriotes grecs commencèrent, dès lors, leur longue et intense lutte contre les Britanniques en vue de réaliser leur *Enosis* (unification) avec la Grèce. De 1925 à 1960, les Chypriotes grecs sollicitèrent cette *Enosis*, tandis que les Chypriotes turcs s'y opposèrent. Cette division entre ces deux communautés constitutives de Chypre profita à la puissance colonisatrice qui réfuta *l'Enosis*[1201].

En 1950, Makarios III (qui deviendra le premier Président de la République de Chypre) fut élu Archevêque. L'Église orthodoxe grecque exigea un plébiscite en faveur de *l'Enosis*. Avec la création de l'*Ethnici Organosis Kyprion Agoniston* (EOKA) : une organisation de *guérilla* clandestine, la lutte pour l'autodétermination grecque prit une nouvelle envergure en 1955.

Les Britanniques résistèrent à l'autodétermination et à *l'Enosis* jusqu'au moment où ils comprirent que leurs intérêts pouvaient être mieux servis en y conservant leurs bases militaires et en parvenant à un règlement politique qui satisferait les intérêts des deux communautés constitutives du Territoire.

La Turquie aussi exprima son inquiétude quant à l'avenir de la minorité turque sous la domination de la majorité chypriote grecque. Elle en fît une préoccupation stratégique concernant l'extension du territoire grec sous « son nez »[1202]. En conséquence, les Chypriotes

---

[1199] Commission européenne contre le racisme et l'intolérance, premier rapport sur Chypre, adopté le 9 novembre 1999, I, B, 2.

[1200] S. Ozcelik, « Border Creation in Cyprus: Contested History and the Psychodynamic Perspective of Vamik Volkan », *Peace and Conflict Review*, 2013, pp. 1-11, p. 2.

[1201] *Ibid*, p. 3.

[1202] Voir le document : *Plans for Partition and the Constitution of Cyprus*, January 1964.

turcs formèrent l'Organisation de résistance turque (une organisation paramilitaire) pour défendre le *Taksim* (la partition du Territoire) pour contrer *l'Enosis* (l'unification avec la Grèce)[1203].

Face aux combats intercommunautaires intenses et violents et la lutte anti-britannique des Chypriotes grecs, la Grande-Bretagne, la Turquie et la Grèce conclurent les Accords de Zurich du 11 février 1959[1204]. Ces accords, qui interdisaient l'Enosis et le *Taksim*, introduisirent une solution bicommunautaire/fédérale pour Chypre. La Constitution de Chypre a été conçue par ces trois puissances, « parrains » et garantes de l'État chypriote en gestation[1205]. Un règlement politique du conflit fut trouvé et les fondements du nouvel État chypriote furent établis par la Conférence de Zurich (en Suisse) à laquelle les Chypriotes n'étaient pas représentés. Les Accords de Zurich ont été finalisés par la signature à Londres (en Grande Bretagne), le 19 février 1959, de trois documents internationaux de valeur constitutionnels : l'accord, en 27 points, sur la structure de base de la future République de Chypre ; le Traité de garantie entre la République de Chypre[1206], la Grèce, le Royaume-Uni et la Turquie et le Traité d'alliance entre la Grèce, le Royaume-Uni et la Turquie. Bien avant la signature de ces trois Traités, le Gouvernement britannique

---

1203 S. Ozcelik, « Border Creation in Cyprus: Contested History and the Psychodynamic Perspective of Vamik Volkan », *Peace and Conflict Review*, *op. cit.*, p. 3.

1204 https://mjp.univ-perp.fr/constit/cy.htm.

1205 S. Ozcelik, *op. cit.*, p. 3.

1206 L'article premier du Traité de garantie entre la République de Chypre, la Grèce, le Royaume-Uni et la Turquie dispose ainsi : « [l]a République de Chypre s'engage à assurer le maintien de son indépendance, de son intégrité territoriale et de sa sécurité ainsi que le respect de sa Constitution. Elle s'engage à ne participer, en totalité ou en partie, à aucune union politique ou économique avec aucun État quel qu'il soit. En conséquence, elle interdit toute activité de nature à encourager directement ou indirectement l'union de l'Île avec un autre État ou sa partition ». L'article 2 du même Traité précise que « [l]a Grèce, la Turquie et le Royaume-Uni prenant note de l'engagement de la République de Chypre établi à l'article premier du présent Traité, reconnaissent et garantissent l'indépendance, l'intégrité territoriale et la sécurité de la République de Chypre ».

avait fait une déclaration, le 17 février 1959, dans laquelle il affirmait que la Constitution de la République de Chypre entrerait en vigueur dès la signature formelle, par les parties concernées, des instruments juridiques nécessaires. Il souhaitait que cette signature ait lieu à la date convenable la plus prochaine, à laquelle la souveraineté sera transférée à la République de Chypre[1207].

Les Accords de Zurich ont été ainsi ratifiés par le Parlement grec le 28 février 1959. Le 4 mars suivant, le Parlement turc fît autant et, *in fine*, la Chambre des communes britannique les accepta, à son tour, le 19 mars 1959. Le Gouvernement chypriote devait également signer, *post factum*, les mêmes accords après la proclamation de l'indépendance de l'État[1208]. Le texte de la Constitution de Chypre n'a été ni rédigé ni approuvé par une assemblée constituante chypriote : l'accord sur la structure de base du futur État écartait cette possibilité[1209]. La Constitution fut rédigée par une commission mixte, composée des représentants de la Grèce, de la Turquie et des deux communautés chypriotes. Le texte du projet constitutionnel a été signé le 6 avril 1960 à Nicosie et, après quelques modifications apportées au texte constitutionnel à Londres, le 1er juillet, la Constitution entra en vigueur le 16 août 1960[1210].

Cette Constitution est un accord international trilatéral qui relève du *res inter allios acta* à l'égard des trois États signataires et garants de l'indépendance de Chypre. Mais elle viole le caractère relatif des traités en ce qui concerne son application à la République de Chypre à laquelle elle est attribuée[1211]. D'ailleurs, étant donné que les différents

---

[1207] Déclaration du Gouvernement britannique du 17 février 1959, D.

[1208] https://mjp.univ-perp.fr/constit/cy.htm

[1209] G. Vlachos, « L'organisation constitutionnelle de la République de Chypre », *Revue internationale de droit comparé*, vol. 13, 1961, pp. 525-559, p. 527.

[1210] *Ibid.*

[1211] Après l'indépendance, les deux communautés ont continué à célébrer les fêtes nationales de la Grèce et de la Turquie. En outre, le drapeau officiel de Chypre n'apparaissait qu'à certains endroits, comme le Palais Présidentiel de Makarios. En d'autres lieux et occasions, les hymnes et drapeaux nationaux grecs et turcs ont été utilisés pendant ces célébrations. Vamik Volkan décrit l'attitude des Chypriotes à l'égard du drapeau officiel

accords ont été signés avant l'indépendance de Chypre, on se demande si un État peut s'engager avant sa naissance officielle. Cette question est également valable pour la Constitution de la Bosnie-Herzégovine ; car la seule différence, non pertinente, entre la Constitution de Chypre et celle de la Bosnie-Herzégovine est que la première a annexé trois traités internationaux, alors qu'inversement, la seconde (la Constitution de la Bosnie-Herzégovine) a été annexée à l'Accord de Dayton de 1995.

B. La Constitution de la Bosnie-Herzégovine : un traité plurilatéral

Un traité plurilatéral est un accord conclu entre plusieurs sujets du droit international public, mais qui n'a pas forcément une vocation universaliste. L'internationalisation de l'écriture et le support conventionnel de la Constitution de la Bosnie-Herzégovine font que celle-ci intègre cette définition. Il faut, de prime abord, rappeler que, c'est l'intervention des États-Unis, à compter du début de l'année 1994, qui a mis fin au conflit en Bosnie-Herzégovine[1212]. Dès le début de la crise yougoslave, les agences et les branches du Gouvernement

---

de Chypre : « Lorsqu'on a demandé à mon beau-frère artiste de concevoir un drapeau pour la République de Chypre nouvellement constituée, on lui a dit qu'il pouvait utiliser le blanc, qui apparaît à la fois sur les drapeaux grec et turc, mais qu'il devait éviter d'utiliser le rouge, qui apparaît sur le drapeau turc, et le bleu, qui est utilisé sur le drapeau grec. En conséquence, il a utilisé le jaune avec du vert, ces derniers ne concernant aucun pays en question. Cette bannière jaune-verte-blanche est toujours le drapeau officiel de Chypre. Cependant, lors de la création de la République, les Turcs chypriotes ont hissé le drapeau rouge et blanc de la Turquie, et les Grecs ont arboré le bleu et blanc de la Grèce. Le drapeau officiel jaune-verte-blanc n'est apparu qu'à certains endroits, comme le palais Présidentiel de Makarios, en tant qu'ornement. L'histoire d'un drapeau chypriote, conçu pour une nation chypriote imaginaire, et la réaction de la population à ce drapeau, indique que la *Realpolitik* n'a trouvé aucun écho dans le psychisme des Turcs chypriotes ou des Grecs chypriotes ». Sezai Ozcelik, « Border Creation in Cyprus: Contested History and the Psychodynamic Perspective of Vamik Volkan », *Peace and Conflict Review*, 2013, pp. 1-11, p. 4.

[1212] R. Lukic, *L'agonie yougoslave (1986-2003). Les États-Unis et l'Europe face aux guerres balkaniques*, Les Presses de l'Université Laval, 2003, p. 252.

américain[1213], impliquées dans l'élaboration de leur politique étrangère, divergèrent au sujet du conflit dans les Balkans.

Deux grandes écoles s'affrontaient : les uns souhaitaient une intervention militaire et active des États-Unis pour endiguer l'agression de la Serbie contre la Croatie et la Bosnie-Herzégovine.

Les autres arguaient que le conflit dans les Balkans ne menaçait pas les intérêts vitaux des États-Unis et, par conséquent, le Gouvernement américain ne devait pas mettre ni sa crédibilité ni la vie de ses soldats en jeu pour faire cesser le conflit et le nettoyage ethnique[1214].

Finalement, la doctrine de la « diplomatie armée », combinant l'usage de la force militaire et les négociations, l'emporta[1215]. Cette doctrine était défendue par Richard Holbrooke (Assistant secrétaire d'État aux affaires européennes et canadiennes) et l'Ambassadrice des États-Unis à l'ONU, Madeleine Albright[1216]. Ainsi, les États-Unis, longtemps restés à l'écart de la guerre balkanique, commencèrent « à

[1213] Il s'agit, entre autres, du Conseil pour la sécurité nationale, du Département d'État chargé des affaires étrangères, du Département d'État chargé de la défense et du Congrès.

[1214] R. Lukic, *L'agonie yougoslave (1986-2003). Les États-Unis et l'Europe face aux guerres balkaniques*, *op. cit.*, p. 254.

[1215] Partisan de cette doctrine, R. Holbrooke était au Conseil d'administration de *l'International Rescue Committee* (IRC), une ONG œuvrant auprès des réfugiés. En août 1992, Holbrooke participa à la mission d'enquête en Bosnie-Herzégovine de l'IRC. Ce premier voyage l'avait profondément marqué et il est rentré aux États-Unis horrifié par le témoigne des réfugiés sur le génocide dont les Bosniaques étaient victimes. À son retour à New York, Holbrooke prit, *ipso facto*, contact avec son ami Strobe Talbott (un journaliste de Time Magazine) qui devint, un peu plus tard, le numéro deux du Département d'État dans la nouvelle administration de Bill Clinton. Holbrooke insista pour que l'administration démocrate utilisât la force militaire pour contraindre les Serbes à mettre fin à leur politique de nettoyage ethnique en Bosnie. Cependant, il a été nommé Ambassadeur en Allemagne, si bien qu'il n'est rentré à Washington qu'en 1994 pour occuper le poste d'Assistant secrétaire d'État pour affaires européennes et canadiennes. Voir Renéo Lukic, *op. cit.*, p. 255.

[1216] *Ibid.*

revoir leur stratégie »[1217], à partir de 1994, pour trois raisons principales.

Primo, la publication, en août 1992, des rapports, sur l'existence de camps de concentration dirigés par les Serbes, provoqua l'indignation internationale qui força l'administration Bush à annoncer une série d'ajustements tactiques en vue d'apaiser l'opinion publique outrée par ces atrocités[1218].

Secundo, de nombreux fonctionnaires, travaillant sur les Balkans, avaient finalement milité en faveur d'une intervention musclée. Quatre jeunes diplomates américains (George Kenney, Marshall Freeman Harris, Jon Western et Steven Walher) démissionnèrent du Département d'État pour protester contre la passivité des Présidents Bush et Clinton devant le génocide en Bosnie-Herzégovine.

Tertio, le risque de déploiement des soldats américains sur le terrain dans le cadre d'une opération de l'OTAN[1219]. Parallèlement, à cet engagement des États-Unis, les Européens aussi durcirent leurs positions au cours de l'année 1995, comme en témoigne la création de la Force de réaction rapide[1220]. Ce sont, néanmoins, les Américains

---

[1217] M. Ducasse-Rogier, *A la recherche de la Bosnie-Herzégovine : la mise en œuvre de l'Accord de paix de Dayton*, Presse Universitaire de France, 2003, p. 12.

[1218] Ces mesures impliquaient l'envoi d'observateurs, le renforcement des sanctions économiques contre la Serbie et le Monténégro et le soutien à la création d'un tribunal international pour juger les présumés coupables de ces crimes internationaux. Cependant, bien qu'importantes, ces mesures ne constituaient pas des changements en profondeur de la politique américaine et ne signifiaient pas que les États-Unis étaient alors disposés à utiliser la force militaire pour résoudre le conflit bosniaque. Voir R. Lukic, *L'agonie yougoslave (1986-2003). Les États-Unis et l'Europe face aux guerres balkaniques*, Les Presses de l'Université Laval, 2003, p. 274.

[1219] M. Ducasse-Rogier, *A la recherche de la Bosnie-Herzégovine : la mise en œuvre de l'Accord de paix de Dayton*, Presse Universitaire de France, 2003, p. 72.

[1220] Le 3 juin 1995, les ministres de la défense des États membres de l'OTAN et l'UE approuvent la constitution d'une force de réaction rapide,

qui prirent le devant, en relançant le processus de négociation à travers l'envoi d'un groupe de fonctionnaires - du Secrétariat d'État aux affaires étrangères - chargés de faire la navette entre les États en conflit (la Bosnie-Herzégovine, la Serbie et la Croatie) en vue de négocier directement avec les trois Présidents respectifs : A. Izetbegovic, S. Milosevic et F. Tudjman[1221].

Dans un premier temps, les négociateurs américains jouèrent la carte de Milosevic en écartant délibérément les parties aux velléités sécessionnistes (R. Karadzic et R. Mladic)[1222]. Ainsi, ils écartèrent les protagonistes dont les positions étaient les plus irréductibles, en oubliant que ces derniers seraient les premiers acteurs dans la mise en œuvre d'un éventuel accord[1223]. Le 17 août 1995, Holbrooke entreprit ses navettes diplomatiques dans les Balkans. Il eut son premier entretien avec le Président Milosevic qu'il considérait comme l'homme portant la plus grande part de responsabilité dans les Balkans[1224]. Le 29 août 1995, S. Milosevic réussit à conclure « l'Accord du Patriarche »[1225] avec les dirigeants de la *Republica Srpska* (les Serbes de Bosnie) en vue de former une délégation unique

---

composée de dix mille hommes, principalement français, britanniques et néerlandais. Voir S/RES/998 du 16 juin 1995, points 9 et 10.

1221 Voir James C. O'Brien, *The Dayton Constitution of Bosnia and Herzegovina*, disponible sur : https://www.usip.org/sites/default/files/Framing%20the%20State/Chapter12_Framing.pdf. V. égl. M. Ducasse-Rogier, *A la recherche de la Bosnie-Herzégovine : la mise en œuvre de l'Accord de paix de Dayton*, Presse Universitaire de France, 2003, p. 73.

1222 Ces deux figures du conflit armé furent inculpées par le TPIY en juillet 1995. Cette inculpation fut un prétexte de plus pour les écarter des pourparlers.

1223 Voir Sofia Sebastian, *Post-War Statebuilding and Constitutional Reform in Divided Societies: beyond Dayton in Bosnia*, Palgrave-Macmillan, 2014. Voir égl. M. Ducasse-Rogier, *A la recherche de la Bosnie-Herzégovine : la mise en œuvre de l'Accord de paix de Dayton*, Presse Universitaire de France, 2003, p. 74.

1224 R. Lukic, *L'agonie yougoslave (1986-2003). Les États-Unis et l'Europe face aux guerres balkaniques*, Les Presses de l'Université Laval, 2003, p. 296.

1225 Cet Accord, ayant été visé par le Patriarche de l'Eglise orthodoxe de Serbie, prit le nom « Accord du Patriarche ».

lors des négociations. Constituée d'un nombre égal de représentants pour les deux entités, cette délégation fut présidée par Milosevic lui-même, avec une voix prépondérante en cas de désaccord entre les membres de la délégation[1226]. Le 8 septembre suivant, alors que la campagne de bombardements de l'OTAN battait son plein, les ministres des affaires étrangères de la Bosnie, de la Croatie et de la RFY furent réunis à Genève pour signer un premier accord posant les principes directeurs des futures négociations. Le point le plus important à retenir concernait la reconnaissance de la Bosnie-Herzégovine, dans ses frontières de 1992, comme un État unitaire mais formé de deux entités territoriales distinctes : la *Republica Srpska* (49% du territoire) et la Fédération croato-musulmane (51% du territoire)[1227]. Le 14 septembre, les forces du Général Mladic levèrent le siège de Sarajevo en contrepartie d'une suspension des frappes de l'OTAN[1228].

L'alliance entre Croates et Musulmans étant menacée par des affrontements sporadiques, les États-Unis organisèrent une rencontre entre A. Izetbegovic et F. Tudjman en vue de dissiper les tensions, car il était nécessaire que la Fédération croato-musulmane garde un semblant de cohérence, conformément aux principes de Genève, pour faire prospérer les négociations.

Plusieurs questions relatives au gouvernement central de ce futur État en formation étant restées en suspens lors des négociations du 8 septembre, une nouvelle rencontre eut lieu, à New York, le 26 septembre, pour établir un ensemble de principes institutionnels qui régiront la Bosnie-Herzégovine[1229]. L'Accord de cessez-le-feu dans la r égion, annoncé par Bill Clinton le 5 octobre 1995, devait entrer en

---

1226 M. Ducasse-Rogier, *A la recherche de la Bosnie-Herzégovine : la mise en œuvre de l'Accord de paix de Dayton*, Presse Universitaire de France, 2003, p. 75.

1227 https://www.lemonde.fr/archives/article/1995/09/10/l-accord-de-geneve-constitue-un-premier-pas-vers-un-reglement-en-bosnie_3858107_1819218.html.

1228 M. Ducasse-Rogier, *A la recherche de la Bosnie-Herzégovine : la mise en œuvre de l'Accord de paix de Dayton*, Presse Universitaire de France, 2003, p. 76.

1229 https://www.monde-diplomatique.fr/1995/10/CLARK/46412.

vigueur le 11 octobre 1995. Les hostilités actives en Bosnie-Herzégovine ayant cessé, les conditions étaient désormais réunies pour conclure un accord général de paix[1230].

Les Européens – la France notamment – voulurent que les négociations concernant cet Accord général aient lieu en Europe. Les Américains décidèrent finalement que les négociations auraient lieu aux États-Unis, sur la base aérienne de Wright-Patterson dans la petite ville de Dayton, située dans l'État fédéré d'Ohio. Le choix de ce site se justifiait non seulement par la nécessité d'héberger les négociateurs dans des locaux distincts et circonscrits, mais aussi par la volonté de les isoler vis-à-vis de la presse. Le 1er novembre 1995, les négociations y reprirent. Cependant, malgré l'influence de Holbrooke sur le processus de leur déroulement, les négociations n'ont pas été faciles. Dans la matinée du 21 novembre, alors que l'échec des négociations semblait patent et avait même été annoncé par diverses chaînes de télévisions, la situation se débloqua quelques heures plus tard : l'Accord général, minutieusement préparé avant le 1er novembre, fut *in fine* paraphé[1231]. Cet accord, au pluriel, fut ensuite signé et officialisé à Paris le 14 décembre 1995[1232].

[1230] M. Ducasse-Rogier, A la recherche de la Bosnie-Herzégovine : la mise en œuvre de l'Accord de paix de Dayton, Presse Universitaire de France, 2003, p. 78.

[1231] M. Ducasse-Rogier, A la recherche de la Bosnie-Herzégovine : la mise en œuvre de l'Accord de paix de Dayton, Presse Universitaire de France, 2003, p. 82.

[1232] Ce volumineux traité, de 150 pages et 102 cartes, est constitué de l'Accord-cadre général sur la paix en Bosnie-Herzégovine et onze annexes relatives à sa mise en application. L'Accord-cadre général prévoyait que chacun des États parties reconnaîtrait et respecterait la souveraineté des autres et règlerait ses différends par moyens pacifiques (art. 1er). Quant aux annexes, elles sont les suivantes : annexe 1-A (Accords sur les aspects militaires du règlement de la paix); annexe 1-B (Accord sur la stabilisation régionale); annexe 2 (Accord sur le tracé de la frontière inter-entités et des questions annexes); annexe 3 (Accord sur les élections); annexe 4 (Constitution); annexe 5 (Accord sur l'arbitrage); annexe 6 (Accord sur les droits de l'homme); annexe 7 (Accord sur les réfugiés et personnes déplacées); annexe 8 (Accord sur la Commission de préservation des monuments nationaux); annexe 9 (Accord sur les sociétés publiques en

La quatrième annexe de cet accord établit la Constitution de la Bosnie-Herzégovine[1233].

Celle-ci confirme le maintien de la Bosnie-Herzégovine dans ses frontières internationalement reconnues en 1992, mais prévoit que l'État sera formé de deux entités territoriales : la Fédération Croato-musulmane et la République serbe[1234]. Cette Constitution présente trois grandes originalités.

Premièrement, elle a été imposée de l'extérieur, par le truchement des conférences internationales qui eurent successivement lieu à Genève, à Dayton et à Paris. Le peuple bosniaque n'a pas participé au processus constituant ni en amont, ni en aval.

Deuxièmement, tout l'ordre constitutionnel est placé sous la tutelle du Haut-Représentant de l'UE[1235].

Et, troisièmement, cette Constitution est une partie intégrante d'un ensemble d'accords internationaux qui forment un bloc de constitutionnalité en raison de leur interconnexion.

Par exemple, les droits de l'homme, qui sont traités dans l'annexe 6, sont également consacrés par la Constitution (annexe4).

Il s'agit là d'une situation d'internationalisation intégrale de la Constitution, procédant d'une situation où le droit international s'est substitué au pouvoir constituant national[1236].

Bosnie-Herzégovine); annexe 10 (Accord sur la mise en œuvre civile); annexe 11 (Accord sur le Groupe internationale de police).

[1233] Voir Accord cadre général sur la Bosnie-Herzégovine du 14 décembre 1995, annexe 4.

[1234] Constitution de la Bosnie-Herzégovine du 14 décembre 1995, art. 1er, points 1 et 3.

[1235] Voir chapitre 1, section 2, § 1, B.

[1236] D. Mauss, « L'influence du droit international contemporain sur l'exercice du pouvoir constituant », *in* J.-C. Colliard, Y. Jegouzo (dir), *Le nouveau constitutionnalisme*, Mélanges en l'honneur de Gérard Conac, Paris, Economica, 2001, pp. 87-102, p. 89.

De toute façon, les parties signataires ont approuvé et accueilli, avec satisfactions, les arrangements concernant la Constitution de la Bosnie-Herzégovine, telle qu'elle figure à l'annexe 4. De plus, elles s'engagèrent à les respecter et à promouvoir leur exécution[1237].

Les Constitutions de Chypre et de la Bosnie-Herzégovine dénotent que l'élaboration d'une constitution, qui était traditionnellement une marque de souveraineté et d'autodétermination nationale, devient de plus en plus un objet du droit international. Le droit et les acteurs internationaux ont joué un rôle important dans l'élaboration de ces deux Constitutions étatiques. Certes l'influence étrangère sur le processus d'élaboration des constitutions étatiques 'est pas un phénomène nouveau, mais l'ampleur de l'implication de la communauté internationale et les formes de plus en plus légalisées de cette implication ajoutent une nouvelle dimension au concept traditionnel de constitution[1238].

Dans d'autres situations, les acteurs internationaux n'ont pas voulu endosser l'entièreté (intégralité) du processus constituant. Ils ont simplement et crucialement adopté des instruments juridiques internationaux établissant des principes directeurs devant guider le pouvoir constituant national. Ce qui rend incomplète l'internationalisation des constitutions de sortie de crise de ces États post-conflits.

§ 2. L'internationalisation incomplète de l'*instrumentum* constitutionnel : la constitution comme texte d'application d'un instrument juridique international

L'internationalisation incomplète de l'*instrumentum* constitutionnel concerne des situations où la réflexion sur les questions générales relatives à la résolution du conflit et à l'élaboration de la constitution figure dans un instrument juridique préétabli par les

---

1237 *Document d'actualité internationale*, la Documentation française, numéro hors-série, février 1996, pp. 23-45.

1238 Ph. Dann, Z. Al-Ali, « The Internationalized *Pouvoir Constituant* – Constituin-Making Under External influence In Iraq, Sudan and East Timor », *Max Planck Yearbook of United Nations Law*, vol. 10, 2006, pp. 423-463, p. 424.

administrateurs de paix internationaux[1239]. Ce texte juridique, pré-constituant, pose les principes généraux et les grandes orientations de la réforme constitutionnelle à l'horizon. Les solutions constitutionnelles proposées ou imposées se manifestent tant au plan structurel que normatif. En s'y référant *expressis verbis*, la Constitution de sortie de crise devient, en quelque sorte, une loi fondamentale d'application.

Une constitution d'application est une loi fondamentale rédigée en partie par des acteurs internationaux et, en partie, par des acteurs internes, les seconds se référant impérativement à l'œuvre des premiers. Le cas échéant, le pouvoir constituant national - rédacteur final de la nouvelle Constitution - ne se réfère non seulement pas à une ancienne constitution du pays, mais aussi il ne commence pas *ex nihilo* avec une ardoise vierge.

Il suit tout simplement les accords et résolutions de paix qui abordent les questions de fond et de forme pour l'élaboration de la nouvelle constitution[1240]. C'est ainsi que nous parlons de Constitutions incomplètement internationalisées en Namibie (**A**) et au Cambodge (**B**).

A. L'internationalisation partielle de la Constitution namibienne

La Constitution namibienne du 9 février 1990 est l'œuvre d'acteurs internes et internationaux. Ce processus constituant mixte donna lieu à une internationalisation partielle de *l'instrumentum constitutionnel du pays*, un mode original, puisque l'Assemblée

---

1239 On parle d'internationalisation partielle du pouvoir constituant originaire, parce que celui-ci n'est pas supprimé ou complètement ignoré lors d'un processus de transition constitutionnelle, mais « *encadré par une autorité internationale ou un ensemble d'Etats qui lui impose le respect d'une série de principes* ». Voir C. Cerda-Guzman, « Repenser les constitutions internationalisées », *RDP*, 2015, pp. 1567-1582.

1240 L. Aucoin, « Introduction », *in* L. E. Miller, L. Aucoin (ed.), *Framing the State in Times of Transition : Case Studies in Constitution Making*, Whashington, D.C, United State Institute of Peace, 2010, pp. xiii-xviii, p. xiv.

constituante a dû tenir compte des principes dont le respect lui était imposé par la communauté internationale (**1**). Ces principes constitutionnels avaient une portée significative (**2**).

1. La Constitution namibienne, une œuvre d'acteurs mixtes

L'élaboration de la Constitution namibienne du 9 février 1990 a connu plusieurs péripéties[1241]. Après avoir révoqué le mandat que l'Afrique du Sud exerçait sur la Namibie[1242], l'AGNU créa, en 1967, un comité spécial composé de quatorze États membres de l'ONU pour accompagner la Namibie vers l'indépendance[1243]. Puis, en 1974, elle reconnut le mouvement indépendantiste, la South-West African People Organization (SWAPO), comme l'unique représentant de la Namibie. La SWAPO devait travailler avec le Conseil des Nations Unies pour la Namibie (composé de 25 États) [1244]. Ce Conseil, résidant à l'extérieur, disposait des compétences territoriales lui permettant d'administrer la Namibie jusqu'à son indépendance. Parallèlement, l'Afrique du Sud convoqua la Conférence constitutionnelle tenue à La Turnhalle de Windhoek en 1975[1245] : seuls les groupes ethniques non

---

[1241] Marinus Wiechers, « Namibian'Long Walk to Freedom. The role of Constitution Making in The Creation of an Independent Namibia », *in* L. E. Miller, L. Aucoin (ed.), *Framing the State in Times of Transition : Case Studies in Constitution Making*, Whashington, D.C, United State Institute of Peace, 2010, pp. 81-110, p. 81.

[1242] A/RES/2145 (XV) du 27 octobre 1966, point 4.

[1243] Voir le préambule de la résolution : S/RES/385 (1976) du 30 janvier 1976.

[1244] A/RES/3295 (XXIX) du 13 décembre 1994, point 2.

[1245] Marinus Wiechers, « Namibian'Long Walk to Freedom. The role of Constitution Making in The Creation of an Independent Namibia », *in* L. E. Miller, L. Aucoin (ed.), *Framing the State in Times of Transition : Case Studies in Constitution Making*, Whashington, D.C, United State Institute of Peace, 2010, pp. 81-110, p. 81 : « [l]e 1er septembre 1975, la Conférence constitutionnelle de Turn Halle fut convoquée par l'autorité blanche au pouvoir en Namibie avec le soutien du gouvernement sud-africain. Cette Conférence a été décisive sur le plan politique, car pour la première fois dans l'histoire de la Namibie, les dirigeants des différents groupes ethniques furent convoqués pour débattre de l'avenir constitutionnel de leur pays. L'ONU dit que cet exercice d'élaboration de la Constitution est un acte non autorisé. Malgré son caractère illégal et discriminatoire, la Conférence de

indépendantistes, formant l'Alliance des onze partis politiques, y étaient représentés. Ceux-ci scellèrent un pacte avec l'Afrique du Sud[1246]. En 1976, le CSNU qualifia la présence de l'Afrique du Sud en Namibie d'occupation illégale et condamna cette atteinte à l'intégrité territoriale de la Namibie[1247]. Selon le CSNU, « pour permettre au peuple de Namibie de déterminer librement son propre avenir, il est impératif que des élections libres sous la supervision et le contrôle de l'ONU soient organisées pour toute la Namibie considérée comme une seule entité politique »[1248]. Il demanda à l'État occupant de transférer le pouvoir au peuple namibien avec l'assistance de l'ONU. L'Afrique du Sud n'obtempéra pas, *a contrario*, la Conférence constitutionnelle de Turnhalle proposa un gouvernement intérimaire et un projet de constitution le 9 mars 1977. La composante ethnique de la Constitution provisoire - très conforme aux idéologies du gouvernement sud-africain fondée sur l'apartheid - était un compromis qui a sans doute discrédité la Constitution et la Conférence de Turnhalle aux yeux de la SWAPO et de l'ONU[1249].

En raison des activités de la Conférence de Turnhalle et de la *Democratic Turnhalle Alliance* (DTA), certains membres du CSNU prirent conscience que l'Afrique du Sud n'était pas aussi intrusive qu'elle le semblait auparavant et qu'un règlement négocié sur la Namibie pourrait bien être tenté. En 1977, le Groupe de Contact, composé des États-Unis, du Canada, de la France, de la Grande-Bretagne et de l'Allemagne de l'Ouest, entreprit une initiative

---

Turnhalle posa les jalons du processus d'élaboration de la constitution namibienne et d'émancipation politique. Les initiateurs de cette Conférence voyagèrent pour rencontrer officieusement des dirigeants occidentaux. En Namibie et en Afrique du Sud, la Conférence et ses délibérations ont fait l'objet d'une grande publicité ».

1246 R. Goy, « L'indépendance de la Namibie », *AFDI*, 1991, pp. 387-407, p. 388.

1247 S/RES/385 (1976) du 30 janvier 1976, points 1, 2, 3, 4, 5, 6, et s.

1248 *Ibid.*

1249 Marinus Wiechers, « Namibian'Long Walk to Freedom. The role of Constitution Making in The Creation of an Independent Namibia », *in* L. E. Miller, L. Aucoin (ed.), *Framing the State in Times of Transition : Case Studies in Constitution Making*, Whashington, D.C, United State Institute of Peace, 2010, pp. 81-110, p. 84.

diplomatique. Après d'intenses négociations avec l'Afrique du Sud, les États dits de la ligne de front (la Zambie, l'Angola et le Botswana), la SWAPO et d'autres partis politiques en Namibie, le Groupe de Contact soumit sa proposition au CSNU sous la forme d'une lettre, datée du 10 avril 1978. Ce plan a été sanctionné par le CSNU dans sa résolution 435 (Russie et Chine se sont abstenues) du 29 septembre 1978, adoptée à l'unanimité[1250]. Cette résolution constitua la base juridique de toute la transition politique jusqu'aux élections et à l'indépendance. Cependant, l'Afrique du Sud conditionna l'application de la résolution 435 (1978) au retrait des troupes cubaines de l'Angola. À l'époque, la crainte d'une intrusion communiste en Afrique n'était pas exagérée. Le conflit concernant la présence cubaine en Angola n'a été résolu qu'en 1988, lorsque l'Afrique du Sud, l'Angola et Cuba ont conclu un accord trilatéral. Selon les termes de cet accord, la résolution 435 devait être mise en œuvre et la force cubaine devait être retirée selon un calendrier convenu[1251].

La mise en œuvre effective de la résolution 435 (1978) a été retardée de plus de dix ans. Pourtant, c'est elle qui a prescrit le processus de paix, la tenue d'élections libres et équitables sous la supervision de l'ONU et la formation d'une assemblée constituante chargée de rédiger et d'adopter la Constitution de la Namibie indépendante[1252]. Mais la résolution n'indiquait pas quels devaient être la nature ni le contenu d'une telle constitution. Au début de 1981, la Conférence de Genève, réunissant toutes les parties intéressées, tenta en vain de parvenir à un accord sur cette question. La Conférence a néanmoins été l'occasion pour les dirigeants de tous les partis et formations politiques de se réunir officiellement (pour la première fois) afin d'exprimer leurs points de vue sur leur future constitution. Grâce à l'insistance américaine, le Groupe de Contact est parvenu à un accord avec toutes les parties intéressées, y compris les États dits de la

[1250] S/RES/435 (1978) du 29 septembre 1978 relative à la Namibie.

[1251] Marinus Wiechers, « Namibian'Long Walk to Freedom. The role of Constitution Making in The Creation of an Independent Namibia », *in* L. E. Miller, L. Aucoin (ed.), Framing the State in Times of Transition : Case Studies in Constitution Making, Whashington, D.C, United State Institute of Peace, 2010, pp. 81-110, p. 85.

[1252] S/RES/435 (1978) du 29 septembre 1978, point 3.

ligne de front[1253], l'OUA, l'Afrique du Sud, la SWAPO et les partis politiques internes, sur les principes concernant l'assemblée constituante et la future Constitution de la Namibie indépendante. En juillet 1981, ces principes, connus sous le nom de *Principes constitutionnels de 1982*, ont été soumis par le Groupe de Contact au SGNU[1254]. Le Groupe demanda à ce que la lettre contenant les principes constitutionnels soit considérée comme un document du CSNU. Les résolutions du CSNU qui ont suivi, ainsi que les négociations ultérieures entre le CSNU et l'Afrique du Sud, ont montré que ces principes, bien que n'ayant pas été formellement adoptés et incorporés dans la résolution 435 (1978), étaient effectivement considérés comme faisant partie de celle-ci. L'Assemblée constituante, élue le 1er novembre 1989, adopta les principes constitutionnels de 1982 comme cadre juridique pour l'élaboration de la Constitution namibienne. La résolution 435 a été un exercice remarquable de stratégie internationale et de diplomatie dans la mesure où elle a non seulement fourni les paramètres pour la conduite des processus de paix et d'indépendance mais elle a également réglé le difficile problème d'une autorité de transition[1255]. Gretchen Carpenter fait remarquer avec justesse que « la Constitution namibienne n'est pas tombée du ciel ; elle est le fruit de nombreuses années de négociations et de croissance politique »[1256].

2. La portée des principes constitutionnels de 1982

La liberté des constituants namibiens n'a pas été entière, dans la mesure où, au-delà de la mention des trois droits inaliénables

---

[1253] Il s'agit des États qui partagent des frontières avec la Namibie.

[1254] Pendant ces années de querelles politico-diplomatiques, les négociations en vue d'un processus d'indépendance de la Namibie sous supervision internationale se sont poursuivies sans relâche. De ces négociations sont nés les principes constitutionnels de 1982.

[1255] Marinus Wiechers, « Namibian'Long Walk to Freedom. The role of Constitution Making in The Creation of an Independent Namibia », *in* L. E. Miller, L. Aucoin (ed.), *Framing the State in Times of Transition : Case Studies in Constitution Making*, Whashington, D.C, United State Institute of Peace, 2010, pp. 81-110, p. 85.

[1256] *Ibid.*, p. 81.

d'origine américaine dans la Constitution[1257], « dès 1982, les représentants, auprès de l'ONU, de l'Allemagne, du Canada, des Etats-Unis, de la France et du Royaume-Uni ont fait connaître les principes qui, selon eux, devraient gouverner l'Assemblée constituante, d'une part, et, d'autre part, inspirer la Constitution d'une Namibie indépendante »[1258]. Au total, ces principes étaient au nombre de huit[1259]. Le premier dispose que « La Namibie sera un État unitaire, souverain et démocratique ». Les membres de l'Assemblée constituante l'ont pris en compte en ces termes : « *The Republic of Namibia is hereby established as a sovereign, secular, democratic and unitary State founded upon the principles of democracy, the rule of law and justice for all* »[1260].

Donc, la forme unitaire et démocratique de l'État namibien a été determinée par le Groupe de Contact international. Le deuxième principe prévoit que « La Constitution ne peut être modifiée qu'à la suite d'une procédure expressément prévue émanant soit du pouvoir législatif, soit du vote populaire, soit des deux à la fois »[1261]. Le troisième Principe est relatif à la nature parlementaire du régime politique : « La Constitution définira la structure des pouvoirs du Gouvernement à tous les niveaux.

Le pouvoir exécutif élu sera responsable devant le pouvoir législatif élu au suffrage universel »[1262]. Le quatrième Principe : « Les élections sont libres »[1263]. Le cinquième principe exige « Une

---

[1257] Le § 2 du préambule de la Constitution namibienne de 1990 dispose ainsi « *Whereas the said rights include the right of the individual to life, liberty and the pursuit of happiness, regardless of race, colour, ethnic origin, sex, religion, creed or social or economic status* ».

[1258] N. Maziau, *in Renouveau du droit constitutionnel, Mélanges en l'honneur de Louis Favoreu*, *ibid.*, p. 555.

[1259] E. Jouve, « La Constitution de la République de Namibie du 9 février 1990 », *in* G. Conac (dir.), *L'Afrique en transition vers le pluralisme politique*, Paris, Economica, 1990, p. 353.

[1260] Constitution du 9 février 1990, art. 1er, (1).

[1261] Ce principe est consigné à l'art. 132 de la Constitution du 9 février 1990.

[1262] Voir les chapitres 5, 6 et 7 de la Constitution de 1990.

[1263] Cela est mentionné à l'art. 28 de la constitution.

déclaration des droits qui figurera dans la Constitution. Elle reconnaîtra la liberté de réunion et d'association, y compris la formation de partis politiques et de syndicats »[1264]. La liberté des activités politiques, par exemple, est prévue comme suit :

> « All citizens shall have the right to participate in peaceful political activity intended to influence the composition and policies of the Government. All citizens shall have the right to form and join political parties and; subject to such qualifications prescribed by law as are necessary in a democratic society to participate in the conduct of public affairs, whether directly or through freely chosen representatives »[1265].

Le sixième principe dispose qu'« il sera interdit d'adopter des textes définissant de nouveaux délits ou prévoyant des peines plus graves avec effet rétroactif »[1266]. Le septième principe légifère que « les services de police et de défense seront constitués de façon équilibrée ». Enfin, le huitième principe légifère que « L'administration locale et régionale disposera de conseils élus »[1267].

Ces principes constitutionnels de 1982, qui établirent un État idéal en Namibie dans le contexte de la Guerre froide, sont inspirés de la démocratie libérale.

D'une part, ces principes ont permis d'éradiquer l'apartheid, et ils ont freiné l'avancée de l'idéologie socialiste et communiste en Namibie, d'autre part. Ce qui signifie que ces huit Principes avaient tout leur sens, d'autant plus qu'ils ont également servi de miroir pour les administrateurs de paix au Cambodge.

[1264] Les droits et libertés fondamentaux sont prévus au chapitre 3 de la Constitution.

[1265] Constitution du 9 février 1990, art. 17, (1).

[1266] Ces garanties judiciaires sont prévues à l'article 12 de la Constitution du février 1990.

[1267] Jouve Edmond, « La Constitution de la République de Namibie du 9 février 1990 », *in* Gérard Conac (dir.), *L'Afrique en transition vers le pluralisme politique*, Paris, Economica, 1990, p. 353.

B. L'internationalisation relative de la Constitution au Cambodge

La Constitution Cambodgienne du 24 septembre 1993 est le résultat de la mise en œuvre, sous la supervision de l'ONU, de l'Accord de Paris du 23 octobre 1991 (un traité international) par lequel les quatre parties cambodgiennes et dix-huit autres États[1268], dont les membres permanents du CSNU et les principales puissances régionales, ont convenu des conditions détaillées d'un « règlement politique global du conflit cambodgien »[1269]. Le processus de rédaction de cette Constitution, un cas frappant de consolidation de la paix et de la réconciliation nationale, fut un élément majeur de la transition de la guerre civile à une démocratie. La période de transition, qui commença avec l'entrée en vigueur des accords de Paris, devait prendre fin lorsque l'Assemblée constituante élue par la voie d'élections libres et équitables, organisées et certifiées par l'ONU, aura approuvé la Constitution[1270]. Cette Assemblée constituante, élue en 1993, était « appelée à rédiger la Constitution »[1271] conformément à l'article 23 des accords de Paris. Or cette dispositions avaient prévu que : « Les principes fondamentaux qui seront contenus dans la nouvelle Constitution du Cambodge, y compris ceux relatifs aux droits de l'homme et aux libertés fondamentales ainsi qu'au statut de neutralité du Cambodge, sont énoncés à l'annexe V »[1272].

[1268] JORF n°298 du 22 décembre 1991 page 16791 : « 3. Les Etats suivants ont participé à la Conférence: l'Australie, le Brunei Darussalam, le Cambodge, le Canada, la République populaire de Chine, les Etats-Unis d'Amérique, la République française, la République de l'Inde, la République d'Indonésie, le Japon, la République démocratique populaire lao, la Malaisie, la République des Philippines, le Royaume-Uni de Grande-Bretagne et d'Irlande du Nord, la République de Singapour, le Royaume de Thaïlande, l'Union des Républiques socialistes soviétiques et la République socialiste du Vietnam ».

[1269] S. P. Marks, « The Process of Creating a New Constitution in Cambodia », *in* L. E. Miller, L. Aucoin (*ed.*), *Framing the State in Times of Transition : Case Studies in Constitution Making*, Whashington, D.C, United State Institute of Peace Press, 2010, pp. 207-274, p. 207.

[1270] Accords de Paris du 23 octobre 1991, art. 1er.

[1271] *Ibid.*, art. 12.

[1272] Accords de Paris du 23 octobre 1991, Annexe 5. *Principes pour une nouvelle constitution pour le Cambodge.* **(1)** La Constitution sera la Loi

Composée de six articles, l'annexe V des Accords de Paris comprend une liste de principes devant servir à la rédaction de la nouvelle Constitution cambodgienne post-conflit[1273]. Il ne s'agissait pas, à proprement parler, de principes directement applicables et susceptibles de prendre la forme d'une constitution. En revanche, ils constituaient des principes généraux dont l'Assemblée constituante devait s'inspirer. En ce sens, la Constitution cambodgienne devient un texte constitutionnel intégrant et appliquant des principes préétablis dans un traité international : une sorte de Constitution d'application[1274]. Cependant, l'Assemblée constituante ne les a pas

---

suprême du pays. Elle ne peut être modifiée que par un processus désigné impliquant l'approbation législative, le référendum populaire, ou les deux. **(2)** La tragique histoire récente du Cambodge exige des mesures spéciales pour assurer la protection des droits de l'homme. C'est pourquoi la constitution contiendra une déclaration des droits fondamentaux, notamment les droits à la vie, à la liberté personnelle, à la sécurité, à la liberté de mouvement, à la liberté de religion, de réunion et d'association, y compris les partis politiques et les syndicats, à une procédure régulière et à l'égalité devant la loi, à la protection contre la privation arbitraire de propriété ou la privation de propriété privée sans juste compensation, et à la liberté contre la discrimination raciale, ethnique, religieuse ou sexuelle. Elle interdira l'application rétroactive du droit pénal. La déclaration sera conforme aux dispositions de la Déclaration universelle des droits de l'homme et des autres instruments internationaux pertinents. Les personnes lésées pourront demander aux tribunaux de statuer sur ces droits et de les faire respecter. **(3)** La constitution déclarera le Statut du Cambodge en tant qu'État souverain, indépendant et neutre, et l'unité nationale du peuple cambodgien. **(4)** La constitution stipulera que le Cambodge suivra un système de démocratie libérale, sur la base du pluralisme. Elle prévoira des élections périodiques et véritables. Elle prévoira le droit de voter et d'être élu au suffrage universel et égal. Elle prévoira le vote à bulletin secret et exigera que les procédures électorales offrent une possibilité complète et équitable d'organiser le processus électoral et d'y participer. **(5)** Un pouvoir judiciaire indépendant sera établi, habilité à faire respecter les droits prévus par la Constitution. **(6)** La constitution sera adoptée à la majorité des deux tiers des membres de l'assemblée constituante.

[1273] *Ibid.*

[1274] À la différence du constituant namibien, le constituant cambodgien a intégré les principes constitutionnels établi dans l'Accord de paix de Paris avec des aménagements. Tous les six principes ont été pris en compte tout en les adaptant à la réalité socio-politique du pays. Cela

suivi *ad literam*, parce que la Constitution de 1993 est essentiellement un retour aux constitutions précédentes - combinant des éléments des constitutions de 1947 et de 1989, avec quelques améliorations libératrices - plutôt qu'une nouvelle structure constitutionnelle construite sur l'annexe. Cela s'illustre par le fait que la vision cambodgienne de l'État a pu l'emporter sur le rôle de l'ONU en tant que garant de l'intégrité des accords de Paris[1275].

L'adoption de la Constitution cambodgienne a été l'évènement déterminant dans la mise en œuvre de l'engagement pris dans les Accords de Paris d'établir une « démocratie libérale sur la base du pluralisme »[1276].

Une décennie plus tard, et toujours dans la logique du transconstitutionnalisme global, la Constitution du Timor oriental aussi s'est alignée sur ce modèle de démocratie libérale, censée garantir les droits humains et l'économie de marché.

C. L'internationalisation semi-intégrale de la Constitution du Timor oriental

Classéen 1960 parmi les territoires non autonomes par l'AGNU[1277], le Timor Oriental fut annexé et intégré par l'Indonésie en 1976. Les Timorais luttèrent contre cette occupation pendant des années. Grâce aux efforts du SGNU, Koffi Annan, le Portugal et l'Indonésie conclurent un accord, le 5 mai 1999, sur l'organisation d'un référendum d'autodétermination, sous l'égide de l'ONU, au

---

s'expliquerait par le fait que le Cambodge, contrairement à la Namibie (État naissant), avait déjà une culture et une histoire politique.

1275 S. P. Marks, « The Process of Creating a New Constitution in Cambodia », *in* L. E. Miller, L. Aucoin (*ed. by*), *Framing the State in Times of Transition : Case Studies in Constitution Making*, Whashington, D.C, United State Institute of Peace Press, 2010, pp. 207-274, p. 212.

1276 S. P. Marks, « The Process of Creating a New Constitution in Cambodia », *in* L. E. Miller, L. Aucoin (*ed.*), *Framing the State in Times of Transition : Case Studies in Constitution Making*, Whashington, D.C, United State Institute of Peace Press, 2010, pp. 207-274, pp. 233-234.

1277 A/RES/1542 (XV) du 15 décembre 1960. Communication de renseignements au titre de l'alinéa *e* de l'article 73 de la Charte [de l'ONU].

Timor Oriental[1278]. Le 11 juin 1999, le CSNU chargea la MINUTO d'organiser ce référendum qui eut finalement lieu le 30 août 1999. La population timoraise devait choisir entre l'autonomie spéciale au sein de l'Indonésie ou l'indépendance de leur territoire[1279]. Elle opta massivement en faveur de l'indépendance qui devait, naturellement passer par l'adoption d'une nouvelle constitution. Ce qui signifie que le Timor Oriental devait sortir de l'ordre constitutionnel indonésien, auquel il avait été intégré de force, pour devenir un ordre constitutionnel étatique à part entière. Le CSNU, après avoir salué le choix du peuple timorais et pris acte des résultats[1280], invita le SGNU à planifier et préparer cette transition constitutionnelle *via* une OMP « qui sera déployée lors de la phase de mise en œuvre des résultats de la consultation populaire »[1281]. L'ATNUTO fut ainsi créée, le 25 octobre 1999[1282], pour administrer la transition constitutionnelle[1283]. Elle coordonna le processus de la reconstruction et créa les institutions politiques de l'État Timorais en devenir[1284]. Elle bâtit un nouvel ordre juridique et forma des fonctionnaires. Son mandat embrassa toutes les compétences régaliennes d'un État[1285].

Le CNRT proposa un calendrier politique selon lequel la Constitution serait débattue, rédigée et adoptée en quatre-vingt-dix jours, avant le 15 décembre 2001. En février 2001, plusieurs groupes de la société civile timoraise s'opposèrent à ce calendrier, car selon eux, le calendrier proposé par le CNRT ne laissait pas suffisamment de temps pour l'éducation civique et la consultation populaire. Ils présentèrent, *a contrario*, un autre calendrier de neuf mois. Cependant, malgré leur objection, le calendrier présenté par le CNRT

1278 Voir l'Accord signé, à cet effet, le 5 mai 1999 entre l'Indonésie et le Portugal.

1279 S/RES/1246 du 11 juin 1999.

1280 S/RES/1264 du 15 septembre 1999

1281 *Ibid.*, point 11.

1282 S/RES/1272 du 25 octobre 1999, point 1.

1283 Voir R. Goy, « L'indépendance du Timor oriental », *in AFDI*, 1999, pp. 203-225.

1284 A. Godstone, « East Timor », *in* R. Caplan *(ed.)*, *Exit, Strategies, and State Building*, New York, 2012, pp. 177-193, p. 183.

1285 G. Abline, « De l'indépendance du Timor oriental », *RGDIP*, 2003, pp. 349-375, p. 363.

fut officiellement adopté le 16 mars 2001 dans le règlement de l'ATNUTO ralliant le processus d'élaboration de la Constitution[1286]. En ce sens, le règlement de l'ATNUTO peut être perçu comme un texte juridique international appliquant ou endossant un projet local.

Ce règlement prévoyait qu'entre sa promulgation et l'élection de l'Assemblée constituante prévue pour le 30 août 2001, les éléments suivants devaient être réalisés : un programme d'éducation civique de l'ATNUTO, des consultations publiques par le biais d'auditions de la Commission constitutionnelle, l'inscription aux élections de l'Assemblée constituante et les élections de l'Assemblée constituante. Le calendrier prévoyait que l'Assemblée constituante disposait de quatre-vingt-dix jours pour produire une constitution. L'indépendance aurait lieu le 20 mai 2002. La fixation de cette date à l'avance excluait la possibilité de prolonger le processus constituant[1287].

Ainsi, le règlement 2001/2 du 16 mars 2001, qui fut la base juridique du processus constituant, était une forme d'assistance électorale et constitutionnelle utilisée par l'ONU pendant ces dernières décennies dans nombre d'États en crise dont le Cambodge[1288].

Les premières élections démocratiques du 30 août 2001, sous la conduite de l'ONU, permirent aux Timorais de désigner les 88 membres de l'Assemblée constituante monocamérale, chargée de rédiger la Constitution du futur État démocratique et indépendant du Timor oriental.

Chacun des treize districts du territoire désigna un représentant et les soixante-quinze autres députés furent élus à la proportionnelle. L'Assemblée constituante rédigea puis adopta la Constitution à la majorité qualifiée de 60 voix sur 88 dans un délai de 90 jours. Ce n'est que le 22 mars 2002 que l'ensemble des 88 membres de l'Assemblée constituante signèrent le texte de la Constitution de la République

---

1286 Règlement 2001/2 du 16 mars 2001.

1287 J. Wallis, *Constitution Making during State Building*, Cambridge University Press, 2014, pp. 80 et s.

1288 G. Cahin, « L'action international au Timor oriental », *AFDI*, vol. 46, 2000, p. 139-175, p. 141.

démocratique du Timor oriental, qui entra en vigueur le 20 mai 2002, à la date de l'indépendance[1289].

Plusieurs raisons nous permettent de conclure que la Constitution timoraise est une norme interne obéissant à des normes internationales. D'abord, c'est le règlement n° 2001/2 qui fixa le mandat de l'Assemblée constituante. Ce règlement précisa que l'adoption de la Constitution ne pourrait intervenir qu'après un vote positif d'au moins 60 des 88 membres de l'Assemblée constituante, c'est-à-dire une majorité supérieure aux deux tiers des membres de l'Assemblée.

Le règlement ajouta que la constituante devait prendre en compte le résultat des consultations conduites dans chacune des commissions constitutionnelles spécialisées créées en son sein ainsi que les règlements qui lui seront transmis par le RSSG.

Le même instrument juridique international indiqua qu'une majorité simple des voix à l'Assemblée constituante suffira à endosser les règlements du RSSG et, ainsi, à les intégrer au projet de Constitution. Ensuite, le r2001/11 du 13 juillet 2000 compléta le règlement 2001/2 en fixant les conditions du déroulement des élections à l'Assemblée et en définissant les faits susceptibles de constituer des délits électoraux[1290]. La Constitution du Timor oriental apparaît aussi comme une œuvre informelle du RSSG agissant au nom la communauté internationale.

D'ailleurs, on peut soutenir que l'action de l'ONU, au Timor oriental, a eu deux aspects : l'un, très officiel, est relatif à l'assistance électorale et, l'autre, plus informel, concerne le contenu de la Constitution à travers des négociations, la sélection des différents protagonistes[1291], ainsi que l'envoi d'experts.

1289 V. Huet, « La première Constitution du Timor oriental », *RFDC*, 2003/4, No 56, pp. 865-876, p. 865.

1290 UNTAET/Regulation 2001/11, 13th July 2001.

1291 N. Haupais, « Les techniques de participation des Nations Unies à l'élaboration des constitutions », *in* P.-F. Laval, R. Prouvèze (dirs.), *L'ONU, entre internationalisation et constitutionnalisation*, Paris, Pedone, 2015, pp. 11-32, p. 14.

Les modalités de la mise en place de l'Assemblée constituante ont été déterminées par un « *Regulation Act* » de l'ATNUTO[1292] : modalités de désignation des rédacteurs de la constitution[1293], délai de convocation, immunités des membres de l'Assemblée[1294], mais aussi les principes substantiels qui doivent être respectés tels que la démocratie, la protection des droits de l'homme, la conformité de la constitution au droit international[1295].

Pour Nicolas Haupais, « *L'internationalisation est assumée car la validité juridique de l'acte dépend de l'habilitation du Conseil de sécurité, dans les résolutions 1272 du 25 octobre 1999 et 1338 du 31 janvier 2001* »[1296]. Ce qui signifie que c'est une Assemblée constituante d'écran qui a été mise en place au Timor oriental.

Les accords de paix et les résolutions de paix du CSNU illustrent la manière dont le paradigme « paix et sécurité » facilite l'implication des acteurs internationaux et fixe des repères tels que l'adoption d'une nouvelle constitution. Cette évolution fournit le contexte dans lequel le rôle du droit international peut être évalué.

Le fait d'inscrire la réforme constitutionnelle dans le cadre du projet plus large d'établissement de la sécurité et de l'État de droit permet de mettre davantage l'accent sur le respect des principes fondamentaux du droit international dans le cadre du processus[1297].

[1292] UNTAET/REG/2001/2, 16 March 200 : *On the Election of a Constituent Assembly to Prepare a Constitution for an Independent and Democratic East Timor.*

[1293] *Ibid.*, sections 1 et 2.

[1294] *Ibid.*, section 7.

[1295] *Ibid.*, section 1, 1.1 : « In order to implement the decision of the people East Timor in the popular consultation of 30 August 1999 and so as to protect the inalienable human rights of the people of East Timor including freedom of conscience, freedom of expression, freedom of association and freedom from all forms of discrimination, there shall be a Constituent Assembly to prepare a Constitution for an independent and democratic East Timor. The Constituent Assembly shall be unicameral ».

[1296] N. Haupais, *op. cit.*, p. 28.

[1297] C. Turner, « Constitution Making and Post-Conflict Reconstruction », M. Saul, J. A. Sweeney (*ed.by*), *International Law and*

Cela soulève trois questions essentielles : premièrement, la manière dont le droit international est utilisé pour légitimer l'implication d'acteurs extérieurs dans les processus constitutionnels post-conflit ; deuxièmement, la manière dont l'implication internationale dicte dans le processus et le résultat de la réforme constitutionnelle ; et enfin, la mesure dans laquelle le droit international fournit un cadre normatif qui facilite ou entrave les processus constitutionnels[1298].

Section 2. L'internationalisation du *negocium* constitutionnel

Le *negocium* constitutionnel désigne la chose négociée et consignée dans l'*instrumentum constitutionnel.* Il s'agit du contenu *ratione materiae* des constitutions internationalisées. Leur contenu s'internationalise à travers l'intervention des administrateurs de paix qui cherchent à poser les bases d'une paix autonome et durable. La fin des conflits intra-étatiques implique souvent la rédaction de nouvelles constitutions : afin d'assurer une paix stable, il est parfois nécessaire que des changements fondamentaux interviennent là où les institutions existantes, soit par conception, incapacité ou négligence, ont créé l'instabilité. Certains auteurs préconisent un changement de régime, une réforme de l'État de droit ou un renforcement des institutions, à petite ou grande échelle, sous l'impulsion des États intéressés, de la communauté internationale et/ou de l'ONU (*via* la Commission de consolidation de la paix)[1299].

On a ainsi pu observer que la consolidation de la paix fonctionne comme un processus « extérieur-intérieur » dirigé par des acteurs internationaux et incarnant des normes internationales[1300]. La communauté internationale a accepté l'approche pragmatique et réaliste de la paix consistant à mener simultanément toutes les

---

Post-conflict Reconstruction Policy, New York, Routledge, 2015, pp. 119-140, p. 123.

[1298] *Ibid.*

[1299] *K. E. Boon,* « The Application of *Jus Post Bellum* in Non-International Armed Conflicts », in Carsten Stahn, Jennifer S. Easterday, and Jens Iverson (ed), Jus Post Bellum. Mapping the Normative Foundations, Oxford University Press, 2014, pp. 259-268, p. 265-266.

[1300] *Ibid.*, pp. 265-266.

activités de consolidation de la paix visant un règlement durable des conflits[1301].

L'écriture ou la réécriture de la Constitution sont « un moyen d'établir une structure de gouvernance démocratique viable et inclusive dans une société post-conflit »[1302].

Ce faisant, les administrations de paix « modernisent » l'ordre juridique interne de l'État post-conflit. Le droit moderne consiste en un système de normes positives et contraignantes qui ont la prétention de garantir la liberté[1303].

Le tryptique (droit de l'homme, démocratie pluraliste, État de droit) constitue le sésame des constitutions internationalisées[1304]. Cela nécessite, souvent, l'insertion de normes internationales dans ces constitutions (§ 1), en vue de prévenir la violence et d'établir un « royaume pacifique »[1305] (**§ 2**).

§ 1. La constitutionnalisation du droit international des droits de l'homme

D'une manière générale, la constitutionnalisation du droit international est le processus par lequel on donne une valeur constitutionnelle, supérieure et impérative aux règles juridiques internationales en vue d'assurer leur primauté et leur effectivité.

[1301] S. Hasegawa, « The role of United Nations in Conflict Resolution and Peace-building in Timor-Leste », *in* U. Dolgopol, J. Gardam (*ed.*), The Chanllenge of Conflict. International Law Responds, Leiden – Boston, Nijhoff, 2006, pp. 165-191, p. 165.

[1302] *Ibid.*, p. 165.

[1303] J. Habermas, *Droit et démocratie. Entre faits et normes*, trad. R. Rochlitz et C. Bouchindhomme, Paris, Gallimard, 1997, p. 477.

[1304] M.-C. Ponthoreau, «« Global constitutionnalism », un discours doctrinal homogénéisant. L'apport du comparatisme critique », *in Le constitutionnalisme global*, Jus Politicum, vol. IX, 2018, pp. 121-154, p. 148.

[1305] K. P. Clements, « The Causes and Prevention of Violent-Conflit », U. Dolgopol, J. Gardam (*ed.*), The Chanllenge of Conflict. International Law Responds, Leiden – Boston, Nijhoff, 2006, pp. 3-20, p. 3.

Le droit international se constitutionnalise sur les plans universels, régionaux et nationaux. Premièrement, le droit constitutionnel universel[1306] (ou la constitutionnalisation du droit international au plan universel)[1307] « s'explique par le fait qu'il existe actuellement [...] un socle de normes internationales (*jus cogens*, *obligations erga omnes* et traités-lois) qui, en raison de leur valeur supérieure et impérative, s'appliquent en théorie, à toute la société internationale »[1308].

Deuxièmement, le droit constitutionnel régional désigne l'ensemble des normes juridiques régionales en rapport avec la protection des droits humains et l'exercice du pouvoir tant au sein des OI régionales qu'au sein de leurs États membres[1309]. Et troisièmement,

---

1306 Voir P. OTLET, *Constitution mondiale de la Société des Nations*, Genève, éd. ATAR, 1917 ; B. Fassbender, *The United Nations Charter as the Constitution of the International Community*, Boston - Leiden, Brill, 2009 ; R. Chemain, A. Pellet, *Charte des Nations Unies, Constitution mondiale ?*, Paris, Pedone, 2006.

1307 Voir M. Cremona, P. Hilpold, N. Lavranos, S. S. Schneider, A. R Ziegler (*ed.*), *Reflexions on the Constitutionnalism of International Economic Law*. Liber Amicorum For Ernst-Ulrich Petersmann, Leiden – Boston, Nijhoff, 2014.

1308 Cette constitutionnalisation prend en compte, mais à des degrés différents, l'apport de chacune des branches du droit international général, parmi lesquelles le droit international pénal et de le droit international des droits de l'homme. Voir A. Sylla, « La constitutionnalisation du droit international pénal » : http://www.sfdi.org/wp content/uploads/2018/03/RJC-2017-SYLLA.pdf.

1309 Ce constitutionnalisme régional peut non seulement concerner la protection des droits humains mais aussi la répartition des compétences au sein d'une organisation fut-elle universelle ou régionale et entre celle-ci et ses États membres. J.-M. Sorel, par exemple, a envisagé la question de la répartition des compétences entre les organes de l'ONU *intra muros* à la lumière de l'éventuelle fonction constitutionnelle de la Charte. Pour lui, « la fonction constitutionnelle doit être envisagée selon la répartition des compétences à l'intérieur de l'organisation ». Voir J.-M. Sorel, « La répartition des compétences entre les organes des Nations Unies : pour un agencement évolutif hors modèle », *in* R. Chemain et A. Pellet (dirs), *La Charte des Nations Unies, Constitution mondiale ?*, Paris, Pedone, 2006, pp. 15-35, pp. 15 et s.

la constitutionnalisation du droit international, aux plans internes, fait allusion à l'insertion des règles juridiques internationales dans des constitutions nationales.

Ainsi, la constitutionnalisation du droit international des droits de l'homme consiste à insérer les instruments juridiques internationaux de protection des droits humains dans des constitutions nationales.

Cette constitutionnalisation du droit international au plan interne est basée sur l'hypothèse selon laquelle le constitutionnalisme national doit être complété par des institutions et des pratiques internationales[1310]. C'est ce qu'Anne Peters qualifie de « constitutionnalisme compensateur »[1311]. Deux techniques sont utilisées à cet effet : la constitutionnalisation directe (**A**) et celle effectuée par renvoi (**B**)

A. Les techniques de la constitutionnalisation directe des droits de l'homme

Bien que les droits de l'homme soient des droits naturels et inhérents à tout être humain, leur reconnaissance juridique « est l'histoire d'un combat »[1312]. Certains auteurs pensent, à tort, que les droits de l'homme relèvent d'une conception occidentale de l'individu, projetée au reste du monde sous le couvert de l'universalisme juridique[1313]. En effet, les droits de l'homme, étant

---

[1310] M. Cremona, P. Hilpold, N. Lavranos, S. S. Schneider, A. R Ziegler (*ed.*), *Reflexions on the Constitutionnalism of International Economic Law*. Liber Amicorum For Ernst-Ulrich Petersmann, Leiden – Boston, Nijhoff, 2014.

[1311] Voir A. Peters, « Compensatory constitutionnalism: The Function and Potential of Fundamental International Norms and Structures », *Leiden Journal of International Law*, 2006, pp. 579-610.

[1312] D. Lochak, *Les droits de l'homme*, Paris, La découverte, 2011, p. 117.

[1313] M. Kamto, « Charte africaine, instruments internationaux de protection des droits de l'homme, constitutions nationales : articulations respectives », *in* J.-F. Flauss, E. Lambert-Abdelgawad (dirs.), *L'application*

naturels, ils transcendent les relativismes juridico-culturels[1314] ; la CIJ l'a confirmé dans un *obiter dictum* les érigeant en obligations *erga omnes*[1315].

Dans cette optique, les constituants internationaux insèrent directement les instruments juridiques internationaux de protection des droits de l'homme dans les constitutions de sortie de crise. Deux techniques sont usitées à cet effet : la constitutionnalisation des droits de l'homme par incorporation en Bosnie-Herzégovine (**1**) et leur constitutionnalisation par énumération (ou par catalogation) au Cambodge (**2**).

1. La constitutionnalisation des droits de l'homme par incorporation

Le dualisme juridique ne reconnaît pas le droit international comme une partie intégrante du droit interne. Il ne le devient que par acceptation. Pour cela, on exige l'intervention d'une norme de droit interne pour transformer le droit international en droit interne. Selon cette approche, le droit international ne fait partie du droit interne que dans la mesure où ce dernier l'a accepté à travers « une loi ou une décision judiciaire »[1316]. Quand le droit international est incorporé au droit interne par le canal d'une norme infra-constitutionnelle, il s'agit *d'une incorporation par le bas* ; quand c'est la constitution elle-même qui s'en charge, ce procédé peut être qualifié *d'incorporation par le haut.* La constitutionnalisation des droits de l'homme est leur consécration par la constitution d'un État. En d'autres termes,

---

nationale de la Charte africaines des droits de l'homme et des peuples, Bruxelles, 2004, pp. 11-47, p. 11.

[1314] R. Goy, *La Cour internationale de Justice et les droits de l'homme*, Bruxelles, Bruylant, 2002, pp. 14 et s.

[1315] Il en est ainsi « dans le droit international contemporain, de la mise hors la loi des actes d'agression et du génocide mais aussi des principes et des règles concernant les droits fondamentaux de la personne humaine, y compris la protection contre la pratique de l'esclavage et la discrimination raciale » : CIJ, *affaire de la Barcelona Traction* (Belgique c. Espagne), arrêt du 5 février 1970, *Rec.* 1970, §§. 33-34.

[1316] H. Triepel, « Les rapports entre le droit interne et le droit international », *RCADI*, vol. 1, 1923, p. 97.

l'incorporation des droits de l'homme par le haut signifie que les constituants ont directement inscrit les droits et libertés internationalement protégés dans la constitution ou dans l'un des textes faisant partie du bloc de constitutionnalité d'un État post-conflit donné.

La Constitution de la Bosnie-Herzégovine du 14 décembre 1995 dispose que l'État et les deux entités assurent le plus haut niveau de droits de l'homme et de libertés fondamentales internationalement reconnus. À cette fin, une commission des droits de l'homme a été prévue à l'Annexe 6 de l'Accord cadre général de 1995[1317]. La même Constitution ajoute que la Convention européenne des droits de l'homme et des libertés fondamentales et ses protocoles sont directement applicables en Bosnie-Herzégovine[1318]. L'expression « directement applicables » signifie que ces normes internationales prennent effet dans l'ordre juridique interne sans ratification préalable. La jouissance des droits et libertés consacrés par la Constitution ou les Accords internationaux énumérés à l'Annexe 1 de la Constitution est assurée à toute personne en Bosnie-Herzégovine, sans discrimination fondée sur le sexe, la race, la couleur, la langue, la religion ou autre[1319]. La Bosnie-Herzégovine reste et devient partie aux accords internationaux énumérés à l'Annexe 1 de la Constitution[1320]. L'expression « reste et devient partie aux accords internationaux »[1321] signifie que la Bosnie-Herzégovine adhère à ces instruments juridiques internationaux avant même leur ratification. Deux régimes juridiques peuvent être distingués ici : au plan interne, les instruments juridiques internationaux constitutionnalisés sont opposables à l'État, mais au plan international, leur opposabilité dépend de leur ratification. En tout état de cause, la Bosnie-Herzégovine coopère et prévoit un accès illimité aux

[1317] Constitution de la Bosnie-Herzégovine du 14 décembre 1995, art. II, (1).

[1318] *Ibid.*, art. II, (2).

[1319] *Ibid.*, art. II, (4).

[1320] Ibid., art. II, (7).

[1321] Les deux verbes « reste » et « devient » n'ont pas la même signification. Le premier pourrait signifier que la Bosnie-Herzégovine demeure partie aux accords internationaux antérieurement ratifiés, alors que le second renverrait aux accords internationaux nouvellement insérés dans la Constitution.

mécanismes internationaux de contrôle des droits de l'homme, au TPIY et à toute organisation ayant un mandat du CSNU[1322].

Si en Bosnie-Herzégovine le droit international des droits humains a été constitutionnalisé tant sur le plan normatif qu'institutionnel, au Cambodge, les administrateurs internationaux ont simplement établi un catalogue de droits et libertés que le constituant national devait prendre en compte.

2. La constitutionnalisation des droits de l'homme par « catalogation »

Il y a *constitutionnalisation des droits de l'homme par « catalogation »* lorsqu'une liste des droits et libertés est expressément établie et insérée dans la constitution par un pouvoir constituant national ou internationalisé en vue de contraindre l'État et les personnes (physiques et morales) à les respecter[1323]. Depuis que l'Assemblée nationale constituante française a affirmé, en 1789, que « l'ignorance, l'oubli et le mépris des droits de l'homme sont les seules causes des malheurs publics et de la corruption des gouvernements »[1324], les États ont désormais coutume d'élaborer et d'insérer une liste de droits et libertés dans leurs constitutions respectives. En outre, la violation grave et massive des droits humains en période de conflits armés, induit souvent les administrateurs de paix à œuvrer pour la reconnaissance et l'insertion de certains droits fondamentaux dans les constitutions de sortie de crise. Au Cambodge, par exemple, l'Accord de paix de Paris du 23 octobre 1991 disposait en ces termes :

> « La tragique histoire récente du Cambodge exige des mesures spéciales pour assurer la protection des droits de l'homme. C'est pourquoi la constitution contiendra

---

[1322] *Ibid.*, art. II, (8).

[1323] On peut citer, entre autres, la *Magana Carta* du 15 juin 1215 (Grande Bretagne), la Charte de *Kouroukan Fouga* de 1236 (Empire du Manding), la Déclaration des droits de l'homme et du citoyen du 26 août 1789 (France), les Bill of Rights du 15 décembre 1791 (Etats-Unis).

[1324] Déclaration des droits de l'homme et du citoyen du 26 août 1789, préambule.

une déclaration des droits fondamentaux, notamment les droits à la vie, à la liberté personnelle, à la sécurité, à la liberté de mouvement, à la liberté de religion, de réunion et d'association, y compris les partis politiques et les syndicats, à une procédure régulière et à l'égalité devant la loi, à la protection contre la privation arbitraire de propriété ou la privation de propriété privée sans juste compensation, et à la liberté contre la discrimination raciale, ethnique, religieuse ou sexuelle. Elle interdira l'application rétroactive du droit pénal. La déclaration sera conforme aux dispositions de la Déclaration universelle des droits de l'homme et des instruments internationaux pertinents »[1325].

L'Assemblée nationale constituante cambodgienne a pris en compte ce catalogue de droits et libertés qui a été introduit dans la Constitution du 21 septembre 1993[1326]. Selon celle-ci, le « Royaume de Cambodge reconnaît et respecte les droits et libertés de l'homme tels qu'ils sont définis dans la Charte des Nations Unies, dans la déclaration universelle des droits de l'homme et dans tous les traités et conventions relatifs aux droits de l'homme, de l'enfant et de la femme »[1327]. Cette technique de la constitutionnalisation des droits de l'homme par catalogation ou par énumération a également été utilisée en Bosnie-Herzégovine, où la Constitution a reconnu et consacré expressément un certain nombre de droits et libertés[1328]. Toutefois, ce ne sont pas

[1325] Accord de paix de Paris du 23 octobre 1991, annexe 5, (2).

[1326] Constitution cambodgienne du 21 septembre 1993, chapitre III : droits et devoirs des citoyens khmers.

[1327] *Ibid.*, art. 31.

[1328] Ce sont : le droit à la vie ; le droit de ne pas être soumis à la torture ni à des traitements ou châtiments inhumains ou dégradants; le droit de ne pas être tenu en esclavage ou en servitude ou à l'accomplissement d'un travail forcé ou obligatoire ; les droits à la liberté et à la sécurité de sa personne ; le droit à un procès équitable ; le droit à une vie privée et familiale, au domicile et à la correspondance; la liberté d'expression ; la liberté de se réunir pacifiquement et la liberté d'association avec d'autres ; le droit de se marier et de fonder une famille ; le droit de propriété ; le droit à

seulement des droits humains qui sont énumérés et insérés dans la Constitution de la Bosnie-Herzégovine, comme c'est le cas au Cambodge, mais surtout des instruments juridiques de protection des droits de l'homme.

La constitutionnalisation du droit international par incorporation se distingue de sa constitutionnalisation par renvoi par le degré de souveraineté du pouvoir constituant originaire et de légitimité de la constitution elle-même. Dans le premier cas de figure, on parle de la constitutionnalisation imposée parce que le peuple, source et titulaire de la souveraineté, n'a pas participé au processus constituant ni en amont, ni en aval. Le texte constitutionnel qui incorpore le droit international des droits de l'homme lui est complètement étranger.

Les acteurs internes et internationaux qui ont élaboré et signé les accords de paix - faisant office de constitution ou incorporant la constitution - n'ont pas été mandatés par le peuple, qui se retrouve devant un fait accompli qu'on lui attribue[1329].

Dans le second, le peuple participe au processus constituant soit en élisant les membres de l'assemblée nationale constituante, soit en se prononçant sur le contenu de la constitution de sortie de crise, ou en participant au processus constituant en amont et en aval.

B. La constitutionnalisation du droit international par renvoi

On parle de la constitutionnalisation du droit international par renvoi dans deux cas de figures. D'abord, lorsqu'un pouvoir constituant national, originaire et souverain, se réfère aux instruments juridiques internationaux (relatifs aux droits de l'homme ou autres) soit pour fonder son œuvre ou pour compléter celle-ci. Cette technique est beaucoup pratiquée en Afrique, où les constitutions des États, qui veulent se donner une bonne image sur le plan international, font un

---

l'éducation ; le droit à la liberté de circulation et de résidence. Voir Constitution de la Bosnie-Herzégovine du 14 décembre 1995, art. II, (3).

[1329] Laval (P.-F.), « Propos introductifs », *in* Pierre-François Laval et Remy Prouveze (dir.), *L'ONU, entre internationalisation et constitutionnalisation, op. cit*, pp. 3-7.

renvoi aux idéaux et aux principes de l'ONU, de l'OUA, puis de l'UA, ou aux instruments de protection des droits de l'homme[1330].

Ensuite, dans le cadre des constitutions de sortie de crise, il peut avoir une constitutionnalisation du droit international par renvoi quand le pouvoir constituant national, souverain ou encadré, prend en compte soit la pratique de l'administration internationale transitoire en matière de droits de l'homme, soit les clauses et principes constitutionnels établis dans des accords et résolutions de paix[1331]. Les Constitutions respectivement de l'Afghanistan (**1**) et du Kosovo (**2**) peuvent être analysées dans ce sens.

1. Le droit international dans la Constitution afghane

Dès le préambule de sa Constitution du 3 janvier 2004, l'État afghan s'engage à observer la Charte de l'ONU, ainsi que la Déclaration universelle des droits de l'homme du 10 décembre 1948[1332]. L'article 7 de cette Constitution mentionne que l'État est même tenu de « respecter la Charte des Nations unies, ainsi que les traités internationaux auxquels l'Afghanistan a adhéré et la Déclaration universelle des droits de l'homme »[1333]. Cette obligation est justifiée par le fait que l'État afghan doit créer une société prospère et progressiste, basée sur la justice sociale, la préservation de la dignité humaine, la protection des droits de l'homme, la réalisation de la démocratie[1334]. L'État garantit les droits et libertés des étrangers conformément à la loi[1335]. Sauf que, l'Afghanistan étant un État islamique, la loi pourrait relever de la *Charia*. Pour éviter que les étrangers ne soient soumis à la loi islamique, l'alinéa 2 de l'article 57

[1330] La Constitution guinéenne du 23 décembre 1990, préambule, alinéa 3 ; la Constitution sénégalaise du 22 janvier 2001, préambule, alinéa 7; la Constitution camerounaise du 2 juin 1972, préambule, alinéa 7 ; *etc.*

[1331] Constitution burundaise du 18 mars 2005, préambule, §2 : « [réaffirmant notre foi dans l'idéal de paix de réconciliation et d'unité nationale conformément à l'Accord d'Arusha pour la paix et la réconciliation au Burundi du 28 août 2000 et aux Accords de cessez-le-feu ».

[1332] Constitution du 3 janvier 2004, préambule.

[1333] *Ibid.*, art. 7.

[1334] *Ibid.*, art. 6.

[1335] *Ibid.*, art. 57, al.1.

dispose que les étrangers ne sont tenus de respecter les lois du pays que dans les limites des dispositions du droit international[1336]. On se demande s'il s'agit des dispositions du droit international général, du droit international des droits de l'homme ou du droit international constitutionnalisé en Afghanistan ? Un ressortissant étranger pourrait, par exemple, décider de vivre en Afghanistan conformément aux standards internationaux dans plusieurs domaines du droit international. Pourrait-il mobiliser différentes conventions internationales, non ratifiées par l'Afghanistan, pour faire valoir sa cause devant une juridiction afghane ? *In concreto*, la seule avancée significative concernant la constitutionnalisation du droit international en Afghanistan réside dans l'exigibilité du contenu de la Déclaration universelle des droits de l'homme (DUDH) érigée en norme constitutionnelle. Quant aux traités internationaux, leur application dépend de leur ratification ou de leur acceptation par l'État afghan, tandis qu'au Kosovo, un ensemble de conventions internationales a été reconnu comme d'application directe en droit interne.

2. Le droit international dans la constitution du Kosovo

Entrée en vigueur le 15 juin 2008, la Constitution du Kosovo dérive de la proposition globale de règlement du conflit : le Plan Ahtisaari[1337]. Elle est fondée sur les principes de liberté, de paix, de démocratie, d'égalité, du respect des droits de l'homme, de la primauté du droit, et sur l'économie de marché[1338]. Elaborée sous l'œil vigilant de la communauté internationale, la Constitution kosovare entretient trois types de relations avec le droit international. D'abord, les accords internationaux relatifs au territoire, à la paix, aux alliances, aux questions politiques et militaires, aux droits et libertés fondamentaux, à l'adhésion du Kosovo au sein des organisations internationales doivent être ratifiés à la majorité des deux-tiers (2/3) des députés[1339]. Les autres accords internationaux sont simplement ratifiés à la signature du Président de la République du Kosovo. Dans ce dernier cas, le Président de la République ou le Premier ministre informent

[1336] *Ibid.*, art. 57, al. 2.

[1337] Voir *supra*, chapitre 2, section 1, §2, B.

[1338] http://www.ambasada-ks.net/fr/?page=4,17 consulté le 14/09/2020.

[1339] Constitution Kosovare du 15 juin 2008, art. 18, (1).

l'Assemblée nationale de la signature de tels accords[1340]. La modification ou le retrait des accords internationaux suivent la même procédure que le processus de leur ratification. Les principes et les procédures de ratification et la contestation des accords internationaux sont fixés par la loi[1341]. Ensuite, la Constitution kosovare prévoit la « délégation de souveraineté », c'est-à-dire que le Kosovo, sur la base d'accords internationaux, peut passer certains pouvoirs de l'État aux organisations internationales[1342]. Enfin, un ensemble d'instruments juridiques internationaux relatifs aux droits et libertés fondamentaux sont directement applicables au Kosovo : ils sont même prioritaires en cas de conflits de lois. Ce sont la DUDH, Convention européenne des droits de l'homme et des libertés fondamentales et ses protocoles, le Pacte relatif aux droits civils et politiques et ses protocoles, la Convention-cadre du Conseil de l'Europe pour la protection des minorités nationales, la Convention sur l'élimination de toutes les formes de discrimination raciale, la Convention sur l'élimination de toutes les formes de discrimination à l'égard des femmes, la Convention relative aux droits de l'enfant et la Convention contre la torture et autres peines ou traitements cruels, inhumains ou dégradants[1343]. Ces instruments internationaux directement applicables au Kosovo forment un bloc de constitutionnalité avec la Constitution[1344]. En conséquence, la compétence *ratone materiae* du juge constitutionnel kosovare s'élargit dans la mesure où il sera amené à se prononcer sur l'ensemble des éléments de ce bloc de constitutionnalité.

La constitutionnalisation des droits de l'homme, qui représente la toile de fond des constitutions internationalisées, est garantie en

---

[1340] *Ibid.*, art. 18, (2) et (3).

[1341] *Ibid.*, art. 18, (4) et (5).

[1342] Si un accord d'adhésion à une organisation internationale envisage explicitement l'applicabilité directe des normes de cette organisation, alors la loi de ratification de l'accord international doit être adoptée par deux tiers (2/3) des voix de tous les députés de l'Assemblée, et ces normes priment sur les lois de la République du Kosovo. Voir Constitution Kosovare du 15 juin 2008, art. 20.

[1343] *Ibid.*, art. 22.

[1344] Ce *bloc de constitutionnalité* peut également être qualifié de *bloc de conventionnalité*.

Allemagne et au Japon par la constitutionnalisation de la paix, car la guerre est une atteinte à l'État de droit. La meilleure façon de protéger, *a priori*, les droits humains est de bannir la guerre. En participant au processus de modernisation de l'ordre constitutionnel des États post-conflits, certains États finissent par laisser leur empreinte sur la constitution de sortie de crise.

§ 2. La Constitutionnalisation du droit international de la paix dans des États post-conflits

Le droit international de la paix est l'ensemble des normes internationales en rapport avec soit l'interdiction de la guerre, soit le maintien, le rétablissement et la consolidation de la paix. La paix a été constitutionnalisée aussi bien au plan international qu'interne. Premier et essentiel but du « Pacte de la SDN »[1345] et de la « Charte de l'ONU »[1346], la paix a pris un aspect mondial et indivisible.

Selon H. El-Khatib, son maintien échappe à la volonté individuelle de l'État et relève désormais de la compétence de la communauté internationale[1347] : « La souveraineté étatique est devenue limitée dans ce domaine par la nouvelle règle internationale de la paix »[1348]. La constitutionnalisation de la paix, au plan interne, consiste à insérer des obligations négatives et/ou positive dans des constitutions de sortie de crise en vue de maintenir ou d'obtenir une paix durable.

L'obligation négative désigne l'interdiction constitutionnelle faite à certains États post-conflits (Allemagne et Japon) d'avoir une

---

[1345] Pacte de la SDN de 1919, art. 11 : « [i]l est expressément déclaré que toute guerre ou menace de guerre, qu'elle affecte directement ou non l'un des membres de la Société, intéresse la Société tout entière et celle-ci doit prendre les mesures propres à assumer efficacement la paix des Nations ».

[1346] Charte de l'ONU de 1945, art. 1, al. 1 : « [l]es buts des Nations Unies sont les suivants : 1) Maintenir la paix et la sécurité internationales [...] ».

[1347] H. El-Khatib, *Les tendances récentes dans le droit constitutionnel international*, Thèse de Doctorat, université de Paris, 1953, p. 19.

[1348] *Ibid.*

armée *a fortiori* de faire la guerre (**A**). L'obligation positive, quant à elle, renvoie à l'ensemble des institutions, des mesures et des mécanismes constitutionnels dont la raison d'être est le maintien de la paix. Il en est ainsi de la communautarisation du pouvoir qui a été constitutionnalisée en République de Chypre et en Bosnie-Herzégovine au nom de la paix (**B**).

A. La constitutionnalisation de la renonciation à la guerre

Il arrive souvent que les États s'engagent, dans des traités de paix ou dans des traités d'alliance, à ne pas se faire la guerre. Par contre, l'engagement unilatéral des États dans ce domaine est rare. Toutefois, en France, le Décret du 22 mai 1790 interdit la guerre en ces termes : « La nation française renonce à entreprendre aucune guerre dans le but de faire des conquêtes et n'emploiera jamais ses forces contre la liberté d'aucun peuple »[1349]. Dans cette même optique, la renonciation à la guerre fut constitutionnalisée, pour la première fois, en Espagne pendant la période d'entre-deux-guerres (**1**). Le traumatisme et les conséquences néfastes de la Seconde Guerre mondiale aussi ont conduit les Alliés à exiger la constitutionnalisation de l'abandon de la guerre en Allemagne et au Japon (**2**).

1. La renonciation constitutionnelle à la guerre en Espagne

Nous trouvons nécessaire de rappeler la Constitution espagnole du 9 septembre 1931, car elle synthétise toutes les tendances internationales des constitutions récentes. Elle symbolisait une mise en harmonie complète entre les règles du droit constitutionnel et le Pacte de la SDN[1350]. Ce Pacte de la SDN et le Pacte Briand-Kellog de 1928 posèrent sérieusement la question de la renonciation à la guerre.

[1349] Le Décret de déclaration de paix au monde a été pris lors de la transition post-révolutionnaire en France. Publié le 22 mai 1790, il est émis par l'Assemblée constituante qui refuse d'user de la force contre un peuple libre. Ce Décret est promulgué alors que l'Espagne et l'Angleterre entrent en conflit pour la possession nord-américaine de la baie de Nootka, sur la côte pacifique. Alliée de l'Espagne, la France conteste l'usage de la guerre, modifiant ainsi sa stratégie de politique extérieure.

[1350] H. El-Khatib, *Les tendances récentes dans le droit constitutionnel international, op. cit.*, p. 23.

Élaborée dans ces conditions et dans ces circonstances, la Constitution espagnole de 1931, démontra l'unité des droits publics interne et international.

Le mariage entre la Constitution espagnole et le Pacte de la SDN eut lieu, notamment, en matière de maintien de la paix. Satisfaisant aux exigences du Pacte concernant la déclaration de guerre, la Constitution espagnole limita les compétences du Président de la République, dans ce domaine, aux « conditions prescrites par le Pacte de la SDN »[1351] et à l'obligation d'épuiser tous les moyens de règlement pacifique des conflits internationaux[1352] :

> « Le Président de la République ne pourra signer aucune déclaration de guerre que dans les conditions prescrites dans le Pacte de la Société des Nations et seulement après qu'auront été épuisés tous les moyens défensifs qui n'ont pas le caractère d'actes de guerre et les procédures judiciaires ou de conciliation et d'arbitrage établies dans les conventions internationales acceptées par l'Espagne et enregistrées à la Société des Nations […] ».

La Constitution espagnole est allée beaucoup plus loin en proclamant expressément la renonciation de l'Espagne à la guerre comme instrument de politique nationale : « L'Espagne renonce à la guerre comme instrument de politique nationale »[1353].

D'après le Professeur Justo Villamieda, l'article 6 de la Constitution espagnole de 1931 était une transcription fidèle du Pacte Briand-Kellog[1354].

Par ailleurs, après la Seconde Guerre mondiale, les constituants japonais et allemands suivirent l'exemple de l'Espagne en inscrivant dans les Constitutions de ces deux États la renonciation à la guerre.

[1351] Pacte de la SDN de 1919, art. 12.

[1352] Constitution espagnole du 9 septembre 1931, art. 71.

[1353] *Ibid.*, art. 6.

[1354] Voir H. El-Khatib, *Les tendances récentes dans le droit constitutionnel international, op. cit.*, p. 31.

2. La renonciation constitutionnelle à la guerre au Japon et en Allemagne

Les conséquences néfastes des Première et Deuxième Guerres mondiales ont amené les puissances alliées à prendre des mesures drastiques à l'encontre du Japon (**a**) et de l'Allemagne (**a**) en vue d'éviter une troisième guerre mondiale. Parmi ces mesures, il y a sans doute l'interdiction constitutionnelle qui leur est faite de ne pas se doter d'une armée, *a fortiori* de recourir à la guerre.

a. La modernisation et la pacification de l'État japonais

Après la Seconde Guerre mondiale, la Déclaration de Postdam du 26 juillet 1945 prévit la mise en place d'un « nouvel ordre »[1355] et un régime d'occupation au Japon[1356]. Cette occupation provisoire, placée sous l'autorité du Général américain Mac Arthur, n'a pas procédé à une refondation intégrale du pays comme ce fut le cas en Allemagne. Il n'y eut pas une administration militaire intégrale comme en Allemagne, mais une continuité constitutionnelle, puisque les institutions politiques, prévues par la Constitution de *Meiji*, restèrent en place. Au sommet de l'État, l'Empereur, personnifiant l'autorité suprême, continuait à bénéficier du respect dû à son personnage sacré[1357]. Cette situation rendait délicate la mission du Général Mac Arthur : d'une part, les autorités japonaises ne voulaient pas que l'ordre constitutionnel soit profondément réformé surtout les prérogatives de l'Empereur, et, d'autre part, il avait l'obligation d'exécuter le mandat à lui assigné en vertu de la Déclaration de Postdam du 26 juillet 1945. Ce mandat concernait la soumission des autorités japonaises au Commandement unifié des Forces alliées, la démilitarisation[1358], la pacification et la démocratisation intégrale du Japon[1359].

[1355] Déclaration de Postdam du 26 juillet 1945, (7).
[1356] *Ibid.*, (14).
[1357] G. Conac, *op. cit.*, pp. 36-37.
[1358] Déclaration de Postdam du 26 juillet 1945, (12).
[1359] *Ibid.*

Le Gouvernement japonais d'alors a rapidement mis un Comité d'experts en place pour limiter l'ingérence américaine dans le domaine constitutionnel. Ce Comité, présidé par le Ministre Joji Matsumoto, présenta un projet de révision constitutionnelle au *Militiae magister* américain. Jugeant « trop conservatrices les premières propositions de ce Comité, Mac Arthur refusa de s'engager dans d'interminables discussions juridiques. En février 1946 il décida qu'il fallait le plus rapidement possible rédiger le texte d'une nouvelle constitution »[1360]. Ce faisant, et d'une manière autoritaire et unilatérale, il mit en place un comité constitutionnel de 25 membres, avec une feuille de route très claire : désacraliser l'empereur, démilitariser le régime politique, démocratiser son fonctionnement et moderniser la société japonaise[1361]. C'est dans cette panoplie de réformes que la renonciation à la guerre a été constitutionnalisée au Japon par l'article 9 de la Constitution de 1946 qui dispose en ces termes :

> « Aspirant sincèrement à une paix internationale fondée sur la justice et l'ordre, le peuple japonais renonce à jamais à la guerre en tant que droit souverain de la nation, ainsi qu'à la menace ou à l'usage de la force comme moyen de règlement des conflits internationaux. Pour atteindre le but fixé au paragraphe précédent, il ne sera jamais maintenu de forces terrestres, navales et aériennes, ou autre potentiel de guerre. Le droit de belligérance de l'État ne sera pas reconnu »[1362].

Cette renonciation constitutionnelle à la guerre couvre aussi bien les actes d'agression que la légitime défense ; or, la légitime défense est un droit naturel[1363]. En réalité, cette constitutionnalisation de la

1360 G. Conac, *op. cit.*, pp. 37-38.

1361 F. Tadakasu, « Le fonctionnement de la constitution japonaise de 1946 », *Revue internationale de droit comparé*, Vol. 11,1959, pp.365-382. Voir http://www.persee.fr/doc/ridc_0035-3337_1959_num_11_2_12036

1362 Constitution japonaise de 1946, art. 9.

1363 Charte des Nations Unies, art. 51 : « Aucune disposition de la présente Charte ne porte atteinte au droit naturel de légitime défense, individuelle ou collective [...]».

paix au Japon est très audacieuse, voire risquée dans la mesure où le Japon n'a aucune assurance que toutes les autres nations feront comme lui, surtout que les deux Corée oscillent entre guerre et paix. D'ailleurs, les Américains ont aussitôt associé le Japon à la lutte contre le communisme : le Traité de sécurité américano-japonais fut signé en 1952 à cet effet. En 1954, le Japon adopta une loi « inconstitutionnelle » pour donner effet à ce traité. À l'heure actuelle, cette force défensive nipponne représente environ 300.000 hommes[1364]. Ce processus constituant internationalisé au Japon est considéré par certains auteurs comme un exemple de réussite en matière de réforme à l'intérieur d'un État post-conflit :

> « Le Japon est souvent présenté comme un exemple rare de réussite d'une démocratisation imposée. Le remarquable travail de rédaction de l'équipe du Général Mac Arthur n'y est certainement pas étranger : le texte de la Constitution de 1946 est extraordinairement moderne et audacieux, portant la trace du *New Deal* dans sa dimension sociale, tout en prenant en compte les spécificités de la société japonaise de l'époque, notamment par sa gestion astucieuse, bien qu'un peu baroque, du statut de l'Empereur. Elle est, d'une certaine façon, une constitution globale, écrite par des mains étrangères [...] et inscrivant dans son texte des principes universels à même de changer la société japonaise »[1365].

L'État allemand aussi a quasiment subi des réformes constitutionnelles de même nature. Après sa partition par les Puissances victorieuses, il a été refondé en vue de le pacifier sur le long terme.

b. La refondation et la pacification de l'État allemand

La Loi fondamentale de la RFA oscille entre réformisme et pacifisme. Après la capitulation de l'État allemand, les Alliés

[1364] H. Tourard, *op. cit.*, pp. 228-229.

[1365] S. Séverin, « Les globalismes du constitutionnalisme japonais », *Jus Politicum, Revue de droit public, Le droit public et la première Guerre mondiale*, N° 15: voir : http://juspoliticum.com/article/Les-globalismes-du-constitutionnalisme-japonais-1072.html

procédèrent à une refondation intégrale de l'État allemand, avant d'inscrire l'interdiction du recours à la guerre dans sa Constitution. En effet, la première initiative, entreprise par les Alliés après l'effondrement du régime hitlérien, fut celle de juger les criminels nazis, en créant le Tribunal de Nuremberg à cet effet. Ils entamèrent, en même temps, la refondation des structures politiques, et socio-économiques du pays dévasté par les bombardements. À la Conférence de Postdam (17 juillet - 2 août 1945), organisée à cette occasion, les Etats-Unis, l'URSS, la France et l'Angleterre décidèrent que cette reconstruction se ferait de bas en haut et par étapes.

Ils se mirent d'accord, le 1er juin 1948, sur le processus constitutionnel devant aboutir à l'adoption d'une nouvelle constitution fédérale pour l'Allemagne de l'Ouest. Ils ordonnèrent en effet, aux ministres présidents des onze (11) *Landers* relevant de leurs zones d'occupation, de convoquer un « *Parlementarische Rat* »[1366] composé de 65 membres originaires des différentes « *Landtage* »[1367], en vue d'adopter une nouvelle constitution démocratique et fédérale pour l'Allemagne.

Ce Conseil parlementaire élabora un projet de Loi fondamentale le 8 mai 1948. Après l'approbation du Conseil allié et des *Landers*, la Loi fondamentale entra en vigueur le 23 mai 1949[1368]. Outre la « dénazification », les réformes territoriales et institutionnelles, la consécration du multipartisme[1369], la Loi fondamentale a également interdit le recours à la guerre.

Cette renonciation à la guerre consistait à empêcher, *a priori*, l'Allemagne de récidiver en recourant aux armes.

1366 *Parlementarische Rat* : appellation en allemand de l'organe institué en 1958 par les onze ministres-Présidents des Länders des zones d'occupation américaine, britannique, et française en Allemagne, en vue de la rédaction de la Loi Fondamentale de la RFA.

1367 *Landtage* : appellation en allemand des Assemblées des Länders.

1368 Maziau (N.), *op. cit.*, p. 565.

1369 La constitution de Weimar de 1919 n'admettait pas le multipartisme. C'est la Loi fondamentale de 1949 qui l'a prévu en son art. 21.

Pour ce faire, l'Allemagne devait s'engager constitutionnellement à servir la paix dans le monde et à respecter les droits et libertés fondamentaux. Concernant la paix, on peut lire ceci : « Conscient de sa responsabilité devant Dieu et devant les hommes, animé de la volonté de servir la paix du monde en qualité de membre égal en droits dans une Europe unie, le peuple allemand s'est donné la présente Loi fondamentale en vertu de son pouvoir constituant »[1370].

Un autre passage de la même Loi fondamentale mentionne, *expressis verbis*, l'interdiction de préparer une guerre d'agression :

> « [Interdiction de préparer une guerre d'agression] : (1) Les actes susceptibles de troubler la coexistence pacifique des peuples et accomplis dans cette intention, notamment en vue de préparer une guerre d'agression, sont inconstitutionnels. Ils doivent être réprimés pénalement. (2) Les armes de guerre ne peuvent être fabriquées, transportées et mises dans le commerce qu'avec l'agrément du Gouvernement fédéral. Les modalités sont définies par la loi fédérale »[1371].

Contrairement au Japon et à l'Allemagne qui ont constitutionnellement renoncé à la guerre, la Bosnie-Herzégovine, quant à elle, a conventionnellement constitutionnalisé l'ethno-stratégie de paix.

B. La constitutionnalisation de l'ethno-stratégie de paix en République Chypre et en Bosnie-Herzégovine

L'ethno-stratégie de paix peut être définie comme une conception de la paix positive construite sur la composition ethnique d'un État antérieurement déstabilisé par un conflit ethnique. Certes la constitutionnalisation des principes et valeurs universels (la primauté du droit international, l'État de droit, la démocratie, les droits humains, le maintien de la paix, *etc.*) constituent la préoccupation première des administrateurs de paix participant aux « processus

---

[1370] Loi fondamentale allemande du 23 mai 1949, §1 du préambule

[1371] *Ibid.*, art. 26.

constituants » de sortie de crise. Cependant, ils n'ignorent pas les réalités sociologico-culturelles des peuples concernés. C'est dans cette logique que la République de Chypre et la Bosnie-Herzégovine ont été dotées d'institutions politico-démocratiques[1372], bâties sur les ethnies constitutives qui se trouvent désormais à l'épicentre des institutions étatiques de ces deux États. Les pouvoirs exécutifs (**1**) et législatifs (**2**) de ces deux États sont le reflet de cette « *ethno-stratégie* » de paix.

Il s'agissait de satisfaire l'ensemble des acteurs en conflit en vue d'obtenir un accord de paix viable. Ce qui fait qu'en République de Chypre ainsi qu'en Bosnie-Herzégovine, les communautés ne sont pas seulement la matière première avec laquelle seront forgés les institutions et les personnels communs de la République.

Elles sont au contraire envisagées comme des entités sociales, culturelles, politiques et administratives distinctes, dont l'existence est visible dans tous les échelons des institutions étatiques[1373].

1. La collégialité de la présidence comme stratégie de paix en République de Chypre et en Bosnie-Herzégovine

La collégialité est l'exercice d'une activité ou d'une fonction par un groupe de personnes. La France, par exemple, a déjà expérimenté l'exercice collégial du pouvoir exécutif en 1795[1374]. S'inscrivant dans la logique de la circulation des modèles juridico-politiques, la collégialité de la présidence, en République de Chypre et en Bosnie-Herzégovine, consiste à faire participer le représentant de chaque ethnie dans les prises de décisions, en évitant ainsi la monopolisation du pouvoir par une seule ethnie. La Constitution de la République de Chypre de 1960 dispose que celle-ci est un État indépendant et souverain, doté d'un régime présidentiel, avec un Président grec et un

[1372] Constitution de la Bosnie-Herzégovine du 14 décembre 1995, art. 1er, (2).

[1373] Georges Vlachos, « L'organisation constitutionnelle de la République de Chypre », *in Revue internationale de droit comparé*, janvier-mars 1961, pp. 525-559, p.539.

[1374] La Constitution française du 5 Fructidor An III avait déjà prévu en son art. 132 un pouvoir exécutif collégial délégué à un *Directoire* de cinq membres.

Vice-Président turc, élus par les communautés « grecque »[1375] et « turque »[1376] respectivement[1377]. Le Président de la République, en tant que Chef de l'État, prend tous les actes du pouvoir exécutif auxquels il associe toujours son Vice-Président[1378]. À cet égard, il s'agit d'une dyarchie construite à partir des deux communautés constitutives de l'île (les Grecs et les Turcs), comme c'est le cas par ailleurs en Bosnie-Herzégovine.

La Présidence de la Bosnie-Herzégovine, quant à elle, est composée de trois membres : un Bosniaque et un Croate, élus directement sur le territoire de la Fédération, et un Serbe élu sur le territoire de la République serbe[1379]. Chaque membre de la Présidence est élu par sa communauté[1380]. Les membres de la Présidence nomment l'un des leurs comme Président, sans oublier que la Présidence de ce Directoire peut s'effectuer par rotation[1381].

Les décisions présidentielles sont prises de manière consensuelle, à défaut, par la majorité de deux sur trois[1382]. Toutefois,

---

1375 Constitution du 16 août 1960, art. 2, (1) : « [l]a communauté grecque comprend tous les citoyens de la République qui sont d'origine grecque et dont la langue maternelle est le Grec ou qui partagent les traditions culturelles grecques où sont membres de l'Église orthodoxe grecque ».

1376 Constitution chypriote du 16 août 1960, art. 2, (2) : « [l]a communauté turque comprend tous les citoyens de la République qui sont d'origine turque et dont la langue maternelle est le Turc ou qui partagent les traditions culturelles turques où sont musulmans ».

1377 Constitution chypriote du 16 août 1960, art. 1er.

1378 Constitution chypriote du 16 août 1960, art. 47 : « [l]e pouvoir exécutif est exercé par le Président et le vice-Président de la République conjointement […] ».

1379 Constitution de la Bosnie-Herzégovine du 14 décembre 1995, art. V.

1380 Sur cette question lire N. Maziau, « La Bosnie-Herzégovine en devenir, douze ans après Dayton. Changements attendus et perspectives », *in Renouveau du droit constitutionnel, Mélanges en l'honneur de Louis Favoreu*, Paris, Dalloz, 2007, pp. 837-856.

1381 Constitution de la Bosnie-Herzégovine du 14 décembre 1995, art. V, 2. b).

1382 *Ibid.*, art. V, 2. C).

un membre minoritaire de la Présidence peut déclarer qu'une décision présidentielle est contraire aux intérêts vitaux de l'entité sur le territoire de laquelle il a été élu, pourvu que ce soit dans les trois jours suivant son adoption.

Cette décision est immédiatement soumise à l'Assemblée nationale de la République serbe, si la déclaration a été faite par le membre issu de ce territoire ; aux députés bosniaques de la Chambre des peuples de la Fédération, si la déclaration a été faite par le membre bosniaque ; ou aux députés croates de cet organe, si la déclaration a été faite par le membre croate. Si la déclaration est confirmée par les deux tiers des voix de ces personnes dans les dix jours du renvoi, la décision pcontestée n'entre pas en vigueur[1383].

2. La communautarisation des pouvoirs législatifs chypriote et bosniaque comme stratégie de paix

De manière schématique, le pouvoir législatif chypriote est dualiste à la base et moniste (monocamérale) au sommet. À la base, chaque communauté est représentée par une chambre communautaire élue au suffrage universel direct et secret, par les ressortissants âgés de 21 ans révolus[1384]. Étant donné qu'il n'y a que les communautés grecque et turque essentiellement, donc il n'existe que deux chambres communautaires à compétences très larges : impôts, création de tribunaux, enseignement, culture, religion[1385], et autres. Au sommet, il y a la Chambre des Représentants composée de cinquante députés dont 70% de Grecs et 30% de Turcs, élus pour cinq ans[1386].

Contrairement au monocaméralisme chypriote, les Accords de Dayton ont doté la Bosnie-Herzégovine d'une Assemblée parlementaire bicamérale : la Chambre des Peuples et la Chambre des

---

1383 Constitution de la Bosnie-Herzégovine du 14 décembre 1995, art. V, 2. d).

1384 Constitution chypriote du 16 août 1960, titre V, art. 60 : « [les communautés grecque et turque respectivement élisent parmi leurs membres une chambre communautaire qui exerce les compétences qui lui sont expressément réservées selon les dispositions de la présente Constitution ».

1385 Constitution chypriote du 16 août 1960, titre V.

1386 *Ibid.*, titre IV, art. 62, 2).

Représentants. La première est composée de quinze membres issus de la Chambre des Peuples de la Fédération, d'une part, et, d'autre part, de l'Assemblée nationale de la République serbe[1387].

La seconde comprend quarante-deux membres dont deux tiers sont élus sur le territoire de la Fédération et un tiers sur le territoire de la République serbe. Ces deux chambres parlementaires connaissent, chacune, une composition trilogique tenant compte des trois ethnies constitutives du pays[1388]. Les quinze membres de la Chambre des Peuples sont équitablement répartis : cinq Croates, cinq Bosniaques et cinq Serbes[1389].

Les pouvoirs constituants originaires de ces deux États sont dès lors élevés au niveau du droit international qui constitue leur source immédiate.

Les rédacteurs internationaux ont utilisé les ethnies constitutives comme stratégie de paix[1390] ; chose qui pose un problème crucial, dans la mesure où les concepts de « Nation » ou de « Peuple » n'existent pas dans ces deux textes constitutionnels que nous venons d'étudier.

Dans cette situation, les citoyens seraient amenés à mettre l'intérêt de leur communauté au-dessus non seulement de l'intérêt supérieur de l'État dans lequel ils vivent, mais aussi au-dessus de l'intérêt de leurs concitoyens qui ne sont pas de leur ethnie.

Il s'agit ici d'une « *ethnicization and internationalization of the constitutional orders* »[1391] de ces deux États. Selon N. Maziau, « La formule adoptée par les Accords de Dayton, une constitution rédigée

---

[1387] Constitution de la Bosnie-Herzégovine du 14 décembre 1995, art. V, 1).

[1388] *Ibid.*, art. V, 2).

[1389] *Ibid.*, art. IV, 1).

[1390] Concernant la reconstruction des sociétés multi-ethniques, lire D. Sokolovic, *Reconstructing Miltiethnic Societies : The Case of Bosnia and Herzegovina*, Ashgate, 2001, 234 p.

[1391] C. Grewe, M. Riegner, « Internationalized Constitutionalism in Ethically Divided Societies : Bosnia-Herzegovina and Kosovo Compared », *Max Planck Yearbook of United Nations Law*, vol. 15, 2011, pp. 1-64, p. 7.

par un groupe d'experts locaux et étrangers mais imposée aux populations, n'est plus opportune »[1392].

C'est pour cette raison que, dans nombre de transitions constitutionnelles récentes, la Communauté internationale, en l'occurrence l'ONU, apporte, dorénavant, une assistance constitutionnelle, sans se substituer intégralement au pouvoir constituant national de l'Etat concerné qui aura désormais, le soin de raffiner et d'approuver les grandes lignes qu'elle (l'ONU) a fixées.

[1392] N. Maziau, « La Bosnie-Herzégovine en devenir, douze ans après Dayton. Changements attendus et perspectives », *in Renouveau du droit constitutionnel, Mélanges en l'honneur de Louis Favoreu*, Paris, Dalloz, 2007, pp. 837-856, p. 855.

Conclusion du chapitre 4

Gardons à l'esprit que les Constitutions allemande et nipponne, en dépit du contexte factuel de leur élaboration par les puissances occupantes, ont été une véritable réussite, en ce sens qu'elles s'inscrivent dans la logique de servir la paix et moderniser les États vaincus. Concrètement, les Constitutions de la Bosnie-Herzégovine et de Chypre, (intégralement internationalisées), ainsi que celles du Timor oriental et de la Namibie (partiellement internationalisées), adoptées sous les auspices de la Communauté internationale en général, et grâce à l'assistance constitutionnelle de l'ONU en particulier, s'inscrivent également dans la même logique du maintien de la paix et de la modernisation des États post-conflits.

Donc, entre l'internationalisation *de facto* et *de jure* des pouvoirs constituants originaires, il n'y a que la méthode (illégale ou légale) qui change, le contenu des constitutions internationalisées étant *rationae materiae* quasiment le même, à savoir la garantie constitutionnelle des droits et libertés fondamentaux, la séparation des pouvoirs, la démocratisation des systèmes politiques, le respect de l'État de droit, pour ne citer que ceux-ci.

On se met au demeurant, en adéquation avec l'idée de Montesquieu selon laquelle « Toute Société dans laquelle la garantie des droits n'est pas assurée, ni la séparation des pouvoirs déterminée, n'a point de Constitution »[1393]. Ceci étant, il est désormais question de savoir dans quelle mesure et pour quelle raison peut-il y avoir d'administration internationale de territoire, après que les entités concernées ont recouvré leur indépendance, et par conséquent, se sont dotées d'institutions étatiques ?

[1393] Déclaration française des droits de l'homme et du citoyen de 1789, art. 16.

Conclusion de la Deuxième Partie

De ce qui précède, on comprend que la reconstruction post-conflit, l'évolution des politiques de l'ONU (et des États étrangers), ainsi que les changements factuels dans le droit international relatif au maintien de la paix et de la sécurité internationales consistent à s'attaquer aux causes profondes des conflits[1394]. La fin de ces conflits (souvent intra-étatiques) implique, parfois, la rédaction de nouvelles constitutions et la création de nouvelles institutions de gouvernance. Afin d'assurer une paix durable, il est nécessaire que des changements fondamentaux interviennent là où les institutions existantes, soit par conception, incapacité ou négligence, ont créé l'instabilité. Certains auteurs préconisent un changement de régime, une réforme de l'État du droit ou un renforcement des institutions, à petite ou grande échelle, sous l'impulsion des États intéressés, de la communauté internationale et/ou de l'ONU (via la Commission de consolidation de la paix)[1395]. On a observé que la consolidation de la paix fonctionne comme un processus « extérieur-intérieur » dirigé par des acteurs internationaux, incarnant des normes internationales[1396].

L'internationalisation du pouvoir constituant, qui produit des constitutions internationalisées, aboutit à une convergence des droits constitutionnel et international dans une société internationale de plus en plus intégrée. Les États post-conflits sont de plus en plus encadré dans l'exercice de leur souveraineté interne et internationale, et ce, en dépit du fait que « la puissance étatique est, tout à la fois unitairement

---

1394 E. De Brabandere, « The responsibility for post-conflict reforms: critical assessment of jus post bellum as legal concept », *Vanderbilt Journal of Transnational Law*, 2010, pp. 119-150, p. 121.

1395 *Kristen E. Boon,* « The Application of *Jus Post Bellum* in Non-International Armed Conflicts », in Carsten Stahn, Jennifer S. Easterday, and Jens Iverson (ed), Jus Post Bellum. Mapping the Normative Foundations, Oxford University Press, 2014, pp. 259-268, p. 265-266.

1396 *Kristen E. Boon,* « The Application of *Jus Post Bellum* in Non-International Armed Conflicts », in Carsten Stahn, Jennifer S. Easterday, and Jens Iverson (ed), Jus Post Bellum. Mapping the Normative Foundations, Oxford University Press, 2014, pp. 259-268, p. 265-266.

dans l'ordre externe et dans l'ordre interne ; limitée et fondée, encadrée et garantie par un droit [...] génériquement [...] superétatique »[1397]. L'incursion de la normativité internationale dans le champ constitutionnel, c'est-à-dire la substitution du droit constitutionnel par le droit international s'est traduite par la multiplication du nombre de constitutions internationalisées. En Bosnie-Herzégovine et en République de Chypre, l'internationalisation du processus constituant était intégrale, tandis qu'au Timor oriental, en Namibie, au Kosovo, au Cambodge, et autres, elle était relative voire partielle. Dans ce dernier cas de figure, le constituant international, étant donné qu'il ne maîtrisait pas l'ensemble du processus d'adoption de la constitution, a fini par imposer des conditions minimales de forme et de fond.

Les conditions de forme se rapportent aux modalités d'élection et de vote des Assemblées constituantes de sortie de crise. Dans la plupart des cas, un instrument juridique international impose la formation d'une majorité qualifiée de deux-tiers des membres de l'Assemblée constituante pour que la constitution de sortie puisse être adoptée, (au Timor oriental une majorité renforcée de 80 % était exigée), accordant ainsi une garantie aux minorités dont la voix pourra être prise en compte si elles représentent au moins un tiers des membres de l'Assemblée constituante et, à défaut, que la constitution bénéficiera d'une base de légitimité suffisante. Les conditions de fond, quant à elles, se rattachent essentiellement à la volonté de la communauté internationale d'imposer des principes susceptibles de garantir le respect de la démocratie[1398], des droits humains, de la séparation des pouvoirs, de l'État de droit, de la garantie de la souveraineté de l'État territorial et son indépendance.

[1397] S. Rials, « La puissance étatique et le droit dans l'ordre international : éléments d'une critique de la notion usuelle de la 'souveraineté externe' », précité, p. 189 s.

[1398] Th. Franck, « The emerging right to democratic governance », *AJIL*, 1992, vol. 86, no 1, p. 47: « Cette loi émergente - qui exige la démocratie pour valider la gouvernance - n'est pas seulement la loi d'un État particulier comme les États-Unis en vertu de leur Constitution. Elle devient également une exigence du droit international applicable à tous et mise en œuvre par le biais de normes mondiales avec l'aide d'organisations régionales ou internationales »[1398].

Il s'agit, manifestement, d'imposer un modèle de démocratie occidentale qui ne correspond pas toujours à la culture et aux traditions locales. En tout état de cause, la démocratisation est un processus conduisant à une société plus ouverte, participative et moins autoritaire. La démocratie peut être définie comme un régime politique où l'appareil institutionnel donne corps à l'idéal d'un pouvoir politique exprimant la volonté du peuple[1399].

La durée de la transition constitutionnelle, entre la disparition de la constitution en vigueur et l'adoption de la constitution de sortie de crise, est à géométrie variable : c'est pendant cette période que les organes décisionnels, issus ou non du système juridique précédent, préparent l'intervention du pouvoir constituant qui clôt la première étape d'une transition constitutionnelle. Ainsi, cette période peut être qualifiée de transitoire par sa fonction et de constitutionnelle par son objet[1400]. Certes la transition se termine par l'adoption de la nouvelle constitution et, le plus souvent, par l'organisation de nouvelles élections, mais la rédaction d'un nouveau texte constitutionnel ne garantit pas la démocratie : ce n'est qu'une simple étape dans le processus qui clôt la phase de la mutation politique[1401]. Avec le lot d'institutions qu'elle génère, la transition constitutionnelle est considérée en Afrique comme une nouvelle et supplémentaire cause de tensions et de crises, celles-ci étant la preuve de l'inadéquation des textes fondamentaux au contexte dans lequel ils s'inscrivent[1402].

L'internationalisation de l'écriture d'une constitution peut avoir plusieurs formes. D'abord, il y a l'internationalisation *ratione personae* du pouvoir constituant lorsque des acteurs internationaux

---

1399 A/51/761 du 17 janvier 1997, I. 1.

1400 E. Cartier, *op. cit.*, p. 3.

1401 N. Danelciuc-Colodrovschi, « L'incidence des influences constitutionnelles externes sur l'écriture et l'adoption des constitutions postconflictuelles », *in* X. Philippe, N. Danelciuc-Colodrovschi (dir.), *Transitions constitutionnelles et Constitutions transitionnelles. Quelles solutions pour une meilleure gestion des fins de conflit ?*, Institut Universitaire Varenne, 2014, pp. 105-133, p. 119.

1402 J. D. Mouton, cité par B. Gueye et M. P. Tiné, « La légitimité et la légitimation de la transition constitutionnelle par les élections en Afrique », *op. cit.*, p. 207.

(États, OI, ONG, experts, etc.) interviennent dans le processus de rédaction d'une constitution de sortie de crise. Ensuite, on parle d'internationalisation *ratione loci* quand, dans le cadre d'un processus de paix, la Constitution d'un État est élaborée, adoptée et signée à l'étranger. Enfin, l'internationalisation *ratione materiae* de la constitution est la conséquence des deux premières. Elle peut concerner le support tout comme le contenu d'une constitution. Le phénomène d'internationalisation des constitutions nationales, qui apparaît dans le traitement des crises de l'État, revêt plusieurs aspects : on assiste à une internationalisation de la procédure constituante, à une internationalisation de la fonction constituante et à une référence particulière au droit international[1403].

La notion de consolidation de la paix, intégrant parfois des processus constituant, est devenue un instrument d'uniformisation du droit constitutionnel au sein des « *failed or collapsed states* »[1404]. En effet, le constat est que tous les régimes politiques issus des transitions constitutionnelles post-conflits ont en commun un système de démocratie fondée sur la séparation des pouvoirs, la garantie des droits de l'homme et l'institutionnalisation de la justice constitutionnelle. Le fait que la communauté internationale, *via* les organisations internationales et/ou les puissances occupantes, se substitue, de manière directe ou indirecte, aux pouvoirs constituants (originaires ou dérivés) est sans doute une atteinte (parfois nécessaire) à la souveraineté des entités concernées, à leur liberté de disposer d'eux-mêmes et à leur autonomie constitutionnelle.

[1403] J.-D. Mouton, *op. cit.* p. 313.

[1404] I. William Zartman, *Collapsed states: The disintegration and restoration of legitimate authority*, Lynne Rienner Publishers, 1995. Lire égal. M. Verma, *Considerations of Humanity: Accountability in U.N. Transnational Administration of Territory*, (October 30, 2015) : http://ssrn.com/abstract=2687934 or http://dx.doi.org/10.2139/ssrn.2687934

Cette intrusion dans la souveraineté et autonomie constitutionnelles des États post-conflits produit des effets invasifs sur l'ensemble de leurs ordres juridiques. Après l'entrée en vigueur de la constitution internationalisée, toutes les autres normes infra-constitutionnelles doivent s'y conformer sous peine d'inconstitutionnalité. Cette mise à jour de l'ordre juridique interne correspond à la période d'adaptation de la nouvelle constitution internationalisée.

TROISIEME PARTIE

LES CONSTITUTIONS INTERNATIONALISEES DANS L'ORDRE JURIDIQUE INTERNE POST-CONFLIT : LA PHASE POST-CONSTITUANTE

L'expression « les constitutions internationalisées dans l'ordre juridique interne » désigne la mise en œuvre des constitutions de sortie de crise qui incorporent directement le droit international institutionnel et/ou normatif. Après l'écriture d'une constitution internationalisée, il y a sa « lecture » et la « lecture de sa lecture », c'est-à-dire la réécriture du texte constitutionnel (révision constitutionnelle), l'interprétation du juge constitutionnel et l'appréciation du peuple[1405]. Cette troisième partie analyse les effets juridiques de la constitutionnalisation du droit international (dans des États post-conflits) qui entraîne l'internationalisation des constitutions nationales et, partant, celle de tous les ordres juridiques internes qui en découlent[1406].

La norme suprême des ordres juridiques internes est leur constitution[1407], désormais internationalisée dans de nombreux États (post-conflits ou non). Si l'ingérence de l'ONU et autres OI dans l'élaboration des constitutions internationalisées est, parfois, nécessaire à la recherche d'une paix durable, la mise en œuvre de ces constitutions hybrides nécessite et génère une nouvelle théorie de droit constitutionnel. P. Brunet a raison de regretter que la doctrine

---

[1405] M. Shigeru, « L'acte constituant et le temps : écriture et lecture du texte », *in* A. Viala (dir.), *La Constitution et le temps*, Actes de colloque. Vème séminaire franco-japonais de droit public du 4 au 10 septembre 2002, Lyon, L'Hermès, 2003, pp. 37-47, p. 46.

[1406] En d'autres termes, il s'agit d'analyser les effets juridiques de l'enchevêtrement des normes juridiques internes et internationales dans les constitutions de sortie de crise.

[1407] H. Kelsen, *Théorie pure du droit*, *trad.* par Ch. Eisenman, Paris, Dalloz, 1962, pp. 299-302.

juridique n'ait « pas abordé de front des questions très actuelles telles que la remise en cause de la hiérarchie des normes sous l'effet de l'internationalisation, ou mieux, de la globalisation des ordres juridiques voire de leur intégration progressive »[1408].

La théorie du droit constitutionnel internationalisé envisage deux catégories de normes, les unes N1, d'origine internationale et, les autres, N2, d'origine locale, sont constitutionnalisées au plan interne : on se demande lesquelles priment sur les autres en cas de conflit. De plus, traditionnellement, le droit interne « organise et règle sa propre création de sorte que l'ordre juridique ne consiste pas en un ensemble de normes qui se situeraient sur le même plan, mais en un ensemble de normes entretenant entre elles un rapport de création/application »[1409]. Ainsi, si les normes infra-constitutionnelles doivent être créées selon la procédure déterminée par une constitution internationalisée, dans ce cas, cette constitution sert de fondement de validité aux normes infra-constitutionnelles[1410]. Celles-ci, en se conformant à une constitution internationalisée, s'internationalisent progressivement et par voie de conséquence. Dès lors, peut-on parler de l'internationalisation de l'ordre juridique interne post-conflit quand la constitution, fondement de validité des normes infra-constitutionnelles, est internationalisée? (**Chapitre 5**).

L'avènement des constitutions internationalisées soulève d'autres interrogations au plan interne. *Primo*, l'insertion directe des règles internationales dans la constitution d'un État ne met-elle pas fin à la *summa divisio* droit interne – droit international, étant donné que certaines constitutions actuelles sont des traités ? En outre, le juge interne est-il lié par la méthode d'interprétation des traités prévue par

---

[1408] P. Brunet, « Introduction : la hiérarchie des normes, fétiche ou nécessité ? », *Revue, La Fabrique de l'ordre juridique : les juristes et la hiérarchie des normes*, Ljubljana, 2013-2014, pp. 5-9, p. 9.

[1409] *Ibid.*, p. 5.

[1410] S. L. Paulson, « Ce que nous apprend la *Stufenbaulehre* sur le concept de droit de kelsen », *Revue, La Fabrique de l'ordre juridique : les juristes et la hiérarchie des normes*, Ljubljana, 2013-2014, pp. 11-27, p. 18 : « [l]es normes constitutionnelles encadrent la procédure de création de la loi, de même les normes législatives encadrent la procédure de création de la réglementation administrative, et ainsi de suite ».

la Convention de Vienne sur le droit des traités entre États de 1969 ? Comment le juge interne afghan interprétera-t-il la DUDH de 1948 : une résolution de l'AGNU constitutionnalisée en Afghanistan depuis 2004 ?[1411] *Secundo*, la constitutionnalisation directe des traités en forme solennelle en Bosnie-Herzégovine[1412], et surtout au « Kosovo »[1413] implique-t-elle leur application au plan interne avant même leur ratification ? Quand la « *hard law* » internationale et la « *soft saw* »[1414] internationale se retrouvent au sein d'un même *instrumentum* constitutionnel ou d'un même bloc de constitutionnalité, y a-t-il besoin de les distinguer ou bien ces deux catégories de normes auraient désormais la même teneur juridique ? *Tertio*, on sait que le juge interne n'est soumis qu'à l'autorité de la loi ; mais que se passe-t-il quand une loi fondamentale est issue d'un traité international ou nourrie par celui-ci ? Le juge interne reste toujours soumis à l'autorité de la loi ou à celle du traité, surtout que le droit international prime sur le droit interne ?

Les théories et philosophies du droit contemporain postulent la subordination de la loi à la constitution (internationalisée) : là encore, l'intervention d'un juge est nécessaire pour faire respecter cette primauté[1415]. Ce sont là un ensemble de questions techniques auxquelles la justice constitutionnelle internationalisée est censée répondre ou du moins auxquelles elle sera confrontée (**Chapitre 6**).

[1411] M. Forteau, « Les techniques interprétatives de la Cour internationales de Justice », *RGDIP*, 2011, pp. 399-416, p. 402 : « [l]'interprétation des décisions [voire des résolutions] des organisations internationales pourrait emprunter une voie singulière ».

[1412] Constitution de la Bosnie-Herzégovine du 14 décembre 1995, art. II, points (1) et (2)

[1413] Constitution Kosovare du 15 juin 2008, art. 22.

[1414] La Charte de l'ONU, les deux Pactes internationaux de 1966 et la DUDH du décembre 1948 (résolution 217 A (III)), constitutionnalisés en Afghanistan, sont de nature normative différente au plan international: les deux premiers relèvent du « droit dur » et la dernière du « droit mou ».

[1415] J. Chevallier, *L'État de droit*, Paris, LGDJ, 2017, p. 14 et s.

CHAPITRE V

LE DROIT CONSTITUTIONNEL INTERNATIONALISE

Une transition constitutionnelle (internationalisée ou non) comporte deux dimensions temporelles : la première et, la plus évidente, correspond au passage de l'ancienne à la nouvelle constitution[1416] : cette première phase, de par son objet et sa fonction, peut être qualifiée de *constituante*[1417].

La seconde dimension, objet de ce chapitre, concerne le sort, dans l'ordre juridique en (re)construction, des normes infra-constitutionnelles antérieures et postérieures à l'adoption d'une constitution internationalisée.

Visant la validité des normes infra-constitutionnelles, cette seconde phase peut être qualifiée d'« intégrative »[1418], dans la mesure où les effets juridiques des constitutions internationalisées sont d'ordre normatif et socio-politique. Étant le reflet de l'histoire d'une société et de son « génie »[1419], la constitution s'impose en tant qu'onction normative fondant l'autorité de la loi dans le temps qui fait

---

[1416] Cette première phase concerne la détermination et la mise en œuvre des conditions de production de la nouvelle Constitution jusqu'à son entrée en vigueur.

[1417] E. Cartier, *La transition constitutionnelle en France (1940-1945) : la reconstruction révolutionnaire d'un ordre juridique « républicain »*, Paris, LGDJ, 2005, pp. 8 et s.

[1418] E. Cartier, *La transition constitutionnelle en France (1940-1945) : la reconstruction révolutionnaire d'un ordre juridique « républicain »*, *op. cit.*, pp. 8 et s.

[1419] C'est en remontant son origine que l'on peut découvrir l'esprit d'une constitution. Pour comprendre et discerner l'esprit du système constitutionnel, il est nécessaire voire « indispensable de savoir par qui, comment, pourquoi et selon quel logique il a été fait ». Voir F. Rouvillois, *Droit constitutionnel-la Vème République*, Flammarion, 2001, p. 16.

durer la validité de celle-ci[1420]. Selon A. Viala, quand le constituant prescrit une ligne de conduite déterminée dans la Constitution, il prescrit en même temps l'obligation de s'y conformer à l'instant ***t+1***, puis à l'instant ***t+2***, *etc.* jusqu'à ce qu'un autre acte de volonté y mette fin[1421]. La Constitution assure la continuité temporelle de l'ordre juridique par-delà les soubresauts de la finitude humaine. Selon Maurice Hauriou, elle fait de l'État « un ordre juridique non seulement dans l'espace mais aussi dans le temps »[1422].

L'avènement des constitutions internationalisées, découlant de la succession des États de droit ou des « droits de l'État »[1423], oblige à repenser les normes infra-constitutionnelles antérieures, à établir un nouveau bloc de constitutionnalité et une nouvelle hiérarchie des normes (**Section 1**). L'autre aspect, non moins intéressant, concerne l'analyse des nouveaux rapports de systèmes.

En effet, l'avènement de la normativité constitutionnelle internationalisée semble signer la fin de la « *summa divisio* droit interne – droit international dans les États post-conflits.

Le cas échéant, ce serait une victoire du monisme sur le dualisme juridique. Toutefois, il faut reconnaître que le dualisme juridique n'est pas dans un état comateux, *a fortiori* d'enterrement : cette doctrine a certes perdu du terrain avec la convergence et la coexistence de règles internes et internationales dans un même *instrumentum* constitutionnel, mais elle survit et s'enrichit sous l'angle du pluralisme juridique (**Section 2**).

[1420] A. Viala, « L'acte constituant et le temps », *in* A. Viala (dir.), *La Constitution et le temps*, Actes de colloque. Vème séminaire franco-japonais de droit public du 4 au 10 septembre 2002, Lyon, L'Hermès, 2003, pp. 27-36, p. 31.

[1421] *Ibid.*, p. 28.

[1422] M. Hauriou, *Précis de droit constitutionnel*, Paris, Sirey, 1979, p. 76.

[1423] Chaque transition constitutionnelle intégrale est une succession qualitative ou quantitative d'État de droit ou du droit de l'État.

Section 1. Les constitutions internationalisées et les normes internes

Par droit interne ou ordre juridique interne, il faut entendre un ensemble de normes juridiques - liées entre elles par une structure hiérarchisée – établies sur un territoire étatique pendant une période donnée[1424]. Dans l'ordre interne, tout procède de la constitution[1425] : tout le « plan de l'édifice » politico-juridique de l'État est ingénieusement établi dans la constitution, par des « juristes-ingénieurs » du peuple souverain appelés *pouvoirs constituants*. Le système juridique ainsi institué se caractérise par un enchaînement logique - des règles et institutions qui le constituent - qui permet d'envisager l'ensemble dans sa cohérence[1426]. L'ordre (ou le système) juridique se complexifie quand il découle d'une constitution internationalisée se trouvant à la jonction de deux ordres juridiques. L'interpénétration de ces normes internationalisées affecte la cohérence de chaque ordre et modifie l'enchaînement des règles tout en réorganisant les bases et les notions fondatrices de l'ordre juridique lui-même et, partant, la structure d'ensemble[1427]. Les ordres juridiques internationalisés ne sont pas intelligibles *ut singuli*, ils doivent être pensés et analysés à la lumière des ordres juridiques ayant contribué à leur formation. Et c'est là tout l'enjeu lié à la mise en œuvre des constitutions internationalisées dans les États post-conflits.

Pratiquement, la mise en œuvre des constitutions internationalisées nécessite, au moins, deux phases postérieures à leur adoption : la première, selon J.-P. Massias, passe par leur mise en application, en l'occurrence, l'adoption de toutes les lois organiques, la mise en place des institutions, ainsi que l'interprétation de la Constitution[1428]. La seconde phase concerne la période d'adaptation

---

[1424] E. Cartier, *op. cit.*, pp. 1 et 2.

[1425] R. Abraham, *droit international, droit communautaire et droit français*, Paris, Hachette, 1989, p. 35-36.

[1426] B. Bonnet, « Introduction générale », *in* B. Bonnet (dir.), *Traité des rapports entre ordres juridiques*, Paris, LGDJ, 2016, pp. 33-39, p. 34.

[1427] *Ibid.*

[1428] J.-P. Massias, « Synthèse des débats », *in* X. Philippe, N. Danelciuc-Colodrovschi (dir.), *Transitions constitutionnelles et*

de la Constitution au moment de sa mise en œuvre. En effet, et toujours selon J.-P. Massias, la transition démocratique concerne une société dont le développement a été artificiellement bloqué par une dictature ou par un conflit et qui se trouve désormais libérée. Il est donc évident que cette société changera. Pour que cette société change, la constitution devra s'adapter. Cette phase importante peut être désignée sous le terme de « consolidation constitutionnelle »[1429] (**§2**).

Avant d'examiner l'adaptation de la constitution internationalisée à son environnement sociologique et, inversement, l'adaptation de la société à sa constitution internationalisée (nouveau pacte social), nous analyserons, de prime abord la nouvelle configuration des normes constitutionnelles internationalisées : en effet, existe-t-il une hiérarchie des normes au sein d'une constitution internationalisée (**§1**) ?

§1. La hiérarchie des normes constitutionnelles internationalisées

Les normes constitutionnelles internationalisées oscillent entre l'« équivalence » et la « supra-constitutionnalité » des normes. Les constitutions internationalisées font cohabiter des normes d'origine interne et internationale.

Elles incorporent parfois certaines normes relevant de la *soft law* et d'autres de la *hard law*. Nous nous demandons s'il peut *avoir une hiérarchie entre les normes constitutionnelles internationalisées qui ne soit pas prévue par la constitution elle-même*.

Constitutions transitionnelles. Quelles solutions pour une meilleure gestion des fins de conflit ?, Institut Universitaire Varenne, 2014, pp. 105-133, p. 221 : « [l]es interprétations données par les cours constitutionnelles peuvent apporter des précisions importantes à la Constitution. Elles peuvent aussi soit en accentuer les défauts ou les nuancer ».

[1429] J.-P. Massias, « Synthèse des débats », *in* X. Philippe, N. Danelciuc-Colodrovschi (dir.), *Transitions constitutionnelles et Constitutions transitionnelles. Quelles solutions pour une meilleure gestion des fins de conflit ?*, Institut Universitaire Varenne, 2014, pp. 105-133, p. 221.

On sait qu'au plan international la *soft law* n'a pas la même valeur juridique que la *hard law* qui est contraignante. Formellement et, après leur constitutionnalisation, les conventions internationales de protection des droits de l'homme (*hard law*) et la DUDH de 1948 (*soft law*) occuperaient-elles le même le rang hiérarchique ?

Deux théories peuvent être avancées à cet effet : celle de l'équivalence des normes constitutionnelles (**A**) et la théorie de la supra-constitutionnalité (**B**).

A. Equivalence entre *soft law* et *hard law* constitutionnalisées

Dans le contexte post-conflit, « *international law can be divided into two distinct categories: the had law that mandates international action and the soft law [...] that is used to add substance to international interventions* »[1430]. Raison pour laquelle la *hard law* internationale et la *soft law* internationale se retrouvent également au sein des constitutions de sortie de crise. La *soft law* désigne des règles dont la valeur normative serait limitée parce que les instruments juridiques qui les contiennent ne sont pas juridiquement obligatoires[1431]. Autrement qualifiée de droit souple, la *soft law*, norme non contraignante, doit être distinguée des conventions internationales (la *hard law*)[1432]. Tout d'abord, leurs natures juridiques sont différentes[1433]: les accords internationaux sont des instruments juridiquement contraignants (*hard law*), contrairement à la *soft law* qui, bien qu'elle soit normative, n'est pas juridiquement contraignante

[1430] C. Turner, R. Houghton, « Constitution Making and Post-Conflict Reconstruction », *in* M. Saul, J. A. Sweeney (*ed.*), *International Law and Post-Conflict Reconstruction Policy*, Routledge, 2016, pp. 119-140, p. 122.

[1431] J. Salmon, *Dictionnaire de droit international*, Bruxelles, Bruylant, 2001, p. 1039.

[1432] Selon C. Turner et R. Houghton, la *Hard law* implique le mandat des opérations de paix établies en vertu du Chapitre VII de la Charte de l'ONU. Voir C. Turner, R. Houghton, « Constitution Making and Post-Conflict Reconstruction », *in* M. Saul, J. A. Sweeney (*ed.*), *International Law and Post-Conflict Reconstruction Policy*, Routledge, 2016, pp. 119-140, pp. 122-123.

[1433] A. Taşdelen, *The Return the Cultural Artefacts : Hard and Soft Law Approches*, Switzerland, Springer, 2016, p. 153.

puisqu'elle ne répond pas à certaines exigences procédurales ou institutionnelles. Le caractère non-contraignant de la *soft law* dépend de deux choses : soit l'organe qui adopte la norme juridique non contraignante n'est pas qualifié pour élaborer des règles juridiquement contraignantes, soit il n'a pas l'intention de créer des règles juridiquement contraignantes. Toutefois, cela ne signifie pas que la *soft law* en général, et la DUDH en particulier n'ont aucune pertinence juridique. S'il est vrai qu'une violation de la *soft law* peut ne pas entraîner de conséquences juridiques, puisqu'elle n'est pas juridiquement obligatoire, et que la plupart des normes juridiques non contraignantes ne prévoient aucune sanction, une telle violation peut, néanmoins, être mal perçue par les opinions publiques nationales et internationales[1434]. En outre, la *soft law* peut faciliter le développement du droit dans un domaine donné[1435]. Ce qui unit les traités internationaux et les normes juridiques non contraignantes est le fait qu'ils visent à réglementer le comportement des acteurs concerné dans un domaine donné[1436]. C'est pour cette raison que les traités internationaux de protection des droits humains et la DUDH sont directement insérés dans certaines constitutions post-conflits.

Toutes les règles écrites dans la constitution sont constitutionnelles, mais certaines sont-elles plus constitutionnelles que d'autres[1437] ? Quel rang occupe la DUDH de 1948 (*soft law* d'un point de vue des sources internationales) dans les Constitutions respectivement afghane et kosovare ? Toutes les normes juridiques et tous les instruments juridiques internationaux constitutionnalisés, au plan interne, ont formellement le même statut juridique : qu'il s'agisse

[1434] De plus, les normes relevant de la *soft law* peuvent être consultées dans des affaires judiciaires pour déterminer l'existence ou le changement d'une certaine *opinio juris* ou d'un certain ordre public, donc elles sont importantes pour déterminer le droit coutumier international ou pour préciser les obligations conventionnelles.

[1435] La DUDH de 1948 (instrument non-contraignant), par exemple, a finalement facilité l'adoption des deux Pactes internationaux (instruments contraignants) relatifs aux droits de l'homme en 1966.

[1436] A. Taşdelen, *The Return the Cultural Artefacts : Hard and Soft Law Approches*, Switzerland, *op. cit.*, p. 153.

[1437] G. Vedel, « Souveraineté et supra-constitutionnalité », *Pouvoirs* – 67, 1993, pp. 79-96, p. 83.

des pactes internationaux de 1966 ou on de la DUDH[1438]. La Constitution afghane de 2004 dispose que l'État est tenu de respecter la Charte de l'ONU, les traités internationaux ratifiés et la DUDH de 1948[1439]. La Constitution Kosovare aussi prévoit, dans la même optique, que les droits et libertés, garantis par les conventions et instruments internationaux dont la DUHD, sont protégés par la Constitution. Directement applicables au Kosovo, ces instruments juridiques internationaux ont la priorité, en cas de litige, sur les lois et les institutions publiques nationales[1440]. La DUDH, constitutionnalisée aussi bien en Afghanistan qu'au Kosovo, est une norme voire un ensemble de normes constitutionnelles au même titre que les autres dispositions de la Constitution. Les citoyens de ces États peuvent invoquer le contenu de la DUHD pour faire valoir leurs droits devant les juridictions nationales. En rejetant toute hiérarchie au sein des constitutions internationalisées, la théorie de l'équivalence des normes internationales constitutionnalisées consiste à soutenir que toutes les normes contenues dans la constitution s'équivalent. Deux conséquences en résultent. Premièrement, cette équivalence signifie qu'il n'existe pas, en droit positif interne, de normes juridiques supérieures à la Constitution. Deuxièmement, la *soft law* internationale et la *hard law* internationale s'équivalent après leur constitutionnalisation au plan interne. La constitution nationale étant la clôture extérieure de l'ordre juridique interne, les normes internationales, intégrées à la constitution, sont des normes constitutionnelles au même titre que les autres normes constitutionnelles d'origine interne, et toutes ces normes ont une valeur identique.

Dire qu'une norme N1 est supérieure à une norme N2 sous-entend deux choses différentes. Cela peut d'abord signifier l'obligation de faire prévaloir N1 sur N2 lorsque les contenus de ces deux normes sont en contradiction : c'est ce qu'on appelle la

---

[1438] M. Kamto, « Charte africaine, instruments internationaux de protection des droits de l'homme, constitutions nationales : articulations respectives », *in* J.-F. Flauss, E. Lambert-Abdelgawad (dir.), *L'application nationale de la Charte africaine des droits de l'homme et des peuples*, Bruxelles, Bruylant, 2004, pp. 11-47, pp. 43 et s.

[1439] Constitution afghane du 3 janvier 2004, art. 7.

[1440] Constitution Kosovare du 15 juin 2008, art. 22, §1.

supériorité statique. Dans un second sens, N1 est supérieure à N2, si elle fonde la validité de N2 en habilitant son auteur à adopter une norme de droit : on parle alors de supériorité dynamique[1441]. Or, formellement et matériellement, en Afghanistan et au Kosovo, la DUDH protège les mêmes droits et libertés que d'autres dispositions constitutionnelles. De même, au Timor oriental, les droits fondamentaux inscrits dans la Constitution n'excluent aucun autre droit prévu par la loi, et sont interprétés conformément à la DUDH[1442]. Enfin, les droits de l'homme et les libertés fondamentales garantis par la Constitution kosovare sont interprétés conformément à la jurisprudence de la Cour européenne des droits de l'homme[1443]. Donc, dans ces États, la DUDH (*soft law*) est devenue une *hard law* constitutionnelle au même titre que les autres conventions internationales également constitutionnalisées dans ces États.

Néanmoins, toutes les dispositions constitutionnelles n'ont pas la même importance ni la même dignité politico-morale[1444]. J. M. Auby écrit qu'il « est bien évident que les différentes normes que l'on classe dans le bloc de constitutionnalité n'ont pas la même valeur juridique »[1445]. Selon une grande partie de la doctrine et, surtout, d'après la jurisprudence de la Cour constitutionnelle italienne[1446], les

[1441] R. Paour, « Les contraintes juridiques de la hiérarchie des normes », *Revue, La Fabrique de l'ordre juridique : les juristes et la hiérarchie des normes*, Ljubljana, 2013-2014, pp. 201-2018, p. 205.

[1442] Constitution du Timor oriental du 20 mai 2002, section 23 : « [f]fundamental rights enshrined in the Constitution shall not exclude any other rights provided for by the law and shall be interpreted in accordance with the Universal Declaration of Human Rights ».

[1443] Constitution kosovare du 15 juin 2008, art. 53.

[1444] Sur cette question lire N. Droin, « Retour sur la Loi constitutionnelle de 1884 : contribution à une histoire de la limitation du pouvoir constituant dérivé », *RFDC*, 2009/4, n° 80, pp. 725-747. V. égal. G. Vedel, « Souveraineté et supra-constitutionnalité », *Pouvoirs* – 67, 1993, pp. 79-96, p. 87.

[1445] J. M. Auby, « Sur l'étude de la hiérarchie des normes droit public. Eléments de problématique », *in Mélanges dédiés à Robert Pelloux*, L'Hermès, 1980.

[1446] Cour constitutionnelle italienne, décision 175/1971 : « la thèse de l'existence d'une hiérarchie entre les normes de la Constitution elle-même, selon laquelle on peut reconnaître un ordre (comme d'ailleurs tout corps

normes constitutionnelles n'ont pas toutes la même valeur : certaines sont plus importantes que d'autres[1447]. C'est pour cette raison que toutes les dispositions constitutionnelles ne sont pas soumises aux mêmes règles de révision[1448]. Si toutes les normes constitutionnelles sont posées par les pouvoirs constituants, ceux-ci ne leur assignent pas les mêmes contenus. Et ces différences de contenu impliquent que ces normes n'aient nécessairement pas les mêmes fonctions, ni la même portée. En dépit de leur commune qualité constitutionnelle formelle, elles ne jouissent pas de la même prééminence dans tous les cas de figure d'antinomies normatives. Le même raisonnement s'applique aux normes d'origine supranationale, eu égard à la façon dont elles ont été formées, puis introduites dans l'ordre juridique interne, pour s'y imposer[1449].

B. Supra-constitutionnalité des normes internationalisées

La supra-constitutionnalité désigne l'ensemble des normes que le pouvoir constituant originaire a soustrait, tacitement ou expressément, à toute révision[1450]. Il existe deux types de supra-constitutionnalité : *extra-muros* et *intra-muros*. La supra-constitutionnalité *extra-muros* supposerait qu'il existe des règles juridiques supérieures à la constitution[1451], qu'elles soient formulées ou non par celle-ci. La supra-constitutionnalité *intra-muros*, quant à

---

d'énoncés ordonné en système) qui conduit à conférer la prééminence à certaines normes par rapport à d'autres, est correcte ».

[1447] R. Guastini, *Leçon de théorie constitutionnelle*, traduit et présenté par V. Champeil-Desplats, Paris, Dalloz, 2010, p. 58.

[1448] K. Bechet, « Superconstitutionnalité et Constitution : proposition d'un cadre épistémologique », *in* A. Viala (dir.), *La Constitution et le temps*, Actes de colloque. Vème séminaire franco-japonais de droit public du 4 au 10 septembre 2002, Lyon, L'Hermès, 2003, pp. 50-59, p. 52.

[1449] E. Picard, « La hiérarchie des normes confrontée aux rapports entre ordres juridiques », *in* B. Bonnet (dir.), *Traité des rapports entre ordres juridiques*, Paris, LGDJ, 2016, pp. 513-546, p. 533.

[1450] Voir A. Levade, « Identités constitutionnelles et hiérarchies », *Annuaire international de justice constitutionnelle* : *Constitutions et droit pénal - Hiérarchie(s) et droits fondamentaux*, 2010/2011, pp. 453-486. V. égal. G. Vedel, « Souveraineté et supra-constitutionnalité », *Pouvoirs* – 67, 1993, pp. 79-96, p. 89.

[1451] *Ibid.*, p. 88.

elle, trouve son fondement et son contenu dans la constitution elle-même, qui établit une hiérarchie en son sein. En ce sens, la notion de supra-constitutionnalité signifie qu'il existe un corps de règles juridiques, dans l'ordre interne, supérieur à la Constitution[1452].

Il n'y a aucun inconvénient à nommer supra-constitutionnelles des normes de caractère éthique ou des principes faisant parties d'un credo politique[1453]. Il n'y a pas d'objection véritable à ce que certaines règles de droit international soient supérieures à la constitution, surtout quand cette supériorité découle de la constitution elle-même.

Cette supériorité de la norme internationale relève de la supra-constitutionnalité[1454]. Il est tout à fait concevable que le droit international ait une valeur juridique supérieure au droit interne des États afin que les Constitution nationales ne puissent pas l'enfreindre[1455].

Le juge constitutionnel, en cas de conflit entre une norme supra-constitutionnelle et une norme constitutionnelle, doit appliquer celle-là et écarter celle-ci[1456].

La question de la supra-constitutionnalité nous intéresse à un double égard : d'abord en ce qui concerne l'articulation entre les règles divines et les règles internationales dans les États post-conflits comme l'Afghanistan et l'Irak (**1**). Ensuite, en ce qui concerne la conception même de la supra-constitutionnalité (dans des constitutions post-conflits) : est-elle synonyme d'intangibilité (**2**) ?

[1452] Lire C. Grewe, « Les droits intangibles », *Annuaire international de justice constitutionnelle : Constitutions et droit pénal - Hiérarchie(s) et droits fondamentaux*, 2010/2011, pp. 437-452. V. égal. G. Vedel, « Souveraineté et supra-constitutionnalité », *Pouvoirs* – 67, 1993, pp. 79-96, p. 79.

[1453] *Ibid.*, p. 80.

[1454] *Ibid.*

[1455] J.-L. Atangana Amougou, « Les accords de paix dans l'ordre juridique interne en Afrique », *Revue de la recherche juridique. Droit prospectif*, 2008, 1723-1745, p. 1739.

[1456] G. Vedel, *op. cit.*, p. 80.

1. Droit international et droit divin en Afghanistan et en Irak : deux primautés dans une même constitution internationalisée ?

Le champ *ratione materiae* du droit international s'est étendu pour inclure les droits de l'homme internationalement garantis[1457]. Ces droits humains constituent la principale référence politique autour de laquelle le pouvoir s'articule dans les sociétés contemporaines[1458]. Cependant, leur constitutionnalisation ne passe pas « sans susciter des controverses, soulever des objections et provoquer des résistances au sein d'une communauté internationale composée de peuples [...] aux civilisations, cultures, histoires et religions diverses »[1459]. C'est ainsi que les Constitutions internationalisées, afghane et irakienne, oscillent entre le relativisme juridique fondé sur le droit musulman et l'universalisme juridique soutenu garanti par le droit international[1460].

1457 *Ahmadou Sadio Diallo* (République de Guinée c. République démocratique du Congo), exceptions préliminaires, CIJ, arrêt du 24 mai 2007, *Rec*. 2007, §. 39.

1458 La démocratie, indispensable à la protection des droits de l'homme, s'impose progressivement à la conscience internationale en tant que projet politique à vocation universelle. La chute du mur de Berlin a ouvert la voie à une vague de démocratisation dans le monde, même si cette euphorie n'a malheureusement duré que quelques décennies. La Chine a vite développé son économie de marché pour fortifier son immobilité politique. L'impasse persiste encore en Afrique où on se demande s'il faut démocratiser le continent ou africaniser la démocratie ? Selon Guy Hermet, seuls les pays musulmans ont paru manquer le rendez-vous de la démocratie : « les sociétés islamiques ont marié pour le pire la démocratie avec un fondamentalisme religieux ennemi de la société ouverte et diamétralement opposé aux valeurs occidentales ». Voir G. Hermet, *Exporter la démocratie* ?, Presses des Sciences Po, 2008, p. 6.

1459 I. Fall, « Préface », *in* G. Conac, A. Amor (dir.), *Islam et droits de l'homme*, Economica, 1994, p. 5.

1460 Il est de même pour Constitution tunisienne de 2014 qui, dans son préambule, mentionne ceci : « [n]ous représentant du peuple tunisien [...] exprimant notre attachement à l'Islam et aux principes universels des droits de l'homme ». Selon, M.-C. Ponthoreau, « « *Global constitutionalism* », un discours doctrinal homogénéisant : l'apport du comparatisme critique », *Jus politicum, Revue de droit public, Le constitutionnalisme global*, Paris, Dalloz, 2018, p. 149 : « cet alinéa pose la question de la compatibilité des marques identitaires (ici religieuses) avec le constitutionnalisme libéral ».

Il peut avoir un conflit entre ces deux ordres normatifs. L'un, le point de vue national, est susceptible, à certains moments, de se pervertir et de se corrompre malgré tout ce qu'il renferme en lui de légitime. L'autre, le point de vue international, cherche, de manière diplomatique ou contraignante, à briser les résistances aveugles et égoïstes du point de vue national, mais qui, à son tour, s'il n'est pas contrôlé ni surveillé, risquerait de conduire à un autre danger, la création d'un régime tellement uniforme qu'il n'admettrait plus les différences, *a fortiori*, les relativismes juridiques[1461]. En cas de zones de rupture entre le « droit divin »[1462] et le droit international (**a**), comment le conflit peut-il être surmonté au sein des États qui oscillent entre théocratie et démocratie (**b**) ?

a. Quelques zones de « ruptures » entre le droit divin et le droit international

Selon la Constitution irakienne de 2005, aucune loi ne peut être promulguée si elle est contraire aux « principes établis de l'Islam », aux « principes de la démocratie », aux « droits et aux libertés fondamentales énoncés dans la Constitution[1463]. Ce qui veut dire que le droit divin (principes de l'Islam) et le droit international (démocratie et droits humains) sont hiérarchiquement supérieurs à la loi en Irak. La Constitution afghane de 2004, quant à elle, érige les préceptes de l'Islam et les droits de l'homme en normes supra-constitutionnelles[1464]. Cependant, le droit divin et le droit international ne sont pas compatibles sur toute la ligne[1465]. Les deux n'ont ni la même conception, ni la même façon de protéger certains droits et libertés. Les constitutions afghane et irakienne sont tributaires de cette

---

[1461] Voir IHEI, *Grandes pages du droit international*, Paris, Pedone, 2019, Vol. 5, p. 16.

[1462] Le droit divin musulman est un système juridique essentiellement établi sur la base du Coran et de la *Sunna.*

[1463] Constitution irakienne du 15 octobre 2005, art. 2 (1).

[1464] Constitution afghane de 2004, art. 149.

[1465] Croire que l'Islam et les droits de l'homme sont incompatibles équivaut à soutenir que cette religion, qui se définit par la paix, ne convient pas à la nature humaine. Pourtant, l'Islam, qui protège la vie de l'être humain en devenir, a une conception des droits de l'homme. Voir Coran, chapitre les Bestiaux, verset 151.

réalité, notamment en ce qui concerne l'égalité entre l'homme et la femme ainsi que la liberté de religion.

La Constitution afghane interdit toute forme de discrimination. Les citoyens afghans, hommes et femmes, ont des droits et des devoirs égaux devant la loi[1466]. L'article 14 de la Constitution irakienne aussi consacre l'égalité entre l'homme et la femme, tout en interdisant la discrimination[1467].

Si, en droit international, on parle d'égalité entre l'homme et la femme dans le sens d'un traitement identique (dans des situations identiques) [1468], par contre, dans certains États islamiques, on parle d'inégalité des droits et des devoirs entre l'homme et la femme[1469], pour la simple raison que dans une société islamique, la charge de la famille incombe à l'homme qui a l'obligation de nourrir, de vêtir et de loger son épouse, même si cette dernière est nantie. De plus, un *hadith* dispose en ces termes : « Si j'avais à ordonner à quelqu'un d'adorer autrui, j'aurais ordonné à la femme d'adorer son mari en raison de l'éminence de ses droits sur elle »[1470]. Comment la femme peut-elle être l'égale de son mari dans ce contexte et conformément au droit international ?

[1466] Constitution afghane du 3 janvier 2004, art. 22.

[1467] La Convention sur l'élimination de toutes les formes de discrimination à l'égard des femmes du 18 décembre 1979 dispose en son art. 1er : « [...] l'expression « discrimination à l'égard des femmes » vise toute distinction, exclusion ou restriction fondée sur le sexe qui a pour effet ou pour but de compromettre ou de détruire la reconnaissance, la jouissance ou l'exercice par les femmes, quel que soit leur état matrimonial, sur la base de l'égalité de l'homme et de la femme, des droits de l'homme et des libertés fondamentales dans les domaines politique, économique, social, culturel et civil ou dans tout autre domaine ».

[1468] Charte des Nations Unies, art. 55, al. 2; DUDH du 10 décembre 1948, l'art. 2; Pactes internationaux du 16 décembre 1966, art. 2, *etc*.

[1469] En droit musulman, en matière d'héritage des biens de leurs parents, la fille a la moitié de la part de son frère. Voir Coran, chapitre : les femmes, verset 11. Les explications justifiant cette inégalité ne conviennent pas aux défenseurs des droits des droits de l'homme internationalement consacrés et protégés.

[1470] S. Kassas, *Droits de l'homme et Islam*, L'Harmattan, 2011, p. 97.

Concernant la liberté de religion, elle constitue un cas particulier de la liberté de conscience envisagée dans sa dimension spirituelle. Elle suppose que chacun est libre de croire ou de ne pas croire en un système religieux. Elle implique également « le droit de changer de religion »[1471], voire de passer de la croyance à l'athéisme. Au plan international, elle est garantie, entre autres, par l'article 18 de la DUDH. Les articles 2 et 43 respectivement des Constitutions afghane et irakienne la consacrent également. Cependant, en droit musulman, deux régimes juridiques contradictoires sont applicables à la liberté de religion : le premier aurait son fondement dans un *hadith* du Prophète qui signifierait qu'il est interdit au musulman de renier sa foi, sous peine de mort[1472]. *A contrario*, le second régime juridique trouve son fondement dans le Coran : « Nulle contrainte en matière de religion dans la mesure où la droiture se distingue désormais de l'égarement »[1473], c'est-à-dire que « celui qui veut qu'il croît, celui qui veut qu'il mécroit »[1474]. Si le premier régime est contraire au droit international, le second (régime) est en harmonie avec lui. En tout état de cause, un *hadith* contraire à un verset coranique en vigueur, doit être écarté, tout comme une loi inconstitutionnelle. Ceci étant, que doit faire le juge interne en cas de contradiction entre le droit international et le droit divin ?

b. Les techniques juridiques applicables en cas de contradiction entre le droit divin et le droit international

Trois techniques permettent de trancher la contradiction entre les règles internationales et le droit divin. Un raisonnement dialectique permet de les présenter. D'abord, la thèse défendue par certains philosophes et théologiens consiste à dire que la *lex aeterna* prime sur

---

[1471] C. Verselle, *La Déclaration universelle – chaque article commenté à la lumière de l'actualité*, Librio, 2008, pp. 64-65.

[1472] Al-Imam Zain-Oud-Dine Ahmad ibn Abdillatif Al-Zoubaidi, La traduction des Significations du Résumé de Sahih Al-Boukhâri, Essalam, 2012, pp. 1045-1046 : « [l]e sang d'un musulman, qui témoigne qu'il n'y a de divinité autre qu'Allah et que je suis le Messager d'Allah, ne peut couler que dans trois cas : vie pour vie, la commission de l'adultère et celui qui abandonne sa religion et qui se sépare de sa communauté ».

[1473] Coran, sourate la vache, verset 256.

[1474] *Ibid.*, sourate la caverne, verset 29.

la *lex humana* internationale[1475]. Selon Saint Thomas d'Aquin, il existe une hiérarchie entre le *jus aeterna, le jus naturalis* et *le jus humana*[1476]. Au sommet, il y a la *lex aeterna*, cette loi éternelle qui exprime la raison divine présente dans l'intelligence du monde[1477]. Puis, vient la *lex naturalis* (loi naturelle), qui est accessible à l'homme par l'exercice de la raison spéculaire et qui marque la convergence entre la raison divine et la liberté rationnelle. En bas de l'échelle, se trouve la *lex humana*[1478]. Cependant, cette hiérarchie n'est possible que dans une théocratie. Pourtant, les Constitutions post-conflits, afghane et irakienne, sont partagées entre démocratie et théocratie. Malgré cela, le droit divin occupe une place importante dans les ordres juridiques internes, afghan et irakien, où l'Islam est reconnu comme religion d'État ; et toute loi contraire à ses principes sera jugée inconstitutionnelle : « Aucune loi ne peut être promulguée si elle est contraire aux principes établis de l'Islam » selon la Constitution irakienne. Ensuite, l'antithèse, soutenue par les positivistes, les internationalistes et les administrateurs de paix, réside dans la primauté du droit international sur le droit interne. La *lex humana*, cette œuvre de la raison humaine élaborant des règles pratiques de la vie individuelle et sociale, constitue à proprement parler le droit positif des États et celui de la société internationale. C'est dans cette optique que P.-M. Dupuy et Y. Kerbrat définissent le droit international comme l'ensemble des normes et institutions destinées à régir la société internationale[1479]. Donc, une fois que des règles internes et internationales sont démocratiquement constitutionnalisées

---

[1475] B. Oppetit, *Philosophie du droit*, Paris, Dalloz, 1999, p. 42.

[1476] Saint Thomas d'Aquin n'est pas le seul à défendre cette idée. Parmi les contemporains, il y a Luca Parisoli, « Une approche volontariste du droit naturel et de la contradiction. Une façon de bâtir la hiérarchie dans la pensée latine médiévale », *Revue, La Fabrique de l'ordre juridique : les juristes et la hiérarchie des normes*, Ljubljana, 2013-2014, pp. 219-236, p. 230-231: « [l]a loi divine (émanation de la volonté divine, manifestée par la révélation) : elle est le sommet de la hiérarchie. [...] l'équivalence entre le droit naturel et l'ensemble de l'Ancien Testament et des Évangiles, passage qu'il faut comprendre comme la naturalité du droit divin ».

[1477] B. Oppetit, *Philosophie du droit*, Paris, Dalloz, 1999, p. 42.

[1478] *Ibid.*

[1479] P.-M. Dupuy, Y. Kerbrat, *Droit international public*, Paris, Dalloz, 2014, p. 1.

et érigées en normes supérieures de l'État, « Aucune loi ne peut être promulguée si elle est contraire aux principes de la démocratie » selon la Constitution irakienne[1480]. Enfin, la synthèse, qui constitue la troisième technique en la matière, voudrait que le juge interne applique la règle la plus protectrice, qu'elle soit d'origine internationale ou divine, elle est dorénavant une règle de droit interne. Il reste à savoir si le droit divin, les normes internationales constitutionnalisées et d'autres clauses juridico-politiques sont des normes intangibles dans les ordres juridiques internationalisés.

2. Supra-constitutionnalité et révision des constitutions internationalisées

La révision constitutionnelle est un processus d'adaptation de la constitution à son environnement socio-politique. Dans les États post-conflits, elle soulève la question de savoir si toutes les dispositions d'une constitution de sortie de crise sont révisables y compris les normes internationales et divines ainsi que les droits humains constitutionnalisés ? En effet, les constitutions internationalisées, instruments de mise à jour de l'ordre juridique interne et du maintien de la paix, prévoient deux catégories de normes constitutionnelles : les unes ne peuvent « être révisées »[1481] contrairement aux autres. En le faisant, elles établissent une hiérarchie à la fois formelle et matérielle entre les normes d'une même constitution. En Afghanistan, les principes d'adhésion aux préceptes de l'Islam ainsi que la forme islamique de la République ne peuvent faire l'objet d'une révision[1482]. Tandis que la modification des droits fondamentaux n'est autorisée que pour les améliorer[1483]. En Irak aussi les principes, les libertés et les droits fondamentaux mentionnés aux Titres I et II de la Constitution ne peuvent être amendés qu'après deux législatives

---

[1480] Constitution irakienne du 15 octobre 2005, art. 2 (1).

[1481] Cette interdiction peut être absolue ou relative : elle est absolue quand elle préserve une norme constitutionnelle durant toute la vie de la Constitution qui l'a consacrée ; tandis que l'interdiction est dite relative quand elle pose des conditions difficiles à remplir, rendant, de ce fait, la révision d'une disposition constitutionnelle quasiment impossible.

[1482] Constitution afghane du 3 janvier 2004, art. 149, §1.

[1483] *Ibid.*, §2.

successives[1484], tandis que les autres articles de la même Constitution ne sont pas soumis à cette contrainte[1485]. Au Timor oriental, un ensemble d'éléments sont à l'abri de toute révision constitutionnelle :

> « 1. Laws revising the Constitution shall respect: a) National independence and the unity of the State; b) The rights, freedoms and guarantees of citizens; c) The republican form of government; d) The separation of powers; e) The independence of the courts; f) The multi-party system and the right of democratic opposition; g) The free, universal, direct, secret and regular suffrage of the office holders of the organs of sovereignty, as well as the system of proportional representation; h) The principle of administrative deconcentration and decentralisation; i) The National Flag; j) The date of proclamation of national independence »[1486].

En outre, aucun amendement à la Constitution de la Bosnie-Herzégovine ne peut supprimer ou limiter les droits et libertés énumérés à l'article II de la Constitution ni modifier l'alinéa qui consacre cette supra-constitutionnalité[1487]. Au Kosovo, « La dérogation des droits et libertés fondamentaux garantis par les articles 23, 24, 25, 27, 28, 29, 31, 33, 34, 37 et 38 de la [...] Constitution ne sont pas permis sous aucun prétexte et circonstances »[1488].

Les dispositions constitutionnelles interdites de révision relèvent de la supra-constitutionnalité. D'une manière générale, les effets juridico-politiques liés à cette supra-constitutionnalité résident dans le fait que celle-ci rend insusceptibles de révision certaines dispositions constitutionnelles, opposables au pouvoir constituant dérivé, et ce, pendant toute la durée de vie de la constitution qui les incorpore. Des États ayant connu trop de péripéties constitutionnelles pourraient prévoir ces clauses de sécurité et de stabilité juridico-politique (des

---

[1484] Constitution irakienne du 15 octobre 2005, art. 126, §2.

[1485] *Ibid.*, § 3.

[1486] Constitution du 20 mai 2002, section 156, §1.

[1487] Constitution de la Bosnie-Herzégovine du 14 décembre 1995, § 2.

[1488] Constitution 2008, art. 56, §2.

normes supra-constitutionnelles). Celles-ci sont bien sûr des acquis, mais elles ne sont pas intangibles.

La supra-constitutionnalité interne que nous qualifions de « clauses de stabilité et de sécurité juridico-politique », sont différentes de normes « intangibles ». En effet, les clauses de stabilité et de sécurité juridico-politique sont des normes supérieures aux autres normes de l'ordre juridique interne. Elles stabilisent l'ordre politique et sécurisent l'ordre juridique établi. De ce fait, elles relèvent de la supra-constitutionnalité. Les normes intangibles, quant à elles, sont des normes immuables et intemporelles qui transcendent toutes les frontières et surplombent toutes les sociétés. Elles appartiennent au champ normatif du *jus cosmopoliticum* qui existe indépendamment de sa reconnaissance par le droit positif interne ou international. Ainsi, toute intangibilité est supra-constitutionnelle, alors que toute supra-constitutionnalité n'est pas intangible. La longévité des normes supra-constitutionnelles dépend de celle de la constitution qui les incorpore. Or, le peuple souverain, qui a la compétence de sa compétence, peut changer sa propre constitution[1489]. De plus, les clauses de stabilité et de sécurité juridique sont dues à l'histoire constitutionnelle propre à chaque État, alors que les intangibilités sont en rapport avec l'humanité dont chaque société humaine en est une partie. *De lege ferenda*, les intangibilités résistent et survivent au temps.

En ce sens, elles pourraient être synonymes de clauses d'éternité qui relèvent soit de la *lex aeterna* (droit divin) soit du jus naturalisme (loi de la nature). Donc, les droits naturels de l'homme sont supérieurs à la volonté du constituant, parce qu'ils sont supérieurs et antérieurs aux États[1490].

L'introduction des droits de l'homme dans l'ordre juridique international se présente désormais comme le droit de la communauté internationale comprenant deux parties essentielles : d'une part, le statut fondamental de l'homme à l'intérieur des différentes unités

---

[1489] Constitution française de 1793, art. 28 : « [l]e peuple souverain a toujours le droit de revoir, de réformer et de changer sa Constitution. Car, une génération ne peut assujettir à ses lois les générations futures ».

[1490] Voir *Lexique des termes juridiques*.

politiques y compris les États post-conflits et, d'autre part, le droit des relations entre ces différentes unités politiques[1491].

Le principe de l'intangibilité est la caractéristique essentielle des droits de l'homme[1492]. Ceux-ci, étant des droits naturels (*jusnaturalisme*) sont des normes fondamentales et intangibles : ces normes, grâce à leur supériorité, s'imposent à toutes les autres règles dont les normes infra-constitutionnelles matériellement différentes.

§2. Constitutions internationalisées et normes infra-constitutionnelles

La pensée juridique, qui s'efforce d'embrasser l'ensemble des rapports sociaux, ne saurait ignorer les acquis réalisées dans d'autres ordres de réflexion portant, eux aussi, sur les mêmes réalités[1493]. Les rapports entre la constitution et les normes infra-constitutionnelles peuvent être schématisés en normes *originaires* et *dérivées*[1494].

En principe, sont *originaires*, indépendantes et souveraines, les normes dont l'appartenance au système ne dépend pas de l'existence préalable d'autres normes : c'est le cas de la *constitution* originaire. Sont *dérivées* et dépendantes, toutes les autres normes de l'ordre juridique dont l'élaboration repose sur l'existence préalable d'autres normes (supérieures) [1495] : tel est le cas des lois.

Partie intégrante de l'édifice normatif, la constitution internationalisée devient le fondement médiat et immédiat des règles

---

[1491] M. Virally, « Droit de l'homme et théorie générale du droit international », *in* R. Cassin (dir.), Amicorum discipulorumque liber, t. IV, *Méthodologie des Droits de l'Homme*, Paris, Pedone, 1969, pp. 323-330, p. 327.

[1492] O. De Frouville, *L'intangibilité des droits de l'homme en droit international public*, Université Paris 10 – Nanterre, Thèse de doctorat, soutenue en 2001, p. 18.

[1493] M. Virally, *La pensée juridique*, Paris, L.G.D.J., Coll. « Les introuvables », 1998, p. 32.

[1494] R. Guastini, *Leçon de théorie constitutionnelle*, traduit et présenté par V. Champeil-Desplats, Paris, Dalloz, 2010, p. 45.

[1495] *Ibid.*

« infra-constitutionnelles »[1496] « postérieures »[1497] et antérieures. Ainsi, la question qui se pose ici concerne le sort des normes juridiques antérieures après l'abrogation de la constitution sous l'emprise de laquelle elles avaient été élaborées[1498] : quels rapports entretiennent-elles avec la nouvelle constitution internationalisée ? Deux solutions différentes sont usités face à cette problématique qui se pose toujours en matière de succession d'États de droit (ou succession d'ordres juridiques de l'État). La première d'ordre normatif consiste à prévoir le sort des normes juridiques antérieures dans la nouvelle constitution (internationalisée) (**A**) et, l'autre, théorico-jurisprudentielle, intervient *a posteriori* (**B**).

A. La solution normative

Les normes infra-constitutionnelles antérieures ne sont pas menacées si la nouvelle Constitution est proche, par son esprit ou par ses dispositions, de la Constitution abrogée[1499]. Mais le constat est que les Constitutions internationalisées remettent substantiellement en cause, partiellement ou intégralement, l'ordre constitutionnel antérieurement établi[1500]. Selon H. Kelsen, les relations entre la Constitution nouvelle et la législation antérieure sont des rapports de réception d'un ordre juridique par un autre, le texte fondamental le plus récent étant désormais le fondement de l'ordre juridique

[1496] Nous entendons par normes infra-constitutionnelles, toutes les normes de l'ordre juridique interne qui ne sont pas contenues dans la constitution et qui sont édictées conformément à celle-ci. Il s'agit, entre autres, des lois et des traités.

[1497] Les normes infra-constitutionnelles postérieures seront abordées dans le chapitre suivant relatif à la théorie de la justice constitutionnelle internationalisée.

[1498] J. Tremeau, « La caducité des lois incompatibles avec la Constitution », *Annuaire international de Justice constitutionnelle. La hiérarchie des normes constitutionnelles et sa fonction dans la protection des droits fondamentaux – le principe de non-rétroactivité des lois*, vol. VI, 1990, pp. 219-316, p. 220.

[1499] *Ibid.*

[1500] D'ailleurs, c'est l'échec (ou les failles) de cet ordre constitutionnel qui est souvent à la base de la crise et de l'implication de la communauté internationale dans l'élaboration de la Constitution de sortie de crise.

antérieur[1501]. Une nouvelle Constitution, établissant un nouveau pacte social, peut ne pas se prononcer expressément sur ses relations avec l'ordre juridique antérieur. Cependant, la plupart des constitutions internationalisées se prononcent sur les rapports avec les normes de l'ordre juridique antérieur. Au Cambodge, la Constitution rappelle qu'elle est la loi suprême de l'État et que les lois et décisions de toutes les institutions de l'État doivent s'y conformer[1502]. La Constitution kosovare déclare sa suprématie en ces termes : « La Constitution est la loi suprême de la République du Kosovo. Les lois et autres actes juridiques doivent être en conformité avec la présente Constitution »[1503]. Une constitution rigide, même si elle ne consacre pas *ad litteram* sa suprématie, est toujours supérieure aux lois infra-constitutionnelles. Mais, en rappelant expressément son autorité, elle s'adresse surtout aux normes juridiques qui lu i sont antérieures, étant donné que la question ne se pose pas quant aux lois qui lui sont postérieures.

D'ailleurs, d'autres constitutions internationalisées se prononcent directement sur le sort de l'ordre juridique antérieur. En Bosnie-Herzégovine, par exemple, la Constitution est entrée « en vigueur à la signature de l'Accord cadre général en tant que loi constitutionnelle révisant et remplaçant la Constitution de la République de Bosnie-Herzégovine »[1504]. Dans les trois mois suivant l'entrée en vigueur de la nouvelle Constitution, les entités constitutives de l'État devaient amender leurs constitutions respectives pour assurer leur conformité à la nouvelle Constitution de 1995[1505], et ce conformément à l'article III de celle-ci : « Les entités et leurs subdivisions se conforment totalement à la présente Constitution, qui abroge les dispositions incompatibles du droit de la Bosnie-Herzégovine et des constitutions et des lois des entités, ainsi qu'aux décisions des institutions de la Bosnie-Herzégovine. Les principes

1501 H. Kelsen, Théorie pure du droit, traduction de Ch. Eisenmann, 1962, p. 269.

1502 Constitution cambodgienne du 21 septembre 1993, art. 150 (ancien article 131).

1503 Constitution kosovare du 15 juin 2008, art. 16, § 1.

1504 Constitution de la Bosnie-Herzégovine du 14 décembre 1995, art. XII, §1.

1505 *Ibid.*, art. XII, §2.

généraux du droit international sont partie intégrante du droit de la Bosnie-Herzégovine et des entités »[1506]. Voici comment le droit international s'est introduit dans l'ordre juridique de ces entités infra-étatiques de la Bosnie-Herzégovine.

En Irak aussi, le mandat de certaines institutions, mises en place pendant la transition internationalisée, a été soit maintenu soit prorogé : c'est le cas du « Haut Tribunal »[1507], de la « Haute Commission pour la débaassification »[1508], de la « Commission de revendication des biens »[1509], et autres. La responsabilité confiée au gouvernement de transition par l'article 58 de la Loi administrative de transition a été transmise à l'exécutif élu conformément à la Constitution du 15 octobre 2005[1510]. Cette Loi administrative sera abrogée au moment de la mise en place du gouvernement post-transition, à l'exception du paragraphe 1 de l'article 53[1511]. Toutes les autres normes tant de l'ancien régime que de la transition ne seront acceptables que si elles ne contredisent pas la nouvelle Constitution. Quant à la Constitution Kosovare, elle prévoit que les accords internationaux et autres actes relatifs à la coopération internationale, en vigueur le jour l'adoption de ladite Constitution en 2008, continueront à être respecté jusqu'à ce que ces accords soient renégociés, retirés ou remplacés par de nouveaux accords internationaux[1512]. De surcroît, la législation antérieurement applicable au Kosovo continuera à s'appliquer sous réserve de sa conformité avec la Constitution de 2008[1513]. La Constitution namibienne a adopté une logique inverse qui consiste à abroger expressément un ensemble de textes juridiques antérieurs à son adoption[1514], de telle sorte que

---

[1506]*Ibid.*, art. III, b).

[1507] Constitution du 15 octobre 2005, art. 134,

[1508] *Ibid.*, art. 135.

[1509] *Ibid.*, art. 136.

[1510] *Ibid.*, art. 140, §2.

[1511] *Ibid.*, art. 143.

[1512] Constitution Kosovare du 15 juin 2008, art. 145, §1.

[1513] *Ibid.*, art. 145, §2.

[1514] Constitution of Namibia on February 9, 1990, art. 147 : « The laws set out in Schedule 8 hereof are hereby repealed. Schedule 8. Repeal Of Laws South-West Africa Constitution Act, 1968 (Act No. 39 of 1968) ; Rehoboth Self-Government Act, 1978 (Act No. 56 of 1976) ; Establishment

tous les textes juridiques non mentionnés à l'annexe 8 restent applicables. Au Sud-Soudan, la Constitution de 2011 indique que le droit antérieur s'applique tant qu'une nouvelle action entreprise sous l'empire de la Constitution de 2011 n'y met fin : « Toutes les lois actuelles du Sud-Soudan restent en vigueur et toutes les institutions actuelles continuent d'exercer leurs fonctions et leurs devoirs, à moins que de nouvelles mesures ne soient prises conformément aux dispositions de la nouvelle Constitution »[1515]. Sauf que, la plupart de ces normes et institutions antérieures trouvent leur fondement juridique dans l'Accord global de paix de 2005 : un instrument juridique international. Donc, en attendant la mise à jour de l'ordre juridique interne conformément à la nouvelle constitution sud-soudanaise, une partie de cet ordre juridique relèvera du droit international, l'Accord global de paix de 2005 en particulier.

Toutefois, il peut avoir des situations où la nouvelle Constitution reste muette sur le sort des normes et institutions de l'ordre juridique

---

of Office of Administrator-GeneraI for the Territory of South West Africa Proclamation, 1977 (Proclamation No. 180 of 1977 of the State President) ; Empowering of the Administrator-GeneraI for the Territory of South-West Africa to make Laws Proclamation, 1977 (Proclamation No. 181 of 1977 of the State President) ; Representative Authorities Proclamation, 1980 (Proclamation AG. 8 of 1980) ; Representative Authority of the Whites Proclamation, 1980 (Proclamation AG. 12 of 1980) ; Representative Authority of the Coloureds Proclamation, 1980 (Proclamation AG. 14 of 1980) ; Representative Authority of the Ovam bos Proclamation, 1980 (Proclamation AG. 23 of 1980) ; Representative Authority of the Kavangos Proclamation, 1980 (Proclamation AG.26 of 1980) ; Representative Authority of the Caprivians Proclamation, 1980 (Proclamation AG. 29 of 1980) ; Representative Authority of the Damaras Proclamation, 1980 (Proclamation AG. 32 of 1980) ; Representative Authority of the Namas Proclamation, 1980 (Proclamation AG. 35 of 1980) ; Representative Authority of the Tswanas Proclamation, 1980 (Proclamation AG. 47 of 1980) Representative Authority of the Hereros Proclamation, 1980 (Proclamation AG. 50 of 1980) ; Representative Authority Powers Transfer Proclamation, 1989 (Proclamation AG. 8 of 1989) ; Government of Rehoboth Powers Transfers Proclamation, 1989 (Proclamation AG. 32 of 1989) ».

[1515] South-Sudan's Constitution of 2011, 200 : Continuity of law and institutions.

antérieur. Dans ce cas, il existe des techniques juridiques qui sont mises en avant en cas de conflit entre la Constitution internationalisée et une norme antérieure à son adoption.

B. La solution théorico-jurisprudentielle : la *lex superior derogat inferiori* et la *lex posterior derogat priori*

Le contrôle de conformité des lois antérieures à la constitution internationalisée postérieure est très délicat. Un tel contrôle sera « possible par la considération que, par rapport aux lois antérieures, la Constitution survenue n'est pas seulement une norme supérieure, mais une règle chronologiquement supérieure »[1516]. Dès lors, toute éventuelle opposition entre les normes antérieures et la nouvelle Loi fondamentale apparaît comme un conflit de lois dans le temps. Les techniques juridiques, *lex superior derogat inferiori et lex posterior derogat priori,* constituent des mécanismes de résolution de ce type de conflit de lois. La maxime *lex superior derogat inferiori,* qui s'applique en matière de hiérarchie des normes, signifie que la norme supérieure invalide la norme inférieure contraire, c'est-à-dire que la norme supérieure emporte sur la norme inférieure incompatible[1517]. En vertu de cette maxime, la constitution (rigide ou souple)[1518], étant une « métanorme » qui règle la création d'autres normes[1519], est supérieure à la législation infra-constitutionnelle parce qu'elle règle la création de la loi[1520]. Donc, en cas de conflits entre une Constitution internationalisée et les normes antérieures, celle-là invalide celles-ci. Concernant la maxime *lex posterior derogat priori,* elle signifie que la nouvelle loi *lato sensu* (constitution ou loi ordinaire) est « présumée

---

[1516] J. Tremeau, « La caducité des lois incompatibles avec la Constitution », *Annuaire international de Justice constitutionnelle. La hiérarchie des normes constitutionnelles et sa fonction dans la protection des droits fondamentaux – le principe de non-rétroactivité des lois*, vol. VI, 1990, pp. 219-316, p. 222.

[1517] R. Guastini, *Leçon de théorie constitutionnelle*, traduit et présenté par V. Champeil-Desplats, Paris, Dalloz, 2010, p. 81.

[1518] Toutes les Constitutions internationalisées analysées dans ce travail sont rigides parce qu'elles durcissent leurs procédures de révisions respectives et prévoient souvent des clauses supra-constitutionnelles.

[1519] R. Guastini, *op. cit.*, p. 82.

[1520] *Ibid.*, p. 68.

mieux adaptée aux besoins de la société »[1521] que la norme antérieure. De ce fait, les Constitutions post-conflits (nouveau pacte social) rendent caduques les règles juridiques antérieures incompatibles. Les juges allemands (**1**) et italiens (**2**) ont été confrontés à cette problématique après la chute de leurs régimes politiques nazi et fasciste.

1. La Loi fondamentale allemande et les lois nazies

La Loi fondamentale de la RFA s'est prononcée sur le sort des règles juridiques antérieures en ces termes : « Le droit en vigueur avant la première réunion du *Bundestag* continue d'être en vigueur dans la mesure où il n'est pas contraire à la Loi fondamentale »[1522]. Mais quelle juridiction est compétente pour se prononcer sur la conformité ou la non-conformité des normes antérieures à la constitution ? Certes la Loi fondamentale oblige les tribunaux ordinaires à renvoyer les lois (postérieures) inconstitutionnelles au Tribunal constitutionnel fédéral[1523] ; cependant, s'agissant des lois antérieures présumées inconstitutionnelles, le juge commun peut-il les annuler ou doit-il, en tout état de cause, les soumettre au Tribunal constitutionnel fédéral ? Dès les premières années de son fonctionnement, le Tribunal fédéral a reconnu la compétence exclusive des tribunaux ordinaires pour constater la caducité des lois antérieures incompatibles[1524]. Toutefois, cela ne l'a pas empêché d'indiquer des limites. Dans un arrêt du 17 janvier 1957, le tribunal fédéral jeta les bases de cette limite. Dans une autre décision de 1962, le Tribunal constitutionnel a décidé qu'il était nécessaire de se fonder sur la volonté objective du législateur. De plus, une loi antérieure redébattue ou réformée au Parlement, sous l'égide de la nouvelle Loi fondamentale, peut être renvoyée devant le Tribunal

[1521] J. Tremeau, *op. cit.*, p. 223.

[1522] Loi fondamentale de 1949, art. 123. En Côte d'Ivoire, l'article 183 de la Constitution de 2016 va dans le même sens : « [l]a législation actuellement en vigueur en Côte d'Ivoire reste applicable, sauf l'intervention de textes nouveaux, en ce qu'elle n'a rien de contraire à la présente Constitution ».

[1523] *Ibid.*, art. 100.

[1524] Cf M. Fromont, « L'évolution du droit public allemand en 1968 », *RDP*, 1969, p. 901. V. égl. J. Tremeau, *op. cit.*, pp. 225-226.

constitutionnel[1525]. En somme, « le modèle allemand de traitement juridictionnel des lois antérieures à la Constitution apparaît comme un système équilibré d'intervention entre la juridiction constitutionnelle et le juge ordinaire »[1526]. Il reste à savoir comment la même question a été traitée en Italie où de nombreuses lois ont également été élaborées sous le régime fasciste.

2. La Constitution italienne de 1947 et les lois fascistes

La Constitution actuelle de l'Italie a été adoptée après le débarquement des Alliés et l'effondrement du régime fasciste. Un décret du 25 juin 1944 a prévu la mise en place d'une Assemblée constituante à la fin de la guerre. Le 2 juin 1946, les Italiens désignèrent les membres de l'Assemblée constituante tout en se prononçant en faveur de la République. L'Assemblée constituante, qui s'est réunie le 25 juin 1946, adopta la Constitution post-conflit le 22 décembre 1947. Celle-ci entra en vigueur le 1er janvier 1948[1527]. Contrairement à la Loi fondamentale allemande, la Constitution italienne ne s'est pas prononcée expressément sur les lois antérieures. Il revenait aux juridictions de résoudre tout éventuel conflit de lois entre les dispositions de la Constitution de 1947 et les lois fascistes particulièrement[1528]. Le problème de la compétence de la Cour constitutionnelle pour connaître des lois antérieures à la Constitution a été résolu dès la première sentence rendue par celle-ci. En effet, dans son arrêt n°1, la Cour devait se prononcer sur la conformité de l'article 113 de la loi de 1931 sur la sécurité publique à la nouvelle Constitution. Le gouvernement et une partie de la doctrine clamaient l'incompétence de la Cour à connaître des lois antérieures à la juridiction elle-même[1529]. *A contrario*, la Cour décida, dans sa sentence du 14 juin 1956, que sa compétence s'étendait à l'ensemble des lois, quelle que soit la date de leur entrée en vigueur dans l'ordonnancement juridique. Pour la Cour, la Constitution,

1525 *Ibid*, p. 228.

1526 *Ibid.*, p. 229.

1527 https://mjp.univ-perp.fr/constit/it1947.htm

1528 La Constitution italienne du 22 décembre 1947 a, dans sa première partie, consacré un certain nombre de droits fondamentaux manifestement incompatibles avec les lois fascistes.

1529 J. Tremeau, *op. cit.*, pp. 30-31.

n'établissant pas un *distingo* entre les lois antérieures et postérieures, toute loi contraire à la Constitution doit être abrogée[1530].

A la lumière de ce qui précède, on comprend que les constitutions internationalisées priment sur les normes antérieures non seulement en raison de leur supériorité (*lex superior derogat inferiori*) et de leur postériorité (*lex posterior derogat priori*), mais aussi en raison du fait qu'elles incorporent le droit international qui prime sur toutes les normes de l'ordre juridique interne quelle que soit la date de leur élaboration.

Telle est la position des partisans du monisme juridique avec primauté du droit international et, surtout, la règle d'or des défenseurs du dualisme juridique.

Pour R. Abraham, « Le monisme et le dualisme désignent deux conceptions théoriques des rapports entre le droit international et les droits nationaux, la première postulant l'existence d'un ordre juridique unique englobant les normes d'origine internationale et les normes d'origine interne, la seconde fondée sur la distinction entre ordres juridiques »[1531].

À propos des rapports entre le droit international et le droit interne, Antoine Pillet écrivait dès 1899 : « Voilà donc un compartiment scientifique qui a grand besoin de lumière »[1532] surtout en ce début du XXe siècle, ne serait-ce que pour faire état de l'évolution de ces rapports.

1530 La décision de la Cour constitutionnelle semble mettre en avant les deux maximes *lex superior derogat inferiori et lex posterior derogat priori,* c'est-à-dire que la Constitution, en tant que norme supérieure, prime sur les règles infra-constitutionnelles, et, en tant que loi récente, elle prévaut sur les lois antérieures.

1531 R. Abraham, « Préface », *in* A. Pellet, A. Miron, *Les Grandes décisions de la jurisprudence française de droit international public*, Paris, Dalloz, 2015, pp. VII-XII, p. XI.

1532 Voir D. Alland, « Les penseurs classiques des rapports entre ordres juridiques : *Panorama* », *in* B. Bonnet (dir.), *Traité des rapports entre ordres juridiques*, Paris, LGDJ, 2016, pp. 45-64, p. 48.

Section 2. Les Constitutions internationalisées dans les rapports entre systèmes juridiques

M. Troper mentionne que « chez Bobbio, comme d'ailleurs chez la plupart des auteurs, Kelsen, Raz, Alchourron et Bulygin, les deux expressions « système juridique » et « ordre juridique » sont synonymes »[1533]. Selon lui, cette synonymie est expressément affirmée par Kelsen : « toutes les normes, dont la validité peut être rapportée à une seule et même norme fondamentale, forment un système de normes, un ordre normatif »[1534]. Cela étant, les rapports entre systèmes juridiques désignent des théories expliquant la position des systèmes juridiques internes vis-à-vis du système juridique international, et/ou inversement, celle du système juridique international à l'égard des systèmes juridiques internes. Selon B. Bonnet, les rapports entre « ordres juridiques »[1535] résident dans « l'analyse du lien qui existe entre plusieurs choses, dans l'étude de la relation, de la corrélation, de l'élément commun mais aussi des dissemblances »[1536]. Ainsi, nous nous interrogeons sur les « nouveaux

---

[1533] M. Troper, *Pour une théorie juridique de l'État*, Paris, PUF, 1994, p. 162.

[1534] *Ibid.*

[1535] P.-M. Dupuy, « L'unité de l'ordre juridique international : cours général de droit international public (2000) », *RCADI*, Leiden/Boston, Nijohoff, 2003, p. 66 : « [l]es Conceptions de l'ordre juridique varient bien entendu d'un auteur à l'autre, les uns comme les autres sont d'accord pour désigner sous cette expression l'organisation d'un système plus ou moins complexe de normes et d'institutions destinées à s'appliquer effectivement aux sujets constitutifs d'une communauté déterminée ».

[1536] Il ajoute que « [l]'analyse des rapports entre ordre juridiques ne se limite […] pas à l'analyse des phénomènes d'internationalisation et d'européanisation du droit, au conflit normatif, à la hiérarchie des normes. Les rapports entre ordres juridiques engagent nos conception du droit, nos cultures juridiques, nos outils, nos méthodes, ils suscitent un désordre initial (qui peut ensuite requalifier un ordre différent, plus grand, plus divers ou identifier des morcellements, des agrégats), un mouvement qui contraint à réenvisager ses postulats, qu'il s'agisse ensuite de les maintenir ou de les nuancer ». Voir B. Bonnet, « Introduction générale », *in* B. Bonnet (dir.), *Traité des rapports entre ordres juridiques*, Paris, LGDJ, 2016, pp. 33-39, p.34.

rapports » que le droit international entretient avec les constitutions internationalisées établissant des systèmes juridiques internes durables[1537]. B. Mirkine-Guetzévitch identifia trois types de rapports en la matière : le parallélisme juridique fondé sur la coexistence de deux ordres juridiques indépendants ; l'internationalisme juridique prônant la primauté du droit international ; et le nationalisme constitutionnel mettant en avant la primauté du droit interne[1538]. Si le parallélisme renvoie au dualisme juridique, les deux dernières théories évoquent le monisme juridique[1539]. Selon A. Pellet, la « grande querelle qui oppose les internationalistes entre eux est celle du monisme et du dualisme »[1540].

Pour les premiers (G. Scelles, H. Kelsen, B. Mirkine-Guetzévitch, *etc.*), le droit est un, alors que les seconds (H. Triepel, Anzilotti, A. Pellet, *etc.*), soutiennent le contraire : « Il existe une claire opposition entre les ordres juridiques interne d'une part et international d'autre part »[1541]. Pour nuancer sa position, A. Pellet affirme que ce *distinguo* « n'exclut pas des contacts et des passerelles »[1542] entre les systèmes juridiques internes et le droit international. S'inscrivant dans ces *passerelles* qui s'élargissent inlassablement, les constitutions internationalisées ont deux types de relations avec le droit international : le premier concerne les normes internationales directement incorporées dans les Constitutions nationales (monisme) (**§1**) et le second est relatif aux conventions internationales auxquelles les États post-conflits adhéreront éventuellement (dualisme) (**§2**).

[1537] Nous ne tiendrons pas compte des ordres juridiques provisoirement établis dans des territoires non étatiques comme le Territoire Libre de Trieste, *etc.* Bien qu'il puisse y avoir des ordres juridiques provisoires, mais nous les avons suffisamment abordés dans notre première partie.

[1538] Voir B. Mirkine-Guetzévitch, « Droit international et droit constitutionnel », *RCADI*, vol. 38, 1928.

[1539] *Ibid.*

[1540] A. Pellet, *Le droit international entre souveraineté et communauté*, Paris, Pedone, 2014, p. 23.

[1541] *Ibid.*, p. 24.

[1542] *Ibid.*

§1. Le monisme des constitutions internationalisées

Le *monisme* désigne primitivement tout système philosophique considérant toutes les choses comme réductibles à l'unité soit du point de vue de leur substance, soit du point de vue des lois (logiques ou physiques) qui les régissent, soit du point de vue moral. Le *Dictionnaire de la terminologie du droit international public* indique que le monisme est une « conception doctrinale selon laquelle l'ordre juridique interne et l'ordre juridique international constituent un seul ordre juridique, avec subordination de l'un à l'autre »[1543]. En droit, c'est une doctrine qui affirme l'unicité de la notion d'ordre juridique. Le *Dictionnaire de droit international public*, quant à lui, considère que le monisme est une « position philosophique qui postule l'unité de l'objet des connaissances » [1544]. Dans cette perspective, les différences entre le droit international et le droit interne sont niées, l'un et l'autre sont pensés comme relevant d'un seul et même ordre juridique[1545]. C'est une doctrine juridique selon laquelle le droit interne et le droit international constituent un même ensemble normatif où l'un est subordonné à l'autre[1546].

Il existe entre eux une unité solide où les normes sont hiérarchisées et subordonnées les unes aux autres. Pour l'école autrichienne, présidée par H. Kelsen, l'unité des deux systèmes juridiques est déduite de la pure logique, parce qu'on ne saurait admettre scientifiquement que deux règles contraires soient, l'une et l'autre, valables (monisme normativiste) (**A**). Chez G. Scelle, cette unité est déduite du fait social et du dédoublement fonctionnel (monisme sociologique) (**B**)[1547]. Les constitutions internationalisées peuvent être perçues comme la preuve du succès de la doctrine moniste avec primauté du droit international.

[1543] J. Basdevant, *Dictionnaire de la terminologie du droit international*, Sirey, 1960, p. 393.

[1544] J. Salmon (dir.), *Dictionnaire de droit international*, Bruxelles, Bruylant, 2001, p. 713.

[1545] *Ibid.*, p. 713.

[1546] H. El-Khatib, *Les tendances récentes dans le droit constitutionnel international*, Thèse de Doctorat, université de Paris, 1953, p. 6.

[1547] H. El-Khatib, *op. cit.*, p. 7.

A. Le monisme normativiste des constitutions internationalisées

Le monisme normativiste des constitutions internationalisées n'est pas celui défendu par H. Kelsen[1548]. Il s'explique, essentiellement par la constitutionnalisation directe des normes internationales au plan interne, provoquant ainsi la convergence des normes, internes et internationales, au sein d'un même *instrumentum* constitutionnel qui forme le socle de tout l'ordre juridique interne[1549]. Il en découle une théorie de la convergence formelle et matérielle des normes[1550]. Nous parlons de la convergence formelle des normes lorsque des instruments juridiques internationaux annexent ou incorporent la constitution d'un État donné, ou, inversement, quand des constitutions étatiques incorporent ou annexent des instruments juridiques internationaux ou encore quand la constitution elle-même est un traité international. L'un et l'autre processus élargissent le contenu *ratione materiae* et *ratione lege* du bloc de constitutionnalité ou de conventionnalité qui en résultera, car celui-ci sera désormais constitué à la fois d'instruments juridiques nationaux et internationaux. En Afghanistan, par exemple, le bloc de constitutionnalité intègre, au-delà de la Constitution du 3 janvier 2004, la Charte de l'ONU et la DUDH[1551]. Outre le préambule, l'article 7 de la Constitution oblige et engage l'État afghan à respecter et à considérer ces deux instruments juridiques internationaux comme des

---

[1548] H. Kelsen a mis l'accent sur la question de la validité des normes internes qui doivent être conformes au droit international. Quant à nous, nous tentons de démontrer le monisme à travers l'internationalisation des constitutions nationales et la constitutionnalisation du droit international au plan national.

[1549] La Constitution, en tant que norme fondamentale de l'État, est la fondation de tout l'ordre juridique interne. K. Bechet, « Superconstitutionnalité et Constitution : proposition d'un cadre épistémologique », *in* A. Viala (dir.), *La Constitution et le temps*, Actes de colloque. Vème séminaire franco-japonais de droit public du 4 au 10 septembre 2002, Lyon, L'Hermès, 2003, pp. 50-59, p. 52.

[1550] Sur le plan matériel, une loi peut avoir le même contenu qu'une disposition constitutionnelle qui, à son tour, peut avoir le même contenu qu'une convention internationale : en matière de protection des droits humains par exemple.

[1551] Constitution du 3 janvier 2004, préambule.

normes de valeur constitutionnelle. Le champ du bloc de constitutionnalité kosovar est plus large que celui de l'Afghanistan, parce qu'il est composé de la DUDH, de la Convention européenne des droits de l'homme et ses protocoles additionnels, du Pacte international de 1966 relatif aux droits civils et politiques et ses protocoles, de la Convention-cadre du Conseil de l'Europe pour la protection des minorités nationales, de la Convention sur l'élimination de toutes les formes de discrimination raciale, de la Convention sur l'élimination de toutes les formes de discrimination à l'égard des femmes, de la Convention relative aux droits de l'enfant et la Convention contre la torture et autres peines ou traitements cruels, inhumains ou dégradants[1552].

Ces instruments internationaux directement applicables au Kosovo et en Afghanistan, après leur constitutionnalisation, forment un bloc de constitutionnalité avec les Constitutions respectives de ces deux États[1553].

Les Constitutions de la Bosnie-Herzégovine et de la République de Chypre sont des traités internationaux qui font office de Constitution au plan interne. L'ensemble des annexes et/ou des instruments juridiques internationaux qu'elles incorporent font partie du bloc de constitutionnalité de ces deux États.

Quant à la Cour suprême namibienne, elle a reconnu, à juste titre, le monisme normativiste de la Constitution namibienne de 1990. En effet, en 2001, sur le fondement des articles 17 et 18 de la Charte africaine, une femme namibienne et sa compagne allemande, Elisabeth Frank, ont intenté un procès pour faire reconnaître leur relation de lesbiennes, afin qu'E. Frank puisse résider en Namibie en tant que membre de la famille de sa partenaire.[1554] Dans sa décision, la

---

[1552] Constitution kosovare du 15 juin 2008, art. 22.

[1553] Ce *bloc de constitutionnalité* peut également être qualifié de *bloc de conventionnalité.*

[1554] F Viljoen « L'application de la Charte africaine des droits de l'homme et des peuples par les autorités nationales en Afrique australe et orientale », in J-F Flauss, E Lambert-Abdelgawad (dir) *L'application nationale de la Charte africaine des droits de l'homme et des peuples*, Bruxelles, Bruylant, 2004, p. 82.

Cour suprême namibienne précisa que « le Gouvernement namibien a […] officiellement reconnu la Charte africaine aux termes de l'article 143, lu dans le contexte de l'article 63 de la Constitution namibienne. Les dispositions de la Charte sont, par conséquent, devenues opposables à la Namibie et font partie du droit namibien aux termes de l'article 143, lu dans le contexte de l'article 144 de la Constitution namibienne »[1555].

Tous ces exemples susmentionnés montrent une synchronisation des normes d'origine interne et internationale au sein des constitutions internationalisées. Il est difficile de concevoir que les ordres juridiques internationalisés sont distincts et indépendants de l'ordre international. Cette synergie entre les deux ordres se justifie par le fait que les normes internes et internationales ont la même finalité voire le même objet : les unes régissent les sociétés nationales et les autres régissent la société internationale. En cas de défaillance des normes internes les normes internationales peuvent assurer l'intérim ou corriger les anomalies d'autant plus que la société internationale est la prolongation des sociétés nationales au-delà des frontières. Raison pour laquelle le monisme normatif, que représentent les constitutions internationalisées, trouve son fondement dans le monisme sociologique de G. Scelle et sa théorie du dédoublement fonctionnel.

B. Le monisme sociologique des constitutions internationalisées : la théorie de l'assimilation

George Scelle soutient que le droit constitutionnel international est l'ensemble des normes constitutives de la société internationale[1556]. Celle-ci est un ensemble composé de sous-ensembles, et le tout fonctionne à l'image d'un État fédéral[1557]. Selon G. Scelle, dans toute société, et dans la plus grande de toutes, la communauté globale du droit des gens, il existe un ensemble normatif constitutionnel et des institutions qui peuvent sembler invisibles à un

---

[1555] *Ibid.*

[1556] B. Merkine-Guetzévitch, *Droit constitutionnel international*, *op. cit.*, p. 8.

[1557] G. SCELLE, *Précis de droit des gens : principes et systématique*, Paris, Sirey, Vol. II, 1934, p. 7.

œil non averti[1558]. Au fond, on peut dire que la philosophie de G. Scelle est fondée sur l'unité ou l'universalité de l'humanité. Dans un article intitulé « Droit constitutionnel international », il justifia sa thèse par la « technique du dédoublement fonctionnel »[1559], c'est-à-dire que les acteurs qui agissent à l'interne, sont les mêmes à l'international. Le monisme sociologique des constitutions, formellement ou matériellement, internationalisées s'inscrit dans cette logique dans la mesure où elles sont le produit du providentialisme de la communauté internationale au profit d'une de ses composantes en péril (État en conflit ou en crise). Les accords et les résolutions de paix permettant la continuité des États en crise, la responsabilité de protéger, l'assistance aux peuples, aux États et aux gouvernements en danger relèvent tous du providentialisme de la communauté internationale. Une crise au sein d'une société ou d'une communauté nationale peut constituer une menace pour la société ou la communauté internationale. L'internationalisation d'une crise interne entraîne, parfois, l'internationalisation de son règlement, parce que les sociétés humaines sont interdépendantes.

Deux autres arguments permettent de mieux étayer le monisme sociologique des constitutions formellement ou matériellement internationalisées. Le premier concerne *la théorie de l'assimilation* qui s'explique par l'institutionnalisation des administrations de paix, avant ou après l'élaboration de la Constitution de sortie de crise, chargées d'exercer des fonctions étatiques. Ces administrations de paix, constituées de représentants d'États étrangers ou d'organisations internationales, se substituent et s'assimilent à des autorités nationales[1560]. La MINUK et le Haut Représentant en Bosnie-Herzégovine en constituent des exemples probants.

[1558] G. Scelle, « Règles générales du droit de la paix », *RCADI*, vol. 036, 1933, p. 421 et s.

[1559] G. Scelle, « Le droit constitutionnel international », in *Mélanges* Carré de Malberg, Sirey, 1933, pp. 513-514.

[1560] La théorie de l'assimilation nous permet de nous interroger sur la question de la responsabilité administrative et judiciaire des autorités internationales s'assimilant à des autorités nationales dans l'exercice des fonctions étatiques. Cependant, cette théorie ne peut être développée dans le cadre ce travail.

Au-delà des fonctions étatiques qu'elles exercent (théorie de l'assimilation), ces deux administrations de paix prennent des décisions qui s'imposent à toutes les autorités kosovares ou bosniaques : monisme avec primauté du droit international.

Le second argument concerne la Côte d'Ivoire et l'*affaire de l'élection Présidentielle* de 2010[1561].

Le Conseil constitutionnel ivoirien a rendu deux décisions contradictoires dans cette affaire, l'une fondée sur le droit national et l'autre sur le droit international déjà acceptée par les antagonistes de la crise[1562].

En effet, le Conseil constitutionnel a annulé sa première décision, proclamant Laurent Gbagbo comme vainqueur des élections Présidentielles de 2010, au motif que, d'une part, *les normes internationales acceptées par les organes nationaux compétents priment sur le droit national*, et, d'autre part que conformément au paragraphe 6-C de la 259è réunion du Conseil de paix de l'UA (CPSUA), les conclusions du Groupe de haut niveau entérinées par ce Conseil de paix « seront contraignantes pour toutes les parties ivoiriennes avec lesquelles elles auront été négociées[1563].

D. Alland mentionnait à juste titre : « Qui lira alors les écrits des juristes de ce début du XXIe siècle sera peut-être surpris de voir des questions apparemment très techniques – telles que l'applicabilité directe ou la primauté du droit international -, […] »[1564].

1561 Melèdje Djédjro, *Les grands arrêts de la jurisprudence constitutionnelle ivoirienne*, Abidjan, CNDJ, 2012, p. 606.

1562 Sur la crise ivoirienne, voir chapitre 1, section 2, § 2, B.

1563 Melèdje Djédjro, *Les grands arrêts de la jurisprudence constitutionnelle ivoirienne*, Abidjan, CNDJ, 2012, p. 606. Voir égal. Franc de Paul Tetang, « De quelques bizarreries constitutionnelles relatives à la primauté du droit international dans l'ordre juridique interne : la Côte et l'*affaire de l'élection Présidentielle* », *RFDC*, 2012, pp. 45-66.

1564 D. Alland, « Les penseurs classiques des rapports entre ordres juridiques : *Panorama* », *in* B. Bonnet (dir.), *Traité des rapports entre ordres juridiques*, Paris, LGDJ, 2016, pp. 45-64, p. 47.

Outre la soumission des ordres juridiques internationalisés au droit international, on constate une interpénétration entre les normes juridiques internes et internationales dans les constitutions internationalisées (monisme normativiste). Sans oublier que les autorités internationales se substituent voire s'assimilent ou s'associent aux autorités nationales dans certains États post-conflits (monisme sociologique). E. Kant expliquait que le droit politique et le droit des gens conduisent ensemble (et inévitablement) à l'idée d'un droit politique des gens (*jus gentium*), autrement dit, au droit cosmopolitique (*jus cosmopoliticum*)[1565].

Le projet de paix perpétuelle de Kant consistait à mettre en place un « contrat social mondial »[1566]. Il n'existe aucune différence de nature entre le droit interne et le droit international, parce qu'une théorie du droit élaborée à partir des données du premier peut servir de paradigme pour penser le second[1567]. En plus, d'un point de vue de la genèse, les sources du droit, les modes de constatation de l'existence des normes juridiques, sont peu ou prou identiques en droit interne et en droit international[1568]. C'est ainsi que B. Mirkine-Guetzévitch a soutenu l'unité du droit public, car selon lui, le droit constitutionnel correspond à la technique de la liberté alors que le droit international

---

1565 O. Dupéré, « Georges Scelle : le dédoublement d'un internationaliste constitutionnaliste », *in* O. Dupéré (dir.), *Droit international et constitution : regards sur un siècle de pensée juridique française*, actes de la journée d'études du 15 novembre 2013, Université de Bordeaux, Paris, Institut universitaire Varenne, 2016, pp. 131-178, p. 170.

1566 F. Couveinhes-Matsumoto, « De la négation du droit international à l'imposition d'un pouvoir supranational. La constitution du droit des gens selon Georges Burdeau », *in* O. Dupéré (dir.), *Droit international et constitution : regards sur un siècle de pensée juridique française*, actes de la journée d'études du 15 novembre 2013, Université de Bordeaux, Paris, Institut universitaire Varenne, 2016, pp. 179-299, p. 181.

1567 É. Wyler, « La « conscience juridique internationale » au fondement de la conception du droit international de Léon Duguit », *in* O. Dupéré (dir.), *Droit international et constitution : regards sur un siècle de pensée juridique française*, actes de la journée d'études du 15 novembre 2013, Université de Bordeaux, Paris, Institut universitaire Varenne, 2016, pp. 19-35, p. 21.

1568 *Ibid.*, p. 20.

correspond à la technique de la paix. Les deux ont pour finalité une technique de paix et de liberté[1569].

De surcroît, d'autres phénomènes sociaux se développent de manière exponentielle : l'interaction entre les individus par-delà les frontières nationales, la conscience collective des peuples et l'existence des organisations internationales dépositaires d'un renforcement de la coopération internationale[1570].

C'est pour toutes ces raisons que G. Scelle soutient que la « [s]ociété internationale est une collectivité d'individus, sujets de droit, appartenant déjà à des sociétés nationales »[1571].

L'interaction entre ces individus, par-delà des frontières nationales, relève ainsi des relations inter-sociétales[1572].

Chaque peuple de la terre étant une partie intégrante de la communauté internationale, les individus deviennent ainsi la substance humaine de celle-ci.

Dans cette hypothèse, la communauté internationale serait constituée de l'ensemble des peuples (étatiques ou non) qui habitent la terre.

Les grandes découvertes ont contribué à la multiplication des rapports entre les différentes communautés nationales[1573].

[1569] É. Wyler, « La « conscience juridique internationale » au fondement de la conception du droit international de Léon Duguit », in O. Dupéré (dir.), *Droit international et constitution : regards sur un siècle de pensée juridique française*, actes de la journée d'études du 15 novembre 2013, Université de Bordeaux, Paris, Institut universitaire Varenne, 2016, pp. 19-35, p. 41.

[1570] R.-J. Dupuy, « Communauté internationale et disparité de développement », *RCADI*, vol. 165, 1979, pp. 9-232.

[1571] G. Scelle, *Précis de droit des gens – Principes et systématique*, Présentation de Carlo Santulli, Dalloz, 2008, p. 28.

[1572] *Ibid.*

[1573] J. Fernandez, *Relations internationales*, Paris, Dalloz, 2018, p. XVI.

Les rapports de système doivent être reconstruits en dépassant le dualisme[1574] :

> « Si on compare la situation contemporaine avec celle d'il y a un siècle, à peu près tous les éléments pertinents ont changé : l'évolution de l'État nation du fait du processus de mondialisation, le développement graduel du droit international, l'émergence généralisée du contrôle de constitutionnalité, et surtout le développement de dispositions constitutionnelles positives consacrées au rôle du droit international dans l'ordre interne »[1575].

Le monisme et le dualisme devraient cesser d'être utilisés comme notions doctrinales et théoriques pour discuter des rapports entre droit international et droit interne. Désormais, leurs rapports doivent être fondés sur le « pluralisme juridique »[1576].

Ce concept juridique n'implique pas une séparation stricte mais invite plutôt à considérer que les différents ordres juridiques sont en interaction. Il a des conséquences importantes sur la compréhension du droit constitutionnel : aucune constitution post-conflit n'établit un *universum* normatif ; les constitutions post-conflits sont plutôt un élément d'un *pluriversum* normatif.

Comment peut-on positionner le droit constitutionnel dans ce *pluriversum* normatif ?[1577] En tout état de cause, quel que soit le type de monisme pris en compte, il s'oppose au dualisme juridique fondé sur l'indépendance des ordres juridiques internes de l'ordre juridique international.

[1574] A. V. Bogdandy, « Pluralisme, effet direct et une ultime remarque sur les relations droit international et droit constitutionnel interne », *in* H. Ruiz-Fabri et M. Rosenfeld (dir.), *Repenser le constitutionnalisme à l'âge de la mondialisation et de la privatisation,* Société de Législation comparée, 2011, pp. 75-92, p. 75.
[1575] *Ibid.*, p. 77.
[1576] *Ibid.* p. 78.
[1577] Ibid., p. 79.

§2. Le dualisme et le pluralisme des constitutions internationalisées

Le dualisme juridique, qui entend protéger l'État[1578], nie l'existence d'une unité entre le droit interne et le droit international[1579]. Le droit international est quelque chose d'autre que le droit interne. Le droit interne et le droit international sont des domaines différents[1580]. Le droit international répond à une logique profondément différente de celle des droits nationaux : les seconds sont autonomes par rapport au premier, et chaque ordre se suffit à lui-même[1581]. Le *Dictionnaire de droit international public* considère que le dualisme est une « position doctrinale considérant que l'ordre juridique interne de chaque État et l'ordre juridique international sont des ordres juridiques indépendants l'un de l'autre, tant en considération de leurs sources, que de leur objet et de leurs destinataires »[1582]. Le dualisme part de la prémisse selon laquelle les normes internationales et les normes internes portent, en principe, sur des questions différentes[1583].

Les constitutions internationalisées, en dépit du fait qu'elles synchronisent les normes fondamentales du droit international, comportent des stigmates du dualisme pour ne pas dire qu'elles demeurent dualistes (A). Mieux encore, les constitutions internationalisées, comme celles du Kosovo et de l'Afghanistan,

---

[1578] D. Alland, « Les penseurs classiques des rapports entre ordres juridiques : *Panorama* », *in* B. Bonnet (dir.), *Traité des rapports entre ordres juridiques*, Paris, LGDJ, 2016, pp. 45-64, p. 51.

[1579] H. El-Khatib, Les tendances récentes dans le droit constitutionnel international, Thèse de Doctorat, université de Paris, 1953, p. 1.

[1580] H. Triepel, « Les rapports entre le droit interne et le droit international », *RCADI*

[1581] A. Pellet, *Le droit international entre souveraineté et communauté*, Paris, Pedone, 2014, p. 24.

[1582] J. Salmon (dir.), *Dictionnaire de droit international public*, Bruxelles, Bruylant, 2001, p. 402.

[1583] A. Bogdandy, « Pluralisme, effet direct et une ultime remarque sur les relations droit international et droit constitutionnel interne », *in* H. Ruiz-Fabri et M. Rosenfeld (dir.), *Repenser le constitutionnalisme à l'âge de la mondialisation et de la privatisation,* pp. 75-92, p. 79.

empruntent, parfois, non seulement au droit international général, mais aussi aux normes internationales spéciales ou sectorielles[1584] : d'où leurs caractères pluralistes (**B**).

A. Le dualisme résiduel des constitutions internationalisées

Selon le juge R. Abraham, « si une partie de la doctrine adhère à la théorie moniste – pour autant qu'elle soit indifférente à la réalité – le droit positif est dualiste »[1585]. Cette affirmation demeure vraie - malgré l'avènement des ordres juridiques internationalisés - pour plusieurs raisons. D'abord, une constitution internationalisée établit un ordre juridique géographiquement circonscrit au cadre territorial de l'État post-conflit concerné. Or, mises à part des conventions internationales directement applicables ainsi que les normes internationales « préconstitutionnelles », « l'autorité de toutes règles de droit déployant ses effets dans l'ordre juridique interne procède, directement ou indirectement, de la Constitution »[1586] qui organise la réception des normes externes dans l'ordre juridique national. Ensuite, les constitutions internationalisées n'incorporent pas directement tout le droit international positif. Donc, leur monisme, analysé dans le paragraphe précédent, n'est que partiel, parce que les conventions internationales intégrées à ces constitutions sont non seulement expressément et limitativement énumérées, mais aussi, parce qu'elles restent très minoritaires par rapport à l'ensemble des autres normes du droit international positif. D'où l'idée du dualisme résiduel qui prend en compte le fait que tous les autres instruments juridiques - non-intégrés à une constitution internationalisée – ne sont pas directement applicables dans l'ordre juridique de l'État du for. Enfin, les coutumes

---

1584 P.-M. Dupuy, « L'unité de l'ordre juridique international : cours général de droit international public (2000)», *RCADI*, Leiden/Boston, Nijohoff, 2003, p. 89 : « [o]n constate ainsi que la dynamique de tout ordre juridique international (qu'il s'agisse du premier d'entre-deux, c'est-à-dire de l'ordre juridique international général, ou de ceux qui luis sont subordonnés, les ordres juridiques internationaux spécifiques ou partiels) obéit à une même logique de système ».

1585 R. Abraham, « Préface », *in* A. Pellet, A. Miron, *Les Grandes décisions de la jurisprudence française de droit international public*, Paris, Dalloz, 2015, pp. VII-XII, p. XI.

1586 *Ibid.*

régionales et/ou internationales et traités internationaux, auxquels les États post-conflits s'associent éventuellement, relèvent du volontarisme. Exceptées les normes de *jus cogens*[1587], toutes les normes internationales non-acceptées par ces États, appartiennent à l'ordre juridique international qui se distingue ainsi des ordres juridiques internationalisés. La Constitution de la Bosnie-Herzégovine, par exemple, dispose :

> « Tout traité ratifié par la Bosnie-Herzégovine entre le 1er janvier 1992 et l'entrée en vigueur de la Constitution [...] doit être communiqué aux membres de la Présidence dans les 15 jours de leur entrée en fonction. Tout Traité non communiqué, [dans ce délai], serait dénoncé. Dans les six mois après la première réunion de l'Assemblée parlementaire, à la requête d'un membre de la Présidence, l'Assemblée parlementaire examinera, s'il faut dénoncer, l'un de ces Traités »[1588].

Ainsi, les traités dénoncés (ou non ratifiés) ne produiront pas (ou plus) leurs effets juridiques dans l'ordre juridique interne de l'État dénonciateur. Mais ces traités pourraient demeurer en vigueur au plan international. La Constitution afghane est très claire à cet effet : « Aucun Afghan accusé d'un crime ne peut être extradé vers un État étranger, sans accords réciproques ou des traités internationaux que l'Afghanistan a signés »[1589]. Selon H. Tourard, le processus de ratification des traités est à la fois interne et international. Si chaque État est libre de prévoir, dans son droit interne, la procédure et le(s) organe(s) compétent(s) pour ratifier les traités internationaux, il n'en demeure pas moins que l'acte de ratification doit être transmis aux autres parties aux traités concernés afin de matérialiser l'engagement de l'État ayant ratifié[1590]. Mais que se passe-t-il si les règles internes

---

1587 Sur le *jus cogens*, voir la Convention de Vienne sur le droit des traités entre États de 1969

1588 Constitution de la Bosnie-Herzégovine de 1995, annexe 2, point 5.

1589 Constitution afghane du 3 janvier 2004, art. 28.

1590 H. Tourard, « L'équilibre constitutionnel des pouvoirs, une exigence négligée par les internationalistes » *in* O. Dupéré (dir.), *Droit international et constitution : regards sur un siècle de pensée juridique*

relatives à la ratification des traités n'ont pas été respectées ? Il s'agirait, le cas échéant, d'une ratification irrégulière ou imparfaite. Plusieurs solutions ont été historiquement proposées : une première théorie reconnaît la validité internationale du traité irrégulièrement ratifié pour des motifs de sécurité juridique, pour ainsi éviter que le vice de forme soit invoqué pour anéantir les effets juridique du traité dans les relations internationales[1591]. Cette solution est également justifiée par le désir d'empêcher des immixtions abusives dans le mécanisme politique interne de chaque État. Relevant d'une conception dualiste des rapports entre droits internes et international, cette solution fut critiquée par G. Scelle.

Selon lui, reconnaître la validité internationale d'un traité irrégulièrement ratifié, revient à organiser la violation du droit interne par le droit international[1592]. Selon une autre théorie, un traité irrégulièrement ratifié serait nul, pour la simple raison que l'acte de ratification (irrégulière) ne peut produire d'effets juridiques, étant donné que son auteur était incompétent en la matière.

Les organes de l'État ne peuvent exercer une activité valable que dans le cadre constitutionnel interne qui sert de support au droit international. En conséquence, l'État n'est pas engagé en cas de violation de prescriptions constitutionnelles notoires[1593]. Quant à la doctrine positiviste italienne, elle se rapproche de la première théorie,

---

française, actes de la journée d'études du 15 novembre 2013, Université de Bordeaux, Paris, Institut universitaire Varenne, 2016, pp. 347-365, pp. 354 et s.

[1591] *Ibid.*

[1592] *Ibid.*, pp. 354 et s.

[1593] « Une pareille doctrine de la négation de la validité interne d'un traité est la négation manifeste de la force obligation des traités internationaux. L'exécution d'un traité est, en général, réglée par le droit interne. Prétendre qu'un traité international n'a qu'une validité internationale et une validité interne aboutit pratiquement au refus d'exécution de ce traité. La séparation entre l'État et ces citoyens est inadmissible. L'existence de deux validités correspond à la rupture de l'unité du droit public et équivaut à la négation pratique de la force obligatoire du droit international ». Voir Boris Mirkine-Guetzévitch, droit constitutionnel international, op. cit., pp. 151-154.

en ce sens qu'elle met l'accent sur la responsabilité internationale de l'État auquel est imputable la ratification irrégulière, parce que ce dernier ne doit invoquer la nullité du traité à l'égard d'une autre partie au même traité[1594].

La Convention de Vienne sur le droit des traités de 1969 définit les expressions « ratification », « acceptation », « approbation » et « adhésion » comme « un acte international »[1595] par lequel un État établit sur le plan international son consentement à être lié par un traité ». D'ailleurs, pour certains auteurs :

> « Le droit constitutionnel international doit être entendu comme l'ensemble des dispositions constitutionnelles nationales relatives à l'ouverture de l'ordre juridique interne à l'ordre juridique international »[1596].

[1594] H. Tourard, « L'équilibre constitutionnel des pouvoirs, une exigence négligée par les internationalistes » in O. Dupéré (dir.), Droit international et constitution : regards sur un siècle de pensée juridique française, actes de la journée d'études du 15 novembre 2013, Université de Bordeaux, Paris, Institut universitaire Varenne, 2016, pp. 347-365, pp. 354 et s.

[1595] Convention de Vienne sur le droit des traités entre États de 1969, art. 2, b). Nous avons un peu réserve par rapport à cette définition : nous pensons que l'acte de ratification, d'adhésion ou d'acception d'un traité international (une loi de ratification par exemple) est, de par son origine et de par sa nature, un acte juridique de droit interne qui a, de par sa finalité, une portée internationale. C'est un acte qui provient de l'ordre juridique interne en direction de l'ordre juridique international. Par conséquent, on pourrait soutenir que les expressions « ratification », « acceptation », « approbation » et « adhésion » sont *un acte juridique de droit interne* par lequel un État établit sur le plan international son consentement à être lié par un traité. Ainsi, concernant les États, l'acte de ratification pourrait être compris dans le sens d'un acte unilatéral destiné à produire des effets juridiques sur le plan international. Cependant, l'acte d'acception d'un traité par une organisation internationale est, de par sa nature et son origine, est acte juridique international ou un acte unilatéral d'une OI.

[1596] Franc de Paul Tetang, « De quelques bizarreries constitutionnelles relatives à la primauté du droit international dans l'ordre juridique interne :

Donc, le droit international s'impose au droit interne lorsqu'il est établi que ce dernier (le droit interne) a accepté à travers un processus formel d'intégration allant de la ratification à la transposition par voie législative. Toutes les normes internationales non acceptées par un État, post-conflit ou non, s'inscrivent dans la logique du dualisme juridique.

Par contre, il ne peut avoir de dualisme quand les normes internationales sont intégrées par « ratification »[1597] ou par incorporation directe, à l'ordre juridique interne[1598]. D'ailleurs, d'autres auteurs, pensent que le dualisme est presque dépassé au profit du pluralisme juridique. A. Pellet a fait une déclaration de conviction à cet effet : « Je me sens [...] profondément « dualiste » ou plutôt « pluraliste » en ce sens que je suis convaincu qu'il n'y a pas un mais plusieurs ordres juridiques »[1599].

B. Le pluralisme des constitutions internationalisées

En soi, les constitutions internationalisées sont produites à l'issue d'un processus constituant mixte ou hybride. La participation d'acteurs variés, ayant parfois des cultures juridiques différentes ou provenant de systèmes juridiques non identiques à ce processus laisse entrevoir un pluralisme juridique ne serait-ce qu'à travers le chevauchement ou la coexistence entre normes internes et internationales. Ce pluralisme juridique, qui constitue la preuve du dépassement du dualisme juridique, se divise en deux : le pluralisme juridique externe (**1**) et le pluralisme juridique interne (**2**).

---

la Côte et l'*affaire de l'élection Présidentielle* », *RFDC*, 2012, pp. 45-66, p. 47.

[1597] Les pouvoirs exécutifs et législatifs sont les premiers moteurs de ce processus. Voir Rapport du troisième congrès des Cours suprêmes francophones, *Internationalisation du droit, internationalisation de la justice*, Cour suprême du Canada, Ottawa, 2010, p. 17.

[1598] Donc, nous ne comprenons pas en quoi peut-on parler de dualisme juridique - ordres juridiques internes et ordre juridique international - quand les premiers ont déjà ratifié ou accepté plusieurs normes relevant du second.

[1599] A. Pellet, *Le droit international entre souveraineté et communauté*, Paris, Pedone, 2014, p. 24.

1. Le pluralisme juridique externe

Le pluralisme juridique externe renvoie à l'existence de plusieurs espaces ou ordres juridiques autonomes et indépendants les uns des autres, c'est-à-dire qu'à l'intérieur d'un espace juridique donné, l'on a conscience de l'existence d'autres espaces juridiques parallèles ou superposés. Considérant l'indépendance respective des droits nationaux abordée ci-haut, quelques auteurs parlent de la théorie pluraliste[1600]. Selon eux, il y a autant d'ordres juridiques nationaux que d'États, sans oublier qu'il existe des ordres juridiques *extra* ou supra-étatiques tel que le droit communautaire[1601]. Ce parallélisme juridique est strict quand on se limite au *distinguo* entre ordres juridiques internes – ordre juridique international; Il est large quand on prend en compte la multiplicité des ordres juridiques internes ou si l'on pense qu'il existe également plusieurs systèmes juridiques au plan supranational (l'ordre juridique communautaire, le droit de l'ONU, *etc.*)[1602]. En ce sens, plusieurs auteurs considèrent la Charte de l'ONU comme une constitution mondiale et le Traité de l'OMC comme la constitution économique du monde, tandis que la CEDH et la CJUE se présentent elles-mêmes comme les agents d'une forme de constitutionnalisme[1603].

Le pluralisme des constitutions internationalisées réside dans le fait qu'elles empruntent à deux ou plusieurs ordres juridiques. La Constitution afghane de 2004, par exemple, fait cohabiter, en son sein, la Charte de l'ONU, les deux Pactes de 1966 et la DUDH. La première relève de l'ordre juridique international général, alors que les

---

1600 J. Basdevant, *Dictionnaire de la terminologie du droit international*, Sirey, 1960, p. 241. V. égal. D. Alland, « Les penseurs classiques des rapports entre ordres juridiques : *Panorama* », *in* B. Bonnet (dir.), *Traité des rapports entre ordres juridiques*, Paris, LGDJ, 2016, pp. 45-64, p. 47.

1601 A. Pellet, *Le droit international entre souveraineté et communauté*, *op. cit.*, p. 24.

1602 A. Bogdandy, « Pluralisme, effet direct et une ultime remarque sur les relations droit international et droit constitutionnel interne », in Hélène Ruiz-Fabri et Michel Rosenfeld (dir.), *Repenser le constitutionnalisme à l'âge de la mondialisation et de la privatisation,* pp. 75-92, p. 79.

1603 *Ibid.*, p. 191-192.

deux derniers textes appartiennent à un ordre juridique spécial (les droits de l'homme)[1604]. Selon R. Abraham, les raisons de cette place croissante occupée par les normes d'origine internationale dans les ordres juridiques internes, et du développement corrélatif de la jurisprudence interne relative aux conditions dans lesquelles ces normes y déploient leurs effets sont simples : « Le droit international connaît une expansion considérable, notamment sous sa forme conventionnelle et sous celle du droit dérivé des organisations internationales »[1605].

O. Claeys-Broutin, affirme dans cette même optique, que le pluralisme juridique international renvoie au « fait que plusieurs ordres juridiques internationaux coexistent au même moment, qu'ils établissent ou non entre eux des rapports de droit, et que chacun d'entre eux ait ou non une cohérence propre »[1606]. Le mouvement par lequel des normes juridiques internationales, provenant des ordres juridiques internationaux différents convergent sur un même espace étatique génère le pluralisme juridique interne.

2. Le pluralisme juridique interne

Le pluralisme juridique interne désigne une multitude de normes, d'origines différentes, applicables dans un même espace juridique étatique. Il s'agit de l'« existence simultanée, au sein d'un même ordre juridique, de règles de droit différentes, s'appliquant à des

---

[1604] P.-M. Dupuy, « L'unité de l'ordre juridique international : cours général de droit international public (2000)», *RCADI*, Leiden/Boston, Nijohoff, 2003, p. 89 : « [o]n constate ainsi que la dynamique de tout ordre juridique international (qu'il s'agisse du premier d'entre-deux, c'est-à-dire de l'ordre juridique international général, ou de ceux qui luis sont subordonnés, les ordres juridiques internationaux spécifiques ou partiels) obéit à une même logique de système ».

[1605] R. Abraham, « Préface », *in* A. Pellet, A. Miron, *Les Grandes décisions de la jurisprudence française de droit international public*, Paris, Dalloz, 2015, pp. VII-XII, p. VII.

[1606] O. Claeys-Broutin, *Le pluralisme juridique international : contribution des juges internationaux à la mise en cohérence du droit international*, Thèse de doctorat soutenue le 7 décembre 2011, devant l'Université Paris Ouest-Nanterre-La Défense.

situations identiques »[1607]. Ce type de pluralisme appartient à la théorie de la convergence des normes. Celle-ci est une doctrine qui pense que la

> « Représentation du droit comme ordre hiérarchisé de normes serait dépassée, qu'il conviendrait de tenir compte de la grande proximité matérielle entre ordres juridiques pour comprendre qu'arrivé à un certain niveau de normes, la hiérarchie n'est plus possible mais que se forme un réseau normatif (principes commun), dont l'agencement conduit à un ordre pluriel ou pluraliste »[1608].

Pris sous l'angle de la convergence des normes, le pluralisme juridique interne n'implique pas une séparation stricte mais invite plutôt à considérer que les différents ordres juridiques sont en interaction. Pour J. Carbonnier, « le droit est essentiellement multiple et hétérogène. Au même moment, dans le même espace social, peuvent coexister plusieurs systèmes juridiques, le système étatique certes, mais d'autres avec lui, indépendants de lui, éventuellement ses rivaux »[1609]. Le pluralisme interne a des conséquences importantes sur la compréhension du droit constitutionnel : plus aucune constitution n'établit désormais un *universum* normatif ; elle est plutôt un élément d'un *pluriversum* normatif[1610]. La plupart des constitutions internationalisées ont un contenu pluriel, en ce sens qu'elles font cohabiter des normes d'origine internationale (universalisme juridique)[1611] et des normes d'origine interne (relativisme juridique),

---

[1607] J.-G. Belley, « Pluralisme juridique », *in Dictionnaire encyclopédique de théorie et de sociologie du droit*, Paris, LGDJ, 1993, p. 446.

[1608] P. Brunet, « Introduction : la hiérarchie des normes, fétiche ou nécessité ? », *Revue, La Fabrique de l'ordre juridique : les juristes et la hiérarchie des normes*, Ljubljana, 2013-2014, pp. 5-9, p. 9.

[1609] J. Carbonnier, *Sociologie juridique*, Paris, PUF, 1978, p. 208.

[1610] A. Bogdandy, *op. cit.*, p. 79.

[1611] Les conventions internationales incorporées à la Constitution de la Bosnie-Herzégovine et à la Constitution kosovare ne sont pas, avant leur ratification, du droit interétatique car elles s'appliquent, dans l'ordre juridique interne, à des situations qui ne présentent aucun autre élément d'internationalité.

des normes relevant de la *lex humana* et celles relavant du « droit divin »[1612] (Afghanistan, Irak, *etc.*). Elles font également coexister, dans certains cas, les normes antérieures élaborées sous l'égide de l'ancienne Constitution et les normes postérieures rédigées sous l'empire d'une nouvelle constitution. De plus, étant donné que la circulation internationale des personnes, des biens et des capitaux prolifère et s'intensifie, le droit international privé et le droit des étrangers sont d'une importance pratique et croissante dans les États post-conflits. Afin d'admettre des investissements étrangers ainsi que la concurrence, deux dispositions de la Constitution cambodgienne précisent que le Cambodge est une démocratie libérale[1613]. La Constitution afghane aussi exige des étrangers de respecter les lois du pays dans les limites du droit international[1614]. En outre, on ne peut passer sous silence le fait que les constitutions internationalisées, depuis le Traité de Versailles de 1919, cherchent à établir un équilibre entre les droits de la majorité et les droits des minorités vivant dans un même État post-conflit[1615]. C'est ainsi que le pouvoir a été communautarisé en Bosnie-Herzégovine et en République de Chypre. Le droit des minorités a également été constitutionnalisé au

---

[1612] Thomas Banchoff pense que le pluralisme religieux pose des problèmes de jumelage des défis pour les démocraties contemporaines. L'un d'eux est de savoir comment les majorités laïques doivent répondre aux religions minoritaires et, inversement, comment les minorités religieuses devraient réagir à un État laïque. Ces deux défis sont aigus et urgents, car de nombreuses revendications s'entremêlent aujourd'hui de façon confuse avec des revendications territoriales et économiques qui ne peuvent être entièrement déconnectées de leur dimension religieuse. Lire Monica Mookherjee, « Introcution – Liberal Democracy and Religious Pluralism : Accommodating or Resisting the Diversity of a Globalising Age ? », M. Mookherjee (*ed. by*), *Democracy, Religious pluralism, and the Liberal Dilemma of Accommodation*, Dordrecht Heidelberg – London - New York, Springer, 2011, pp. 1-13.

[1613] Voir la Constitution cambodgienne du 21 septembre 1993, art. 1er et art. 51.

[1614] Constitution afghane du 3 janvier 2004, art. 57.

[1615] S. Tierney, *The Plurinational State : A Normative challenge*, Oxford University Press, 2005 : https://oxford-universitypressscholarship-com.peacepalace.idm.oclc.org/view/10.1093/acprof:oso/9780199298617.001.0001/acprof-9780199298617-chapter-3

Kosovo[1616]. C'est pour toutes ces raisons que J. Vanderlinden définit le pluralisme juridique comme la situation d'un individu régi par différents mécanismes et ordonnancements juridiques[1617].

La constitutionnalisation du droit international et l'internationalisation du droit constitutionnel posent des « vraies questions »[1618] dont celle du maintien ou du dépassement du dualisme juridique. Pour A. V. Bogdandy,

> « Seule une théorie du pluralisme juridique peut rendre compte aussi bien de la manière descriptive que normative de la diversité qui caractérise la matière juridique en générale et les liens entre les constitutions nationales et le phénomène juridique international en particulier. Le concept de « couplage » conviendrait sans doute mieux en tant que concept général que celui de pyramide des normes liée au monisme kelsenien »[1619].

1616 Constitution Kosovare du 15 juin 2008, chapitre III, art. 57, points 1, 2 et 3 : « [l]es habitants appartenant au même groupe national ou ethnique, linguistique ou religieuse traditionnellement présentes sur le territoire de la République du Kosovo (Communautés) ont des droits spécifiques énoncés dans la présente Constitution, en plus de droits de l'homme et des libertés fondamentales prévues dans le chapitre II de la présente Constitution. Chaque membre d'une communauté a le droit de choisir librement d'être traitée ou ne pas être traité comme tel et aucune discrimination ne doit résulter de ce choix ou de l'exercice des droits qui sont liés à ce choix. Les membres des communautés ont le droit de s'exprimer librement, à favoriser et à développer leurs attributs identitaires et communautaires ».

1617 J. Vanderlinden, « Le pluralisme juridique, essai de synthèse », *in* J. Gilissen (dir.), *Le pluralisme juridique*, Bruxelles, Edition de l'Université de Bruxelles, 1972, p. 19.

1618 J.-M. Sorel, « La constitutionnalisation du droit constitutionnel : conflits et concurrence des sources du droit ? Fausse querelle, mais vraies questions », *in* H. Ruiz-Fabri, M. Rosenfeld (dirs.), *Repenser le constitutionnalisme à l'âge de la mondialisation et de la privatisation,* Société de Législation comparée, 2011, pp. 23-44.

1619 A. V. Bogdandy, « Pluralisme, effet direct et une ultime remarque sur les relations droit international et droit constitutionnel interne », *op. cit.*, p. 75.

Conclusion du chapitre 5

En conclusion, la mise en œuvre et le respect des constitutions internationalisées – au plan interne - sont garanties par plusieurs techniques et mécanismes juridiques. Une première technique consiste à rappeler l'autorité et la suprématie de la constitution sur toutes les normes et institutions de l'État post-conflit : en vertu de cette hiérarchie, toutes les normes infra-constitutionnelles se conforment et se soumettent à la constitution internationalisée. Une deuxième technique, protégeant les acquis réalisés pendant la transition, exige la primauté du droit international constitutionnalisé sur toutes les autres normes de l'ordre juridique interne. Une troisième technique réside dans l'établissement des normes supra-constitutionnelles (clauses juridico-politiques) pour stabiliser et sécuriser le nouvel ordre politico-juridique. Bien que toutes ces techniques juridiques assurent le respect et la longévité des constitutions internationalisées, mais ce sont surtout les mécanismes et les juridictions de contrôle qui assument une fonction vitale en la matière. En cas de silence ou d'ambiguïté de la nouvelle constitution internationalisée, les maximes latines *lex superior derogat legi inferiori* et *lex posterior derogat priori* permettent aux juges notamment constitutionnels de trancher le conflit de lois auquel ils seront confrontés en vue d'imposer l'autorité de la Constitution. En contrôlant le respect des techniques juridiques susmentionnées, le juge constitutionnel veille au respect de la Constitution elle-même. D'ailleurs, le pluralisme juridique des constitutions internationalisées a donné lieu au pluralisme de la justice comprise comme le reflet du pluralisme des valeurs oscillant entre l'internationalisme juridique et le nationalisme juridique. Désormais la tendance dominante est que la constitution est protégée par la justice constitutionnelle incarnée par une institution juridictionnelle - à compétence spécialisée ou non - qui contrôle la conformité à la constitution des autres actes juridiques et des actions des autorités politiques.

CHAPITRE VI

LA JUSTICE CONSTITUTIONNELLE INTERNATIONALISEE

Au juge constitutionnel, écrit François Ost, « on demande de dire si tel fait, tel acte, qui se sont déroulés à un moment donné du passé, étaient oui ou non conformes au droit en vigueur à ce moment »[1620]. Il existe deux types de justice constitutionnelle : spécialisée et intégrée. La justice constitutionnelle spécialisée est une « juridiction créée pour connaître spécialement et exclusivement le contentieux constitutionnel »[1621]. Située hors de l'appareil judiciaire ordinaire, elle est indépendante de celui-ci, tout comme des pouvoirs publics »[1622]. Quant à la justice constitutionnelle intégrée, elle est incorporée à l'ordre judiciaire ordinaire. Donc, elle peut être rendue soit par chaque juridiction ordinaire (inférieure et supérieure)[1623], soit par la juridiction suprême de l'ordre judiciaire exclusivement. Dans l'un et l'autre cas de figure, la justice constitutionnelle s'internationalise quand elle contrôle ou fait respecter une constitution internationalisée désormais placée sous l'emprise du droit international.

L'internationalisation de la justice constitutionnelle est la conséquence directe de l'introduction du droit international dans des constitutions nationales, d'une part, et du monisme juridique avec primauté du droit international, d'autre part. Selon E. Roucounas, « Toutes les études constatent que les droits de l'homme ont secoué les juridictions internes à tel point qu'il est difficile de dresser une

---

1620 F. Ost, *Le temps du droit*, Paris, Odile Jacob, 1999, pp. 149-150.

1621 A. Vidal-Naquet, « L'idée d'une cour constitutionnelle internationale », *in Les cahiers de l'Institut Louis Favoreu*, n°. 4, 2013, p. 111.

1622 *Ibid.*, p. 111.

1623 C'est ce qu'on appelle le « contrôle diffus ». Voir L. Favoreu, P. Gaïa, R. Ghevontian, J.-L. Mestre, O. Pfersmann, A. Roux, G. Scoffoni, *Droit constitutionnel*, Paris, Dalloz, 2019, p. 259.

image fiable des paramètres du pendule qui oscille entre l'application dans ce domaine du droit international et/ou du droit interne »[1624].

La justice constitutionnelle s'internationalise dans trois cas de figure au moins : le premier concerne l'interprétation ou l'application de normes internationales par une le juge constitutionnel interne[1625]. La jurisprudence rendue à cet effet, est organiquement constitutionnelle et normativement internationale.

D'ailleurs, la plupart des règles internationales ne peuvent s'appliquer sans le soutien et la collaboration continue des systèmes judiciaires nationaux[1626], y compris les juridictions constitutionnelles se trouvant au sommet des ordres juridiques internes. Inversement, le deuxième cas de figure est relatif à l'application ou à l'interprétation d'une norme constitutionnelle (ou de valeur constitutionnelle), au plan interne, par le juge international.

La jurisprudence – qui en découle – serait organiquement internationale et matériellement constitutionnelle[1627]. Synthèse des deux premiers, le troisième cas de figure met en avant la composition mixte (juges internes et internationaux) de la juridiction

---

[1624] E. Roucounas, « Explications sur les limites différenciées et en mouvement entre le droit international et le droit interne », *in* P. d'Argent, B. Bonafé et J. Combacau (dirs.), *Les limites du droit international – Essai en l'honneur Joe Verhoeven* , Bruxelles, Buyalant, 2015, pp. 355-377, p. 359.

[1625] C'est ainsi que la Cour suprême namibienne, qui fait office de cour constitutionnelle, a interprété les articles 17 et 18 de la CADHP de 1981. Voir F. Viljoen, « L'application de la Charte africaine des droits de l'homme et des peuples par les autorités nationales en Afrique australe et orientale », *in* J.-F. Flauss, E. Lambert-Abdelgawad (dirs.) *L'application nationale de la Charte africaines des droits de l'homme et des peuples,* Bruxelles, 2004, pp. 75-98, p.82.

[1626] OIF, Cours judiciaires suprêmes francophones, *Internationalisation du droit, internationalisation de la justice,* 3ème Congrès de l'AHJUCAF du 21 au 23 juin 2010 (Ottawa), p. 7.

[1627] Tel fut le cas dans *l'affaire Mike Campbell (Pvt) Ltd et autres c. la République du Zimbabwe SADC (T)* (affaire n° 2/2007, 28-11-2008) : le Tribunal de la SADC s'est prononcé sur l'amendement constitutionnel n° 17 au Zimbabwe.

constitutionnelle chargée de veiller au respect de la constitution internationalisée[1628].

Le développement accéléré de la justice constitutionnelle internationalisée est dû au flux de la constitutionnalisation du droit international au niveau interne[1629]. Dans un État où la constitution admet le caractère obligatoire du droit international[1630], un conflit entre une loi ordinaire et un traité revient à un conflit entre une loi ordinaire et une loi constitutionnelle : le juge doit donner la préférence au traité, en tant que norme constitutionnelle[1631].

La jurisprudence constitutionnelle internationale a donc modifié la physionomie du mécanisme de contrôle de constitutionalité des engagements internationaux en polissant les aspérités des plus saillantes de la constitution dans l'agencement de ses rapports avec l'ordre international[1632]. Les juridictions constitutionnelles se prononçant sur des normes internationales (**Section 1**) et les juridictions supranationales statuant sur les normes constitutionnelles

---

[1628] M. Guillaume, « Le cadre juridique de l'action de la KFOR au Kosovo », *in* Ch. Tomuschat (*ed.*), *Kosovo and the International Community. A Legal Assessment,* Hague, Kluwer Law international, 2002, pp. 243-285, p. 279.

[1629] P. Gaia, « Louis Favoreu et les internationalistes - Autour de la jurisprudence constitutionnelle internationale », *in* O. Dupéré (dir.) *Droit international et constitution : regards sur un siècle de pensée juridique française,* actes de la journée d'études du 15 novembre 2013, Université de Bordeaux, Paris, Institut Universitaire Varenne, 2016, pp. 307-346, p. 333.

[1630] La Constitution pourrait reconnaître la supériorité des traités internationaux sur les lois ordinaires. Dans ce cas, les traités prévalent sur les lois en cas de conflits. Cela est-il suffisant pour parler de la constitutionnalité de tels traités ? Ce n'est pas sûr.

[1631] H. Flavier, « Boris Mirkine-Guetzévitch : la conscience juridique des peuples, moteur de l'évolution des rapports entre droit international et droit constitutionnel », *in* O. Dupéré (dir.), *Droit international et constitution : regards sur un siècle de pensée juridique française,* actes de la journée d'études du 15 novembre 2013, Université de Bordeaux, Paris, Institut Universitaire Varenne, 2016, pp. 37-73, p. 68.

[1632] P. Gaia, « Louis Favoreu et les internationalistes – Autour de la jurisprudence constitutionnelle internationale », *op. cit.,* p. 312.

(**Section 2**) produisent une jurisprudence constitutionnelle internationale[1633].

Section 1 : Les juridictions constitutionnelles et les normes internationales dans des États post-conflits

La justice constitutionnelle a connu une évolution spectaculaire, particulièrement dans des États post-conflits. On est passé de la contestation de son autorité et de sa légitimité à la reconnaissance de sa majesté, gouvernement des juges constitutionnels[1634]. M. Troper rappelle qu'il avait été admis, depuis Montesquieu, que la puissance de juger était nulle, parce que la fonction du juge était de tirer la conclusion d'un syllogisme, dont la loi était la prémisse majeure et le fait la mineure[1635].

La seule source de droit étant la loi qui est l'expression de la volonté générale, parce qu'elle émane (directement ou indirectement) du peuple ou de ses représentants. Donc, un juge qui

---

[1633] On appelle jurisprudence constitutionnelle internationale l'ensemble des décisions et avis des juridictions constitutionnelles en rapport avec le droit international ainsi que des décisions et avis des juridictions internationales en rapport avec les normes constitutionnelles.

[1634] Le gouvernement des juges, au sens large, est celui dans lequel le juge dispose d'un pouvoir discrétionnaire d'interprétation. Au sens strict, le gouvernement des juges est un système juridique dans lequel le juge constitutionnel dispose d'un pouvoir de contrôler la validité des lois (y compris celle de révision constitutionnelle). De manière générale, on appelle gouvernement des juges, toutes situations dans laquelle des magistrats, quels qu'ils soient, cours constitutionnelles, mais aussi juges judiciaires ou membres du parquet, paraissent disposer d'un pouvoir politique excessif, c'est-à-dire celui de s'opposer soit à des décisions, soit à des hommes politiques. Voir M. Troper, « le bon usage des spectres. Du gouvernement des juges au gouvernement par les juges », *in Le nouveau constitutionnalisme.* Mélanges en l'honneur de Gérard Conac, Paris, Economica, 2001, pp. 49-65, pp.

[1635] M. Troper, « Le bon usage des spectres. Du gouvernement des juges au gouvernement par les juges », *in Le Nouveau constitutionnalisme. Mélanges en l'honneur de Gérard Conac*, Paris, Economica, 2001, pp. 49-65, p. 50.

produirait du droit serait anti-démocratique[1636], car cela ne relève pas de ses compétences.

À la critique selon laquelle le contrôle de constitutionnalité serait une violation de la séparation des pouvoirs parce qu'il permettrait au juge de légiférer, Kelsen répondit que la Cour constitutionnelle n'est pas un juge, car lorsqu'elle exerce le contrôle de constitutionnalité, elle n'exerce pas une fonction juridictionnelle, mais une fonction législative négative[1637]. Pourtant, quand quelqu'un a une autorité absolue pour interpréter des lois écrites ou orales, c'est lui qui est le législateur à tous égards et toutes fins, et non pas la personne qui, la première, les a écrites ou prononcées[1638]. D'ailleurs, le rôle des juridictions internes (surtout dans des États post-conflits), dans la pratique et la théorie du droit international ne cesse de s'accroître. Dans un monde de plus en plus « mondialisé », les juges constitutionnels doivent se rapporter à des règles juridiques extra-étatiques lorsqu'ils sont appelés à trancher des litiges exclusivement internes *a fortiori* ceux ayant une dimension transnationale ou internationale[1639] (**§1**). Cette référence au droit international, tant dans la Constitution que dans la jurisprudence constitutionnelle, provoque une confusion entre les contrôles de constitutionnalité et de

---

1636 *Ibid.*

1637 *Ibid.*

1638 *Ibid.*, p. 53.

1639 A. Gattini, « Le rôle du juge international et du juge national et la coutume international », *in* D. Alland, V. Chetail, O. de Frouville, Jorge E. Vifiuales (dirs.), *in Unité et diversité du droit international - Unity and Diversity of International Law, Ecrits en l'honneur du professeur Pierre-Marie Dupuy/Essays in Honour of Professor Pierre- Marie Dupuy*, Leiden - Boston, Nijhoff, pp. 253-273, p. 262. V. égal. A.-M. Slaughter, W. Burke-White, « The Future of International Law is Domestic », *in* J. Nijman & A. Nollkaemper (*ed.*), New Perspectives on the Divide between International and National Law, Oxford, OUP, 2007. De plus, il y a soixante-dix ans Kelsen souligna que, au fur et à mesure que le droit international s'adresse aux individus, la frontière entre le droit international et le droit interne tende à devenir floue et le rôle des juges internationaux et des juges internes à s'imbriquer. V.H. Kelsen, Law and Peace in International Relations, the Oliver Wendel! Holmes lectures, 1940- 41, Cambridge, Harvard University Press, 1942, p. 96.

conventionnalité dans des États post-conflits s'inspirant du droit français (**§2**).

§1. L'internationalisation *ratione personae* de la justice constitutionnelle post-conflit

L'internationalisation *ratione personae* de la justice constitutionnelle renvoie aux personnes et aux organes chargés de rendre la justice constitutionnelle dans certains États post-conflits. Si certaines juridictions constitutionnelles ont été instituées par le droit international, d'autres, selon E. Roucounas, à travers leurs jurisprudences en rapport avec l'application et l'interprétation des règles du droit international, exercent une influence sur des organes similaires dans d'autres États[1640], ne serait-ce qu'à travers le dialogue des juges. Il en est ainsi de la notion de « justice constitutionnelle », née grâce à une œuvre novatrice de la Cour suprême des États-Unis et présente, de nos jours, dans toutes les constitutions modernes[1641]. Inspirés par l'*affaire Marbury vs. Madison*[1642], les États européens ont modelé, à leur tour, la justice constitutionnelle à travers la création de juridictions constitutionnelles spécialisées exerçant leurs compétences *a priori* et *a posteriori*[1643]. Les constitutions internationalisées aussi ont spectaculairement contribué à cette évolution de la justice constitutionnelle, en créant des cours constitutionnelles mixtes, composées de juges internes et internationaux, dans des États post-conflits comme la République de Chypre, la Bosnie-Herzégovine et le Kosovo[1644].

[1640] E. Roucounas, « Explications sur les limites différenciées et en mouvement entre le droit international et le droit interne », *op.cit.*, p. 360.

[1641] Ce mouvement relève du transconstitutionnalisme : une doctrine voire un processus qui prône et véhicule le contenu matériel du constitutionnalisme formelle.

[1642] E. Zoller, *Les grands arrêts de la Cour suprême des États-Unis,* Paris, Dalloz, 2010, pp. 1-28.

[1643] L. Favoreu, P. Gaïa, R. Ghevontian, J.-L. Mestre, O. Pfersmann, A. Roux, G. Scoffoni, *Droit constitutionnel*, pp. 253 et s.

[1644] Donc, au total on rencontre trois modèles de justices constitutionnelles : le modèle américain, le modèle européen et celui mixte ou internationalisé.

Les juridictions constitutionnelles de ces États sont internationalisées tant dans leur composition (**A**) que dans leur fonction (**B**).

Ce constat « nous permet de dégager une tendance générale à l'unité du droit public et même de voir que cette unité se manifeste surtout aux moments de crises graves, de transition, pendant lesquels le droit constitutionnel et le droit international manifestent, par des tendances concordantes, l'unité empirique du droit public »[1645].

A Les juridictions constitutionnelles chypriote, bosniaque et Kosovare

Les juridictions constitutionnelles chypriote, bosniaque et Kosovare étaient des organes mixtes. Dans cette étude, une juridiction est dite mixte ou hybride lorsqu'elle est constituée de juges internes et externes. Dans son cours sur la théorie pure du droit, dispensé à l'Académie de droit international de La Haye, H. Kelsen mentionne que le « droit international et le droit interne font partie de la même pyramide, car ils s'adressent aux organes d'un seul et même ordre juridique, l'État »[1646].

S'inscrivant dans cette logique, la justice constitutionnelle mixte trouve son fondement dans des constitutions internationalisées qui ne sont ni des traités internationaux classiques, ni des constitutions traditionnellement connues, élaborées par un pouvoir constituant national et souverain.

Il s'agit d'un « droit international » et/ou d'un « droit constitutionnel » particulier(s), dont le contrôle nécessite une composition mixte des cours constitutionnelles chargées de cette tâche. C'est ainsi que des juges internationaux ont pu siéger au sein des juridictions suprêmes à Chypre (**1**), en Bosnie-Herzégovine (**2**) et au Kosovo (**3**).

[1645] B. Mirkine-Guetzévitch, *Droit constitutionnel international,* Paris, Sirey, 1933, p. 29.

[1646] H. Kelsen, « Théorie du droit international public », *RCADI*, 1932-IV, pp. 121-351. V. égal. R. Kolb, *Les cours généraux de droit international public de l'Académie de La Haye*, Bruxelles, Bruylant, 2003, p.77.

1. L'hybridation des hautes juridictions chypriotes

La Constitution chypriote du 16 août 1960 fut la première à prévoir une composition hybride des juridictions internes, en l'occurrence, la « Cour constitutionnelle suprême »[1647] et la « Haute cour de justice »[1648]. Ces deux hautes juridictions chypriotes sont composées en partie de juges nationaux et en partie de juges internationaux : la Cour constitutionnelle suprême est composée d'un Grec, d'un Turc et d'un magistrat neutre[1649]. Se trouvant au sommet de l'ordre judiciaire, la Haute Cour de justice est également composée de deux magistrats grecs, un magistrat turc et un magistrat neutre[1650]. Les magistrats neutres ne peuvent être sujets ou citoyens de la Grèce, de la Turquie ou du Royaume-Uni[1651].

Les magistrats neutres doivent provenir d'un État-tiers, complètement étranger au processus initial qui a abouti à la mise en place de l'ordre constitutionnel de Chypre. Cette composition tripartite tient compte à la fois de l'intérêt des communautés constitutives de l'île, mais également de l'intérêt des trois puissances qui sont toutes parties aux traités faisant office de Constitution de Chypre[1652].

Les dispositions constitutionnelles relatives à ces deux hautes juridictions du pays ont été complétées par la Loi n° 14/1960 portant composition, attributions et pouvoirs des tribunaux chypriotes[1653]. Les crises et les blocages institutionnels, survenus après l'indépendance, ont donné lieu à la Loi n° 33/1964 qui a fusionné les deux juridictions : une Cour suprême, composée de leurs anciens membres, a été instituée[1654].

1647 Constitution chypriote du 16 août 1960, titre IX.

1648 *Ibid.,* titre X.

1649 *Ibid.,* art. 133, § 1, i), ii).

1650 *Ibid.,* arts. 152 et 153.

1651 *Ibid.,* art. 133 (3) et art. 153 (3).

1652 Voir *supra,* chapitre 4, section 1, §1, A.

1653 Papasavvas Savvas., « Chypre : Je statut constitutionnel des juges du siège et du parquet - Constitution et médias *», Annuaire international de justice constitutionnelle,* 1995/1996, pp. 177-185, p. 178.

1654 *Ibid.,* p. 177.

Malgré tout, c'est ce modèle de justice qui a été suivi par les rédacteurs des Accords de Dayton de 1995, en ce sens que la Cour constitutionnelle de Bosnie-Herzégovine est composée de juges nationaux et internationaux.

2. La mixité de la Cour constitutionnelle de la Bosnie-Herzégovine

Composée de juges nationaux et internationaux, la Cour constitutionnelle de la Bosnie- Herzégovine comprend neuf membres répartis comme suit[1655] : quatre membres choisis par la Chambre des Représentants de la Fédération ; deux membres par l'Assemblée nationale de la République serbe ; et trois autres membres choisis par le Président de la Cour européenne des droits de l'homme après consultation de la Présidence de la Bosnie-Herzégovine[1656]. Le choix de juges internationaux n'est pas anodin : la Cour, qui doit non seulement faire respecter la Constitution mais aussi trancher les litiges entre les entités ou entre celles-ci et l'État central, ainsi que les litiges qui surviennent entre les institutions étatiques[1657], doit être impartiale et objective. Pour la garantie, la viabilité et la fiabilité des Accords de Dayton, les juges choisis par le Président de la Cour européenne des droits de l'homme ne doivent pas être des citoyens de la Bosnie-Herzégovine ni d'un État voisin de la Bosnie-Herzégovine. En effet, d'une part, ce sont eux les principales parties aux accords de paix intégrant la Constitution de la Bosnie-Herzégovine[1658] ; d'autre part, cette région connaît une composition ethnique transnationale, donc il aurait été imprudent de choisir les juges internationaux devant siéger au sein de la Cour constitutionnelle parmi les citoyens des États voisins de la Bosnie-Herzégovine. Cette Cour dispose de trois grandes séries d'attributions à savoir le contrôle abstrait des normes à

[1655] Concernant la Cour constitutionnelle de la Bosnie-Herzégovine, lire L. Favoreu, « La Cour constitutionnelle de Bosnie-Herzégovine », *Annuaire international de justice constitutionnelle : Constitution et sécurité juridique – Droit constitutionnel, droit communautaire et droit européen,* 1999/2000, pp. 11- 15.

[1656] Constitution de la Bosnie-Herzégovine du 14 décembre 1995, art. VI, point 1, a.

[1657] *Ibid.,* art. VI, point 3, a.

[1658] Les principaux États concernés sont : la Bosnie-Herzégovine, la Croatie et la République fédérale de Yougoslavie.

l'initiative des autorités politiques[1659], le contrôle concret des normes ou renvoi préjudiciel par les juridictions ordinaires et le recours individuel[1660] introduit dans les soixante jours contre toute décision juridictionnelle définitive soulevant une question de constitutionnalité[1661].

Le conflit au Kosovo s'inscrivant dans le sillage de celui qui a lieu en Bosnie-Herzégovine, les rédacteurs de la Constitution kosovare de 2008 se seraient inspirés du modèle bosniaque pour instituer une cour constitutionnelle composée de juges nationaux et internationaux, en vue de garantir les acquis réalisés sous la gouvernance de la MINUK[1662].

3. L'hétérogénéité de la Cour constitutionnelle kosovare

À l'instar des Cours constitutionnelles chypriote et bosniaque, la Cour constitutionnelle du Kosovo a connu une composition hétérogène jusqu'en 2012[1663]. En effet, jusqu'à la fin de la supervision internationale de la mise en œuvre de la Proposition globale de règlement du Statut définitif du Kosovo du 26 mars 2007, trois juges internationaux siégeaient parmi les neufs juges de la Cour constitutionnelle kosovare. Six juges étaient nommés par le Président de la République du Kosovo sur proposition de l'Assemblée[1664]; les trois autres étaient des juges internationaux nommés par le Représentant civil international, après consultation du Président de la Cour européenne des droits de l'homme[1665]. Tout comme en Bosnie-Herzégovine, ces juges internationaux ne devaient pas être citoyens du

[1659] Constitution de la Bosnie-Herzégovine du 14 décembre 1995, art. VI, point 3, a.

[1660] *Ibid.*, art. VI, point 3, b et c.

[1661] C. Grewe, *in Mélanges en l'honneur du doyen Wiederkehr, op.cit.* pp. 365-377.

[1662] S/RES/1244 (1999) du 10juin 1999.

[1663] En 2012, une révision constitutionnelle a mis fin la supervision internationale que la MINUK exerçait sur le Kosovo. Voir Supra, chapitre 2, section 1, §2, B.

[1664] Constitution du 15juin 2008, art. 152, point 1.

[1665] *Ibid.*, art. 152, point 4.

Kosovo ou d'un État voisin[1666]. La Constitution kosovare de 2008 fixe le mandat des juges nationaux à neuf ans, bien que ceux-ci soient renouvelables par tiers tous les trois ans. Par contre, il revenait au Représentant civil international de déterminer la date d'expiration du mandat des juges internationaux[1667]. Ce dernier a pris acte de la révision constitutionnelle de 2012 qui a mis fin à la supervision internationale et aux mandats des juges internationaux.

Donc, l'internationalisation *ratione personae* de la justice constitutionnelle s'explique par le fait que des juges étrangers ou internationaux siègent (ou avaient siégé) au sein des cours constitutionnelles de Chypre, de la Bosnie-Herzégovine et du Kosovo.

En même temps, cet exercice de la fonction de juge constitutionnel par des fonctionnaires et/ou des organes internationaux dans certains États post-conflits, conduit à une internationalisation fonctionnelle de la justice constitutionnelle.

B. La Commission des droits de l'homme comme une justice constitutionnelle concurrente en Bosnie-Herzégovine

L'annexe 6 des Accords de Dayton consacre un ensemble de « droits humains »[1668] protégé par une « commission »[1669] instituée à cet effet et composée de la « Chambre des droits de l'homme »[1670] et du « *Human Rights Ombudsman* »[1671] (l'Office du Défenseur des droits). Parallèlement, les mêmes droits humains sont consacrés par l'Annexe 4 des Accords de Dayton faisant office de Constitution de la Bosnie-Herzégovine et protégés par la Cour constitutionnelle[1672]. La Chambre reçoit les requêtes des individus ou des organisations non gouvernementales alléguant une violation présumée des droits de

---

1666 *Ibid.*

1667 *Ibid.*, point 5.

1668 Accords de Dayton/Paris du 14 décembre 1995, annexe 6, art. 1.

1669 *Ibid.*, art. II.

1670 *Ibid.*, art. VII.

1671 *Ibid.*, art. IV.

1672 Constitution de la Bosnie-Herzégovine du 14 décembre 1995, art. IV.

l'homme consacrés à l'article II de l'Annexe 6[1673]. La Cour constitutionnelle aussi est compétente pour protéger les droits fondamentaux consacrés par la Constitution, la Convention européenne des droits de l'homme et ses protocoles[1674]. Le chevauchement sectoriel, partiel et relatif des compétences de ces deux organes de valeur constitutionnelle a donné lieu à une controverse au sujet de la Commission des droits de l'homme : pour la Cour constitutionnelle de la Bosnie- Herzégovine, la « Chambre des droits de l'homme »[1675] est une juridiction internationale (**1**), tandis que pour la Commission de Venise, elle fait partie intégrante des juridictions internes de la Bosnie-Herzégovine (**2**)[1676].

1. La Chambre des droits de l'homme comme une juridiction internationale

La Cour constitutionnelle, le Haut Représentant (HR) et la Commission à laquelle la Chambre des droits de l'homme est rattachée sont tous institués par les Accords de Dayton de 1995[1677]. Cependant, dans l'exercice de ses compétences, la Cour constitutionnelle a traité différemment les deux autres institutions. D'une part, la Cour comptait sans relâche soumettre le Haut Représentant à sa jurisprudence qui s'applique et s'impose à toutes les autorités exerçant des fonctions étatiques en Bosnie-Herzégovine (théorie de l'assimilation)[1678]. D'autre part et, paradoxalement, la

[1673] Accords de Dayton/Paris du 14 décembre 1995, annexe 6, art. VIII.

[1674] Constitution de la Bosnie-Herzégovine du 14 décembre 1995, art. VI, point 3.

[1675] La Chambre des droits de l'homme est l'un des deux organes de la Commission des droits de l'homme.

[1676] N. Maziau, « La Bosnie-Herzégovine en devenir, douze ans après Dayton », *op. cit.*, pp. 841 et s.

[1677] La première fut instituée par l'Annexe IV, le deuxième par l'Annexe X et la troisième par l'Annexe VI des Accords de Dayton.

[1678] C. Grewe, « Le contrôle de constitutionnalité des lois constitutionnelles en Bosnie-Herzégovine », Cahiers du Conseil constitutionnel n° 27 (dossier : contrôle de constitutionnalité des lois constitutionnelles) - janvier 2010 : « Je Haut Représentant peut se substituer au Parlement pour l'adoption des lois. Celles-ci peuvent néanmoins être

Cour pensait que la Chambre des droits de l'homme était une juridiction internationale qui ne pouvait être soumise à sa jurisprudence[1679]. Par une décision de principe, prise en 1999, la Cour constitutionnelle a rejeté sa compétence d'appel en considérant que la Chambre des droits de l'homme est une institution de nature spéciale et qu'elle ne « constitue ni un tribunal ni une institution de Bosnie-Herzégovine » au sens de l'article VI, (3), (b) de la Constitution[1680]. Cette question s'est avérée très délicate dans la mise en œuvre des Accords de Dayton. La Cour a estimé que la Chambre des droits de l'homme était une juridiction parallèle dont les compétences sont identiques aux siennes en matière de protection des droits humains. Certes la Chambre a été instituée par un instrument juridique international, mais il en est de même de la Cour constitutionnelle elle-même qui se trouve au sommet de l'ordre juridictionnel interne. Les deux institutions se croisent également sur le terrain de la protection des droits humains. Leurs relations complexes, confuses et concurrentes furent résolues par un « *gentlemen's agreement* »[1681]. Leurs décisions s'imposent de la même manière et aucune des deux juridictions ne peut annuler une décision de l'autre. *In fine*, la Commission de Venise a donné un avis sur cette question, en affirmant que la Chambre était une juridiction nationale.

2. La Chambre des droits de l'homme comme une juridiction nationale

En tenant compte de son origine, la Chambre des droits de l'homme, créée par un traité, pouvait être considérée comme une juridiction internationale *ad hoc*. En revanche, si l'on mettait en avant son objet ou sa finalité, la Chambre pouvait être considérée comme

---

soumises au contrôle de la Cour constitutionnelle : déc. U-9/00 du 3 novembre 2000 ».

[1679] Maziau, « La Bosnie-Herzégovine en devenir, douze ans après Dayton », *op cit.*, pp. 841 et s.

[1680] Art. VI, 3 « b. La Cour constitutionnelle est également juridiction d'appel pour les questions relatives à la présente Constitution découlant d'un jugement de tout autre tribunal de Bosnie-Herzégovine ».

[1681] Le mandat de la Chambre ayant pris fin le au 31 décembre 2003, ses compétences ainsi que l'ensemble des affaires pendantes ont été transférées à la Cour constitutionnelle à compter 1er janvier 2004.

une juridiction interne de la Bosnie-Herzégovine. Dans son avis *Amicus Curiae*, la Commission de Venise considéra que la Chambre des droits de l'homme n'était pas une juridiction internationale *ad hoc*[1682]. Mais cette position de la Commission n'était pas anodine, en ce sens qu'il s'agissait de faire en sorte que les décisions de la Chambre et celles de la Cour constitutionnelle puissent faire l'objet d'un recours devant la Cour européenne des droits de l'homme (CEDH)[1683]. En dépit des modalités de création de la Chambre, de sa composition de juges nationaux et internationaux[1684] de son fonctionnement, et du droit international applicable, les appels interjetés contre les décisions de la Chambre étaient recevables devant la CEDH. Ce qui signifie qu'aux yeux de cette dernière aussi, la Chambre était, avant tout, une juridiction interne de la Bosnie-Herzégovine. Elle était habilitée à sanctionner les atteintes aux droits de l'homme des citoyens de cet État, sur le fondement du droit positif national qui intègre le droit international des droits de l'homme, y compris la Convention européenne des droits et libertés fondamentaux. Cette fusion entre les normes constitutionnelles nationales et internationales élargit le champ normatif du bloc de constitutionnalité ainsi que la compétence matérielle des juridictions constitutionnelles nationales.

La suppression de la Chambre le 31 décembre 2003 a finalement permis de mettre fin aux conflits de compétence entre elle et la Cour constitutionnelle en matière de protection des droits l'homme. Le chevauchement ou la concurrence entre elles aurait abouti à une situation indésirable qui avait consisté à donner des réponses contradictoires à un même problème socio-juridique. Une telle

---

[1682] Voir l'avis CDL-INF (96) 9 de la Commission de Venise du 15-16 Novembre 1996.

[1683] *Ibid* .

[1684] La Chambre des droits de l'homme était composée de quatorze membres ; quatre sont nommés par la Fédération de Bosnie-Herzégovine, deux par la Republika Srpska et les huit autres par le Comité des ministres du Conseil de l'Europe. Les membres nommés par le Comité des ministres ne doivent pas être citoyens de la Bosnie-Herzégovine ou d'un État voisin. M. Germer a été nommé Président de la Chambre. Voir https://www venice .coe.int/webforms / documents/ default.aspx ?pdffile=CDL-I NF< 1996)009-e

situation avait affecté l'essence même de l'ordre constitutionnel de l'État. Qu'à cela ne tienne, il n'est plus possible, aujourd'hui, de méconnaître la superposition de normes nationales, régionales et mondiales, ni la surabondance d'institutions et de juges, nationaux et internationaux, à compétences élargies[1685].

§ 2. L'internationalisation *ratione materiae* de la justice constitutionnelle post-conflit

L'internationalisation *ratione materiae* de la justice constitutionnelle est relative à l'élargissement du champ normatif sur lequel portent les décisions des cours constitutionnelles post-conflits. Celles-ci peuvent désormais directement statuer non seulement sur des normes internes mais aussi sur des normes internationales constitutionnalisées (**A**). La justice constitutionnelle est la garante des « constitutions »[1686] internationalisées. Or les analyses précédentes montrent que le contenu de ces constitutions est très large. Ce qui entraîne donc, de manière corrélative, une extension du champ matériel de la justice constitutionnelle. L'application des textes juridiques nationaux et internationaux nécessite, parfois, leur interprétation. Le juge constitutionnel interne interprétera non seulement des règles du droit interne, mais aussi celles du droit international, d'autant plus que certaines constitutions internationalisées sont des traités internationaux (**B**). En conséquence, les cours constitutionnelles pourraient suivre les méthodes d'interprétation prévues en droit international en cas d'ambiguïté des normes internationales.

A. Le contrôle des normes internationales par le juge constitutionnel

Dans certains États post-conflits, le juge constitutionnel peut contrôler le droit international dans deux cas. Premièrement, il peut se prononcer sur l'ensemble des conventions internationales incorporées

---

1685 OIF, Cours judiciaires suprêmes francophones, Internationalisation du droit, internationalisation de la justice, 3ème Congrès de l'AHJUCAF du 21 au 23 juin 2010 (Ottawa), p. 7.

1685 L. Favoreu et autres, *Droit constitutionnel,* Dalloz, 2010, p. 227. *Cf H.* Kelsen, *RDP,* 1928.

ou annexées à la Constitution ou au bloc de constitutionnalité. Cependant, la constitutionnalisation du droit international conventionnel provoque une confusion entre les contrôles de constitutionnalité et de conventionnalité dans des États post-conflits empruntant au droit français (**1**).

Deuxièmement, le juge constitutionnel peut statuer sur des dispositions du droit international dérivé tels que les résolutions du CSNU et les règlements des administrateurs de paix[1687]. En Bosnie-Herzégovine, par exemple, la Cour constitutionnelle contrôle désormais les actes du HR chargé de la mise en œuvre des aspects civils du règlement de paix qui englobe un large éventail d'activités (**2**).

1. L'équivalence entre constitutionnalité et conventionnalité

Le contrôle de constitutionnalité consiste à vérifier la conformité d'une loi à la constitution, tandis que le contrôle de conventionnalité vise la conformité des lois aux « conventions internationales »[1688] en vigueur dans un État[1689]. La norme contrôlée, dans les deux cas, est la loi.

En revanche, pour que la justice constitutionnelle devienne une justice achevée, il faut que toute personne puisse demander au juge de constater qu'une règle juridique s'est appliquée dans le passé en

[1687] Tel est le cas du Règlement définitif du Statut du Kosovo, appelé « Plan Ahtisaari » qui fut constitutionnalisé au Kosovo. Voir Constitutional Court of Kosovo, Case K038/12: Assessment of the Government's Proposals for Amendments of the Constitution submitted by the President of the Assembly of the Republic on 12 April 2012.

[1688] R. Abraham schématise les composantes du droit international comme suit : « le droit international conventionnel ; les actes unilatéraux émanant des organisations internationales ; les règles et les principes non écrits ». La convention internationale particulièrement concernée par le contrôle de conventionnalité, « est un accord de volonté entre des sujets du droit international, destiné à produire des effets juridiques et régi par le droit international ». Voir R. Abraham, *Droit international, droit communautaire et droit français*, Paris, Hachette, 1989, pp. 18 et S.

[1689] O. Dutheillet De Lamothe, Visite au Tribunal Constitutionnel espagnol Madrid, 2-4 avril 2009 : https ://www .conseil-constitutionnel 1.fr/node/ 1055/pdf

violant des droits constitutionnels afin d'éviter, dans le futur, une perpétuation de l'inconstitutionnalité de cette norme[1690].

Dans un ordre juridique où la constitution est supérieure aux traités internationaux, il n'y a pas d'équivalence entre les contrôles de constitutionnalité et de conventionnalité.

Dans ce cas, le Conseil constitutionnel français avait raison de ne pas étendre sa compétence aux traités internationaux : « Il n'appartient pas au Conseil constitutionnel [...] d'examiner la conformité d'une loi aux stipulations d'un traité ou d'un accord international »[1691]. Selon lui, une loi contraire à un traité ne serait pas, pour autant, contraire à la Constitution. Ainsi, le contrôle du respect du principe énoncé à l'article 55 de la Constitution ne saurait s'exercer dans le cadre de l'examen prévu à l'article 61, en raison de la différence de nature de ces deux contrôles[1692].

A contrario, M. Forteau s'est posé une question au sujet de cette distinction de principe établie par le Conseil constitutionnel entre les contrôles de constitutionnalité et de conventionnalité : « quid de la conformité d'une loi à une norme internationale à valeur constitutionnelle (on sait que bon nombre de conventions de droit de l'homme reprennent des droits fondamentaux protégés par la Constitution)? »[1693]

Mieux encore, dans un ordre juridique où des conventions internationales ont été constitutionnalisées, il n'y pas lieu de distinguer les contrôles de constitutionnalité et de conventionnalité. Le contrôle de conventionnalité aurait, en pratique, la même portée et les

---

[1690] Philippe Blacher, « Les temps de la saisine du Conseil constitutionnel », in Alexandre Viala (dir.), *La Constitution et le temps*, Actes de colloque. Vème séminaire franco-japonais de droit public du 4 au 10 septembre 2002, Lyon, L'Hermès, 2003, pp. 237-249, p. 249.

[1691] CC, décision n° 74-54 DC du 15janvier1975, *Rec*, p. 19.

[1692] CC, décision 74-54 DC - 15 janvier 1975 - Loi relative à l'interruption volontaire de la grossesse -Conformité : voir les considérants 5, 6 et 7

[1693] M. Forteau, « Ass. Plén., 2 juin 2000, n° 99-60.274, Fraisse », *in* A. Pellet et A. Miron, *op. cit.*, pp. 330-340, p. 338.

mêmes effets qu'un contrôle de constitutionnalité[1694]. Outre la nature identique de ces deux contrôles, on se demande particulièrement quelle est l'étendue du contrôle de conventionnalité dans les ordres constitutionnels internationalisés. En effet, les spécificités propres à chaque type de contrôle ne sont plus de mise dans les ordres constitutionnels internationalisés[1695]. D'abord, les contrôles de constitutionnalité et de conventionnalité se rejoignent tant sur le terrain du « contrôle *a priori* » qu'au niveau du contrôle *a posteriori* dans des États comme la Bosnie-Herzégovine et la République de Chypre. Si ce *distinguo* est quasiment inexistant dans le système juridique anglo-saxon, il garde toute son importance dans des États post-conflits (Guinée, Côte d'Ivoire, Togo, Mali, *etc.*) s'inspirant du droit français. Gardons à l'esprit que, matériellement, la frontière entre les contrôles de constitutionnalité et de conventionnalité est quasi-inexistante et, formellement, elle se rétrécit progressivement avec l'avancée de l'internationalisme. Avec la constitutionnalisation du droit international au plan interne, le juge constitutionnel ne peut plus limiter sa compétence au seul contrôle de constitutionnalité en excluant le contrôle de conventionnalité, d'autant plus que les constitutions internationalisées s'inscrivent plus dans la logique du monisme juridique et moins dans celle du dualisme juridique[1696].

Le contrôle de conventionnalité/constitutionnalité concerne un bloc normatif plus ou moins étendu selon les États post-conflits concernés. Au Japon, par exemple, il ne porte que sur les Conventions auxquelles l'État nippon a consenti, et c'est le modèle américain de contrôle de constitutionalité que le Japon a adopté. En Afghanistan, le contrôle de constitutionnalité/conventionnalité peut porter sur la charte de l'ONU ainsi que sur les traités internationaux auxquels

[1694] O. Dutheillet De Lamothe, Visite au Tribunal Constitutionnel espagnol Madrid, 2-4 avril 2009 :https://www.conseil-constitutionnel.fr/node/105 5/p df

[1695] A.-L. Cassard-Valembois , « Les interactions des contrôles de conventionnalité et de constitutionnalité des lois dans la protection des droits de l'homme », in A.-L. Cassard Valembois et F. Malhière (dirs.), *Droit international démocratie*, MA Editions -ESKA, 2015, pp. 65-86, pp. 78 et s.

[1696] CADHP, *affaire Suy Bi Gohoré Emile et autres c. République de Côte d'ivoire* (requête n° 044/2019), arrêt du 5 juillet 2019, § 2.

l'Afghanistan a adhéré[1697]. Mais, c'est surtout en Bosnie-Herzégovine et au Kosovo que le contrôle de conventionnalité/constitutionalité prend le plus d'ampleur, au regard du nombre d'instruments juridiques internationaux directement applicables sur le plan interne, avant même leur ratification[1698]. Les Constitutions de ces deux États ont intégré la Convention européenne des droits de l'homme et ses protocoles[1699]. Or, cette Convention, à elle seule, comporte, au moins, 16 protocoles additionnels. L'ensemble des matières consacrées par ces instruments juridiques internationaux, entrent dans le champ normatif et matériel du contrôle de conventionnalité/constitutionnalité en Bosnie-Herzégovine et au Kosovo.

Au-delà des conventions internationales, dans les ordres juridiques internationalisés, les juges constitutionnels pourraient contrôler le droit international dérivé : les résolutions des OI et les actes administratifs de paix.

2. Le contrôle du droit international dérivé par le juge constitutionnel

Le droit international dérivé désigne l'ensemble des actes d'organes internationaux pris dans le cadre de la mise en œuvre des objectifs d'un traité constitutif d'organisations internationales telle que la Charte de l'ONU. Il s'agit, pour notre sujet, des résolutions et des règlements des administrateurs de paix. C'est dans cette optique que la Cour constitutionnelle de la Bosnie-Herzégovine contrôle

---

1697 Voir la Constitution afghane du 3 janvier 2004, art. 7.

1698 Donc le juge constitutionnel devrait pouvoir contrôler la conformité des lois aux traités partageant le même contenu matériel que la Constitution, et hiérarchiquement supérieurs aux lois. Autrement dit, le traité étant supérieur à la loi, celle-ci doit-être conforme au traité (contrôle de conventionnalité). Dans l'hypothèse incertaine où la Constitution est supérieure au traité, celui-ci doit-être conforme à la Constitution (contrôle de conformité ou de non-contradiction). Le droit international primant sur la constitution, celle-ci doit-être conforme au traité. La Constitution et le traité ne se contredisent pas, en raison de la conformité de l'une à l'autre, et inversement, le juge constitutionnel pourrait contrôler la conformité des lois aux traités.

1699 Voir la Constitution kosovare du 15 juin 2008, art. 22.

désormais les actes du HR chargé de la mise en œuvre des aspects civils du règlement de paix qui englobe un large éventail d'activités. Cependant, en sa qualité de Représentant spécial de l'ONU et de l'UE, le HR en Bosnie Herzégovine, jouit des mêmes privilèges et immunités que ceux dont jouissent une mission diplomatique et ses locaux, archives et autres biens, en vertu de la Convention de Vienne sur les relations diplomatiques[1700]. Par conséquent, sa personne, ses biens et ses actes sont protégés par les immunités de juridiction d'exécution[1701]. De plus, il dispose des pouvoirs exceptionnels lui permettant d'agir, dans certaines circonstances, en lieu et place des autorités nationales. C'est ainsi que, face au refus de l'Assemblée parlementaire, il a imposé la loi sur la police des frontières le 13 janvier 2000[1702]. Cette loi litigieuse, en dépit de l'immunité diplomatique dont bénéficie son auteur, a été soumise à un contrôle de constitutionnalité[1703]. Ainsi, bien que reconnue souveraine, la Bosnie-Herzégovine, a été placée sous administration internationale. Le Haut Représentant agit dans cet État, au nom de la communauté internationale, en se substituant, parfois, aux autorités nationales. Les actes pris par les autorités internationales l'ont été souvent au nom de l'États sous contrôle[1704] : il porte donc une double casquette.

Une telle situation s'apparente à une forme de dédoublement fonctionnel : une autorité relevant d'un ordre juridique déterminé intervient dans un autre ordre juridique en se dédoublant. C'est le cas du HR : investi de pouvoirs particuliers par l'ONU et l'UE, son action se situe normalement dans l'ordre juridique international. En Bosnie-Herzégovine, ses pouvoirs émanent de l'Annexe 10 de l'Accord-cadre général de Dayton, des résolutions du CSNU et de la Déclaration de Bonn. Les actes pris dans l'exercice de ses pouvoirs ne sont donc pas susceptibles d'être contrôlés par la Cour constitutionnelle. Cependant, lorsqu'il intervient dans l'ordre juridique de la Bosnie-Herzégovine en se substituant aux autorités nationales, il devient une autorité de

---

[1700] Voir *supra.*, partie I, chapitre 1, section 2, §1, B.

[1701] Convention sur les privilèges et immunités des Nations Unies du 13 février 1946, section 11, art. IV.

[1702] Décision de la Cour constitutionnelle de la Bosnie-Herzégovine du 3 novembre 2000, n°. U 9/00.

[1703] *Ibid.*

[1704] *Ibid.*

Bosnie-Herzégovine et ses actes, qui se substituent aux lois nationales, doivent être considérés comme des lois de Bosnie-Herzégovine[1705] (théorie de l'assimilation). Par ailleurs, quand le mandat constitutionnel du Président Laurent Gbagbo et celui de l'Assemblée nationale ivoirienne expirèrent respectivement le 30 octobre et le 16 décembre 2005, le CSNU prorogea, par résolution, le mandat de ces deux institutions politiques jusqu'à l'établissement des conditions nécessaires à la tenue d'élections libres, régulières, ouvertes et transparentes[1706]. Récemment, la CEDEAO aussi a pris un ensemble de mesures relatives à l'administration de la transition politique au Mali[1707].

Ce « dédoublement fonctionnel » - ainsi que la théorie de l'assimilation - n'admet pas le dualisme juridique, dans la mesure où l'identité des auteurs fait que ceux qui agissent à l'intérieur des États, sont les mêmes sur le plan international et, inversement, ceux qui agissent au plan international peuvent exercer des fonctions étatiques en période de crise. Nombre de transitions constitutionnelles étudiées, dans la première partie, ont connu cette réalité et, plus particulièrement, la Bosnie-Herzégovine, le Timor oriental et le Kosovo, où les autorités internationales se substituaient aux autorités nationales dans la prise de certaines décisions[1708].

Donc, le HR en Bosnie-Herzégovine, en se substituant au législateur national, doit se soumettre à l'autorité de la Cour constitutionnelle en cas d'inconstitutionnalité de ses actes. Ce faisant, il se soumet également à l'Accord de paix instituant cette Cour constitutionnelle. De même, il était censé se soumettre aux décisions de la chambre des droits de l'homme compétente pour sanctionner un de ses actes pour atteinte aux droits et libertés fondamentaux.

[1705] *Ibid.*

[1706] Voir les résolutions 1633 (2005) et 1721 (2006) du CSNU.

[1707] Parmi ces mesures, il y a l'interdiction faite aux membres de la junte militaire de présider la transition et d'occuper le poste de premier ministre. Selon la CEDEAO, ces deux postes doivent être occupés par des autorités civiles.

[1708] Le HR en Bosnie-Herzégovine, l'ATNUTO et la MINUK exerçaient des fonctions étatiques

Par ailleurs, en Afghanistan, un contrôle de constitutionnalité peut être exercé pour vérifier la conformité d'une loi à la DUDH déjà constitutionnalisée. D'ailleurs, il arrive souvent que les justiciables, en droit interne, agissent au nom d'une norme internationale (primaire ou dérivée). Le juge constitutionnel, une fois saisi de la question, est appelé à interpréter la norme internationale en vue de savoir si la norme litigieuse la contredit ou non.

B. L'interprétation des normes internationales par le juge constitutionnel

Le mot « interprétation » désigne à la fois l'opération par laquelle une signification est attribuée à une chose – qui peut être un objet matériel ou un énoncé – et le produit de cette opération[1709]. Mais, c'est seulement lorsque la signification est cachée, en raison du caractère vague et ambigu de certains énoncés, qu'il faut procéder à l'interprétation[1710]. L'interprétation n'est donc pas nécessaire lorsque l'énoncé ou la prescription sont clairs : *in claris cessat interpretat io*[1711]. D'aucuns pensent que « tout le sens d'un texte est contenu et révélé dès le départ simplement par les mots employés, ce qui exclut la polysémie et le poids de l'interprétation »[1712]. Selon Paul Amselek, la signification d'un texte ne se communique pas car elle relève d'un univers intelligible. Seul le signe fait l'objet d'une communication en tant qu'il appartient au monde sensible. Lorsqu'il rédige un texte, le constituant ne transmet pas à autrui le contenu de sa pensée mais un signe[1713]. En soi, le signe, simple texture matérielle, ne nous renseigne

---

[1709] M. Troper, *Philosophie du droit,* Paris, PUF, 2018, p. 98.

[1710] La CPJI « est d'avis que, par l'expression interprétation, il faut entendre l'indication précise du sens et de la portée » de l'arrêt, du mot ou du texte soumis à interprétation. Voir CPJI, *interprétation des arrêts numéros 7 et 8 (Usine ce Chorzow),* arrêt du 16 décembre 1927, série A, n°13, P. 10.

[1711] M. Troper, *Philosophie du droit, op. cit.*, p. 99.

[1712] K. Bechet, « Supraconstitutionnalité et Constitution : proposition d'un cadre épistémologique », *in* A. Viala (dir.), *La Constitution et le temps,* Acte de colloque. Vème séminaire franco-japonais de droit public du 4 au 10 septembre 2002, Lyon, L'Hermès, 2003, pp. 50-59, p.55.

[1713] P. Hamselek, « Le droit dans les esprits », *in controverse autour de l'ontologie du droit,* PUF 1983, pp. 27 et s.

rien sur le signifié, parce qu'il est du domaine de l'intelligible. Pure construction de l'esprit, la signification reste enfouie en chacun de nous. Elle n'a aucune essence, nulle autonomie. Elle ne s'impose pas extérieurement à notre conscience mais demeure le produit interne de notre entendement[1714]. C'est la raison pour laquelle les méthodes (**1**) et les règles (**2**) d'interprétation varient selon les interprètes.

1. La variété des méthodes d'interprétation

Pour certains auteurs réalistes, ce qui crée la constitution en tant que norme, ce ne sont pas les pères fondateurs ni le peuple constituant souverain, mais le juge constitutionnel. Selon Olivier Cayla, depuis l'apparition d'une constitutionnalité à tout le moins juridictionnelle, la normativité constitutionnelle est bien le résultat d'une activité constituante située aussi bien dans le passé que dans l'activité constituante toujours à venir[1715]. Cette façon d'analyser le processus constituant est confrontée à quelques objections : la première est que le réaliste ne répond pas à la question de savoir ce que signifie le fait brut, d'autant plus que l'interprétation du juge aussi s'exprime habituellement sous la forme d'un texte écrit. Dans ce cas, qui interprète la décision du juge ? La seconde objection porte sur le fait que, bien que le réaliste distingue le texte constitutionnel établi par le constituant et la norme constitutionnelle dégagée par l'interprétation jurisprudentielle, il semble que, dans une démarche extrême, le texte brut compte peu puisque l'interprète peut discrétionnairement créer une norme. Donc, on suppose, normalement, que c'est l'interprète à lui seul qui, sans tenir compte de l'existence du texte brut, est l'auteur d'une norme constitutionnelle[1716].

Par ailleurs, il faut relever que le choix des méthodes d'interprétation est *ad hoc*. Le processus de singularisation des faits permet au juge de rechercher, dans une situation concrète à laquelle il est confronté, une méthode d'interprétation plus protectrice de la

---

1714 *Ibid.*

1715 M. Shigeru, « L'acte constituant et le temps : écriture et lecture du texte », *in* A. Viala (dir.), *La Constitution et le temps,* Acte de colloque. Vème Séminaire franco-japonaise de droit public du 4 au 10 septembre 2002, Lyon, L'Hermès, 2003, pp. 37-47, p. 38.

1716 *Ibid.*

dignité humaine, la matrice de tous les droits humains. Les méthodes d'interprétation « littéraliste » et « originaliste » constituent les deux piliers de la philosophie judicaire conservatrice, par opposition aux méthodes « adaptatives » prônées par les auteurs progressistes[1717]. Les méthodes d'interprétation ne se confondent pas avec les techniques de raisonnement juridique (*a contrario, a simili, a fortiori,* le syllogisme juridique, *etc.*)[1718]. M. Troper retient trois méthodes d'interprétation. *L'interprétation génétique* repose sur une connaissance de la volonté réelle de l'auteur de la norme, telle qu'exprimée dans les travaux préparatoires. *L'interprétation systématique* vise à éclairer un fragment du texte ou une disposition par un autre fragment ou par une autre disposition, voire par d'autres textes extérieurs. *L'interprétation fonctionnelle* donne au texte ou à la norme la signification qui lui permettra de remplir la fonction qu'on lui attribue. Celle-ci, autrement appelée téléologique, se fonde sur le but poursuivi par le législateur[1719]. L'ensemble de ces méthodes d'interprétation peuvent être regroupés en deux grandes approches : objective et subjective.

a. L'approche objective

L'approche objective est le fait pour l'interprète de « se fonder sur des éléments objectifs comme le texte ou l'objet ou le but du traité, sans se préoccuper de l'intention que les parties avaient historiquement au moment de la conclusion »[1720]. Sur ce, tous les moyens d'interprétation énoncés à l'article 31 de la Convention de Vienne sur le droit des traités, apparaissent comme des éléments objectifs, dans la mesure où ils peuvent être utilisés par le juge interne, lors de son contrôle de conventionnalité, sans qu'il ait besoin de prendre en compte l'intention des rédacteurs de la convention internationale à lui soumise. Il en est ainsi, du « sens ordinaire des mots » qui peut objectivement être vérifié « dans des dictionnaires

---

[1717] G. Timsit, « Contre la nouvelle vulgate », *in Le nouveau constitutionnalisme.* Mélange en l'honneur de Gérard Conac, Paris, Economica, 2001, pp. 31-48, p. 33.

[1718] M. Virally, *La pensée juridique,* Paris, Montchrestien, 1960, pp. XXII et s.

[1719] M. Troper, *La philosophie du droit,* Paris, PUF, 2018, p.104.

[1720] O. Corten, « Les technique reproduites aux articles 31 à 33 de la Convention de Vienne de 1969 : approche objectiviste ou approche volontariste de l'interprétation ? », *RGDIP*, 2011, 351-366, p. 353.

usuels ou juridiques »[1721], de la prise en compte « du contexte » qui permet d'apprécier une disposition à la lumière des autres dispositions de la même convention ou « de toute règle pertinente de droit international »[1722] ; l'important est que la disposition en cause soit appréciée de bonne foi et de manière raisonnable, c'est-à-dire sans s'écarter de « l'objet et du but » du traité. Mais, rien n'interdit à l'interprète de faire appel à l'intention des négociateurs, au cas où cela serait utile à son interprétation.

b. L'approche subjective

L'approche subjective, défendue par les volontaristes, tient compte de l'intention des parties. Cette intention peut être historique ou évolutive : elle est historique lorsqu'il s'agit de connaître la volonté qui animait les parties contractantes lors de la conclusion d'un traité. A cet égard, « un terme sera entendu dans un sens particulier s'il est établi que telle était l'intention des parties »[1723]. Pour ce faire, on doit se référer aux « travaux préparatoires et aux circonstances dans lesquelles le traité a été conclu »[1724]. Les travaux préparatoires constituent le moyen privilégié d'une conception subjective de l'interprétation, en fonction de laquelle la volonté que les parties avaient eue au moment de l'élaboration du texte doit constituer le critère fondamental à l'aune duquel tous les autres doivent être évalués[1725].

Selon Jean Combacau, l'intentionnalité n'est toutefois pas seulement saisissable à partir des travaux préparatoires. Elle peut être dégagée de la pratique ultérieure, et même adaptée par des accords ultérieurs relatifs à la règle pertinente. Il s'agit donc d'une intentionnalité virtuellement évolutive que l'interprétation doit toujours prendre en compte.

[1721] *Ibid.*, p. 354.

[1722] *Ibid.*, p. 335.

[1723] Convention de Vienne de 1969 sur le droit des traités entre États, art. 31 (4).

[1724] *Ibid.*, art. 32.

[1725] O. Corten, « Les techniques reproduites aux articles 31 à 33 de la Convention de Vienne de 1969 : approche objectiviste ou approche volontariste de l'interprétation ? », *RGDIP*, 2011, pp. 351-366, p. 353.

Pour clore, gardons à l'esprit que ce soit l'approche objective (ou téléologique) exploitée par la CEDH et la Cour de Juste de l'UE[1726], ou que ce soit l'approche subjective (ou volontariste) utilisée par la CIJ, le législateur et le juge interne sont tenus de respecter le standard international, sous peine de voir leurs actes et décisions annulés par les juges supranationaux, et ce, en vertu de l'interconnexion qui existe généralement entre les ordres internes, communautaires et internationaux.

2. L'harmonisation des règles d'interprétation des normes internationales

Alain Pellet mentionne que « l'action de juger passe inévitablement par l'interprétation »[1727] : cela est valable tant pour le juge interne que pour le juge international. Par contre, son affirmation selon laquelle « lorsque le juge interne doit interpréter une norme internationale, il le fait dans le cadre du contexte constitutionnel, législatif ou réglementaire national, à l'aune des textes et des méthodes applicables dans l'ordre juridique interne »[1728] pourrait placer le juge interne dans un dilemme[1729]. Quel modèle d'interprétation doit-il choisir pour interpréter les normes internationales en droit interne ? D'où la nécessité d'harmoniser les méthodes d'interprétation pour trois raisons. *Primo*, interpréter une règle qui s'est formée dans l'ordre international selon une logique propre à un État comporte le risque d'ignorer le sens et la portée du texte concerné sur le plan international. On aurait, dans ce cas, autant d'interprétations portant sur la même règle que de méthodes d'interprétation différente des États. D'ailleurs, qu'est-ce qui empêche le juge interne – lorsqu'il a à faire une norme internationale –

[1726] *Ibid.,* pp. 359-36.

[1727] A. Pellet, « Avant-propos », *RGDIP*, 2011, pp. 291-292, p. 293.

[1728] *Ibid.*

[1729] L'interprétation en droit international est-elle une opération différente de l'interprétation en droit interne ? A. Pellet répond : « oui sûrement – et pour une raison simple qui tient à la nature même du droit international : un droit fortement décentralisé dans lequel l'auteur de la norme est, dans la grande majorité des cas, celui-là même auquel elle s'adresse, qui la met en œuvre et qui [...] l'interprète ». A. Pellet, « Avant-propos », *RGDI*P, 2011, pp. 291-292, p. 292.

d'utiliser les règles d'interprétations codifiées par la Convention de Vienne de 1969 sur le droit des traités entre États ? *Secundo,* pour Carlo Santulli, la Convention de Vienne a énoncé « des règles d'interprétation qu'elle tient pour des règles coutumières »[1730] applicables à l'ensemble des États non objecteurs. Sur ce point, il existe une parfaite symbiose entre les règles d'interprétation définies aux articles 31 à 33 de la Convention sur le droit des traités et la jurisprudence de la CPJI, puis de la CIJ[1731]:

> « La cour rappellera que, selon le droit international coutumier qui a trouvé son expression dans l'article 31 de la convention de Vienne de 1969 sur le droit des traités, un traité doit être interprété de bonne foi suivant le sens ordinaire à attribuer à ses termes dans leur contexte et à la lumière de son objet et de son but. L'interprétation doit être fondée avant tout sur le texte du traité lui-même. Il peut être fait appel, à titre complémentaire, à des moyens d'interprétation tels les travaux préparatoires et les circonstances dans lesquelles le traité a été conclu »[1732].

Tertio, dans les ordres juridiques internationalisés, le mieux, pour le juge interne, serait d'opter pour cette méthode d'interprétation coutumière, désormais conventionnée depuis 1969. Tel est le choix, par exemple, du juge constitutionnel de la Bosnie-Herzégovine qui entend appliquer, en matière d'interprétation de la Constitution et des Conventions internationales directement applicable en Bosnie-Herzégovine :

> « Contrary to the constitutions of many other countries, the constitution of BiH in annex 4 to the Dayton agreement is an integral part of an international agreement. Therefore, Article 31 of the

[1730] C. Santulli, « Rapport général », *RGDIP*, 2011, pp. 297-308, p.297.

[1731] M. Forteau, « Les techniques interprétatives de la Cour internationale de Justice », *RGDIP*, 2011, pp. 399-416, p. 400.

[1732] *Affaire du différend territorial* (Jamahiriya Arabe Libyenne/Tchad) CIJ, arrêt du 3 février 1994, *Rec* 1994, §. 41.

> Vienna Convention of the de law on Treaties – Providing for a general principle of international low which is, according Article III.3 (b) of the constitution of BiH, an « integral part of the legal system of Bosnia and Herzegovina and its entities » - must be applied in the interpretation of all its provisions, including the constitution of BiH »[1733].

Si les autres cours constitutionnelles suivent l'exemple de la Cour constitutionnelle de la Bosnie-Herzégovine, la convention de Vienne sur le droit des traités de 1969 permettrait d'harmoniser les méthodes d'interprétation des règles internationales dans les ordres juridiques internes, ne serait-ce qu'en matière de contrôle de conventionnalité. En tout état de cause, « un État ne trouvera pas l'excuse de ne pas se conformer à un traité auquel il est partie dans le seul fait que ses tribunaux interprètent, sur le plan du droit interne, le traité d'une manière différente de celle qui s'impose sur le plan du droit international »[1734].

En conclusion, comme il existe déjà une pratique d'édification du constitutionnalisme et d'un système international qui le garantit, la tâche d'assurer la conformité de l'interprétation des constitutions internationalisées avec les principes du système international est entièrement confiée aux cours constitutionnelles[1735]. Telle est la raison de l'internationalisation de la justice constitutionnelle en Bosnie-Herzégovine, en République de Chypre, au Kosovo et autres. Etant donné la fragilité de ces sociétés post-conflits, avec un potentiel éclatement d'un conflit ethnique, les cours constitutionnelles deviennent garantes du maintien de la paix[1736]. La justice constitutionnelle n'est plus exclusivement interne dans la mesure où des juges internationaux y siègent dans certains États post-conflits.

[1733] *Affaire des peuples constituants,* CC, U5/98, 1er Juillet 2000. Voir égal. I. Prezas, *op. cit.,* p. 38.

[1734] S. Sorensen, « Obligations d'un État partie à un traité sur le plan de son droit interne : « rapport », *in Les droits de l'homme en droits internes,* Bruxelles, Presses universitaires de Bruxelles, 1968, pp. 35-61, p. 56.

[1735] I. Islami, « Building Constitutionalism in Kosova/a », *Law & Justice Review,* Volume :1, Issue :1, September 2010, pp. 127-146, p. 130.

[1736] *Ibid*, p. 134.

En outre, des juridictions supranationales voire internationales peuvent être saisies en matière de contrôle de conventionnalité et de supra-constitutionnalité. Cela est surtout dû à l'intensification des relations internationales et à la connexion des ordres juridiques internes aux ordres juridiques communautaires, régionaux, et universels[1737].

Section 2. Les juridictions supranationales et les constitutions internationalisées post-conflits

Les organisations internationales, régionales et universelles, jouent un rôle de premier rang dans la gestion des crises que connaissent certains États. Elles ont participé à l'élaboration et à la mise en place du nouvel ordre constitutionnel de la Namibie, du Timor oriental, du Cambodge, du Kosovo et autres.

Elles ont conduit plusieurs processus constituants prenant en compte des règles et des valeurs communautaires et/ou universelles, de telle sorte qu'il existe dorénavant un enchevêtrement très poussé entre constitutions internationalisées et les ordres juridiques communautaires et internationaux. Inversement, les ordres juridiques internes ont souvent fait allégeance aux ordres juridiques supranationaux : la constitutionalisation du droit international par renvoi. En conséquence, la violation des règles communautaires ou régionales et/ou internationales introduites dans l'ordre constitutionnel de l'État concerné, peut entraîner une sanction par les juges régionaux et communautaires[1738] (**§1**). La constitutionalisation des résolutions onusiennes et des conventions internationales, parmi lesquelles la Charte de l'ONU, pourrait amener la CIJ à se prononcer sur les normes constitutionnelles d'un territoire étatique ou non (**§2**).

[1737] Voir H. Tourard, « L'internationalisation des constitutions africaines », *in* P. Charlot et Cl. Klein (dirs.), *Émergence de nouveaux modèles de démocratie constitutionnelle. Afrique, Proche-Orient*, Éditions Mare & Martin, 2019, pp. 141-157.

[1738] N. Danelciuc-Colodrodrovschi, « L'autorité persuasive des décisions de la justice internationale », *in les cahiers de l'institut* Louis-Favoreu, *op.cit.,*, p. 52.

§1. Les juges régionaux et les constitutions internationalisées

En droit international (conventionnel et coutumier), la condition de réciprocité ne s'applique pas aux traités internationaux de protection des droits humains[1739]. Mieux encore, sur le plan européen, la Cour de Strasbourg érige la convention européenne des droits de l'homme en « instrument constitutionnel de l'ordre public européen »[1740], obligeant ainsi, de manière objective, les États parties à l'égard de toutes les personnes se trouvant sous leur juridiction : un État partie ne doit pas tenir compte du comportement des autres États parties pour se dérober ou s'acquitter de ses obligations conventionnelles[1741]. De plus, la Cour veille à ce que les droits internes des États parties soient conformes au contenu matériel de la Convention de 1950 (**A**). On sait que l'expression « juge européen » peut également désigner les juges du tribunal de l'UE et ceux de la CJUE. Mais ceux-ci, malgré leurs rapports avec le juge interne des États membres de l'UE, ne seront pas évoqués, de manière détaillée, dans cette partie. Par ailleurs, les juges régionaux et communautaires africains tentent de soumettre les ordres constitutionnels des États africains à leurs systèmes de protection des droits de l'homme respectifs (**B**).

A. Le juge européen et la Constitution de la Bosnie-Herzégovine

L'expression « juge européen » désigne, dans la perspective de cette analyse, la Cour européenne des droits de l'homme qui entretient une relation étroite avec l'ordre constitutionnel de la Bosnie-Herzégovine. Outre l'intégration directe de la Convention européenne des droits de l'homme dans la Constitution, les juges internationaux, qui siègent au sein de la Cour constitutionnelle de la Bosnie-Herzégovine sont nommés par le Président de la CEDH. Et,

---

[1739] Convention de Vienne sur le droit des Traité de 1969, art. 60 § 5.

[1740] CEDH, *Loizidou c/ Turquie,* 23 mars 1995, n°15318/899, Série A, n°310 § 75

[1741] N. Hajjami, « Const. Const., 15 janv. 1975, n° 74-54 DC, Loi relative à l'interruption de la grossesse », *in* A. Pellet, A. Miron (dirs.), *Les grandes décisions de la jurisprudence française de droit international public*, Dalloz, 2015, pp. 69-81.

lorsqu'une victime de la violation des droits conventionnés ne trouve pas de satisfaction sur le plan interne, elle a la faculté, comme ce fut le cas dans *l'affaire Sejdic and Finci v. Bosnia and Herzegovina*[1742], de saisir la CEDH. En effet, la constitutionnalisation de la discrimination à l'égard des minorités ethniques dont relèvent les sieurs Sejdic and Finci a conduit la CEDH à se prononcer sur l'ordre constitutionnel de la Bosnie-Herzégovine.

En l'espèce, les sieurs Dervo Sejdic et Jacob Finci (d'origine rom et juive) ont saisi la CEDH le 3 juillet et le 18 août 2006 respectivement, contre la Bosnie-Herzégovine, leur État d'origine[1743]. Les requérants reprochaient à la Bosnie-Herzégovine d'avoir constitutionalisé la discrimination à travers la répartition de tous les postes électifs entre les trois ethnies majoritaires de l'État, en excluant ainsi les minorités ethniques que la Constitution appelle maladroitement « les autres »[1744].

Pour donner plus d'autorité à la décision qu'elle prendra sur cette sensible et importante question relative à l'ordre constitutionnel entier de la Bosnie-Herzégovine (fondé sur l'ethno-stratégie de paix et de communautarisation de la répartition des pouvoirs au sein des institutions étatiques)[1745], la Cour a analysé le régime juridique de la discrimination en droit international. Elle a rappelé, de manière vigoureuse, l'interdiction de la discrimination raciale en droit international en citant, spécialement, la Convention sur l'interdiction

---

[1742] https://www.doctrine.fr/d/CEDH/HFJUD/GRANDCHAMBER/2009/CEDH001-96495

[1743] CEDH, Cour (Grande Chambre), 22 déc. 2009, n°27996/06 ; 34836/06, §2 : les requérants se plaignaient « de l'impossibilité qui est leur faite, à raison de leurs origines rom et juive respectivement, de se porter candidats aux élections à la chambre des peuples et à la présidence de Bosnie-Herzégovine. Ils invoquent les articles 3, 13 et 14 de la Convention [européenne des droits de l'homme], l'article 3 du Protocole n° 1 et l'article 1 du Protocole n° 12 ».

[1744] Préambule de la Constitution de 1995, §9.

[1745] Voir *supra,* chapitre 4, Section 2, §2, B.

de toutes les formes de discriminations raciales du 21 décembre 1965[1746].

Depuis le 16 juillet 1993, la Bosnie-Herzégovine est partie à cette Convention. En dépit du fait que les États parties se sont engagés à interdire et à éliminer la discrimination raciale sous toutes ses formes et à garantir le droit de chacun à l'égalité devant la loi sans distinction de race, de couleur ou d'origines nationale ou ethnique[1747], la Bosnie-Herzégovine a établi un ordre constitutionnel défavorisant les minorité ethnique en 1995.

Ensuite et universellement, il y a le Pacte relatif aux droits civils et politiques qui interdit également la discrimination en des termes quasiment identiques :

> « Les États parties au [...] Pacte s'engagent à respecter et à garantir à tous les individus se trouvant sur le territoire et relevant de leur compétence les droits reconnus dans le présent Pacte, sans distinction aucune, notamment de race, de couleur, de sexe, de langue, de religion, d'opinion politique ou toute autre opinion, d'origine nationale ou sociale, de fortune, de naissance ou de toute autre situation »[1748].

La CEDH aurait pu citer, dans ce sillage, la jurisprudence *Barcelona Traction* selon laquelle l'interdiction de la discrimination raciale fait partie des règles qui s'appliquent *erga Omnes*[1749].

[1746] Selon cette Convention, art. 1, (1), l'expression discrimination raciale désigne « toute distinction, exclusion, restriction ou préférence fondée sur la race, la couleur, l'ascendance ou l'origine nationale ou ethnique, qui a pour but ou pour effet de détruire ou de compromettre la reconnaissance, la jouissance ou l'exercice, dans des conditions d'égalité, des droits de l'homme et des libertés fondamentales dans le domaine politique , économique, sociale, et culturelle ou dans tout autre domaine de la vie publique ».

[1747] Convention sur l'élimination de toutes les formes de discrimination raciale, adoptée et ouverte à la signature et à la ratification par l'AGNU dans sa résolution 2106 (XX) du 21 décembre 1965, art. 5.

[1748] Pacte relatif aux droits civils et politiques de 1966, art. 2 (1).

[1749] *Affaire Barcelona Traction (Belgique c. Espagne),* CIJ, arrêt du 5 février 1970, *Rec.* 1970, §§ 33 et 34 : « Vu l'importance des droits en cause,

Dans tous les cas, la jouissance des droits et libertés reconnus dans la Convention européenne des droits de l'homme doit être assurée, sans distinction aucune, fondée notamment sur le sexe, la race, la couleur, la langue, la religion, les opinions politiques ou toutes autres opinions, l'origine nationale ou sociale, l'appartenance à une minorité nationale, la fortune, la naissance ou toute autre situation[1750].

Cependant, l'ascension à la Présidence de la Bosnie-Herzégovine est réservée aux membres des trois grandes ethnies constitutives de l'État central : un Bosniaque, un Croate, et un Serbe[1751]. Il en est de même de la Chambre des peuples composée de quinze (15) députés : cinq (5) Bosniaques, cinq (5) Croates et cinq (5) Serbes[1752]. Pour être éligible à l'une de ces institutions étatiques, le candidat doit impérativement, selon la Constitution, appartenir à l'une des trois ethnies constitutives du pays. A défaut, il ne pourra jamais être élu.

Or, la Bosnie-Herzégovine est un État pluriethnique, abritant plusieurs minorités. Ainsi, les sieurs Dervo Sejdic et Jacob Finci, appartenant aux minorités roms et juives, sont disqualifiés *de jure* à toute compétition pour un poste électif. Donc, il y a un traitement différencié des citoyens de la Bosnie-Herzégovine sur cette question. Par conséquent, la CEDH conclut en ces termes :

> « Holds by fourteen votes too three that there has been a violation of Article 14 of the convention taken in conjunction with Article 3 of Protocol No. I as

---

tous les États peuvent être considérés comme ayant un intérêt juridique à ce que ces droits soient protégés ; les obligations dont il s'agit sont des obligations *erga omnes.* Ces obligations découlent par exemple, dans le droit international contemporain, de la mise hors la loi des actes d'agression et du génocide mais aussi des principes et des règles concernant les droits fondamentaux de la personne humaine, y compris la protection contre la pratique de l'esclavage et ***la discrimination raciale*** ».

[1750] Convention européenne des droits de l'homme du 4 novembre 1950, art. 14.

[1751] Constitution de la Bosnie-Herzégovine du 14 décembre 1995, art, V.

[1752] *Ibid. art.* IV (1).

regards the applicants' inegibility to stand for eletion to the House of People of Bosnia and Herzegovina »[1753].

Dire que certaines dispositions de la Constitution de la Bosnie-Herzégovine, issues du processus de paix de Dayton, sont incompatibles avec la Convention européenne des droits de l'homme, signifie clairement qu'un acte juridique élaboré par la communauté internationale elle-même peut porter atteintes aux droits et libertés fondamentaux des citoyens. Certes le processus de paix de Dayton était compliqué et tendu, mais les rédacteurs de la Constitution de la Bosnie-Herzégovine aurait pu trouver une solution qui puisse arranger toutes les composantes de cet État. Désormais, seule une révision constitutionnelle permettrait de régler la question et, idéalement, avant la fin de l'Administration internationale de ce territoire.

Analogiquement, les juges régionaux et communautaires africains aussi condamnent, de temps en temps, les États qui violent les régimes de protection des droits humains, établis dans leurs sphères de compétence respectives.

B. Les juges supranationaux africains et les constitutions internationalisées

Les juges supranationaux africains incluent les juges régionaux et ceux communautaires. *Au sens large,* on entend par « juges régionaux africains », l'ensemble des mécanismes et juridictions chargés de faire respecter les instruments juridiques de protection des droits de l'homme à l'échelle du continent africain. *Au sens strict,* nous désignons, particulièrement la Cour africaine des droits de l'homme et des peuples dont les décisions, en matière contentieuse, sont contraignantes. Quant aux « juges communautaires », ils veillent au respect des différents droits (y compris la protection des droits humains) des organisations d'intégration sous-régionales. Les systèmes d'intégration et la protection juridique des droits de l'homme – allant du système de la Charte africaine de protection des individus

[1753] CEDH, Grand Chamber, *Case of Sejdic and Finci v. Bosnia and Herzegovina (*Application nos. 27996/06 and 34836/06), 22 December 2009 : voir spécialement les points 5 et 7 du dispositif.

et des peuples, en passant par l'OHADA, jusqu'aux différents régimes communautaires relatifs aux droits humains – donnent l'occasion à ces juges de se prononcer sur les normes constitutionnelles des États en cause : cela est dû au fait que la plupart des droits fondamentaux sont à la fois conventionnellement et constitutionnellement protégés. Par conséquent, la violation de certains droits constitutionnalisés entraîne, en même temps, la violation des conventions internationales qui consacrent les mêmes droits. Deux cas d'étude qui impliquent la Côte d'Ivoire (**1**) et le Zimbabwe (**2**), méritent d'être développés.

1. Le contrôle de conventionnalité du droit politique ivoirien : une inconstitutionnalité transportée devant la Cour africaine des droits de l'homme et des peuples

Par droit politique, nous entendons l'ensemble des textes juridiques tels que le code électoral et les dispositions constitutionnelles en rapport avec la conquête et l'exercice du pouvoir dans un État. L'instrumentalisation de ce droit politique en Côte d'Ivoire a fini par être portée devant le juge régional africain. Il faut, de prime abord rappeler que, depuis le 31 mars 1992, la Côte d'Ivoire est devenue partie à la CADHP de 1981. Elle a également ratifié le Protocole de Ouagadougou, créant la Cour africaine des droits de l'homme et des peuples, le 25 janvier 2004. Puis, le 23 juillet 2013, elle accepta la compétence de la Cour pour recevoir les requêtes des individus et des ONG conformément à l'article (6) du Protocole de Ouagadougou[1754]. L'État ivoirien s'engage constitutionnellement « à bâtir un État de droit dans lequel les droits de l'homme, les libertés publiques, la dignité de la personne humaine, la justice et la bonne gouvernance tels que définis dans les instruments juridiques internationaux » auxquels il est partie, notamment la Charte de l'ONU de 1945, la DUDH de 1948, la CADHP et ses protocoles additionnels ainsi que l'Acte constitutif de l'UA de 2001[1755]. Cependant, le 10 septembre 2019, une requête a été déposée contre l'État l'ivoirien, pour la violation des instruments juridiques internationaux sus-mentionnés, devant la Cour africaine des droits de l'homme et des peuples.

[1754] CADHP, *affaire Suy Bi Gohoré Emile et autres c. la République de la Côte d'Ivoire* (requête n°044/2019), arrêt du 15 juillet 2019, §2.

[1755] Constitution ivoirienne du 12 octobre 2016, Préambule.

En l'espèce, il est allégué qu'entre le 21 janvier et le 26 juin 2019, l'État défendeur a organisé un processus de dialogue politique pour réformer la Commission électorale indépendante (CEI). À l'issue du processus, une nouvelle loi sur la recomposition de la CEI a été adoptée par l'Assemblée nationale (le 30 juillet 2019)[1756] et par le Sénat (le 2 août suivant), avant d'être promulguée par le Président de la République le 5 août 2019[1757]. Le 2 août 2019, les députés de l'opposition ont saisi le Conseil Constitutionnel ivoirien et dénoncé la non-conformité des articles 5, 16 et 17 de la loi litigieuse aux dispositions 4, 53 et 123 de la Constitution ivoirienne[1758]. Le 5 août, le Conseil Constitutionnel déclara la requête irrecevable à cause d'une référence faite au projet de loi, car, selon le Conseil, il ne se prononce pas sur la constitutionnalité des projets de loi[1759]. Le 6 août 2019, les requérants ont saisi à nouveau le Conseil en se référant directement à la loi adoptée. Le 13 août, le Conseil a, une fois de plus, rejeté la requête parce qu'il ne peut pas, *a priori*, se prononcer sur la constitutionnalité d'une loi déjà promulguée[1760].

Les requérants ont traduit l'État ivoirien, le 10 septembre 2019, devant la CADHP. Ils lui reprochaient d'avoir violé son obligation de créer un organe électoral indépendant et impartial tel que prévu par les articles 3, 10, 13 et 17 de la Charte africaine sur la démocratie, les élections et la gouvernance et l'article 3 du Protocole de la CEDEAO sur la démocratie et la bonne gouvernance ainsi que l'article 26 du Pacte international relatif aux droits civils et politiques (PIDCP)[1761].

Selon l'État ivoirien qui se réfère à l'article 113 de sa Constitution, « aucune action ne peut être engagée [*a priori*] par de simples individus contre une loi déjà promulguée »[1762]. *A contrario,* dans son dispositif, la Cour conclut que l'État défendeur ne s'est pas acquitté de son obligation de créer un organe électoral indépendant et

---

[1756] Il s'agit de la Loi n°2019-708.

[1757] CADHP, *affaire Suy Bi Gohoré Emile et autres c. la République de la Côte d'Ivoire, op. cit.*, §2.

[1758] *Ibib.*, § 4.

[1759] *Ibid.*, § 5.

[1760] *Ibid.*, §§ 6 et 7.

[1761] *Ibid.*, § 12.

[1762] *Ibid.*, § 99.

impartial tel que cela est prévu par l'article 17 de la Charte africaine sur la démocratie, des élections et la gouvernance ainsi que par la Charte de la CEDEAO[1763]. Elle ajoute également que :

> « L'État défendeur ne s'est pas pleinement acquitté de ses obligations de garantir la confiance du public et la transparence dans la gestion des affaires publiques ainsi que la participation effective des citoyens aux processus démocratiques, comme le prescrivent les articles 3 et 13 de la Charte africaine sur la démocratie, des élections et de la gouvernance. Il n'a pas non plus veillé à ce que le corps électoral ait la confiance des acteurs et protagonistes de la vie politique, comme le prescrit l'article du Protocole de la CEDEAO sur la démocratie, les élections et la bonne gouvernance »[1764].

En conséquence, la Cour a ordonné à l'État d'y remédier avant toute élection[1765]. L'État ivoirien a refusé de se soumettre à la décision de la Cour en organisant les élections présidentielles du 31 octobre 2020 et en retirant sa déclaration concernant la compétence de la Cour à statuer sur des requêtes individuelles. Ainsi, il s'est comporté comme le Zimbabwe dans *l'affaire Mike Campbell et autres.* Dans cette affaire, le Zimbabwe a eu à faire au Tribunal de la *Southern African Development Community* (SADC) qui l'a condamné pour avoir constitutionnalisé la discrimination à l'égard des fermiers blancs. Cette condamnation se justifiait par le fait que seuls les fermiers blancs étaient concernés par l'expropriation des terres agricoles autorisée par l'Amendement constitutionnel n° 17 adopté en 2005.

2. Un contrôle de supraconstitutionnalité provoquant la dissolution du Tribunal de la SADC

Le Tribunal de la SADC veille au respect du droit communautaire de la SADC (le Traité constitutif et ses instruments

---

1763 *Ibid.,* dispositif, point VIII.
1764 *Ibid.,* dispositif, point IX.
1765 *Ibid.,* réparations, points X, XI et XIII.

subsidiaires). Le gouvernement zimbabwéen ayant refusé de se conformer aux mesures provisoires prononcées contre lui dans *l'affaire Mike Campbell et autres contre le Zimbabwe*[1766], le Tribunal a saisi, le 20 juin 2008, le sommet de la SADC, qui a décidé, contre toute attente, de le suspendre en 2010[1767].

Le 17 août 2012, le Sommet de la SADC a décidé que la mise en place d'un nouveau tribunal serait négociée et que son mandat se limiterait aux différends interétatiques en rapport avec l'interprétation du Traité et des Protocoles[1768]. Le Protocole relatif au nouveau Tribunal a été adopté le 18 août 2014[1769].

En l'espèce, le 11 octobre 2007, Mike Campbell et William Michael Campbell saisirent le Tribunal de la SADC en contestant *l'amendement constitutionnel n°17* autorisant l'acquisition de leurs terres agricoles par l'État zimbabwéen. Ils sollicitèrent des mesures provisoires en vue d'empêcher leur expropriation par le défendeur[1770] : ces mesures ont été accordées le 13 décembre 2007[1771]. Par la suite, soixante-dix-sept autres requérants intervinrent dans la

---

[1766] *Affaire Mike Campbell (Pvt) Ltd et autres c. la République du Zimbabwe SADC (T)* (affaire n° 2/2007, 28-11-2008).

[1767] https://www.sadc.int/about-sadc/sadc-institutions/tribun/

[1768] En limitant la compétence du tribunal aux différends interétatiques, le Sommet de la SADC a supprimé la compétence du tribunal concernant les recours individuels. Or, jusque-là, en Afrique, les différends interétatiques devant les juridictions supranationales sont très rares.

[1769] Protocole relatif au nouveau Tribunal du 18 août 1014, art. 33 : « [t]he Tribunal shall have jurisdiction on the interpretation of the SADC Treaty and Protocols relating to disputes between Member States ». On comprend clairement que la compétence du Tribunal ne s'étend plus aux requêtes individuelles.

[1770] Les requérants agirent conformément à l'article 28 du Protocole de 2000 relatif au Tribunal de la SADC.

[1771] « [t]he Tribunal grants the application pending the determination of the main case and orders that the Republic of Zimbabwe shall take no steps, or permit no steps to be taken, directly, whether by its agents or by orders, to evict from or interfere with the peaceful residence on, and beneficial use of, the farm known as Mount Carmell of Railway 19, measuring 1200 ». Voir SADC (T) Case No 2/2007, p. 5

procédure en demandant les mêmes mesures provisoires : le Tribunal les leur accorda le 28 mars 2008[1772].

Certes, l'acquisition des terres au Zimbabwe a une longue histoire, mais seules les acquisitions effectuées en vertu de « l'article 16B de la Constitution du Zimbabwe » étaient concernées. Sur ce, il était question d'un contrôle de supra-constitutionnalité dans la mesure où le Tribunal devrait vérifier la conformité de cette disposition constitutionnelle au droit conventionnel de la SADC. Les requérants dénonçaient la violation de leurs droits constitutionnels d'accéder à la justice, de ne pas être discriminés, et surtout, d'être indemnisés en cas d'expropriation. *A contrario,* l'État argua que le Tribunal n'était pas compétent pour connaître de la requête[1773]. Pour établir sa compétence, le Tribunal rappela qu'il est l'une des institutions de la SADC établie en vertu de l'article du Traité constitutif et ses fonctions consistent à assurer le respect du droit communautaire de la SADC et à statuer sur les différends qui en découlent[1774]. Il précisa que les requérants avaient d'abord saisi la Cour suprême du Zimbabwe[1775]. Cependant, étant donné que l'amendement constitutionnel n°17 avait écarté la compétence des tribunaux internes en ce qui concerne l'acquisition des terres agricoles, les requérants ne pouvaient pas saisir les juridictions nationales[1776]. La Cour suprême a corroboré cela dans sa décision rendue le 22 février 2008 dans *l'Affaire Mike Campbell contre le ministre de la sécurité nationale* responsable des terres, de la

---

[1772] Ces mesures ont été accordées sur le fondement de l'article 30 du Protocole relatif au Tribunal.

[1773] SADC (T) Case No. 2/2007, pp. 14 et s.

[1774] Traité constitutif de la SADC, art. 16.

[1775] Les particuliers sont tenus d'épuiser les voies de recours internes de l'État avant de pouvoir soumettre une affaire à une juridiction internationale. Cela signifie que les individus doivent passer par le système judicaire, en commençant par le Tribunal de première instance jusqu'à la haute cour d'appel pour obtenir un recours. La raison d'être de l'épuisement des recours locaux est de permettre aux tribunaux locaux de traiter en premier lieu l'affaire parce qu'ils ont bien placés pour les questions juridiques de droit national qui leur sont soumises. Cela permet également de s'assurer que le tribunal international ne traite pas d'affaires qui auraient pu être facilement tranchées par les tribunaux nationaux.

[1776] Protocole de 2000, art. 14.

réforme agraire et de la réinstallation (SC 49/07)[1777]. En outre, le Tribunal a fait référence à l'article 4, (point c), du Traité constitutif qui dispose : « La SADC et les États membres sont tenus d'agir conformément aux principes suivants : droits de l'homme, démocratie et État de droit ». Donc, le Tribunal était compétent pour connaître de la requête, d'autant plus que le défendeur ne pouvait pas invoquer son droit national, y compris constitutionnel, pour se soustraire aux obligations internationales.

Cela étant, pour répondre à l'allégation relative à la violation du droit d'accès à la justice, le Tribunal a précisé que « la notion d'État de droit englobe au moins deux droits fondamentaux, à savoir le droit d'accès aux tribunaux et le droit à un procès équitable. Or, l'article 4 (c) du Traité oblige les États membres de la SADC à respecter les principes des droits de l'homme, de la démocratie et de l'État de droit » et, en vertu de l'article 6 (1) du Traité, « à s'abstenir de prendre toute mesure susceptible de mettre en péril le maintien de ses principes, la réalisation de ses objectifs et la mise en œuvre des dispositions du traité ». En conséquence, les États membres de la SADC, y compris le défendeur, sont tenus de respecter, de protéger et de promouvoir ces deux droits fondamentaux[1778]. Cependant, par un « langage clair et sans ambiguïté de de l'article 16B (3) de la

[1777] La Cour suprême affirma que la question de savoir quelle protection la Constitution doit accorder à un individu dans l'installation et la jouissance de la propriété privée est une question de caractère politique et législatif, et que celle de savoir quelle propriété doit être acquise et de quelle manière n'est pas une question judicaire. Elle est allée plus loin en déclarant que « par langage claire et sans ambiguïté de la Constitution, le législateur, dans le bon exercice de ses pouvoir, avait légalement écarté la compétence des tribunaux de toutes les affaires dans lesquelles une contestation de l'acquisition de terres agricoles peut être demandée » Voir (SC 49/07/2008).

[1778] Charte africaine des droits de l'homme et des peuples, l'article 7, paragraphe 1, (point a). La Commission africaine des droits de l'homme et des peuples, dans sa décision dans l'affaire Constitutional Rights Project, Civil Liberties Organisation and Media Rights Agenda v. Nigéria, Comm. No. 140/94, 141/94, 145/95 (1999). Voir égal. Commission africaine des droits de l'homme et des peuples, *Affaire Constitutional Right Project, Civil Liberties Organisation and Media Rights Agenda v. Nigeria,* Comm. No. 140/94, 141/94, 145/95 (1999), § 29.

Constitution, le législateur [...] a écarté la compétence des tribunaux de toutes les affaires dans les lesquelles une contestation de l'acquisition de terres agricoles garanties aux termes de l'article 16B (2) (a) de la Constitution aurait pu être demandée »[1779].

Donc, selon le Tribunal, les requérants se sont vus expressément refuser la possibilité d'aller en justice et de demander réparation : ils ont été privés de terres agricoles sans avoir eu droit d'accès aux tribunaux et droit à un procès équitable (élément essentiel de l'État de droit). Par conséquent, le défendeur a violé l'article 4, point c), du Traité constituant la SADC.

Ensuite, concernant l'allégation relative à la discrimination à l'égard des requérants, la question était de savoir si, en l'absence de la mention explicite du mot « race » dans l'amendement n° 17, ce serait la fin de l'affaire. Le Tribunal rappela que les demandeurs ont fait valoir que, même si l'amendement pouvait être considéré comme n'étant pas discriminatoire en soi, ses effets le rendaient discriminatoires parce que les terres agricoles visées sont toutes détenues par des agriculteurs blancs. Ces effets ont eu un impact injustifiable et disproportionné sur un groupe d'individus distingués par la race comme les demandeurs. Cette « différenciation de traitement appliquée aux demandeurs constituait une discrimination, car les critères de cette discrimination n'étaient ni justifiables ni objectifs ; ils étaient plutôt arbitraires et fondés sur des considérations

[1779] Le tribunal répondit en disant qu'il existe aucun doute un recours, mais uniquement en ce qui concerne le paiement de l'indemnisation en vertu de la section 16B (2) (b), mais il n'y a pas de contrôle judiciaire du tout en ce qui concerne les terres acquises en vertu de la section 16B (2) (a) (i) et (ii), comme l'a correctement soumis l'avocat des requérants. En effet, les terres des requérants avaient été acquises en vertu de la section de l'article 16B (2) (a) (i) et (ii). Il est significatif que, alors qu'en vertu de la section 16B (2) (a) (iii), il est fait mention de l'autorité acquéreuse, c'est-à-dire d'un ministre dont la décision peut être soumise à un contrôle judicaire, aucune mention de ce type n'est faite en ce qui concerne la section 16B (2) (a) (i) et (ii), de sorte qu'en fait les requérants ne peuvent pas procéder à un contrôle judiciaire ou autre. C'est pourquoi il est expressément fait référence au fait que les dispositions de la section 18 (1) et (9) ne s'applique pas aux terres acquises en vertu de la section 16B (2) (a).

de race. Donc le Tribunal estima qu'en discriminant les requérants, le défendeur a violé l'article 6, §2, du Traité constitutif[1780].

Enfin, quant à la question de la réparation, les requérants ont fait valoir que l'expropriation de leurs terres ne s'est pas accompagnée d'une indemnisation. Le défendeur n'a pas contesté le fait que les requérants avaient droit à une indemnisation, toutefois, il prétexta que l'Accord d'indépendance de 1978 prévoyait que l'indemnisation pour les terres expropriées à des fins de réinstallation serait effectuée par l'ancienne puissance coloniale, la Grande-Bretagne. Mais en droit international, c'est l'État expropriant qui paie l'indemnisation. Or, la section 16B (2) (b) de l'amendement n°17 prévoyait qu'« aucune indemnité n'est payable pour les terres visées au paragraphe (a), sauf pour les améliorations apportées à ces terres avant leurs acquisitions ». Donc, le Tribunal conclut qu'« en vertu du droit international, les requérants ont le droit d'être indemnisés et le défendeur a le devoir corrélatif de verser une indemnisation équitable ».

On comprend, à partir de ces deux affaires, que le rapport des États africains à la justice est très délicat. Après la condamnation du Zimbabwe par le Tribunal de la SADC, cet État a tout mis en œuvre pour obtenir la dissolution du Tribunal. La compétence du nouveau Tribunal établi en 2014 a été réduite aux seules requêtes individuelles[1781]. La Côte d'Ivoire aussi, après sa condamnation par la CADHP le 15 juillet 2020, a manifesté son intention de retirer sa déclaration en vertu de laquelle les citoyens ivoiriens pouvaient saisir cette juridiction continentale[1782]. Devant le refus des États en cause de se soumettre aux décisions des juridictions communautaires ou régionales, les ressortissants étrangers, contrairement aux nationaux, peuvent solliciter la protection diplomatique de leur État d'origine qui pourrait saisir la Cour internationale de Justice (CIJ).

[1780] « SADC and Member States shall not discriminate against any person on grounds of gender, religion, political, views, race, ethnic origin, culture, ill health, disability, or such other gounds as may be dtermined by the summit ».

[1781] Protocole relatif au nouveau Tribunal du 18 août 2014, art. 33.

[1782] Elle a déposé l'instrument de retrait devant la Commission de l'UA le 29 avril 2020.

§2. La CIJ et les constitutions internationalisées

Le rapport entre la CIJ, juridiction mondiale garante de l'ordre juridique international, et les constitutions internationalisées est difficile à établir, d'autant plus qu'il revient aux États d'interpréter et d'appliquer leur droit interne :

> « La Cour rappelle qu'il appartient à chaque Etat, au premier chef, d'interpréter son droit interne. La Cour n'a pas, en principe, le pouvoir de substituer sa propre interprétation à celle des autorités nationales [...]. Exceptionnellement, si un Etat propose de son droit interne une interprétation manifestement erronée, notamment afin d'en tirer avantage dans une affaire pendante, il appartient à la Cour de retenir l'interprétation qui lui paraît correcte »[1783].

Toutefois, la compétence de la CIJ peut être envisagée, à titre prospectif, avec l'introduction directe et massive des normes internationales dans les ordres juridiques internes des États post-conflits. La CIJ pourrait se prononcer sur des constitutions internes (y compris post-conflits) dans deux cas de figure au moins[1784].
D'abord, quand la constitution ou les institutions constitutionnelles d'un État viole les normes de *jus cogens* qui s'appliquent *erga omnes*,

---

1783 *Affaire Ahmadou Sadio Diallo* (République de Guinée c. République démocratique du Congo), Exceptions préliminaires, CIJ, arrêt du 24 mai 2007, *Rec.* § 70.

1784 « La Cour internationale de Justice (CIJ), qui a son siège à La Haye (Pays-Bas), a pour mission de régler conformément au droit international les différends que les États lui soumettent. Elle est également à la disposition d'un certain nombre d'institutions ou organes internationaux pour leur donner des avis consultatifs. Aussi appelée la « Cour mondiale », la CIJ est l'organe judiciaire principale de l'Organisation des Nations Unies (ONU). Elle a été instituée en juin 1945 par la Charte des Nations Unies et a entamé ses activités en avril 1945. La CIJ est la plus haute juridiction du monde et la seule à avoir compétence à la fois universelle et générales : elle est ouverte à tous les États membres des Nations Unies et peut connaître, dans les conditions prévues par son Statut, de toute question de droit international ». Voir *Manuel* de la CIJ sur le site : https://www.cij-cij.org/public/files/publications/handbook-of-the-court-fr.pdf, p. 5.

les autres États pourraient engager la responsabilité internationale de l'État en cause devant la CIJ (**A**).

Ensuite, en cas de substitution temporaire de l'État de droit interne par l'état de droit international, la CIJ serait compétente pour se prononcer sur les normes internationales, dont les résolutions du CSNU, faisant office de constitution (matérielle ou formelle) au plan interne[1785] : le cas du Kosovo (**B**).

A. La CIJ et le droit constitutionnel international

La plupart des constitutions internationalisées comportent une partie du droit constitutionnel international. Celui-ci, très controversé, mérite d'être défini de prime abord. Pour A. Verdross, le « droit constitutionnel international » est le droit international coutumier[1786] :

> « This constitution is, however, not set down in a document as is the case in most modern states and the League of Nations, which is at present the most comprehensive partial international legal community. Instead, it is founded on international customary law [...]. From this united system of norms (normenordnung) which is rightly called international legal community (Völkerrechtsgemeinschaft) because it is a community established by general international law. The international legal fundamental order is, therefore, the constitution of the international legal community »[1787].

Autrefois, les droits constitutionnels internes et le droit international se mêlaient et s'enchevêtraient par le truchement de la

[1785] Les résolutions du Conseil de sécurité jouent un rôle fondamental en période d'administration internationale de territoire étatique ou non. Les litiges en matière d'interprétation ou de conformité de ces résolutions à la Charte de l'ONU peuvent être soumis à la CIJ, que ce soit en matière consultative ou contentieuse.

[1786] B. Mirkine-Guetzévitch, *Droit constitutionnel international*, Paris, Sirey, 1933, p. 7.

[1787] B. Fassbender, *op. cit.*, p. 29.

coutume[1788]. Y. Gouet mentionne que tous ces deux droits, interne et international, font appel à la coutume, et que « ce serait se priver de beaucoup de lumières que de ne pas tenir compte dans l'étude de la coutume constitutionnelle interne des renseignements apportés par l'étude de la coutume constitutionnelle internationale, et réciproquement »[1789]. Une part importante de ladite coutume a été codifiée dans la Charte de l'ONU, dans les conventions relatives aux droits de l'homme, au droit humanitaire, au droit international pénal, *etc.* Quant à G. Scelle, il affirme que le « droit constitutionnel international » est l'ensemble des normes constitutives de la communauté internationale[1790] : il s'agit de normes constitutionnelles de la vie internationale. Selon lui, « Toute collectivité inter-sociale, y compris la communauté internationale du droit des gens, repose [...] sur un ensemble de règles constitutives essentielles à leur existence, à leur durée, à leur progrès »[1791]. Dans cette optique, il perçoit la société internationale comme un ensemble composé de sous-ensembles, et le tout fonctionne à l'image d'un État fédéral[1792]. La construction de cet État mondial nécessité un « fédéralisme normatif »[1793].

Contrairement à ces deux approches internationalistes, B. Mirkine-Guetzévitch aborda la question sous un angle interniste. Dès

---

[1788] Y. Gouet, *op. cit.*, p. 125.

[1789] *Ibid.*, p. 18.

[1790] B. Mirkine-Guetzévitch, *Droit constitutionnel international*, *op. cit.* p. 8.

[1791] G. Scelle, *Précis de droit des gens : principes et systématique*, Paris, Sirey, Vol. II, 1934, p. 7.

[1792] G. Scelle, « Le droit constitutionnel international », *in Mélanges* Carré De Malberg, Paris, Sirey, 1933, pp. 513-514.

[1793] Pour G. Scelle, le fédéralisme normatif est un système de rapports entre différentes normes, dont l'étude relève de la théorie générale du droit. J.-C. Gautron, souligne que le fédéralisme normatif scellien était une phase transitoire devant déboucher sur le fédéralisme institutionnel (institutions commune). Sauf que, pour nous, le fédéralisme « mondial » devrait être compris à la fois dans ses sens normatif et institutionnel, car l'un serait inefficace et ineffectif sans l'autre. Voir O J.-C. Gautron, « Compte-rendu des débats », *in* O. Dupéré (dir.), *Droit international et constitution : regards sur un siècle de pensée juridique française*, actes de la journée d'études du 15 novembre 2013, Université de Bordeaux, Paris, Institut universitaire Varenne, 2016, p. 301.

le début de son ouvrage *Droit constitutionnel international*, il a précisé ce qu'il entend par « droit constitutionnel international » :

> « Lorsque nous disons que nous étudions le « droit constitutionnel international », nous voulons dire que nous étudions les règles des constitutions des États, les règles constitutionnelles (règles de droit interne) qui ont une portée internationale, et notre exposé ne doit pas aller plus loin. Nous ne prétendons pas dans cet ouvrage, étudier les fondements du droit international, ni la « constitution internationale », ni les règles constitutives de la communauté internationale, nous resterons toujours dans le cadre du droit interne, en étudiant les règles constitutionnelles dans les lesquelles se manifeste l'unité du droit public »[1794].

Au lieu de parler de normes constitutionnelles de portée internationale, J. Combacau a renversé l'approche de B. Mirkine-Guetzévitch en faisant allusion aux rapports entre « constitutions nationales » et « *jus gentium* », sous l'angle de « sources externes »[1795] (régionales et internationales) de la constitution. J.-M. Sorel partage cette analyse quand il dit que le droit constitutionnel international doit être entendu comme les dispositions constitutionnelles relatives aux rapports extérieurs de l'État[1796]. Pour notre part, le « droit constitutionnel international » et le « droit international constitutionnel » ne sont pas à confondre : le premier concerne les dispositions constitutionnelles étatiques de portée internationale et peu importe leurs sources (internes ou internationales). Par contre, le droit international constitutionnel est relatif aux normes internationales de

[1794] B. Mirkine-Guetzévitch, *Droit constitutionnel international, op. cit.* p. 8.

[1795] J. Combacau, « Les sources internationales et européennes du droit constitutionnel », *in* M. Toper, D. Chagnollaud (dir.), *Traité international de droit constitutionnel*, 2012, pp. 405-439, p. 406.

[1796] J.-M. Sorel, « La constitutionnalisation du droit international : conflits et concurrence des sources du droit ? Fausse querelle, mais vraies questions », *in* H. Ruiz-Fabri, M. Rosenfeld (dir.), *Repenser le constitutionnalisme à l'âge de la mondialisation et de la privatisation*, Paris, Société de Législation Comparée, 2011, pp. 23-44, p. 31.

valeur constitutionnelle, qu'on peut classer en deux catégories. D'une part, il y a le droit primaire des organisations internationales (communautaires, régionales ou universelles). D'autre part, les normes internationales d'ordre constitutionnel sont composées de *jus cogens* tant dans leur aspect matériel (ordre public) que procédural (*actio popularis*)[1797] (**1**). La CPJI et la CIJ se sont toujours opposée à l'attitude des États évoquant leurs constitutions internes pour se dérober de leurs obligations internationales (**2**).

1. La compétence de la CIJ en cas de violation des normes de *jus cogens*

Selon A. Pellet, « nul État, nulle organisation internationale, nul organe d'une organisation internationale, qu'il s'agisse du Conseil de sécurité des Nations unies […] n'est au-dessus d'un petit nombre de règles fondamentales, dont la violation entraîne la nullité de l'acte juridique qui la réalise. C'est ce que l'on appelle le *jus cogens* dans l'ordre international, ce qui correspond à l'ordre public du droit interne »[1798].

Ainsi, chaque ordre juridique, interne ou international, comporte des normes exprimant des valeurs matérielles suprêmes[1799]. Ces normes, selon Robert Kolb, peuvent être qualifiées de « constitutionnelles »[1800]. Bien que le principe de l'autonomie constitutionnelle permette aux États d'établir un ordre constitutionnel conforme à leurs propres réalités, cependant, leur liberté, en la matière, n'est pas absolue, dans la mesure où ils sont liés par les règles impératives du droit international (*jus congens et erga omnes*)[1801].

1797 R. Kolb, *Théorie du jus cogens international*, Paris, PUF, 2001, p.75.

1798 A. Pellet, « Constitutionnalisation du droit des Nations unies ou triomphe du dualisme ? », *op. cit.*, p. 415-416.

1799 R. KOLB, *Théorie du jus congens international*, Paris, PUF, 2001, p. 172.

1800 *Ibid.*

1801 Lire D. Alland, V. Chetail, O. De Frouville (ed.by), *Unité et diversité du droit international /Unity and Diverty of International Law*, Leiden/Boston, 2014, 1007 p. Lire égal Ch. Tomuschat, J-M. Touvenin (*ed.*

L'établissement d'une hiérarchie entre les règles de droit international est, dorénavant, un phénomène largement accepté comme la spécificité d'un système juridique qui cherche à protéger certaines valeurs fondamentales de la communauté internationale contre tout empiètement éventuel. Le *jus cogens* et les « obligations *erga omnes* »[1802] sont les mots clés de cette tendance[1803]. On peut retrouver les traces de ce patrimoine juridique commun dans la jurisprudence de la Cour internationale de Justice (CIJ) qui a établi une hiérarchie entre les normes internationales en utilisant des termes tels que les « obligations *erga omnes* »[1804], les « principes intransgressibles du droit humanitaire international coutumier »[1805], les « considérations primordiales d'humanité »[1806], le « *jus cogens* », l'« intérêt collectif inscrit dans les traités multilatéraux » à vocation humanitaire comme la Convention sur le génocide[1807]. Cependant,

---

by), The Fundamental Rules of The International Legal Order, Boston – Leiden, Martinus Nijhoff, 2006, 471 p.

[1802] *Affaire Barcelona Traction* (Belgique c. Espagne), CIJ, arrêt du 5 février 1970, *Rec.* 1970, §§. 33-34 : « Une distinction essentielle doit [...] être établie entre les obligations des États envers la communauté internationale dans son ensemble et celles qui naissent vis-à-vis d'un autre État dans le cadre de la protection diplomatique. Par leur nature même, les premières concernent tous les États. Vu l'importance des droits en cause, tous les États peuvent être considérés comme ayant un intérêt juridique à ce que ces droits soient protégés ; les obligations dont il s'agit sont des obligations *erga omnes.* Ces obligations découlent par exemple, dans le droit international contemporain, de la mise hors la loi des actes d'agression et du génocide mais aussi des principes et des règles concernant les droits fondamentaux de la personne humaine, y compris la protection contre la pratique de l'esclavage et la discrimination raciale ».

[1803] Ch. Tomuschat, J.-M. Thouvenin, « Foreword », », *in* Ch. Tomuschat, J.-M. Thouvenin (*ed. by*), *The Fundamental Rules of the International Legal Order*, Boston, Leiden, Nijhoff, 2006, pp. IX-X, p. IX.

[1804] *Affaire Barcelona Traction* (Belgique c. Espagne), CIJ, arrêt du 5 février 1970, *Rec.* 1970, §§. 33-34.

[1805] *Affaire de la licéité de la menace ou de l'emploi d'armes*, CIJ, avis consultatif du 8 juillet 1996, *Rec.* 1996, §. 79.

[1806] *Affaire Détroit de Corfou* (Royaume Uni de Grande Bretagne et Irlande Nord c. Albanie), CIJ, arrêt du 9 avril 1949, *Rec.* 1949, p. 21.

[1807] GOWLLAND-DEBBAS, « Reflexions on a Decade of International Law: Dark Ages or Renouveau? *in* D. ALLAND, CHETAIL, DE FROUVILLE,

après une analyse de la jurisprudence de la CIJ, pour sanctionner un État pour violation des normes de *jus cogens*, il faut deux conditions. D'abord, ces normes doivent relever de la coutume ou des conventions internationales acceptées par l'État en cause. Ensuite, l'État demandeur doit avoir un intérêt pour agir. Quand l'Afrique du Sud a adopté et établi un ordre constitutionnel discriminatoire en Namibie, le Libéria et l'Ethiopie ont engagé sa responsabilité internationale devant la CIJ en 1962[1808]. Leur requête, qui relevait de *l'actio popularis*, a été rejetée malgré qu'elle était fondée sur la violation des normes de *jus cogens*. Dans cette même logique, le 11 novembre 2019, la République de Gambie aussi a saisi la CIJ concernant des violations alléguées de la Convention pour la prévention et la répression du crime de génocide[1809]. Dans son ordonnance du 23 janvier 2020, la CIJ affirme que « tout Etat partie à la convention sur le génocide peut invoquer la responsabilité d'un autre Etat partie en vue de faire constater le manquement allégué de celui-ci à ses obligations erga omnes partes et de mettre fin à ce manquement »[1810].

A contrario, aucun État n'a obtenu gain de cause devant la CIJ sur le fondement du *jus cogens* : soit pour des raisons de procédure (non-acceptation de la compétence de la Cour) et/ou pour un défaut de ratification des traités intégrant le *jus cogens*). Ainsi, comment comprendre « l'applicabilité des normes impératives à l'ensembles des États » et le refus de les appliquer à un État pour défaut de ratification du traité ?

VIÑUALES (*ed. by*), *Unité et diversité du droit international/Unity and Diversity of International Law*, Leiden/Boston, 2014, pp. 23-43, p. 32.

1808 *Affaire du Sud-Ouest africain* (Ethiopie c. Afrique du Sud), CIJ, arrêt du 18 juillet 1966, *Rec.* 1966.

1809 *Application de la Convention pour la prévention et la répression du crime de Génocide (*Gambie c. Myanmar), CIJ, ordonnance du 3 janvier 2020, §1.

1810 *Application de la convention pour la prévention et la répression du crime de génocide* (Gambie c. Myanmar), CIJ, mesures conservatoires du 23 janvier 2020, *Rec.* 2020, §§ 39-42.

Signalons, quand même, que la CIJ refuse que les États invoquent leurs constitutions internes pour se dérober de leurs obligations internationales.

2. Le fléchissement des constitutions étatiques devant les obligations internationales

La CPJI a eu à se prononcer sur les rapports entre l'ordre constitutionnel de l'État et le droit international dans deux affaires au moins : dans son arrêt du 3 mars 1928 relatif à *la compétence des tribunaux de Dantzig,* la CPJI dit qu'un traité peut, dans certaines mesures, s'appliquer directement dans l'ordre juridique interne de l'État[1811]. Puis, dans son avis consultatif du 4 février 1932 sur *les traitements des prisonniers polonais à Dantzig*[1812], la CPJI affirme la supériorité du droit international sur le droit interne en écartant l'idée qu'un État puisse se prévaloir de son droit interne pour se délier de ses obligations internationales[1813].

Dans cette continuité jurisprudentielle, la CIJ a condamné le Sénégal dans l'affaire Hissein Habré pour n'avoir pas mis son ordre constitutionnel à jour afin de permettre la mise œuvre de la Convention interdisant la torture et les traitements inhumains[1814]. C'est ainsi qu'en 2008, une révision constitutionnelle est intervenue au Sénégal sous l'influence de l'affaire Hissène Habré[1815].

Cela étant, la pratique des AIT, dont le cadre constitutionnel est fixé par une résolution du Conseil de sécurité de l'ONU, donne l'occasion à la CIJ de se prononcer sur des actes « juridiques) internes

---

[1811] P. Gaïa, « Table ronde », *in Les cahiers de l'institut* Louis Favoreu, *op. cit., p.13.*

[1812] *Traitement des nationaux polonais et des autres personnes d'origine ou de langue polonaise*, CPJI, avis consultatif du 4 février 1932, série A/B, n° 44.

[1813] *Ibid.*

[1814] *Question concernant l'obligation de poursuivre ou d'extrader* (Belgique c. Sénégal), CIJ, arrêt du 20 juillet 2012, *Rec.* 2012, §18.

[1815] Voir supra.

et/ou internationalisés. C'est ainsi qu'elle a été saisie de la question du Kosovo.

B. La déclaration unilatérale d'indépendance du Kosovo contrôlée par la CIJ

Le 17 février 2008, les autorités locales Kosovares déclarèrent leur indépendance. Impliquée dans la gestion de la crise kosovare depuis son déclenchement, l'AGNU a aussitôt sollicité l'avis de la CIJ sur la question de savoir si « la déclaration unilatérale d'indépendance des institutions provisoires d'administration autonome du Kosovo est-elle conforme au droit international ? »[1816].

La CIJ examine cette question à l'aune de la résolution 1244 (1999) du CSNU et le règlement n°2001/9 de la MINUK en date du 15 mai 2001 relatif au cadre constitutionnel pour une administration provisoire au Kosovo[1817].

La Cour aboutit à la conclusion selon laquelle la déclaration d'indépendance ne violait pas le cadre constitutionnel de la transition, elle était donc conforme au droit international pour deux raisons essentielles : d'abord, « l'objet et le but de la résolution 1244/ (1999) étaient d'établir un régime juridique temporaire de caractère exceptionnel qui s'est substitué, sauf lorsqu'il l'a expressément conservé, à l'ordre juridique serbe et visait à stabiliser le Kosovo ; ce régime était censé s'appliquer à titre transitoire »[1818].

Ce qui signifie que ce sont les autorités kosovares locales qui étaient à la fois auteurs et signataires de la déclaration d'indépendance en cause.

Donc, ladite déclaration d'indépendance relève du principe de liberté des peuples à disposer d'eux-mêmes[1819]. Cependant, si cet avis consultatif est discutable à certains égards (1), néanmoins, il constitue

---

[1816] *Conformité au droit international de la déclaration unilatérale d'indépendance relative au Kosovo*, CIJ, avis consultatif du 22 juillet 2010, *Rec.* 2010, §1.

[1817] *Ibid.*, §62.

[1818] *Ibid.*, §100.

[1819] *Ibid.*, §105.

une avancée en ce qui concerne la méthode d'interprétation des résolutions[1820], composante importante du droit international (2).

1. Deux critères d'appréciation discutables

Le « but et l'objet » de la transition provisoire du Kosovo et « l'identité » des acteurs de la déclaration d'indépendance étaient les deux critères mis en avant par la CIJ pour donner son avis. Certes « la solution énoncée dans la résolution 1244 (1999), à savoir la mise en place d'une administration [...] intérimaire, visait des objectifs humanitaires »[1821]. En revanche, pourquoi et comment la transition a-t-elle abouti à la proclamation d'indépendance du Kosovo ? L'administration internationale onusienne a-t-elle, d'une manière ou d'une autre, participé, favorisé ou encouragé la prise de cet acte d'indépendance qualifié « d'unilatéral » ?

Concernant la première question, la CIJ affirme qu'on est passé de l'humanitaire à l'indépendance parce qu'« il ressort de la déclaration d'indépendance que ses acteurs avaient conscience de l'échec des négociations relatives au statut final et du tournant décisif auquel se trouvait le Kosovo »[1822].

Quant à la deuxième question, il est difficile de comprendre que l'administration internationale n'a pas contribué et facilité l'accession du Kosovo à l'indépendance.

Primo, le Plan Ahtisaari de 2007 était relatif au statut définitif du Kosovo. Le SGNU de l'ONU a rappelé les conclusions de son Représentant spécial dans la lettre qu'il adressa au CSNU en date du 26 mars 2007 :

> « J'ai la ferme conviction que toutes les possibilités de parvenir à une issue négociée d'un commun accord

[1820] Sur l'interprétation des résolutions du CSNU, lire S.B. Traoré, *L'interprétation des résolutions du Conseil de sécurité des Nations Unies : contribution à la théorie de l'interprétation dans la société internationale,* Basel, Helbing Lichtenhahn Verlag, 2020, 795 p.

[1821] *Ibid.,* §98.

[1822] *Ibid.,* §105

> des parties ont été épuisées. La poursuite des pourparlers, sous quelque forme que ce soit, ne saurait permettre de sortir de cette impasse […]. Le moment est venu de régler le statut du Kosovo. Ayant interrogé attentivement l'histoire récente du Kosovo et […] tenu des négociations avec les parties, je suis parvenu à la conclusion que la seule option viable pour le Kosovo est l'indépendance, en premier temps sous la supervision de la communauté internationale »[1823].

Secundo, la Constitution kosovare a été adoptée sous l'autorité du RSSG, dans la mesure où le Plan Ahtisaari que l'Assemblée constituante n'approuvera officiellement le texte constitutionnel qu'après avoir été certifié par le Représentant civil international[1824].

La Constitution ayant été adopté le 15 juin 2008, il ne restait plus qu'à déclarer l'indépendance de la Province du Kosovo. Celle-ci aura lieu deux jours plus tard, le 17 juin.

Alors, il est incompréhensible de dire que la déclaration d'indépendance est conforme au cadre constitutionnel transitoire, et soutenir que l'administration internationale n'a commis aucun acte *ultra vires,* d'une part, surtout lorsqu'on sait que son objectif initial était purement d'ordre humanitaire. D'ailleurs, selon quelle méthode la Cour a-t-elle interprété la résolution 1244 de 1999 ?

2. L'interprétation des résolutions des organisations internationales : le cas de la résolution 1244 du CSNU

Si la convention de Vienne sur le droit des traités de 1969 a établi une méthodologie concernant l'interprétation des traités, il n'en va pas de même pour les normes non conventionnelles[1825]. Pour interpréter la résolution 1244, qui constitue le fondement du cadre constitutionnel de la transition au Kosovo, la CIJ a, de prime abord,

---

[1823] S/2007/168, 26 mars, 2007, §3 et 5.

[1824] I. Prezas, *op. cit.,* p. 40. V. égal. Le Plan Ahtisaari, art. 10, point 4.

[1825] M. Forteau, « Les techniques interprétatives de la Cour internationale de Justice », *RGDIP*, 2011-2, pp. 399-416, p. 401.

précisé la méthode à suivre à cet effet. Depuis, les doutes qui planaient sur cette question, « sont aujourd'hui levés »[1826]. On sait dorénavant quels sont les paramètres à prendre en compte pour interpréter les actes unilatéraux des organisations internationales :

> « Avant de poursuivre son examen, la Cour doit rappeler plusieurs éléments pertinents aux fins d'interpréter les résolutions du Conseil de sécurité. Il est vrai que les règles relatives à l'interprétation des traités consacrées par les articles 31 et 32 de la convention de Vienne sur le droit des traités peuvent fournir certaines indications mais, compte tenu des différences qui existent entre les instruments conventionnels et les résolutions du Conseil de sécurité, d'autres éléments doivent aussi être pris en considération aux fins de l'interprétation de ces dernières. Les résolutions du Conseil de sécurité sont adoptées par un organe collégial unique et élaborées dans le cadre d'un processus très différent de celui qui permet la conclusion d'un traité. Elles sont adoptées à l'issue d'un vote, comme il est prévu à l'article 27 de la Charte, et leur texte final exprime la position du Conseil de sécurité en tant qu'organe. De plus, les résolutions du Conseil de sécurité peuvent être contraignantes à l'égard de tous les Etats Membres (Conséquences juridiques pour les Etats de la présence continue de l'Afrique du Sud en Namibie (Sud-Ouest africain) nonobstant la résolution 276 (1970) du Conseil de sécurité, avis consultatif, C.I.J. Recueil 1971, p. 54, par. 116), que ceux-ci aient ou non participé à leur formulation. Pour interpréter les résolutions du Conseil de sécurité, la Cour peut être amenée à examiner certaines déclarations faites par les représentants d'Etats membres du Conseil de sécurité à l'époque de leur adoption ou d'autres résolutions de ce dernier ayant trait à la même question, ainsi qu'à se pencher sur la pratique

---

[1826] *Ibid.*, p. 403.

ultérieure des organes pertinents de l'Organisation des Nations Unies et des Etats à l'égard desquels les résolutions en question ont une incidence »[1827].

Ensuite, la Cour a ajouté un autre élément à prendre en compte lors de l'interprétation d'une résolution du Conseil de sécurité. En raison de son importance, cet élément mérite d'être cité textuellement :

> « Il faut soigneusement analyser le libellé d'une résolution du Conseil de sécurité avant de pouvoir conclure à son effet obligatoire. Etant donné le caractère des pouvoirs découlant de l'article 25, il convient de déterminer dans chaque cas si ces pouvoirs ont été en fait exercés, compte tenu des termes des résolutions à interpréter, des débats qui ont précédé son adoption, des dispositions de la Charte invoquées et en général de tous les éléments qui pourraient aider à préciser les conséquences juridiques de la résolution du Conseil de sécurité »[1828].

Ainsi, comme on vient de le constater, la méthode d'interprétation des décisions des organisations internationales constitue la seule plus-value de l'avis consultatif sur la conformité au droit international de la déclaration unilatérale d'indépendance relative au Kosovo.

Il faut rappeler à l'occasion, qu'il y a toujours une « autre zone d'ombre » sur la méthode d'interprétation des décisions et arrêts des juridictions internationales, y compris la CIJ elle-même, lorsqu'elle est saisie d'un recours en interprétation, en vertu des articles 60 et 98 de son statut et de son règlement respectivement[1829]. En tout état de

---

[1827] *Conformité au droit international de la déclaration unilatérale d'indépendance relative au Kosovo*, CIJ, *avis consultatif* du 22 juillet, *op. cit.*, § 94.

[1828] *Ibid.*, 117.

[1829] Sur cette question, lire M. Forteau, « Les techniques interprétatives de la Cour internationale de Justice », *RGDIP*, 2011-2, pp.

cause, « l'interprétation consisterait en une activité de connaissance lorsque l'interprète cherche à clarifier le sens d'un texte (ou d'une pratique) ou à en dresser les différentes significations possibles. Elle serait une activité de volonté lorsque l'interprète se trouve dans une situation de choisir librement la signification d'un texte ou d'une pratique »[1830].

Selon D. Alland, « philosophes, théologiens et juristes voient dans l'interprétation un processus d'élucidation et d'attribution de sens. Interpréter, nous dit la doctrine internationale, c'est donner un sens à un énoncé, c'est dégager le sens et la portée des règles, c'est constater le contenu d'une disposition, c'est choisir entre plusieurs significations, préciser le sens de la règle, clarifier, etc. »[1831].

399-416. Lire égal. S.B. Traoré, *L'interprétation des résolutions du Conseil de sécurité des Nations Unies : contribution à la théorie de l'interprétation dans la société internationale,* Basel, Helbing Lichtenhahn Verlag, 2020, 795 p.

[1830] P. Brunet, « Aspects théoriques et philosophiques de l'interprétation normative », *RGDIP*, 2011-2, pp. 311-327, pp. 311-312.

[1831] D. Alland, « L'interprétation du droit international public », *RCADI*, vol. 362, 2013, p. 59.

Conclusion du Chapitre VI

L'internationalisation du droit a entraîné l'internationalisation de la justice, y compris constitutionnelle. D'une part, le juge constitutionnel interne applique et interprète des normes internationales constitutionalisées. D'autre part, outre le fait que les fonctionnaires internationaux siègent au sein des juridictions constitutionnelles en République de Chypre, en Bosnie-Herzégovine et au Kosovo, les juges supranationaux se prononcent sur des constitutions internes. Le juge communautaire européen, en l'occurrence, s'est prononcé, à plusieurs reprises, sur les constitutions relevant de sa juridiction. En 1970, par exemple, il a affirmé que « l'invocation d'atteintes portées, soit aux droits fondamentaux tels qu'ils sont formulés par la Constitution d'un État membre, soit aux principes d'une structure constitutionnelle nationale, ne saurait affecter la validité d'un acte de la communauté ou effet sur le territoire de cet État »[1832]. La CEDH aussi a érigé la Convention, dont elle garantit le respect, en « instrument constitutionnel de l'ordre public européen »[1833], c'est-à-dire qu'aucun État membre ne doit adopter des actes juridiques (y compris constitutionnels) incompatibles avec elle. C'est ainsi qu'elle a déclaré que la Constitution de la Bosnie-Herzégovine – en constitutionalisant la discrimination à l'égard des minorités ethniques – est incompatible avec ladite Convention constitutionnelle. Donc, si, auparavant, au plan international, les lois internes, y compris constitutionnelles n'étaient pas que de « simples faits »[1834], de nos jours, avec l'avènement des « traité-constitutions », des constitutions internationalisées et la constitutionalisation du droit international au plan interne, les juridictions internationales doivent se saisir de cette nouvelle réalité juridique. Relevons, dans ce contexte,

---

[1832] CJCE, 17 décembre 1970, *Internationale Handelsgesellschaft, aff.* 11/70, Rec., P. 1125 (§3).

[1833] *Affaire Loizidou c. Turquie* (expressions préliminaires), CEDH, arrêt du 23 mars 1995, série A, n°310, §75.

[1834] Certains intérêts allemands en Haute-Silésie Polonaise, CPJI, arrêt du 25 mai 1926, Série A, n°7, p. 19. V. égal. Traitement des nationaux polonais à Dantzig, CPJI, avis consultatif du 4 févier 1932, Série A/B, n° 44, p. 24.

que la CIJ a contrôlé, en 2010, la conformité de la déclaration d'indépendance du Kosovo à la résolution 1244 (1999) du CSNU et au droit international général[1835]. Peut-on considérer une constitution interne incorporant des normes internationales comme simple fait ? Ces normes internationales désormais constitutionnalisées sont-elles soustraites au contrôle des juges internationaux ?

En effet, la seule chose que la jurisprudence constitutionnelle internationale exige en ce début du XXIᵉ siècle, c'est la conformité des droits internes aux normes communautaires, régionaux et universels, y compris le cosmopolitisme juridique qui, intemporel et transcendantal, est le droit de la communauté internationale. C'est ce que nous appelons la *supra-constitutionnalité extra-muros*.

[1835] *Conformité au droit international de la déclaration unilatérale d'indépendance relative au Kosovo*, CJI, avis consultatif du 22 juillet 2010.

Conclusion de la troisième partie

Les constitutions internationalisées sont un vecteur d'internationalisation de l'ordre juridique interne. Plusieurs techniques peuvent justifier cela. Premièrement, l'introduction des normes internationales dans des constitutions nationales représente le point de départ du processus d'internationalisation du droit interne. Deuxièmement, le formalisme juridique oblige les normes infra-constitutionnelles à se conformer aux normes constitutionnelles internationalisées ainsi qu'aux normes internationales constitutionnalisées. Troisièmement, la justice constitutionnelle assure, *a priori* ou *a posteriori*, cette supériorité des constitutions internationalisées sur les normes infra-constitutionnelles : celles-ci n'ont presque pas d'échappatoire. Quatrièmement, la communautarisation, la régionalisation et la globalisation du droit permettent aux juridictions supra-nationales de vérifier la conventionnalité ou l'inconventionnalité des droits et des pratiques internes. La Cour africaine des droits de l'homme et des peuples, par exemple, fait

> « Observer que le contrôle de constitutionnalité dans l'État défendeur concerne aussi bien la procédure suivie pour l'adoption de la loi que son contenu et que la déclaration de conformité d'une loi avec la constitution implique aussi sa conformité avec la Charte. En l'espèce, la déclaration de conformité à la Constitution du Code électoral, y compris la procédure de son adoption, suppose sa conformité avec la Charte africaine des droits de l'homme et des peuples et ses instruments additionnels »[1836].

Le respect des constitutions internationalisées – au plan interne - est garanti par plusieurs techniques et mécanismes juridiques : la suprématie de la constitution sur toutes les normes et institutions de l'États post-conflit, la primauté du droit international constitutionnalisé sur toutes les autres normes internes, l'établissement

[1836] *Affaire XYZ c. République du Bénin*, requête n° 59/2019, CADHP, arrêt du 27 novembre 2020, § 77.

des normes supra-constitutionnelles pour stabiliser et sécuriser le nouvel ordre politico-juridique. Bien que toutes ces techniques juridiques assurent le respect et la longévité des constitutions internationalisées, mais ce sont, surtout, les mécanismes et les juridictions de contrôle qui assument une fonction vitale en la matière. Les techniques *lex superior derogat legi inferiori* et *lex posterior derogat priori* permettent aux juges notamment constitutionnels de trancher le conflit de lois auquel ils seront confrontés en vue d'imposer l'autorité de la Constitution. Donc, l'ordre constitutionnel et, par voie de conséquence, l'ordre juridique des États post-conflits sont à l'épreuve de l'internationalisme juridique qui pénètre sans cesse la vie privée des États.

CONCLUSION GENERALE

L'internationalisation du droit constitutionnel des États post-conflits et la constitutionnalisation du droit international dans ces États se sont effectuées de manière timide et progressive tout au long du XXe siècle. Ces deux processus, aux sens inverses, ont produit des constitutions internationalisées qui se sont massifiées, exponentiellement, depuis la fin de la bipolarisation du monde en 1990. Cette extension de la pratique des constitutions internationalisées est la résultante du providentialisme de la communauté internationale qui intervient dans la pacification et le règlement de nombreuses crises internes qui augmentent sans cesse. L'ONU, ayant pour but le maintien de la paix et de la sécurité internationales, intervient dans des États et territoires post-conflits pour soigner les racines du mal afin d'éviter les effets de contagion de la crise dans le temps et dans l'espace.

Essentiellement, trois catégories de situations conflictuelles, ayant nécessité l'ingérence d'acteurs internationaux, ont été mobilisées dans cet ouvrage : (**1**) les guerres civiles (Bosnie-Herzégovine, Rwanda, Syrie, *etc.*), (**2**) les coups d'État (Haïti, Sierra-Léone, Centrafrique, *etc.*) et (**3**) les mouvements indépendantistes (Namibie, Timor Oriental, Kosovo, *etc.*). Le règlement de certaines d'entre elles, sur le long terme, passa par une administration provisoire du territoire concerné pour aboutir à une reconstruction juridico-institutionnelle de l'État post-conflit. Ces administrations internationales de territoires comportent souvent deux volets : militaire et civil. La composante militaire (FORPRONU, la KFOR, *etc.*) est chargée du maintien de l'ordre public, tandis que la composante civile (MUNIK, ATNUTO, *etc.*) s'occupe des fonctions gouvernementales.

Notre première hypothèse ne s'est confirmée que partiellement contrairement à la seconde. La première qui prédisait la fin de la *summa divisio* (droit interne – droit international) suite à l'avènement des administrations de paix et des constitutions internationalisées n'est pas complètement erronée pour deux raisons. D'une part l'internationalisation de la constitution entraîne, par voie de conséquence, l'internationalisation des normes infra-constitutionnelles qui doivent être conformes à la constitution internationalisée. D'autre part, le monisme juridique des constitutions internationalisées n'est que partiel, parce que les conventions internationales intégrées à ces constitutions sont non seulement expressément et limitativement énumérées, mais aussi, elles restent très minoritaires par rapport à l'ensemble des autres normes du droit international positif. D'où l'idée du dualisme résiduel qui prend en compte le fait que tous les autres instruments juridiques - non-intégrés à une constitution internationalisée – ne sont pas directement applicables dans l'ordre juridique de l'État post-conflit. La coutume (régionale et/ou internationale) et les traités internationaux, auxquels les États post-conflits s'associent éventuellement, relèvent du volontarisme. Exceptées les normes de *jus cogens*, toutes les normes internationales non-acceptées par ces États appartiennent à l'ordre juridique international qui se distingue ainsi des ordres juridiques internationalisées. La deuxième hypothèse, complètement confirmée, préconisait une équivalence entre la *hard law* internationale et la *soft law* internationale après leur insertion dans un même *instrumentum* constitutionnel. Les conventions internationales de protection des droits humains (*hard law*) et la Déclaration universelle des droits de l'homme de 1948 (*soft law*) occupent le même rang hiérarchique après leur constitutionnalisation au plan interne.

Le providentialisme de la communauté internationale regroupe l'ensemble des actions positives et salvatrices qu'elle entreprend en faveur des peuples, des gouvernements et des États en danger ou en crise en vue de les sauver d'un péril imminent. Cependant, une nouvelle réflexion doit être menée pour fixer le rôle et la portée des pouvoirs des administrateurs de paix. Faut-il conclure une convention multilatérale pour harmoniser le contenu des *jus post-bellum* et compléter le *jus ad bellum* et le *jus in bello* ou continuer à établir des mandats précis pour régir les situations de crise au cas par cas ?

Une constitution fournit un plan directeur pour le gouvernement d'un État, car elle est considérée comme le fondement de l'ordre juridique, fournissant des normes suprêmes dont découlent d'autres lois[1837]. Conçue pour l'avenir, elle constitue le fondement de la société et la base de la stabilité. Une conception traditionnelle de la souveraineté de l'État inclut le pouvoir d'adopter une constitution. Par conséquent et, en principe, l'exercice du pouvoir constituant national, la forme et le contenu de l'ordre constitutionnel national ne relèvent pas du droit international. Cependant, l'isolationnisme des constitutions nationales par rapport au droit international est, de plus en plus, remis en cause par l'interdépendance mondiale et une communauté active d'institutions et d'acteurs internationaux œuvrant pour le maintien et la consolidation de la paix : « *[n]o constitution, today, is an island unto itself* »[1838]. Si la participation internationale à l'élaboration, voire à l'imposition de constitutions nationales n'est pas nouvelle, le lien moderne entre les constitutions et les processus de paix est un phénomène nouveau qui a des implications différentes. L'intervention internationale, dans des affaires internes des États post-conflits, est généralement entreprise au nom de l'assistance bienveillante dans la poursuite de la paix et de la sécurité internationales. Les constitutions internationalisées ne sont pas la seule manifestation de cette autorité internationale bienveillante, mais contrairement à d'autres exemples comme l'administration internationale du territoire, elles n'ont pas fait l'objet d'une grande attention dans la littérature[1839]. Cette pratique et ses fondements normatifs constituent un défi pour le droit international, bien que ce dernier soit théoriquement indifférent aux différences entre les ordres constitutionnels, les acteurs internationaux apportent *de facto* une contribution importante dans la reconstruction de l'ordre constitutionnel des États post-conflits. À cette occasion, ils importent le droit international avec eux[1840].

La reconstruction post-conflit, l'évolution des politiques onusiennes et celle de certains États étrangers - ainsi que les changements factuels dans le droit international relatif au maintien de

[1837] E. Hay, « International (ized) Constitutions and Peacebuilding », *Leiden Journal of International Law*, 2014, pp. 141-168, p. 42.

[1838] T. M. Franck, A. K. Thiruvengadam, « *International Law and Constitution-Making* », Chinese JIL, (2003) 2, pp. 467-518, p. 468.

[1839] E. Hay, « International (ized) Constitutions and Peacebuilding », *op. cit.*, pp. 142-143.

[1840] *Ibid.*

la paix et de la sécurité internationales - consistent à s'attaquer aux causes profondes des conflits[1841]. La fin de ces conflits (souvent intra-étatiques) implique, parfois, la rédaction de nouvelles constitutions et la création de nouvelles institutions de gouvernement. Afin d'assurer une paix stable, il est nécessaire que des changements fondamentaux interviennent là où les institutions existantes, soit par conception, incapacité ou négligence, ont créé l'instabilité. Certains auteurs préconisent un changement de régime, une réforme de l'État de droit ou un renforcement des institutions, à petite ou grande échelle, sous l'impulsion des États intéressés, de la communauté internationale et/ou de l'ONU (via la Commission de consolidation de la paix)[1842]. On a observé que la consolidation de la paix fonctionne comme un processus « extérieur-intérieur » dirigé par des acteurs internationaux, incarnant des normes internationales[1843].

L'internationalisation du pouvoir constituant, qui produit des constitutions internationalisées, aboutit à la convergence des deux catégories de droits constitutionnel et international dans une société internationale désormais intégrée. Les États post-conflits sont de plus en plus encadré dans l'exercice de leur souveraineté interne et internationale, et ce, en dépit du fait que « la puissance étatique est, tout à la fois unitairement dans l'ordre externe et dans l'ordre interne, limitée et fondée, encadrée et garantie par un droit [...] génériquement [...] superétatique »[1844]. L'incursion de la normativité internationale dans le champ constitutionnel, c'est-à-dire la substitution du droit constitutionnel par le droit international s'est traduite par la multiplication du nombre de constitutions internationalisées.

[1841] E. De Brabandere, « The responsibility for post-conflict reforms: critical assessment of jus post bellum as legal concept », *Vanderbilt Journal of Transnational Law*, 2010, pp. 119-150, p. 121.

[1842] *K. E. Boon,* « The Application of *Jus Post Bellum* in Non-International Armed Conflicts », *in* Carsten Stahn, Jennifer S. Easterday, and Jens Iverson (ed), *Jus Post Bellum. Mapping the Normative Foundations*, Oxford University Press, 2014, pp. 259-268, p. 265-266.

[1843] *K. E. Boon, op. cit.*, p. 265-266.

[1844] S. Rials, « La puissance étatique et le droit dans l'ordre international : éléments d'une critique de la notion usuelle de la 'souveraineté externe' », précité, p. 189 s.

En Bosnie-Herzégovine et en République de Chypre, l'internationalisation du processus constituant était intégrale, tandis qu'au Timor oriental, en Namibie, au Kosovo, au Cambodge et autres, elle était relative voire partielle.

L'internationalisation de l'écriture d'une constitution peut avoir plusieurs formes. D'abord, il y a l'internationalisation *ratione personae* du pouvoir constituant lorsque des acteurs internationaux (États étrangers, OI, ONG, experts, *etc.*) interviennent dans le processus de rédaction d'une constitution de sortie de crise. Ensuite, on parle d'internationalisation *ratione loci* quand, dans le cadre d'un processus de paix, la constitution d'un État est élaborée, adoptée et signée à l'étranger, et ce grâce aux acteurs internationaux. Enfin, l'internationalisation *ratione materiae* de la constitution est la conséquence des deux premières. Elle peut concerner le support tout comme le contenu d'une constitution. En effet, le phénomène d'internationalisation des constitutions nationales, qui apparaît dans le traitement des crises de l'État, revêt plusieurs aspects : on assiste à une internationalisation de la procédure constituante, à une internationalisation de la fonction constituante et à une référence particulière au droit international[1845].

De tout ce qui précède, on comprend que la plupart des administrations de paix se déroulent en deux phases. La première, qui concerne la pacification des États et des territoires en conflit, consiste à mettre fin aux hostilités actives et à maintenir l'ordre public. La seconde, qui est relative à la consolidation de la paix, réside dans la reconstruction physico-économique et juridico-politique des États post-conflits. Cette étape exige, parfois, l'adoption d'une nouvelle constitution de sortie de crise plus ou moins conforme au droit international constitutionnel (respect des droits humains, maintien de la paix, liberté des peuples à disposer d'eux-mêmes, *etc.*). Une troisième phase, qui correspond à la période d'adaptation des constitutions internationalisées peut être évoquée. En effet, la mise en œuvre d'une constitution internationalisée entraîne, par voies de contagion, de conséquence et de conformité, l'internationalisation de l'ordre juridique interne.

[1845] J.-D. Mouton, *op. cit.* p. 313.

Donc, le providentialisme de la communauté internationale et l'autonomie constitutionnelle des États (y compris la liberté des peuples à disposer d'eux-mêmes) sont difficilement conciliables. Cependant, les deux ne sont pas absolument antinomiques dans la mesure où, et c'est souvent le cas, l'ingérence des acteurs internationaux dans le règlement des crises internes peut « positivement et qualitativement » affecter l'ordre juridique des États post-conflits (Allemagne, Japon, Kosovo, *etc.*). Raison pour laquelle on se retrouve devant ce que P.-M. Dupuy a qualifié de « [c]oexistence des contraires »[1846] : comment construire une paix durable dans des États en crise tout en respectant la liberté des peuples concernés à disposer d'eux-mêmes et l'autonomie constitutionnelle de ces États ?

[1846] P.-M. Dupuy, « L'unité de l'ordre juridique international: cours général de droit international public », *RCADI*, vol. 297, 2002, p. 448.

BIBLIOGRAPHIE

I. Doctrine

1. Monographies

ABRAHAM (R.), *Droit international, droit communautaire et droit français*, Paris, Hachette, 1989, 223 p.

ALLAND (D.), *Droit international public*, Paris, PUF, 2000, 807 p.

ALLAND (D.), *Manuel de droit international public*, Paris, PUF, 2014, 290 p.

ANTOINE (A.), *Droit constitutionnel britannique*, Paris, LGDJ, 2018, 208 p.

ARISTOTE, *La Constitution d'Athènes*, traduit du Grec par B. Haussoullier, préparé par Y. Germain, Clermont-Ferrand, Paleo, 2011, 189 p.

AUERSWALD (Ph. E.), AUERSWALD (D. P.), *The Kosovo Conflit. A diplomatic History Through Documents*, Cambridge/The Hague, Kluwer Law International, 2000, 1000 p.

BARBIER (M.), *Le Comité de décolonisation des Nations unies*, Paris, LGDJ, 1974, 757 p.

BEAUD (M.), *L'art de la thèse*, Paris, La Découverte, 2013, 202 p.

BEKOE (D. A.), *Implementing Peace Agreements: Leçons from Mozambique, Angola and Liberia*, New York, Palgrave Macmillan, 2008, 218 p.

BEN ABDESSADAK (M.), *Le port de Tanger et le développement industriel et touristique de la région tangéroise : analyse et suggestions*, Thèse de doctorat soutenue à l'Université Paris X en 1987, 366 p.

BENNOUNA (M.), *Le droit international entre la lettre et l'esprit*, Les Livres de poche de l'Académie de droit international de La Haye, Brill/Nijhoff, 2017, 304 p.

BICHARA (K.), *Le monde arabe expliqué à l'Europe : histoire, imaginaire, culture, politique, économie, géopolitique*, Paris, L'Harmattan, 2009, 530 p.

BOUMEDIENE (M.), FRISON-ROCHE (F.), *Les Transitions constitutionnelles dans le monde arabe : réflexion prospective*, Paris, Institut universitaire Varenne, 2017, 146 p.

BRAILLARD (Ph.), DJALILI (M.-R.), *Les relations internationales*, Paris, PUF, 1988, 128 p.
BURCKHARD (Ch.), *Le mandat français en Syrie et au Liban. La politique et l'œuvre de la France au Levant*, Nîmes, imprimerie Courrouy, 1925, 198 p.
CARTIER (E.), *La transition constitutionnelle en France (1940-1945) : la reconstruction révolutionnaire d'un ordre juridique « républicain »*, Paris, LGDJ, 2005, 665 p.
CHABOT (J.-L.), *Introduction à la politique*, Grenoble, PUG, 2003, 272p.
CHANTEBOUT (B.), *Droit constitutionnel*, Paris, Dalloz, 2015, 636 p.
CHESTERMAN (S.), *You, the People. The United Nations, Transitional Administration, and State Building*, Oxford, OUP, 2004, 316 p.
CHEVALLIER (J.), *L'État de droit*, Paris, LGDJ, 2017, 158 p.
CHEVALLIER (J.), *Science administrative*, Paris, 2019, 613 p.
Constantinesco (V.), S. PIERRE-CAPS (S.), *Droit constitutionnel*, Paris, PUF, 2016, 549 p.
Corten (O.), *Méthodologie du droit international public*, Bruxelles, Éditions de l'Université de Bruxelles, 2009, 291 p.
CUMIN (D.), *Manuel de droit de la guerre*, Bruxelles, Larcier, 2014, 534 p.
D'ASPREMONT (J.), J. DE HEMPTINNE, *Droit international humanitaire*, Paris, Pedone, 2012, 508 p.
DABIN (J.), *Théorie générale du droit*, Paris, Dalloz, 1969, 424 p.
DAILLIER (P.), PELLET (A.), FORTEAU (M.), *Droit international public*, Paris, LGDJ., 2009, 1722 p.
DE BRABANDERE (E.), *Post-Conflict Administrations in International Law. International Territorial Administration, Transitional Authority and Foreign Occupation in Theory and Practice*, Leiden-Boston, Nijhoff, 2009, 332 p.
DE FERIET (R.), *L'application d'un mandat : la France puissance mandataire en Syrie et au Liban. Comment elle a compris son rôle. Les réalisations dans les domaines politique et administratif*, Beyrouth, Imprimerie du Réveil, 1926, 156 p.
DE FROUVILLE (O), *L'intangibilité des droits de l'homme en droit international public*, Thèse de doctorat soutenue Université Paris 10 – Nanterre, Thèse de doctorat soutenue en 2001, 642 p.
DE MALBERG (R. C.), *Contribution à la théorie générale de l'État*, Paris, Dalloz, 2004, p. VII-VIII, 638 p.

DELMAS-MARTY (M.), *Trois défis pour un droit mondial*, Paris, Seuil, 1998, 200 p.
DJEDJRO (M.), *Les grands arrêts de la jurisprudence constitutionnelle ivoirienne*, Abidjan, CNDJ, 2012, 606 p.
DOYLE (M. W.), SAMBANIS (N.), *Making War and Building Peace. United Nations Peace Operations*, Princeton University Press, 2006, 424 p.
DUCASSE-ROGIER (M.), *À la recherche de la Bosnie-Herzégovine : la mise en œuvre de l'Accord de paix de Dayton*, Paris, PUF, 2003, 543p.
DUGUIT (L.), *Leçons de droit public général*, La Mémoire du droit, 2000, 340 p.
DULONG (D.), *Sociologie des institutions politiques*, Paris, Éditions La Découverte, 2012, 124 p.
DUPUIS (G.), GUEDON (P.-J.), P. CHRETIEN, *Droit administratif*, Sirey, 2011, 727 p.
DUPUY (P.-M.), KERBRAT (Y.), *Droit international public*, Paris, Dalloz, 2014, 956 p.
EL-KHATIB (H.), *Les tendances récentes dans le droit constitutionnel international*, Thèse de Doctorat soutenue devant l'Université de Paris, 1953, 119 p.
F. Schimied, *Les effets des Accords de l'OMC dans l'ordre juridique de l'Union européenne et de ses États membres. L'invocabilité au service de l'influence de l'Union sur la mondialisation du droit*, Thèse de doctorat soutenue le 13 décembre devant l'Université de Nancy 2, 606 p.
F.-C. Mougel, S. Pacteau, *Histoire des relations internationales XIXème et XXème siècles*, Paris, PUF, 2010, 127 p.
FARGET (D.), *La reconstruction juridique de l'Irak et de l'Afghanistan et l'influence des systèmes juridiques occidentaux*, *Lex Electronica*, 2009, 170 p.
FASSBENDER (B.), *The United Nations Charter as the Constitution of the International Community*, Boston - Leiden, 2009, 215 p.
FAUCHILLE (P.), *Traité de droit international public*, 1925.
FAVOREU (L.), GAÏA (P.), GHEVONTIAN (R.), MESTRE (J.-L.), PFERSMANN (O.), ROUX (A.), SCOFFONI (G.), *Droit constitutionnel*, Paris, Dalloz, 2019, 1200 p.
FERNANDEZ (J.), *Relations internationales*, Paris, Dalloz, 2018, 257 p.
FORTEAU (M.), *Droit de la sécurité collective et droit de la responsabilité internationale de l'État*, Paris, Pedone, 2006, 699 p.

FROMAGEAU (E.), *La théorie des institutions du droit administratif global. Étude des interactions avec le droit international public*, Bruxelles, Bruylant, 2016, 290 p.
FRYE (T.), *Building States and Markets After Communism. The Perils of Polarized Democracy*, New York, Cambridge University Press, 1990, 300 p.
KHOURY (G. D.), *Une tutelle coloniale : le mandat français en Syrie et au Liban écrits politiques de Robert de Caix*, Paris, Belin, 2006, 535p.
GABORIT (P.), *Restaurer la confiance après un conflit civile : Cambodge, Mozambique et Bosnie-Herzégovine*, L'Harmattan, Paris, 2009, 406 p.
GOUET (Y.), *La coutume en droit constitutionnel interne et en droit constitutionnel international*, Paris, Pedone, 1932, 167 p.
GREILING (Ch.), *La minorité allemande de Haute-Silésie : 1919-1939*, Paris, L'Harmattan, 2003, p. 13.
GROTIUS (G.), *Le droit de la guerre et de la paix*, traduit par P. Pradier-Fodéré, Paris PUF, 1999, 868 p.
GROTIUS (H.), *Le droit de la guerre et de la paix*, Traduction de J. Barbeyrac, Publication de l'Université de Caen, Tome second, 1984, 1001 p.
GUASTINI (R.), *Leçon de théorie constitutionnelle*, traduit et présenté par V. Champeil-Desplats, Paris, Dalloz, 2010, 269 p.
GUINCHARD (S.), DEBARD (T.), *Lexique des termes juridiques*, Dalloz, 2015-2016, 2144 p,
GUIRAUD (P.), *La stylistique*, Presses Universitaires de France, 1967, 118 p.
HAJJAMI (N.), *La responsabilité de protéger*, Bruxelles, Bruylant, 2013, 558 p.
HAMON (F.), TROPER (M.), *Droit constitutionnel*, Paris, LGDJ, 2016, 878 p.
HAMPSON (F. O.), *Nurturing Peace : Why Peace Settlements Succeed or Fail*, Washington D. C., United States Institute of Peace Press, 1996, 287 p.
Hatto (R.), *ONU et maintien de la paix : propositions de réforme de l'agenda pour la paix au rapport Brahimi*, L'Harmattan, 2006, 160 p.
HAURIOU (M.), *Précis de droit constitutionnel*, Paris, Sirey, 1929, 759p.
HERMET (G.), *Exporter la démocratie* ? Presses de Sciences Po, 2008, 140 p.

HEURTAUX (J.), ZALEWSKI (F.), *Introduction à l'Europe postcommunisme*, Bruxelles, Éditions De Boeck, 2012, 260 p.

HOBBES (T.), *Léviathan*, traduit du Latin par F. Tricaud et M. Percharman, Paris, Dalloz, 2004, 559 p.

HUMBERT (M.), *Institutions politiques et sociales de l'Antiquité*, Paris, Dalloz, 2003, 531 p.

IHEI, *Grandes pages du droit international*, Paris, Pedone, 2019, 288p.

J.-P. Massias, *Le droit constitutionnel des États de l'Europe de l'Est*, Paris, PUF, 2008, 919 p.

JACKSON (R. H.), *Quasi States : Sovereignty, International Relations and the Third Word*, New York, Cambridge University Press, 1990, 225 p.

JEANGENE VILMER (J.-B.), *La responsabilité de protéger*, Paris, PUF, 2015, 126 p.

KAMINIS (G.), *La transition constitutionnelle en Grèce et en Espagne*, Paris, LGDJ, 1993, 325 p.

KAMTO (M.), *Droit international de la gouvernance*, Paris, Pedone, 2013, 340 p.

KANT (E.), *Métaphysique des mœurs II. Doctrine du droit, Doctrine de la vertu*, traduit par A. Renault, Paris, Flammarion, 1994, 411 p.

KANT (I), *The Philosophy of Law : An Exposition of the Fundamental Principles of Jurisprudence as the Science of Right,* W. Hastie tr., Edinburg, 1887, 214 p.

KASSAS (S), *Droits de l'homme et Islam*, L'Harmattan, 2011, 286 p.

KELSEN (H.), *Théorie pure du droit, trad. par Ch. Eisenman*, Paris, Dalloz, 1962, 496 p.

KLEIN (C.), *Théorie et pratique du pouvoir constituant*, Paris, PUF, 1996, 232 p.

Kolb (R.), *Droit humanitaire et opérations de paix internationales*, Bruxelles, Bruylant, 2002, 136 p.

KOLB (R.), PORRETTO (G.), VITE (S.), *L'application du droit international humanitaire et des droits de l'homme aux organisations internationales : forces de paix et administrations civiles transitoires*, Bruxelles, Bruylant, 2005, 504 p.

KOLB (R.), *Théorie du droit international*, Bruxelles, Bruylant, 2013, 830 p.

KOLB (R.), *Théorie du jus cogens international*, Paris, PUF, 2001, 404p.

LAROCHE (J.), *Théories des conflits internationaux*, Montréal, Liber, 2015, p. 9.
Laws (J.), *The Common Law Constitution*, Cambridge University Press, 2014, 90 p.
LE BŒUF (R.), *Le traité de paix. Contribution à l'étude juridique du règlement conventionnel des différends internationaux*, Paris, Pedone, 2018, 757 p.
LUIZARD (P.-J.), *La formation de l'Irak contemporain. Le rôle politique des ulémas chiites à la fin de la domination ottomane et au moment de la création de l'État irakien*, Paris, CNRS éditions, 2002, 557 p.
LUKIC (R.), *L'agonie yougoslave (1986-2003). Les États-Unis et l'Europe face aux guerres balkaniques*, Les Presses de l'Université Laval, 2003, 656 p.
Maddex (R. L.), *Constitutions of the World*, Washington, CQ Press, 2008, 496 p.
MAESTRI (E.), *Les grandes questions du XXe siècle. Histoire, économie, société, civilisation* […], Paris, L'Etudiant, 2003, 175 p.
MARTINEAU (A.-C.), *Le débat sur la fragmentation du droit international : une analyse critique*, Bruxelles, Bruylant, 2016, 584 p.
MCAULIFFE (P.), *Transformative Transitional Justice and the Malleability of Post-Conflict States*, UK, Edward Elgar, 2017, 348 p.
MELIN-SOUCRAMANIEN (F.), PACTET (P.), *Droit constitutionnel*, Paris, Sirey, 2015, 680 p.
MERRIEN (F.-X.), *L'État-providence*, Paris, PUF, 1997, 127 p.
MIRKINE-GUETZEVITCH (B.), *Droit constitutionnel international*, Paris, Sirey, 1933.
MITCHELL (C. R.), *The Structure of International Conflict*, London, Palgrave Macmillan, 1981, 355 p.
MONTESQUIEU (Ch.-L.), *De l'esprit des lois*, Genève, Barillot, 1748.
MORGAN JONES (J.), *La fin du Mandat français en Syrie et au Liban*, Paris, Pedone, 1937.
MOSLER (H.), *The international Society as a Legal Community*, Brill/Nijhoff, 1980, 327 p.
MOULIER (I.), *Namibie. GANUPT* (1989-1990), Paris, A. Pedone, 2002, 230 p.
NDJIMBA (K. F.), *L'internationalisation des constitutions des États en crise. Réflexions sur les rapports entre droit international et droit*

constitutionnel, soutenenue le 26 février 2011 devant l'Université Nancy 2, 663 p.
NEGRI (A.), *Le pouvoir constituant : essai sur les alternatives de la modernité*, Paris, PUF, 1997, 456 p.
NYLUND (B.V.), *Thild Soldiers and Transitional Justice. Protecting the Rights of children Involved in Armed Conflicts*, Cambridge, Intersentia, 2016, 288 p.
OPPETIT (B.), *Philosophie du droit*, Paris, Dalloz, 1999, 156 p.
OST (F.), *Le temps du droit*, Paris, Odile Jacob, 1999, pp. 149-150, 376 p.
OTLET (P.), *Charte mondiale organisant la Société des Nations*, Paris, Imprimerie centrale de la Bourse, 1917, 20 p.
OTLET (P.), *Constitution mondiale de la Société des Nations*, Genève, éd. ATAR S. A., 1917, 253 p.
OWONA (J.), *Droits constitutionnels et institutions politiques du monde contemporain – Etude comparative*, Paris, L'Harmattan, 2010, 730 p.
PELLET (A.), *Le droit international entre souveraineté et communauté*, Paris, Pedone, 2014, 360 p.
PICARD (M. H.), *Le constitutionnalisme d'occupation en Irak*, Bruxelles, Bruylant, 2020, 408 p.
PONTHOREAU (M.-C.), *Droit(s) constitutionnel(s) comparé(s)*, Paris, Economica, 2010, 401 p.
PREZAS (I.), *L'administration de collectivités territoriales par les Nations Unies. Études de la substitution de l'organisation internationales à l'État dans l'exercice des pouvoirs de gouvernement*, Paris, LGDJ, 2012, 548 p.
PUFFENDORF (S.), *Le droit de la nature et des gens*, traduction Jean Barbeyrac, Tome premier, Edition de Bâle, 1732, rééd 1987, 613 p.
ROUSSEAU (J. J.), *Discours sur l'origine et les fondements de l'inégalité parmi les hommes* (1755), Le Livre de poche, présentation, commentaires et notes par G. Mairet, Paris, LGF, 1999, 157 p.
ROUVILLOIS (F.), *Droit constitutionnel : la Vème République*, Flammarion, 2001, 464 p.
SCELLE (G.), *L'Organisation internationale du travail et le BIT*, Paris, Rivière, 1930, 370 p.
SCELLE (G.), *Précis du droit des gens – principes et systématique*, Sirey, Vol. I, 1932, Présentation de Carlo Santulli, Paris, Dalloz, 2008, 332 p.

SCELLE (G.), *Précis du droit des gens – principes et systématique*, Paris, Sirey, Vol. II, 1934, 558 p.
SCHUMAN (M. A.), *Nations in Transition : Bosnia and Herzegovina*, New York, Facts on File, 2004, 152 p.
SCHWÖBEL (Ch. E. J.), *Global constitutionalism in International Legal Perspective*, Boston - Leiden, 2011, 205 p.
SFDI, *L'Etat dans la mondialisation*, Colloque de Nancy (2012), Paris, Pedone, 2013, 591 p.
SFER PACHA (A.), *Le Mandat français et les traditions françaises en Syrie et au Liban*, Paris, Plon, 1923, 96 p.
SICILIANOS (L.-A.), *L'ONU et la démocratisation de l'Etat – systèmes régionaux et ordre juridique universel*, Paris, Pedone, 2000, 321 p.
STAHN (C.), *The Law and Practice of International Territorial Administration: Versailles to Iraq and Beyond*, New York, Cambridge University Press, 2008, 871 p.
TAŞDELEN (A.), *The Return the Cultural Artefacts : Hard and Soft Law Approches*, Switzerland, Springer, 2016, 244 p.
TCHIKAYA (B.), *Droit international public*, Paris, Hachette, 2017, 176.
TERRE (F.), *Introduction générale au droit*, Paris, Dalloz, 1998, 646 p.
TIERNEY (S.), *The Plurinational State : A Normative challenge*, Oxford, OUP, 2005, 371 p.
TOURARD (H.), *L'internationalisation des constitutions nationales*, Paris, LGDJ, 2000, 724 p.
TROPER (M.), *La philosophie du droit*, Paris, PUF, 2018, 128 p.
VATTEL (E.), *Droit des gens ou principes de la loi naturelle* (1758).
VAURS CHAUMETTE (A.-L.), *Les sujets du droit international pénal : vers une nouvelle définition de la personnalité juridique internationale* ?, Paris, Pedone, 2009, 545 p.
VEDEL (G.), *Droit constitutionnel*, Paris, Sirey, 1949, rééd. en 1984, 616 p.
VERSELLE (Ch.), *La Déclaration universelle – chaque article commenté à la lumière de l'actualité*, Librio, 2008, 93 p.
VIANES (E.), *Entre Guerre et Paix : les Administrations Internationales Post belligérantes*, Thèse soutenue en 2012 devant l'Université Jean Moulin – Lyon 3, 907 p.
VIRALLY (M.), *La pensée juridique*, Paris, LGDJ, 1998, 225 p.
VON HEHN (A.), *The Internal Implementation of Peace Agreement After Violent Conflict. Guidance for Internal Actors Responsible for Implimentation*, Leiden-Boston, Nijhoff, 2011, 450 p.

WALLIS (J.), *Constitution Making during State Building*, Cambridge University Press, 2014, 401 p.
WITHANA (R.), *Power, Politics, Law : International Law and State Behaviour During International Crises*, Leiden-Boston, Martinus Nijhoff Publishers, 2008, 287 p.
ZOLLER (E.), *Les grands arrêts de la Cour suprême des États-Unis*, Paris, Dalloz, 2010, 940 p.

2. **Dictionnaires** :

BASDEVANT (J.), *Dictionnaire de la terminologie du droit international*, Sirey, 1960.
COLLART DUTILLEUL (F.), PIRONON (V.), VAN LANG (A.) (dirs), *Dictionnaire juridique des transitions écologiques*, Institut Universitaire Varenne, 2018.
CORNU (G.), *Vocabulaire juridique*, Paris, PUF, 1987, mise jour 2011, 1095 p.
DURIEUX (B.), JEANGENE VILMER (J.-B.), Ramel (F.), *Dictionnaire de la guerre et de la paix*, Paris, PUF, 2017.
GAFFIOT (F.), *Dictionnaire illustré* – Latin/Français, Paris, Hachette, 1934.
LACOSTE (Y.) (dir.), *Dictionnaire de géopolitique*, Paris, Flammarion, 1995.
SALMON (J.) (dir.), *Dictionnaire de droit international*, Bruxelles, Bruylant, 2001.

3. **Cours de l'Académie de droit international de La Haye**

ALLAND (D.), « L'interprétation du droit international public », *RCADI*, vol. 362, 2013, pp. 47-394.
BEULAY (M.), « Les limitations portées aux actes des organisations internationales : le cas des administrations internationales de territoires contrôlées par les Nations Unies et de leurs Hauts Représentants », *RCADI*, 2014, pp. 227-271.
BOUTROS-GHALI (B.), « Le droit international à la recherche de ses valeurs », *RCADI*, Nijhoff, Leiden | Boston, 2000.

DUPUY (P.-M.), « L'unité de l'ordre juridique international : cours général de droit international public », *RCADI*, vol. 297, 2002, p. 9-489.
DUPUY (P.-M.), « L'unité de l'ordre juridique international : cours général de droit international public (2000) », *RCADI*, Leiden - Boston, Nijohoff, 2003.
DUPUY (R.-J.), « Communauté internationale et disparité de développement », *RCADI*, vol. 165, 1979.
HILARY (Ch.), « Democracy and International Law », *RCADI*, 2014, Vol. 371, Nijhoff, Leiden - Boston, 2014.
KELSEN (H.), *Théorie du droit international public*, *RCADI*, 1932-IV, pp. 6-203.
LEBEN (Ch.), « Vers un droit international des catastrophes? », *RCADI*, The international Aspects of Natural and Industrial Catastrophes, Boston – Leiden, Nijhoff, 2001.
MIRKINE-Guetzévitch (B.), « Droit international et droit constitutionnel », *RCADI*, vol. 38, 1928, pp. 310-463.

MOSLER (H.), « International Society as a Legal Community », *RCADI*, 1980.
REUTER (P.), « Principes de droit international public », *RCADI*, 1961.
SCELLE (G.), « Règles générales du droit de la paix », *RCADI*, vol. 036, 1933, pp. 331-703.
TOMUSCHAT (Ch.), « Obligations Arising for States without or against their Will », *RCADI*, vol. 241, 1993, pp. 195-374.
TRIEPEL (H.), « Les rapports entre le droit interne et le droit international », *RCADI*, vol. 1, 1923, pp. 77-118.
VERDROSS (A.), « Le fondement du droit international », *RCADI*, Vol. 16, 1927, pp. 250-319.
VIRALLY (M.), « Panorama du droit international contemporain : cours général de droit international public », *RCADI*, vol. 183, 1983-V, pp. 13-382.

4. Articles scientifiques

a. Contributions dans des ouvrages

ABI-SAAB (G.), « La reformulation des principes de la Charte et la transformation des structures juridiques de la communauté internationale », *in Le droit international au service de la paix, de la*

justice et du développement, Mélanges Michel Virally, Paris, Pedone, 1991, pp. 1-8.
ABI-SAAB (G.), GRANGE (M.), « Repenser la notion d'ordre juridique », *in* BONNET (B.) (dir.), *Traité des rapports entre ordres juridiques*, Paris, LGDJ, 2016, pp. 481-494.
ABRAHAM (R.), « Préface », *in* PELLET (A.), MIRON (A.) (dirs.), *Les grandes décisions de la jurisprudence française de droit international public*, Dalloz, 2015, pp. VII-XII.
AHTISAARI (M.), « Foreword », *in* VON HEHN (A.), *The Internal Implementation of Peace Agreement After Violent Conflict. Guidance for Internal Actors Responsible for Implimentation*, Leiden-Boston, Nijhoff, 2011, pp. xiii-xiv.
ALBERT (R.), CONSTIATES (X.), FOTIADOU (A.), « Introduction. Imposition in Making and Changing Constitutions », *in* ALBERT (R.), CONSTIATES (X.), FOTIADOU (A.) (*ed.*), *The Law and Legitimacy of Imposed Constitutions*, London and New York, Routledge, 2019, pp. 1-33.
ALLAND (D.), « Les penseurs classiques des rapports entre ordres juridiques : *Panorama* », *in* BONNET (B.) (dir.), *Traité des rapports entre ordres juridiques*, Paris, LGDJ, 2016, pp. 45-64.
ARATO (A), « From Interim to Permanent Constitution in Iraq », *in* AMIR ARJOMAND (S.) (*ed.*), *Constitutional Politics in the Middle East. With Special Reference to Turkey, Iraq, Iran and Afghanistan*, Oxford and Portland Oregon, Hart Publishing, 2008, pp. 163-201.
ARCHIBUGI (D.), CROCE (M.), SALVATORE (A.), « Droit des gens ou paix perpétuelle ? Deux théories internationales fondatrices sur l'usage de la force », *in* O. DE FROUVILLE (O) (dir.), *Le cosmopolitisme juridique*, Paris, Pedone, 2015, pp. 71-97.
ARTHUR (P.), « Why do Donors Choose to Fund Transitional Justice? », *in* ARTHUR (P.), YAKINTHOU (Ch.) (*ed.*), *Transitional Justice, International Assistance, and Civil Society. Missed Connections*, Cambridge University Press, 2018, pp. 209-241.
AUBY (J. M.), « Sur l'étude de la hiérarchie des normes en droit public. Eléments de problématique », *in Mélanges dédiés à Robert Pelloux*, L'Hermès, 1980, pp. 21-37.
AUBY (J.-B.), « Repenser le droit à l'aune de la globalisation juridique ? », *in* BONNET (B.) (dir.), *Traité des rapports entre ordres juridiques*, Paris, LGDJ, 2016, pp. 261-277, p. 264.

AUCOIN (L.), « Introduction », *in* Miller (L. E.), AUCOIN (L.) (*ed.*), *Framing the State in Times of Transition: Case Studies in Constitution Making*, Whashington, D.C, United State Institute of Peace, 2010, pp. xiii-xviii.
AUCOIN (L.), BRANDT (M.), « East Timor's Constitutional Passage to Independence », *in* MILLER (L. E.), AUCOIN (L.) (*ed.*), *Framing the State in Times of Transition : Case Studies in Constitution Making*, Whashington, D.C, United State Institute of Peace Press, 2010, pp. 245-274.
AZOULAI (L.), DUBOUT (É.), « Repenser la primauté, l'intégration européenne et la montée de la question identitaire », *in* BONNET (B.) (dir.), *Traité des rapports entre ordres juridiques,* Paris, LGDJ, 2016, pp. 567-583.
B. GUEYE (B.), TINE (M. P.), « La légitimité et la légitimation de la transition constitutionnelle par les élections en Afrique », *in* PHILIPPE (X), DANELCIUC-COLODROVSCHI (N.) (dirs.), *Transitions constitutionnelles et Constitutions transitionnelles. Quelles solutions pour une meilleure gestion des fins de conflit ?*, Institut Universitaire Varenne, 2014, pp. 197-210.
BAH (A. S.), « Sierra-Leone », *in* CAPLAN (R.) (*ed.*), *Exit Strategies and State Building*, Oxford University Press, 2012, 100-117.
BECHET (K.), « Superconstitutionnalité et Constitution : proposition d'un cadre épistémologique », *in* VIALA (A.) (dir.), *La Constitution et le temps*, Actes de colloque. Vème séminaire franco-japonais de droit public du 4 au 10 septembre 2002, Lyon, L'Hermès, 2003, pp. 50-59.
BELL (Ch.), « Of *Jus Post Bellum* and *Lex Pacificatoria.* What's in a Name? », *in* STAHN (C.), EASTERDAY (J. S.), J. IVERSON (*ed.*), *Jus Post Bellum. Mapping the Normative Foundations*, Oxford University Press, 2014, pp. 181-206, p. 197.
BELL (Ch.), « Of *Jus Post Bellum* and *Lex Pacificatoria.* What's in a Name? », *in* STAHN (C.), EASTERDAY (J. S.), IVERSON (J.) (*ed.*), *Jus Post Bellum. Mapping the Normative Foundations*, Oxford, OUP, 2014, pp. 181-206.
BEN ACHOUR (R.), « Rapport introductif », *in* BEN ACHOUR (R.) (dir.), *Les changements anticonstitutionnels de gouvernement : approches de droit constitutionnel et de droit international*, Presse Universitaire d'Aix-Marseille, 2014, pp. 11-25.
BEN MANSOUR (A.), « CE ass., 13 juill. 1965, n° 05278, *Société Navigator* », *in* PELLET (A.), MIRON (A.) (dirs.), *Les grandes*

décisions de la jurisprudence française de droit international public, Dalloz, 2015, pp. 49-59.

BENLOLO CARABOT (M.), « La responsabilité de protéger : quel rôle pour les organisations régionales ? », *in* CHAUMETTE (A.-L.), Thouvenin (J.-M.) (dirs.), *La responsabilité de protéger, dix ans après/The Responsibility to Protect, Ten Years on*), Actes du colloque du 14 novembre 2011, Pedone, pp. 49-61.

BENSOUDA (F.), « Avant-propos », *in* SFDI, *Souveraineté pénale de l'État au XXI*^e^ *siècle*, Colloque de Lille (2017), Pedone, 2018, pp. 9-14.

BETATTI (M.), « Création et personnalité juridique des organisations internationales », *in* DUPUY (R.-J.) (dir.), *Manuel sur les organisations internationales*, Boston - London, Nijhoff, 1998, pp. 33-60.

BHANDARI (S.), « Preface », *in* BHANDARI (S.), *Self-Dermination and Constitution Making in Nepal : Constituent Assembly, Inclusion, and Ethnic Fédéralism*, New York, London, Springer, 2014, pp. vii-xii.

BIDEN JR (J. R.), « Forword », *in* AUERSWALD (Ph. E.), AUERSWALD (D. P.) (*ed.*), *The Kosovo Conflit. A diplomatic History Through Documents*, Cambridge/The Hague, Kluwer Law International, 2000, p. xiii-xviii.

BLACHER (Ph.), « Les temps de la saisine du Conseil constitutionnel », *in* VIALA (A.) (dir.), *La Constitution et le temps*, Actes de colloque. Vème séminaire franco-japonais de droit public du 4 au 10 septembre 2002, Lyon, L'Hermès, 2003, pp. 237-249.

BLEOU (M.), « Les acteurs de la transition constitutionnelle », *in* Philippe (X.), DANELCIUC-COLODROVSCHI (N.) (dirs.), *Transitions constitutionnelles et Constitutions transitionnelles. Quelles solutions pour une meilleure gestion des fins de conflit ?*, Institut Universitaire Varenne, 2014, pp. 81-89.

BODEAU-LIVINEC (P.), VILLALPANDO (S.), « Promotion de l'État de droit dans la pratique des Nations Unies », *in* SFDI, *L'État de droit en droit international*, Colloque de Bruxelles, Paris, Pedone, 2009, pp. 81-100.

BOGDANDY (A.), « Pluralisme, effet direct et une ultime remarque sur les relations droit international et droit constitutionnel interne », *in* RUIZ-FABRI (H.), ROSENFELD (M.) (dirs.), *Repenser le constitutionnalisme à l'âge de la mondialisation et de la privatisation*, Paris, Société de Législation Comparée, 2011, pp. 75-92.

BOIS (J. P.), « Histoire des traités paix », *in* DURIEUX (B.), JEANGENE VILMER (J. B.), RAMEL (F.) (dirs.), *Dictionnaire de la guerre et de la paix*, Paris, PUF, 2017, pp. 972-979.
BONNARD (R.), « L'origine de l'ordonnancement juridique », *in Mélanges* Maurice Hauriou, Paris, Sirey, 1929, pp. 33-77.
BONNET (B.), « Introduction générale », *in* BONNET (B.) (dir.), *Traité des rapports entre ordres juridiques*, Paris, LGDJ, 2016, pp. 33-39.
BONNET (J.), ROBLOT-TROIZIER (A.), « Repenser le « bloc de constitutionnalité » sous l'effet des rapports entre ordres juridiques : pour une redéfinition des sources de la constitutionnalité », *in* BONNET (B) (dir.), *Traité des rapports entre ordres juridiques,* Paris, LGDJ, 2016, pp. 409-438.
BONNET (M.), « The legitimacy of Internationally Imposed Constitution-Making in the Context of State Building », *in* A. Richard, C. Xenophon, F. Alkmene (*ed.*), *The Law and Legitimacy of Imposed Constitutions*, London – New York, Routledge, 2019, pp. 208-226.
BOON (K. E.), « The Application of *Jus Post Bellum* in Non-International Armed Conflicts », *in* STAHN (C.), EASTERDAY (J. S.), IVERSON (J.) (*ed*), *Jus Post Bellum. Mapping the Normative Foundations*, Oxford, OUP, 2014, pp. 259-268.
BOTHE (M.), MARAUHN (Th.), « UN Administration of Kosovo and East Timor: Concept, Legality and Limitations of Security Council-Mandated Trusteeship Administration », *in* TOMUSCHAT (Ch.) (*ed.*), *Kosovo and the international community. Legal assessment*, Hague, Kluwer Law International, 2002, pp. 217-242.
CAHIN (G.), « L'État défaillant en droit international : quel régime pour quelle notion ? », *in Droit du pouvoir, pouvoir du droit*, Mélanges offerts à Jean Salmon, Bruxelles, Bruylant, 2007, pp. 177-2009.
CAHIN (G.), « Le droit international face aux « États défaillants » », *in* SFDI, *L'Etat dans la mondialisation,* Colloque de Nancy (2012), Paris, Pedone, 2013, pp. 51-114.
CAPLAN (R.), « Exit Strategies and State Building », *in* CAPLAN (R.) (*ed.*), *Exit Strateges and State Building*, Oxford, OUP, 2012, pp. 3-18.
CASSARD-VALEMBOIS (A.-L.), « Les interactions des contrôles de conventionnalité et de constitutionnalité des lois dans la protection des droits de l'homme », *in* CASSARD-VALEMBOIS (A.-L.), MALHIERE (F.) (dirs.), *Droit international et démocratie*, Editions - ESKA, 2015, pp. 65-86.

CASSESE (A.), « The Role of International Courts and Tribunals in the Fight Against International Criminality », *in* ROMANO (C. P. R.), NOLLKAEMPER (A.), KLEFFNER (J. K.) (*ed.*), *Internationalized Criminal Courts: Sierra Leone, East Timor, Kosovo, and Cambodia*, Oxford University Press, 2009, pp. 3-13.

CHABROT (Ch.), « La transition constitutionnelle en France », *in* VIALA (A.) (dir.), *La Constitution et le temps*, Actes de colloque. Vème séminaire franco-japonais de droit public du 4 au 10 septembre 2002, Lyon, L'Hermès, 2003, pp. 95-110.

CHABROT (Ch.), ECKLY (P.), HASEGAWA (K.), OTSU (H.), VIALA (A.), YAMAMOTO (H.), « Introduction », *in* VIALA (A.) (dir.), *La Constitution et le temps,* Actes de colloque. Vème séminaire franco-japonais de droit public du 4 au 10 septembre 2002, Lyon, L'Hermès, 2003, pp. 5-9.

CHETAIL (V.), « Introduction » *in* CHETAIL (V.) (*ed.*), *Post-Conflict Peacebuilding: A Lexicon,* Oxford, OUP, 2009.

CHEVALLIER (J.), « Les aspects idéologiques de l'État de droit », *in* SFDI, *l'État de droit en droit international*, Colloque de Bruxelles, Paris, Pedone, 2009, pp. 69-80.

COLARD (D.), « Introduction » de la table ronde : Internationalisation des constitutions, constitutionnalisation de l'ordre juridique international et globalisation des valeurs, *in* LAVAL (P.-F.), PROUVEZE (R.), *L'ONU, entre internationalisation et constitutionnalisation*, Paris, Pedone, 2015, pp. 97-100.

COLLART DUTILLEUL (F.), PIRONON (V.), VAN LANG (A.), « Avant-propos », *in* COLLART DUTILLEUL (F.), PIRONON (V.), VAN LANG (A.) (dirs), *Dictionnaire juridique des transitions écologiques*, Institut Universitaire Varenne, 2018, pp. 15-18.

COMBACAU (J.), « Les sources internationales et européennes du droit constitutionnel », *in* M. TROPER (M.), CHAGNOLLAUD (D.) (dirs.), *Traité international de droit constitutionnel*, 2012, pp. 405-439.

CONAC (G.), « L'insertion des processus constitutionnels dans les stratégies de paix, cinq exemples de constitutions post-conflictuelles » *in* BELLOUBET-FRIER (N.), FLOGAÏTI (S.), GONOD P. (dirs.), *Etudes en l'honneur de Gérard Timsit*, Bruxelles, Bruylant, 2004, pp. 25-66.

CORTEN (O.), « Rapport général. L'Etat de droit en droit international : quelle valeur juridique ajoutée ? », *in* SFDI, *L'Etat de droit en droit international*, Colloque de Bruxelles, Pedone, 2009, pp. 11-40.

COUVEINHES-MATSUMOTO (F.), « De la négation du droit international à l'imposition d'un pouvoir supranational. La constitution du droit des gens selon Georges Burdeau », *in* DUPERE (O.) (dir.), *Droit international et constitution : regards sur un siècle de pensée juridique française*, actes de la journée d'études du 15 novembre 2013, Université de Bordeaux, Paris, Institut universitaire Varenne, 2016, pp. 179-299.

CZAPLINSKI (W.), « The activities of the OSCE in Kosovo », TOMUSCHAT (Ch.) (*ed.*), *Kosovo and the International Community. Legal Assessment*, Hague, Kluwer Law international, 2002, pp. 37-44.

D'ARGENT (P.), « L'État de droit en droit international : entre normes et sujets », *in* SFDI, *L'Etat de droit en droit international*, Colloque de Bruxelles, Pedone, 2009, pp. 101-104.

D'ASPREMONT (J.), « La licéité des coups d'État en droit international », *in* SFDI, Colloque de Bruxelles, *l'État de droit en droit international*, Paris, A. Pedone, 2009, pp. 123-142.

DANELCIUC-COLODROVSCHI (N.), « L'incidence des influences constitutionnelles externes sur l'écriture et l'adoption des constitutions postconflictuelles », *in* PHILIPPE (N.), DANELCIUC-COLODROVSCHI (N.) (dir.), *Transitions constitutionnelles et Constitutions transitionnelles. Quelles solutions pour une meilleure gestion des fins de conflit ?*, Institut Universitaire Varenne, 2014, pp. 105-133.

Darwin (J.), « Exit and Colonial Administrations », *in* Caplan (R.) (*ed.*), *Exit, Strategies and State Building*, New York, 2012, pp. 21-37.

DE BRABANDERE (E.), « The Concept of *Jus Post Bellum* in International Law. A Normative Critique », *in* STAHN (C.), EASTERDAY (J. S.), IVERSON (J.) (*ed.*), *Jus Post Bellum. Mapping the Normative Foundations*, Oxford, OUP, 2014, pp. 123-141.

DE FROUVILLE (O.), « Avant-propos », *in* DE FROUVILLE (O.) (dir.), *Le cosmopolitisme juridique*, Paris, Pedone, 2015, pp. 7-10.

DE FROUVILLE (O.), « Qu'est-ce que le cosmopolitisme juridique ? », », *in* DE FROUVILLE (O.) (dir.), *Le cosmopolitisme juridique*, Paris, Pedone, 2015, pp. 11-54.

DE GAUDUSSON (J. D. B.), « Le rôle de l'expertise dans la transition constitutionnelle », *in* PHILIPPE (X.), DANELCIUC-COLODROVSCHI (N.) (dirs.), *Transitions constitutionnelles et Constitutions transitionnelles. Quelles solutions pour une meilleure gestion des fins de conflit?* Institut Universitaire Varenne, 2014, pp. 135-149.

DECAUX (E.), « La Conférence de Rambouillet. Négociations de la dernière chance ou contrainte illicite », TOMUSCHAT (Ch.) (*ed.*), *Kosovo and the International Community. A Legal Assessment*, Hague, Kluwer Law International, 2002, pp. 45-64.

DECHAUX (R.), « La légitimation des transitions constitutionnelles », *in* PHILIPPE (X.), N. DANELCIUC-COLODROVSCHI (N.) (dirs.), *Transitions constitutionnelles et Constitutions transitionnelles. Quelles solutions pour une meilleure gestion des fins de conflit ?* Institut Universitaire Varenne, 2014, pp. 165-196.

DODGE (T.), « Iraq », *in* CAPLAN (R.) (*ed.*), *Exit, Strategies and State Building*, New York, 2012, pp. 242-258.

DUPERE (O.), « Georges Scelle : le dédoublement d'un internationaliste constitutionnaliste », *in* DUPERE (O.) (dir.), *Droit international et constitution : regards sur un siècle de pensée juridique française*, actes de la journée d'études du 15 novembre 2013, Université de Bordeaux, Paris, Institut universitaire Varenne, 2016, pp. 131-178.

DUPUY (P.-M.), « Le *jus cogens*, les mots et les choses. Où en est le droit impératif devant la Cour internationale de Justice près d'un demi-siècle après sa proclamation ? », *in Droit international et culture juridique*, Mélanges offerts à Charles Leben, Pedone, 2015, pp. 77-99.

EASTERDAY (J. S.), IVERSON (J.), IVERSON (J.), STAHN (C.), « Exploring the Normative Foundations of *Jus Post Bellum*: An Introduction », *in* STAHN (C.), EASTERDAY (J. S.), IVERSON (J.) (*ed.*), *Jus Post Bellum. Mapping the Normative Foundations*, Oxford, OUP, 2014, pp. 1-11.

EDMOND (J.), « La Constitution de la République de Namibie du 9 février 1990 », *in* CONAC (G.) (dir.), *L'Afrique en transition vers le pluralisme politique*, Paris, Economica, 1990, pp. 353-356.

EKLY (P.), « Le constitutionnalisme au temps de la mondialisation : les contributions française et japonaise », *in* VIALA (A.) (dir.), *La Constitution et le temps*, Actes de colloque. Vème séminaire franco-japonais de droit public du 4 au 10 septembre 2002, Lyon, L'Hermès, 2003, pp. 285-291.

FLAUSS (J.-F.), « La primarité des droits de la personne : licéité ou illicéité de l'intervention humanitaire », *in* TOMUSCHAT (Ch.) (*ed.*), *Kosovo and the International Community. Legal Assessment*, Hague, Kluwer Law International, 2002, pp. 87-102.

FLAVIER (H.), « Boris Mirkine-Guetzévitch : la conscience juridique des peuples, moteur de l'évolution des rapports entre droit international et droit constitutionnel », *in* DUPERE (O.) (dir.), *Droit international et constitution : regards sur un siècle de pensée juridique française*, actes de la journée d'études du 15 novembre 2013, Université de Bordeaux, Paris, Institut universitaire Varenne, 2016, pp. 37-73.

FORTEAU (M.), « Existe-il une définition et une conception univoque de l'État de droit dans la pratique des organisations régionales ou politiques ? », *in* SFDI, colloque de Bruxelles, *l'Etat de droit en droit international*, Pedone, 2009, pp. 263-286.

FORTEAU (M.), « Le droit administratif global, signe d'une évolution des techniques du droit international », *in* Bories (C.) (dir.), *Un droit administratif global ? - A global Administrative Law ?* Actes du colloque des 16 et 17 juin 2011, Pedone, 2012, pp. 169-183.

FORTEAU (M.), « Organisations internationales et sources du Droit », *in* LAGRANGE (E.), SOREL (J.-M.) (dirs.), *Traité de droit des organisations internationales*, Paris, LGDJ, 2013, 257-285.

FORTEAU (M.), « Repenser la logique de traitement des rapports entre ordres juridiques. Changer de regard : tout ne serait-il pas affaire de droit applicable, plutôt que d'ordres juridiques ? », *in* BONNET (B.) (dir.), *Traité des rapports entre ordres juridiques,* Paris, LGDJ, 2016, pp. 633-649.

FOX (G. H.), « Exit and Military occupations », *in* CAPLAN (R.) (*ed.*), *Exit, Strategies and State Building*, New York, 2012, pp. 197-223.

FOX (G. H.), « Navigating the Unilateral/Multilateral Divide », *in* STAHN (C.), EASTERDAY (J. S.), Iverson (J.) (*ed.*), *Jus Post Bellum. Mapping the Normative Foundations*, Oxford University Press, 2014, pp. 229-258.

FRYDMAN (B.), « Repenser la science du droit – Penser le droit global sans l'ordre juridique », *in* BONNET (B.) (dir.), *Traité des rapports entre ordres juridiques,* Paris, LGDJ, 2016, pp. 279-282.

GAÏA (P.), « Louis Favoreu et les internationalistes – Autour de la Jurisprudence constitutionnelle internationale », *in* DUPERE (O.) (dir.), *Droit international et constitution : regards sur un siècle de pensée juridique française*, actes de la journée d'études du 15 novembre 2013, Université de Bordeaux, Paris, Institut universitaire Varenne, 2016, pp. 307-346.

GAÏA (P.), « Repenser la place de la constitution », *in* BONNET (B.) (dir.), *Traité des rapports entre ordres juridiques,* Paris, LGDJ, 2016, pp.345-407.
GATTINI (A.), « Le rôle du juge international et du juge national et la coutume international », *in* ALLAND (D.), CHETAIL (V.), DE FROUVILLE (O.), VIÑUALES (J. E.) (dirs.), *Unité et diversité du droit international - Unity and Diversity of International Law*, Ecrits en l'honneur du professeur Pierre-Marie Dupuy/Essays in Honour of Professor Pierre-Marie Dupuy, Leiden – Boston, Nijhoff, pp. 253-273.
GAULME (F.), « « États faillis », « États fragiles » : concepts jumelés d'une nouvelle réflexion mondiale », *Politique étrangère*, 1 : 2011, pp.17-29.
GAUTRON (J.-C.), « Compte-rendu des débats », *in* DUPERE (O.) (dir.), *Droit international et Constitution : regards sur un siècle de pensée juridique française*, actes de la journée d'études du 15 novembre 2013, Université de Bordeaux, Paris, Institut universitaire Varenne, 2016, pp. 301-304.
GAUTRON (J.-C.), PLATON (S.), « La naissance d'une singularité doctrinale : les européanistes », *in* BONNET (B.) (dir.), *Traité des rapports entre ordres juridiques,* Paris, LGDJ, 2016, pp. 109-123.
GEORG (O.), « Introduction. Aux morts du 28 septembre », *in* Le NON de la Guinée : entre mythe, relecture historique et résonnances contemporaines, Paris, L'Harmattan, 2010, pp. 5-14.
GHERARI H., « Le respect de l'État de droit comme élément de la « bonne gouvernance » en droit international économique », *in* SFDI, *l'État de droit en droit international*, Colloque de Bruxelles, Pedone, 2009, pp. 153-176.
GIFFEN (A.), « South Sudan », *in* BELLAMY (A. J.), DUNNE (T.) (*ed.*), *The Oxford Handbook of Responsability to Protect*, Oxford, OUP, 2016, pp. 857-875.
GIRAUDOU (I.), « La question des sources du droit au Japon : une clef de lecture du passage au temps constitutionnel ? », *in* Viala (A.) (dir.), *La Constitution et le temps*, Actes de colloque. Vème séminaire franco-japonais de droit public du 4 au 10 septembre 2002, Lyon, L'Hermès, 2003, pp. 81-93.
GODSTONE (A.), « East Timor », *in* Caplan (R.) (*ed.*), *Exit, Strategies, and State Building*, New York, 2012, pp. 177-193.

GOLDSTONE (R.), « Preface », *in* HESSE (V.), POST (R.) (*ed.*), *Human Rights in Political Transitions: Gettysburg to Bosnia*, New York, Zone Book, 1999.
GREGORIAN (V.), « Foreword », *in* CHRESTERMAN (S.), *You, The People. The United Nations, Transitional Administration, and State-Building*, Oxford, OUP, 2005.
GREWE (C.), « Repenser les fondements des rapports de systèmes », *in* BONNET (B.) (dir.), *Traité des rapports entre ordres juridiques,* Paris, LGDJ, 2016, pp. 547-565.
GUILLAUME (M.), « Le cadre juridique de l'action de la KFOR au Kosovo », *in* Ch. Tomuschat (*ed.*), *Kosovo and the international community. A Legal Assessment*, Hague, Kluwer Law international, 2002, pp. 243-285.
GUILLAUME (M.), « Le cadre juridique de l'action de la KFOR au Kosovo », *in* TOMUSCHAT (Ch.) (*ed. by*), *Kosovo and the International Community. Legal Assessment*, Hague, Kluwer Law International, 2002, pp. 243-285.
HAJJAMI (N.), « La Commission de Venise et la construction d'État : l'exemple du Monténégro », *in* SFDI, *L'Etat de droit en droit international*, Colloque de Bruxelles, Pedone, 2009, pp. 209-217.
HAMANN (A.), RUIZ-FABRI (H.), « Réseaux transnationaux et constitutionnalisme », *in* RUIZ-FABRI (H.), ROSENFELD (M.) (dirs.), *Repenser le constitutionnalisme à l'âge de la mondialisation et de la privatisation*, Paris, Société de Législation Comparée, 2011, pp. 173-204.
HAMPSON (F. J.), « Afghanistan 2001-2010 », *in* WILMSHURST (E.) (*ed.*), *International Law and the Classification of Conflicts*, Oxford, OUP, 2012, pp. 242-279.
HAMSELEK (P.), « Le droit dans les esprits », *in controverses autour de l'ontologie du droit*, PUF, 1983.
HANDLER CHAYES (A.), CHAYES (A.), RAACH (G.), « Beyond Reform: Restructuring for More Effective Conflict Intervention », *Global Governance* 3, 1997, pp. 117-145.
HASEGAWA (S.), « The role of United Nations in Conflict Resolution and Peace-building in Timor-Leste », *in* DOLGOPOL (U.), GARDAM (J.) (*ed.*), *The Chanllenge of Conflict. International Law Responds*, Leiden – Boston, Martinus Nijhoff Publishers, 2006, pp. 165-191.
HOURQUEBIE F., « La construction de l'avenir : données contextuelles et cahier des charges constitutionnelles », *in* PHILIPPE (X.),

DANELCIUC-COLODROVSCHI (N.) (dirs.), *Transitions constitutionnelles et Constitutions transitionnelles. Quelles solutions pour une meilleure gestion des fins de conflit ?* Institut Universitaire Varenne, 2014, pp.47-60.

HUNT (Ch. T.), « Chapitre 37. Côte d'Ivoire », *in* BELLAMY (A. J.), T. DUNNE (*ed. by*), *The Oxford Handbook of Responsability to Protect*, Oxford University Press, 2016, pp. 693-716.

I. FALL, « Préface », *in* CONAC (G.), AMOR (A.) (dirs.), *Islam et droits de l'homme*, Economica, 1994.

KADELBACH (S.), « Jus cogens, Obliagations Erga Omnes and other Rules – The identification of Fundamental Norms », *in* TOMUSCHAT (Ch.), THOUVENIN (J.-M.) (dir.), *The Fundamental Rules of the International Legal Order*, Boston - Leiden, Brill, 2006, pp. 21-40.

KLEIN (P.), « L'administration internationale de territoire : quelle place pour l'Etat de droit ? », *in* SFDI, *L'Etat de droit en droit international*, Colloque de Bruxelles, Pedone, pp. 385-402.

KOKOTT (J.), « Human rights situation in Kosovo 1989-1999 », TOMUSCHAT (Ch.) (*ed.*), *Kosovo and the International Community. A Legal Assessment, Hague, Kluwer Law International*, 2002, pp. 1-35.

LOURME (L.), « Quatre observations problématiques à propos du cosmopolitisme juridique contemporain, *in* DE FROUVILLE (O.) (dir.), *Le cosmopolitisme juridique*, Paris, Pedone, 2015, pp. 115-125.

M. KAMTO (M.), « Charte africaine, instruments internationaux de protection des droits de l'homme, constitutions nationales : articulations respectives », *in* FLAUSS (J.-F.), LAMBERT-ABDELGAWAD (E.) (dir.), *L'application nationale de la Charte africaine des droits de l'homme et des peuples*, Bruxelles, Bruylant, 2004, pp. 11-47.

MACKLEM (P.), « droit des minorités en droit international », *in* RUIZ-FABRI (H.), ROSENFELD (M.) (dirs), *Repenser le constitutionnalisme à l'âge de la mondialisation et de la privatisation*, Paris, Société de Législation Comparée, 2011, pp. 233-259.

MANCINI (S.), « Repenser les frontières de la sécession démocratique : libéralisme, nationalisme et droits des minorités à l'autodétermination », *in* RUIZ-FABRI (H.), ROSENFELD (M.) (dirs), *Repenser le constitutionnalisme à l'âge de la mondialisation et de la privatisation*, Paris, Société de Législation Comparée, 2011, pp. 261-298.

MARKS (S. P.), « The Process of Creating a New Constitution in Cambodia », *in* Miller (L. E.), AUCOIN (L.) (*ed.*), *Framing the State in*

Times of Transition : Case Studies in Constitution Making, Whashington, D.C, United State Institute of Peace Press, 2010, pp. 207-274.
MASSIAS (J.-P.), « Les incidences du processus de pacification sur l'écriture de la constitution », *in* PHILIPPE (X.), DANELCIUC-COLODROVSCHI (N.) (dirs.), *Transitions constitutionnelles et Constitutions transitionnelles. Quelles solutions pour une meilleure gestion des fins de conflit ?*, Institut Universitaire Varenne, 2014, pp. 27-46.
MASSIAS (J.-P.), « Synthèse des débats », *in* PHILIPPE (X.), DANELCIUC-COLODROVSCHI (N.) (dirs.), *Transitions constitutionnelles et Constitutions transitionnelles. Quelles solutions pour une meilleure gestion des fins de conflit ?*, Institut Universitaire Varenne, 2014, pp. 105-133.
MATHIEU (M.-L.), « Repenser l'ordre et la nécessité », *in* BONNET (B.) (dir.), *Traité des rapports entre ordres juridiques*, Paris, LGDJ, 2016, pp. 241-259.
MAULIN (E.), « Préface », *in* DE MALBERG (R. C.), *Contribution à la théorie générale de l'État*, Paris, Dalloz, 2004.
MAUSS (D.), « L'influence du droit international contemporain sur l'exercice du pouvoir constituant », *in* COLLIARD (J.-C.), Jegouzo (Y.) (dirs.), *Le nouveau constitutionnalisme*, Mélanges en l'honneur de Gérard Conac, Paris, Economica, 2001, pp. 87-102.
MAY (L.), « Jus Post Bellum, Grotius, and Meionexia », *in* STAHN (C.), J. S. EASTERDAY, IVERSON (J.) (*ed.*), *Jus Post Bellum. Mapping the Normative Foundations*, Oxford, OUP, 2014, pp. 15-25.
MCGREW (L.), « Hybrid Court, Hybrid peacebuilding in Cambodia », *in* ARTHUR (P.), Ch. YAKINTHOU (Ch.) (*ed.*), *Transitional Justice, International Assistance, and Civil Society. Missed Connections*, Cambridge University Press, 2018, pp. 144-173.
MEGRET (F.), « Le traitement du passé par la transition constitutionnelle : quelle articulation avec la justice constitutionnelle ? », *in* PHILIPPE (X.), DANELCIUC-COLODROVSCHI (N.) (dirs.), *Transitions constitutionnelles et Constitutions transitionnelles. Quelles solutions pour une meilleure gestion des fins de conflit ?* Institut Universitaire Varenne, 2014, pp. 61-80.
MENDELSON FORMAN (J.), « Haïti », *in* CAPLAN (R.) (*ed.*), *Exit Strategies and State Building*, Oxford, OUP, 2012, pp. 118-134.

MESSIANT (Ch.), « Angola entre guerre et paix », *in* MARCHAL (R.), MESSIANT (Ch.), *Les chemins de la guerre et de la paix. Fins de conflits en Afrique australe et orientale*, Paris, 1997, pp. 157-208.
MONACO (V.), « Le caractère constitutionnel des actes institutifs d'organisations internationales », *in* Mélanges offerts à Charles Rousseau : *La communauté internationale*, Paris, Pedone, 1974, pp. 153-172.
MORRONE (A.), « L'État constitutionnel et sa crise – Santi Romano – et la méthode de la science constitutionnel », *in* BONNET (B.) (dir.), *Traité des rapports entre ordres juridiques,* Paris, LGDJ, 2016, pp. 93-108.
MOUTON (J.-D.), « La mondialisation et la notion d'État », *in* SFDI, *L'Etat dans la mondialisation*, Colloque de Nancy (2012), Paris, Pedone, 2013, pp. 11-36.
MUIR-WATT (H.), TUSSEAU (G.), « Repenser le dévoilement de l'idéologie juridique : une approche fictionnelle de la gouvernance juridique », *in* BONNET (B.) (dir.), *Traité des rapports entre ordres juridiques*, Paris, LGDJ, 2016, pp. 169-119.
MURARU (I), TANASESCU (E. S.), « Quelsques considérations sur la constitutionnalisation du droit romain », *in Le nouveau constitutionnalisme*, Mélanges en l'honneur de Gérard Conac, Paris, Economica, 2001, pp. 407-417.
NICOLAS (H.), « Les techniques de participations des Nations unies à l'élaboration des constitutions », *in* LAVAL (P.-F.), R. PROUVESE (dir.), *L'ONU entre internationalisation et constitutionnalisation*, Paris, A. Pedone, 2015, pp. 11-32.
NIYUNGEKO (G.), « Accords de paix, résolutions de Conseil de sécurité et reconstruction des sociétés dans des situations post-conflictuelles : quelle place pour l'Etat de droit ? », *in* SFDI, Colloque de Bruxelles, *L'Etat de droit en droit international*, Pedone, pp. 403-430.
NOLLEZ-GOLDBACH (K.), « Les paradoxes de l'humanité juridique », *in* DE FROUVILLE (O.) (dir.), *Le cosmopolitisme juridique*, Paris, Pedone, 2015, pp. 127-135.
O'DONOGHUE (A.), « The Exercise of Governance Authority by International Organisations: The Role of Due Diligence Obligations After Conflict », *in* M. SAUL, SWEENEY (J. A.) (*ed.*), *International Law and Post-conflict Reconstruction Policy*, New York, Routledge, 2015, pp. 45-65.

OREND (B.), « Préface », *in* STAHN (C.), EASTERDAY (J. S.), IVERSON (J.) (*ed.*), *Jus Post Bellum. Mapping the Normative Foundations*, Oxford, OUP, 2014, pp. vii-viii.

PARIS (R.), « *The Blurry boundary between Peacebuilding and R2P* », *in* BELLAMY (A. J.), DUNNE (T.) (*ed.*), *The Oxford Handbook of Responsability to Protect*, Oxford, OUP, 2016, pp. 509-523.

PELLET (A.), « Avant-propos », *in* COT J.-P., PELLET (A.), FORTEAU (M.) (dirs.), *La Charte des Nations Unies : commentaire article par article*, Paris, Economica, 2005, p. IX-XIV.

PETERS (J.), « Gaza », *in* CAPLAN (R.) (*ed.*), *Exit, Strategies and State Building*, New York, 2012, pp. 224-241.

PHILIPPE (X.), « Le rôle des organisations non gouvernementales dans les processus constituants postconflictuels : expertise ou plaidoyer ? », *in* PHILIPPE (X.), DANELCIUC-COLODROVSCHI (N.) (dirs.), *Transitions constitutionnelles et Constitutions transitionnelles. Quelles solutions pour une meilleure gestion des fins de conflit?*, Institut Universitaire Varenne, 2014, pp. 151-164.

PHILIPPE (X.), « Le rôle du constitutionnalisme dans la construction de nouveaux États de droit », *in* FAVOREU (L.), HERTZOG (R.), ROUX (A.) (dirs.), *Constitutions et finances publiques : études en l'honneur de Loïc Philip*, Paris, Economica, 2005, pp. 187-206.

PICARD (E.), « La hiérarchie des normes confrontée aux rapports entre ordres juridiques », *in* BONNET (B.) (dir.), *Traité des rapports entre ordres juridiques*, Paris, LGDJ, 2016, pp. 513-546.

PICCIOTTO (S.), « Constitutionnaliser la gouvernance à niveau multiple », *in* RUIZ-FABRI (H.), ROSENFELD (M.) (dirs), *Repenser le constitutionnalisme à l'âge de la mondialisation et de la privatisation*, Paris, Société de Législation Comparée, 2011, pp. 145-171.

PRATT (V.), « Grand espace versus espace public mondial », *in* DE FROUVILLE (O.) (dir.), *Le cosmopolitisme juridique*, Paris, Pedone, 2015, pp. 139- 169.

PREZAS (I.), « L'internationalisation structurelle des systèmes constitutionnels nationaux : les cas de la Bosnie-Herzégovine et du Kosovo », *in* LAVAL (P.-F.), PROUVEZE (R.), *L'ONU, entre internationalisation et constitutionnalisation*, Pedone, 2015, pp. 33-57.

RAYNAUD (Ph.), « Souveraineté, souverainisme, nationalisme, et rapports entre ordres juridiques – permanences et résurgences », *in*

BONNET (B.) (dir.), *Traité des rapports entre ordres juridiques,* Paris, LGDJ, 2016, pp. 313-323.
RENAULT (A.), « Cosmopolitisme et justice globale. Une approche par l'extrême », *in* DE FROUVILLE (O.) (dir.), *Le cosmopolitisme juridique*, Paris, Pedone, 2015, pp. 275-293.
ROLAND (S.), « Repenser le principe de la séparation des pouvoirs », *in* BONNET (B.) (dir.), *Traité des rapports entre ordres juridiques,* Paris, LGDJ, 2016, pp. 459-477.
ROUCOUNAS (E.), « Explications sur les limites différenciées et en mouvement entre le droit international et le droit interne », *in* D'ARGENT (P.), BONAFE (B.), Combacau (J.) (dirs.), *Les limites du droit international – Essai en l'honneur Joe Verhoeven*, Bruxelles, Buyalant, pp. 355-377.
RUBIN (B. R.), « Crafting a Constitution for Afghanistan », *in* AMIR ARJOMAND (S.) (*ed.*), *Constitutional Politics in the Middle East. With Special Reference to Turkey, Iraq, Iran and Afghanistan*, Oxford and Portland Oregon, Hart Publishing, 2008, pp. 146-161.
RUIZ-FABRI (H.), ROSENFELD (M.), « Avant-propos », *in* RUIZ-FABRI (H.), ROSENFELD (M.), *Repenser le constitutionnalisme à l'âge de la mondialisation et de la privatisation*, Paris, Société de Législation Comparée, 2011, pp. 19.18.
SANDOZ (Y.), « Les situation de conflits armés ou d'occupation : quelle place pour l'État de droit ? », *in* SFDI, *L'Etat de droit en droit international*, Colloque de Bruxelles, Paris, Pedone, 2009, pp. 361-383.
SAUL (M.), SWEENEY (J. A.), « Introduction », *in* SAUL (M.), Sweeney (J. A.) (*ed.*), *International Law and Post-conflict Reconstruction Policy*, New York, Routledge, 2015, pp. 1-20.
SAUVE (J.-M.), « Repenser le rôle du juge ordinaire – Les voies d'un pluralisme ordonné : de la circulation des droits à l'intégration des ordres juridiques », *in* BONNET (B.) (dir.), *Traité des rapports entre ordres juridiques,* Paris, LGDJ, 2016, pp. 713-724.
SCELLE (G.), « Le droit constitutionnel international », *in Mélanges* Carré de Malberg, Sirey, 1933, pp. 513-514.
SCHERMERS (H. G.) « Les bases juridiques de l'action des organisations internationales », *in* DUPUY (R.-J.) (dir.), *Manuel sur les organisations internationales*, Boston/London, Martinus Nijhoff, 1998, pp. 401-411.

SCHMITT (M. N.), « Iraq (2003 onwards) », *in* WILMSHURST (E.) (*ed.*), *International Law and the Classification of Conflicts*, Oxford, OUP, 2012, pp. 356-386.

SHIGERU (M.), « L'acte constituant et le temps : écriture et lecture du texte », *in* VIALA (A.) (dir.), *La Constitution et le temps*, Actes de colloque. Vème séminaire franco-japonais de droit public du 4 au 10 septembre 2002, Lyon, L'Hermès, 2003, pp. 37-47.

SHRAGA (D.), « The second Generation UN-Based Tribunals: A Diversity of Mixed Juridictions », *in* ROMANO (C. P. R.), NOLLKAEMPER (A.), Kleffner (J. K.) (*ed.*), *Internationalized Criminal Courts: Sierra Leone, East Timor, Kosovo, and Cambodia*, Oxford University Press, 2009, pp. 15-38.

SICILIANOS (L.-A.), « Le respect de l'État de droit comme obligation internationale », *in* SFDI, *l'État de droit en droit international*, Colloque de Bruxelles, Paris, Pedone, 2009, pp. 143-152.

SICILIANOS (L.-A.), « Préface », *in* KOLB (R.), *Droit humanitaire et opérations de paix internationales*, Bruxelles, Bruylant, 2002, pp. VII-IX.

Simon (D.), « Repenser le raisonnement interprétatif : autonomie ou circulation des principes, des méthodes et des techniques, dans les rapports de systèmes », *in* Bonnet (B.) (dir.), *Traité des rapports entre ordres juridiques,* Paris, LGDJ, 2016, pp. 607- 631.

SINDJOUN (L.), « Le gouvernement de transition : élément pour une théorie politico-constitutionnelle de l'État en crise ou en reconstruction », *in Mélanges en l'honneur de Slobodan Milacic. Démocratie et liberté : tension, dialogue, confrontation,* Bruxelles, Bruylant, 2007, pp. 967-1011.

SINDJOUN (L.), « Paraconstitutions. Les pratiques sociales dans les régimes politiques africains en voie de démocratisation : hypothèses théoriques et empiriques sur la « paraconstitution » », *in* GALY (M.), SANNELLA (E.) (dirs), *Les défis de l'État en Afrique, Actes du colloque de Milan*, Paris, L'Harmattan, 2007, pp. 77-113.

SLAUGHTER (A.-M.), BURKE-WHITE (W.), « The Future of International Law is Domestic », *in* NIJMAN (J.), NOLLKAEMPER (A.) (*ed.*), *New Perspectives on the Divide between International and National Law*, Oxford, OUP, 2007.

SOLOMON (R. H.), « Foreword », *in* MILLER (L. E.), AUCOIN (L.) (*ed.*), *Framing the State in Times of Transition: Case Studies in Constitution*

Making, Whashington, D.C, United State Institute of Peace, 2010, pp. xi-xii.

SOREL (J.-M.), « La constitutionnalisation du droit international : conflits et concurrence des sources du droit ? Fausse querelle, mais vraies questions », *in* RUIZ-FABRI (H.), ROSENFELD (M.) (dirs.), *Repenser le constitutionnalisme à l'âge de la mondialisation et de la privatisation*, Paris, Société de Législation Comparée, 2011, pp. 23-44.

SOREL (M.), « La constitutionnalisation du droit international : conflits et concurrence des sources du droit ? Fausses querelles, mais vraies questions », *in* H. Ruiz-Fabri, M. Rosenfeld, *Repenser le constitutionnalisme à l'âge de la mondialisation et de la privatisation*, Paris, Société de Législation Comparée, 2011, pp. 23-44.

SORENSEN (S.), « Obligations d'un État partie à un traité sur le plan de son droit interne : « rapport » », *in Les droits de l'homme en droits internes*, Bruxelles, Presses universitaires de Bruxelles, 1968, pp. 35-61.

SUR (E.), « Sarre », *in* Y. Lacoste (dir.), *Dictionnaire de géopolitique*, Paris, Flammarion, 1995, pp. 1364-1365.

SZUREK (S.), « La Charte des Nations Unies constitution mondiale ? », *in* COT (J.-P.), A. PELLET (A.), FORTEAU (M.) (dirs.), *Charte des Nations Unies – Commentaire article par article*, Paris, Economica, 2005, pp. 29-68.

TAVERNIER (P.), « L'identification des règles fondamentales, un problème résolu ? », *in* TOMUSCHAT (Ch.), J.-M. Thouvenin (dirs.), *The Fundamental Rules of the International Legal Order*, Boston, Leiden, 2006, pp. 1-20.

TAVERNIER (P.), « Les organisations internationales et les changements anticonstitutionnels », *in* BEN ACHOUR (R.) (dir.), *Les changements anticonstitutionnels de gouvernement : approches de droit constitutionnel et de droit international*, Presse Universitaire d'Aix-Marseille, 2014, pp. 29-36.

THAKUR (R.), « Chapitre 6. Rwanda, Kosovo, and the International Commission on Intervention and State Sovereignty », *in* BELLAMY (A. J.), DUNNE (T.) (*ed.*), *The Oxford Handbook of Responsibility to Protect*, Oxford, OUP, 2016, pp. 94-113.

THOUVENIN (J.-M.), « Avant-propos », *in* CHAUMETTE (A.-L.), THOUVENIN (J.-M.) (dirs.), *La responsabilité de protéger, dix ans après/The Responsability to Protect, Ten Years on*), Actes du colloque du 14 novembre 2011, Pedone, pp. 3-4.

TIMSIT (G.), « Contre la nouvelle vulgate », *in Le Nouveau constitutionnalisme*. Mélanges en l'honneur de Gérard Conac, Paris, Economica, 2001, pp. 31-48.

TKATOVA (R.), « Les particularités du développement de l'État de droit dans la communauté des États indépendants », *in* SFDI, *L'Etat de droit en droit international*, Pedone, 2009, pp. 301-314.

TOMUSCHAT (Ch.), « Mots de bienvenue », *in* TOMUSCHAT (Ch.) (*ed.*), *Kosovo and the International community. A Legal Assessment*, Hague, Kluwer Law international, 2002, pp. ix-x.

TOURARD (H.), « L'équilibre constitutionnel des pouvoirs, une exigence négligée par les internationalistes », *in* DUPERE (O.) (dir.), *Droit international et constitution : regards sur un siècle de pensée juridique française*, actes de la journée d'études du 15 novembre 2013, Université de Bordeaux, Paris, Institut universitaire Varenne, 2016, pp. 347-365.

TOURARD (H.), « L'internationalisation des constitutions africaines », *in* CHARLOT (P.), KLEIN (C.) (dirs.), *Émergence de nouveaux modèles de démocratie constitutionnelle. Afrique, Proche-Orient*, Éditions Mare & Martin, 2019, pp. 141-157.

TRANCHANT (B.), « Les instruments de la constitutionnalisation : la Charte des Nations Unies », *in* LAVAL (P.-F.), PROUVEZE (R.), *L'ONU, entre internationalisation et constitutionnalisation*, Pedone, 2015, pp. 62-71.

TROPER (M.), « Le bon usage des spectres. Du gouvernement des juges au gouvernement par les juges », *in Le Nouveau constitutionnalisme*. Mélanges en l'honneur de Gérard Conac, Paris, Economica, 2001, pp. 49-65.

TURNER (C.), « Constitution Making and Post-Conflict Reconstruction », SAUL (M.), SWEENEY (J. A.) (*ed.*), *International Law and Post-conflict Reconstruction Policy,* New York, Routledge, 2015, pp. 119-140.

UERPMANN (R.), « La primauté des droits de l'homme : licéité ou illicéité de l'intervention humanitaire », *in* TOMUSCHAT (Ch.) (*ed.*), *Kosovo and the International Community. A Legal Assessment*, Hague, Kluwer Law International, 2002, pp. 65-86, p. 65.

VAHLAS (A.), « Le paradoxe de la stabilité constitutionnelle japonaise », *in* VIALA (A.) (dir.), *La Constitution et le temps*, Actes de

colloque. Vème séminaire franco-japonais de droit public du 4 au 10 septembre 2002, Lyon, L'Hermès, 2003, pp. 63-80.
VATANPARAST (R.), « Waging Peace. Ambiguities, Contradictions, and Problems of a Jus Post Bellum Legal Framework », *in* STAHN (C.), EASTERDAY (J. S.), IVERSON (J.) (*ed*), *Jus Post Bellum. Mapping the Normative Foundations*, Oxford, OUP, 2014, pp. 142-160.
VERDROSS (A.), « La place de la Convention européenne des droits de l'homme dans la hiérarchie des normes juridiques : « rapport » », *in Les droits de l'homme en droits internes*, Bruxelles, Presses universitaires de Bruxelles, 1968, pp. 8-93.
VERGOTTINI (G. D.), « Transitions constitutionnelles et consolidation de la démocratie dans les ordonnancements d'Europe centre-orientale », *in Démocratie et liberté : tension, dialogue, confrontation mélanges en l'honneur de Slobodan Milacic*, Bruxelles, Bruylant, 2007, pp. 701-714.
VERHOEVEN (J.), « Les activités normatives et quasi-normatives », *in* R.-J. Dupuy (dir.), *Manuel sur les organisations internationales*, Boston - London, Nijhoff, 1998, pp. 413-441.
VIALA (A.), « L'acte constituant et le temps », *in* VIALA (A.) (dir.), *La Constitution et le temps*, Actes de colloque. Vème séminaire franco-japonais de droit public du 4 au 10 septembre 2002, Lyon, L'Hermès, 2003, pp. 27-36.
VIDAL-NAQUET (A.), « L'idée d'une cour constitutionnelle internationale », *in Les cahiers de l'Institut Louis Favoreu*, n°. 4, 2013.
VIJAYASHRI (S.), « The United Nation's Role in Post-Conflict Constitution-Making Processes: TWAIL Insaights », *in International Community Law Review* 10, 2008, pp. 411-420.
VILJOEN (F.), « L'application de la Charte africaine des droits de l'homme et des peuples par les autorités nationales en Afrique australe et orientale », *in* Flauss (J.-F.), LAMBERT-ABDELGAWAD (dirs), *L'application nationale de la Charte africaine des droits de l'homme et des peuples*, Bruxelles, Bruylant, 2004, pp. 75-98.
VIRALLY (M.), « Droit de l'homme et théorie générale du droit international », *in* CASSIN (R.), *Amicorum Discipulorumque Liber*, t. IV, *Méthodologie des Droits de l'Homme*, Paris, Pedone, 1969, pp. 323-330.
W. CZAPLINSKI, « Jus cogens and the Law of treaties », *in* Ch. Tomuschat, THOUVENIN (J.-M.), *The Fundamental Rules of the*

International Legal Order – Jus Cogens and Obligations Erga Omnes, Boston - Leidein, 2006, pp. 83- 97.

WALLACE BROWN (G.), BOHM (A.), « Mieux vaut prévenir que guerir : repenser l'approche cosmopolitique de l'intervention humanitaire », *in* DE FROUVILLE (O.) (dir.), *Le cosmopolitisme juridique*, Paris, Pedone, 2015, pp. 353-373.

WECKEL (Ph.), « Les devoirs de l'attaquant à la lumière de la campagne aérienne en Yougoslavie », *in* TOMUSCHAT (Ch.) (*ed.*), *Kosovo and the International Community. A Legal Assessment*, Hague, Kluwer Law International, 2002, pp. 129-155.

WIECHERS (M.), « Namibian'Long Walk to Freedom. The Role of Constitution Making in The Creation of an Independent Namibia », *in* MILLER (L. E.), AUCOIN (L.) (*ed.*), *Framing the State in Times of Transition: Case Studies in Constitution Making*, Whashington, D.C, United State Institute of Peace, 2010, pp. 81-110.

WILLIAMS (P. D.), « *The R2P, Protection of Civilians, and UN Peacebuilding Operations* », BELLAMY (A. J.), DUNNE (T.) (*ed.*), *The Oxford Handbook of Responsibility to Protect*, Oxford, OUP, 2016, pp. 509-523.

WYLER (É.), « La « conscience juridique internationale » au fondement de la conception du droit international de Léon Duguit », *in* DUPERE (O.) (dir.), *Droit international et constitution : regards sur un siècle de pensée juridique française*, actes de la journée d'études du 15 novembre 2013, Université de Bordeaux, Paris, Institut universitaire Varenne, 2016, pp. 19-35.

YAKINTHOU (Ch.), « Reframing Friction. A Four-Lens Framework for Explaining Shifts, Fractures, and Gaps in Transitional Justice », *in* ARTHUR (P.), YAKINTHOU (Ch.) (*ed.*), *Transitional Justice, International Assistance, and Civil Society. Missed Connections*, Cambridge University Press, 2018, pp. 177-208.

YAKINTHOU (Ch.), « Fighting Windmills, Ignoring Dragons International Assistance to Civil Society in Post-Conflict Bosnia and Herzegovina », *in* P. Arthur, Ch. Yakinthou (*ed.*), *Transitional Justice, International Assistance, and Civil Society. Missed Connections*, Cambridge University Press, 2018, pp. 52-85.

YAMAMOTO (H.), « Les trois temps pour la liberté du pouvoir constituant », *in* VIALA (A.) (dir.), *La Constitution et le temps*, Actes de colloque. Vème séminaire franco-japonais de droit public du 4 au 10 septembre 2002, Lyon, L'Hermès, 2003, pp. 13-25.

ZAUM (D.), « Exit and International Administrations », *in* R. Caplan (*ed.*), *Exit, Strategies and State Building*, New York, 2012, pp.137-158.

b. Articles dans des revues et des périodiques

ABI-SAAB (G.), « La deuxième génération d'opérations de maintien de la paix », *Le trimestre du monde*, n° 20, 1992, pp. 331-342.
ABLINE (G.), « De l'indépendance du Timor oriental », *RGDIP*, 2003, pp. 349-375.
ALTWEGG-BOUSSAC (M.), « Le constitutionnalisme global, quels espaces pour la discussion ? », *in Le constitutionnalisme global*, *Jus Politicum*, vol. IX, 2018, pp. 9-22.
ATANGANA AMOUGOU (J.-L.), « Les accords de paix dans l'ordre juridique interne en Afrique », *Revue de la recherche juridique. Droit prospectif*, 2008, 1723-1745.
BANGOURA (D.), « Le coup d'État de décembre 2008 et la transition controversée en Guinée », Institut de Recherche Stratégique de l'Ecole Militaire, *Les Champs de Mars*, 2015/3, n° 28, pp. 18-33.
BARELA (S. J.), KELLER (A.), « Justice, Peace and *Ju spost bellum* », *Amsterdam Law Forum,* vol. 7, 2015, pp. 98-107.
BELAID (M.), « Les mobilisations armées à l'Est de la République démocratique du Congo : dynamiques sociales d'une pratique ordinaire », *Critique internationale* 2019/1 n° 81, pp. 31-49.
BELL (Ch.), « Peace Agreements: Their Nature and Legal Status », *American Journal of International Law*, 2006, 373-412.
BHUTA (N.), « Against State-building », *Constellation*, volume 15, n° 4, 2008, pp. 517-542.
BONJEAN (J..), *Tanger*, Paris, Fondation nationale des Sciences Politiques (FNSP), *Etudes Maghrébines* n° 8, octobre 1967.
BONNET (M.), « The legitimacy of internationally imposed constitution-making in the context of state building », A. Richard, C. Xenophon, F. Alkmene (*ed.*), *The Law and Legitimacy of Imposed Constitutions*, London – New York, Routledge, 2019, pp. 208-226.
BORD (O. B.), « Le contrôle de constitutionnalité des actes communautaires dérivés : de la nécessité d'un dialogue entre les juridictions suprêmes de l'Union européenne », *Cahiers du Conseil constitutionnel n° 4 (Dossier : Droit communautaire - droit constitutionnel)* - avril 1998.

BOTHE (M.), MARAUHN (T.), « UN Administration of Kosovo and East Timor : Concept, Legality and Limitations of Security Council-Mandated Trusteeship Administration », TOMUSCHAT (Ch.) (*ed.*), *Kosovo and the international community. A Legal Assessment*, Hague, Kluwer Law international, 2002, pp. 217-242.

BOURNEUF (P.-E.), « La Société des Nations et la force internationale à Vilna (1920-1921) : un projet précurseur pour le maintien de la paix ? », *Relations internationales*, 2016/2 (n° 166), pp. 87-102.

BRUNET (P.), « Aspects théoriques et philosophiques de l'interprétation normative », *RGDIP*, 2011-2, pp. 311-327.

BRUNET (P.), « Introduction : la hiérarchie des normes, fétiche ou nécessité ? », *Revue, La Fabrique de l'ordre juridique : les juristes et la hiérarchie des normes*, Ljubljana, 2013-2014, pp. 5-9.

BULJUBASIC (M.), « A Bref Introduction in Historical Cycles of Mass Violence in Bosnia And Herzegovina », *International Journal of Rule of Law, Transitional Justice and Human Rights*, 2018, Year 9, Vol. 9, pp. 91-106.

BURGAT (K.), « Esclave et propriété », *Revue française d'anthropologie de l'esclavage*, Janvier/mars 1998, 145, pp. 11-30.

CAHIN (G.), « L'action international au Timor oriental », *AFDI*, vol. 46, 2000, pp. 139-175.

CAHIN (G.), « Limitation du pouvoir constituant : le point de vue de l'internationaliste », *Civitas Europa*, 2014/1, n° 32, p. 55-79.

CERDA-GUZMAN (C.), « Repenser les constitutions internationalisées », *RDP*, 2015, n° 6, pp. 1567-1582.

CHAUMETTE (A.-L.), « Les administrations internationales de territoires au Kosovo et au Timor : expérimentation de la fabrication d'un État ». *Jus politicum. Revue de droit politique*, Dalloz, 2015, pp.337–378.

CHAUMONT (Ch.), « Le droit des peuples à témoigner d'eux-mêmes », *Annuaire du Tiers-Monde*, 1976.

CHAYES (A. H.), CHAYES (A.), RAACH (G.), « Beyond Reform: Restructuring for More Effective Conflict Intervention », *Global Governance* 3, 1997, pp. 117-145.

CHRISTIE (R.), Gilberto Algar-Faria, « Timely interventions: Temporality and Peace-Building », *European Journal of International Security*, 2020, pp. 55–178.

CORTEN (O.), « Les techniques reproduites aux articles 31 à 33 da la Convention de Vienne de 1969 : approche objectiviste ou approche volontariste de l'interprétation ? », *RGDIP*, 2011, 551-366.
COT (P.), « Statut international de Tanger », *Journal du Droit international*, vol. 52, n° 3, 1925, pp. 609-627.
COURTOIS (A.-C.), « Rupture et continuité d'un *ethos* politique autoritaire : les noms de partis au Burundi », *Mots. Les langages du politique,* 2019.
CRUZ HERRERA (D. M.), « La crise démocratique haïtienne : l'anéantissement d'un peuple », *La Chronique des Amériques*, Avril 2004, n°13, pp. 1-7.
DANN (Ph.), AL-ALI (Z.), « The Internationalized *Pouvoir Constituant* – Constituin-Making Under External influence In Iraq, Sudan and East Timor », *Max Planck Yearbook of United Nations Law*, vol. 10, 2006, pp. 423-463.
DAUDET (Y.), « L'ONU et l'O.E.A. en Haïti et le droit international », *RFDI*, 1992, vol. 38, pp. 89-111.
DE BRABANDERE (E.), « The responsibility for post-conflict reforms: critical assessment of jus post bellum as legal concept », *Vanderbilt Journal of Transnational Law*, 2010, pp. 119-150.
DE GAUDUSSON (J. D. B.), « L'accord de Marcoussis, entre droit et politique. », *Afrique contemporaine* 2/2003 (n° 206), p. 41-55.
DE PAUL TETANG (F.), « De quelques bizarreries constitutionnelles relatives à la primauté du droit international dans l'ordre juridique interne : la Côte et l'*affaire de l'élection Présidentielle* », *RFDC*, 2012, pp. 45-66.
DELPLANO (R.), « Fragmentation and constitutionalisation of international Law: A Theoretical Inquiry », 6 *European Journal Legal Studies*, 2013, pp. 85-114.
DESTEXHE (A.), « L'ONU au chevet du monde », *Politique internationale*, n° 60, 1993, pp. 196 et s.
DMOCHOWSKI (P.), « Soft Law internationale : Patchwork de documents et matériaux disparates pour une réflexion sur les engagements du droit international », Tome 1, Pologne, *APD*, 2001.
DOSSO (K.), « Le premier ministre dans la crise ivoirienne », *Revue de la recherche juridique. Droit prospectif*, 2008-4, pp. 2368-2392.
DROIN (N.), « Retour sur la Loi constitutionnelle de 1884 : contribution à une histoire de la limitation du pouvoir constituant dérivé », *RFDC*, 2009/4, n° 80, pp. 725-747.

DUMAS (P.), « Le partage de la Haute-Silésie », *in Annales de Géographie*, t. 31, n° 169, 1922, pp. 1-14.
Elite, 46, *The Yugoslavia Wars (2): Bosnia, Kosovo and Macedonia 1992-2001.*
ENVER (H.), « The Role of the Constitutional Court in the Development of the Rule of Law in Kosovo », *Review of Central and East European Law*, 2018, pp. 274-313, p. 44.
Enver (H.), « Two Chapters on Human Rights and Fundamental Freedoms in the Constitution of Kosovo », *Mediterranean Journal of Human Rights*, 2014, vol. 19, pp. 35-68.
FAVOREU (L.), « La Cour constitutionnelle de Bosnie-Herzégovine », *Annuaire international de justice constitutionnelle : Constitution et sécurité juridique – Droit constitutionnel, droit communautaire et droit européen*, 1999/2000, pp. 11- 15.
FORTAEU (M.), « Les techniques interprétatives de la Cour internationale de Justice », *RGDIP*, 2011-2, pp. 399-416.
FRANCK (T. M.), THIRUVENGADAM (A. K.), « *International Law and Constitution-Making* », *Chinese JIL*, 2003, pp. 467-518.
FRANCK (Th.), « The Emerging Right to Democratic Governance », *AJIL*, vol. 86, no 1, 1992, pp. 47 et s.
GAËL (A.), « De l'indépendance du Timor-Oriental », *RGDIP*, 2003, pp. 349-375.
GAETA (P.), « The Dayton Agreements and International law », *European Journal of International Law, vol. 7,* 1996, no 2, pp. 147-163.
GARRONE (P.), « Le patrimoine électoral européen. Une décennie d'expérience de la Commission de Venise dans le domaine électoral », *RDP*, n° 5, 2001.
GAULME (F.), « Consolider les Etats fragiles », *Études* 2010/6, Tome 412, pp. 729-774.
GAULME (F.), « « États faillis », « États fragiles » : concepts jumelés d'une nouvelle réflexion mondiale », *Politique étrangère*, 1 : 2011, pp.17-29.
Gerkens (J.-F.), « Legal Certainty *v.* Legal Precision », *Fundamina*, 2010, pp. 121-129.
GERVAIS (A.), « Le statut du territoire libre de Trieste », *AFDI*, 1947.
GIRAUDEAU (G.), « La naissance du Soudan du Sud : la paix impossible ? », *AFDI*, vol. 58, 2012. pp. 61-82.

GONIN (L.), « Du législateur national au législateur international : « internationalisation du droit constitutionnel » ou évolution juridique *sui generis* au sein du Conseil de l'Europe », STEFANINI (M. F.-R.) (dir.), *Les cahiers de l'Institut Louis-Favoreu*, n° 4, 2013, pp. 99-109.
GOY (R.), « L'indépendance de la Namibie », *AFDI*, 1991, pp. 387-407.
GOY (R.), « L'indépendance du Timor oriental », *in AFDI*, 1999, pp. 203-225.
GREWE (C.), « Le contrôle de constitutionnalité des lois constitutionnelles en Bosnie-Herzégovine », *Cahiers du Conseil constitutionnel* n° 27 (dossier : contrôle de constitutionnalité des lois constitutionnelles) - janvier 2010.
GREWE (C.), « Les droits intangibles », *Annuaire international de justice constitutionnelle* : *Constitutions et droit pénal - Hiérarchie(s) et droits fondamentaux*, 2010/2011, pp. 437-452.
GUIMZANES (M.), « Les transitions constitutionnelles « internationalisées » : étude de droit interne », *RFDC*, 2015, pp. 801-822.
HARTER (H.), « La Conférence d'Algésiras de 1906. Un nouveau rôle pour les États-Unis dans le Concert des nations ? », *Bulletin de l'Institut Pierre Renouvin*, 2015/2, n° 42, pp. 75-88.
HAY (E.), «International(ized) Constitutions and Peace-Building», *Leiden Journal of International Law*, 2014, pp 141-168.
HAYDEN (R. M.), « American proposals for the constitutional and political status of Kosovo, the State as a legal fiction», *East European Constitutional Review*, 1998, pp. 83-92.
HILPOLD (P.), « Jus Post Bellum and the Responsibility to Rebuild. Identifying the Contours of an Ever More Important Aspect of R2P », *Journal of International Humanitarian Legal Studies* 6, 2015, pp. 284-305.
HUET (V.), « La première Constitution du Timor oriental », *RFDC*, 2003/4, n° 56, pp. 865-876.
Islami (I.), « Building Constitutionalism in Kosovo/a », *Law & Justice Review*, Vol.1, September 2010, pp. 127-146.
ISOART (P.), « L'Autorité provisoire des Nations Unies au Cambodge », *AFDI*, 1993, vol. 39, pp. 157-177.
JOVANOVA (E.), « Redrawing the Borders Between Kosovo and Serbia: Nationalists' Fuel or a Rational Solution with the Promise of a

European Future », *International Journal of Rule of Law, Transitional Justice and Human Rights*, 2018, Year 9, Vol. 9, pp. 111-119
JUBILUT (L. L.), « Towards a New Jus Post Bellum: The United Nations Peacebuilding Commission and the Improvement of Post-Conflict Efforts and Accountability », *Minnesota Journal of International Law,* 2011, pp. 25-64, p. 57.
KELSEN (H.), « Théorie pure du droit », (traduction française par Ch. Eisenmann, *Revue internationale de droit comparé*, 1963. pp. 794-795.
Kenneth Chan, « State Failure and the Changing Face of the Jus ad Bellum », *Journal of Conflict & Security Law*, 2013, pp. 395-426.
LAGRANGE (E.), « La mission intérimaire des Nations Unies au Kosovo, nouvel essai d'administration directe d'un territoire », *AFDI*, 1999, CNRS éditions, Paris, pp. 335-370.
LAVROFF (D. G.), « Le Statut de Chypre », *RGDIP*, 1961, p.527-545.
LAWRY-WHITE, « International Investment Arbitration in a Jus Post Bellum Framework », *the Journal of World Investment & Trade*, 2015, pp. 633-665.
LEPETIT (J. P.), « La Constitution suédoise de 1720, Première Constitution écrite de la liberté en Europe continentale », *Jus politicum, Constitutions écrites dans l'histoire*, Dalloz, Vol. V – 2013, pp. 7-72.
LEVADE (A.), « Identités constitutionnelles et hiérarchies », *Annuaire international de justice constitutionnelle* : *Constitutions et droit pénal - Hiérarchie(s) et droits fondamentaux*, 2010/2011, pp. 453-486.
LEVRET (B.), « Le droit international humanitaire au Timor Oriental : entre théorie et pratique », *Revue internationale de la Croix-Rouge*.
LEWKOWICZ (G.), « *Jus post bellum* : vieille antienne ou nouvelle branche du droit : sur le mythe de l'origine vénérable du *just post bellum* », *Revue belge de droit International / Belgian Review of International Law*, 2011, pp. 11-25.
MATHIEU (C.), TAILLON (P.), « Aux frontières de la modification constitutionnelle : le caractère para-constitutionnel de la réforme du Sénat canadien », *Revue québécoise de droit constitutionnel*, 2013, pp. 7-49.
MAUS (S.), « Jus Post Bellum and United Nations: Human Rights, UN Peace Operations, and the Creation of International Law », *Wisconsin International Law Journal*, 2014, pp. 675-698.

MAZIAU (N.), « L'internationalisation du pouvoir constituant - Essai de typologie : le point de vue hétérodoxe du constitutionnaliste », *RGDIP*, 2002, pp. 549-579.

MAZIAU (N.), « Cinq ans après, le Traité de Dayton-Paris à la croisée des chemins : succès incertains et constats d'échec », *AFDI*, 1999, pp. 181-202.

MAZIAU (N.), « Internationalized Constitutionalism in Ethnically Divided Societies: Bosnie-Herzegovina and Kosovo Compared », *Max Planck Yearbook of United Nations Law*, vol. 15, 2011, pp. 1-64.

MOOKHERJEE (M.), « Introduction – Liberal Democracy and Religious Pluralism : Accommodating or Resisting the Diversity of a Globalising Age ? », M. Mookherjee (*ed.*), *Democracy, Religious pluralism, and the Liberal Dilemma of Accommodation*, Dordrecht Heidelberg – London - New York, Springer, 2011, pp. 1-13.

MOUTON (J.-D.), « La crise rwandaise de 1994 et les Nations Unies », *AFDI*, vol. 40, 1994. pp. 214-242.

NAQUET (V.), « L'idée d'une cour constitutionnelle internationale », *in Les cahiers de l'Institut Louis Favoreu*, n°. 4, 2013.

OREND (B.), « Jus Post Bellum : The Perspective of a Just-War Theorist », *Leiden Journal of international Law,* 2007, pp. 571-591.

OSTERDAHL, E. Van Zadelt, « What Will *Jus Post Bellum* Mean? Of New Wine and Old Bottles », *Journal of Conflict & Security Law*, vol. 14, n° 2, 2009, pp. 175-207.

OZCELIK (S.), « Border Creation in Cyprus: Contested History and the Psychodynamic Perspective of Vamik Volkan », *Peace and Conflict Review*, 2013, pp. 1-11.

PADDY ASHDOWN (V.), « What I Learned in Bosnia », *New York Times*, 28 October 2002.

PAOUR (R.), « Les contraintes juridiques de la hiérarchie des normes », *Revue, La Fabrique de l'ordre juridique : les juristes et la hiérarchie des normes*, Ljubljana, 2013-2014, pp. 201-218.

PARISOLI (L.), « Une approche volontariste du droit naturel et de la contradiction. Une façon de bâtir la hiérarchie dans la pensée latine médiévale », *Revue, La Fabrique de l'ordre juridique : les juristes et la hiérarchie des normes*, Ljubljana, 2013-2014, pp. 219-236.

PAULSON (S. L.), « Ce que nous apprend la *Stufenbaulehre* sur le concept de droit de kelsen », *Revue, La Fabrique de l'ordre juridique : les juristes et la hiérarchie des normes*, Ljubljana, 2013-2014, pp. 11-27.

PECH (L.), « La garantie internationale de la Constitution de Bosnie-Herzégovine », *Revue française de droit constitutionnel*, no 42, 2000, pp. 421-440.
PELLET (A.), « L'activité de la Commission d'arbitrage de la Conférence européenne pour la paix en Yougoslavie - 1993 — Succession d'États et équité », *AFDI*, vol. 39, 1993. pp. 286-303.
PELLET (A.), « Avant-propos », *RGDIP*, 2011, pp. 291-292.
PELLET (A.), « Constitutionnalisation du droit des Nations unies ou triomphe du dualisme ? », *Revue du marché commun et de l'Union européenne*, n° 529, juin 2009, pp. 415-418.
PEPERKAMP (L.), « On the Duty to Reconstruct after War: Who Is Responsible for Jus Post Bellum », *Canadian Journal of Law & Jurisprudence,* 2016, pp. 403-430.
PERLO (N.), « Les Constitutions Provisoires, une catégorie normative atypique au cœur des transitions constitutionnelles en méditerranée », *disponible sur sur http://lm-dp.org/un-extrait-de-la-mdp-iii-les-constitutions-provisoires-n-perlo/. Consulté le 22/09/2019.*
PIERRE-CAPS (S.), « La Bosnie-Herzégovine : un Etat virtuel ? », *Civitas Europa*, n° 4, mars 2000.
PIERRE-CAPS (S.), « Le peuple à l'interface du droit constitutionnel et du droit international », *Civitas Europa*, 2014/1, n° 32, p. 5-20.
PONTHOREAU (M.-C.), « *Global constitutionalism* », un discours doctrinal homogénéisant : l'apport du comparatisme critique », *Jus politicum, Revue de droit public, Le constitutionnalisme global*, Paris, Dalloz, 2018.
POULIGNY-MORGANT (B.), « L'intervention de l'ONU dans l'histoire politique récente d'Haïti. Les effets paradoxaux d'une interaction », *Pouvoirs dans la Caraïbe. Revue du CRPLC*, 1998, pp. 132-187.
QUOC DINH (N.), « La jurisprudence française actuelle et le contrôle de la conformité des lois aux traités », *AFDI*, 1975, pp. 859-887.
SAMUELS (K.), « Post-Conflict Peace-Building and Constitution-Making », *Chicago Journal of International Law*, 2006, pp. 663-682, p. 664.
SANTULLI (C.), « Rapport général », *RGDIP*, 2011, pp. 297-308.
SAVVAS (P.), « Chypre : le statut constitutionnel des juges du siège et du parquet - Constitution et médias », *Annuaire international de justice constitutionnelle*, 1995/1996, pp. 177-185.
SCELLE (G.), « La doctrine de Léon Duguit et les fondements du droit des gens », *APD*, 1932, pp. 83-119.

SIERPINSKI (B.), « La Constitution de Bosnie-Herzégovine : un texte à la croisée du droit interne et du droit international », *Revue de la recherche juridique, droit prospectif*, 1997.
SIMON (S.) « Les globalismes du constitutionnalisme japonais », *Jus Politicum*, n° 15, consulté le 15 mars 2016, lien : http://juspoliticum.com/article/Les-globalismes-du-constitutionnalisme-japonais-1072.html.
SPINDLER (Z.), « Just War Theories from Jus ad Bellum to Jus post Bellum – Legal Historical and Legal Philosophical Perspectives », *Kazan University Law Review*, 2019, pp. 237-280.
STAHN (C.), « *Jus Post Bellum:* Mapping the Discipline(s) », *American University International Law Review*, 2008, pp. 311-348.
STAHN (C.), « The United Nations Transitional Administrations in Kosovo and East Timor: A First Analysis », *Max Planck Yearbook of United Nations Law*, vol. 5, 2001, pp. 105-183.
STEIN (R. A.), « Jus Post Bellum: Justice after the War », *Minnesota Journal of International Law*, 2018, pp. 1-4.
TADAKASU (F.), « Le fonctionnement de la constitution japonaise de 1946 », *Revue internationale de droit comparé*, vol. 11 n° 2, Avril-juin 1959, pp. 365-382.
TAVERNIER (P.), « Année des Nations Unies 25 décembre 2012 – 24 décembre 2013 - Problèmes juridiques », *AFDI*, 2013, pp. 103-126.
THOUVENIN (J.-M.), « L'arrêt de la CIJ du 30 juin 1995 rendu dans l'*affaire du Timor oriental* (Portugal c. Australie) », *AFDI*, 1995. pp. 328-353.
TREMEAU (J.), « La caducité des lois incompatibles avec la Constitution », *Annuaire international de Justice constitutionnelle. La hiérarchie des normes constitutionnelles et sa fonction dans la protection des droits fondamentaux – le principe de non-rétroactivité des lois*, vol. VI, 1990, pp. 219-316.
VEDEL (G.), « Souveraineté et supra-constitutionnalité », *Pouvoirs* – 67, 1993, pp. 79-96.
VIJAYASHRI (S.), « The United Nation's Role in Post-Conflict Constitution-Making Processes: TWAIL Insights », *International Community Law Review* 10, 2008, pp. 411-420.
VIRALLY (M.), « Réflexions sur le *jus cogens* », *AFDI*, 1966, vol. 12, n°. 1, pp. 5-29.
VIRCOULON (Th.), « L'Etat internationalisé. Nouvelle figure de la mondialisation en Afrique », *Études* 2007/1 (Tome 406), p. 9-20.

VLACHOS (G.), « L'organisation constitutionnelle de la République de Chypre », *Revue internationale de droit comparé*, vol. 13, n°3, 1961, pp. 525-559.
VUKAS (B.), « Solution définitive de la question de Trieste par la Conclusion des accords entre l'Italie et la Yougoslavie à Osimo (Ancona) le 10 novembre 1975 », *AFDI*, vol. 22, 1976, pp. 77-95.
WALDRON (J.), « *Post Bellum* Aspects of the Laws of Armed Conflict », *Loyola of Los Angeles International and Comparative Law Review*, 2009, pp. 31-56.
WEISS (M.), « Practicing Sectarianism in Mandate Lebanon: Shi'i Cemeteries, Religious Patrimony, and the Everyday Politics of Difference », *Journal of Social History*, Harvard University, 2010, pp. 707-733.
WIECHERS (M.), « Namibia: The 1982 Constitutional Principles and Their Legal Significance », *South African Yearbook of International Law*, 1989-1990, pp. 1-21.
YEE (S.), «The New Constitution of Bosnia and Herzegovina », *European Journal of International Law,* vol. 7, n° 2, 1996, pp. 176-192.
ZRILIC (J.), « International Investment Law in the Context of Jus Post Bellum: Are Investment Treaties Likely to Facilitate or Hinder the Transition to Peace », *the Journal of World Investment & Trade*, 2015, pp. 604-632, p. 604.

II. Textes normatifs et rapports

1. Constitutions nationales et textes de valeur constitutionnelle

Constitution américaine du 17 septembre 1787.
Déclaration française des droits de l'homme et du citoyen du 26 août 1789.
Constitution française du septembre 1791.
Constitution française du 24 juin 1793.
Constitution japonaise du 11 février 1889.
Constitution syrienne du 14 mai 1930.
Constitution japonaise du 3 novembre 1946.
Constitution italienne du 22 décembre 1947.

Loi fondamentale allemande du 23 mai 1949.
Constitution française du 4 octobre 1958.
Constitution chypriote du 16 août 1960.
Constitution namibienne du 9 février 1990.
Constitution guinéenne du 23 décembre 1990
Constitution burundaise du 13 mars 1992.
Constitution cambodgienne du 21 septembre 1993.
Constitution de la Bosnie-Herzégovine du 14 décembre 1995.
Décret-loi n° 1/001/96 du 13 septembre 1996 portant organisation du Système institutionnel de transition (Burundi).
Constitution ivoirienne du 1er août 2000.
Constitutional Framework for Self-Government in Kosovo : Règlement n° 2001/9.
Constitution sénégalaise du 22 janvier 2001.
Constitution de la Transition burundaise du 28 octobre 2001.
Constitution du Timor oriental du 20 mai 2002.
Constitution de transition de la RDC du 4 avril 2003.
Constitution afghane du 3 janvier 2004.
Law of Administration for the State of Iraq for the Transitional Period, 8 mars 2004.
Constitution intérimaire post-transition de la République du Burundi du 20 octobre 2004.
Constitution irakienne du 15 octobre 2005.
Constitution Kosovare du 15 juin 2008.
Charte de la transition malgache du 9 août 2009.
Constitution guinéenne du 7 mai 2010.
Constitution malgache du 11 décembre 2010.
La Déclaration constitutionnelle égyptienne du 30 mars 2011.
South-Sudan's Constitution of 2011.
Constitution ivoirienne du 8 novembre 2016.

2. <u>Conventions internationales et accords de paix</u>

Accord d'Arusha pour la paix et la réconciliation au Burundi du 28 août 2000.
Accord de Libreville entre le Gouvernement centrafricain et les principaux groupes armés du 21 juin 2008.
Convention européenne de sauvegarde des droits de l'homme et des libertés fondamentales du 4 novembre 1950.

Traité de Washington (traité de paix et d'amitié centraméricain) du 7 février 1923.
Charte africaine de la Démocratie, des Élections et de la Gouvernance du 30 janvier 2007.
Charte africaine des droits de l'homme et des peuples de 1981.
Convention de la Haye de 1907 concernant les lois et coutumes de la guerre sur terre.
Convention internationale sur l'élimination de toutes les formes de discrimination raciale du 21 décembre 1965.
Peace Agreement Between The Government of The Republic of The Sudan and The Sudan People's Liberation Movement/Sudan People's Liberation Army, 2005.
Convention sur les privilèges et immunités des Nations Unies du 13 février 1946.
L'Accord de Governors Island de 1993 entre le Président de la République d'Haïti et le Chef de la junte militaire, le Général Raoul Cédras.
L'Accord de Pretoria sur le processus de paix en Côte d'Ivoire du 6 avril 2005.
L'Accord fondamental concernant la région de la Slavonie orientale, de la Baranja et du Srem occidental du 12 novembre 1995.
L'Accords de paix d'Arusha sur le Rwanda de 1993, article 3.
Protocole de 2000 relatif au Tribunal de la SADC.
Convention sur l'élimination de toutes les formes de discrimination à l'égard des femmes du 18 décembre 1979.
Traité instituant l'Administration internationale de la ville de Tanger de décembre 1923. Accords de paix de Linas-Marcoussis de 2003 sur la crise ivoirienne
Protocole relatif au mécanisme de prévention, de gestion, de règlement des conflits, de maintien de la paix et de la sécurité de 1999.
Protocole sur la démocratie et la bonne gouvernance du 21 décembre 2001.
The Comprehensive Peace Agreement Between The Government of The Republic of The Sudan and The Sudan People's Liberation Movement/Sudan People's Liberation Army, 2005, Protocole de Machakos du 20 juillet 2002.
Traité constitutif de la SADC 1992.
Accord cadre pour la réconciliation aux Comores du 17 février 2001.

Convention de Madrid du 3 juillet 1880.
Pacte de la SDN du 28 juin 1919.
Traité de paix de Versailles du 28 juin 1919.
Traité de Sèvres d'août 1920.
Convention de Paris du 08 mai 1924.
Traité de Lausane du 24 juillet 1924.
Convention de Montevideo du 26 décembre 1933 sur les droits et devoirs des États.
Charte des Nations Unies du 26 juin 1945.
La Déclaration de Postdam du 26 août 26 juillet 1945.
L'Accord final de capitulation japonaise du 2 septembre 1945.
Traité de paix avec l'Italie du 10 février 1947.
Statut du Conseil de l'Europe du 5 mai 1949.
Statut du Conseil de l'Europe du 5 mai 1949.
Pactes internationaux du 16 décembre 1966.
Convention de Vienne sur le droit des traités du 23 mai 1969.
Convention américaine des droits de l'homme du 22 novembre 1969.
Accord de Paris sur le Cambodge du 23 octobre 1991.
Protocole d'Accord d'Arusha du 18 août 1992.
Accords de paix d'Arusha de 1993 du 4 août 1993 sur le Rwanda.
Accord de Marrakech du 15 avril 1994 instituant l'OMC.
Annexes du Protocole de Lusaka du 20 novembre 1994.
Accords de Dayton sur la Bosnie-Herzégovine du 14 décembre 1995.
L'Accord du 5 mai 1999 entre l'Indonésie et le Portugal.
Acte constitutif de l'UA du 11 juillet 2000.
Charte démocratique interaméricaine du 11 septembre 2001.
Protocole de Machakos du 20 juillet 2002.
Accord de Linas-Marcoussis du 26 janvier 2003 sur la Côte d'Ivoire.
Accord politique global de Lomé du 20 août 2006 issu du Dialogue inter-Togolais.
L'Accord de Ouagadougou du 15 janvier 2010 sur la crise guinéenne.
L'Accord politique D'Ivato du 11 août 2010.
Protocole relatif au nouveau Tribunal de la SADC du 18 août 2014.
Accord d'Alger du 1er mars 2015 sur la paix et la réconciliation au Mali.
Accord de Bonn du 5 décembre sur des arrangements temporaires en Afghanistan de 2001.

3. Résolutions

a. Résolutions du Conseil de sécurité des Nations Unies

S/RES/1010 (1995) du 10 aout 1995 sur la situation en Bosnie-Herzégovine.
S/RES/384 (1975) du 22 décembre 1975 sur la question du Timor oriental.
S/RES/385 (1976) du 30 janvier 1976 sur la Namibie.
S/RES/435 (1978) du 29 septembre 1978 sur la Namibie.
S/RES/668 du 20 septembre 1990 sur le Cambodge.
S/RES/696 du 30 mai 1991 sur l'Angola.
S/RES/718 (1991) du 31 octobre 1991 sur le Cambodge.
S/RES/743 (1992) du 21 février 1992 sur la République fédérale de Yougoslavie.
S/RES/812 (1993) du 12 mars 1993 sur le Rwanda.
S/RES/841 (1993) du 16 juin 1993 sur Haïti.
S/RES/846 (1993) du 22 juin 1993 sur Rwanda.
S/RES/867 (1993) du 23 septembre 1993 sur Haïti.
S/RES/917 (1994) du 6 mai 1994 sur les sanctions pour la restauration de la démocratie et au retour du Président légitimement élu en Haïti.
S/RES/933 (1994) du 30 juin 1994 sur la question concernant Haïti (prorogation MINUHA).
S/RES/940 (1994) du 2 août 1994 sur la question concernant Haïti (autorisation force multinationale).
S/RES/998 (1995) du 16 juin 1995 sur la Force de protection des Nations Unies (création capacité de réaction rapide au sein FORPRONU).
S/RES/1004 (1995) du 12 juillet 1995 sur la situation dans la République de Bosnie-Herzégovine (Retrait forces serbes de Srebrenica et libération membres FORPRONU).
S/RES/1026 (1995) du 30 novembre 1995 sur la situation dans la République de Bosnie-Herzégovine (Prorogation FORPRONU jusqu'au 31 janvier 1996).
S/RES/1031(1995) du 15 décembre 1995 sur la situation en République de Bosnie-Herzégovine [création Force multinationale de mise en œuvre de la paix (IFOR).

S/RES/1035 (1995) du 21 décembre 1995 sur la situation en République de Bosnie-Herzégovine (création d'un Groupe international de police et d'un Bureau civil des Nations Unies).
S/RES/1037 (1996) du 15 janvier 1996 sur la situation en Croatie.
S/RES/1043 (1996) du 31 janvier 1996 sur la situation en Croatie.
S/RES/1066 (1996) du 15 juillet 1996 sur la situation en Croatie.
S/RES/1079 (1996) du 15 novembre 1996 sur la situation en Croatie.
S/RES/1132 (1997) du 8 octobre 1997 sur la situation en Sierra-Leone.
S/RES/1156 (1998) du 16 mars 1998 sur la situation en Sierra-Leone.
S/RES/1236 (1999) du 7 mai 1999 sur la situation au Timor oriental.
S/RES/1244 (1999) du 10 juin 1999 sur la situation en Kosovo.
S/RES/1244 (1999) du 10 juin 1999 sur la situation au Kosovo.
S/RES/1246 (1999) du 11 juin 1999 sur la situation au Timor oriental.
S/RES/1257 (1999) du 3 août 1999 sur la situation au Timor oriental.
S/RES/1262 (1999) du 27 août 1999 sur la situation au Timor oriental.
S/RES/1264 (1999) du 15 septembre 1999
S/RES/1264 (1999) du 15 septembre 1999 sur la situation au Timor oriental.
S/RES/1272 (1999) du 25 octobre 1999 sur la situation au Timor oriental.
S/RES/1279 (1999) du 30 novembre 1999 sur la situation en République démocratique du Congo.
S/RES/1378 (2001) du 14 novembre 2001 sur la situation en Afghanistan.
S/RES/1383 (2001) du 6 décembre 2001 sur la situation en Afghanistan.
S/RES/1401 (2002) du 28 mars 2002 sur la situation en Afghanistan.
S/RES/1528 (2004) du 27 février 2004 la situation en Côte d'Ivoire.
S/RES/1547 (2004) du 11 juin 2004 sur le rapport du Secrétaire général des Nations Unies (S/2004/453).
S/RES/1574 du 19 novembre 2004 sur les rapports du Secrétaire général sur le Soudan.
S/RES/1633 (2005) du 21 octobre 2005 sur la situation en Côte d'Ivoire.
S/RES/1721 (2006) du 1er novembre 2006 sur la situation en Côte d'Ivoire.
S/RES/1933 (2010) du 30 juin 2010 sur la situation en Côte d'Ivoire.

S/RES/1951 (2010) du 24 novembre 2010 sur la situation en Côte d'Ivoire.
S/RES/1975 (2011) du 30 mars 2011 sur la situation en Côte d'Ivoire.
S/RES/1980 (2011) du 28 avril 2011 sur la situation en Côte d'Ivoire.
S/RES/2000 (2011) du 27 juillet 2011 sur la situation en Côte d'Ivoire.
S/RES/2227 (2015) du 29 juin 2015 sur la situation au Mali.
S/RES/2295 (2016) du 29 juin 2016 sur la situation au Mali.
S/RES/2364 (2017) du 29 juin 2017 sur la situation au Mali.
S/RES/2423(2018) du 28 juin 2018 sur la situation au Mali.
S/RES/2432 (2018) du 30 août 2018 sur la situation au Mali.
S/RES/2480 (2019) du 28 juin 2019 sur la situation au Mali.
S/RES/2531 (2020) du 29 juin 2020 sur la situation au Mali.

b. Résolution de l'Assemblée générale de l'ONU

A/RES/141 (II) du 1er novembre 1947.
A/RES 181 (II) de l'AGNU du 29 novembre 1947.
Résolution 143 (1960) du 14 juillet sur la question du Congo.
A/RES/1542 (XV) du 15 décembre 1960.
L'AGNU dans résolution 2106 A (XX) du 21 décembre 1965.
A/RES/2145 (XXI) du 27 octobre 1966 sur la question du Sud-ouest africain.
A/RES/2625(XXV) du 24 octobre 1970 sur la Déclaration relative aux principes du droit international touchant les relations amicales et la coopération entre les États conformément à la Charte des Nations Unies.
A/RES/47/20/B du 20 avril 1993.
A/RES/3295 (XXIX) du 13 décembre 1994.

c. Documents du Secrétariat général de l'ONU et des représentants spéciaux

B. Boutros-Ghali, *Agenda pour la paix*, New York, Nations Unies, 1992.
Lettre du Représentant permanent d'Haïti auprès de l'Organisation des Nations Unies du 30 juillet 1994 (S/1994/910).
S/1997/561, appendice IV, Accord préalable à un pacte de réconciliation nationale.
S/1997/561, appendice VI.

S/1997/561, appendice IV, Accord préalable à un pacte de réconciliation nationale.
Report of the Secretary-General, *The Rule of Law and Transitional Justice in Conflict and Post-Conflict Societies*, UN Doc. S/2004/616, 23 August 2004.
Plan Ahtisaari de 2007 sur le Statut définitif du Kosovo.
Lettre du SGNU adressée au Président de la Cour du 29 juillet 1970 et reçue au Greffe le 10 août de la même année.
Lettre du 17 mai 1991, adressée au SGNU par le Chargé d'affaires par intérim de la Mission permanente de l'Angola auprès de l'ONU, le rapport du SGNU sur la Mission de vérification des Nations Unies en Angola et la S/RES/696 du 30 mai 1991.
S/25958 : lettre datée du 7 juin 1993.
Lettre du 29 juillet 1994, adressée par le Président légitimement élu d'Haïti (S/1994/905).
S/1997/499 du 27 juin 1997.
S/1997/499 du 27 juin 1997.
S/PRST/1997/36 du 11 juillet 1997.
UNMIK/REG/1999/1, 25 July, 1999.
UNMIK/REG/1999/24, 12 December 1999 : On the Law Applicable in Kosovo.
ONU, rapport Brahimi sur les OMP, New York, 21 août 2000.
S/PRST/2001/5 du 20 février 2001.
UNTAET/Regulation 2001/2, 16th March 2001.
Règlement 2001/2 du 16 mars 2001.
S/2001/394 on 20 April 2001.
UNTAET/Regulation 2001/11, 13th July 2001.
S/2007/168, 26 mars 2007.

d. <u>Rapports</u>

Plans for Partition and the Constitution of Cyprus, January 1964.
SGNU, rapport sur la Mission de vérification des Nations Unies en Angola.
Commission européenne contre le racisme et l'intolérance, premier rapport sur Chypre, adopté le 9 novembre 1999.
CIISE, rapport de 2001.
Rapport d'International Crisis Group : Kosovo : a Roadmap to Settling Final Status, 1st mars 2002 : http://www.intl-crisis-group.org.

Rapport d'information n° 367 (2004-2005).
Sénat français, rapport de MM. Hubert Haenel et Didier Boulaud fait au nom de la délégation pour l'Union européenne du 3 juin 2005.
Cour suprême du Canada, rapport du troisième congrès des Cours suprêmes francophones, Internationalisation du droit, internationalisation de la justice, Ottawa, 2010.
Rapport A/HRC/17/48 du 1er juillet 2011.
FIDH, *Soudan du Sud. Premier anniversaire de l'indépendance. Le moment d'agir pour la paix et les droits humains*, Novembre 2012 / n° 591.
OIF, Rapport sur l'état des pratiques de la démocratie, des droits et des libertés. Dynamique constitutionnelle dans l'espace francophone, 2016.

III. <u>Jurisprudence</u>

1. Cour permanente de justice internationale (CPJI)

Décrets de nationalités en Tunisie et au Maroc, CPJI, avis consultatif relatif du 7 févier 1923, Série B, n°4.
Affaire des Concessions Mavrommatis en Palestine, CPJI, arrêt du 30 août 1924, Série A, n° 2.
Certains intérêts allemands en Haute-Silésie polonaise, CPJI, arrêt du 25 mai 1926, Série A, n°7.
Interprétation des arrêts numéros 7 et 8 (Usine ce Chorzow), CPJI, arrêt du 16 décembre 1927, série A, n° 13.
Compétence des tribunaux de Dantzig (réclamations pécuniaires des fonctionnaires ferroviaires dantzikois passés au service polonais contre l'administration polonaise des chemins de fer), CPJI, avis consultatif n° 15 du 3 mars 1928, Série B.
Traitement des nationaux polonais et des autres personnes d'origine ou de langue polonaise, CPJI, avis consultatif du 4 février 1932, Série A/B, n° 44.
Interprétation du Statut du Territoire de Memel, CPJI, arrêt 24 juin 1932, fond, Série A/B.

2. Cour internationale de justice (CIJ)

Statut international du Sud-Ouest africain, CIJ, avis consultatif du 11 juillet 1950, *Rec*. 1950.

Affaire des réserves à la Convention pour la prévention et la répression du crime de génocide, Réserves à la Convention pour la prévention et la répression du crime de génocide, CIJ, avis consultatif du 28 mai 1951, *Rec*. 1951.

Affaires du Sud-Ouest africain (Ethiopie c. Afrique du Sud ; Liberia c. Afrique du Sud), exceptions préliminaires, CIJ, arrêt du 21 décembre 1962, *Rec*. 1962.

Affaire du Sud-Ouest africain (Ethiopie c. Afrique du Sud), CIJ, arrêt du 18 juillet 1966, *Rec*. 1966.

Affaire Barcelona Traction (Belgique c. Espagne), CIJ, arrêt du 5 février 1970, *Rec*. 1970.

Conséquences juridiques pour les Etats de la présence continue de l'Afrique du Sud en Namibie (Sud-ouest africain) nonobstant la résolution 276 (1970) du Conseil de sécurité, CIJ, avis consultatif du 21 juin 1971, *Rec*. 1971.

Affaire Sahara occidental, CIJ, avis consultatif du 16 octobre 1975, *Rec*. 1975.

Activités militaires et paramilitaires au Nicaragua et contre celui-ci (Nicaragua c. États-Unis d'Amérique), CIJ, arrêt du 27 juin 1986 sur le fond, *Rec*. 1986.

Affaire Elettronica Sicula S.P.A (ELSI) (Etats-Unis d'Amérique c. Italie), CIJ, arrêt du 20 juillet 1989.

Affaire du différend territoriale (Jamahiriya Arabe Libyenne/Tchad), CIJ, arrêt du 3 février 1994, *Rec*. 1994.

Affaire du Timor oriental (Portugal c. Australie), CIJ, arrêt du 30 juin 1995, *Rec*. 1995.

Affaire de la licéité de la menace ou de l'emploi d'armes nucléaires, CIJ, avis consultatif du 8 juillet 1996, *Rec*. 1996.

Affaire du mandat d'arrêt du 11 avril 2000 (République Démocratique du Congo c. Belgique), CIJ, arrêt du 14 février 2002, *Rec*. 2002.

Affaire des conséquences juridiques de l'édification d'un mur dans le territoire palestinien occupé, CIJ, avis consultatif du 9 juillet 2004, *Rec*. 2004.

Affaire des Activités armées sur le territoire du Congo (République démocratique du Congo c. Rwanda), compétence et recevabilité, CIJ, arrêt du 3 février 2006, *Rec.* 2006.
Affaire Ahmadou Sadio Diallo (République de Guinée c. République démocratique du Congo), Exceptions préliminaires, CIJ, arrêt du 24 mai 2007, *Rec.* 2007.
Affaire Conformité au droit international de la déclaration d'indépendance relative au Kosovo, CIJ, avis consultatif du 22 juillet 2010, *Réc.* 2010.
Affaire Ahmadou Sadio Diallo (République de Guinée c. République démocratique du Congo), CIJ, arrêt du 30 novembre 2010, *Rec.* 2010.
Affaire des immunités juridictionnelles de l'État (Allemagne c. Italie ; Grèce (intervenant)), CIJ, arrêt du 3 février 2012, *Rec.* 2012.
Questions concernant l'obligation de poursuivre ou d'extrader (Belgique c. Sénégal), CIJ, arrêt du 20 juillet 2012, *Rec.* 2012.
Application de la Convention pour la prévention et la répression du crime de génocide (*Croatie c. Serbie*) – Fond, CIJ, arrêt du 3 février 2015, *Rec.* 2015.
Application de la Convention pour la prévention et la répression du crime de génocide (Gambie c. Myanmar), CIJ, ordonnance du 23 janvier 2020, *Rec.* 2020.

3. Autres jurisprudences

a. Des juridictions internationales

- **Cour européenne des droits de l'homme**
-

Affaire Loizidou c. Turquie (exceptions préliminaires), CEDH, arrêt du 23 mars 1995, série A, n° 310.
Loizidou c/ Turquie, (GC) n° 40/1993/435/514, CEDH, arrêt du 28 juillet 1998.
Affaire Sejdic et Finci c./ Bosnie-Herzégovine, requêtes no 27996/06 et 34836/06, CEDH, Grande Chambre, arrêt du 22 décembre 2009.

- **Juridictions de l'Union européenne**

CJCE, 17 décembre 1970, *Internationale Handelsgesellschaft*, *aff.* 11/70, *R*ec., p. 1125 (§3).

Affaire Internationale Handelsgesellschaf, CJCE, arrêt du 17 décembre 1970.
Affaire Les Verts, n° 294/83, CJCE, arrêt du 23 avril 1986.
Affaire Yassin Abdullah Kadi et Al Barakaat International, CJCE, (grande chambre), arrêt du 3 septembre 2008.
Aff. C-397/01 à C-403/01, pfeiffer et al., CJUE, Grande chambre, arrêt du 5 octobre 2004.
Yassin Abdullah et Al Barakaat International Foundation c. Conseil de l'Union européenne et Commission des Communautés européennes, CJCE (Grande Chambre), arrêt du 3 septembre 2008.

- **Cour africaine des droits de l'homme et des peuples**

Affaire Suy Bi Gohoré Emile et autres c. République de Côte d'Ivoire (requête n° 044/2019), CADHP, arrêt du 15 juillet 2019.
Affaire XYZ c. République du Bénin, requête n° 59/2019, CADHP, arrêt du 27 novembre 2020.

- **Commission africaine des droits de l'homme et des peuples**

Affaire Constitutional Rights Project, Civil Liberties Organization and Media Rights Agenda v. Nigeria, Comm. n°. 140/94, 141/94 145/95(1999).

- **Tribunal de la Southern African Development Community**

Affaire Mike Campbell (Pvt) Ltd et autres c. la République du Zimbabwe SADC (T) (affaire n° 2/2007, 28-11-2008).

- **Tribunal pénal international pour l'ex-Yougoslavie**

Affaire Tadic (n° IT-94-1-AR72), TPIY, arrêt du 2 octobre 1995 relatif à l'exception préjudicielle d'incompétence.

- **Organe de règlement des conflits de l'OMC**

Mesures visant l'importation du lait et l'exportation des produits laitiers, WT/DS103/AB/R et WT/DDS113/AB/R, Rapport de l'Organe d'appel du 13 octobre 1999.

- **Tribunal mixte de Tanger**

« *Affaire radio-Tanger et le Statut international de la zone de Tanger* », *Journal du Droit International*, 66(3), 1939, pp. 589-595.

b. <u>Des juridictions nationales</u>

- **Bosnie-Herzégovine**

Case of constituent people, U5/98, Constitutional Court of Bosnia and Herzegovina, 1st July 2000.
Décision de la Cour constitutionnelle de la Bosnie-Herzégovine du 3 novembre 2000, n°. U 9/00.

- **États-Unis**

Affaire Marbury vs. Madison, Cour suprême des États Unis, arrêt du 24 février 1803.

- **France**

Décision 74-54 DC du 15 janvier 1975 - Conformité.
CE, ass, 11 avril 2012, n° 322326, *GISTI, FABIL, Lebon.*

- **Kosovo**

Case K038/12, *Assessment of the Government's Proposals for Amendments of the Constitution submitted by the President of the Assembly of the Republic*, Kosova Constitutional Court, 12 April 2012.

IV. Sites internet de quelques juridictions et institutions internationales

https://www.icj-cij.org/fr
https://www.echr.coe.int/
https://curia.europa.eu/
http://www.african-court.org/fr/
https://www.un.org/en/
https://peacekeeping.un.org/fr/mission/minuk
http://www.ohr.int/en/
https://gjk-ks.org/en/
https://www.sadc.int/
https://monuc.unmissions.org/

TABLE DES MATIERES

Structures éditoriales du groupe L'Harmattan

L'Harmattan Italie
Via degli Artisti, 15
10124 Torino
harmattan.italia@gmail.com

L'Harmattan Hongrie
Kossuth l. u. 14-16.
1053 Budapest
harmattan@harmattan.hu

L'Harmattan Sénégal
10 VDN en face Mermoz
BP 45034 Dakar-Fann
senharmattan@gmail.com

L'Harmattan Cameroun
TSINGA/FECAFOOT
BP 11486 Yaoundé
inkoukam@gmail.com

L'Harmattan Burkina Faso
Achille Somé – tengnule@hotmail.fr

L'Harmattan Guinée
Almamya, rue KA 028 OKB Agency
BP 3470 Conakry
harmattanguinee@yahoo.fr

L'Harmattan RDC
185, avenue Nyangwe
Commune de Lingwala – Kinshasa
matangilamusadila@yahoo.fr

L'Harmattan Congo
67, boulevard Denis-Sassou-N'Guesso
BP 2874 Brazzaville
harmattan.congo@yahoo.fr

L'Harmattan Mali
ACI 2000 - Immeuble Mgr Jean Marie Cisse
Bureau 10
BP 145 Bamako-Mali
mali@harmattan.fr

L'Harmattan Togo
Djidjole – Lomé
Maison Amela
face EPP BATOME
ddamela@aol.com

L'Harmattan Côte d'Ivoire
Résidence Karl – Cité des Arts
Abidjan-Cocody
03 BP 1588 Abidjan
espace_harmattan.ci@hotmail.fr

Nos librairies en France

Librairie internationale
16, rue des Écoles
75005 Paris
librairie.internationale@harmattan.fr
01 40 46 79 11
www.librairieharmattan.com

Librairie des savoirs
21, rue des Écoles
75005 Paris
librairie.sh@harmattan.fr
01 46 34 13 71
www.librairieharmattansh.com

Librairie Le Lucernaire
53, rue Notre-Dame-des-Champs
75006 Paris
librairie@lucernaire.fr
01 42 22 67 13

www.ingramcontent.com/pod-product-compliance
Lightning Source LLC
LaVergne TN
LVHW021133061026
849535LV00002B/220
* 9 7 8 2 1 4 0 3 2 4 6 0 4 *